Kinder- und Jugendbücher der Aufklärung

Franz I. in seinem Arbeitszimmer in der Hofburg. Stich von Josef Kovatsch nach einer Zeichnung von Johann Stephan Decker. Bildarchiv der Österreichischen Nationalbibliothek

Johanna Monschein

Kinder- und Jugendbücher der Aufklärung

Aus der Sammlung
Kaiser Franz' I. von Österreich
in der Fideikommissbibliothek
an der Österreichischen Nationalbibliothek

Residenz Verlag

In Dankbarkeit für Adolf Seebaß und Theodor Brüggemann

Diese Arbeit geht zurück auf einen Forschungsauftrag, den das Bundesministerium für Wissenschaft und Forschung am 22. Juli 1980 zur Untersuchung der Kinder- und Jugendbuchsammlung aus dem Besitz Kaiser Franz' I. von Österreich erteilt hat. Die Drucklegung wurde vom Fonds zur Förderung der wissenschaftlichen Forschung unterstützt.

Reproduktionen: Reprostudio, Salzburg
Satz: Lasersatz Maringer, Maishofen
Printed in Austria by Welsermühl AG, Wels
ISBN 3-7017-0778-2

Inhalt

Wenn die Philosophie ihr Grau in Grau mahlt, dann ist eine Gestalt des Lebens alt geworden und mit Grau in Grau läßt sie sich nicht verjüngen, sondern nur erkennen; die Eule der Minerva beginnt erst mit der einbrechenden Dämmerung ihren Flug.

Hegel

VORWORT

Am Eingang dieser Arbeit stand 1979 eine Ausstellung im Prunksaal der Österreichischen Nationalbibliothek: »Europäische Kinderbücher vom 15. bis zum 19. Jahrhundert«. Mit der Suche nach geeigneten Exponaten und mit der Organisation dieser Veranstaltung war die Verfasserin beauftragt worden. Im Verlauf der Recherchen stieß sie in den Beständen der Fideikommißbibliothek auf eine Kinder- und Jugendbuchsammlung aus dem Besitz Kaiser Franz' I., die unter *einem* Thema steht, dem der Aufklärung.

Damit ist auch der unterschiedliche Umfang der einzelnen Inhaltsangaben und Resümees im bibliographischen Teil dieses Buches erklärt: Der Vollständigkeit halber waren auch unbedeutende kleine Werke hier aufzunehmen. Fehlende biographische Angaben zu einzelnen Autoren oder Herausgebern sind darauf zurückzuführen, daß sie trotz größter Sorgfalt nicht zu ermitteln waren.

Die Verfasserin dankt der Österreichischen Nationalbibliothek für die Unterstützung der Arbeit. Im besonderen gilt dieser Dank Hofrat Dr. Walter Wieser, dem Leiter der Fideikommißbibliothek, ohne dessen profunde Kenntnis der Sammlungen des Kaisers und ohne dessen Hilfsbereitschaft es nicht möglich gewesen wäre, sich über das Umfeld, in dem diese Bibliothek zustande gekommen ist, zu unterrichten. Ein posthumes Gedenken sei Dr. Heinrich Neider, einem Schlick-Schüler, gewidmet. Er war dem »Wiener Kreis« bis zu seinem Ende eng verbunden. Sein Interesse an der Untersuchung und klärende Gespräche haben mir über manche Schwierigkeit bei der Behandlung des Themas hinweggeholfen.

EINLEITUNG

In seinem Aufsatz »Von der Schwierigkeit, die Geschichte der Kinderliteratur zu schreiben«, klagt Walter Scherf: »Die Quellen der Kinderliteratur sind unbekannt, ganz abgesehen davon, daß es nirgendwo repräsentative Bestände gibt ... Meines Wissens ist nicht einmal der Versuch gemacht worden, die Kinderbibliothek einer bürgerlichen Familie zu rekonstruieren . . .«[1]

Um dem Begriff der Repräsentanz Genüge tun zu können, müssen Voraussetzungen geschaffen werden — von denen nur eine, das Auswahlverfahren, genannt sei —, die so kompliziert sind, daß sie auf einem Gebiet von der Vieldeutigkeit der Kinder- und Jugendbuchliteratur kaum realisierbar erscheinen. Für den von Scherf angenommenen Fall der Rekonstruktion einer Kinderbibliothek gilt, was White den Historikern anlastet, die nicht einsehen, daß Fakten »weniger gefunden als hergestellt werden durch die Art der Fragen, die der Forscher an die ihm vorliegenden Phänomene stellt«[2]. In unserem Fall ist das Buch das ›Phänomen‹ und die Bibliothek das ›herzustellende Faktum‹. Welche Bücher in eine solche fiktive Bibliothek aufzunehmen wären, wird durch idealtypische Vorstellungen dessen bestimmt werden, der ein solches Konstrukt zu liefern hätte.

Diesem hohen Anspruch, dem Versuch, die Kinderbibliothek einer bürgerlichen Familie zu rekonstruieren, soll das Faktum einer zeitgenössischen Kinder- und Jugendbibliothek aus dem Besitz Kaiser Franz' I. von Österreich entgegengehalten werden. Ausgangspunkt für Scherf ist die ›bürgerliche Familie‹, die Bildung und Mittel besitzt, um eine solche Bibliothek zu erwerben. Damit lassen sich Zeitraum und Gestalt dieser fiktiven Bibliothek ungefähr bestimmen. »Die bürgerliche Literatur des 18. Jahrhunderts ist insgesamt Teil und Ausdruck der Aufklärung, wobei ›Aufklärung‹ als die ›übergeordnete Kategorie‹ verstanden wird, mit der umfassend die (bürgerliche) Geistes- und Bewußtseinsgeschichte des 18. Jahrhunderts bezeichnet werden kann.«[3] Mit dem in Klammer gesetzten Begriff ›bürgerliche‹ verweist der Verfasser darauf, daß es sich um ein Bewußtsein handelt, welches Allgemeingültigkeit besitzt und über die bürgerliche Gesellschaft hinausreicht.

Soweit mir bekannt, ist die Frage, unter welchen Voraussetzungen eine Kinder- und Jugendbuchbibliothek im 18. Jahrhundert zustande kommen sollte, bisher nicht behandelt worden. Konnten Kinder lesen? Wie sah das Angebot aus? Und wer war in der Lage, zu sammeln? Das bedeutet mit anderen Worten: Lesefähigkeit der potentiellen Rezipienten, Disponibilität des Materials sowie Bildung, Bereitwilligkeit und Zahlungskraft der möglichen Käufer. Als einer der ersten hat Rudolf Schenda mit euphorischen Vorstellungen von der Lesefähigkeit im deutschen — aber auch im französischen — Sprachbereich aufgeräumt: »Die Bildungssituation und die Sozialstruktur des 18. Jahrhunderts lassen kaum mehr als zehn Prozent Leser unter der Erwachsenen-Bevölkerung erwarten.«[4] Wolfgang Promies schlägt in die gleiche Kerbe mit seinem Urteil über die Alphabetisation zur Zeit der Aufklärung, wobei hier ergänzend anzumerken wäre, daß Alphabetisation noch keineswegs Lesefähigkeit bedeutet. Lesen und Schreiben erfolgte im 18. Jahrhundert nicht simultan, sondern sukzessiv, so daß bestimmte Personengruppen wohl lesen, aber nicht schreiben konnten. Erst der Erwerb der Schreibkunst »öffnet den Weg zu einem neuen Typ von Beziehungen zur sozialen und kulturellen Umwelt und transformiert seinerseits die Voraussetzungen der Lektüre«[5].

Nach einer Korrektur von Friedrich Gedikes Betrachtung über die uferlose Produktion der

»Schriftstellerei für Kinder und Schulen«[6] kommt Promies auf Grund seiner eigenen Berechnungen zu dem Ergebnis: »In der Regel wurden die Bücher für Kinder und Jugendliche in einer tausend Exemplare kaum übersteigenden Auflage gedruckt.« Und folgert weiter: »Man kann aus allen Fakten schließen, daß sich eine immer überschaubare Zahl von Kinderbüchern und Jugendschriften im Besitz weniger zahlungskräftiger Bürger und noch wenigere Bücher in Händen lesekundiger Kinder befanden.« Diese Fakten sind: Die Lesefähigkeit (bei Promies »Alphabetisation« genannt), das Angebot und schließlich der Besitz beziehungsweise Erwerb von Kinder- und Jugendliteratur, die den bildungsbeflissenen und zahlungskräftigen Schichten, zu denen Bürgertum und Aristokratie zählten, vorbehalten waren. Schon Joachim Heinrich Campe hat in seinem »Väterlichen Rath für meine Tochter« die Verbindung zwischen dem Adel und dem gebildeten Bürgertum hergestellt: »Wenn ich von den Menschen der gesitteten und höhern Stände rede (worunter man gewöhnlich den gebildeten Theil der bürgerlichen Welt und den Adel, die Fürsten mit eingeschlossen, versteht) . . .«[7] Innerhalb des verfügbaren Angebotes war die Wahl frei, und *was* gewählt wurde, war entscheidend für die Repräsentanz eines Bestandes. Diesem Rahmen konnte sich auch der Fürst nicht entziehen, es gab keine Literatur für Fürstenkinder, sieht man ab von den raren Werken zur Prinzenerziehung, die ein Sondergebiet für sich darstellten.[8]

Ob einer zeitgenössischen Kinder- und Jugendbuchbibliothek repräsentativer Charakter zukommt, sollte sich auch daran erweisen, inwieweit sie das Bild der einschlägigen Literatur ihrer Epoche widerzuspiegeln vermag; vor einigen Jahren noch wäre es unmöglich gewesen, eine Kinderbibliothek daraufhin zu untersuchen. Seit dem Erscheinen des »Handbuches zur Kinder- und Jugendliteratur«[9] verfügen wir über ein Instrumentarium, mit dessen Hilfe wir darangehen können, eine Sammlung der zeitgenössischen Kinder- und Jugendliteratur einer solchen Probe zu unterziehen. Im historischen Überblick des angeführten Werkes wird nicht nur zusammengefaßt, welche Gebiete — nach Gattungen aufgegliedert — dieser Literatur zuzuzählen sind, sondern auch welche Tendenzen und Strömungen in sie eingeflossen sind. Im besonderen Fall der Bibliothek des Kaisers dient das Handbuch der Legitimierung des Titels, unter dem die vorliegende Arbeit antritt: Eine Kinder- und Jugendbuchsammlung der Aufklärung. Den Verfassern des »Handbuches« lag es fern, eine ›Bibliothek zu rekonstruieren‹, sie beabsichtigten nichts anderes, als aus maximierten Informationen das geeignetste Material zu wählen. Sie haben damit — ob dies ihre Absicht gewesen ist oder nicht — einen Kodex geschaffen, an dem sich die Forschung zur deutschsprachigen Kinder- und Jugendliteratur zu orientieren vermag. Auch die Herausgeber und Verfasser dieser Arbeit sind sich im klaren darüber, daß ihr Werk keinen Anspruch auf Vollständigkeit erheben kann, doch hatten sie es in der Hand, im Verlauf ihrer Arbeit fortlaufend Ergänzungen anzubringen und sich so, in Etappen, dem Idealziel anzunähern. Der private Sammler handelt als Einzelperson, er nimmt es in Kauf, daß seine Sammlung keine endlose Geschichte ist, sondern spätestens mit seinem Tod endet. Diese Unvollständigkeit, mit der er sich abzufinden hat, ist der Stachel in seiner Seele, zugleich aber liegt darin die Ästhetik des Unvollendeten, von der die Wissenschaft per definitionem ausgeschlossen ist.

KINDHEIT UND ELTERNHAUS

Une des choses sur lesquelles feu M. Pascal avait le plus de vues était l'instruction d'un prince . . .

Nicole, *Discours sur la condition des grands*

1693 hatte Gottfried Wilhelm Leibniz »auf Anregung eines Erziehers aus einem deutschen Fürstenhaus« einen Aufsatz über Fürstenerziehung verfaßt, der 1787 einem weiteren Leserkreis zugänglich gemacht wurde.[10] Das Fürstenbild, welches Leibniz, der Philosoph, Weltmann und Kenner höfischer Atmosphäre, entwirft, ist noch verknüpft mit der Vorstellung des ›Gentilhomme‹, so wie er Montaigne als Idealbild des erzogenen und gebildeten Menschen vorschwebt, eine allgemeine, pragmatische, auf das Leben ausgerichtete Erziehung und Bildung, die zwar alles umfaßt, was dem Wissen der Zeit entspricht, doch nur soweit, als es dem jungen Menschen Unabhängigkeit des Urteils und Weltkenntnis vermittelt. Keine unnütze Gelehrsamkeit: »Nous ne travaillons qu'à remplir la memoire, et laissons l'entendement et la conscience vide.«[11] In einer Gesellschaft, über die Montaigne berichtet, hält jemand einen der gelehrten Teilnehmer für den Herzog von La Rochefoucauld. Einer der Anwesenden klärt diesen Jemand lachend auf: »Il n'est pas gentilhomme, c'est un grammairien . . .«[12] Hier wird der ›Gentilhomme‹ dem ›Grammairien‹, dem Gelehrten, gegenübergestellt, nicht weil der Humanist Montaigne Wissen und Bildung aus seiner Erziehung verbannen wollte, sondern weil Charakterbild und Urteilsfähigkeit wichtiger noch als Gelehrsamkeit und Spezialkenntnisse erscheinen. Ein Modell, wie Baldassare Castiglione es im »Cortegiano« (1528) gezeichnet hat, es liegt:

». . . im Ideal der selbstverständlichen Beherrschung eines universalen Bildungsbereichs, der sicheren Leichtigkeit des Sichbewegens. Humanismus und Adelsbild sind hier zu einer inneren Einheit verschmolzen.«[13]

Auch der Prinz soll noch diese Tugenden des Humanismus besitzen, doch der Aufklärer Leibniz entwickelt ein Programm, das darüber hinausgeht und in die Zukunft weist. Drei Grade der Vollkommenheit erhofft er sich für den künftigen Herrscher, das Notwendige, das Nützliche und das Schmückende. Unter dem »Notwendigen« werden Charaktereigenschaften verstanden wie Frömmigkeit, Gerechtigkeit, Menschenliebe, Pflichttreue usw. Zum »Nützlichen« gehört vor allem politische und militärische Ausbildung. Das »Schmückende« wäre am ehesten entbehrlich, doch gehört es wohl zum Bild des Fürsten, daß er »die geklärte Bildung der Zeit« besitzt und sich angenehm zu geben weiß. Diese Bildung, die Leibniz mit Aufklärung gleichsetzt, umfaßt einen Katalog von Kenntnissen, der ungefähr dem entspricht, den Großherzog Leopold für seine beiden ältesten Söhne aufgestellt hat. Dazu gehören Geschichte und Geographie, Mathematik und Physik, die schönen Künste, Baukunst, Gesetzgebung, Astronomie usf. Zum »Schmückenden« zählt auch die Beredsamkeit, die sich im Gespräch wie im Schreiben bewähren muß. Er soll ›bons mots‹ sagen können und tausend hübsche Sachen wissen, womit offenbar die Kunst, Konversation zu pflegen, gemeint ist. Alles das, was er aber nun so zu lernen haben wird, soll ihm angenehm gemacht werden, er soll nicht merken, daß er lernen muß. Hier hebt das ›prodesse et delectare‹ der Aufklärung an. Manches, wie die Feststellung, Sprachen seien leicht durch Übung zu erlernen, oder die Forderung, den Unterricht durch Tafeln, Landkarten oder Bilder zu veranschaulichen, findet sich auch in den Lehrplänen, die Großherzog Leopold für seine Kinder abgefaßt hat. Freilich fehlen bei Leibniz die asketisch-rigorosen Elemente, wie sie in die Maximen des dem Jansenismus zugeneigten Großherzogs eingeflossen sind.

Leopold hat keinen Fürstenspiegel im Sinn des Wortes hinterlassen, wohl aber widerspiegeln seine Unterweisungen in Form der »Points d'éducation« und zahlreicher Instruktionen für die Erzieher und Lehrer der Kinder seine Vorstellungen über Fürstenerziehung, die von humanistischem Geist ebenso geprägt sind wie von der Pädagogik der Aufklärung. Er antizipiert einen Prozeß, in dem Erziehung und Bildung zur allgemeinen Menschenbildung ineinanderfließen sollen, ein Ideal, das in Deutschland erst mit Wilhelm von Humboldt zum Konzept der Bildung schlechthin wird. Sein Inhalt war »die Entfaltung der intellektuellen, moralischen und ästhetischen Fähigkeit des Individuums in der Beschäftigung mit dafür geeigneten Bildungsgütern und mit dem Ziel seiner Selbständigkeit und Selbstbestimmung«[14].

Franz wurde am 12. Februar 1768 in Florenz geboren. Joseph II., der sich nach dem Tod seiner zweiten Gemahlin nicht mehr verehelichte, hatte ihn, seinen Neffen, den ältesten Sohn des Großherzogs von Toskana, für die Kronen Österreichs in Aussicht genommen. Unbeschadet des Vorranges, der dem Großherzog im Falle des Todes Josephs gebührte, stand das Schicksal Franz' von Anbeginn unter dem Zeichen seiner Bestimmung als künftiger Thronerbe. Er erhielt die »sorgfältigste Erziehung«, die vom Großherzog mit Anteilnahme verfolgt und jeweils durch differenzierte Anordnungen an Lehrer und Erzieher ergänzt wurde. Die Richtlinien für seine Pädagogik sind uns in einem Schreiben an seine Schwester, Königin Karoline von Neapel, als »Points d'éducation pour les enfants, envoyés par S.A.R. à la Reine de Naples en 1782« überliefert.[15] Dieses Programm beginnt mit der körperlichen Erziehung und Ernährung, in einem mit Bedacht zusammengestellten Diätplan, der ganz modern anmutet, mit Obst, Gemüse, Brot und Suppen (als Frühstück), aus dem Mehlspeisen und Süßigkeiten ausgeschlossen sind, vor dem sechsten Lebensjahr bekommen die Kinder kein Fleisch. Auch die Kleidung wird in diesen minutiösen Plan einbezogen: »Die Knaben tragen bis zu ihrem neunten Lebensjahr Matrosenanzüge mit langen weiten Hosen und einer kurzen Jacke ohne Kragen, die am Hals offen ist, und einen runden Hut . . .«[16] Die Matrosenkleidung kam in England im 18. Jahrhundert auf, nicht nur, weil sie dem »bürgerlich-sportfreudigen, naturfreundlichen Geist der Engländer«[17] entsprach, sondern auch, weil sich das Bürgertum bewußt vom Adel absetzen wollte, indem es eine eigene Kleidung für seine Kinder schuf. Daß diese Kleidung später, im 19. Jahrhundert, auch vom englischen Hof übernommen wurde, ist auf eine andere Entwicklung zurückzuführen. So fortschrittlich dieser Anzug gewesen ist, so ungewöhnlich ist sein Auftauchen an einem italienischen Hof. Vermutlich aber hat Leopold, der vielfache Beziehungen zum Ausland unterhielt, dieses Kleidungsstück durch einen seiner englischen Besucher kennengelernt, es stand im Einklang mit dem bürgerlich-patriarchalischen Klima, das am Hof von Florenz herrschte. Die Kinder wachsen »nicht in einem Palast, sondern in einem Heim« auf. Der Großherzog »bemühte sich, Männer aus ihnen zu machen und nicht Prinzen, die sie ja schon waren«, lautet das Urteil eines Zeitgenossen.[18] Diese Familienatmosphäre am Hof von Toskana hat nichts mehr zu tun mit dem »Haus«, mit dem in der höfisch-aristokratischen Gesellschaft des Ancien régime die Repräsentanten dieses Hauses, das ist die Familie samt Gefolge und Gebäuden, umschrieben wurde. Der Diplomat und Historiker Louis Dutens berichtet in seinen Memoiren:

»Es ist wahr, daß er [Leopold] nichts für Pomp ausgibt, daß die häuslichen Angelegenheiten seiner Familie so wohlgeregelt sind wie die eines Privatmannes und daß er in der öffentlichen Verwaltung sein eigener Premierminister ist . . . Einer der größten Kostenpunkte ist für den Großherzog die Erziehung seiner Kinder: die beste, die ich je unter Fürsten gesehen habe.«[19]

Selbst ein fanatischer Leser und Bücherwurm, sorgt Leopold auch für die Lektüre der Kinder, denen man nur Bücher gibt,

»die ich selber durchgesehen habe. Und da meine Frau und ich sie fast fortwährend sehen und ganz im Einverständnisse mit ihren Meistern handeln, so ist man von einem Moment zum anderen in der Lage, das was zu ändern ist, wieder zurecht zu bringen, indem wir die Meister ersuchen, ihre Methode zu wechseln.«[20]

Als Bücher, die er bei der Abfassung der Maximen seiner Erziehung zu Rate gezogen hat, nennt der Großherzog folgende: »Mad. de Lambert, avis d'une mère à sa fille et avis d'une mère à son fils [Bibl. Nr. 104]; Instruction d'un père à ses enfants [Bibl. Nr. 168]; Eraste, ou l'ami de la jeunesse »livre excellent« [Bibl. Nr. 64]; Mad. de Genlis, ›Adèle et Théodore ou lettres sur l'éducation‹ (1782), il a dans ce livre beaucoup d'inutile, mais beaucoup de bon [Bibl. Nr. 77]; ›Annales de la vertu‹ (1781) [Bibl. Nr. 78]; Les pensées de Marc Aurèle; General Kinsky, Gedanken eines Böhmen über die Erziehung; Duguet de l'éducation d'un Prince: ›bon livre quoiqu'écrit avec pédanterie‹; Fénélon, l'Examen de conscience d'un roy*, Les conversations d'Émile [Bibl. Nr. 120]; Les sermons de Massillon, Bourdaloue.«**

Die Erziehung der Kinder wurde, nach den Instruktionen des Großherzogs, in drei Abschnitte geteilt, der erste reichte vom 7. bis zum 12., der zweite vom 12. bis zum 16. und der dritte vom 16. bis zum 20. Lebensjahr. Eine ähnliche Einteilung findet sich auch in Campes »Kleiner Kinderbibliothek« [Bibl. Nr. 26], die jedoch erst fünf Jahre nach dem Entwurf Leopolds erschien, so daß er sie nicht von Campe übernommen haben konnte.

Mit drei Jahren läßt man sie bereits »spielend lesen und buchstabieren«. Schon die Antike hat spielerische Methoden angewendet, um die Kinder in die Buchstabenmystik des Alphabets einzuführen. Man gab ihnen elfenbeinerne Typen und Würfel, auf denen das Alphabet stand,[21] Erasmus schlug eßbare Buchstaben vor, die an die Basedowsche Buchstabenbäckerei erinnern, auch Buchstaben aus Lebkuchen oder süßem Teig wurden vorgeschlagen [Bibl. Nr. 67], weil aber die Kinder Leopolds Naschwerk und Süßigkeiten nicht erhielten, wäre dies kaum ein geeignetes Verfahren gewesen. Die im 18. Jahrhundert beliebteste Technik, Kindern das Alphabet beizubringen, war das von dem Franzosen Mas de Montpellier erfundene ›Bureau typographique‹, ein Setzertisch, über dem sich ein Fachkasten mit Kärtchen befand, die die einzelnen Buchstaben enthielten. Das Kind lernte allmählich, den Fächern jene Buchstaben zu entnehmen, aus denen es ein Wort zu bilden hatte [Bibl. Nr. 69 und Nr. 136].

Ziele der ersten Erziehungsstufe waren, nach den Anweisungen des Großherzogs, Körperkräftigung, Lesen und Schreiben und die Erlernung fremder Sprachen.

»Die wichtigsten Sprachen sind Italienisch, Französisch, Deutsch und Latein. Deutsch, die schwerste unter ihnen, muß spielend gelernt werden, Französisch und Italienisch lernen sie von selbst ... Latein muß nach der Grammatik studiert werden, aber nur ... um die lateinischen Schriftsteller zu verstehen, übersetzen und Latein schreiben zu können.«[22]

Zwei Tendenzen zeichnen sich in dieser Sprachregelung ab: Eine allgemeine, die dem Französischen den Vorrang vor dem Deutschen einräumt, und die Differenzierung beim Erlernen des Lateinischen, das nicht mehr als lebende Sprache, sondern als Teil einer humanistischen Bildung

* Der Titel »l'Examen de conscience d'un Roy« ist in Franz' Bibliothek dem Werk Condillacs »Cours d'Etude pour l'instruction du Prince de Parme« [Bibl. Nr. 37] beigebunden.

** Louis Bourdaloue (1632—1704), der wegen seiner Beredsamkeit mit Bossuet verglichen wird, war Hofprediger Ludwigs XIV. Massillon (1693—1742), einer der letzten großen Kanzelredner, der in seinen Predigten weniger über das Dogma und die Heilige Schrift sprach als über Philosophie und Moral und gerade deshalb von den Enzyklopädisten besonders hoch geschätzt wurde.

betrachtet wird. In der Formulierung nähert sich Leopold hier der Pädagogik der Jansenisten, die zwar eine geläufige Beherrschung des Lateinischen, d. i. der Grammatik und der Lektüre der Klassiker fordern, dem Lateinunterricht aber nicht mehr die frühere Bedeutung zumessen und ihn von drei Jahren auf sechs Monate beschränken. Latein bleibt wichtig als Sprache der Kirche und zur »Bildung des Geschmacks«[23]. Für die späteren Stufen wird der Geschichtsunterricht zum Hauptfach, auf ihn war auch Franz' Lektüre zum Teil ausgerichtet. Weitere Unterrichtsfächer sind Mathematik, Physik und Chemie, Botanik, Rhetorik, Logik, Ethik und Philosophie, für die Franz eine besondere Vorliebe zeigte. In Wien kamen dazu Rechts- und Staatsgeschichte, Geschichte der Baukunst, der Religion und Militärwissenschaft.

Franz, der schüchtern und in Gegenwart Fremder leicht »embarassiert« war, wurde, wenn Fremde von Distinktion bei Hof erschienen, zugezogen (nicht immer zu seinem Vergnügen), um sich etwas Gewandtheit im gesellschaftlichen Umgang anzueignen. 1774 besuchte die Herzogin von Chartres, in Begleitung des Comte und der Comtesse de Genlis, Florenz; Madame de Genlis wurde nach einem bewegten und abenteuerlichen Leben eine der bekanntesten und umstrittensten Schriftstellerinnen im Frankreich des 18. und beginnenden 19. Jahrhunderts, ihren Ruhm verdankte sie ihren zahlreichen Erziehungs- und Jugendschriften. Die Erinnerung an diesen Besuch hat Franz später in seiner Sammlung aufbewahrt, sieben ihrer Werke sind hier vertreten [Bibl. Nr. 77—83], übertroffen wird sie nur von Campe mit acht Titeln [Bibl. Nr. 26—33].

1781 bereiste der Publizist August Ludwig Schlözer mit seinem gelehrten Töchterchen Dorothea Italien und kam auf der Rückreise auch nach Florenz, um dem Großherzog seine Reverenz zu erweisen. Leopold wußte solche Besuche nach ihrem propagandistischen Wert wohl zu schätzen, zumal Schlözer das gebildete deutsche Publikum in seinen »Staats-Anzeigen« laufend über die toskanische Reformpolitik unterrichtete. »Dortchen«, die »Demoiselle Schlözer«, die mit siebzehn Jahren in Göttingen zum Doktor der Philosophie promoviert werden sollte, beherrschte mehrere neue und klassische Sprachen, »wußte von den Lehrsätzen und Beweisen der beiden ersten Bücher des Euklid Rechenschaft zu geben«[24] und hatte unter der Leitung ihres Vaters auch bereits eine Reihe von Geschichtswerken studiert. In Florenz wurde Sigismund Anton Graf von Hohenwart die Ehre zuteil, Vater und Tochter die Sehenswürdigkeiten der Stadt zu zeigen und sie dann zu Franz zu geleiten, »der sich ganz gut mit selben aufführte«. Uns ist nicht überliefert, wie sich das Gespräch zwischen dem gelehrten kleinen Mädchen, sie war damals elf Jahre alt, und dem dreizehnjährigen Franz abgespielt haben könnte, wenn es überhaupt stattgefunden haben sollte. Nicht nur sprach Franz ebenfalls mehrere fremde Sprachen, sondern er hatte zu dieser Zeit auch schon Bossuet, La Bruyère, Polybius, Massillon, Tacitus, die Briefe Fléchiers und Schröckhs Allgemeine Weltgeschichte [Bibl. Nr. 150] gelesen. Fürstenerziehung und die Erziehung des gelehrten Kindes hielten einander die Waage. Auch an den Fürstensohn werden Erwartungen gestellt, die den Rahmen des Alltäglichen sprengen und ihm die Aura des Außergewöhnlichen verleihen. Franz mag sich dieses Besuches erinnert haben, als er Schlözers originelle und witzige Vorbereitung zur Weltgeschichte für Kinder [Bibl. Nr. 148] der Sammlung einverleibte.

Das reich beladene Erziehungsprogramm sah, neben Reit- und Tanzunterricht, den Besuch von Galerien, Museen, Bibliotheken und Archiven vor, ebenso die Besichtigung von Werkstätten, Spitälern und Armenhäusern, denn, so bemerkte der Großherzog, »man müsse alles sehen und den Menschen in allem kennen«. Zu den Werkstätten gehörte auch die des Großherzogs, wo Franz dem Vater beim Tischlern, Drechseln und Anstreichen zusehen und bisweilen sogar mittun durfte. Der Vorliebe Franz' für diese Betätigungen, Kunsthandwerk sowie Handwerk überhaupt, verdanken wir eines der reizvollsten Bücher der Sammlung, Johann Peter Voits »Unterhaltungen für junge Leute . . .« [Bibl. Nr. 174], die im dritten Band vierzig Handwerke und Künste auf neununddreißig handkolorierten gestochenen Tafeln enthalten.

1774 war Graf Franz de Paula Karl von Colloredo-Wallsee zum Ajo* ernannt worden. Pedantisch, etwas langsam, kein hervorragend scharfer Geist, aber rechtschaffen, tief religiös und ein »Mann der saubersten Haltung«, so wird er uns geschildert. Er sollte zweiunddreißig Jahre lang, bis zu seinem Tod, mit dem künftigen Kaiser verbunden bleiben. Als er seinen Zögling übernahm, war Franz sechs Jahre alt; er konnte Deutsch lesen und schreiben, Italienisch und Französisch nur lesen. Mit sieben Jahren bat er, das »Spectacle de la nature« von Noël Antoine Pluche [Bibl. Nr. 136] lesen zu dürfen, wo ihn die Beschreibung eines Bergwerkes besonders interessierte. Vermutlich hat ihn Leopold, dem das Werk aus seiner eigenen Jugend bekannt war, darauf hingewiesen. Franz liest aber nicht nur, was ihm vorgegeben wird, sondern entwickelt sich ganz wie sein Vater zum Bücherwurm, er liest selbständig, führt Buch über seine Lektüre, schreibt ganze Passagen aus einzelnen Büchern ab und versieht sie mit kritischen Anmerkungen. Cornelius Nepos muß er nicht nur ins Deutsche übersetzen, sondern man gibt ihm auch ins Deutsche übersetzte Kapitel daraus, die er ins Lateinische zu übertragen hat, auch muß er Lebensgeschichten berühmter Männer, wie die des Prinzen Eugen, das Leben des hl. Friedrich von Utrecht und Briefe Sokrates' in drei Sprachen übersetzen. Der Sotto-Ajo Manfredini liest ihm Teile aus Lessings »Briefe die neueste Literatur betreffend« vor oder aus dem Leben des Lucullus, aus Bossuets »Discours sur l'histoire universelle« (die für den Dauphin, den Sohn Ludwigs XIV. bestimmt waren) und aus den Lebensbildern des Plutarch, der später zu seinen Lieblingsautoren gehören wird. Mit zehn Jahren schreibt er an den abwesenden Colloredo:

> »Ich bin sehr erfreut, Ihnen zwei Fabeln zu geben vom Fuchs und Dornstrauch und von der Henne, welche die Schlangeneier gebrütet hat. Diese beiden habe ich vom Deutschen ins Lateinische übersetzt und ich weiß, daß Sie die Fabeln gern haben. Ich bitte Sie also, die Arbeit meiner Hände anzunehmen zum Zeichen des Fleißes, welchen ich mir gegeben habe.«[25]

Was für ein Gemisch aus Altklugheit, Courtoisie und Naivität! Als Lehrgegenstand war auch Rhetorik vorgesehen, im Unterricht wohl eher als Stilelement und Beredsamkeit, wie Gottsched ihre praktische Anwendung nennt. In Franz' schriftlichen Übungen im deutschen Stil, die mit der Beredsamkeit beginnen, heißt es:

> »Von 1710 an hat unser Vaterland in der philosophischen, oratorischen und historischen Schreibart Meisterstücke aufzuweisen. Des Freiherrn von Wolf gereinigte Weltweisheitslehre, die dadurch beförderte Art, natürlich zu denken, die zur Verbesserung des Geschmackes und der Sitten aufgerichteten Gesellschaften und Wochenblätter haben die Blüthe der Beredsamkeit gewirkt.«[26]

Wir hören den Großherzog, der in seinen vermutlich um 1775 entstandenen »Notes sur l'éducation publique« als Lehrbuch der Philosophie an erster Stelle »l'Abregé de la morale de Wolf par Thummigius« nennt. Ein Lehrbuch der Aufklärung, das »gerade im fünften und sechsten Jahrzehnt des Jahrhunderts, gegen heftigen Widerstand der Anhänger der alten scholastischen Philosophie, vom Westen her über Salzburg und Kremsmünster nach Österreich eingedrungen [ist],

* Ajo bzw. Aja (span.) war der Titel der Person, welcher die Erziehung eines Prinzen (Prinzessin) aus dem Hause Habsburg anvertraut war.

als Schrittmacher und Symbol des Sieges der Leibniz-Wolff'schen Aufklärungsphilosophie«[27]. Mit Recht wird in dem Übungsbuch ein Zusammenhang hergestellt zwischen Christian Wolff und den Wochenblättern, in denen er mit seiner »gereinigten Weisheitslehre«, d. i. die »Wissenschaft aller möglichen Dinge und warum sie möglich sind«, allgegenwärtig ist. Christian Fürchtegott Gellert, den Franz in diesen Lektionen über Grammatik, Beredsamkeit und Stil ebenfalls kennenlernt, hat in seinen Vorlesungen über Dichtkunst, Moral und Beredsamkeit wiederholt auf die Bedeutung der Moralischen Wochenschriften hingewiesen. Nicht nur ist »das Bild der deutschen Literatur des 18. Jahrhunderts für einige Jahrzehnte von der Gattung der Moralischen Wochenschriften wesentlich mitbestimmt worden. Ihre Wirksamkeit ist mit dem, was wir, auf alle Bereiche des geistigen und gesellschaftlichen Lebens bezogen, ›Aufklärung‹ nennen, engstens verknüpft . . .«[28] In ihren Inhalten kamen sie dem literarischen Bedürfnis des gehobenen Bürgertums entgegen. Mit ihnen und den »zur Verbesserung des Geschmacks und der Sitten aufgerichteten Gesellschaften« wird ein weiteres Element bürgerlicher Mentalität, die Sozietäten, die »zu wesentlichen Faktoren der Meinungsbildung einer neuen bürgerlichen Öffentlichkeit . . .« geworden waren, eingeführt. In diesen Sozietäten waren Klerus und Adel, Amtsadel und Kleinadel sowie das Bürgertum mit Juristen, Ärzten, Offizieren, Kaufleuten und Unternehmern mit jeweils verschiedenen Anteilen vertreten. »Dank dieser Zusammensetzung haben die Sozietäten fast ausnahmslos eine wichtige Rolle im Ausgleich und in der Annäherung der Stände . . . vor allem zwischen Adel und Bürgertum [gespielt].«[29]

Freilich wäre es falsch, anzunehmen, die Deutsch- und Grammatikstunden wären darauf gerichtet gewesen, dem Erzherzog ein neues gesellschaftliches Bewußtsein zu vermitteln. Was in diesen Lektionen über Philosophie und Literatur gelehrt wurde, fällt in den Bereich der aufgeklärten Erziehung, wie sie den Vorstellungen Leopolds entsprach. Die ›schlichte‹ Atmosphäre am Hof von Toskana mag das Ihre beigetragen haben zum Verständnis für den Wandel der Zeit und der Gesellschaft des aufsteigenden Bürgertums. Leopold umschreibt diesen Wandel in einer Instruktion aus dem Jahre 1774 so: »Fürsten müssen vor allem anderen von der Gleichheit der Menschen überzeugt sein . . . [Sie] müssen sich immer bewußt sein, daß sie Menschen sind; daß sie ihre Stellung nur einer Übereinkunft zwischen anderen Menschen verdanken . . .«[30] Das ist die zwischen gleichberechtigten Menschen auf allgemeiner Zustimmung beruhende politische Gemeinsamkeit im Sinne der Lockeschen Staatsphilosophie.

Auf Wunsch Maria Theresias war 1777 Graf Sigismund Anton von Hohenwart zum Geschichtslehrer der beiden älteren Söhne des Großherzogs bestellt worden. Hohenwart hatte dem Jesuitenorden bis zu dessen Aufhebung angehört, war 1761 Präfekt und Professor der Weltgeschichte an der k. k. Theresianischen Akademie in Wien geworden und später Direktor einer Erziehungsanstalt in Linz. Nach seinem Eintreffen in Florenz unterbreitete er Großherzog Leopold auf dessen Wunsch ein ausführliches Programm für den Geschichtsunterricht. Zur Einführung empfahl er die damals bekanntesten historischen Werke von François Joseph Béradier de Bataut, die des Claude F. X. Millot und Nicolas Lenglet Dufresnoy sowie einige, ebenfalls französische, geographische Lehrbücher. Franz las Herodot, Polybius, Plutarch, Tacitus und studierte Michael J. Schmidts (des Direktors des Kaiserlich-Königlichen Familienarchivs) »Geschichte der Deutschen« sowie die »Einleitung zur allgemeinen und besondern Europäischen Staatskunde« des Holländers M. E. Tozen. Hohenwart beabsichtigte, für jeden Abschnitt der Geschichte über die besten älteren und neueren Historiker mit einer kurzen Biographie zu berichten, wie er denn offensichtlich bemüht war, den Unterricht so lebendig als möglich zu gestalten. Zur Aufmunterung

»würde ich gehorsamst um die Erlaubniß bitten, den Erzherzogen bei vorkommender Gelegenheit gestochene oder abgeformte Statuen, Büsten, Risse, Medaillen u. s. w. auf wichtige Fälle Regentenfolgen Gebäude u. a. vorlegen zu dürfen. Durch derlei Mittel wird allen inneren und äußeren Sinnen geholfen, der Vortrag lebhafter, das Lernen angenehmer, das Beibehalten sicherer gemacht und unter einem eine Menge Kenntnisse eingeflößt, die zur Verfeinerung und Aufklärung des Geistes sehr ersprießlich sind.«[31]

Was Hohenwart hier vorschlägt, liegt im Sinn der Pädagogik der Aufklärung, die den »Gebrauch der Bilder zur Beförderung der anschauenden Erkenntnis . . .«, »zur Veranschaulichung geistiger Begriffe« empfiehlt.[32]

Hohenwart verfährt freilich etwas differenzierter, bei ihm wird das Material ad hoc, jeweils nach Bedarf, herangezogen, es ist nicht homogen wie die Illustration des Buches, die auf den Text abgestimmt ist, eine Identifikation von Bild und Text findet hier nicht statt.

Er stellt auch Überlegungen darüber an, welche Methode ihm für den Geschichtsunterricht am geeignetsten erschiene:

»Ich würde mich bei demselben in der Ordnung und Einkleidung der Erzählung so einrichten, daß die Erzherzoge selbst auf moralische und politische Anmerkungen verfallen könnten und selbe bei den Ihnen vorgelegten Fragen vermuthlich aus dem Stegreife machen würden, wo ich befließen wäre, Ihnen zu Rechte zu helfen, wenn Sie falsch schlossen, oder wenn Sie recht daran wären, Sie ausführlicher zu bestärken, folglich zum Denken und Ueberlegen mit der Vorsicht anzuleiten, daß Sie weder Zweifler oder Leichtgläubige, weder unendlich untersuchende, weder unaufmerksame Geister würden, sondern sich dem Mittel, welches bei jedem Sterblichen die nützlichste Gabe ist, nähern könnten.«[33]

Nach diesen Ausführungen soll der Unterricht in Form eines Gespräches zwischen Lehrer und Schüler vor sich gehen. Am Beginn steht die »Erzählung« als »Einkleidung«. Erzählen heißt »durch Worte einem andern bekannt machen«[34], ein Vorgang, in den der Zuhörer (Schüler) noch nicht einbezogen wird. Ihn jedoch so »einzurichten«, daß der Zuhörer sich in die Handlung einbezogen und herausgefordert sieht, »selbst auf moralische und politische Anmerkungen [zu verfallen] . . .« stellt eine Didaktik vor, bei welcher der Schüler eingeladen wird, selbst am Lernprozeß mitzuwirken. Das ist eine recht modern anmutende Methode, die selbst 1898, als der Biograph Franz', Cölestin Wolfsgruber, darüber berichtete, noch revolutionär erscheinen mußte. Denn auf diese Art wurden ja die Prinzen »zu Einwürfen, Widerlegungen und Disputationen« gebracht und damit »die Grenze des Zulässigen allzuleicht überschritten«. Es kam bisweilen zwischen dem Geschichtslehrer und Franz zu erregten Disputen, wenn sie über ein Thema verschiedener Meinung waren, zum Erstaunen Colloredos, doch auf alle Vorhaltungen meinte Franz: ». . . seine Schriften für Hohenwarth hellten seine Fehler auf, er wisse, zu was sie ihm dienten, sie würden für ihn reden müssen«[35]. Franz mag erkannt haben, daß er in diesem sieben Jahre währenden Dialog gelernt hatte, was oberstes Prinzip jeder Pädagogik sein sollte: Die Fähigkeit, sich ein Urteil zu bilden (ohne hier auf das Urteil als philosophische Kategorie eingehen zu wollen).

Franz' kritischen Verstand bezeugt eine der Aufzeichnungen, wie er sie über seine Lektüre anzufertigen pflegte; sie stammt aus dem Jahr 1781 — er war damals dreizehn Jahre alt — und handelt »von dem heutigen politischen Zustande Frankreichs«. Franz merkt an:

»Es scheint, Frankreich sei keine Monarchie, denn wenn man die Zeitungen liest, so sieht man, daß, so oft als der König etwas macht, schickt er es zum Parlament einzuregistriren und zu untersuchen. Das Parlament nennt sich daher den Vormünder des Königs, den wichtigsten Theil der Nation. Das Parlament aber stellt nicht die Nation vor, weil selbes den Ständen nicht nachgefolgt ist. Sie sollen nicht anders als im Namen des Königs Gericht sprechen. Dieses ist ihr Auftrag, und sie können sich nicht den Befehlen des Königs widersetzen. Beweis dafür ist, daß der König in allen Befehlen schließt: tel est notre bon plaisir.«[36]

Der dem Jansenismus zugeneigte Großherzog stand dem Exjesuiten Hohenwart anfänglich mit Mißtrauen gegenüber, ehe er sich durch dessen Erfolge von der Wirksamkeit der Methode überzeugen ließ. Er schreibt 1781: »Der Graf Hohenwarth wird wie früher seine Lectionen aus der Geschichte und Geographie fortsetzen, da ich bei der excellenten Art und Weise, deren er sich zu meiner vollen Genugthuung bedient, nichts dazu zu setzen habe.«[37] Fragte man Franz, welches Studium ihm wohl das liebste sei, pflegte er zu erwidern »Geschichte«. Darüber schrieb er 1779 an Colloredo:

»Ich muß Ihnen aufrichtig bekennen, daß die Historie ein sehr schönes Studium ist und mich sehr unterhaltet, denn ich fange an, ihren Nutzen einzusehen. Ich werde mir also die Freiheit nehmen, Ihnen meine Gedanken darüber zu entwerfen. Sie ist die wahre Führerin des Lebens, denn sie zeigt uns das Böse, damit wir einen Abscheu und einen Haß davor bekommen und es meiden, das Gute im Gegentheil, damit wir es befolgen und zur Vollkommenheit gelangen. Denn was wünschen wir Menschen mehr als die Vollkommenheit? Also, mein liebster Graf, scheint es mir sehr schön zu sein. Aber um dieses zu seinem Nutzen zu gebrauchen, so braucht man Fleiß und Anwendung, zwei höchst nothwendige Dinge.«[38]

Ehe der Unterricht in Florenz zu Ende ging, gab Hohenwart in einem ausführlichen Bericht »Meister Hohenwarth's Nachricht über die Geschichte, in welcher S. K. H. der Erzherzog Franz nach dem zu Anfange bewilligten Plane bis Ende Mai 1784 ist unterrichtet worden, und über die Art, die bey diesem Unterricht ist beobachtet worden.« Aus diesem Bericht geht meist nicht hervor, welche Werke Lehrer und Schüler zu welcher Zeit gemeinsam gelesen oder durchgenommen haben. Mit zwei Ausnahmen, Schmidts »Geschichte der Deutschen« und Tozens »Europäischer Staatskunde«, handelt es sich durchwegs um französische Arbeiten. Von diesen sei eine besonders hervorgehoben, weil sich hier erweist, mit welcher Liberalität Hohenwart in seinem Unterricht verfuhr. Der Autor ist Gabriel Bonnot de Mably, der Bruder Condillacs, an dessen »Cours d'Etude pour l'instruction du Prince de Parme . . .« [Bibl. Nr. 37] er mitgewirkt hatte. Mably gilt als eine der intellektuellen Schlüsselfiguren der Revolution, »le profond et savant Mably«, wie er im »Livre utile et agréable« [Bibl. Nr. 122], einem sogenannten »Catechisme républicain«, genannt wird. Anläßlich der Besprechung des Verfalls des »Atheniensischen Staates« lasen »S. K. H. . . . darüber die Entretiens de Phocion sur le raport de la Moral avec la Politique«. Der Verfasser wird nicht genannt, er wird als bekannt vorausgesetzt. »Die moralphilosophischen Gedanken, die Mably als ›*Entretiens de Phocion*‹ präsentierte, waren sein meistgelesenes und auch weitestverbreitetes Werk, mit 25 Auflagen vor der Revolution ein europäischer Bestseller. Hier gelang es Mably, neben politisch und historisch Interessierten, große Teile der traditionellen Bildungsschicht . . . zu erreichen.«[39]

1784, vor Franz' Abreise nach Wien, überreichte ihm Hohenwart ein Vademecum in Form eines politischen Vermächtnisses, das ihm eine Vorstellung von den Herrscherpflichten, den Rechten des Volkes und der hohen Verantwortlichkeit des Regenten vermitteln sollte. Die Ausführungen dieses Abschnittes beginnen mit der ältesten Regierungsform, der Monarchie:

»Die Monarchie erscheint als die erste, als die älteste Regierungsform bei allen Nationen, sobald sie zu dauernden Gesellschaften übergegangen waren. Ohne alle Zeugnisse der Geschichte hätte man diese Begebenheiten errathen, sogar vorsagen können. Da die monarchischen Regierungsform die ähnlichste der hausväterlichen Leitung ist, welche die ältesten Menschen allein kannten, da sie für unausgebildete Köpfe, wie die Menschen derselben Zeiten waren, die faßlichste ist, war es nicht zu vermuthen, daß sie sich zu einer andern Regierungsart hätten entschließen sollen. Der Gedanke, in dem Monarchen einen ›allgemeinen

Vater‹ zur Leitung ›der Kinder‹ zu haben, mußte den seligen Wunsch hervorbringen, daß doch die gegenseitigen Pflichten des ›Monarchen‹ und des ›Unterthans‹ nach diesem Urbilde und zur größten Glückseligkeit des Staates abgemessen und geleistet würden. Ob die Gesellschafter bei dem Anfange dem aufgestellten Monarchen die höchste Gewalt in ihrer ganzen Weite oder welche Theile derselben insbesondere eingeräumt haben, ob und welche Gerechtsame sie sich vorbehalten haben, ob sie dieses stillschweigend oder ausdrücklich geleistet haben, meldet die Geschichte nicht; nur aus dem Endzwecke der Einführung der monarchischen Regierungsform und aus dem zur Zeit noch nicht furchtsam gemachten Zutrauen der ersten, unschuldigen Menschen zu jenem, dem sie sich als dem allgemeinen Vater anvertrauen wollten und den sie zu ihrer Absicht fähig glaubten, sollte man schließen, daß den allerältesten Monarchen die höchste Gewalt ohne alle Einschränkung in ihrer ganzen Vollkommenheit sei aufgetragen worden. Das Zutrauen scheint eine unserer frühesten Eigenschaften. Die Erfahrung des Betrugs macht uns erst mißtrauisch, das Mißtrauen vorsichtig. Die Vorsicht brachte dann Bedingnisse, Einschränkungen, Fundamentalgesetze, Forderungen des Wortes, Eide, Capitulationen, schriftliche Verpflichtungen hervor.«[40]

Der Vergleich mit der hausväterlichen Leitung führt hinüber zum patriarchalischen Patrimonialismus, »wo nun der Fürst seine politische Macht . . . prinzipiell ebenso organisiert wie die Ausübung seiner Hausgewalt . . .« Max Weber spricht in diesem Fall von einem patrimonialstaatlichen Gebilde.[41] Bei Hohenwart wird der Monarch damit zum allgemeinen Vater, die Kinder werden zu Untertanen, die gegenseitigen Pflichten des Monarchen und des Untertans analog zur patriarchalischen Form der bürgerlichen Gesellschaft bemessen und abgegrenzt.[42] Als Patriarch ist der Monarch »nicht der Held, sondern der ›gute‹ Fürst . . . das Ideal, welches die Massenlegende verklärt«. Der patriarchale Patrimonialismus hat sich daher »als Pfleger der ›Wohlfahrt‹ der Untertanen vor sich selbst und vor diesen zu legitimieren. Der ›Wohlfahrtsstaat‹ ist die Legende des Patrimonialismus, erwachsen nicht auf der freien Kameradschaft angelobter Treue, sondern auf der autoritären Beziehung von Vater und Kindern: der ›Landesvater‹ ist das Ideal der Patrimonialstaaten.«[43]

Was Hohenwart nach dieser historischen Einleitung ausführt, entspricht grundsätzlich der von Weber stammenden Definition eines patrimonialstaatlichen Gebildes, doch versteht er es, in seine Darstellung Elemente des aufgeklärten Absolutismus einzuflechten, der ja in Österreich »ausgeprägte patriarchalische Züge zeigte«. Von der Gegenseitigkeit der Pflichten, wie sie für die älteste Monarchie noch postuliert wurde, ist nicht mehr die Rede, sie wird aufgehoben, an ihre Stelle werden durch die Einführung der Kategorie des »Opfers« neue Maße gesetzt, nach denen die Pflichten dem Monarchen, das Opfer den Untertanen zugeordnet werden. Die Größe des Opfers, das im Konnex, wie sich zeigen wird, seinen ursprünglich sakralen Charakter beibehalten hat, bestimmt das Maß der Pflichten des Regenten. Mit dieser Darstellung bietet sich dem Mentor die Chance, auf formal-juristische Elemente zu verzichten und die Verantwortlichkeit des Monarchen nach seinen Absichten zu interpretieren. Denn:

Wer wird es verkennen können, daß der unabhängige freie Mensch mit Aufstellung des Monarchen im Staate sich großer, unschätzbarer, angeborner Vorzüge wirklich begeben habe? Wer muß nicht über die Größe so eines Opfers erstaunen? . . . Er mußte sich verbinden, sein einzelnes Wohl nach dem Urtheile des Monarchen dem wirklichen oder vermeinten Wohl der mehreren Mitbürger aufzuopfern, ohne daß es ihm erlaubt werde, zu untersuchen, ob dazu eine eigentliche Nothwendigkeit sich finde.«[44]

Aus der Größe dieses Opfers, dem unendlichen Verzicht der Bürger, leitet sich die hohe Aufgabe ab, die dem Fürsten obliegt. Dort, wo es sich um ihn handelt, ist nur die Rede von der Last des mühevollen Berufes, seine Pflichten sind beschlossen in dem Satz: »Seitdem er seinen Posten wird bezogen haben, gehört er nicht mehr sich sondern seinem Staate.«[45]

Diese Konzeption von den Pflichten des Fürsten geht auf eine alte Tradition zurück. Sie führt von Senecas Fürstenspiegel »De clementia«, wo es heißt: »(rex) probavit, non rem publicam suam esse, sed se rei publicae«, über Massillon, dessen Reden, Gespräche und Gedanken Franz aus seinen Lehrstunden kannte, bis zu Fénelons »Télémaque«, wo Mentor den Telemach mahnt: »N'oubliez jamais, que les rois ne régnent point pour leur propre gloire, mais pour le bien des peuples.« Und noch eindringlicher heißt es in dem berühmten Brief an Ludwig XIV.: »C'est . . . vous, que Dieu n'a mis au monde que pour votre peuple.« Die lapidare Feststellung Hohenwarts vom Fürsten, der von nun an nicht mehr sich, sondern seinem Staat gehört, steht in der Mitte zwischen dem leidenschaftlichen Appell Fénelons und dem Wort Friedrichs II.: »Un prince est le premier serviteur et le premier magistrat de l'Etat.« Auch Friedrichs II. Wunsch war es gewesen, den Untertanen das höchste Maß irdischen Glückes zu verschaffen, doch »der Imperativ der Staatsnotwendigkeit, wie er ihn verstand, siegte jedesmal und überall, wo es zu wählen galt, über die Forderung der Humanität, auch über die Ideale seiner Aufklärungsphilosophie überhaupt«[46]. Die Rationalisierung von Dynastie und Staatssystem, ». . . um aus dem preußischen Staate einen wirklichen Großstaat zu machen und ihn hinauszuheben über den Typus der bloß dynastisch regierten deutschen Territorialstaaten . . . diese[s] künstlich und bewußt ausgestaltete[n] Staatsgebilde[s] . . .«[47], bot kaum Möglichkeiten für Vergleiche mit der auf alten Traditionen beruhenden Monarchie der Habsburger. In der Theorie Hohenwarts können Verzicht und Opfer des Volkes auf der einen und die hohe Bürde des Monarchen, die Last seines Amtes auf der anderen Seite mit der Ratio allein nicht erfaßt werden. Zwar spricht der aufgeklärte, Bayle, Montesquieu, Voltaire und Rousseau verpflichtete Geschichtslehrer nicht von Gottesgnadentum und dem »unerforschlichen« Ratschluß Gottes, »welchem allein der Monarch verantwortlich sei . . .«[48], bei ihm ist der Fürst ». . . seinem Volke, das sich ihm anvertraut hat, der Welt, die auf ihn sieht, dem menschlichen Geschlechte, dessen Schicksal er leitet, Rechenschaft schuldig.«[49] Diese Aufgabe ist so übermenschlich, daß er dem Volk »eine Art von sichtbarer Gottheit ist«[50]. Aus allen Sterblichen ist er zum ersten Platz erhoben worden: »Die Gottheit hat unter Menschen nichts Größeres einzuführen vermocht.«[51]

Hier wird die Gottheit alternierend sowohl für den Schöpfer wie — wenngleich nur metaphorisch — für das von ihr geschaffene Geschöpf gesetzt. Eine semantische Antimonie, die auf den Sprachgebrauch des 18. Jahrhunderts zurückgeht, nach welchem

> »das wort gottheit, seinem charakter als abstrakter bildung gemäsz, in all seinen beziehungen das merkmal des begrifflichen und gedanklichen stärker als das des persönlichen, konkret dynamischen trägt. mit dieser anwendung erreicht das wort im späteren 17. und namentlich im 18. jh. den höhepunkt seines gebrauchs überhaupt, um später allmählich wieder zurückzutreten.«[52]

Mit der Gottheit hat Hohenwart ein charismatisches Element in die Abhandlung gebracht. Im Geschichtsunterricht bindet er die Entstehung der Monarchie an die Geschichte Babylons und konnte mit diesem Rückgriff auf eine ferne Vergangenheit den charismatischen Charakter, der dem Fürsten und dem Amt zugeschrieben wird, in die Gegenwart transponieren. Wohl war ihm bewußt, daß das genuine Charisma, welches mit besonderen persönlichen Eigenschaften seines Trägers verknüpft ist, auf den legitimen Erben einer Monarchie nicht grundsätzlich anwendbar ist. Was aber in den Ausführungen des Geschichtslehrers sichtbar wird, ist das Paradigma für die »Versachlichung des Charisma«, wie Weber, von dem der Begriff stammt, es darlegt:

> »Wenn das Charisma als schöpferische Macht im Verlauf der Erstarrung der Herrschaft zu Dauergebilden vor diesen zurückweicht und nur in kurzlebigen, in ihrer Wirkung unberechenbaren Massenemotionen . . . noch in Wirksamkeit tritt, so bleibt es dennoch, freilich in stark umgewandeltem Sinne, ein höchst wichtiges Element der sozialen Struktur.«[53]

Die Phraseologie, die Hohenwart im letzten Abschnitt über die Verantwortlichkeit des Monarchen verwendet, läuft darauf hinaus, nicht nur das Amt, sondern auch die Person des Fürsten mit charismatischem Charakter im Weberschen Verständnis auszustatten. Die Abhandlung schließt mit den Worten:

»Kommt dann einmal der letzte Abend aller Tage und bei Vollendung seines Tages wird der Fürst, o dann wird der Fürst im Ueberflusse des Trostes aufrufen: ich habe meine Rolle mit Frucht, mit Beifall gespielt; ich liebte und ward geliebt.«[54]

Hohenwart war nicht nur Geschichtslehrer, er war es *auch*, vornehmlich jedoch war er Erzieher und Mentor des künftigen Monarchen, den er auf subtile Art in den Geist des aufgeklärten Herrschertums einführte. Nicht daß er erwartet hätte, Franz — er war damals sechzehn Jahre alt — erkenne die Tragweite dieser Lehren. Doch Hohenwart, als erfahrener Pädagoge, wußte wohl, daß zwischen Erkennen und Nichterkennen eine Grauzone liegt, die des Erahnens, das erst auf dem langen Weg der Erfahrung aus dem Zwielicht an die Schwelle des Bewußtseins gelangt.

Zum Sotto-Ajo war, diesmal auf Wunsch Kaiser Josephs, 1776 Marchese Friedrich Ferdinand Manfredini ernannt worden. Über ihn schreibt der Kaiser an den Großherzog, er habe sich alle Mühe gegeben, eine geeignete Persönlichkeit für den Prinzen zu finden, bisher aber nur den Major Manfredini ernstlich ins Auge gefaßt. Er solle alle Sprachen gut reden, große Kenntnis von den Wissenschaften, besonders von den Belles lettres haben, ein sehr guter Offizier sein, gute Conduite, Exterieur, Art haben, guter Wirt, bei Geld sein und stets sauber equipiert. »Nur sei er etwas jäh und hitzig.«[55] In der letzten Feststellung zeigen sich gewisse Affinitäten mit dem Kaiser, dem diese Eigenschaften ebenfalls nachgesagt wurden.

Manfredini entstammte einer angesehenen venezianischen Familie und zeigte von früher Jugend an außergewöhnliche Begabungen. Nach Absolvierung der kaiserlichen Akademie trat er in die österreichische Armee ein und wurde, kaum dreiunddreißig Jahre alt, Colloredo als Hilfserzieher beigegeben. Manfredini war hochgebildet, korrespondierte mit Gelehrten und Künstlern, betätigte sich in späteren Jahren, nachdem er Staatsminister geworden war, als Mäzen und schrieb Gedichte in italienischer und lateinischer Sprache. Von Anbeginn bestanden zwischen ihm und Colloredo Gegensätze, die, in ihren Temperamenten begründet, sich im Lauf der Jahre nicht milderten, sondern eher verschärften. Manfredini war ein unsteter, brillanter Geist, ehrgeizig, etwas betulich und nicht wählerisch in den Mitteln, sich ins rechte Licht zu setzen und den vornehm-zurückhaltenden Colloredo beim großherzoglichen Paar, aber auch bei Franz aus dem Spiel zu bringen. Dem Ajo Colloredo war er wegen seiner modernen Auffassungen von Pädagogik bald suspekt geworden, Colloredo klagte, er preise in allem Rousseau, Voltaire, Montesquieu usw. und berufe sich mit Vorliebe auf Locke. Auch »läßt er sich zu wenig zum Kind herab«[56], liest mit den Kindern Bücher, die eher Erwachsenen zustünden, und macht bei ihren Spielen mit, als wäre er ihresgleichen. Das sind Erziehungsmethoden, für die Manfredinis Zeit noch nicht reif war, doch sind sie bei ihm nicht Ergebnis der Reflexion, sie entspringen seinem Temperament. Er ist heftig und nimmt es hin, wenn sein Zögling mit gleicher Heftigkeit reagiert. Aber gerade mit dieser unorthodoxen spontanen Art vermochte er es, den in sich gekehrten, zur Melancholie neigenden Franz aus seinen Stimmungen zu lösen, so daß sich dieser, zum Verdruß Colloredos, mehr und mehr zu Manfredini hingezogen fühlte. Bei alldem war der Sotto-Ajo ein passionierter Lehrer, der sich die »Entwicklung seines Zöglings recht hat angelegen sein lassen«. So ungewöhnlich wie er selbst war auch die Lektüre, die er mit Franz gemeinsam durchnahm oder ihm, auf Wunsch, auch vorlas, etwa »Das Leben des Lucullus« aus »Les vies des hommes illustres« des Plutarch, wobei Franz »ganz gute Anmerkungen machte«. Er führt ihn ein in die Memoiren Sullys, des Kanzlers Heinrichs IV., eine merkwürdige Lektüre für einen Halbwüchsigen. Sully aber wird zu seinem Lieblingsbuch, er schätzt die Memoiren wegen der Lebenserfahrungen, die, so erklärt er, darin niedergelegt sind. Womit Franz nicht unrecht hat. Von Heinrich IV. selbst, »dem Vorbild des aufgeklärten Absolutismus«, dem Carl Graf Zinzendorf* eine schwärmerische Verehrung widmete, ist nicht die Rede. Schwärmerische Verehrung ist dem nüchternen, bedächtigen Franz zeit seines Lebens fremd geblieben. Die Memoiren Sullys wurden ihm so wert, daß er Lesefrüchte daraus in einer seiner umfangreichen Aufzeichnungen, mit genauer Angabe des Bandes und der Seitenzahl, bringt, die hier wiedergegeben werden, weil sie die Erwägungen zeigen, von denen der achtzehnjährige Erzherzog sich leiten ließ, und weil sie zeigen, wo er Affinitäten zu eigenen Auffassungen findet:

»Der Friede ist das große und gemeinsame Interesse Europas. Die kleineren Fürsten dieses Welttheiles sollen sich fortwährend damit beschäftigen, die mächtigeren Fürsten durch die sanftesten Mittel zum Frieden zu verhalten, die mächtigeren Fürsten aber ihrerseits den kleineren den Frieden auferlegen, indem sie da, wo es nöthig wird, die Partei der Schwachen und Unterdrückten ergreifen. Dies ist der einzige Vortheil, welchen sie von ihrer Ueberlegenheit ziehen können.«
»Die Revolutionen in großen Staaten sind nicht ein Effect du hasard ou du caprice des peuples.«[58]

Als Franz sechzehn Jahre alt war, führte Manfredini ihn in die Essais von Montaigne ein, »der zu den besten Schriftstellern Frankreichs zählt, aber in seinen Essais mehr als geistreicher Skeptiker denn als positiver Moralist spricht«. Diese Ansicht von Franz' Biograph Wolfsgruber war sicher nicht die Manfredinis. Was aber hat ihn dazu bewogen, Franz — der allerdings schon einiges an ungewöhnlicher Lektüre hinter sich hatte — mit der Lebensphilosophie dieses skeptischen Freigeistes, der zum ›Maître des Libertins‹ des 17. Jahrhunderts geworden war, bekanntzumachen? Wolfsgruber verwendet den Begriff »Moralist« hier noch in der moralphilosophischen Perspektive, obwohl dieser Terminus bereits im 17. Jahrhundert eine Wandlung durchgemacht hat, in der die normative durch eine deskriptive Betrachtungsweise verdrängt wird, und

»zwar weil der Eine Maßstab und die Eine Norm irgendwo in der Vielfalt von Normen und Maßstäben verlorengegangen sind. Moralist ist nunmehr der bloße Beobachter bzw. Analytiker von Sitten und Verhaltensweisen — nicht notwendig der moralische Normen aufstellende Philosoph. In diesem neuen Sinne hat bekanntlich das Wort, vor allem in Frankreich, für mehr als zwei Jahrhunderte Karriere gemacht . . . der erste Klassiker des Genre, Montaigne, der, zumindest von seiner Universalität her, zugleich der größte ist, bietet uns ein ausgezeichnetes Inventar aller wesentlichen Faktoren und Thesen, die . . . die neuzeitliche Skepsis ins Leben gerufen und ausgemacht haben . . .«[59]

So gesehen, wird auch die Heranziehung der Essais durch den kundigen Manfredini verständlich: Die Anschauung und Betrachtung von Bräuchen und Lebensarten und ihre Erläuterung an Beispielen der Zeit. Und doch: Hat Leopold, der die Lektüre seiner Kinder, besonders die der beiden älteren Söhne, aufmerksam verfolgte, Montaigne gekannt, eine Voraussetzung für die Erlaubnis dieser nicht alltäglichen Lektüre eines Sechzehnjährigen? Allerdings hat das Interesse an den Essais seit ihrem Erscheinen — das erstemal 1580 in Bordeaux — nie nachgelassen, sie finden sich auch häufig in österreichischen Adelsbibliotheken des 17. Jahrhunderts.[60]

---

* Graf Karl Zinzendorf, ein Nachkomme des Begründers der Herrenhutergemeinde, Nikolaus von Zinzendorf, bekleidete eine Reihe hoher Stellungen im österreichischen Staatsdienst. Von 1752 bis 1813 führte er Tagebücher (55 Bändchen) über die politischen, kulturellen und gesellschaftlichen Verhältnisse von der Regierungszeit Maria Theresias bis zum Wiener Kongreß. »Die größte Gunst der Aufklärer genoß das Vorbild des aufgeklärten Absolutismus . . . nämlich König Heinrich von Frankreich und sein Minister Sully.«[57]

Wandruszka, der über Leopolds Lektüre ausführlich berichtet, erwähnt Montaigne in diesem Zusammenhang nicht. Doch:

»Die Zirkulation der Menschen, der Bücher und der Ideen erreichte, begünstigt durch die universale Geltung der allen Gebildeten geläufigen, das bisherige gesamteuropäische Verständigungsmittel des Latein teils ergänzenden, teils verdrängenden französischen Sprache, eine Schnelligkeit und Leichtigkeit, wie sie bis dahin noch nie und auch nachher kaum je wieder erreicht wurden.«[61]

So betrachtet, könnte man ohne weiteres annehmen, daß der belesene Leopold, der dieser kohärenten ›Famille d'esprits‹ des Ancien régime angehörte, den Essais nicht nur wiederholt begegnet ist, sondern sie auch gelesen hat. Zwar fehlt hier ein konkreter Hinweis, doch soll versucht werden, Spuren auszumachen, die den Großherzog in seiner Jugend und später in Toskana zu Montaigne hingeführt haben könnten. Die erste dieser Spuren führt zurück in die Jugend Leopolds:

Carl Anton Martini, Freiherr von Wasserburg, seit 1754 Professor für Naturrecht an der Universität Wien, hielt Leopold seit 1761 Vorlesungen über Staats-, Völker- und Naturrecht. In seinem Vortrag über Naturrecht nennt er unter vielen anderen auch den Spanier Raimundus de Sabunde, »den alle Geschichten des Naturrechts verschweigen, mit seinem zu Beginn des 15. Jahrhunderts erschienenen Werk ›de Natura hominis‹«[62]. Nach dieser Formulierung hätte Martini das Werk wiederentdeckt, obwohl es knapp hundert Jahre vorher, nämlich 1648, zuletzt in Lyon publiziert worden war. Die »Theologia naturalis sive liber creaturarum« ist ein Traktat gegen das Luthertum, das in gekürzter Form auch Comenius bearbeitet hatte. Das Werk war berühmt, selbst wenn es nicht in die Geschichte des Naturrechts eingegliedert gewesen ist. Den Ruhm aber, der über den des Traktats hinausging, verdankte Sabunde seinem ›Übersetzer‹, Montaigne, der ihm seinen bedeutendsten und umfangreichsten Essai »Apologie de Raimond Sebond« gewidmet hat. Zu dieser »transformation«, wie er sie nennt, bemerkt Starobinski:

». . . l'›*Apologie de Raimond Sebond*‹, en attaquant les adversaires du livre . . . développe les arguments du nominalisme sceptique jusqu'a opérer un renversement dangereux pour l'autorité même que Montaigne voudrait préserver.«[63]

Sollte Martini, der zu den führenden Köpfen der Aufklärer in Österreich gehörte, diese seltsame ›Verteidigungsschrift‹ nicht gekannt haben? Und hat er sie gekannt, hätte er sie dann in den Vorlesungen über das Kapitel Raimundus de Sabunde seinem Schüler gegenüber nicht erwähnt? Eine Frage und eine Mutmaßung, wie sie sich aus dem Kontext ergeben.

Eine zweite Spur führt in die Zeit der toskanischen Kirchenreform Leopolds.

»Um auch die weniger gelehrten Pfarrer in die Lage zu versetzen, die ihnen zugedachten Aufgaben zu erfüllen, erklärte sich Leopold bereit, auf eigene Kosten eine Reihe von Büchern . . . übersetzen, drucken und kostenlos an die Pfarrer verteilen zu lassen.«[64]

Es waren dies zum größten Teil Werke des französischen Spätjansenismus. Unter den vorgesehenen Autoren befand sich, neben zahlreichen anderen, auch Saci (Anagramm von Isaac), nämlich Isaac Louis Le Maistre de Sacy, Beichtvater in Port-Royal — dem Zentrum des französischen Jansenismus — und Gefährte des großen Antoine Arnauld. Das einzige bedeutende Werk Sacis ist die Bibelübersetzung gewesen, die Heilige Schrift, von der die Jansenisten wünschten, sie möge dem Volk in seiner Sprache erschlossen werden. Nicht ohne Vergnügen stellen wir fest, daß die Bibelübersetzung Sacis sich auch in der Bibliothek Livia Raimondis, der italienischen Geliebten Leopolds, findet. Doch — und das ist festzuhalten — handelt es sich nicht um die ursprüngliche Übersetzung Sacis, sondern um eine volkstümliche Version »Réflexions morales de la Bible de

Royaumont«, die als ›Figures de la Bible‹ bis ins 19. Jahrhundert hinein noch in französischen Kinderbüchern eine Rolle spielt. Fälschlicherweise wurde sie Saci zugeschrieben, ihr Verfasser aber war Nicolas Fontaine, der Sekretär Sacis, der sie unter dem Pseudonym Sieur de Royaumont veröffentlichte. Der Name Nicolas Fontaines wäre ebenso in Vergessenheit geraten wie der Sabundes, hätte er nicht als getreuer Eckermann das berühmte Gespräch Pascals mit Saci über Montaigne und Epiktet in seinen Memoiren, »Memoires pour servir à l'histoire de Port-Royal«, der Nachwelt überliefert.

Wie vertraut Leopold mit Pascal gewesen ist, geht aus einer Instruktion von 1774 hervor, in der er den künftigen Tagesplan für die Erzherzoge festlegt. »Für das Uebersetzen von einer Sprache in die andere könne man sich bedienen der ausgewählten Grundsätze der Moral, gezogen aus dem Buche der Weisheit, den Sprüchen Salomos und den Gedanken Pascal's«. Mit Recht stellt der Großherzog die Sprüche Salomons den »Pensées« zur Seite: Nicht nur tritt in der Spruchsammlung der theologische Inhalt hinter der Weltweisheit zurück, auch in Pascals Werk finden sich Gedanken der Weltweisheit und Weltklugheit, »science et sagesse« des »Honnête homme«, der »Bon sens« Montaignes, den Pascal — widerstrebend — so sehr bewunderte, daß manche seiner Notizen ›reiner Montaigne‹ sind. Dem genauen Leser Leopold konnte es nicht entgehen, wie häufig der Name Montaignes da auftaucht, doch wäre es voreilig, daraus zu schließen, er hätte das Gespräch Pascals mit Saci auch tatsächlich gelesen. Leopold war nicht auf spekulative Philosophie angelegt, was er »philosophieren« nennt, ist das Überdenken der eigenen Lebensumstände und die praktische Nutzanwendung, die sich aus solchen reflektierenden Betrachtungen ergibt. Herder hat ihn in seinem Bericht an Großherzog Karl August in zwei Sätzen erfaßt:

> »Ich glaube nicht, daß er sich von einer bloßen Wort-Theorie nur einen Begriff machen kann, ob er gleich viel und täglich lieset, die besten Schriften der aufgeklärten Nationen Europas kennt und sein System daraus gebildet hat; es ist aber ein praktisches System, sein Geist ist ganz energisch und thätig, wie es auch seine Gestalt und seine tägliche Lebensart zeiget.«[65]

Der Bogen spannt sich von Martinis Vorlesungen über das Naturrecht, der Bibelübersetzung Sacis, die von Fontaine stammte, bis zu den »Pensées« Pascals, deren Übersetzung den Kindern zur Einübung in die fremde Sprache aufgetragen wird. Es sind dies Wege, die Leopold zu Montaigne geführt haben konnten, soferne man nicht annimmt, daß ein Fürst von seinem umfassenden Wissen, wie schon angedeutet, Montaigne ohnedies gekannt hätte.

Solche Konjekturen leiten über in das Gebiet der Leserforschung, die sich — insbesondere in Frankreich — seit geraumer Zeit mit der Frage befaßt, wer was im 18. Jahrhundert gelesen hat, wobei unter anderem Kataloge von Privatbibliotheken, Buchbesprechungen, Lesungen in Akademien und in den Salons sowie — weniger überzeugend — die Ikonographie benützt werden. Die Schwierigkeiten, die sich einer solchen Forschung entgegenstellen, läßt Darnton[66] zu dem resignierten Schluß kommen, »daß wir die fundamentale Frage, was die Franzosen des 18. Jahrhunderts eigentlich gelesen haben, nicht beantworten können«. Ebensowenig geben Verlagsverzeichnisse, Auflagenziffern und Pränumerantenverzeichnisse, die im deutschen Sprachraum mit Vorliebe herangezogen werden, Auskunft darüber, wer in Deutschland welche Bücher gelesen hat (siehe auch Kapitel »Die Sammlung«). Für die Frage, ob der Großherzog Montaigne gelesen hat, könnte die erste der zitierten Quellen, die Kataloge der Privat-, hier Adelsbibliotheken, einen Hinweis liefern, in denen »die Essais Montaignes im 17. Jhdt. häufig zu finden . . .« sind. Sie scheinen auch später zum Bestand dieser Bibliotheken gezählt zu haben, Kaiser Franz hat sie in seine Sammlung aufgenommen,[67] ebenso hat Metternich sie in seiner Bibliothek besessen. Als Argumentum ad hominem wäre die Bildung Leopolds und seine eingehende Kenntnis Pascals anzuführen, in dessen Schriften Montaigne nicht zu übersehen ist. Das ist eine Hypothese, die zwar nicht verifizierbar, durch die vorangehend dargelegten Zusammenhänge jedoch zulässig erscheint.

1784 war die Erziehung Franz' in Florenz abgeschlossen. Mit dem Vademecum Hohenwarts und seinen Lieblingsautoren, unter anderen Sully, Tacitus, Plutarch, Montesquieu als geistigem Gepäck, reiste er am 21. Juni nach Wien, wo er unter die unmittelbare Aufsicht und väterliche Obsorge Kaiser Josephs geriet. Joseph war zweifellos von den besten Absichten beseelt und hat deshalb, vielleicht in gutem Glauben, die Erziehung Franz' im Elternhaus in Bausch und Bogen verurteilt. Auch er hat, so wie Leopold, einen reich befrachteten Erziehungsplan entwickelt, der den »nur mit Buchweisheit vollgestopft[en]« Jüngling auf andere Gedanken bringen sollte. Der Kaiser ließ es sich angelegen sein, die Beobachtungen, die er über Charakter und Verhalten Franz' angestellt hatte, in Memoranden zusammenzufassen und sie entweder von Colloredo vorlesen zu lassen oder sie, etwa nach einem Kirchgang, Franz zum Studium auszuhändigen. Der pädagogischen Wirkung war er sich gewiß. Eines dieser Schriftstücke, zu deren Übergabe er Franz aus dem Ballhaus rufen ließ, sei auszugsweise wiedergegeben:

> »Seit beinahe acht Monaten, als der Erzherzog Franz sich hier befindet, hat das unermüdete und zweckmäßige Bestreben der vorzüglich zu seiner Bildung ihm beigegebenen zween Generaladjutanten so viel zwar gefruchtet, daß im äußerlichen Anstand bei ihm eine merkliche Besserung und in dem moralischen doch ein Schein eines etwas mehreren werkthätigen guten Willens aufgekeimt hat; allein in einem bis in das 17. Jahr vernachlässigten ohnedies nicht glücklichen Charakter, der noch durch eine ihm gar nicht angemessene falsche Leitung in Eigenliebe ernährt, mit Kenntnissen haufenweise angestopft, zu keiner nutzbaren Anwendung derselben angeleitet worden, kurz, der nur hartnäckig in seinen falschen Begriffen und schlapp in Ergreifung aller Mittel zu derselben Ueberwindung ist, ohne Vorwitz* über das, was ihn belehren und ausbilden könnte, und nur Nebendinge sucht, die ihn unterhalten oder seinem kritischen Geist Stoff geben, läßt sich die vollkommene Bildung nicht so geschwind erreichen.«

Am Ende dieser Stelle findet sich der Satz:

> »Die bei ihm vernachlässigten Jahre und so langsam aufkeimenden wahren Begriffe müssen ihn nicht nach seinem physischen sondern moralischen Alter betrachten machen, nämlich als Kind von zwölf Jahren, wodurch seine Erziehung nothwendig viel länger wird dauern müssen als wie sonst bei einem andern Jüngling, welches um desto leichter geschehen kann, als nicht die mindeste Ursache vorhanden ist, warum er auch nicht über 24 Jahre bleiben und seine Heirat bis zu seiner völligen Ausbildung verschoben werden könne . . .«[68]

Solche und ähnliche Resümees übergab der Kaiser persönlich oder ließ sie übergeben, um sie dann in Gegenwart Franz', Colloredos und der beiden Generaladjutanten ausführlich zu kommentieren. Nach einer solchen Sitzung konnte es geschehen, daß der Kaiser den Erzherzog einlud, mit ihm die Kirche zu besuchen und danach mit ihm zu speisen. Wolfsgruber beschreibt die Gemütslage des Kaisers mit den Worten: »Bei Kaiser Joseph entlud sich der Unmuth mit der Heftigkeit eines Gewitters, auf das rasch heiterer Sonnenschein folgt.«[69]

Franz' wichtigste Lehrer waren nun Johann Baptist Ritter von Schloissnig, Professor des deutschen Staatsrechts und der Geschichte an der Savoyschen Ritterakademie, und Ignaz Michael Schmidt, dessen »Geschichte der Deutschen« schon Hohenwart für den Unterricht benutzt hatte. Freilich erreichte keiner der neuen Lehrer auch nur annähernd die Bedeutung, die Hohenwart

* »Vorwitz« hier im Sinne von »Wißbegierde«.

und Manfredini für die Ausbildung Franz' besessen hatten. Er selbst befaßte sich unter anderem ausführlich mit dem »Lehrbegriff der Staatskunst« des Geheimen Rates Jakob Freiherr von Bielfeld, der Friedrich II. nahestand und dessen Werk auch dem Großherzog in seiner Jugend als Lektüre gedient hatte. Die spärlichen Augenblicke, da er nicht lernen mußte, benützte Franz zum Lesen, er studierte Oxenstierna (Axel), Plutarch, Millot (Elémens de l'histoire de France), Prinz Eugen sowie die Memoiren des Marschalls Montecuculi und die Sullys. Der Kaiser sah diese Beschäftigung mit Lektüre nur ungern, er war mit Leib und Seele Soldat und bevorzugte einschlägige militärische Werke.

Auch wenn das Verhältnis zwischen Joseph und Franz sich allmählich besserte und es Franz gelang, den Kaiser bisweilen zufriedenzustellen, blieben sie einander doch wesensfremd. Franz kam aus einem Elternhaus, das manche Grundsätze moderner Pädagogik vorweggenommen hatte, wo die Atmosphäre durch Toleranz und Liberalität gekennzeichnet war und — niemand kann sich dem geistigen Klima eines Landes ganz entziehen — die italienische ›Disinvoltura‹ ihr Teil zu den menschlichen Beziehungen am Hof von Toskana beigetragen haben mag. Als der Erzherzog nach Wien kam, lag eine sorgfältige und differenzierte Erziehung hinter ihm, die nicht nur seinen Blick erweitert hatte, sondern auch seine Fähigkeit, sich ein Urteil zu bilden, was, wenngleich nicht immer zustimmend, grundsätzlich akzeptiert worden war. Wir wissen, daß er »seit seiner Ankunft in Wien . . . im Volk eine Unterströmung von Kritik an des Kaisers Änderungswut und an der Überstürzung, mit der er seine ausgezeichneten Absichten zu verwirklichen trachtete . . .« bemerkt hatte.[70] Die geistige und charakterliche Entwicklung Franz' war abgeschlossen, man konnte von ihm nicht mehr erwarten, daß er sich »ganz und bedingungslos ausliefere«.

Um diese Zeit, ungefähr ein Jahr nach seinem Eintreffen in Wien, faßte er den Gedanken, sich eine Bibliothek anzulegen. Schon in Florenz hatte er begonnen, schöne Bücher zu erwerben, der Entschluß, damit fortzufahren, fiel in die Zeit der ersten Krise seiner Beziehungen zu Joseph. Das Sammeln bot einen Weg, den Bedrängnissen auszuweichen in eine Domäne, die dem Kaiser, der nicht viel von Büchern hielt, verschlossen blieb. Selbstbehauptung und Abwehr waren die Motive, die Franz hier bewegt haben mögen. Sammeln gehörte zur habsburgischen Tradition, die er auf seine Weise fortgesetzt hat, er ist der erste Habsburger, der sich dem Buch als Sammelobjekt zuwendet. Ohne uns hier auf das klippenreiche Gelände der Ästhetik zu wagen, zeigt der Aufbau der Sammlung die Methodik, mit welcher Franz vorgeht, und eine Anteilnahme, die nicht allein durch ästhetische Erwägungen — das Buch als Gegenstand der Bibliophilie — bestimmt wird, sondern ebenso, daß Hand in Hand mit den ästhetischen auch differenzierte intellektuelle Interessen einhergehen.

In der vorliegenden Arbeit, die ein minimales Teilgebiet der gesamten Sammlung behandelt, geht es darum, eben diesen Teil, die Kinder- und Jugendbibliothek, vor dem geistigen Hintergrund, dem sie ihre Entstehung verdankt, zu erfassen und den Zusammenhang zwischen ihr und ihrem Urheber, Kaiser Franz, herzustellen.

DIE SAMMLUNG

Sammeln ist eine Form des Erinnerns und unter den profanen Manifestationen der ›Nähe‹ die bündigste.

Walter Benjamin

Am 19. Februar 1785 vermerkt der Erzieher, Graf Colloredo-Wallsee, in seinem Tagebuch, daß »Franz den Gedanken gefaßt habe, sich eine Bibliothek zusammenzusetzen«[71]. Der Erzherzog hatte schon in Florenz begonnen, schöne Bücher zu erwerben, der Entschluß, damit fortzufahren, fiel in die Zeit der ersten Krise seiner Beziehungen zum Oheim, Kaiser Joseph II., der die Vollendung der Erziehung Franz' zum künftigen Thronfolger übernommen hatte. Mit dem Grundstock der Bücher, die er aus Florenz mitgebracht hatte, begann er die Sammlung systematisch auszubauen. Sie verweist schon in ihren Anfängen auf den weitgespannten Interessenkreis des jungen Sammlers, mit seltenen Werken über Kunst und Architektur, Archäologie, technologischen Monographien, geographischer, historischer und kriegswissenschaftlicher Literatur, Biographien, Beschreibungen von Feldzügen, juristischen und naturwissenschaftlichen Abhandlungen und anderem mehr. Die Kosten für die Bücher mußte er aus seiner Apanage bestreiten, was ihm, zumal wenn es sich um Luxusausgaben handelte, manches Opfer abverlangte.

Zeit seines Lebens blieb das Sammeln von Büchern seine Lieblingsbeschäftigung, er galt als der große Bibliophile auf dem Thron. 1835 notiert Balbi in seiner Statistik über die Bibliotheken Wiens anläßlich der Beschreibung der Sammlung Kaiser Franz': »C'est peut-être la plus belle et la mieux choisie de toutes les bibliothèques particulières des souverains régnans de l'Europe. C'est l'Empereur lui-même qui l'a commencée dans sa jeunesse, en y rassemblant tout ce que la litterature et les sciences, dont il en possédait plusieurs, offrent de plus remarquable.«[72] Und selbst Blanchard nimmt in das boshaft-mißvergnügte Bild, das er in seinem »Voyageur de la Jeunesse . . .« von Wien zeichnet, die kaiserliche Bibliothek nicht hinein und meint, sie dürfe sich zu den schönsten Sammlungen der Welt zählen. [Bibl. Nr. 21]

Bis zum Jahr 1806 war Franz sein eigener Bibliothekar. Er legte einen Katalog an, der nicht nur sachgemäß geführt wurde, sondern auch die Belesenheit und hohe Bildung des Sammlers bezeugt. Daß Franz von hervorragenden Werken oft bis zu zehn und zwölf Exemplare kaufte, um sie an Bibliotheken zu verteilen, und Künstlern ein Vielfaches der verlangten Honorare bezahlte, um sie zu unterstützen, sei nur in Parenthese erwähnt.

In seinem mit 1. März 1835 datierten Testament bestimmte Kaiser Franz, daß seine Privatbibliothek und die damit verbundenen Sammlungen zu einem Primogenitur-Fideikommiß für seine männlichen Nachkommen erhoben werden. Es scheint, daß der Kaiser hiebei nicht nur seiner Liebe zur Literatur Ausdruck verleihen wollte, sondern nebenbei auch einen pädagogischen Zweck vor Augen hatte, da er die jeweiligen Prinzen der Primogenitur seines Stammes mit dem dauernden Besitze einer wertvollen Handbibliothek beschenkte, »die beim Unterrichte treffliche Dienst zu leisten im Stande war«[73].

Der aus 17 Foliobänden bestehende »Catalogus Bibliothecae domesticae Augustissimi Imperatoris Austriae Francisci I. secundum Disciplinarum ordinem digessit Thomas Young« enthält in Band XII unter dem Titel »Disciplina paedagogica« neben ausschließlich erzieherischen Zwecken dienenden Werken eine Abteilung »Apparatus librorum ad usum Juventutis tam instructioni quam delectationi inservientium«, das ist belehrende und unterhaltende Literatur. Von den 187

Titeln dieser Gattung, die im bibliographischen Teil der vorliegenden Arbeit behandelt werden, gehören 126 dem deutschen, 59 dem französischen und zwei dem englischen Sprachbereich an, was darauf hindeutet, daß der Wiener Hof der damals herrschenden Anglomanie noch nicht verfallen war. Das Fehlen italienischer Werke ist darauf zurückzuführen, daß diese Gattung in Italien kaum vorhanden war, möglicherweise aber auch darauf, daß Kaiser Franz, zumindest in seiner Jugend, nicht gerne »wälsch« gesprochen hatte.

In der Bibliographie wurde den Titelaufnahmen ein Kurzauszug des Inhaltes beigefügt, um dem Benützer eine Vorstellung vom Wesen des einzelnen Buches zu übermitteln. Von Wertungen wurde abgesehen, um die Faktizität der Inhaltsangaben nicht allzusehr zu belasten.

Vier Titel dieser Bibliographie sind in Einzeldarstellungen gesondert behandelt: zwei Werke, zu denen eine persönliche Beziehung des Kaisers gegeben war: »Adèle et Théodore« von Mme. de Genlis [Bibl. Nr. 77], ein Buch, das Großherzog Leopold bei der Aufsetzung der Maximen zur Erziehung seiner Kinder zu Rate gezogen hat; auch ist Franz der Comtesse de Genlis anläßlich eines Besuches, den sie Florenz abgestattet hat, persönlich begegnet. Das zweite gesondert behandelte Buch ist das »Livre utile et agréable« [Bibl. Nr. 122], das einmal wegen seines Seltenheitswertes als Catéchisme républicain gewählt wurde und zum andern, weil es das Interesse des Kaisers an der Französischen Revolution bezeugt. »Der Kinderfreund« [Bibl. Nr. 181] ist eines der wenigen Werke, das deutliche Gebrauchsspuren aufweist und wahrscheinlich von den Erziehern und den Kindern des Großherzogs benutzt worden war. Dieses Wochenblatt, einer der späten und reizvollen Nachfahren der Moralischen Wochenschriften für Kinder, bietet zugleich ein hübsches Beispiel für den umstrittenen Begriff »Einfluß«, hier des französischen.

Als letzter Titel wird das Bertuchsche »Bilderbuch« [Bibl. Nr. 13], das »großartigste Anschauungsbuch«, seinem Vorläufer, dem »Portefeuille des Enfans«, gegenübergestellt.

Das soll nur eine kleine Auswahl sein, mit der die Bindungen zwischen dem Sammler und dem, was er gesammelt hat, angedeutet werden.

1806 wurde Thomas Peter Young zum Leiter der Bibliothek ernannt. Young — von dem unbestätigte Gerüchte wissen wollten, er sei ein illegitimer Sohn Leopolds II. gewesen — war ein vielseitig gebildeter Mann, der einen musterhaften Katalog angelegt hat. Schon dieser Katalog, das erste bisher bekanntgewordene Klassifikationsschema (sieht man von jenem J. Chr. Fr. Guts Muths' ab, das, nur auf die Leipziger Oster- und Michaelismesse abgestimmt, von Jahr zu Jahr variierte)[74], zeigt, mit welchen Schwierigkeiten dieser kundige und gelehrte Bibliothekar zu kämpfen hatte, sobald er ein so schwierig abzugrenzendes Gebiet wie das weite Feld der Kinder- und Jugendbuchliteratur in das Prokrustesbett vorgefaßter Schemata zu pressen versuchte. Er hat sich auf spitzfindige Weise damit geholfen, daß er Leerspalten einrichtete, in der Hoffnung, die dazu passenden Werke würden sich eines Tages einfinden. Hier wird der fragmentarische Charakter, der jeder Sammlung anhaftet, auf subtile Art manifest.

Die Frage, für wen der Kaiser diese Sammlung von Kinder- und Jugendbüchern zusammengestellt hat, wird kaum mehr zu klären sein. Naheliegend wäre die Vermutung, er habe sie für seine jüngeren Brüder, über deren Erziehung er mit seinem Regierungsantritt die Aufsicht übernommen hatte, bestimmt; die Bücher tragen allerdings, mit wenigen Ausnahmen, keinerlei Benützungsspuren. Für die Mutmaßung, er hätte beim Sammeln an seine jüngeren Brüder gedacht, spricht nur ein Vermerk, der sich in Band 5 des Anschauungswerkes »Die Welt in Bildern« im Titel findet: ». . . Baumeister, Der Rechte Doctor, und Lehrer bey I. I. K. K. H. H. den jüngern Erzherzogen.« [Bibl. Nr. 8] Dieser Band ist 1793 erschienen, 1792 hatte der junge Kaiser Baumeister die Stelle eines Erziehers für seine jüngeren Brüder übertragen. Er selbst war damals vierundzwanzig Jahre alt, ein unermüdlicher Leser, über dessen Kindheits- und Jugendlektüre wir entweder durch seine persönlichen Aufzeichnungen oder durch den gewissenhaften Biographen seiner Kinder- und Jugendjahre, Wolfsgruber, unterrichtet sind. Zwischen den Werken, die er gelesen, und denen, die er später gesammelt hat, lassen sich in der Sammlung immer wieder Bezüge herstellen. So laufen zwei Stränge nebeneinander oder überschneiden sich: die Erinnerung an die eigene Kindheit und der Gedanke an die jüngeren Geschwister; beide haben in dieser Bibliothek ihren Niederschlag gefunden.

Über die Motivationen der ersten großen Kinderbuchsammler, wie etwa Karl Hobrecker oder Walter Benjamin, hat Brüggemann eingehend berichtet.[75] Sie haben überwiegend historische Kinderbücher als Dokument einer Vergangenheit, aus der sie ein bestimmtes Segment herausgelöst haben, zum Gegenstand ihrer Sammlung gemacht. Über ihre Beweggründe, ihre Haltung und Einstellung zum alten Kinderbuch sind wir uns, dank der analytischen Darstellung Brüggemanns, im klaren. Wo aber liegen die Motivationen bei einer historischen Persönlichkeit wie einem Monarchen, dem man Bibliophilie zwar a priori zubilligt, von dem man aber kaum erwarten würde, daß er Kinderbücher seiner Zeit sammelt? Und obendrein das Paradigma einer aufklärerischen Kinder- und Jugendbibliothek. Diese Vorliebe in das geistige Umfeld eines Monarchen einzugliedern, stößt auf Schwierigkeiten, wenn man an das Bild denkt, das die Geschichtsschreibung ihm beschert hat, das Porträt eines illiteraten Herrschers, dem »Kunst und Wissenschaft kein Lebensbedürfnis war . . .« Es mag sein, daß solche Klischees dazu beigetragen haben, den umfangreichen Katalog seiner Privatsammlung bisher links liegen zu lassen.

Die ersten Spuren der Neigung des Kaisers zur Bibliophilie finden sich in Elternhaus, Erziehung und Lehrern und tauchen vereinzelt im späteren Leben wieder auf. Im Rahmen dieser Arbeit konnten sie nur in einem kurzen Kapitel angedeutet werden.

Der deutsche Teil der Sammlung ist ein Spiegelbild des aufsteigenden Bürgertums, das dem Adel mit wachsendem Selbstbewußtsein, wenn auch in zwiespältiger Haltung gegenübertritt. Nach ihrer sozialen Zugehörigkeit stammen die Autoren aus dem Kreis von Gelehrten, protestantischen Theologen, Wissenschaftlern, Schriftstellern und Pädagogen. Ein einziger Autor, Rochow, gehört dem Adel an. Auch der französische Teil reflektiert den Zustand der französischen Gesellschaft. Die Autoren, die »weder nach Zusammensetzung noch nach Einstellung und Verhalten als geschlossene Einheit gelten [können]«[76], kommen aus dem Kreis der ›Hommes de lettres‹, der Journalisten, aus dem aufgeklärten Klerus, dem Adel, aber auch aus dem sogenannten »intellektuellen Proletariat«, wie etwa Jean-François Marmontel, der es vom ärmlichen Schlucker aus der Provinz zum bekannten Schriftsteller brachte, der in den Pariser Salons aus und ein ging. [Bibl. Nr. 124]

In der Sammlung lassen sich weiters mehrere Strömungen feststellen: Eine davon repräsentiert das, was Franz von den Eltern, Erziehern und Lehrern vermittelt worden war, dazu gehören unter anderen französische jansenistische oder vom Jansenismus beeinflußte Autoren wie Liancourt, Pluche, Genlis, Panckoucke oder die Pädagogin Le Prince de Beaumont. In der deutschen Literatur sind es die Vertreter der Aufklärung, allen voran Campe mit der höchsten Anzahl an Titeln, gefolgt von Salzmann, Weiße, Adelung, Stoy usf., denen später Franz' Interesse galt. Schließlich kommt auch der Bibliophile zu Wort mit Büchern, die durch die Qualität der Ausstattung und Illustration hervorragen. Sie reichen — um einige Beispiele herauszugreifen — vom »Kleinen Bildercabinet« [Bibl. Nr. 18] über das »Neueingerichtete Figur- und ABC Büchlein« [Bibl. Nr. 62] bis zum »Neuen Orbis Pictus« des Heinrich Seidel [Bibl. Nr. 155]. Meist in Klein- oder Querformat, mit gestochenem Titel und kolorierter Vignette, in den Text eingestreuten Stichen, denen hier allerdings nicht mehr als eine dekorative Funktion zukommt, weil das Kind, für das der moralisch-belehrende Inhalt bestimmt war, diese kleinen Bilder nicht als solche aufnahm, denn »das Bild muß die Gegenstände nicht zu klein darstellen«, wie Bertuch im Plan zum »Bilderbuch« bemerkt. Doch sind diese kleinen, kräftig kolorierten Illustrationen von einer Anmut, die offenbar auch das Entzücken eines zeitgenössischen Sammlers und Kenners erregt hat. Mit seinen »Unterhaltungen für junge Leute. . .« [Bibl. Nr. 174], einem Werk, das in der Sammlung vollständig, das heißt in drei Bänden vorhanden ist, schlägt der Verfasser, Johann Peter Voit, eine Brücke, die hinüber zu seinen Nachfolgern führt. Auf 139 Tafeln werden die Naturgeschichte, Künste und Handwerke mit akribischen Beschreibungen vorgeführt. Voit wußte, was er tat. In seiner Einleitung zum zweiten Band erwähnt er zum Schneiderhandwerk, der Kleidung der Frauenzimmer und der Moden: »Wer neugierig ist findet Nahrung genug in dem Journal der Moden, das von den Hrn. Räthen Bertuch und Krauß in Weimar herausgebracht wird.«

Gegen Ende des 18. Jahrhunderts erscheinen die ersten Anschauungsbücher, und Voit selbst hat an einem dieser Werke mitgewirkt, dem »Schauplatz der Natur und Künste« [Bibl. Nr. 147 und 172], gefolgt von Baumeisters »Welt in Bildern« [Bibl. Nr. 8]. 1790 erscheint die erste Lieferung jenes Buches, das zum Inbegriff des Bilderbuches werden sollte, das »Bilderbuch für Kinder« von Friedrich Johann Justin Bertuch. [Bibl. Nr. 13]

In diesen Anschauungsbüchern, Galerien, Enzyklopädien usw. erhält die Illustration jene Bedeutung, die ihr im eigentlichen Sinne des Wortes zukommt, nämlich den Text durch das Bild anschaulich zu machen, das eine sinnlich wahrnehmbare Vorstellung von dem vermittelt, was der Text meint. Auf kleine Bildbeigaben wird verzichtet, an ihre Stelle treten, dem Format des Buches entsprechend, ganzseitige, meist kolorierte Tafeln, der Inhalt umfaßt eine Fülle von Wissensgebieten, Natur- und Völkerkunde, Geographie und Geschichte, Landschaften und anderes mehr. Noch fehlte jede systematische Ordnung, doch schon Funke hat seinen Kommentaren zum Bertuchschen »Bilderbuch« ein alphabetisches Register für jeweils zwei Bände hinzugefügt.

Eine Aufgliederung in Elementarwerke, Sach- und Anschauungsbücher oder Enzyklopädien, wie sie in der deutschen Kinder- und Jugendliteratur üblich ist, ist für die französische Literatur nicht möglich, weil hier die Grenzen einschlägiger Werke ineinanderfließen. Hinter Titeln wie Abrégé, Cours d'Etude, Dictionnaire, Mentor und ähnlichen verbergen sich Inhalte, die jeweils einen Teil oder einen Abschnitt der oben genannten Gattungen einschließen. Ein einziger Titel der Sammlung fällt unter den Begriff, der auch in der deutschen Kinder- und Jugendliteratur der »Encyclopédie« entspräche, das »Spectacle de la Nature . . .« von Noël-Antoine Pluche, das ein umfassendes Wissen über Naturgeschichte, Geschichte des Menschen und allgemeine Geschichte, Kunst, Handwerk, Musik, Erziehung, soziales Verhalten, Handel und Politik darbietet. [Bibl. Nr. 136] Das Buch erschien 1732, etwa zwanzig Jahre vor der großen Enzyklopädie, es hatte einen Vorläufer in dem für Erwachsene bestimmten »Dictionnaire universel des arts et sciences« (1690) von A. Furetiere.* Das im Zusammenhang mit Bertuchs »Bilderbuch« besprochene »Portefeuille des Enfans« ist bereits unter dem Eindruck der »Encyclopédie« von Diderot und d'Alembert entstanden. Die Franzosen nehmen das »Instruire en amusant« nach dem Sinn des Buchstabens, damit entsteht eine Literaturgattung, bei der Sachwissen in eine literarische Form einbezogen wird. In diese Gruppe fallen insbesondere zwei Titel der Sammlung: Die Vielschreiberin Mme. de Genlis hat in den Erzählungen »Les Veillées du Château« nicht nur ihr in der Tat erstaunliches Wissen untergebracht, sie fügt jedem Band einen Anhang, »Notes«, bei, in dem Personen, Begriffe, Ereignisse, historische Schauplätze, Botanik, Ackerbau und Himmelskunde — immer im Zusammenhang mit der jeweiligen Erzählung — ausführlich erklärt und literarisch belegt werden. [Bibl. Nr. 83] Der Journalist und Kinderbuchautor François-Guillaume Ducray-Duminil berichtet in dem Abenteuerbuch »Petit-Jacques et Georgette« [Bibl. Nr. 46] die Geschichte zweier kleiner Auvergnaten, die es in die Welt hinaus verschlägt. In die spannende Erzählung wird ein alter Mann eingeführt, der sein enzyklopädisches Wissen an die Kinder weitergibt, ohne seine Exkurse durch moralisierende Intermezzi allzusehr zu belasten. Am Ende des letzten Bandes befindet sich ein alphabetisches Register, eine Art »Dictionnaire universel«, in dem sämtliche Themen, Persönlichkeiten und vorkommende Begriffe mit entsprechenden Erklärungen festgehalten werden.

Anschauungsbücher, das sind Bücher, in denen der »Gebrauch der Bilder zur Beförderung der anschaulichen Erkenntnis« und zur »Veranschaulichung geistiger Begriffe« dienen sollte,[77] sind im französischen Teil der Sammlung nicht vertreten.

Die Entwicklung in Frankreich verläuft anders, sie geht aus vom Alphabet, wobei festgestellt wird, daß die Anpassung der Schrift an die intellektuellen Forderungen der Anschauung in der Struktur des Alphabets nicht vorgegeben ist, diese Anpassung bleibt einem späteren Stadium der Entwicklung vorbehalten. Das Ordnungsprinzip des Alphabets wird durch diese Chronologie nicht berührt. Soweit der Tenor der Einleitung zu »Les abécédaises français illustrés du XIXe siècle« von Ségolène Le Men.

Die Autorin faßt am Ende ihre Erkenntnisse so zusammen: ». . . l'espace tabulaire, si présent dans l'apprentissage technique de la lecture, n'est pas réservé à l'exercice de la pédagogie; il représente en réalité l'un des cadres constitutifs de la pensée et de la ›Weltanschauung‹ du XVIIIème siècle, de sorte qu'il se dessine en filigrane dans les parties thématiques de l'abécédaire, dont nous avons montré qu'elles perpétuent à plusieurs égards les représentations des Lumières . . .«[78] Um die Wende des 18. zum 19. Jahrhundert bahnt sich eine Literatur an, die zwar dem Begriff des Sachbuches nicht ganz entspricht, ihm jedoch schon nahekommt, Wissensvermittlung über ein abgegrenztes Thema in literarischer Form, als Rahmenerzählung, Dialog, Biographie oder als Porträt, eine Gattung, die dem literarischen Salon entnommen wurde. Die Illustration hat einen Höhepunkt erreicht wie niemals zuvor, es sei nur an Namen wie Grandville, Gavarni, Johannot, Daumier, Bertall und andere erinnert. Die Illustration hat sich vom Text gelöst und ist zum Selbstzweck geworden. In einem »Mémoires d'un Centenaire« betitelten Werk von ca. 1850, welches Kinderleben aus allen sozialen Schichten in Frankreich von 1780 bis 1842 zum Inhalt hat, wird das Schicksal zweier arbeitender Kinder, eines Lehrlings in einer Waffenschmiede und das einer Blumenbinderin, deren Alter mit zwölf Jahren angegeben wird, geschildert. Die beiden zuge-

* Antoine Furetiere (1626—1688) hat sein Dictionnaire vor dem der Académie herausgebracht, was ihm zahlreiche Zwistigkeiten und schließlich den Ausschluß aus der Académie einbrachte.

hörigen Illustrationen Alex. de Saillets sind von anmutiger ›élégance‹, die Ästhetik des Bildes als dekoratives Versatzstück gibt nichts von der Härte der Realität wieder, ist kein Spiegelbild der Wirklichkeit, maßgebend bleibt allein der Text als einzige Quelle der Information.

Fraglich ist es, ob und wieweit ABC-Bücher auch als Anschauungsbücher einzuschätzen sind, wie Ségolène Le Men in ihrer Arbeit impliziert. Sie wendet sich gegen die restriktive Auslegung des Dictionnaire »Le petit Robert«*, ein ABC-Buch sei »un petit livre pour apprendre l'alphabet«. Eine Deutung, die zwar dürftig und unvollständig ist, dem ursprünglichen Ziel, »Mittel zum Lesenlernen«, aber gerecht wird. Erst in einer späteren Phase, dann, wenn das Kind lesen gelernt hat, kann es das Buch und seine Bilder zur »nützlichen Selbstbeschäftigung« gebrauchen. Das Anschauungsbuch in der deutschen Jugendliteratur ist für Kinder und Jugendliche konzipiert, die unter anderen Voraussetzungen an das Buch herantraten. Die Verfasserin des Vorwortes zu Ségolène Le Mens Werk hat das kurz und präzis so umrissen: »L'alphabet n'est pas fait pour être lu mais pour être entendu et dit. L'adéquation de l'écrit aux excigences conceptuelles de la vision ne participe pas de sa structure: ceci est une étape ultérieure, qu'il néglige fondamentalement.«[79] Diese Polarisierung zwischen Schreiben und Lesen geht zurück auf die Methodik des 18. Jahrhunderts in Frankreich, wo Schreiben und Lesen nicht simultan, sondern sukzessiv gelehrt wurden.

Das Märchen wird von der Pädagogik der Aufklärung im deutschen wie im französischen Sprachraum grundsätzlich abgelehnt. So findet man in der Sammlung auch nur ein einziges Märchenbuch, den »Recueil des plus jolis contes tirés des Mille et une Nuit a l'usage des Ecoles« von Theophile Schoummel (Johann Gottlieb Schummel). Doch selbst dieses Märchenbuch ist keines im eigentlichen Sinn des Wortes, sondern soll der Erlernung der französischen Sprache in den Schulen dienen. [Bibl. Nr. 149]

Keine didaktischen Absichten verfolgt das »Cabinet des Fées« [Bibl. Nr. 24], das — zu Recht oder Unrecht — in Kinderbuchkatalogen erscheint, so bei Gumuchian und in Brüggemanns »Handbuch zur Kinder- und Jugendliteratur, 1750—1800«. In Frankreich beginnt die Märchenliteratur mit Perraults »Histoires du temps passé avec des moralités«, 1698, die als »Contes de ma mère l'oye« in die Literatur eingegangen sind. Die Mode der Feenmärchen entstand in den Pariser Salons des 17. Jahrhunderts, in denen Aristokratinnen ihre literarische Laufbahn antraten. Diese Märchen der »Dames de Lettres«,[80] so der Titel des Buches von Renate Baader, waren nicht der »Versuch, die intakte höfische Welt der Glanzzeit Ludwigs XIV. verklärt wieder aufleben zu lassen . . .«[81] Vielmehr haben diese Frauen, die ihres Standes wegen gesellschaftlich privilegiert und finanziell unabhängig waren, das Märchen als Möglichkeit der Kritik an den bestehenden Zuständen genutzt: Die Feen als Maske und Spiel, um mit Geist und Grazie zum Angriff gegen die Männer zu rüsten. Im »Prozeß der Zivilisation« reflektiert Norbert Elias im Kapitel über Wandlungen in der Einstellung zu den Beziehungen von Mann und Frau: »Die Ehe in der absolutistisch-höfischen Gesellschaft des 17. und 18. Jahrhunderts gewinnt dadurch einen besonderen Charakter, daß hier durch den Aufbau dieser Gesellschaft zum erstenmal die Herrschaft des Mannes über die Frau ziemlich gebrochen ist. Die soziale Stärke der Frau ist hier annähernd gleich groß wie die des Mannes; die gesellschaftliche Meinung wird in sehr hohem Maße von Frauen mitbestimmt.«[82] Diesen sozialen Machtgewinn oder »wenn man will, diese erste Eman-

* Dictionnaire alphabétique et analogique de la langue française par Paul Robert, genannt »Le petit Robert«.

zipation der Frau« leitet er ab aus dem Zurücktreten von Triebrestriktionen für die Frauen und einem Vorrücken der Triebrestriktionen für die Männer. Renate Baader führt in ihrer Studie ein weiteres Element ein, das die These Elias' auf intellektualistischer Ebene durchsichtig macht: Die Kritik dieser Frauen an der Bildungsbehinderung durch die Männer, so etwa durch die »Précieuses ridicules« Molières, rüttelte an der durch Klerus und Gesellschaft geschützten paternalistischen Gesellschaft. In einer kühnen Analogie setzt Madame Lambert die Lächerlichkeit, der Cervantes Spanien mit seinem Don Quichotte preisgegeben hat, dem gleich, was Molière mit seinen »Femmes savantes« für Frankreich angerichtet habe. Mit ihren »Nouvelles Reflexions sur les femmes« verwendet sie nicht nur den Spott als Waffe, sie stellt in diesem Essay auch einen Katalog der Rechte auf, die den Frauen zustehen und die ihnen von den Männern verwehrt werden. Mit der gleichen Selbstverständlichkeit, mit der sie die Männer in die Schranken verweist, verfaßt sie, als erste Frau, einen Verhaltenskodex für den Sohn. [Bibl. Nr. 104]

Von den Dames de lettres, diesen Vorläuferinnen der Aufklärung, führt ein Bogen zu den literarischen Salons des 18. Jahrhunderts, die ihre Spuren auch in der Literatur für Kinder und Jugendliche hinterlassen. Schon Madame de Liancourt [Bibl. Nr. 115] hat für ihre Enkelin nach dem Muster Jacqueline Pascals ein Reglement, einen Verhaltenskodex abgefaßt; ebenso wie Madame de Lambert, die neben dem »Rat« für ihre Tochter auch einen für den Sohn geschrieben hat; ihnen folgen Madame de la Live d'Epinay, die nicht mehr den Dames de lettres, sondern dem literarischen Salon zuzuzählen ist [Bibl. Nr. 120], weiters Madame de Genlis [Bibl. Nr. 77—83] und als Pädagogin Madame Le Prince de Beaumont [Bibl. Nr. 109—112] bis hin zur Comtesse de Ségur (1799—1874), die als gebürtige Russin mit neunzehn Jahren nach Frankreich kam und als erste Kinderbuchschriftstellerin in ihren Erzählungen »Diloy le chemineau«, »Jean qui grogne et Jean qui rit«, »La sœur de Gribouille«, »Le bon Génie« das Problem der Kinderarbeit aufgriff und in »La Fortune de Gaspard« den Aufstieg eines Kleinhäuslerbuben zum Industriemanager mit allen Verwicklungen minutiös schilderte.

In der Relation zwischen männlichen und weiblichen Autoren der Sammlung zeigt sich die Position der Frau in der Literatur Frankreichs: 37 Autoren stehen 9 Autorinnen gegenüber, in der deutschen Kinder- und Jugendbuchliteratur sind es 58 Autoren und eine einzige Autorin, Antonie Wutka, die sich zudem im Inhalt ihres Werkes wiederholt auf ihr Vorbild, Madame Le Prince de Beaumont, beruft. [Bibl. Nr. 187]

Versuche zur Hebung der Mädchenbildung haben in Deutschland so wie in Frankreich bereits im 17. Jahrhundert eingesetzt.[83] August Hermann Francke hat, angeregt durch Fénélons »De l'Education des filles« [Bibl. Nr. 61], 1698 den Plan zur Errichtung einer »Anstalt für Herrenstandes, adelicher und sonst vornehmer Leute Töchter« entworfen, in der Absicht, diese Schule später auf alle Stände auszudehnen. In Königsberg werden Töchter aus Gelehrtenfamilien zu einer »Frauenzimmerakademie« vereinigt, Fürstinnen, Frauen des Gelehrtenstandes, Schriftstellerinnen betätigen sich literarisch, kurzum die Teilnahme der Frauen am geistigen Leben stand kaum der der Frauen in Frankreich nach. Um nur einige Namen herauszugreifen, wie Christiana Mariana von Ziegler, Textdichterin einiger Bachkantaten, Verfasserin von satirischen Gedichten sowie philosophischen und literarischen Schriften, die ihr zahlreiche Ehrungen eintrugen. Allen voran aber ist an die außerordentliche Anna Maria von Schürmann zu erinnern, deren enzyklopädischer Bildung die Männer ihre Bewunderung nicht versagen konnten. Gumuchian hat ihr Werk

»Opuscula Hebraea, graeca, Latina, gallica, prosaica et metrica. Lugduni Batav., Elzevir, 1648« in seinen Katalog aufgenommen und notiert dazu: »Portrait dessiné et gravé par elle-même de la femme la plus savante de son siècle.»[84] Zu vermerken wäre, daß Schürmanns Werk bei Elzevir erschien, als das Druckhaus in seiner höchsten Blüte stand.

Am 27. Oktober 1730 schreibt Luise Adelgunde Kulmus (später Gottsched) an ihren Verlobten:

> »Hochzuehrender Herr,
> Wie viel Dank bin ich meinen Eltern schuldig, daß sie mir einen so lehrreichen Briefwechsel erlauben. Die Bücher, die Sie mir zu lesen empfehlen, sind vortrefflich. Ein *Fenelon*, ein *Fontenelle* haben sich viel Mühe gegeben, unser Geschlecht zu unterrichten und zu bessern. Vorzüglich aber gefällt mir die Marquise von *Lambert*. Sie lehrt ihre Tochter nicht auf den äußerlichen Reitz ihrer Jugend, ihres Geschlechtes sich zu verlassen, sondern ihr Herz zu bilden, ihren Verstand aufzuklären, und sich wirkliche Vorzüge zu verschaffen. Ich werde Ihrem Rathe folgen und mich an die Uebersetzung wagen.«[85]

Der Name Luise Gottscheds, die »einen wesentlichen Beitrag zur Verbreitung aufklärerischer Moral und Philosophie in Deutschland geleistet [hat], nicht zuletzt durch ihre Übersetzungsarbeiten . . .«[86], ist untrennbar verbunden mit den »Moralischen Wochenschriften«, die bei lesenden Frauenzimmern ein breites, aufnahmebereites Publikum gefunden hatten. Doch auch Martens muß zugeben, »daß der überwiegende Teil des bürgerlichen Frauenzimmers zu Beginn des 18. Jahrhunderts von höherer Bildung ausgeschlossen war; dies umsomehr, als die Schulen für Mädchen allenfalls elementare Kenntnisse vermittelten und Ansätze zu höherer Mädchenbildung, wie sie, von Fénélon mit angeregt, bei A. H. Francke sichtbar werden, sich nicht entwickelten.«[87] Die große Mehrheit der Frauen blieb auf den engen häuslichen Bereich beschränkt. Und selbst die gebildete Gottsched klagt einer Freundin: »Hier muß ich meinen Kopf täglich mit wahren Kleinigkeiten, mit Haus- und Wirthschaftssorgen füllen, die ich von Kindheit an, für die elendesten Beschäftigungen eines denkenden Wesens gehalten habe . . .«[88]

Hand in Hand mit den neuen Aufgaben, die dem Bürgertum im öffentlichen Leben zufallen, geht die Trennung von Beruf, Familie und Haus. In den bürgerlichen Gruppen des 18. Jahrhunderts, das sind die oberen Schichten der städtischen Kaufmannschaft, der Beamten und das Bildungsbürgertum, hat »der Hausvater seine Position erheblich gestärkt: ihm allein fiel nun die Sorge um die materielle Sicherstellung der Familie zu«[89].

Im »Methodenbuch für Väter und Mütter der Familien und Völker« definiert Basedow die Rolle des Mannes in der Familie: »Das männliche Geschlecht ist von Natur aus geschickter, viel zu arbeiten . . . seine vorzügliche Stärke, macht es auch geschickter, die Familie zu schützen. Alles dies giebt dem Mann die entscheidende Herrschaft in der Familie.« Die Frau wird in das Haus verwiesen und zur Hüterin des »Wahren, Großen und Schönen«. In seinen »Patriotischen Phantasien« (1774—1786) nennt Justus Möser »Frauenbildung eine neue Modethorheit«. Die jungen Genies des »Sturm und Drang« lehnen Selbständigkeitsbestrebungen der Frauen vehement ab. Der sechsundzwanzigjährige Herder — zu dieser Zeit Goethes Freund und bewundertes Vorbild — schreibt an seine Verlobte, Caroline Flachsland, nach einem Besuch bei der Markgräfin von Baden, die ihn mit Komplimenten empfangen und ein Gespräch mit ihm geführt hat: »Ueberhaupt, da ich für keiner Kreatur in der Welt mehr Abscheu habe, als für einem gelehrten Frauenzimmer, und wäre sie der erhabenste Geist, so werden wir uns wohl nie recht begegnen.«[90]

In »Werthers Leiden« führt Goethe vor, was er von lesenden Frauen hält. Zwar hat Lotte früher gerne Romane gelesen und liest wohl ab und zu noch solche: »Doch da ich so selten an ein Buch komme, so muß es auch recht nach meinem Geschmack sein. Und der Autor ist mir der liebste, in dem ich meine Welt wieder finde, bei dem es zugeht wie um mich, und dessen Geschichte mir doch so interessant und herzlich wird als mein eigen häuslich Leben, das freilich kein Paradies, aber doch im Ganzen eine Quelle unsäglicher Glückseligkeit ist.«

Lotte liest nicht, sie schneidet Brot.

Als Kontrastfigur wird im zweiten Teil die Pfarrerin eingeführt, die die herrlichen Nußbäume, unter denen Werther mit Lotten gesessen war, umschlagen ließ, »ein hageres kränkliches Geschöpf, das sehr Ursache hat, an der Welt keinen Antheil zu nehmen, denn niemand nimmt Antheil an ihr. Eine Närrin, die sich abgibt geehrt zu sein . . .« Die gelehrte Frau wird auch in der äußeren Erscheinung mit unvorteilhaften Attributen ausgestattet. Dieser Habitus gehört in der Vorstellung der Empfindsamkeit zu ihrem Bild, Lottchen dagegen ist »ein Mädchen von schöner Gestalt«. In ihr paart Schönheit sich mit Tugend, sie verkörpert das hellenische Ideal der καλοκάγαδία, der sittlichen Schönheit.

In dem Porträt, das Herder von der Markgräfin von Baden in seinem Brief an Caroline Flachsland entwirft, hat er das Ressentiment des Bürgers gegen den Adel und die Ablehnung der gebildeten Frau miteinander verknüpft. Differenzierter, doch unverkennbar, verbindet auch Campe in »Väterlicher Rath für meine Tochter« diese ambivalente Haltung gegenüber den »höheren Ständen« mit der Ablehnung der gelehrten und der gebildeten Frau. (Siehe Kapitel »Campes Erziehung der Töchter«, S. 50)

»Wie die Bücherborde in den Kinderstuben der Jungen und Mädchen von der Mitte des 18. bis zu der des 19. Jahrhunderts ausgesehen haben, läßt sich nur schwerlich, wenn überhaupt, in Erfahrung bringen. Wir sind fast ausschließlich auf die wenigen Äußerungen von Leuten, die in ihren Biographien über ihre eigene Jugendlektüre reflektieren, angewiesen.«[91]

Anschließend wird die bekannte Stelle aus »Dichtung und Wahrheit« zitiert, in der Goethe über seine Kindheits- und Jugendlektüre berichtet.

Wir wissen auch nicht, wie das Bücherbord des Erzherzogs Franz ausgesehen hat. Über seine Lektüre aber sind wir unterrichtet durch die sorgfältigen Anweisungen des Vaters, der nicht nur die Bücher durchsieht, die man den Kindern in die Hand gibt, sondern besonders Franz laufend mit französischer und deutscher Lektüre versorgt, und wir werden informiert durch die akribischen Aufzeichnungen Hohenwarts, der gewissenhaft notiert, welche Werke er mit dem Erzherzog durchnimmt beziehungsweise welche Werke der Erzherzog selber liest. Und schließlich gibt Franz selbst Auskunft, der unermüdliche Leser, immerfort damit beschäftigt, über das, was er eben gelesen hat, nachzudenken und zu reflektieren. In 35 Bändchen hat er seine Kommentare und Ausarbeitungen über den Unterricht und die Lesestoffe niedergelegt.

So ist die Sammlung entstanden im Gedenken an eine Vergangenheit, die im Prozeß des Sammelns in die Gegenwart zurückgerufen wird: Die Bibliothek als Bruchstück einer Biographie im Spiegel des Buches.

ZUM BEISPIEL

I. DER KINDERFREUND, EIN HEITERES ERZIEHUNGSIDYLL FÜR KINDER UND ERWACHSENE

O liebste Mama, rief das Kind, wo haben Sie das alles gelernt? Aus Büchern, sagte sie, mein Kind. Aus Büchern? versetzte das Kind. So geben Sie mir doch geschwinde alle die Bücher, wo dergleichen steht!
Weiße

»Das Mittel, ihn (sc. den ›Kinderfreund‹) durch die Form anziehend zu machen, entlehnte Weiße dem englischen Zuschauer. Er hatte bemerkt, daß dieser einen Theil des erhaltenen Beyfalls dem Umstande verdankte, daß er gleich anfangs mehrere Personen mit bestimmten Charakteren eingeführt hatte . . . Es war durch dieses Mittel Handlung und Leben in die Unterhaltung gebracht. Weiße schilderte daher zur Einleitung in seinen Kinderfreund eine bürgerliche Familie von Eltern, Kindern und Hausfreunden, welche sich alle untereinander und von einander in ihrer Denk- und Sinnesart, in ihren Neigungen, Sitten und Lieblingsbeschäftigungen hinlänglich und genau unterschieden. Der ganze Stoff der Belehrung für die Jugend, welcher bearbeitet ward, erschien als Unterhaltung dieser Familie.«[92]

An dieser Stelle seiner Selbstbiographie berichtet Weiße über sein Vorbild, den »Spectator« und die Methode, derer er sich bei der Abfassung des »Kinderfreundes« bedient hat.

Der fiktive Verfasser stellt uns die Familiengemeinschaft selber vor, ohne die Mutter, die nicht erwähnt wird. Vier Kinder, denen fünf Erwachsene — als Erziehungspersonen — gegenüberstehen. Eine Idealsituation, Mentor, der Vater, und die vier Freunde, die er ausgesucht hat, weil sie selbst Kinderfreunde sind. »Jeder von diesen Freunden wählt sich zur Unterhaltung Etwas, das seiner eignen Neigung und seinen Wissenschaften gemäss ist . . .«, weil der Vater wünscht, daß man den Kindern »jede Art des Unterrichts zum Spiel machen müsse«[93]. [I/7] Aus dem ›prodesse et delectare‹ wird »Prodesse« zwar nicht gestrichen, doch ergibt es sich, scheinbar absichtslos, aus dem Zusammenspiel der Erwachsenen — die daran offenbar selbst ihr Vergnügen finden — und den Kindern. Gezielte Didaktik bleibt den professionellen Lehrern vorbehalten. Im Umgang mit den Freunden findet auch die sokratische Methode als Trick, »sich der Subordination der Kinder auch in Abwesenheit der Erzieher zu versichern«[94], keinen Platz mehr, an ihre Stelle tritt ein Dialog, bei dem auch den Kindern das Recht auf Widerspruch zusteht.

Bei der Präsentation der dramatis personae läßt Mentor — dem Titel gemäß — den Kindern den Vorrang. Sie werden mit ihren guten und schlechten — oder, besser gesagt, weniger guten, um das heitere Idyll nicht zu sehr zu verwirren — Eigenschaften vorgeführt. Die Kinder sind selbstverständlich nicht durchwegs brav, doch nicht so schlimm, daß der konfliktfreie Ablauf der Dinge durchbrochen würde. Es läßt sich mit ihnen, der elfjährigen Charlotte, dem neunjährigen Karl, dem siebeneinhalbjährigen Fritz und selbst mit dem noch etwas ungebärdigen fünfjährigen Lieschen recht reibungslos leben. Lieschen ist im übrigen die einzige, an der sich Wandlungen ablesen lassen, die anderen Kinder bleiben sich in den sechs Jahren, da wir sie begleiten, gleich, so wie sie am Beginn vor uns hingetreten sind, von den Erwachsenen wird ohnedies nichts anderes erwartet. Die eigentümliche Statik dieses Personenkreises wird aufgewogen durch die Dynamik, die sich aus dem Wechselspiel der Gespräche, der Vielfalt der Themen und den immer neuen Situationen ergibt. Sehr ausführlich befaßt sich Mentor mit den Freunden, sie sind die eigentlichen Akteure der Gemeinschaft, von ihrem Geschick hängt es ab, ob und wie die Kinder in diesem unterhaltenden Spiel reagieren. Als oberste Instanz über ihnen steht Mentor, der jeden der Freunde einzeln vorstellt:

Da ist zuerst Philoteknos, »Kinderlieb«, der älteste von ihnen, ein Gelehrter, in der Jugend von Pech verfolgt, etwas ungeschickt und etwas nervös, doch außerordentlich fleißig. Das Schicksal wendet sich zu seinen Gunsten, als er »endlich zu einer alten reichen Wittwe [kam], deren Kinder er unterrichtete, und die ihm, da er sie während einer langwierigen Krankheit durch seine Frömmigkeit, sein Gebet und seinen Trost erbauet, in ihrem letzten Willen ein Legat von viertausend Thalern vermacht«. Er bringt den Kindern Makronen, Rosinen und Mandeln, Bilderchen, kleine Bücher, Kalender und Spielsachen. Auch ist er von sorgfältig-elegantem Exterieur und legt seine »glassirten« Handschuhe niemals ab.

Doktor Chronickel ist für die Geschichte zuständig, die er »von Anfange der Welt an durch alle Länder bis auf jetzige Zeiten sorgfältig studiret hat«. [I/20] Für die Kinder hat er Historienbücher mit schönen Bildern bereit und zudem für sie ein kleines Lottospiel erfunden. Er geht beständig in einem braunen Kleid mit goldenen Knöpfen und hat einen sehr gravitätischen Gang.

Herr Papillion, der dritte Freund, ist ein kleiner, etwas zerstreuter Mann, dem die Natur alles bedeutet. Er schenkt den Kindern, wie schon sein Name andeutet, Schmetterlinge und Insekten, Steine und Pflanzen. Seine Kleidung trägt die Spuren dieser Liebhabereien, Westentasche, Hut und Rockärmel stecken voll von dem, was er unterwegs gefunden. Den Mitmenschen erscheint er bisweilen als etwas lächerlich.

Der letzte der vier Freunde ist Spirit, ein Dichter voller Empfindsamkeit, Edelmut und Menschenliebe. Er unterhält die Kinder mit der Mythologie oder der alten Fabellehre und erklärt ihnen Gedichte. Er ist, wie schon sein Name sagt, ein Mann von Geist und macht leichte, wohlklingende Verse, die zwar nicht von Gedanken strotzen, doch auch nicht ihrer entbehren. Er ist äußerst galant in seinem Anzug und hegt von dem Frauenzimmer eine besonders hohe Meinung. Zudem hat er viel Gutes über die Erziehung geschrieben und sucht nun eine Hofmeisterstelle bei einem kleinen Prinzen, die er auch gewiß in jeder Absicht verdient.

Zu dieser köstlichen Schilderung, in der ein leiser ironischer Unterton mitschwingt, weil die Sprache so gravitätisch einherstelzt wie Herr Chronickel, ist einiges anzumerken: Vor allem das enzyklopädische Wissen, das die Freunde in ihrem Zusammenwirken verkörpern, und das gelungene Porträt, das Mentor uns von ihnen liefert, ihr Habitus wird exakt auf ihren Charakter abgestimmt, den preziösen Philoteknon und den galant gekleideten Spirit — »galant« deutet darauf hin, daß Weiße hier nicht an England, sondern an Frankreich gedacht hat —, Chronickel in schlichtem Braun, er ist das Bild des Gelehrten, Papillion dagegen entspricht, trotz seines leichtfertigen Namens, am ehesten der Vorstellung eines deutschen, etwas zerstreuten Professors, seine Verachtung des Exterieurs geschieht zum Besten der Kinder.

Jeder der Freunde versorgt die Kinder mit Material aus seinem Wissensgebiet: Philoteknos hat ihnen eine kleine, erlesene Bibliothek angelegt, Chronickel ihnen ein kleines Kabinett von »Gypsmünzen« und Nachbildungen alter Edelsteine eingerichtet, und Spirit hat ihnen ein kleines Theater verschafft, in dem sich durch einen kleinen Zug die Szenen auf einmal verwandeln lassen, alles ist klein, niedlich und überschaubar. Und schließlich erwarten sie von einem auswärtigen Freund ein kleines Erzstufenkabinett. »Sie bewahren diese Sachen in einem schönen grünen mit güldnen Leisten verzierten Schranke, mit Schubkästen, von Glase bedecket. Der Aufsatz darauf ist mit ausgestopften Thierchen und Vögelchen besetzt. Außer diesem besitzen sie durch seinen Vorschub mancherley zu Naturbeobachtungen verfertigte Maschinen. Dergleichen sind eine Himmels- und eine Erdkugel: zween Sternkegel, durch die man alle Sterne, die in dem ganzen Himmelsraume zu sehen sind, fast auf eben die Art, wie sie sich unsern Augen darstellen, oder: als stünden sie auf einer hohlen Kugelfläche, vorgestellet werden. Es enthält aber der eine von diesen Sternkegeln die Sterne, welche in der nördlichen Halbkugel des Himmels, und der andre diejenigen, welche in der südlichen Halbkugel zu sehen sind. Ferner eine Magnetnadel. Dann eine elektrische Maschine, wo durch das Reiben eines Glases ein Licht aus einem Körper nebst einer Bewegung hervorgebracht wird, wodurch leichte Sachen an ihm gezogen, und von ihm zurückgestoßen werden. Eine kleine Luftpumpe, vermittelst welcher man die Luft aus den Gefäßen bringen kann. Eine sogenannte Zauberlaterne, oder laterna magica, mit 50 Bilderchen: eine Camera obscura: etliche Arten von Spiegeln: und ein Mikroskop oder Vergrößerungsmaschine.« [I/30 ff.]

Wer dächte nicht im Anblick all dieser vollkommenen Einrichtungen an die pedantisch-liebevollen Schilderungen Heinrich Drendorfs im Anblick des Rosenhauses in Stifters »Nachsommer«? Beide, Stifter und Weiße, haben eine pädagogische Provinz geschaffen. Stifter setzte »dem Jahrhundert . . . die schönste Utopie entgegen, die die deutsche Dichtung kennt. Sie entsprang innigen und unerfüllbaren Wünschen seines Herzens, wie sie sonst gern die Trivialliteratur und in früheren Zeiten die Idylle befriedigt hatten . . .« Und noch etwas: Sosehr Weiße bemüht ist, den sozialen Ort seiner Familie festzulegen, dieser Ort bleibt vage, ein Zwischenreich, das er als »mittleren Stand« bezeichnet. »Aber alles Soziale bestimmt sich als ein Geschichtliches, und eben diese Bestimmtheit findet sich gemieden.« Und zur Zeit des »Kinderfreundes« fehlte es den Deutschen an dem Bewußtsein ihrer Geschichtlichkeit als Bürger, sie waren eben erst daran, ein solches zu entwickeln. »Die Zeit erscheint . . . als Verlauf eines Bildungsplanes . . . Er ist gegen alles Inkalkulable abgesichert und findet unter idealen Voraussetzungen statt: eben dies macht das Buch zur Utopie.«[95] Damit enden die Analogien zwischen Stifter und Weiße.

Zu der Idealvorstellung von der verborgenen Erziehung gehört auch die unbeschränkte Verfügbarkeit von Zeit auf seiten der Erzieher. Die vier Freunde gehen offenbar keinem Beruf nach, auch Mentor, angesichts des Alters seiner Kinder ein jüngerer Mann, ist Herr seiner Zeit. Möglich, daß er »Rentierer« ist und von »Einkünften aus eigenen Gütern oder von den Zinsen seines Kapitals« lebt. »Die Kaufleute waren dadurch definiert, daß sie selbständig Handelsgeschäfte führten . . . Darüber hinaus waren sie gleichzeitig oft im Geldgeschäft tätig. Ebenso aber gab es den ›Rentierer‹ . . .«[96] Die Kinder haben einen Privatlehrer und einen Klavierlehrer. »Die vornehme Erziehung gehöret eigentlich zur häuslichen oder Privat-Erziehung. Sie hat ihre allgemeine, mehr aber ihre besondere Regel nach der Verschiedenheit der Standespersonen, die sie zu bilden hat.«[97] Eine Standesperson aber ist »eine Person von Stande, d. i. von hohem vornehmen Stande. In engster und eigentlichster Bedeutung gehören dahin nur Personen von dem höhern Adel, in weiterer aber auch solche, welche ihnen an Würde nahekommen. Im weitesten Verstande pflegt man, obgleich aus einem Mißbrauche oft jede über dem Bürgerstande erhabene Person mit diesen Nahmen zu belegen.«[98] Vom Lehrer der Kinder erfahren wir nicht viel, er wohnt im Haus und unterrichtet Mädchen und Buben in verschiedenen Fächern. Er scheint also nicht Hofmeister, sondern ›Informator‹ zu sein, das heißt seine Hauptaufgabe war vornehmlich der Unterricht der Kinder. Vom Hofmeister wurde nicht nur eine gute Conduite, sondern auch Weitläufigkeit und Gewandtheit im Umgang mit anderen erwartet. Das sind Eigenschaften, die den Kindern des »Kinderfreundes« von den fünf Erwachsenen vermittelt werden. Die Familie rechnet sich zum »mittleren Stande«, mit gewissen Vorbehalten — wie wir bald sehen werden —, die dann moralisch untermauert werden. In der Zeit, da sie nicht mit dem Lehrer beschäftigt sind, unternehmen sie mit Mentor und einem oder mehreren der Freunde Ausflüge, kleine Reisen, machen Besuche und führen mit den Freunden Gespräche über Themen, deren Fülle unerschöpflich ist, sie reichen von der Naturgeschichte und Geographie über Sternenkunde, Malerei und Musik, Gartenkunst und Bekleidungsvorschriften bis zu Verhaltensregeln, aufgelockert durch Erzählungen, Theaterstücke, Gedichte und Rätsel. Die Atmosphäre ist munter und lebendig, die Autorität der Erwachsenen unumstritten, sie zeigt sich vor allem in der Erfahrung und dem Wissen, das sie den Kindern voraushaben, dabei verschlägt es nichts, daß auch die Kinder ihre eigenen Ansichten bisweilen mit Nachdruck vertreten. Es sind immer noch Lehr- und Bildungsgespräche, die aber durch ihren Rhythmus und das Rollenspiel, in das sie eingebettet sind, die didaktische Absicht in den Hintergrund treten lassen. Hier wird eine Forderung vorweggenommen, die Luhmann so formuliert: »Kommunikationszusammenhänge müssen durch Themen geordnet werden, auf die sich Beiträge zum Thema beziehen können. Themen überdauern Beiträge, sie fassen verschiedene Beiträge zu einem länger dauernden, kurzfristigen oder auch langfristigen Sinnzusammenhang zusammen. Über einige Themen kann man ewig, über andere fast endlos reden. Auch reguliert sich über Themen, wer was beitragen kann. Themen diskriminieren die Beiträge und damit auch die Beiträger. So gehört zum Beispiel zu den Erforderlichkeiten geselliger Kommunikation, Themen zu wählen, zu denen alle Anwesenden etwas beitragen können . . .«[99]

Außer solchen angenehmen Unterhaltungen und Übungen haben die Kinder »auch kleine gesellschaftliche Freuden in einigen Bekanntschaften mit andern wohlgesitteten und guten Kindern dieser Stadt . . .« [I/34] »Besonders [fährt Mentor in seinem Bericht fort], unterhält mein ältestes Mädchen einen kleinen Briefwechsel mit einem auswärtigen Fräulein, der Tochter eines meiner besten Freunde, der den Winter über mit seiner Familie an einem angesehenen Hof; den Sommer aber auf seinen Landgütern lebt.« Mentor ist ein Snob. Auch das gehört zum Bild einer im Aufstieg begriffenen Gesellschaftsschicht: daß sie den Lebensstil der höheren — nach der sie strebt — bewundert und diese Bewunderung mit moralischen Argumenten zu rechtfertigen sucht. Denn das Fräulein »hat ungemein viel Verstand, [und] ein sehr gutes Herz«, die Unterhaltungen drehen sich nicht um Putz und Moden, sondern um das, was sie gehört, gelesen und gesehen haben. Auch geht sie nur mit Widerwillen in die »große Welt«, in die sie demnächst eingeführt werden soll.

Mentor hält die Kinder dazu an, ein Tagebuch zu führen, in das sie alle Ereignisse und Handlungen eintragen, um sich Rechenschaft abzulegen und die Fertigkeit im Schreiben sowie die Freiheit des Ausdrucks zu vervollkommnen. Wir werfen einen Blick in Lottes Tagebuch: Alltagsbeschäftigungen und Studium lösen einander ab, zwischendurch trinkt sie eine »Tasse Tee«. Auch die Tasse Tee ist um diese Zeit noch ein Statussymbol, Tee wurde wegen seines hohen Preises vorerst an Fürstenhöfen und in Adelskreisen getrunken, erst am Beginn des 19. Jahrhunderts fand er Eingang in breitere Schichten, doch immer nur in jene, die auf Vornehmheit und Distanz Anspruch erhoben. Von Eckermann wissen wir, daß Goethe zu Teegesellschaften einlud, doch das war um 1820.

Im ersten Teil haben wir erfahren, daß Philoteknos den Kindern eine kleine, erlesene Kinderbibliothek angelegt hat. Bei dieser Feststellung ist es geblieben, wir hören nichts mehr darüber. Weiße hat keine Kinderbibliothek zusammengestellt, er läßt sie allmählich entstehen, so wie es die Gelegenheit mit sich bringt. Vierzehn Tage hatte die Familie Philoteknos nicht gesehen, das war ungewöhnlich. Endlich erscheint er wieder: »Sein Busen und seine Taschen strotzen von Büchern.« [III/121] Er war, wie er mitteilt, auf der Messe gewesen und hat die Buchläden nach angenehmen und nützlichen Neuigkeiten für die Kinder durchstöbert. Die Kinder fallen fröhlich über die Bücher her und lesen die Titel vor:

Unterricht eines Vaters für Kinder über die Natur und Religion, vom Hrn. Abraham Trembley [Bibl. Nr. 168]; aus dem französischen übersetzt. Erster und zweyter Theil. Philoteknos bemerkt dazu, er habe zwar bei den Kindern einen Auszug aus des Herrn Plüche Schauplatz der Natur gesehen, der ungefähr das gleiche enthalte, »indessen liest man einerley gute Sache . . . auch gern zweymal . . .«

Eberts Naturlehre für die Jugend. Erster Theil.

Geographie für Kinder, von Johann Christian Raff [Bibl. Nr. 138].

Lesebuch zum Gebrauch in Landschulen, von Friedrich Eberhard von Rochow [Bibl. Nr. 144].

D. Percivals Lehren für seine Kinder, in Fabeln, Erzählungen und Betrachtungen.
(Es dürfte sich um das gleiche Werk handeln, das Osborne I/287 verzeichnet. Brüggemann, Handbuch 1750 bis 1800, Sp. 1477.)

Lesebuch für Kinder; Erstes Bändchen. Bremen, bey Cramer 1776.
Dazu bemerkt Philoteknos, daß die Kinder ja schon »Funkens, kleine Unterhaltungen für Kinder« kennten, »so ein Büchelchen ungefähr ist es.«

Briefe einiger Kinder.
Wahrscheinlich handelt es sich um den »Briefwechsel einiger Kinder, Dessau 1776, Wegehaupt, 1507—1850, Nr. 198. Philoteknos war eben in Dessau gewesen, wo er das Philanthropin besuchte.)

Das sind die Bücher, die Philoteknos ihnen von der Messe gebracht hat. Doch wir werden auch weiterhin über die Bücher unterrichtet, die den Kindern geschenkt werden oder die sie gelesen haben. So berichtet Fritz in einem Brief an Lotte, daß der Papa ihnen ein Buch *Robinson Crusoe der jüngere* gebracht hat. [Bibl. Nr. 30] Es stammt von Herrn Campe, der die Familie des Kinderfreundes vor einigen Jahren von Dessau aus besucht hat. [XIV/178] Ein wenig später hören wir, daß die Kinder auch *Schröckh's Weltgeschichte* [Bibl. Nr. 150] bekommen haben. [XIV/194] Schließlich hat Herr Spirit Karl *Die Begebenheiten des Telemach* von Fénelon [Bibl. Nr. 60] geschenkt, bei dieser Gelegenheit liefert Spirit sogleich eine Biographie des Autors mit. [XII/155] Als Karl eines Tages seinem Vater ein Buch überreicht, das der Buchbinder eben geliefert hat, und er beim Aufschlagen des Deckels *Lavaters physiognomische Fragmente* liest, bemerkt er, das sei der gute Mann, »von dem wir verschiedene kleine Bücherchen haben, und aus dessen Tagebuche ich Ihnen bisweilen manche angenehme Stelle vorgelesen habe?« Auf eine Frage erklärt der Vater, welche Bewandtnis es mit Lavater und der Physiognomik habe. [III/162] Lieschen wiederum liest dem Vater aus *Emiliens Unterhaltungen* [Bibl. Nr. 121] vor. Sie ist jetzt acht Jahre alt und immer noch etwas ungebärdig. Das Buch ist 1775 bei Crusius in Leipzig in deutscher Übersetzung erschienen, im Jahr darauf hält Lieschen sie schon in der Hand.

Philoteknos war, als er die vielen Bücher brachte, vierzehn Tage ausgeblieben. Wo er denn die Woche nach der Messe gewesen sei, wollen die Kinder wissen. In Dessau, erwidert er. »Ah«, rufen die Kinder, »gewiß bey dem guten Professor Basedow, aus dessen *Elementarbuche* und schönen Bildern wir schon so manches Gute gelernet haben.« [III/132] Es folgt ein Exkurs Philoteknos' über Dessau und die öffentlichen Prüfungen am Philanthropin in Anwesenheit des Fürstenpaares mit einem hohen Lob für die Methoden Basedows, seinen Mut, seinen Eifer und die Erfolge, die er aufzuweisen hat. In Dessau war in der zweiten Hälfte des 18. Jahrhunderts ein kleiner Musterstaat im Sinne der Aufklärung entstanden. Die bürgerliche Schulreform gipfelte in der Berufung Basedows und der Gründung des Philanthropins, wo zur allseitigen Bildung des Menschen auch Sport getrieben wurde. Ein zweiter Höhepunkt der Dessauer Aufklärung war die allgemeine Buchhandlung der Gelehrten und Künstler, an der sich auch Schweizer, wie Iselin, Lavater und Pestalozzi, beteiligten.[100]

Der Umgang mit Büchern ist den Kindern so vertraut, daß über jedes einzelne sofort ein lebhaftes Wechselgespräch einsetzt, das in regelrechte Streitereien ausarten kann. Karl ist das klügste der vier Kinder, und Spirit, der Homme d'esprit, der seine ›Connectionen‹ zu Frankreich unterhält, beschenkt Karl eines Tages extra mit den Begebenheiten des Telemach. Er berichtet dazu — nicht ganz ohne Eitelkeit —, »ein französischer berühmter Akademist, Herr D'Alembert, habe beym letzten Aufenthalte des Kaysers [Joseph II., d. V.] in Paris dieselben zum Innhalte einer Vorlesung gemacht, die er eben erhalten habe, und da sie einige artige Anekdoten von diesem würdigen Manne [Fénelon, d. V.] zur Bestätigung dieses preiswürdigen Charakters enthielten, so wolle er meinen Kindern daraus etwas vorlesen . . .«[101] [XII/186]

Spirit drückt sich etwas unklar aus, man könnte fast annehmen, er habe die Vorlesung von D'Alembert selbst erhalten, wahrscheinlicher ist, daß ein französischer Freund ihm die Schrift zusandte.

Der Besitz von Kinderbüchern war das Privileg gehobener und wohlhabender Schichten, das allein aber genügte nicht: die Kinder mußten ja auch lesen können. Mentors Kinder konnten es.

Die Familie des Kinderfreundes rechnet sich den mittleren Ständen zu. Chronickel bemerkt gelegentlich zu den Kindern: »Ihr seyd freylich nicht vornehm, wenn Ihr Euch mit Prinzen, Grafen u. s. w. in Vergleichung setzet, nicht so reich, als viele andre: aber es giebt doch noch weit Geringere und Aermere, als Ihr seyd: denn hier ist alles Verhältnißweise, und ein gemeiner Handwerksmann, der sein gemächliches Auskommen hat, kann immer noch reicher und vornehmer gegen einen Bettler gehalten seyn.« [VII/45] Als Philoteknos einmal gesteht, ihn rührten »Beyspiele von Großmuth, Ehrlichkeit, Rechtschaffenheit und Dankbarkeit, unter gemeinen Leuten . . . desto stärker, je seltner sie vorkommen«, hält Chronickel dem entgegen, daß er »überall mehr Proben edler Gesinnungen unter ihnen [das sind die gemeinen Leute, d. V.] gefunden, als unter den Größten der Erde.« Spirit ist nicht dieser Meinung, er sagt: »sehr gut! aber wo finden sie denn viel dergleichen Beyspiele unter dem gemeinen Haufen? Unter dem Mittelstande würde ich vielleicht noch die Meisten solcher edelmüthiger Seelen zu entdecken glauben, da bey ihnen gewiß noch die beste Erziehung statt findet, und sie größtentheils auf der einen Seite weder durch den zu großen Ueberfluß, noch auf der andern durch die zu weite Entfernung von dem äußersten menschlichen Elende nicht empfindungslos gegen das Schicksal ihrer Brüder macht, noch der zu große Mangel sie in die Gefahr setzt, ihre natürlichen guten Empfindungen zu ersticken, sich durch ungerechte Mittel zu retten, oder ihre Herzen mit Bitterkeit gegen ihre unglücklichern Brüder zu erfüllen. Dieß aber ist meistentheils bey dem gemeinen Manne der Fall; und gemeine Lebensart erzeugt auch immer gemeine Gesinnungen.« Mentor wendet ein, daß man in der Klasse des gemeinen Volkes einen gewaltigen Unterschied machen müsse zwischen dem ganz gemeinen Gassentroß und denen, die sich rechtschaffen nähren, wie Handwerkern und Landleuten. [I/70 ff.]

Von einem pastoraltheologischen Ansatz ausgehend, definiert Groethuysen im Kapitel »Der christliche Mittelstand« eben diesen so: »An die Stelle des alten Dualismus, der die katholische Sozialanschauung vorwiegend bestimmt hatte, würde so eine Art Trialismus treten: König, Bettler, Bürger. Damit scheint dem Bürger aber nun auch ein für allemal seine Stellung innerhalb dieser Welt angewiesen zu sein: er stellt im eigentlichen Sinne den *Mittel*stand dar. In seiner Wesensbestimmung liegt es, sich gleich fernzuhalten von den beiden Extremen: dem Glanz und dem Reichtum der hohen Herren und dem Elend der Armen . . . Der Bürger, wie ihn die Kirche auffaßt, ist der Mann des Mittelstandes, der mit seinem Los zufrieden ist. Er verbleibt in seiner Sphäre und denkt nicht daran, es den hohen Herren gleichtun zu wollen.«[102] Die Moralischen Wochenschriften betrachten die Religion »nur im Hinblick auf den gesellschaftlich-moralischen Nutzen«. »Der ungemeine Einfluß der Religion auf *Betragen und Wohlseyn der Menschen,* auf ihre Tugend also und ihre Glückseligkeit, ist das für die Wochenschriften Belangreiche . . .«[103]

Nach alldem scheint es, als lebte diese Familie in einem Zwischenbereich, aus dem die ›niederen Stände‹ und die sozial ›Deklassierten‹ per definitionem ausgeschlossen sind, indes die Grenzen nach oben offen bleiben. Lebensstil, die sorgfältig bedachte Erziehung der Kinder, die umgeben sind von einem kleinen Hofstaat, dem Vater, den gelehrten und belehrenden vier Freunden sowie dem Haus- und dem Klavierlehrer, das heißt sechs Personen, die umfassende Bildung, die ihnen von diesen Personen vermittelt wird, ihr Umgang mit andern wohlgesitteten Kindern, Landpartien, kleine Gesellschaften usw. sind nicht vereinbar mit der Selbstdarstellung, die die Familie als »Mittelstand« von sich abgibt. Diese Darstellung entspringt einer inneren Unsicherheit, und mit diesem Understatement werden Tendenzen und Wünsche, die man nicht einbekennen darf, überspielt.

Wo also liegt der soziale Standort dieser Familie, in der das Feindbild des Adels kaum mehr oder doch nur relativiert auftritt, im Gegensatz zu den Moralischen Wochenschriften, die dem Adel gegenüber ihre kritische Distanz nicht aufgeben?

Pierre Coste* versucht, in seiner Übersetzung von Lockes »Some thoughts on education« den Franzosen den Begriff des ›Gentilhomme‹ (»En Anglois Gentleman«) zu erläutern; das, so sagt er, sind jene Personen, die wir in Frankreich Leute aus gutem Haus, vortreffliche Bürger nennen.[104] Die Encyclopaedia Britannica, die ihrerseits den Gentilhomme mit Gentleman übersetzt, umschreibt diesen Begriff so: ». . . it denotes one without a title who bears a coat of arms, or whose ancestors have been freemen. By courtesy, however, this title is generally accorded to all persons above the rank of common tradesmen when their manners and deportement are indicative of a certain amount of refinement and intelligence. But in its best and highest sense, this word is used to denote one who not only does what is right and just, but whose conduct is regulated by a true principle of honour, which springs from that self-respect and intellectual refinement which manifest themselves in unconstrained yet delicate manners.«[105] In kurzer Form werden hier alle jene charakteristischen Merkmale zusammengefaßt, die den ›gewöhnlichen Kaufmann‹ vom Gentleman unterscheiden. Sie alle — mit Ausnahme des Wappens — treffen zu auf die Person Mentors, seine Familie und ihre Verhaltensweisen. In ihrem Vorwort zum »Magasin des Enfans« [Bibl. Nr. 112] schreibt Madame Le Prince de Beaumont — sie war damals Erzieherin in England — zum Kaufmann in England: »A quoi doit-on attribuer les progrès du commerce

* Pierre Coste (1668—1747) ging, nach der Aufhebung des Edikts von Nantes, nach England, wo er als Präzeptor die Söhne großer Familien auf ihrer ›grande tour‹ begleitete. Er übersetzte unter anderem La Bruyère und Montaigne ins Englische, Shaftesbury und Newton ins Französische. Sein größtes Verdienst war es, Locke durch seine 1695 erschienene Übersetzung von »Some thoughts on education« den Franzosen zugänglich gemacht zu haben.

en Angleterre? A la destruction du préjugé, qui fait regarder le commerce comme une profession indigne de la noblesse. Un négociant fidele et laborieux, peut prétendre à tout ici. Le Duc, le Comte ne rougit point de s'allier avec lui, de le traiter avec distinction, de lui montrer des égards.« Aber auch in Frankreich setzt sich diese neue Wertschätzung des Kaufmannes durch. So vermerkt Noël-Antoine Pluche — dessen »Schauplatz der Natur« die Kinder ja auch besitzen — im »Spectacle ...« [Bibl. Nr. 136]: »Un habile commerçant est quelque chose de plus qu'un bon citoyen. L'étendue de ses services en fait, pour ainsi dire, un homme d'Etat: et de toutes les sciences, la sienne est, après la religion, celle dont il faut le plus désirer les progrès.« [VII/445]. Allerdings darf nicht vergessen werden, daß der »Kinderfreund« eine Spätform der Moralischen Wochenschriften darstellt, in der »Veränderungen im gehaltlichen Bereich, in Absichten und Gesinnungen zumeist nicht zu übersehen« sind.[106]

Was in der Familie als Lebensart, das heißt gute Lebensart, angesehen wird, erfahren wir nach einem Besuch der Kinder in einer Gesellschaft bei gleichaltrigen Freunden. Hier hat sich ein Geschwisterpaar gröblich und ungezogen benommen. Und als die Kinder mit ihrem Mißfallen an solchen Grobheiten und schlechten Manieren nicht zurückhalten, will Karl sie in Schutz nehmen und meint: »Je nun, wenn eines nur etwas gelernt und ein gut Herz dabey hat, so kann man ihm schon Etwas vergeben. — Das sagt mein gesitteter Karl? sagte Herr Spirit. Ich dächte, man könnte einem jungen Menschen noch eher einige Unwissenheit, als den Mangel an Höflichkeit vergeben. Und was das gute Herz anbetrifft, so kann ich dieß einem groben Menschen kaum zutrauen.« [XVII/3 ff.] Wenn Spirit in der Folge Höflichkeit mit Höflichkeit des Herzens gleichsetzt und erklärt, daß Liebe, Ehrfurcht und Hochachtung vor dem andern gleichfalls dazu gehören, dann klingt durch, was den ›Honnête homme‹ des 17. Jahrhunderts ausmacht, für den Höflichkeit, Bildung und Ethos untrennbar verbunden gewesen sind. Spirit, der seine ›Connectionen‹ zu Frankreich hat, ist sich bewußt, daß er eine Lebensform und einen Stil zu veranschaulichen sucht, der sich dem der Adelsgesellschaft annähert. Und Philoteknos bemerkt in diesem Gespräch, der gemeine Pöbel sei am stolzesten und gröbsten, wenn er auf andre träfe, die noch unter ihm stünden. »Personen von Stande werden schon in der Jugend mehr gelehret, ihren Stolz zu verbergen, indem man sie auf die Folgen aufmerksam seyn lehrt.« [XVII/11] Ein andres Mal bemerkt Spirit, daß Höflichkeit bei »vornehmer Leute Kinder weniger als bei gemeynen vermißt wird«. Spirit meint auch, daß feine Lebensart eine Gemütsverfassung ist, »die Personen leicht und ungezwungen in ihrem Betragen, angenehm und liebenswürdig im Umgange, aufmerksam andern zu dienen macht: die ihre Verweise nicht widrig, eine Gefälligkeit, wodurch sie uns verbinden, uns zur Freude, und ihre Dienste uns willkommen macht. Hierzu, meine liebsten Kinder! gehöret freylich schon große Weltkenntniß und Erfahrung, die Ihr noch nicht habt, doch aber sie zu erlangen euch schon itzt bemühen müßt. Ueberdieß giebt es allgemeine Regeln, die Ihr bey der gesitteten Erziehung und dem gut gearteten Umgange, die Ihr genossen habet, doch schon ausüben könnet.« [XVII/29 ff.] Das wußte Montaigne. In seinem Erziehungsbrief »De l'institution des enfans« schreibt er: »Il se tire une merveilleuse clarté pour le jugement humain, de la fréquentation du monde.«[107] Spirit verfolgt seinen Gedanken weiter: »Vorzüglich zeigt sich eine feine gute Lebensart im gesellschaftlichen Leben. Die Unterhaltung der meisten Menschen ist weniger dadurch unangenehm, weil sie nicht gelehrt und witzig genug sind, als wegen des Mangels dieser reizenden, empfehlungswürdigen Eigenschaft.« [XVII/43] Spirit erblickt eine Hauptschule der Artigkeit in der Welt und dem geselligen Leben. Um gesellige Eigenschaften zu erwerben, rät er: »Findet Ihr welche, die den Beyfall aller Menschen auf sich ziehen, überall willkommen und eine Freude für jede Versammlung sind, wo sie eintreten; so gebt wohl Achtung, wodurch sie dieses Wohlgefallens theilhaftig werden, suchet ihre Bekanntschaft und strebet darnach, euch dieselben Eigenschaften zu erwerben, die sie so liebenswürdig machen.« Am Ausgang dieser umfangreichen Erörterungen liefert Spirit das Porträt einer Person von wahrer feiner Lebensart: »Sie ist eben so geschickt, der menschlichen Gesellschaft wahre und große Dienste zu leisten, als ihr Zierde und Freude zu seyn. Ihr Verstand muß aufgeklärt, frey von Vorurtheilen, und reich an Erkenntniß und Einsicht seyn . . .« Wohlwollen und Bescheidenheit, Gesprächigkeit ohne Schwatzhaftigkeit, Verbindlichkeit ohne Schmeichelei, Heiterkeit ohne lärmenden Aufwand zeichnen sie aus. In früheren Gesprächen hat Spirit Affektation und Geziertheit aufs Korn genommen, was er jetzt verlangt, ist Einfachheit und Diskretion, die Forderung, sich seiner Verdienste nicht zu rühmen, ruft noch einmal die Erinnerung an den Honnête homme wach: »Le vrai honnête homme est celui, qui ne se pique de rien.«[108] In der zweiten Hälfte des 17. Jahrhunderts tritt an die Stelle des ›Cortegiano‹, des Hofmannes Baldassare Castigliones, der ›Honnête homme‹ Mérés:* »Das Bemühen um das juste milieu, um eine distinguierte Mittelmäßigkeit.«[109]

Die Familie des Kinderfreundes lebt in der Nähe von Leipzig, das zu dieser Zeit bereits als Messestadt an die Stelle Frankfurts getreten war und als Hauptumschlagplatz des deutschen Buchhandels galt, ebenso wie als Einzugsgebiet ausländischer Literatur. »Waren es anfangs vor allem die Manufakturiers, Bankiers, Kaufleute aus Frankreich, die während der Hugenottenverfolgung eingewandert waren und ein Netz zu den Glaubensbrüdern in anderen Städten . . . knüpften, so finden sich seit den fünfziger Jahren immer wieder die Angehörigen der neuen kulturellen Trägerschicht, zum Beispiel die sächsischen Staatsreformer, aber auch Ph. E. Reich [der größte Leipziger Verleger, d. V.] als Fürsprecher oder Mitglieder in der Reformierten Gemeinde Leipzigs. Wegen des großen Zulaufs deutscher Bürger wurde 1758 der erste deutschsprechende Prediger eingestellt — es war der Schweizer Georg Joachim Zollikofer, einer der eifrigsten Mittler an der Seite Ph. E. Reichs, Korrektor und Begutachter des Verlegers und Verbindungsmann zu den zahlreichen Schweizer Autoren.

Die Schweiz, vor allem Zürich, war in der ersten Jahrhunderthälfte der wichtigste Kristallisationspunkt für die aufkeimende deutsche Poesie; sie war das Einfallstor für die englische Literatur und Übersetzungen der Klassiker. Via Schweiz gelangten — nicht selten in Form von Nachdrucken — die hier kaum zensierten französischen oder ins Französische übersetzten Werke modernen Denkens in den deutschen Sprachraum.«[110]

August Hermann Francke, Stifter des Halleschen Waisenhauses, der 1698 als erster Fénelons »Education des Filles« ins Deutsche übersetzte, war Dozent an der Universität Leipzig, Gottsched, der die Stadt zu einem literarischen und intellektuellen Mittelpunkt machte, übersetzte Werke der französischen Aufklärung und leitete die Übersetzung von Bayles »Dictionnaire historique et critique«, Luise Gottsched las Fénelon und übersetzte als erste die Werke der Madame Lambert ins Deutsche.

»Mein Leipzig lob' ich mir!
Es ist ein Klein-Paris und bildet seine Leute.«

Es hat auch die Familie des Kinderfreundes gebildet, wie wir gesehen haben. Leipzig als Einfalls-

* Georges Brossin, chev. de Méré, verfaßte 1687 eine Abhandlung über den Honnête homme: »Traité de la vraie honnêteté, de l'éloquence et de l'entretien«.

tor für Literatur aus England und vor allem für Werke der französischen Geisteswissenschaften hat auch in der vornehmen Familie Mentors und der Freunde seine Spuren hinterlassen, in der Lebensart, so wie sie Spirit auffaßt und an die Kinder weitergibt, und so wie sie als Mentalität in Haltung und Einstellung der Familie ihren Ausdruck findet.

An einer Stelle spricht Pape von der »naiven Grazie« Weißes.[111] Es war nicht die Absicht Weißes, ein graziöses Werk zu schreiben, und gerade darum ist es ihm gelungen. Er ist entrüstet, weil man ihm vorwirft, er habe es an der sokratischen Methode fehlen lassen. Madame Le Prince de Beaumont hat sie in ihren »Instructions« beziehungsweise »Magasins« [Bibl. Nr. 110—112] durchgehalten, das Werk einer intellektuellen Autorin, die mit ihren Schülerinnen intellektuelle Gespräche führt; sie hatte eine Botschaft zu verkünden — mit Vorbehalten, wenn sie über ihre eigene Kühnheit erschrickt —, nämlich die von den geistigen Fähigkeiten der Frau. Weiße hatte weder eine literarische — er übernahm ein praktikables Muster und schnitt es für sich zurecht — noch eine gesellschaftliche Botschaft zu verkünden — die ist ihm nicht ganz geglückt —, sondern einzig eine pädagogische, er wollte erziehen, lehren und vor allem unterhalten. Alles das ist ihm mit dieser utopischen Landschaft gelungen, wobei nicht zu übersehen ist, daß das vornehmste Instrument seiner Utopie die gescheiten und altklugen Kinder sind, an denen die Erwachsenen ebensoviel Vergnügen fanden wie ihre Nachfahren bei der Lektüre dieser Welt, die er vor uns hinstellt.

II. MADAME DE GENLIS, LA FÉE DE LA PÉDANTERIE

Seine Mutter im Engagement für den Jansenismus noch übertroffen hat Peter Leopold von Toskana.

Hersche

Unter den Büchern, die Großherzog Leopold bei der Abfassung der Maximen für die Erziehung seiner Kinder nennt, ist Madame de Genlis als einzige Autorin mit zwei Titeln vertreten: »Adèle et Théodore« [Bibl. Nr. 77] und »Annales de la Vertu« [Bibl. Nr. 78]. Zum ersten merkt Leopold an: »il a dans ce livre beaucoup d'inutile, mais beaucoup de bon«. Ebenso enthält das andere von Madame de Genlis herangezogene Buch »Duguet, de l'éducation d'un Prince« eine Beifügung: »bon livre quoiqu'écrit avec pedanterie«[112].

Franz war Madame de Genlis begegnet, als die Herzogin von Chartres in Begleitung der Madame de Genlis und ihres Mannes den Großherzog in Florenz besuchte.

Daß Madame de Genlis jansenistische Autoren zitiert und jansenistische Elemente in ihre Erziehungsmethoden eingeflossen waren, hat der mit jansenistischer Literatur wohlvertraute Großherzog bei der Durchsicht von »Adèle et Théodore« erkennen müssen, zumal er einen der beiden jansenistischen Autoren, Pierre Nicole, in seinen wahrscheinlich um 1775 abgefaßten »Notes sur l'éducation publique« mit anderem jansenistischen Schrifttum zur Lektüre empfohlen hatte. Im Zusammenhang mit dem zweiten Autor, Duguet, berichtet Wandruszka, ein Besucher sei beeindruckt gewesen »von Leopolds umfassender Bildung und vor allem davon, daß dieser in dem Gespräch mit so tiefschürfendem Urteil das ›goldene Buch‹ des französischen Jansenisten Jacques Joséph Duget ›L'Institution d'un Prince‹ analysiert habe«.[113]

Madame de Genlis war — eine Affinität zu Leopold — Erziehungsfanatikerin, die schon in ihrer Kindheit das kleine Bauernvolk im Dorf belehrt und unterwiesen hatte. (Zu ihrem Lebenslauf siehe Bibl. Nr. 77.) Eine begabte schillernde Persönlichkeit, unermüdlich im Schreiben und im Abschreiben. In seinem Buch »Curiosités littéraires«, das selbst eine Kuriosität ist und sich mit den unterschiedlichsten Themen von den Akrostika bis zu literarischen Querelen befaßt, hat der Autor auch Mme. de Genlis unter seine schonungslose Lupe genommen: »Nul écrivain, peut-être, n'a poussé plus loin le brigandage littéraire que madame de Genlis. Elle eut, à ce sujet, en 1830, un procès déplorable avec le libraire Roret, éditeur de la collection des ›Manuels‹. Elle s'était engagée, moyennant 400 francs, à composer pour lui un ›Manuel encyclopédique de l'enfance‹. On allait imprimer le manuscrit, qui avait été payé, lorsqu'on s'aperçut qu'il était la copie exacte d'un livre du même genre, publié, en 1820, par M. Masselin. Il fallut un jugement pour que le libraire obtint la restitution de son argent.«[114] Die Vorwürfe wegen ihrer literarischen Anleihen hat sie wiederholt scharf zurückgewiesen und unter anderem in den »Veillées du Château« [Bibl. Nr. 83] gegen die Männer polemisiert, die den Frauen die Urheberschaft ihrer Werke streitig machten. In einem Gespräch über malende Frauen bemerkt sie, wenn Künstlerinnen nicht ebenso anerkannt würden wie ihre männlichen Kollegen, so läge dies im Vorurteil der Männer, die den Frauen alle Bildungsmöglichkeiten verwehrten. In dieses Bild einer unabhängigen Frau fügt sich ihr Amt als »Gouverneur« der Söhne des Herzogs von Chartres, das ihr den Spott der Zeitgenossen eintrug, vermutlich auch deshalb, weil man ihr zarte Beziehungen zum Herzog nachsagte, denen, Gerüchten zufolge, eine Tochter, Pamela, entsprang.

Ihre vielzitierten geistigen Beziehungen zu Rousseau waren zwiespältig. Was auch sollte sie im

Sinne haben mit einem Philosophen, der in seinem großen Erziehungsroman feststellt: »La femme est faite pour plaire et pour être subjuguée.« Selbst ihre Rückkehr zur Natur ist nicht die Rousseaus, sie verweilt im Ancien régime. Während eines Spazierganges mit ihrer Tochter, anläßlich eines Besuches bei Gessner in Zürich (»Veillées du Château«) bemerkt sie mißfällig, in diesen englischen Gärten gebe es weder gerade Alleen noch symmetrische Anlagen oder Blumenbeete. Und in »Adèle et Théodore« verfährt sie recht hart mit Rousseau: Alles, was wirklich nützlich ist an seiner Erziehung, habe er Seneca, Montaigne und Fénelon zu verdanken, mit Ausnahme des Grundsatzes, daß man bei der Ausbildung der Kinder nicht zu eilig vorgehen dürfe. Das hindert sie nicht, sich auf ihn zu berufen, sofern er in ihr Konzept hineinpaßt. Wo es um Fürstenerziehung geht, bemerkt sie, die »Institution d'un Prince« von Duguet sei, wegen ihrer Langweiligkeit, mit Recht vergessen worden. Man erfährt auch den Grund ihrer Geringschätzung: »L'Abbé Duguet, dans son ›Institution d'un prince‹, porte, des femmes, un jugement infiniment plus sévère que le mien; et je trouve même que le portrait qu'il fait d'elles n'est qu'une satyre injurieuse, beaucoup moins fondée sur la vérité, qu'inspirée par l'humeur.«[115]

Nicht nur das geringschätzige Urteil Duguets ärgert sie, sie hat selbst einen »Discours sur l'éducation de M. le Dauphin et sur l'adoption« verfaßt, der auf allgemeine Ablehnung stieß und erfolglos geblieben ist.*

Einer der wenigen Autoren, die ungeschoren davonkommen, ist Pierre Nicole, der unter dem Pseudonym Chanteresme eine »Prinzenerziehung« mit dem Titel »L'éducation d'un Prince« entworfen hat. Madame de Genlis kennt ihren jansenistischen Gewährsmann: In einer Anmerkung stellt sie fest, man habe das Werk fälschlich Pascal zugeschrieben; das ist soweit richtig, als Nicole in seiner »Prinzenerziehung« Gespräche mit Pascal wiedergibt, die dann in die »Pensées« aufgenommen wurden. Nicole, der 1692 mit Antoine Arnauld »La Logique de Port-Royal« verfaßt hatte, gehört zu den »Einsiedlern« (Solitaires) von Port-Royal, wo er an den Petites écoles lehrte. Er vertrat die »indirekte Methode« in der Erziehung, »... qui forme l'esprit insensiblement à goûter et à sentir les bonnes choses ...« Deshalb dürfe sich die Tätigkeit des Erziehers nicht auf einige Stunden beschränken, auf die Lektionen etwa; sie müsse vielmehr jede Stunde ausfüllen, Prinzip sein bei Tisch und bei der Arbeit, Erholung und Spiel, Unterhaltung und Lektüre.[116] Ein Grundsatz, der bei Madame de Genlis zur Manie wird und an dem sie auch in ihrem Buch konsequent festhält.

Ihr Eklektizismus macht es schwer, die pädagogischen Vorstellungen, von denen sie jeweils geleitet wird, in irgendein System einzugliedern. Wenn sie mit den Kindern aufs Land, weit entfernt von Paris, zieht, dann kann das die Rückkehr zur Natur ebensowohl bedeuten wie die Erfüllung der jansenistischen Forderung, Kinder vor den Anfechtungen der Welt zu beschützen. Vermutlich entspringt der Rigorismus ihrer Pädagogik dem Wunsch, für Adele und Theodor ein Gegenbild ihrer eigenen, bewegten Erziehung zu schaffen, und sie findet es in der Anlehnung an die Pädagogik des Jansenismus. Das asketische Porträt, das die Weltdame in einem an die Freundin gerichteten Brief von sich entwirft, soll wohl die Glaubwürdigkeit ihrer Erziehungsweise unterstützen, diese Grundsätze werden nur etwas durchlöchert durch die Haltung, die ›le grand monde‹, wo die

* Jacques Joseph Duguet, 1649—1733, französischer Theologe, begann sein Studium bei den Vätern der Kongregation des Oratoriums, die er später verließ und nach Brüssel zog, um Antoine Arnauld, dem Wortführer der Jansenisten in Frankreich, nahe zu sein. Er widersetzte sich der Bulle »Unigenitus« (1713) und führte von da an ein unstetes Wanderleben. Die »Institution d'un Prince« war als Gegenstück zu Fénelons »Télémaque« gedacht gewesen, ohne dessen Rang auch nur annähernd zu erreichen. Duguet war überzeugter Anhänger von Port-Royal, obwohl er im Jansenismus nicht mehr als einen bewundernswerten Sonderfall des reinen Christentums erblickte, dem nach seiner Meinung keine Dauer beschieden war.

Kinder schließlich landen werden, von ihnen verlangt. So gibt sie die folgende Definition von Anstand: »Der Anstand besteht darin, die Religion, die Ehrenhaftigkeit, die Gesetze und allgemeinen Gebräuche, soferne sie nicht der Moral widersprechen, in der Öffentlichkeit und in Gegenwart von Zeugen zu respektieren.« Sie vergißt auch die körperliche Erziehung nicht, hier habe Rousseau bestimmte Regeln aufgestellt, die er allerdings dem System Lockes wörtlich entnommen habe.[117] Kinder müsse man an frische Luft gewöhnen, sie müssen auf harten Betten schlafen, die Nahrung ist einfach und karg, keine Näschereien, kein Fleisch, nur Gemüse usf. Ganz ähnliche Methoden, wie Großherzog Leopold sie für seine Kinder vorgeschrieben hat.

Vor ihrem Bildungsfanatismus verblassen alle anderen Erziehungsprinzipien, sie geht ihre eigenen Wege: Mit sechs Jahren kann Adele vollkommen lesen, ohne zu verstehen, *was* sie liest, doch anhand der Bibel und mit Hilfe der Laterna magica lernt sie auch verstehen und schreiben. Sie verfügt auch schon über einige Geographiekenntnisse, die sie ebenfalls anhand der Laterna magica und mit Hilfe der Erzieherin erworben hat. Doch Bücher lesen kann sie noch nicht. Da greift Madame de Genlis zu einer List, sie rechnet mit der Neugierde der Kinder dieser Zeit, die am Land leben und dort fahrende Händler sehen, die ersten, die die volkstümlichen Heftchen der »Bibliothèque bleue« anbieten. Sie beginnt selbst kleine Werke, »Des ouvrages minucieux et puériles, absolument faits pour l'enfance«, zu verfassen, läßt sie drucken und — wohlgemerkt: in rotes Maroquin mit Goldverzierung gebunden — durch solche Kolporteure anbieten. Eine pompöse Volkstümlichkeit, wenn man bedenkt, daß die Heftchen der »Bibliothèque bleue« auf billigstem Papier gedruckt und in billigstes blaues Papier gebunden waren. Doch die erwartete Wirkung tritt ein, Adele wählt einige dieser Bändchen aus und kann nach einigen Monaten schon recht gut lesen. Von da an beginnt die Odysee durch die Weltliteratur.

Mit sieben Jahren liest sie die *Bibel, Les conversations d'Emilie* [Bibl. Nr. 120], *Les Hochets moraux,* par M. Monget. Alles das lernt sie auswendig.

Mit siebeneinhalb Jahren:

Drames et Dialogues pour les enfants von Mme. de La Fite. [Bibl. Nr. 103]

Mit acht Jahren:

Les sept volumes des Annales de la Vertu. [Bibl. Nr. 78] Die Autorin verschweigt bescheiden ihren Namen, es ist Madame de Genlis selbst.

La géographie comparée, de M. Mentelle.

Catéchisme historique und *L'Abrégé de la Géographie* de M. de Ragois muß Adele abschreiben. Sie braucht weitere sechs Monate dazu.

Es würde zu weit führen, den monströsen Leseplan im einzelnen weiter zu verfolgen, es werden daher nur die wichtigeren Werke herausgegriffen: *Robinson Crusoe* und *The Beauties of History.* Manche Bücher, besonders die ihrer Mutter, muß sie mehrere Male lesen.

Mit elf Jahren liest sie *L'Imitation de Jésus Christ, L'Histoire ancienne de Rollin* und *Father's Instructions to his Children.*

Mit zwölf Jahren geht sie zur ersten Kommunion, und sie liest *Les Quatre fins de l'Homme* par M. Nicole.* Madame Genlis bemerkt dazu: »ouvrage très-frappant, et qui, lu dans la premiere jeunesse, laisse des idées qui ne s'effacent jamais.« Was hat Madame Genlis dazu bewogen, dieses sinistre Werk, das korrekt »Les dernières fins de l'homme« heißt, einem Kind von zwölf Jahren

* C. A. Sainte-Beuve (1804—1869), literarischer Kritiker, Professor am Collège de France, brachte 1840—1860 sein Meisterwerk, »L'Histoire de Port-Royal«, die Geschichte des Jansenismus, heraus, dem die folgenden Bemerkungen entnommen sind.

zur Lektüre vor der Kommunion zu übergeben? Die Umkehr einer Weltdame, deren Leben nicht durchwegs unter dem Aspekt christlicher Moral gestanden war? Ihre eigene Angst, die sie in das Kind zu projizieren sucht? Alle Qualen der Hölle, die den Sünder am Ende erwarten, werden in ausschweifenden Bildern geschildert, Sainte-Beuve nennt das spirituellen Terror und überlegt, was es bedeutet, wenn solche Schrecknisse am Abend im Familienkreis vorgelesen werden, er spricht von einem »attentat permanent sur la tendresse des imaginations humaines« und wirft dem Autor die eisige Kälte und Distanz seiner Darstellung vor. Nach diesem Zwischenspiel in der Hölle fährt Madame de Genlis fort, Adele auch durch weltliche Lektüre zu bilden. Sie liest — mit elf Jahren bereits — den *Catéchisme Historique* von Fleury, die *Histoire ancienne* von Rollin, die *Imitatio Christi* (auf französisch), *Macauley's History of England,* mit dreizehn Jahren *La Princesse de Cleves,* zwischendurch immer wieder Werke der Mutter, *Trembley's Instructions d'un père à ses enfants* [Bibl. Nr. 168], das *Theater von Marivaux,* die *Briefe der Lady Montagu,* die *Komödien von Goldoni,* das *Spectacle de la nature* von Pluche [Bibl. Nr. 136], *Réflexions critiques sur la Poésie et sur la Peinture* von Abbé Dubos, Voltaires *Histoire universelle, Don Quichotte, La Poétique* von Marmontel, Humes *Geschichte Englands* im Originaltext, die *Werke Metastasios,* ebenfalls im Originaltext, denn Adele beherrscht auch schon Italienisch. Mit siebzehn Jahren liest sie *Corneille, Racine* und *Bourdaloue,* sie liest *Pamela* und *Grandisson* von Richardson. Nicht nur ist Madame de Genlis auch schon angetan von sentimentaler Empfindsamkeit, sie hat sich auch zeitgerecht mit der Mode der Anglomanie eingelassen: Die Kinder haben eine englische Erzieherin, und die Supraporte über dem Vestibül des Landschlosses trägt ein Zitat aus dem »Spectator«: »True happiness is of a retired nature, and an ennemy to pomp and noise.« Hier geraten ihre Vorstellungen vom einfachen Glück mit denen der bürgerlichen »Moralischen Wochenschriften« etwas durcheinander.

Vom achtzehnten bis zum neunzehnten Lebensjahr liest Adele das *Theater von Molière,* die *Werke von Boileau,* die *Gedichte von J. B. Rousseau** (zu denen Madame de Genlis anmerkt: »Le grand mérite des poésies de Rousseau consiste moins dans les idées que dans l'harmonie«), sie liest die *Predigten von Massillon,* den *Spectator* auf englisch und *Petrarca* auf italienisch. Auch nach der Verheiratung Adeles nimmt die Mutter sich ihrer Lektüre an. Adele empfängt in den beiden ersten Jahren ihrer Ehe noch keine Gäste, sie liest statt dessen die *Odyssee,* die *Naturgeschichte* von Buffon, den *Télémaque* von Fénelon, *Flechier, Bossuet,* die *Charactères* von La Bruyère, die *Maximen* von La Rochefoucauld, *Locke* und *Pope* auf englisch, die *Geschichte Italiens* von Guiciardini, auch *Dante,* beides auf italienisch. Mit zweiundzwanzig Jahren, immer unter der Ägide der Mutter, die *Pensées* von Pascal, die *Lettres Persanes* und den *Esprit des Loix* von Montesquieu sowie das *Befreite Jerusalem* von Torquato Tasso auf italienisch. Schließlich rät die Mutter, sie möge sich den Gesamtplan ihrer Lektüre, den sie seit dem sechzehnten Lebensjahr verfolgt hat, wieder vornehmen, das würde bis zum achtundzwanzigsten Lebensjahr hinreichen, wobei Madame de Genlis versprach, sie auch weiterhin mit den wichtigsten Werken bekanntzumachen.

Was hier wiedergegeben wurde, ist ein Auszug des gesamten Leseplanes, wie er in »Adèle et Théodore« aufgestellt wurde.

Als Hochzeitsgeschenk erhält sie »Lettres sur l'Education« — das ist der Untertitel von »Adèle et Théodore«. Was als romantischer Zug erscheinen könnte, die Einbeziehung des Autors in

---

* Nicht zu verwechseln mit J. J. Rousseau: Jean Baptiste Rousseau (1671—1744), lyrischer Dichter, schrieb Oden und Epigramme und besuchte auf seinen Reisen auch Wien.

seinen Text, ist bei der Autorin die Überzeugung vom Wert ihrer Schriften und Werbung für das, was sie geschrieben hat.

Madame de Genlis gehört nicht mehr zu den Dames de lettres, sie ist eine Epigonin, die aus dem Fundus dieser selbstbewußten Frauen des Hochadels schöpft, ohne über die souveräne Freiheit ihrer Vorgängerinnen zu verfügen. Sie steht am Ende des Ancien régime, dem sie noch verbunden ist, und am Beginn der nachrevolutionären Zeit, zu der sie keine Brücke mehr gefunden hat. Es sind die Brüder Goncourt, die die Genlis »La fée de la Pédanterie« genannt haben.[118]

Ihr Erziehungsroman ist keine Utopie, sie erfindet keine Welt, sie schneidet die eigene nach ihren Vorstellungen zurecht, indem sie ein Wolkenkuckucksheim erschafft und sich darin als »Bürgerin von Utopia« häuslich niederläßt. Das Vorbild ist der Wirklichkeit entnommen, ein Modell, in welches sie das Postulat ihrer Pädagogik einzubeziehen versucht. Die Dialektik der Aufklärung.

III. CAMPES ERZIEHUNG DER TÖCHTER

> Gott selbst hat gewollt, und die ganze Verfassung der menschlichen Gesellschaften auf Erden, so weit wir sie kennen, ist darnach zugeschnitten, daß nicht das Weib, sondern der Mann das Haupt seyn sollte.
>
> Joachim Heinrich Campe

So heißt es im Kapitel über die »ungünstigen Verhältnisse des Weibes zur menschlichen Gesellschaft«. Mit diesem Satz wird Klarheit geschaffen, und die »ungünstigen Verhältnisse« werden als gottgewollt sanktioniert.

So wie »Theophron oder der erfahrene Ratgeber für die unerfahrne Jugend« vorerst als Aufsatz in den »Hamburgischen Addreßcomtoir-Nachrichten« erschienen war, hatte Campe im »Braunschweigischen Journal« einige Bruchstücke seiner Tochter »über die weibliche Bestimmung . . .« gewidmet, ohne die Absicht, ». . . ein ganzes Buch darüber drucken zu lassen«, wie er im Vorwort zum »Väterlichen Rat« ausführt. Schließlich jedoch habe er, ». . . beim Anblick so mancher Misleitung wodurch dies ewig gegängelte und ewig getäuschte Geschlecht . . . von seiner ursprünglichen hohen und würdigen Bestimmung so häufig abgeführt wird . . .«, den Versuch gewagt, ». . . sich hörbar zu machen . . .« Im Nachsatz stellt Campe fest, daß er mit seiner Begriffsbestimmung über weibliche Vollkommenheit ». . . mit denen, welche in der Welt, besonders bei den verfeinerten Ständen darüber herrschend sind . . .«, in Widerspruch geraten werde. Hier klingt bereits an, was die Darlegungen als Leitmotiv bis ans Ende der Schrift begleiten wird, die bewußte und entschiedene Abgrenzung gegen die »feineren Stände« als Gegenbild zum »glücklichen Mittelstand«, dem die Tochter, an welche die Ratschläge sich wenden, angehört. Für *sie* und ihresgleichen und nicht für »junge Damen von Stande« ist das Buch geschrieben worden. Der zweite Teil soll der Adressatin – der nunmehr fünfzehnjährigen Tochter des Verfassers – die nötige Menschenkenntnis und die dazu erforderlichen Klugheitsregeln liefern.

Campes »Rath« hat zu den meistverbreiteten Schriften für die Erziehung der Mädchen gehört. Sein Ziel war es – nach dem einleitenden Satz des zweiten Teiles –, der Tochter die Zwecke des menschlichen Daseins, ». . . welches dein Schöpfer für dich und deine Schwestern insbesondere aufgesteckt hat . . .«, zu enthüllen. Der Weg zu diesem Ziel beginnt in Kapitel I »Ueber die allgemeine und besondere Bestimmung des Weibes« mit der Feststellung: »Du bist ein Mensch – also bestimmt zu allem, was der allgemeine Beruf der Menschheit mit sich führt. Du bist ein Frauenzimmer – also bestimmt und berufen zu allem, was das Weib dem Manne, der menschlichen und der bürgerlichen Gesellschaft seyn soll. Du hast also eine zweifache Bestimmung, eine allgemeine und eine besondere, eine als Mensch und eine als Weib.«

Diese Vorstellung von der Frau als ein in zwei Rollen gespaltenes Wesen wird allerdings in der Folge durch das übermächtige Bild ihrer Bestimmung, als Frau, aufgehoben, denn alle »Anlagen und Kräfte, die körperlichen wie die geistigen, die sittlichen wie die intellectuellen . . . [sind] . . . immer in Beziehung auf deinen bestimmteren Beruf als Weib . . . zu entwickeln«. Zwar wird der Tochter nicht verhehlt, daß das Geschlecht, zu dem sie gehört, ». . . in einem abhängigen und auf geistige sowohl als körperliche Schwächung abzielenden Zustande lebt . . .«, daß es ihr jedoch anheimgegeben ist, durch die Erfüllung der ihr von Gott zugedachten Bestimmung diesem

Schicksal entgegenzuwirken, wobei ihr Schwierigkeiten und Mühsal des einzuschlagenden Weges vor Augen geführt werden, in der Annahme, daß sie als echtes Weib sich gleichwohl treu bleiben wird, denn: »Man braucht ja Muth zum menschlichen Leben, auch zum weiblichen; zu diesem vielleicht noch mehr als zum männlichen . . .« Daher verlangt der Vater von der Tochter ». . . Geduld, Sanftmuth, Nachgiebigkeit und Selbstverläugnung . . . [als] . . . die allerunentbehrlichsten Tugenden deines Geschlechts . . .«

Einen besonderen Platz in den Verhaltensvorschriften für die Tochter nimmt »Bildung« ein. Campe wendet sich mehrmals gegen »Gelehrsamkeit« und »wissenschaftliche Kenntnisse« der zur Vorsteherin eines Hauswesens bestimmten Gattin. Auf die rhetorische Frage, wozu Kenntnisse der ehelichen Gefährtin des Mannes gut sein sollen, gibt der Verfasser selbst die Antwort: »So sehr die höhere und feinere Cultur des Geistes in Deutschland überhaupt, und von deinem Geschlechte insonderheit bis auf unsere Zeiten im Durchschnitt vernachläßiget ward; ebensosehr pflegt sie jetzt in mancher Familie bis zur verderblichsten Ausschweifung getrieben zu werden. Sie ist ein Theil des allbeherrschenden Luxus geworden, den ich den *litterarischen* zu nennen pflege.« Hier wird deutlich, daß das Bildungsbürgertum den »litterarischen Luxus« im Sinne des Wortes als solchen betrachtet und die Lesewut als verderblich und schädlich ansieht, weil sie den »Verstand zu verwirren, die Einbildungskraft zu beflecken, die Empfindungen zu überspannen . . .« usw. drohen könnte. Das Thema wird später an anderer Stelle wieder aufgegriffen und diesmal im besonderen auf die Frau abgestimmt. Es werden ihr gewisse Kenntnisse und Fertigkeiten, über die sie verfügen darf, zugestanden, soweit sie ihrer häuslichen Tätigkeit und ihrer Bestimmung nicht nur nicht abträglich, sondern ausdrücklich als nützlich angesehen werden können. Diese Kenntnisse und Fertigkeiten, über die sie verfügen darf, dienen in erster Linie der Erziehung ihrer künftigen Tochter und der Beglückung der Familie. Sprachenkenntnisse werden aus der Skala der erlaubten Fertigkeiten ausgeschlossen. Notgedrungen hat die Tochter, weil ihre Kindheit in einen Zeitraum fiel, wo die Erlernung des Französischen nötig gewesen war, sich ». . . eine leichte Kenntniß . . .« dieser Sprache aneignen müssen. Im übrigen jedoch fragt sich der Autor, wozu es der Tochter in ihrer Sphäre jemals wirklich nötig sein könnte, ». . . Französisch verstehen, plaudern oder schreiben zu können?« Nicht nur kommt Campe hier der allgemeinen Tendenz, die auf Pflege und Übung des Deutschen an Stelle der Französisierung hinstrebt, entgegen, sondern es war ihm darüber hinaus Herzensanliegen, die deutsche Sprache von allen welschen Elementen zu reinigen, was im »Wörterbuch zur Erklärung und Verdeutschung der unserer Sprache aufgedrungenen fremden Ausdrücke . . .« in fünf Bänden (1807—1812) beredt zu Worte gekommen war. Das Streben, Französisch als allgemein verständliche Sprache der Gebildeten auszuschalten, hat neben dem Wunsch, sich als Nation zu verstehen, auch einen gesellschaftlichen Aspekt, der im »Väterlichen Rath« besonders deutlich zum Ausdruck kommt, denn »gefällt es zuweilen Personen höheren Standes, sich zu dir herabzulassen — ich wünsche aber, daß dieses nicht zu oft und nicht zu sehr geschehe — nun, so mögen sie das Maaß ihrer Güte voll machen, und sich bis zum Gebrauch deiner verachteten, aber auf diese Verachtung stolzen Muttersprache herablassen«. Das Gewicht liegt auf der Herablassung, die Campe als entwürdigend empfindet. Was ihn selber anlangt, so dürfte er sich hier überwunden haben, wie seine lebhafte und intensive Korrespondenz mit dem Adel vermuten läßt.

»Bildung« wird unter dem Aspekt »wahre weibliche Verdienste« behandelt und zu wiederholten Malen nachdrücklich, mit einer Fülle von wechselnden Argumenten für die Tochter zurückgewiesen. Da sie ausschließlich als »folgsame Gefährtin und Gehülfin« für das Leben des Mannes ausersehen ist, wären Kenntnisse und Gelehrsamkeit nur geeignet, sie von dieser, ihrer eigentlichen Bestimmung abzubringen. Damit wird die Frage, worin das Verdienst des Weibes besteht, beantwortet, zumal der Verfasser »... jenen glücklichen Mittelstand im Auge behalten [will], worin die gütige Vorsehung dich, mein Kind, gebohren werden ließ«. In einer Anmerkung erklärt Campe sich näher: »Ich bitte diejenigen Damen aus den höheren Ständen, die das folgende anstößig finden dürften, den hier angegebenen Gesichtspunct nicht zu vergessen, sondern sich zu erinnern, daß ich für meine Tochter, d. i. für ein Mädchen bürgerlichen Standes schrieb. Wie viel oder wie wenig davon auch für die höhern Stände anwendbar und nützlich seyn mag, das mögen Herren und Damen der höhern Stände selbst bestimmen.« Der »glückliche Mittelstand« ist für Campe das Zwischenreich, in dem er die Tochter angesiedelt hat. Dieser vage, von ihm nicht näher definierte Standort erlaubt es, hier alle Forderungen unterzubringen, die erfüllt werden müssen, um das Mädchen seiner zweifachen Bestimmung als Mensch und Weib zuzuführen.

In der »11ten Wahrnehmung« des zweiten Teiles heißt es: »Wenn ich von den Menschen der gesitteten und höhern Stände rede (worunter man gewöhnlich den gebildeten Theil der bürgerlichen Welt und den Adel, die Fürsten mit eingeschlossen, versteht) ...«

Der Wortlaut ist identisch mit dem der »11ten Wahrnehmung« des »Erfahrenen Rathgebers Theophron«. Da die Tochter in den gebildeten Teil der bürgerlichen Welt nicht einbezogen werden kann, ist ihr der Zugang zu dieser privilegierten Gruppe verschlossen. Sie bleibt gefangen im Raum des glücklichen Mittelstandes. Für die Tochter sind seine Grenzen unverrückbar, für *sie* gilt: »Jeder Stand hat sein Eigentümliches und soll es haben. So lange es eine Verschiedenheit der Stände giebt — und die wird es immer geben, meine ich, solange die Menschen Menschen seyn werden — geziemt es sich für jeden, sich an dem zu halten, was nach dem Beispiel und dem Urtheil der Besten seines eigenen Standes sich für ihn gebührt.« Zwar soll die Tochter »... alle deine menschlichen Anlagen und Kräfte, die körperlichen wie die geistigen, die sittlichen wie die intellectuellen, aber wohl verstanden! immer in Beziehung auf deinen bestimmteren Beruf als Weib, und nur an Gegenständen und nur durch Wirkungsarten, welche innerhalb der Grenzen dieses deines weiblichen Berufes liegen ... entwickeln ...« Doch darf sie weder ihre intellektuellen noch ihre anderen Fähigkeiten dazu benützen, um sich mit ihrer Hilfe Bildung oder gar Gelehrsamkeit anzueignen. Im Tugendkatalog eines edlen, der ganzen Lage und Bestimmung des Weibes angemessenen »Gemüthscharacters« werden genannt: »Reinigkeit des Herzens und der Gesinnungen, abgeklärte Gottesfurcht, Keuschheit, Schamhaftigkeit, Bescheidenheit, Freundlichkeit und unerschöpfliche Herzensgüte, Besonnenheit, Ordnungsliebe, Oekonomiegeist, Eingezogenheit, Anhänglichkeit an Mann, Kind und Haus, ein gänzliches, freies und freudiges Verzichtthun auf die zerstreuenden und berauschenden Vergnügungen des herrschenden üppigen Lebens, und endlich ein liebevolles Hingeben ihres eigenen Willens in den Willen des Mannes, woraus denn ein gänzliches süßes Zusammenschmelzen ihrer eigenen Existenz mit der seinigen entsteht.«

In ihrem Aufsatz »Liebe als Vertrag. Die sprachliche Codierung der Ehe im 19. Jahrhundert« schreibt die Soziologin Regina Mahlmann[119], Campe formuliere im »Väterlichen Rath für meine Tochter« jene Regieanweisungen, deren Einhaltung eine »glückliche Ehe« garantieren soll. »Daß er seine Empfehlungen ausschließlich an das weibliche Geschlecht adressiert, ist konsequent; denn das Eheleben wird strikt geschlechtstypologisch codiert. Folglich obliegt es allein der

Gattin, für ein idyllisches Heim zu sorgen . . . In einer Philosophie, die das eheliche Glück allein von der Pflichterfüllung der Frau abhängig macht, steht von vornherein fest, wer eheliche Spannungen hervorruft: Die Schuldige ist die Frau, weil ›so wenige Weiber wahre weibliche Verdienste aufzuweisen haben‹. Eheliche Dissonanzen werden also dadurch erzeugt, daß die Gattin die Seins- und Verhaltensvorgaben, die ihr die klassische Geschlechtersemantik vorschreibt, unvollkommen erfüllt.«

Die Empfehlungen des Tugendkatalogs, die im Sinne Campes ja nicht erschöpfend, sondern bloß demonstrativ aufgezählt worden sind, werden danach von ihm im einzelnen noch ausführlich erörtert und ihre Bedeutung für die Tochter eindringlich hervorgehoben. Auf die Anforderungen, die das Leben grundsätzlich für sie bereithält, war sie schon in früheren Ausführungen vorbereitet worden durch die Feststellung, »daß das Geschlecht, zu dem du gehörest, nach unserer dermaligen Weltverfassung in einem abhängigen und auf geistige sowohl als körperliche Schwächung abzielenden Zustande lebt . . . Das ist dies freilich keine angenehme, aber eine nöthige Nachricht . . .« Deshalb durfte sie der Tochter um so weniger verhehlt werden, als dieser Zustand gottgegeben und eine Änderung auch nicht anstrebenswert erscheint.

»Sey also weise, junge Weltbürgerin, und lerne, dich willig in eine Ordnung fügen, welche die Natur selbst beliebt und die ganze menschliche Gesellschaft soweit wir sie kennen, angenommen hat.«

In der Vorrede zum »Väterlichen Rath« schreibt Campe: »Der zweite Theil dieses Werks handelt von der, einem jungen Frauenzimmer nöthigen Menschenkenntniß und theilt die darauf gegründeten Klugheitsregeln mit. Da ich den nämlichen Gegenstand schon vor sechs Jahren in meinem Theophron für Jünglinge behandelt hatte, und die Menschen im Ganzen genommen unterdeß nicht anders geworden sind, als sie damals waren: so stand es nicht bei mir, in Ansehung verschiedener dahingehörigen Beobachtungen und Regeln, eine für Niemand mehr, als für mich selbst lästige Wiederholung zu vermeiden.« Hier wird die Tochter dem Sohn gleichgestellt und in »die Menschen im Ganzen genommen« miteinbezogen.

1790 erschien die dritte Auflage des »Theophron«, ein Jahr nach dem »Väterlichen Rath . . .« Nicht nur sind in dieser Ausgabe die Erfahrungssätze und Klugheitsregeln gegenüber den früheren Auflagen vermehrt worden, »Eben so viele Verbesserungen und Erweiterungen erhielt derjenige Abschnitt, welcher die beim Eintritt in die Geschäftswelt erforderliche Menschenkenntniß und die daraus hergeleiteten Vorsichtigkeitsregeln enthält. Aber hier hatte ich mir schon im vergangenen Jahre, beim Entwurf des *Väterlichen Raths für meine Tochter,* vorgearbeitet. Beide Geschlechter haben in diesem Punkt fast einerlei Bedürfniß.« Diesmal wird die Tochter in die Verhaltensmuster des Jünglings integriert. Zweimal verrät sich Campe: Mit der Wendung »die Menschen im Ganzen« und dem Adverb »fast«.

Doch nicht nur hat der einfallsreiche Autor mit diesem equilibristischen Kunststück für sich »eine lästige Wiederholung« vermieden, er bringt's auch zustande, es kaufmännisch auszuwerten. In der Vorrede zur dritten Auflage des »Theophron« erklärt er bündig: »Es stand daher nicht bei mir, zu vermeiden, daß das jetztgenannte, den Töchtern bestimmte Werk, und das gegenwärtige, welches Jünglingen gewidmet ist, in *diesem* Abschnitte [d. i. der 2. Teil, d. V.] das meiste mit einander gemein hätten.« Danach kommt er zum Wesentlichen: »Um aber alle Ungerechtigkeit gegen die Käufer dabei zu vermeiden, habe ich der Verlagshandlung aufgegeben, die Preise beider Bücher so zu stellen, daß derjenige, der sie beide kauft, das, was sie miteinander gemein haben, nicht zweimal bezahlen müsse, sondern einmal wenigstens ganz unentgeltlich erhalte.« Das sind moderne Verkaufs- und Werbemethoden.[120]

Diese Widersprüchlichkeiten auf einen gemeinsamen Nenner zu bringen, wäre Campe kaum gelungen, hätte er nicht die Klugheitsregeln im »Väterlichen Rath« schon mit dem Blick auf den »Theophron« konzipiert. In beiden Klugheitsregeln sind sie, mit wenigen Ausnahmen, bis in den Wortlaut hinein gleich; daß Campe damit in dauernden Gegensatz zu den Empfehlungen gerät, die er der Tochter ans Herz gelegt hat, stört ihn nicht. Allein der »Gemüthscharacter«, wie er im Tugendkatalog (siehe oben) gefordert wird, wird durch die handfesten und bisweilen zynischen Regeln über Menschenkenntnis im »Theophron« ad absurdum geführt, was einsichtig ist, denkt man daran, daß die Bestimmung und die Rolle des Sohnes im Leben mit der der Tochter nichts gemein hat.

Der Beginn der Klugheitsregeln ist jeweils in den beiden Teilen geschlechtsspezifisch gestaltet: Im »Väterlichen Rath« beginnen sie mit einigen philosophischen Betrachtungen, doch dann geht der Verfasser, ohne Umschweife, in medias res, die junge »Weltbürgerin« wird eingeführt.

Ganz anders der Beginn der Klugheitsregeln in »Theophron«. Hier schwingt Campe sich in olympische Höhen in einer empfindsamen Schilderung der ›Morgenröthe‹ und des wiederkehrenden Tags. Theophron reicht dem Jüngling »mit nassen Augen« die Hand. Mit Tränen beginnen die Vorschriften zu einer glücklichen Einrichtung des geschäftigen Berufslebens, und mit Tränen enden sie. Doch diesmal ist es Kleon, der sie vergießt. Dagegen wäre nichts einzuwenden, noch herrscht die Empfindsamkeit, die Campe als »Empfindelei« immer wieder geißelt. So auch in »Theophron« und im »Väterlichen Rath«; sie wird einmal an der Tochter und zum andern am Jüngling exemplifiziert: »Wenn sie bei schönen Naturgegenständen, in einer hübschen Gegend, bei einem murmelnden Bache, beim Anblick des Mondes oder beim Gesang der Nachtigall, nicht, wie unser Einer, froh und heiter wird, sondern in melancholische Schwermuth hinsinkt und bange Seufzer ausstößt, oder Thränen vergießt . . .« Tränen sind das Vorrecht der Männer und unterliegen anderen Wertungen als die der Frauen.

Schon die Zeitgenossen haben an dem restriktiven Bildungsbegriff, wie Campe ihn für die Tochter definiert, Kritik geübt. Nach den Bestrebungen zur Hebung der Mädchenbildung, wie August Hermann Francke sie, gemäß dem Modell von Fénelons »Education des filles« in Halle zu verwirklichen suchte, nach den Moralischen Wochenschriften, die die Frau nicht nur in ihr Lesepublikum einbezogen, sondern sie auch als Autorin gewannen, nach den Bemühungen Gottscheds, der in den Wochenschriften »die Aufmunterung des weiblichen Geschlechtes zur Verbesserung ihres Verstandes und Willens: und eine andere die Rettung unserer Ehre gegen die unverständigen Verächter des Frauenzimmers«[121] erblickte, verkündet Campe, am Ende des 18. Jahrhunderts, seine paternalistische Botschaft: Auch die Frau ist ein Mensch, doch ist sie das nur insoweit, als sie ihre Bestimmung als Weib erfüllt. Die Entscheidung darüber, ob sie diesem Postulat gerecht wird, fällt dem Manne zu. Er ist die Leitfigur, an der die Frau sich orientiert.

Aufklärung ist »der Ausgang des Menschen aus seiner selbstverschuldeten Unmündigkeit. Unmündigkeit ist das Unvermögen, sich seines Verstandes ohne Leitung eines anderen zu bedienen. Selbstverschuldet ist diese Unmündigkeit, wenn die Ursache derselben nicht am Mangel des Verstandes, sondern der Entschließung und des Mutes liegt, sich seiner zu bedienen.«

Aufklärung im Sinne Kants ist mit dem Begriff von Aufklärung, wie Campe ihn für die Tochter verstanden wissen will, nicht vereinbar. Ihre Unmündigkeit ist nicht selbstverschuldet, sie ist, wie

Campe unermüdlich darlegt, ein Schicksal, weil »das Geschlecht, zu dem du gehörest, nach unserer dermaligen Weltverfassung, in einem abhängigen und auf geistige sowohl als körperliche Schwächung abzielenden Zustande lebt, und, so lange jene Weltverfassung die nämliche bleibt, nothwendig leben muß.« Könnte man aus der Terminisierung der »dermaligen Weltverfassung« noch Hoffnungen auf eine Änderung des gegenwärtigen Zustandes hegen, so wird eine solche Erwartung schon im nächsten Augenblick zurückgenommen: »Gott selbst hat gewollt, und die ganze Verfassung der menschlichen Gesellschaften auf Erden, so weit wir sie kennen, ist darnach zugeschnitten, daß nicht das Weib, sondern der Mann das Haupt seyn sollte.« Mit dieser Auslegung christlicher Schicksalsvorstellungen, die den Spielraum der Freiheit bestimmen, wird dem Weib das Verfügungsrecht über die eigene Person abgesprochen, sie ist nicht in der Lage, sich ihres Verstandes ohne die Leitung eines anderen zu bedienen. Dieser andere ist der Mann, der darüber entscheidet, ob, wann und wie sie Verstand einzusetzen hat. Von hier aus wird die vehemente Reaktion Campes gegen Bildung der Frau einsichtig und verständlich, »daß das Verdienstliche, Nützliche und Ruhmwürdige der menschlichen Fertigkeiten, Geschicklichkeiten und Treflichkeiten sich allemal nach der Lage und Bestimmung derjenigen Person richten, an der sie wahrgenommen werden, und daß also eine und: eben dieselbe Art der Ausbildung für den einen Menschen etwas sehr Löbliches und Wünschenswürdiges, für den andern hingegen etwas Zweckwidriges, Schädliches und Tadelnswerthes seyn könne. Dies ist nun auch ganz besonders der Fall mit derjenigen Art der Geistesbildung, welche das Product einer litterarischen und wissenschaftlichen Bearbeitung ist. So sehr diese Vollkommenheit demjenigen zu wünschen ist, dessen Standort in der menschlichen Gesellschaft ihm eine nützliche Anwendung davon erlaubt; so sehr sie diesen ziert und achtungswürdig macht: eben so sehr wird sie an einer andern Person, deren wesentliche Bestimmung durch diese Art der Geistescultur nicht befördert, sondern vielmehr gehindert wird, ein Gegenstand, so nicht des Tadels und der Verachtung, doch des Bedauerns in den Augen eines jeden unbefangenen Menschenkenners seyn. In dem letzten Falle befindet sich nun offenbar das Geschlecht, wozu du gehörst, besonders in demjenigen Stande, welcher glücklicher Weise der deinige ist.« Ein Stück Meisterprosa, nicht stilistisch, wohl aber dem Inhalt nach, wenn man bedenkt, was Campe damit beabsichtigte.

Dieser Abschnitt schließt mit Campes Aufklärung für die Frau. »Es wird aber genug seyn, hier nur dieses anzumerken: daß diejenige Aufklärung, welche uns wirklich frommt, und derjenige practische Verstand, welcher zu einer weisen und glücklichen Führung eines gemeinnützigen Lebens in jedem Stande erfordert wird, an eigentliche Gelehrsamkeit mit nichten gebunden sind, oft vielmehr dadurch gehindert und geschwächt werden. Also noch einmal wozu?«

IV. LE LIVRE UTILE ET AGRÉABLE – EIN KATECHISMUS FÜR DIE KINDER DER REVOLUTION

. . . und immer sah er als den Ausgangspunkt die große Revolution an, deren Kind die Welteroberung gewesen war.
Heinrich von Srbik über Franz I.

Im Titel des Buches kündigt sich, der aufklärerischen Tradition folgend, das prodesse et delectare an, der Inhalt aber ist weniger auf Unterhaltung gerichtet als auf das nützliche Vorhaben, staatspolitische Gesinnung der Jugendlichen zu fördern und ihnen die Größe der Republik bewußt zu machen. Die Einleitung beginnt mit dem Satz: »Il est une vérité géneralement sentie et reconnue, c'est que chez un peuple dont on se propose de renouveler l'existence politique et morale, on ne saurait trop multiplier les livres élémentaires d'instruction. Entre ces livres, il importe au gouvernement de favoriser la circulation de ceux, qui offrent à la jeunesse de grands exemples de courage et de vertu à imiter.« Nach einem kurzen Blick auf die Autoren, die an dem Buch mitgearbeitet haben, werden einige der großen Männer genannt, die durch ihr Wirken, in der Antike oder in der Neuzeit, dazu beigetragen haben, die Freiheit zu begründen, wie Lykurg, Salomon oder Brutus, und von den Zeitgenossen Generäle wie Hoche oder Napoleon. Ihnen ist die Freiheit bei der »Grande Nation« zu verdanken, ». . . chez le peuple de l'Univers le plus célèbre par sa valeur, le plus vanté pour ses lumières, le plus recherché pour son industrie, son goût son esprit et sa sociabilité.« »La Grande Nation«, Die große Nation, nannte General Bonaparte die Franzosen in der Proklamation, die er am 11. November 1797 beim Verlassen Italiens »au peuple cisalpin« richtete. »Napoleon behauptet, dieses Wort erfunden zu haben, tatsächlich aber geht es auf eine Wendung zurück, die schon um 1790 gebräuchlich war.«[122]

Das »Livre utile« ist gedacht für Kinder von acht bis fünfzehn Jahren, es ist mit Illustrationen versehen worden, weil das den Kindern Vergnügen bereitet und im übrigen alle Künste ja Brüder sind, die man für die Jugend miteinander vereinen soll. Der niedrige Preis wird es auch minder Begüterten erlauben, das Buch zu erwerben, ebenso aber allen jenen Personen, die mit der Erziehung der Jugend betraut sind. An den Schluß werden die nationalen Lieder gestellt, die den Festen der Revolution gewidmet waren.

Das »Livre utile et agréable« ist eine Spätform der ›Catéchismes républicains‹. Das waren entweder von staatlichen Stellen herausgegebene Elementarbücher zur Indoktrination der Kinder oder »spontan entstandene Erziehungsschriften«, verfaßt von Pädagogen, bisweilen auch von unbekannten Männern, die sich altbewährter Methoden der katholischen Kirche bedienten, um neue, säkulare und egalitäre Werte zu schaffen. ›Catéchisme‹ bedeutete ursprünglich die Lehre vom christlichen Glauben; im Verlauf des 18. Jahrhunderts wurde der Ausdruck für Lehrbücher, die Kindern die Kenntnis von Sonderfächern, wie etwa Botanik, Zeichnen, Geographie usf. vermitteln sollten, verwendet.[123]

Die Revolution war bemüht gewesen, unter Einsatz politischer und kultureller Faktoren ein neues Bild von der Schule zu schaffen. Sie ist dabei an realen wie an inkommensurablen Gegebenheiten gescheitert, weil weder der Konvent noch das Direktorium über die finanziellen Mittel verfügten, um den Schulunterricht – wie geplant – unentgeltlich erteilen zu lassen, geschweige denn entsprechende Lehrer heranzubilden oder geeignete Gebäude zur Unterbringung der öffentlichen Schulen bereitzustellen. Dazu kam der Druck der Familien, besonders in der Provinz, die an den alten Schulbüchern mitsamt Bibel und Katechismus (im orthodoxen Sinn) ebenso festhielten wie am traditionellen Kalender, den sie den »pompes du décadi« vorzogen. Dieser neue Kalender war in 12 Monate zu je 30 Tagen unterteilt, die verbleibenden Tage waren republikanischen Festen und Feiern vorbehalten.

»L'école illustre à merveille le paradoxe central de la Révolution française: rupture et continuité.«[124] Wie eine Ergänzung dazu liest sich die Feststellung Vovelles: »Der ehrgeizige Versuch, auch die Lebensbedingungen umzumodeln, mußte zwangsläufig unvollendet bleiben und zu ebensovielen Rückschlägen wie Erfolgen führen.«[125]

Zwar trägt das »Livre utile et agréable« noch Merkmale der frühen Catéchismes, so die Deklaration der Menschenrechte, die Erklärung der Égalité, der Liederteil beginnt mit der Marseillaise, doch fehlen Reizworte wie Bastille, Könige, Prinzen und Priester, Adel und Feudalität, es fehlen Märtyrer wie Marat, an ihre Stelle sind antike Helden getreten, gefolgt von Zeitgenossen, die als Vorbilder aufgeklärter demokratischer Gesinnung betrachtet werden konnten. Das Ziel, Kinder und Jugendliche für republikanische Ideale zu begeistern, wird nicht mehr im Wechselspiel von Frage und Antwort zwischen Kindern und Erwachsenen, wie in den früheren Catéchismes noch üblich, nach der sokratischen Methode, verfolgt, sondern durch literarische Formen, als Exempel, oder poetisch durch Verse ersetzt. Die Revolution begann mit der Zerstörung der alten Tyrannenfiguren und hat danach verschiedene Etappen der Heldenverehrung durchgemacht. Nach den vernichteten Tyrannenbildern tauchen Ersatzidole auf, wie Mirabeau oder Voltaire, gefolgt von Helden, die, wenn nicht selbst der Antike angehörend, zumindest in antike Gewänder gekleidet waren. »Dieser Heroismus nach antikem Vorbild mag elitär erscheinen, aber die Volksrevolution, die auf ihren Festen die Brutus-Büste mit sich führt, hat sich längst an diese Kreaturen einer anderen Zeit gewöhnt.«[126] Mit Brutus, »Fondateur de la République Romaine« (nicht zu verwechseln mit Marcus Junius Brutus, einem der Mörder Cäsars), wurde ein besonderer Kult getrieben, in effigie befand er sich an öffentlichen Gebäuden, an Theatern, als Imagerie populaire wurde er in Tausenden von Exemplaren unters Volk gebracht. »Die französische Revolution verstand sich als ein wiedergekehrtes Rom.«[127]

Auf dem Titelblatt des Buches werden keine Herausgeber genannt, was darauf schließen läßt, daß es von einer staatlichen Stelle in Auftrag gegeben wurde. Es werden nur die Übersetzer beziehungsweise Bearbeiter der im zweiten Teil enthaltenen Sentenzen und Distichen genannt. Für den ersten Teil, »Erklärung der Menschenrechte«, der Begriffe »Freiheit« und »Gleichheit«, sowie für den dritten Teil, das sind die Biographien bedeutender Männer, werden keine Verfasser angegeben. Als Übersetzer beziehungsweise Bearbeiter wird an erster Stelle L. T. C. Rousseau und an zweiter L. C. François (de Neuf-Château) erwähnt. In seiner Biographie wird Thomas Rousseau als »littérateur« ohne Bedeutung, als Übersetzer und Verfasser von Theaterstücken genannt. Er war als einer der ersten dem Jakobinerklub beigetreten und war eine Zeitlang als Archivist dort tätig. Als eines seiner letzten Werke wird das »Livre utile et agréable« genannt. Initiator und Spiritus rector aber dürfte der als zweiter Übersetzer und Bearbeiter erwähnte Nicolas François, Comte de Neuf-Château, gewesen sein. Staatsmann, Agronom und Dichter, hatte er schon vor Ausbruch der Revolution eine Rolle im öffentlichen Leben gespielt, wurde 1797 Innenminister und hat als solcher für die Förderung der 1795 gegründeten Écoles centrales gesorgt. »Diese neuen Gymnasien stellten die dauerhafteste und am weitesten entwickelte öffentliche Schulart der Revolutionszeit dar.«[128] Er war unter anderem kurze Zeit Mitglied des Direktoriums und wurde danach als

Bevollmächtigter Minister nach Campoformio entsandt, um mit Graf Cobenzl* über die Modalitäten des Vertragswerkes über den Friedensschluß zwischen Frankreich und Österreich zu verhandeln.

Zwischen Einleitung und Text wird das Titelkupfer, dessen Legende kurz und bündig »Instruction« lautet, erklärt. Sie wird versinnbildlicht durch eine Göttin in antikem Gewand, mit ausgebreiteten Schwingen, ihre rechte Hand weist auf die geheiligte Tafel mit der Inschrift »Droits de l'homme et du citoyen«. Zur Rechten der Göttin sind drei Knaben in andächtige Betrachtung der Tafel versunken. Über dem Haupt der Göttin schwebt eine Lohe, »das ist . . . die feine durchsichtige Flamme . . . in einer schnellen, duftigen, zitternden und schimmernden Bewegung, wie sie sich dem Gesichte darstellt . . .«[129], hinter ihrem Haupt strahlt die Sonne am leuchtenden Himmel. Dieses dreifache Licht gilt als Allegorie der ›Lumières‹ Frankreichs als *des* Landes der Aufklärung, von welcher in der Einleitung die Rede ist. Hinter dem linken Arm der Göttin ragt über einem Liktorenbündel, Symbol der Einigkeit, der Baum der Freiheit empor. Neben der geheiligten Tafel steht auf einem Dreifuß — Symbol der göttlichen Weisheit — ein Bienenkorb, dem fleißige Bienen entfliegen, in der kurzen französischen Erklärung heißt es: ». . . une ruche à miel, qui désigne à-la-fois et la diligence au travail et la douceur de la science.« Bienenkorb und Dreifuß sollen so einander ergänzen. Rechts im Hintergrund ragt das Peristyl eines griechischen Tempels empor, der die Inschrift »Prytanée Français« trägt, zwei Knaben sind eben dabei, in den Tempel der Wissenschaft einzutreten. Die sinnreiche Benennung des ci-devant** »Collège Égalité« stammt, wie in der Erklärung des Titelkupfers festgestellt wird, von François de Neuf-Château. Frankreich hat den Namen Prytanée bis heute beibehalten und bezeichnet damit ein Erziehungsinstitut, in dem Söhne von Militärs kostenlos erzogen und unterrichtet werden.

Die Allegorik mit allen Symbolen und Emblemen verrät die Unsicherheit über die Wirkung dieses Spätkatechismus, der an Stelle der — immer noch fehlenden — Elementarbücher für die Volksschulen herhalten muß. Gleichzeitig soll sie dem Lehrer eine Handhabe liefern, um Kindern und Jugendlichen die Bedeutung des nützlichen und vergnüglichen Wissens beizubringen.

Der Text beginnt mit der »Déclaration des droits de l'homme«, das sind Freiheit, Gleichheit, Sicherheit und Eigentum, die in der Folge näher erläutert werden. Liberté und Égalité, hier ist man versucht, die Trias durch die Fraternité zu vervollständigen. Doch Fraternité, ». . . die wirklich gelebte Brüderlichkeit, die zumindest die Pflicht zur Fürsorge gegenüber den Mittellosen und das Recht auf Leben bedeutet, galt als potentielle Einschränkung des Rechtes auf Eigentum . . . Freiheit, Gleichheit, Sicherheit und Eigentum entsprechen sehr viel eher der im Jahre III wiederhergestellten Kontinuität bürgerlicher Werte.«[130] Freiheit und Gleichheit werden in zwei Artikeln kommentiert (vermutlich von Thomas Rousseau), gefolgt von Sentenzen, Verhaltensregeln und Ratschlägen alter Autoren, die, jeweils für die Gegenwart adaptiert, den Kindern erklärt werden. Der erste in dieser Reihe ist Publius Syrus, ein römischer Mimendichter um 43 v. Chr., aus dessen in mittelalterlichen Handschriften erhaltenen Sprüchen eine alphabetisch angeordnete Sammlung von Sentenzen zum Schulgebrauch veranstaltet wurde, vermischt mit Sentenzen anderer Herkunft. Seine Sinnsprüche hat Thomas Rousseau, wie er selber bemerkt, für die Moral der Republik etwas zugeschnitten und in Verse gebracht.

* Graf Ludwig Cobenzl (1753—1809) vermittelte die Annäherung Rußlands an Österreich und unterzeichnete 1797 den Friedensvertrag von Campoformio.

** Ci-devant bedeutet ursprünglich nur »weiland«, ist aber *die* verächtlichmachende Bezeichnung aller Ancien-régime-Personen und -Einrichtungen.

Auch der nächste Autor wird von Rousseau einem verschönernden (»embellir« nennt er es) Verfahren unterzogen. Es sind die Distichen des Dionysius Cato, auch Pseudo-Cato genannt, ein apokrypher Autor, der gegen Ende des 4. Jahrhunderts n. Chr. eine Sammlung von lateinischen Sprüchen in vier Büchern herausgegeben hat, die, fälschlich als »Catonis Disticha de moribus ad filium« bezeichnet, Jahrhunderte hindurch als Sitten- und Verhaltenscodex ihre Bedeutung beibehielten. In seiner erschöpfenden Darstellung der Distichen des Cato hat Otto Brunken unter anderem die bekannte Stelle aus Zarncke zitiert, an der der Autor bemerkt, »dass noch bis tief ins 18. jahrh. hinein die distichen mit einer verehrung betrachtet wurden, der ihr wirklicher gehalt keineswegs entsprach«[131]. Brunken selbst kommentiert die *Disticha* so: ». . . die Alltagsklugheit . . . die aus den Disticha spricht, folgt in ihren Nützlichkeitserwägungen keinem höheren Zweck und unterliegt keiner besonderen Vorstellung einer irgendwie gearteten sittlich-moralischen Vervollkommnung des Menschen.«[132] Ariès sieht in den Sinnsprüchen des Cato einen der Ursprünge der sogenannten Civilité-Literatur. Die Civilité ist die Summe der praktischen Kenntnisse, deren es zum Leben in der Gesellschaft bedarf und die sich in der Schule nicht erwerben lassen. »Man erfuhr daraus, wie man mit Anstand lebt, daß man seine Zunge in Zaum halten soll, den Frauen, einschließlich der eigenen, mißtrauen, nicht auf Erbschaften zählen, den Tod nicht fürchten soll, sich nicht beunruhigen soll, wenn irgend jemand in Gesellschaft mit gesenkter Stimme spricht und in diesem Fall nicht immer annehmen soll, daß er über einen redet, daß man seine Kinder einen Beruf erlernen lassen, seinen Zorn gegenüber den Dienern mäßigen und seine Fehler verbergen soll, da die Verstellung mehr einbringt als der schlechte Ruf . . . [usw.]. In diesen Ratschlägen kommt zugleich das zum Ausdruck, was wir heute als eine sehr banale Moral betrachten würden, sowie sozialer Konformismus und ein grober, allgemein vertrauter gesunder Menschenverstand.«[133] In diesen Urteilen über die Distichen zeigt sich eine weitgehende Übereinstimmung. Mit der kurzen Inhaltsübersicht Ariès' scheint auch der Gehalt der »Préceptes de la vie civile«, die Rousseau in Vierzeiler gegossen hat, in seinen wesentlichen Punkten erschöpft. Es sind insgesamt 142 Vierzeiler, die er übersetzt hat, und er ist von ihrer Überzeugungskraft so durchdrungen, daß er seinem jungen Leser zuruft: »Fils bien aimé, accours puiser dans cet écrit les règles d'une conduite sans reproches.« (Bei Gumuchian ist in der Abteilung »Livres scolaires« eine weitere Ausgabe des Cato verzeichnet, die in der Bibliographie des Handbuches über die Literatur vom Beginn des Buchdrucks bis 1570 nicht enthalten ist. Gumuchian, Nr. 5178 »[Disticha de moribus, Lat. Germ.] Catho cum glosa et moralisatione unacum materna lingua per . . . Leb. Brant rythmatice translatus, etc. Coloniae Herm. Boemgart de Kelwich 1502, in-4, demi-chagrin grenat à coins, plats toile.« Es handelt sich also um eine Übersetzung von Sebastian Brant. Als Literatur gibt Gumuchian an: Murray, German. Cat. Nr. 463).

Die Distichen des Cato werden abgelöst von denen des Marc Antoine Muret, Professor der Literaturwissenschaft, der 1547 einen Lehrstuhl in Bordeaux erhielt, wo er zur gleichen Zeit für Montaigne als Privatlehrer tätig war. In dem an Madame de Foix gerichteten Brief über die Erziehung in seinem Elternhaus erwähnt Montaigne »Marc Antoine Muret, que la France et l'Italie recognoist pour le meilleur orateur du temps . . .«[134] Sein späterer Ruhm als Lehrer des bürgerlichen Rechts schützte ihn nicht vor der Anklage der Häresie und eines diskret angedeuteten Lasters. Eingekerkert im Châtelet, zog er sich nach seiner Befreiung nach Roi zurück, wo er Priester wurde. Seine profunden Kenntnisse griechischer und römischer Autoren, seine zahlreichen Übersetzungen und seine Freundschaft mit bedeutenden Männern, wie Pietro Bembo und anderen, gewannen ihm den Schutz Papst Gregors V. Die Übersetzung oder Bearbeitung Murets hat sich Neuf-Château wegen der Bedeutung dieses Autors selbst vorbehalten. Er hat sie seinem Schulbuch »Leçons des Ecoles primaires« entnommen, das heißt: auch er war bemüht, dem Mangel an Schulbüchern abzuhelfen. Was Muret hier verkündet, ist eine — sehr allgemein gehaltene — christliche Morallehre, die mit einer Anrufung des Schöpfers beginnt, mit dem Hinweis, daß, wer sich Seiner erinnert, vor allem Übel bewahrt bleiben wird. Dieser Teil des »Livre utile« ist ein Zugeständnis an die Familien, die an den traditionellen Formen des Katechismus festhielten.

Den Abschluß des Buches bilden die patriotischen Lieder.

»En France tout finit par des chansons« läßt Beaumarchais Bride-Oison mit einem Couplet die »Hochzeit des Figaro« enden. Die Stücke Beaumarchais' waren verboten, nicht wegen ihrer radikalen Gesinnung, sondern wegen ihrer Unmoral. »Im vorrevolutionären Frankreich blieb die ›revolutionäre Botschaft von Le Mariage de Figaro‹, wenn es sie gibt, unbemerkt.«[135] Das ist eine Bestätigung Starobinskis, der in Mozarts »Le nozze di Figaro« eine Allegorie des Unheils und der Verwirrung sieht, in denen gesellschaftliche Ordnungen untergehen, Bitterkeit, Lust und Mummenschanz, Schuld und Vergebung ineinanderfließen. Mit seiner Musik habe Mozart eine Größe erreicht, von der Beaumarchais kaum etwas geahnt habe. »L'on a, un instant, frôlé le chaos et le délire . . .«[136] Ganz anders urteilt Hildesheimer in seinem umstrittenen Werk »Mozart«. Er spricht von »Figaro« als einer »Ein-Mann-Rebellion« gegen die Systeme, die ihn einengten, ohne daß er sie jemals objektivieren oder verallgemeinern konnte. »Beaumarchais hat er gelesen, wahrscheinlich auch mit Zustimmung gegenüber seinen Tendenzen, doch die Revolution nahm er nicht zur Kenntnis . . . Seine Übereinstimmung mit allgemeinen revolutionären Strömungen der Zeit war intuitiv . . .«[137] Und an anderer Stelle heißt es: »Die Stoffwahl des ›Figaro‹ war die seine, nicht die da Pontes. Schon darin offenbart sich eine potentielle Aufsässigkeit, denn das Stück von Beaumarchais war und blieb in Wien noch lange Zeit verboten. Mozart hat es vermutlich in einer Übersetzung gelesen und war sich über die heikle Bedeutung des Themas wohl bewußt, was nicht etwa bedeutet, daß es seine Absicht gewesen wäre, eine Revolutionsoper zu schreiben.«[138]

Ohne auf die Widersprüchlichkeit dieser Aussagen einzugehen, genügt es, darauf zu verweisen, daß Hildesheimer Mozart »intuitive« Übereinstimmung mit den revolutionären Strömungen der Zeit einräumt. Hildesheimer antizipiert eine Betrachtung der Musik, die an Mozart vorbeigeht. Ihr ist nichts entgegenzuhalten als die einfühlsame Interpretation Starobinskis.

Auch die Revolution war sich der Macht der Musik bewußt. So werden Begeisterung und Nationalstolz über die neue Freiheit mit den »Chants patriotiques« am Ausgang des Buches nochmals beschworen. Die Lieder heben an mit der Marseillaise und enden mit ihrem Refrain: »Aux armes citoyens, formez vos bataillons . . .« Man kannte die mitreißende Kraft, die das Wort besitzt, wenn es von Melodie und Rhythmus begleitet wird. Von den Liedern sprechend, ruft der Redner 1791 den Jakobinern zu: »Elles sont un moyen que le gouvernement emploie sur la multitude . . . Il est tout-puissant. Que l'on mette les principaux traits de notre révolution en strophes variées . . . et le patriotisme passant avec elles dans toutes les âmes les parcourera comme l'éclair et fera les délices de notre jeunesse.«[139] Musik als »politisches Werkzeug«.[140] Ein Lied aber ist dann besonders erfolgreich, wenn der Text von vertrauten Klängen begleitet wird, deshalb wurden die Melodien dieser Lieder mit Vorliebe alten Volksweisen entnommen, die jedermann kannte und jedermann sang. Ganz anders die Marseillaise, die Volk und Soldaten zu wilder Begeisterung entflammte. Die Melodie, von Claude Joseph Rouget de Lisle, entstanden aus seinem »Chant de guerre pour l'armée du Rhin« —, wurde mit gewandeltem Text am 26. April 1792, nach der Kriegserklärung Frankreichs an Österreich und Preußen, zur Nationalhymne, zur Marseillaise. »Dans la musique de ce *chant de guerre,* dont Rouget n'écrivit que la ligne mélodique, on retrouve un thème du concerto pour piano et orchestre en ut K. 503 de Mozart.«[141] Ähnliches behauptet Tiersot in seiner Geschichte der Marseillaise (S. 124).[142] F. C. Heller hat diese scheinbare Übernahme eines Themas aus dem Mozartkonzert in die Marseillaise historisch aufgelöst. Er stellt fest: »Die Ähnlichkeit der Marseillaise mit dem fraglichen Thema im ersten Satz von W. A. Mozarts Klavierkonzert in C-Dur, KV 503 (1786), beschränkt sich auf den Anfang beider Melodien. Er ist durch den signalartig wirkenden Quartsprung (Dominante — Tonika) und unmittelbare stufenweise Fortsetzung gekennzeichnet. Damit eignet beiden Melodien von Anfang an ein aktivierender Impuls; die Quart gilt seit alters her als ›Anruf-Intervall‹. Eine unmittelbare Verbindung zwischen der Melodie der Marseillaise und dem Mozartischen Thema ist nicht anzunehmen, vielmehr liegt wahrscheinlich beiden Melodien eine im 18. Jahrhundert weit verbreitete populäre Weise zugrunde.«* Auch Tiersot findet in der Gesamtmelodie der Marseillaise historische Anklänge, wie zum Beispiel Weisen, die an die Kriegsgesänge des Tyrtäus für die Spartaner erinnern.

Die Chants patriotiques et nationaux heben an mit der »Marche des Marseillais.« Ohne Titel folgt ihr ein Lied »Veillons au salut de l'Empire . . .«, zu singen nach der Melodie »Vous qui d'amoureuse avanture *Courez et plaisirs et dangers . . .«* Eine Melodie, die der komischen Oper »Renaud d'Ast« von Nicolas Dalayrac, einem zu seiner Zeit angesehenen Komponisten, entstammt. In einer lyrischen Szene, »Offrande à la Liberté«, hat Jean François Gossec, Komponist und Begründer des Conservatoire in Paris, die Melodie des zitierten Liedes in seine wunderbare Orchestration der Marseillaise einbezogen. Das dritte der Lieder, »Chant du départ«, wurde von Etienne Méhul, einem Gluck-Schüler, komponiert, den Text verfaßte Marie-Joseph Chénier, ein Bruder des Lyrikers André Chénier, der während der Revolution als Monarchist hingerichtet worden war. Nach einem Trauergesang zu Ehren des Generals Hoche wird die Reihe mit einem Lied beschlossen, das ebenfalls nach der Melodie der Marseillaise zu intonieren ist.

Rouget de Lisle war befreundet mit Ignace (Ignaz) Pleyel, der aus Niederösterreich stammte, 1795 nach Paris übersiedelte und dort eine Klavierfabrik gründete; nach ihm ist die Salle Pleyel in Paris benannt. Als Kapellmeister in Straßburg hat er für den von Rouget de Lisle verfaßten Text des »Hymne à la liberté« die Musik komponiert. Pleyel hat die Hymne 1791 in einer feierlichen Zeremonie unter freiem Himmel dirigiert und Rouget diese Musik später in seine Sammlung »Cinquante chants français« als einziges Lied eines fremden Komponisten aufgenommen.

Es wird kaum möglich sein, festzustellen, wie dieses kleine, unscheinbare Werk in die Sammlung des Kaisers geraten ist. Möglich, daß es sich, nach der Reformierung der Zensur durch Joseph II., in einer Wiener Buchhandlung fand; nach der vorhandenen Dokumentation gehört es zu den Büchern, deren Erwerb auf Franz' persönliche Initiative zurückging.**

---

* Diese Mitteilung verdanke ich Professor F. C. Heller, Hochschule für Musik und darstellende Kunst, Wien.

** Diese kurze Darstellung des »Livre utile et agréable« war im Sommer 1988 beendet, noch ehe die unabsehbare Flut der Revolutionsliteratur über Europa und Amerika hereinbrach. Am Text wurden keine Änderungen vorgenommen.

MÄANDER DER AUFKLÄRUNG

LE PORTEFEUILLE DES ENFANS

> ... il est presque impossible que nos jugements soient si purs, ni si solides qu'ils auraient été, si nous avions eu l'usage entier de notre raison dès le point de notre naissance et que nous n'eussions jamais été conduits que par elle.
>
> Descartes

Das »Portefeuille des Enfans« ist eine Art Enzyklopädie für die Jugend, von der Bertuch, nach seinen eigenen Worten, zur Abfassung des »Bilderbuches zum Nutzen und Vergnügen der Jugend« angeregt wurde.

In der Vorbemerkung erläutern die Herausgeber das Ziel, welches sie mit diesem Werk verfolgen: Sie möchten Eltern und Erziehern, aber auch der Jugend ein Kompendium an die Hand geben, das ihnen essentielle Wahrheiten und interessante Gedanken in klarer und deutlicher Form vermittelt. Da dieser Plan sich auf die höchstmögliche Zahl menschlicher Kenntnisse erstrecken soll, mußte man sich mit kurzen Erklärungen begnügen, zumal ja der »Recueil« zur Gänze durch das Auge belehren soll; die Herausgeber haben es daher durch Bilder anschaulicher gestaltet.

Der Wunsch nach »Anschaulichkeit« ist ein neues Element in der zeitgenössischen Kinder- und Jugendbuchliteratur Frankreichs, wo der Illustration während des 18. Jahrhunderts primär ästhetische Funktionen zufielen, die Anschaulichkeit, der Zugang zum Kind, folgte dem stillschweigenden Konsens, daß Kinderbücher nicht von den Kindern selbst gelesen, sondern von Erwachsenen vorgelesen oder ihnen — zumeist nach der sokratischen Methode — in einem Frage- und Antwortspiel vorgetragen werden. Auch das »Portefeuille« geht nicht davon aus, daß die Kinder es selbst lesen, es wendet sich vorerst an Erwachsene und, erst in zweiter Linie, an Jugendliche, die schon in der Lage sind, die Texte zu verstehen. Zur Erleichterung werden dem Text die Abbildungen beigegeben, bei denen die ästhetische der deklaratorischen Funktion den Vortritt zu lassen hat. Der Inhalt, wie er in der Table générale verzeichnet ist, folgt einem konsequent durchgehaltenen Schema, das nur — in einem kurzen Intermezzo — von Kostümen und Trachten alter Völker unterbrochen wird. Vorangegangen sind, nach der leichtverständlichen Naturkunde, Darstellungen, die von architektonischen Aufrissen zur Perspektive, kartographischen und geographischen Tafeln, Grundrissen und Straßenplänen bis zur Grammatik und Zahlenlehre reichen. Diese Materien führen weg von der Anschaulichkeit zur Abstraktion, die sich dem Verständnis durch Bilder entzieht. Das Ziel, das die Herausgeber sich gesetzt hatten, »durch das Auge zu belehren«, haben sie nicht erreicht. So sorgfältig und reichhaltig die Illustrationen gestaltet wurden, so unanschaulich und blaß in der Konzeption sind sie geblieben, ganz abgesehen davon, daß Kinder mit statistischem Material wenig anzufangen wissen, es fehlt ihm die Unmittelbarkeit, auf die Kinder spontan reagieren. Von ihnen wird hier vielmehr erwartet, daß sie — unterstützt von den Erziehern — im Anblick dieser Darstellungen zu reflektieren beginnen. Das Werk ist ein Abriß des zur Zeit verfügbaren Gesamtwissens, ein cartesianisches Jugendbuch, in dem alle Lebensbereiche einer möglichst umfassenden Mathematisierung unterzogen werden.

Das »Portefeuille des Enfans« ist, mit literarischer Verspätung, wie sie für das Kinderbuch gegenüber der Hochliteratur charakteristisch erscheint, unter dem Eindruck der Enzyklopädie von

Diderot und d'Alembert etwa dreißig Jahre nach dieser herausgekommen. In Frankreich war es immerhin der erste Versuch eines Realienbuches, das bis ins 19. Jahrhundert hinein keinen Nachfolger gefunden hat. (Das »Portefeuille des Enfans« ist, im Gegensatz zur Feststellung Diavita-Bohlens, keine Zeitschrift, sondern ein Sammelwerk, das in Lieferungen erschien, ebenso wie das »Bilderbuch« von Bertuch, der diese Methode von Cochin übernommen hat.)[143]

FRIEDRICH JUSTIN BERTUCH

In einer reichdokumentierten Biographie hat Siglinde Hohenstein den Werdegang Bertuchs als weitblickender Unternehmer mit fortschrittlichen und sozialen Ideen ausführlich dargestellt.[144] Dies war die eine Seite seiner Aktivitäten. Ebenso ausführlich aber befaßt sie sich mit seiner literarischen Tätigkeit, die sich, unter anderem, in zahlreichen Übersetzungen aus dem Französischen und Spanischen sowie in Zeugnissen seiner eigenen Schriftstellerei niederschlug. Gerade weil die Geisteshaltung Bertuchs nicht systematisch, sondern in den einzelnen Lebenssituationen mit identischen Wendungen — wie die »Marktlücke«, die Bertuch überall entdeckt — dargestellt wird, ist sie umso einsichtiger. Der Wiederholungseffekt verstärkt die Analyse, ein Puzzle, dessen Teile sinngemäß zusammenzusetzen sind.

Friedrich Justin Bertuch (1747—1822), war im Alter von zweiundzwanzig Jahren in das Haus des Freiherrn Ludwig Heinrich Bachoff von Echt als Hofmeister der beiden Söhne eingetreten. Der Hofmeister war aus der häuslich-adeligen Erziehung des 18. Jahrhunderts nicht wegzudenken, seine soziale Stellung war bestimmt durch den Rang des Hauses, in dem er lehrte. Persönlichkeiten wie Hegel, Schleiermacher, Jean Paul, Hölderlin haben in großen Familien als Hofmeister begonnen.

Bertuch hatte es gut getroffen: Herr von Echt, kultiviert und vielseitig gebildet, war im Verlauf seiner Karriere auch als Gesandter in Madrid tätig gewesen und faßte in dieser Zeit eine besondere Neigung zu spanischem Wesen und spanischer Literatur. Seine vornehmste Leidenschaft aber galt Cervantes und »Don Quijote«. Sie übertrug er auf den jungen Bertuch, dem er anhand der Lektüre des »Don Quijote« das Spanische beibrachte. Das Verfahren, eine Fremdsprache anhand eines tiefsinnigen und unergründlichen Werkes soweit verständlich zu machen, daß der Schüler es dann in seine eigene Sprache zu übertragen vermag, verlangt vom Mentor und seinem Amanuensis ein wohl übermenschliches Maß an Enthusiasmus. Das Ergebnis wurde recht unterschiedlich aufgenommen, es scheint, daß Bertuch den Anforderungen, die der Roman an ihn stellte, nicht gewachsen war. Als Literat blieb er den bürgerlichen Schichten seiner Zeit verbunden. Wieweit er diesen Rahmen sprengte, wird in der Folge zu zeigen sein.

DAS »BILDERBUCH ZUM NUTZEN UND VERGNÜGEN DER JUGEND« [Bibl. Nr. 13]*

Das »Bilderbuch« steht am Beginn eines Weges, der auf verschlungenen Pfaden von der Aufklärung zur Romantik führt. Bertuch war ein Aufklärer mit der kühlen Vernunft des Aufklärers.

* Für die folgenden Ausführungen wurde die Wiener Ausgabe in 22 Bänden benützt.

Doch das Schicksal holte ihn ein, er verfaßte das schönste Bilderbuch seiner Zeit, so kraus und bunt, so zaubervoll, als hätte er vergessen, was sein Leben bis dahin bestimmt hatte.

Dem mathematischen Wissenschaftsideal des »Portefeuille des Enfans« setzte er ein anderes entgegen: Er will die Kinder nicht nur belehren, er will sie amüsieren, er will sie unterhalten und versteigt sich dazu, daß er sie »bloß amüsieren« will. Zwar findet auch das Nützliche seinen Platz, doch eher diskret in camouflierter Form.

In einem Band der Bibliothèque Rose mit dem Titel »La petite maîtresse de maison« (Hachette, Paris 1875) erzählt der Vater seiner kleinen Tochter von einer literarischen Stiftung, die im 14. Jahrhundert unter dem Namen »Collège du gai savoir«, Fröhliche Wissenschaft, in Toulouse gegründet worden war, zweihundert Jahre später wurde sie von Ludwig XIV. in den Rang einer Akademie erhoben. Le gai savoir, das heitere Wissen, so wurde die Poesie der provençalischen Troubadours genannt, sie gehörte zu den Vorbildern des deutschen Minnegesanges. In ihrem Artikel »Bertuch, Friedrich Johann Justin«[145] erklärt die Verfasserin, daß zu Bertuchs Lebenszeit das Wort »amüsieren« nicht bloß die heute übliche, synonyme Bedeutung für »unterhalten« hatte, sondern ebenso »belehren« meinte. Ein Nachweis für diese Deutung findet sich in keinem der einschlägigen Sprachwerke. Doch der unerschöpfliche Littré eilt der kühnen Interpretin zu Hilfe: »Gai! interjection, qui s'emploie à la gaieté et aussi au mouvement, à l'action«.[146] Ein Aufruf, etwas zu tun, das käme der Auslegung des Kinder- und Jugendbuchlexikons schon etwas näher. Im »Dictionnaire des étymologies obscures« entspricht »gai« dem althochdeutschen »jähi«, französisch »impétueux«, deutsch »jäh«. Alle Versionen, die im »Dictionnaire . . .« wiedergegeben werden, weisen auf Fröhlichkeit, Lebhaftigkeit und Freiheit ohne Zwang. In dieser letzten Bedeutung ist es, wie vermutet wird, eines der Schlüsselworte der Troubadours geworden. Im Wiener Dialekt, der so manche alt- und mittelhochdeutsche Ausdrücke bewahrt hat, heißt »gach« jäh, schnell, ungestüm.

Die Feststellung, daß »amüsieren« zur Zeit Bertuchs auch »belehren« bedeutet, wird erst dann verständlich, wenn man an die Anschauungsbücher des 18. Jahrhunderts denkt, die das Kind spielend zum Lernen führen sollten. Doch gerade gegen diese Anschauungsbücher wendet sich Bertuch im Vorbericht des Bilderbuches, seine Einwände hat er im »Plan« des Werkes in acht Punkten niedergelegt, die später durch einige Beifügungen ergänzt worden sind. Dem Inhalt dieses Planes sind die folgenden Ausführungen gewidmet.

Die ersten drei Punkte handeln davon, wie dem Kind die Welt der Dinge, die es auf den Illustrationen erblickt, sachgerecht nahezubringen wären.

1. »Es muß *schön* und *richtig* gezeichnete und keine *schlecht* gestochne Kupfer haben, weil nichts wichtiger ist, als das Auge des Kindes, gleich vom Anfange an, nur an wahre Darstellung der Gegenstände, richtige Verhältnisse, Eindrücke und Begriffe, die es der Seele geben kann, und an schöne Formen und guten Geschmack zu gewöhnen. Man kann nicht glauben, wie begierig die Einbildungskraft eines Kindes die ersten bildlichen Eindrücke faßt, wie fest sie diese hält, und wie schwer es hernach ist, falsche Bilder und Begriffe, die sie dadurch empfing, in der Folge wegzuschaffen.«

2. »Es muß nicht zu viele und zu sehr verschiedene Gegenstände auf *Einer* Tafel zusammendrängen; sonst verwirrt es die Imagination des Kindes und zerstreut seine Aufmerksamkeit, wenn

der Lehrer sie gern auf einen einzigen Gegenstand der Tafel heften möchte. Das Auge des lebhaften Kindes sieht ganz anders als das Auge des Mannes, das sich beschränken und abstrahieren kann; denn das Kind sieht die ganze Menge höchst verschiedener Bilder und Gegenstände, die auf der Tafel zusammen stehen, alle auf einmal, springt mit seiner lebhaften Imagination von einem zum andern über, und so ist es dem Lehrer nicht möglich, seines Zöglings Aufmerksamkeit nur auf Einen Gegenstand zu fixiren . . .«

3. »Es muß die Gegenstände nicht zu klein darstellen, und die auf Einer Tafel zusammengestellten, müssen, wo möglich, in Rücksicht ihrer natürlichen Größe, richtige Verhältnisse gegen einander haben. Ein Umstand, den ich fast überall vernachlässigt gefunden habe. So ist z. B. im *neuen Orbis pictus,* auf Taf. III. eine Weintraube so groß als ein Stuhl, ein Beil so groß als ein Thurm, und auf Taf. V ein Eichhorn so groß als ein Rennthier. Wie soll nun da ein Kind Ideen von richtigen Verhältnissen der Dinge bekommen?«

Abwechselnd verwendet Bertuch hier Imagination und Einbildungskraft, zwei grundsätzlich deckungsgleiche Begriffe, die aber im Konnex offenbar nicht dem entsprechen, was er damit zu verstehen geben will. Gerade Imagination und Einbildungskraft möchte er ausschalten, um die Aufmerksamkeit des Kindes auf die »wahre Darstellung« — von der er in Punkt 1 spricht — zu konzentrieren. Was er unter der wahren Darstellung versteht, zeigt der wiederholte Hinweis auf die richtigen Verhältnisse der dargestellten Gegenstände untereinander, verbunden mit der Erkenntnis, daß das Auge des Kindes ganz anders sieht als das des Erwachsenen.

Imaginatio, Imagination ist nicht nur Einbildungskraft, sondern auch Vorstellungskraft, »bildhaft-anschaulich«, im Gegensatz zum abstrakt-begrifflichen Vorstellen. Der Aufklärer Johann Christoph Adelung, ein Zeitgenosse Bertuchs, kommt dem Begriff der Vorstellung am nächsten, wenn er erklärt: »In mehr eigentlichem Verstande stellt man jemanden etwas vor, wenn man ihm die Gestalt eines Dinges anschauend erkennen macht, z. B. durch Abzeichnung, Abreißung usf. . . .«[147] Soll das von Bertuch angestrebte Ziel erreicht werden, dann ist es Aufgabe des Lehrers, die Imagination des Kindes, das heißt in diesem Fall seine Vorstellungskraft, in entsprechende Bahnen zu lenken. Was Bertuch in den drei Punkten des »Planes« erörtert, gehört in den Prozeß der Wahrnehmung. »Wahrnehmung«, aus dem althochdeutschen »wara neman«, bedeutet, einer Sache Aufmerksamkeit schenken. »in der philosophischen sprache steht seit der mitte des 18. jahrh. wahrnehmung für perceptio, anschauung oder empfindung, die mit bewusztsein verbunden ist, als voraussetzung einer vorstellung . . . sowie für etwas in dieser weise angeschautes oder empfundenes.«[148]

Auch Piaget befaßt sich mit der Wahrnehmung des Kindes, für welche er die »Gestalttheorie« heranzieht und eines ihrer beiden wichtigsten Gesetze, das der »guten Form«, anführt: ». . . eine Form (oder Gestalt) drängt sich um so zwingender auf, je ›besser‹ sie im Sinne bestimmter, jeweils aufgrund exakter Experimente definierter Kriterien ist. Merkmale der guten Form sind unter anderem Einfachheit, Regelmäßigkeit, Symmetrie, Ordnung, Nähe der Elemente, Kontinuität usw.«[149]

Das sind Feststellungen, die auch dem Inhalt dessen gerecht werden, was Bertuch sich in Punkt 1 seines Planes wünscht. Wenn er in Punkt 2 hervorhebt, daß das Auge des Kindes ganz anders sieht als das Auge des Mannes, befindet er sich gleichfalls in Übereinstimmung mit Piaget, der an anderer Stelle auf die unterschiedlichen Prozesse hinweist, die sich auf der Wahrnehmungsebene im Auge des Kindes und in dem des Erwachsenen abspielen.[150]

Den Ausführungen zum »Plan« hat Bertuch nachträglich ein »paar Worte zur Erläuterung der *inneren Einrichtung* und des Arrangements« hinzugefügt. Er erklärt, weshalb die Kupfer »ohne alles anscheinende *System* und *Ordnung* mit möglichster *Abwechslung* und *Mannigfaltigkeit,* und so wie sie die Natur in der Welt selbst dem Auge darbietet, aufeinander folgen . . .« lassen will. Er möchte auf diese Weise ein »bilderreiches Chaos« herstellen, in dem aber doch eine »gewisse versteckte Ordnung« herrschen soll.

Chaos und Dunkel gehören zum Repertoire der Romantik und werden der Aufklärung — Lumières, Enlightenment — bewußt entgegengesetzt. »Denn das ist der Anfang aller Poesie, den Gang und die Gesetze der vernünftig denkenden Vernunft aufzuheben und uns wieder in die schöne Verwirrung der Phantasie, in das ursprüngliche Chaos der menschlichen Natur zu versetzen . . .«, zitiert Bohrer den Romantiker Friedrich Schlegel.[151]

Das Chaos ist eine romantische Figur; doch schon im »Plan« hat Bertuch dem Chaos die Ordnung gegenübergestellt, die als Leistung des erkennenden und frei handelnden Subjektes der Aufklärung zuzuzählen ist. Chaos und Ordnung sollten, nach seiner Absicht, zum Leitmotiv des Bilderbuches werden. Daß er dieses Grundsatzvorhaben nicht eingehalten hat oder nicht einhalten konnte, macht unter vielem anderen den Reiz des Bilderbuches aus.

Bei Hohenstein fällt das Wort »Sammelsurium«, mit Recht, will uns scheinen, und Bertuch würde es kaum übelnehmen, das bunte Allerlei, das er geschaffen hat, so scherzhaft benannt zu sehen. Er wollte es den Kindern überlassen, aus dem Sammelsurium das herauszusuchen, was ihnen Vergnügen macht. Ordnung unterhalte sie nicht, und er wolle sie unterhalten, amüsieren, wie er dreimal im »Plan« betont. Seine Ordnung war anderer Art, sie lag in der Gestaltung und den richtigen Proportionen der Abbildungen. Und wenn Hohenstein weiter beanstandet, daß es dem Bilderbuch an immanenter Ordnung fehle, ». . . die dem Kind eine Richtschnur gegeben hätte . . .«, so ist sie wiederum im Recht. Mit der »Ordnung« ist Bertuch sorglos umgegangen, sie erscheint immer etwas verklausuliert als »versteckt« oder »anscheinend«, und schließlich muß sie der »krellsten und buntesten Mischung« weichen. Er hat ein Bilderbuch mit kleinen Mängeln gemacht. Das ist die Ästhetik der schönen Unregelmäßigkeit und hat etwas mit »dèsinvolture« zu tun, in der Annahme, daß die Fehler, die dabei passieren, in Kauf genommen werden. Solche Gefahren haben die Franzosen vermieden, indem sie das Alphabet zur Richtschnur von der Erfassung der Welt durch das Kind gemacht haben, nämlich im ABC-Buch, wo die Ordnung vorgegeben ist. (Darüber wird in Abschnitt I, Kapitel »Die Sammlung«, Seite 29 berichtet.)

»Alphabetisch geordnete Wörterverzeichnisse von Grammatikern gab es seit hellenischer Zeit . . .«[152] Diese Feststellung zeigt, daß dem Alphabet von alters her eine Ordnungsfunktion zugekommen ist, wie sie sich bis heute in Wörterbüchern, Nachschlagewerken, Jahrbüchern, Konversationslexika usf. erhalten hat. Mit der alphabetischen Anordnung steht und fällt ihr Informationswert. Nichts illustriert das besser als ein Scherz, der vor längerer Zeit in einer österreichischen Tageszeitung erschienen ist: In einem Buchladen wird ein »Wörterbuch mit kleinen Fehlern« zu einem verbilligten Preis angeboten. Dazu erklärt die Verkäuferin dem Kunden: »Die Wörter sind nicht alphabetisch geordnet.«

Nicht genug aller Freiheiten, die Bertuch sich mit dem »Bilderbuch« herausnahm, er wollte auch, das Kind möge umgehen mit dem Buch wie mit einem Spielzeug, mit dem man ja je nach Belieben schalten und walten kann, es sollte die Bilder ausmalen — nicht zu vergessen, daß es auch unkolorierte Lieferungen gab —, sie ausschneiden und auf Pappendeckel aufkleben dürfen, eine Methode, die schon Weigel in »Die Welt in einer Nuß« [Bibl. Nr. 179] empfohlen hatte, auch Cochin im »Portefeuille des Enfans« erlaubt ähnliches, doch nicht zum Vergnügen, sondern zur Belehrung und Demonstration. Nichts davon bei Bertuch, bei ihm dürfen die Kinder ausschneiden, schnitzeln und illuminieren, damit sie sich unterhalten. Von Kaiser Franz wird berichtet: »Der Mutter machte es immer wieder Freude, den großen und den kleinen Herren Kupferstiche zu zeigen, darunter auch solche, die zum Illuminiren preisgegeben wurden, was Franz in dieser Zeit noch immer mit Liebe trieb.«[153] In seine Sammlung hat der Kaiser dann zehn Bände mit illuminierten Kupferstichen — größtenteils von Martin Engelbrecht — aufgenommen, die entweder von vornherein zum Ausschneiden bestimmt waren oder von Kindern und Erwachsenen als Ausschneidebogen verwendet wurden. Ein Sammelsurium in buntesten Farben von Städteansichten, biblischen, alltäglichen und Jagdszenen, Grotesken, Hausgeräten und prächtigen Möbeln, Blumen und Ornamenten, allegorischen Figuren, Kinderspielen, Gartenarchitekturen, Berufen, Kalendern usw. usw. »Ausschneiden ist, wie Zeichnen oder Schnitzen, eine elementare Gestaltungsmöglichkeit.«[154] Mit der Ausschneidetechnik und im besonderen mit den Ausschneidepuppen, den Vorläufern der modernen Mannequins (Mannequin, aus dem Niederländischen, war vorerst eine bewegliche Figur, derer sich Maler und Bildhauer bedienten. Später eine Form, die als Modell zur Herstellung und Anprobe von Kleidern diente), war Bertuch wohl vertraut. Er kannte die Ausschneidepuppen aus Kinderbüchern und berichtet seinen Leserinnen im November 1791 im »Journal der Moden«: »Es ist eigentlich ein Kinderspiel für kleine Mädchen, aber dabey so artig und geschmackvoll, daß auch wohl Mütter und erwachsene Frauenzimmer gern damit spielen, zumal da man den guten oder schlechten Geschmack sich zu kleiden und zu coeffiren sinnlich daran zeigen und so zu sagen studiren kann.«[155] In der ausführlichen Beschreibung wird unter anderem bemerkt, daß man die beigegebenen Garderoben beliebig zusammenstellen oder neue dazu malen läßt, so daß man sie »ins Unendliche verändern kann«. »Jedes Wahrnehmen ist Ausschneiden, nämlich Herauslösen eines Objektes aus einem größeren Zusammenhang.«[156] Auch Bertuch löst im Bilderbuch die Bilder aus dem ursprünglichen Zusammenhang und fügt sie nach seiner Inspiration wieder zusammen, um daraus ein neues Ensemble zu formen. So entsteht eine Figuration, die Hans Sedlmayr als »museale Situation« bezeichnet; in ihr erblickt er die grausame Zerstückelung einer ehedem ausgewogenen Gesamtheit, so wie sie in alten Kirchen, Schlössern und Palästen bestanden hatte, denn »in den Museen wird die Trennung der Künste verewigt«[157] Was er damit meint, wird einsichtig, denkt man daran, daß die Landesfürsten am Ende des 18. und am Beginn des 19. Jahrhunderts begannen, Museen einzurichten, in denen die Ausstellungsobjekte von ihrem Standort losgelöst zur Schau gestellt wurden. André Malraux, »penché sur l'avenir«, kommt aus anderen Regionen. Im »Musée imaginaire« preist er eine solche museale Situation, weil erst sie es erlaubt, das Kunstwerk absolut als solches zu betrachten.[158]

Von Gefährdung und Erschütterung handelt auch »Das abenteuerliche Herz« Ernst Jüngers, in dem er ein »Capriccio« den Museen widmet. Ihm geht es nicht nur um die Trennung der Künste, die Sedlmayr beklagt, und am wenigsten um die Genugtuung, die Malraux angesichts einer solchen Konstellation empfindet, *die* stieße bei Jünger nur auf hoheitsvolle Verachtung. Auch für ihn hat der Besuch der Museen immer etwas Spannendes und Beängstigendes: Er stellt fest, daß der »museale Trieb«, wie er es nennt, die Rolle jener, die mit Kunstwerken oder Gebäuden als Bewahrer von Altertümern walteten und ihre ganz persönlichen Beziehungen zu ihnen hatten, sich mit der Macht und Ausdehnung des musealen Triebes gewandelt habe. Unmerklich verschieben sich die Grenzen, der Küster wird zum Kustoden, und der Fürst, der sein Schloß bewohnte, unterscheidet sich kaum mehr vom Museumsdirektor oder dem Aussteller, der seine Einkünfte aus den Eintrittsgeldern bezieht. Jünger verdammt nicht, er registriert, er ist Moralist, wie vor ihm Montaigne, Gracian, La Rochefoucauld, La Bruyère und andere. Sein eisiger Blick durchdringt die Schlupfwinkel, in denen die geheimen Wünsche der Menschen sich verbergen.[159]

Auch Bertuch hat mit seinem »Bilderbuch« ein »Musée imaginaire« geschaffen, nicht mit Kunstwerken, sondern mit dem Universum, in dem er ». . . das räumlich Entlegenste wie das zeitlich Verschiedenste in einen Bewußtseinsakt zusammenbringt . . .«[160] Asendorf gibt hier Gedankengänge wieder, wie Freud sie in seiner Studie »Totem und Tabu« darlegt. Bertuch hat damit einen ästhetischen Prozeß vorweggenommen, der das 19. Jahrhundert durchzieht und in der modernen Bilderwelt seinen Höhepunkt gefunden zu haben scheint. Für seine Zeit hat er mit diesem Kosmos der bürgerlichen Bildungsgesellschaft ein Instrument an die Hand gegeben, sich auf angenehme und unterhaltende Art zu unterrichten. Daß die Erwachsenen einbezogen werden sollten, zeigt das 1810 erschienene alphabetische Nominalregister. Das Konversationslexikon als Ergänzung zum Bilderbuch konnte seinen Siegeszug antreten.

ANMERKUNGEN

1 Drews, S. 160
2 White, S. 54
3 Walter Pape: Zur Rekonstruktion der literarischen Entwicklung im 18. Jahrhundert. In: Aufklärung und Kinderbuch, S. 50
4 Schenda, S. 443
5 Jean Quéniart: Alphabetisierung und Leseverhalten der Unterschichten. In: Ancien Régime. Sozialgeschichte der Aufklärung in Frankreich, Bd. 4/II, S. 117
6 Friedrich Gedicke: Einige Gedanken über Schulbücher und Kinderschriften. Berlin 1787. Zit. in: Promies, S. 784; vgl. ebda., S. 788
7 Campe: Väterlicher Rath, S. 233
8 S. dazu Münch, Fürstenerziehung
9 Brüggemann/Ewers: Handbuch 1750—1800
10 Münch, S. 137
11 Montaigne, I, XXV, S. 167
12 Ebda., I, XXV, S. 204
13 Brunner, S. 110
14 Vierhaus, Deutschland im 18. Jahrhundert, S. 172
15 Langsam, S. 247, A. 9
16 Ebda., S. 12
17 Weber-Kellermann, S. 127
18 C. M. Dupaty: Lettres sur l'Italie en 1785. Zit. in: Langsam, S. 11
19 Zit. nach: Langsam, S. 70
20 Wolfsgruber, I, S. 30
21 Franz Dornseif: Das Alphabet in Mystik und Magie. Leipzig und Berlin 1925, S. 17
22 Zit. nach: Langsam, S. 24
23 Sellmair, S. 110 ff.
24 Wolfsgruber, I, S. 225
25 Ebda., I, S. 156
26 Ebda., I, S. 157
27 Wandruszka, I, S. 29
28 Martens, S. 3
29 Im Hof, S. 220
30 Langsam, S. 23
31 Wolfsgruber, I, S. 110
32 Aus Campes »Allgemeiner Revision des gesammten Schul- und Erziehungswesens«. Zit. im Lexikon der Kinder- und Jugendliteratur, I, S. 41
33 Wolfsgruber, I, S. 109
34 Adelung, I/Sp. 1957
35 Wolfsgruber, I, S. 216 ff.
36 Ebda., I, S. 220 ff.
37 Ebda., I, S. 214
38 Ebda., I, S. 139
39 Thomas Schleich: Verbreitung und Rezeption der Aufklärung am Beispiel Mably's. In: Ancien Régime. Sozialgeschichte der Aufklärung in Frankreich, Band 4/II, S. 153
40 Wolfsgruber, I, S. 290
41 Weber, II, S. 593
42 Zur hausväterlichen Leitung in der Erziehungsliteratur s. Seibert, S. 182 ff.
43 Weber, II, S. 660
44 Wolfsgruber, I, S. 290 ff.
45 Ebda., S. 293
46 Meinecke, S. 354
47 Ebda., S. 349
48 Weber, S. 664
49 Hohenwarth, zit. nach: Wolfsgruber, I, S. 293
50 Ebda., S. 294
51 Ebda., S. 296
52 Jakob und Wilhelm Grimm: Deutsches Wörterbuch, Bd. 8, Sp. 1340
53 Weber, S. 688
54 Wolfsgruber, I, S. 297
55 Joseph II. an Leopold, 23. 11. 1775, zit. nach: Wolfsgruber, I, S. 71
56 Pape, S. 174 ff.
57 Wagner: Historische Lektüre, S. 153
58 Wolfsgruber, II, S. 48
59 Panajotis Kondylis: Die Aufklärung im Rahmen des neuzeitlichen Rationalismus. München 1986, S. 137
60 Brunner, S. 160
61 Ermatinger, S. 14
62 Wandruszka, S. 91
63 Starobinski: Montaigne en mouvement, S. 56 ff.
64 Wandruszka, II, S. 124
65 Ebda., S. 196 f.
66 Darnton, S. 153
67 Bd. XII des Kataloges von Thomas Young: Philosophia practica, Nr. 1960, Essais des Michel Seig. de Montaigne. Amsterdam 1781, III Tomes in 8°
68 Wolfsgruber, II, S. 25 ff.
69 Ebda., II, S. 27
70 Langsam, S. 98
71 Langsam, S. 99
72 Balbi, S. 92
73 Die k. u. k. Familien-Fideikommiß-Bibliothek in Wien (Dr. H. Bohatta). Mittheilungen des österr. Vereines für Bibliothekswesen, III. Jahrgang, 1899, S. 53
74 Die Schiefertafel. Zeitschrift für historische Kinderbuchforschung, Jg. IV, Heft 1/2, März 1981, S. 109
75 Klaus Doderer (Hg.), Walter Benjamin und die Kinderliteratur. Weinheim, München 1988, S. 68 ff.
76 Ancien Régime. Sozialgeschichte der Aufklärung in Frankreich. Bd. I/15
77 Aus Campe: Allgemeine Revision des gesammten Schul- und Erziehungswesens. Zit. in: Lexikon der Kinder- und Jugendliteratur, Bd. I/41
78 Ségolène Le Men: Les abécédaises français illustrés du XIXe siècle. O. O. 1984, S. 308
79 Anne-Marie Christin in: ebda., S. 9
80 Renate Baader: Dames de Lettres. Autorinnen des französischen hocharistokratischen und »modernen« Salons (1649—1698). Wetzlar 1986
81 Susanne Schauf, S. 42 ff., die sich, zum Nachweis ihrer Behauptung, auf M. E. Storrer, La Mode des contes de fées (1685—1700), Paris 1928, beruft.
82 Norbert Elias, I/252
83 Adolf Schmid: Enzyklopädie des gesamten Erziehungs- und Unterrichtswesens. Gotha 1858—1875, 11 Bde., Bd. IV, S. 908
84 Gumuchian, Nr. 5266
85 Einladung ins 18. Jahrhundert. Ein Almanach aus dem Verlag C. H. Beck. München 1988, S. 155
86 Deutsche Literatur von Frauen, S. 305
87 Martens: Botschaft der Tugend, S. 522
88 Zit. nach: Deutsche Literatur von Frauen, S. 295
89 Ehmer, S. 58
90 Deutsche Literatur von Frauen, S. 330
91 Klaus Doderer und Helmut Müller: Kinderbücher und Jugendschriften. In: Buchkunst und Literatur in Deutschland, I, S. 202
92 Christian Felix Weißens Selbstbiographie. Leipzig 1806, S. 284 ff. Zit. in: Martens, S. 46, A. 47
93 Kinderfreund, Bd. 1, S. 6—7 [Bibl. Nr. 53]
94 Pape, S. 194
95 Die Zitate stammen aus dem Nachwort Walther Killys zu Stifters »Nachsommer«. In: Adalbert Stifter: Der Nachsommer. dtv, S. 733 und 743
96 Wolfgang Ruppert: Bürgertum im 18. Jahrhundert. In: Die Bildung des Bürgers (Hg. Ulrich Herrmann). Weinheim und Basel 1982, S. 64
97 Wochenschrift zum Besten der Erziehung der Jugend, Bd. III, S. 794 [Bibl. Nr. 185]
98 Adelung, IV/Sp. 290
99 Luhmann, S. 213
100 Aus einer Besprechung des Buches von Eduard Hirsch: Dessau, Zierde und Inbegriff des 18. Jahrhunderts. München 1985. In: »Neue Zürcher Zeitung«, 21. 3. 1986
101 Robert Spaemann: Reflexion und Spontaneität, Stuttgart 1963, notiert auf S. 10, Anm. 11: »D'Alembert, Eloge de Fénelon«, in: Histoire des membres de l'Académie Françaises depuis 1700. Paris 1785—1787, I, 285—307
102 Groethuysen, Bd. II, S. 76 ff.
103 Martens, S. 185
104 De l'education des enfans. Traduit de l'Anglois de Mr. Locke par M. Coste. Lausanne 1746, S. 25
105 The Encyclopaedia Britannica, Eighth Edition, Volume X, 1856, S. 456
106 Martens, S. 98
107 Montaigne, I, XXVI, S. 190
108 La Rochefoucauld: Maximes. Paris 1861, CCII, S. 42
109 Ariès, S. 534
110 Hazel Rosenstrauch: Buchhandel, Staatsreform und neue Öffentlichkeit. In: Das 18. Jahrhundert in Österreich. Jahrbuch der österr. Gesellschaft zur Erforschung des 18. Jahrhunderts, 3. Bd., 1986, S. 62
111 Pape, S. 184

112 Zit. nach Wolfsgruber, I, S. 30
113 Wandruszka, II, S. 125
114 Ludovic Lalanne: Curiosités littéraires. Paris 1857, S. 133 f.
115 Adèle et Théodore, III, S. 10 [Bibl. Nr. 77]
116 Sellmair, S. 54
117 Locke: De l'Education, S. 3 ff.
118 Edmond et Jules de Goncourt: La femme du dix-huitième siècle. Paris 1982, S. 79
119 Regina Mahlmann in: »Neue Zürcher Zeitung«, 28. 7. 1989
120 Zit. nach: Campe, Theophron
121 Gottsched, zit. in: Hanstein, Bd. I/86
122 Geflügelte Worte. Der Zitatenschatz des deutschen Volkes, gesammelt und erläutert von Georg Büchmann. Berlin 1912, S. 465 ff.
123 Der Osborne-Katalog, Bd. II, S. 1084, enthält unter der Bezeichnung »Catechism« eine ganze Reihe solcher Sonderlehrbücher.
124 Furet, S. 97
125 Ancien Régime, Vovelle, Bd. 7, S. 54
126 Ebda., S. 123
127 Walter Benjamin, zit. in: Der philosophische Diskurs der Moderne (Hg. Jürgen Habermas). Frankfurt a. M. 1985, S. 20
128 Rolf Reichardt: Schulwesen und Erziehung. In: Ploetz: Die Französische Revolution (Hg. Rolf Reichardt). Freiburg 1988, S. 198 ff.
129 Joh. Aug. Eberhard und Joh. Gebh. Ehrenr. Maass: Versuch einer allgemeinen teutschen Synonymik in einem kritisch-philosophischen Wörterbuche der sinnverwandten Wörter der hochteutschen Mundart. 4 Bde., Halle 1826—1830, Bd. II, S. 447
130 Ancien Régime, Vovelle, Bd. 7, S. 53 ff.
131 Zit. nach: Brüggemann/Brunken: Handbuch, Sp. 547
132 Ebda., Sp. 543 f.
133 Ariès, S. 526
134 Zit. nach: Montaigne, I, XXVI, S. 209
135 Darnton, S. 188, A. 3
136 Starobinski: Les Emblêmes, S. 26
137 Hildesheimer, S. 66
138 Ebda., S. 194 f.
139 Bianchi, S. 179
140 Suppan, S. 69
141 Bertaud, S. 172
142 Thiersot, S. 124
143 Diavita-Bohlen, S. 73
144 Hohenstein
145 Lexikon der Kinder- und Jugendliteratur, Bd. 1, S. 137
146 Littré, Bd. 4, S. 1845
147 Adelung, IV/Sp. 1303
148 Grimm, 27/965
149 Piaget, S. 252
150 Ebda., S. 11
151 Mythos und Moderne, S. 46
152 Dornseif, S. 148
153 Wolfsgruber, I/176
154 Mettken, Vorbemerkungen, S. 7
155 Ebda., S. 165
156 Ebda., Vorbemerkungen, S. 7
157 Sedlmayr, S. 88 ff.
158 André Malraux: Les Voix du Silence, Première partie, Musée imaginaire. S. 15 ff.
159 Ernst Jünger: Das abenteuerliche Herz, zweite Fassung, S. 145 ff.
160 Asendorf, S. 137

Bibliographie der Kinder- und Jugendbücher aus der Sammlung des Kaisers

256.817-A.Fid. (71-078)

1 [JOHANN CHRISTOPH ADELUNG]

Leipziger Wochenblatt für Kinder

Leipzig, Crusiussische Buchhandlung, 1772—1774

Kl.-8°. 9 Bändchen.
Band 1: Titel, 3 Bl. Inhaltsverzeichnis, 208 S., 1 gestochene und kolorierte gefaltete Karte.
Band 2: Titel, 3 Bl. Inhaltsverzeichnis, 192 S.
Band 3: Titel, 3 Bl. Inhaltsverzeichnis, 200 S.
Band 4: Titel, 3 Bl. Inhaltsverzeichnis, 208 S.
Band 5: Titel, 3 Bl. Inhaltsverzeichnis, 200 S.
Band 6: Titel, 3 Bl. Inhaltsverzeichnis, 200 S.
Band 7: Titel, 3 Bl. Inhaltsverzeichnis, 200 S.
Band 8: Titel, 3 Bl. Inhaltsverzeichnis, 216 S.
Band 9: Titel, 3 Bl. Inhaltsverzeichnis, 184 S., 1 gestochene gefaltete Tafel, Kustoden.
Jedes Titelblatt hat eine gestochene Vignette; nach dem Inhaltsverzeichnis folgen jeweils Hinweise des Verlegers.

Kirchner, I, 37,621; Brüggemann, Nr. 509.

Das erste Bändchen beginnt mit einer Allegorie und setzt dann mit verschiedenen Stücken, wie Briefen von Kindern an Kinder, kleinen Erzählungen und Rätseln, fort. Erst in der achten Nummer wenden sich die Herausgeber »An die Aeltern und Vorgesetzten von der Absicht und dem Gebrauch dieses Wochenblattes«.
Sie betonen, daß sie ihre Gedanken als bloße Vorschläge verstanden wissen wollen. »Ihre Absicht war, Kindern von guter Erziehung ein lehrreiches und nützliches Vergnügen zu verschaffen . . .«, wobei das Gewicht auf »nützlich« liege. Der Unterricht wäre die Hauptabsicht, das Vergnügen die Einkleidung. Die gesellschaftlichen Beziehungen, in denen die Menschen heute lebten, machten eine »große Menge von Kenntnissen nothwendig«. Alle diese Dinge beträfen entweder »das Herz, oder den Verstand, oder die äussern Sitten. Für die letztern wird bey Kindern von einigem Stande größtentheils schon hinlänglich gesorget«. Daher könnten die Verfasser sich auf Herz und Verstand beschränken. Es wird weiter mitgeteilt, daß nicht alle Stücke original sind, sondern zuweilen von anderen Autoren herrühren.
Da wohl jedes Kind gegenwärtig von den Erwachsenen viel von der Teilung Polens höre, hätten die Verfasser eines der Stücke dieser Teilung gewidmet.
Schließlich wenden sich die Herausgeber dagegen, daß man zur Erreichung seines Zweckes allzusehr an Rührung und Empfindsamkeit appelliere, weil der »übertriebene Hang zu angenehmen Empfindungen der Sittenlehre so schädlich [ist], als die Schwärmerey der Religion«. Wenn Eltern ihr Kind gerührt sehen, sollten sie ihm sogleich durch die Vernunft zu Hilfe kommen.
In den Text selber werden vier Kinder eingeführt, Carolinchen, Carl, Konrad und Malchen, wobei insbesondre Carlchen die Rolle eines Musterknaben und die beiden letzten die der schlimmen Kinder übernommen haben.
Im zweiten Bändchen wenden sich die Verfasser kurz an die »kleinen Leser und Leserinnen« mit einigen konventionellen Worten. Dieser Vorrede folgt ein Brief Carlchens, in welchem er seinen kleinen Freunden vorschlägt, eine Schule für die armen Kinder im Erzgebirge zu stiften. Carlchen nimmt an, daß das »Wochenblatt« von fünfhundert Kindern gelesen wird, und lädt sie ein, von ihrem Taschengeld wöchentlich oder monatlich ein paar Groschen zu spenden. Die Verfasser rühmen dann Carlchens Projekt und fordern die Kinder auf, sich an die Zeitungsexpedition zu wenden, die die Beträge anzeigen und über ihre Verwendung Rechenschaft legen wird. In einem der nächsten Stücke treffen bereits verschiedene Beträge mit gerührten Begleitbriefen ein. Diese Korrespondenz wird fortgesetzt. Im übrigen enthält der Band so wie der erste Erzählungen, Gedichte, Abrisse aus der Naturgeschichte, Rätsel, Reisebeschreibungen, Lustspiele u. a. mehr. Die Nachrichten des Waisenhauses zu Wenda (Erzgebirge) werden auch im dritten Bändchen fortgesetzt. Die Bändchen 4, 5 und 6 bringen ein Verzeichnis der Spender und ihrer Spenden. Ein Titel in Bändchen 5, der sich »Etwas von der politischen Rechenkunst« nennt, bringt eine Statistik der Kindersterblichkeit und stellt u. a. fest, daß von 100 Kindern, die die »natürlichen« Blattern bekommen, 8 sterben, von 300 Kindern, denen die Blattern »eingepfropfet« werden, stirbt nur eines. Dieses Bändchen bringt unter anderem auch eine »Staatsverfassung des deutschen Reichs«.
Bändchen 7 enthält die »Beschreibung der Reise eines Gelehrten nach den schweitzerischen Eisbergen«.
Im neunten (und letzten Bändchen) befindet sich ein Verzeichnis der seit dem 10. Juli für das Waisenhaus in Werda »eingegangenen Wohlthaten«. Das letzte und 227. Stück enthält einen »Abschied«. Das »Wochenblatt« nimmt Abschied, doch nicht für immer, denn nach drei oder vier Monaten will es seine Arbeit wieder aufnehmen, aber nach einem ganz andern Plan. Den Nachfolger fand der Verleger Crusius in Felix Christian Weisse, der von 1776 an den »Kinderfreund«, als periodische Schrift nach dem Muster der »Moralischen Wochenblätter« herausgab. [Bibl. Nr. 181]. Zum Schluß werden zwei Bücher empfohlen: Dorothee Henriette von Runkel: »Moral für Frauenzimmer, nach Anleitung des seligen Professor Gellerts und anderer Sittenlehrer mit Zusätzen von Dorothee Henriette von Runkel.« Dresden 1774. Als zweites Buch. »Emiliens Unterredungen mit ihrer Mutter«. Leipzig 1775.
Das »Leipziger Wochenblatt« wurde von J. Christoph Adelung herausgegeben.

Johann Christoph Adelung, 1732—1806, war Grammatiker, Sprachforscher, Schriftsteller, Übersetzer und Herausgeber der ersten deutschen Kinderzeitschrift »Das Leipziger Wochenblatt«. Bedeutend durch seine Arbeiten zur Lexikographie und Grammatik, insbesondere sein »Wörterbuch der hochdeutschen Mundart«.

250.073-B.Fid. (364-957)

2 [JOHANN FRIEDRICH ADLOFF]

Sitten- und Historien-Büchlein für Schulkinder

Von Johann Friedrich Adloff, Hofkantor und Präceptor der Garnison-Schule zu Gotha. Neueste Auflage, mit 8 Holzstichen.

Erfurt, 1800

8°. Titel, 3 Bl. Vorrede, Inhaltsverzeichnis, 88 S., Kustoden.
Die Broschüre ist zur Gänze verbunden, so daß sich nahezu an keiner Stelle richtig aufeinanderfolgende Seiten vorfinden.

Heinsius I, Sp. 41; Kayser I, 31: »Gotha 792, 2. Aufl. Mit 8 Kpf., Erfurt 794, 3. Aufl. 798, 4. Aufl. 1806. Mit 8 Kpf.«

In der Vorrede spricht der Verfasser die Kinder an: »Lieben Kinder! zu eurer Glückseligkeit gehört, daß ihr gesund und vergnügt seyd und von andern Menschen geliebt werdet.« Um dies zu erreichen, habe er, der Verfasser, dieses Büchlein geschrieben, die Kinder hätten sich nur an seine Anweisungen zu halten.

Die erste Abteilung enthält die Sittenregeln, das sind Verhaltungsanweisungen, etwa »Beym Aufstehen«, »Beym Schulgehen«, »Von dem körperlichen Anstande und einem höflichen Verhalten« usf.

In der zweiten Abteilung, den »Historien und Erzählungen« sind Beispiele für Wohlverhalten angeführt, daneben werden unglückliche Zufälle bzw. Unglücksfälle, die durch Verschulden entstanden, geschildert.

Johann Friedrich Adloff war erster Lehrer an der Seminarschule zu Gotha. »Das kleinformatige, auf schlechtes Papier gedruckte und mit acht hölzern wirkenden Kupfern eines unbekannten Stechers versehene ›Sitten und Historienbüchlein für Schulkinder‹« von Johann Friedrich Adloff war mit seinen 88 Seiten ein Beispiel solcher Schriften, die zu Beginn des 19. Jahrhunderts massenhaft verbreitet waren und als Leselektüre in den Schulen dienten. Wie der Verfasser in der Vorrede zu der 1806 schon in der vierten Auflage vorliegenden Ausgabe sagt, hatte er »an diser neuen Auflage absichtlich nichts Wesentliches geändert und hinzugefügt, weil das Büchlein bereits in mehreren Schulen als Lesebuch eingeführt ist . . .«

In ihrem Artikel »Kinderbücher und Jugendschriften« widmen die beiden Verfasser Klaus Doderer und Helmut Müller dem Sittenbüchlein von Adloff einen ausführlichen Abschnitt, in dem es unter anderem heißt: »Die nun Mitte des 18. bis Anfang des 19. Jahrhunderts herausgebrachten Sittenbüchlein bildeten zunächst eine Mischung aus althergebrachten Lebens- und Verhaltensregeln und kleinen, aus der Wirklichkeit gegriffenen tatsächlichen Begebenheiten, die je nach dem Geschehen der betreffenden Lebensregel als warnendes oder aufmunterndes Beispiel zugeordnet waren.« (Aus: »Buchkunst und Literatur in Deutschland 1750—1850.« Maximilian-Gesellschaft, Hamburg 1977, S. 235 ff.) Das »Kinder- und Jugendbuchlexikon« bringt im Ergänzungsband, S. 2, eine Analyse des kleinen Buches.

250.207-A.Fid. (365-274)

3 [Augustin Amar Durivier und Louis François Jauffret]

La Gymnastique de la Jeunesse

ou Traité Élémentaire des Jeux d'Exercice, considérés sous le rapport de leur utilité physique et morale

Par M. A. Amar Durivier, et L. F. Jauffret. Ouvrage orné de 30 gravures. Devise »Veux-tu que ton corps soit sain et vigoureux? accoutume-le à obéir à ta pensée, et exerce-le par de fréquens travaux. Xénophon.«

Paris, A. G. Debray, An XI (1803)

8°. Gestochenes Frontispiz, 289 S. (samt Vortitel, Titel, Vorwort). Hinweise auf die Autorschaft am verso des Vortitels, Verlagsanzeigen auf der Rückseite des letzten Blattes. 30 gestochene Tafeln.

Quérard, France litt. I, 46; Gumuchian, 330—332: ». . . curieux ouvrage, le premier traité de gymnastique à l'usage des enfants . . .«

Im Vorwort bemerken die Verfasser, es sei seit jeher das vornehmste Ziel der Erziehung gewesen, den Geist gesund und den Körper kräftig zu sehen. Der Sittenverfall der Zeit habe es mit sich gebracht, daß man diese beiden Ziele nunmehr vernachlässige. Die Autoren beklagen die verweichlichte und weibische Erziehung, die der Jugend heute zuteil werde. Sie versuchten diesem Übel durch das vorliegende Werk abzuhelfen. Es ist in drei Teile gegliedert: der erste Teil beweist, wie dringend notwendig körperliche Bewegung ist, der zweite enthält Beschreibung und Theorie aller alten und modernen Spiele, der dritte Teil ist ein Versuch über die Übung der Sinne. Diese drei Teile bilden einen vollständigen Gymnastikkurs. Um diese durchaus neue Materie zu bearbeiten, hätten sie einige englische und deutsche Vorbilder gehabt, denen sie jedoch nicht genau folgen konnten. Genannt wird in einer Anmerkung Salzmann, der »unter dem Namen Gutsmuths« (sic!) eine Reihe ausgezeichneter Werke geschrieben habe. Im Text stellen die Verfasser einleitend fest, der Idealzustand wäre die Vereinigung des Naturmenschen mit dem intelligenten, kultivierten Menschen. Um diesen Idealzustand zu erreichen, müsse man das Übel an der Wurzel bekämpfen. In diesem Zusammenhang wird Rousseau zitiert, dessen Werk gelobt wird und der als vollkommen gelten könnte; ihm sei jedoch widerfahren, was immer dann geschehe, wenn einer seine Meinung an die Stelle der Wahrheit setze; so habe man, was vernünftig ist, seinen Werken entnommen und das restliche verworfen.

Die Verfasser sprechen dann von den gesundheitlichen Folgen des gegenwärtigen Erziehungssystems. Diese Folgen werden nun aufgezählt: 1. Der gänzliche Mangel an Kraft und Geschicklichkeit (force et adresse). 2. Die Schwachheit des Körpers und die Gebrechen, die daraus resultieren. Überall ziehe der Mangel an Bewegung Krankheiten und Verderben, ja den Tod nach sich. Ebensosehr werden unter diesem Punkt der Luxus der Speisen und üppige Mahlzeiten angeprangert und eine einfache und gesunde Nahrung angepriesen. An dieser Stelle wird erwähnt, daß von 1000 Kindern 460 in den ersten 10 Lebensjahren sterben. 3. Der Mangel an Bewegung. Schon dem Kleinkinde sage man, wenn es erst einmal seine Glieder benütze, um seinem Tatendrang freien Lauf zu lassen, es solle sich ruhig verhalten! 4. Die Verschlechterung im Charakter. Der Einfluß des Körpers auf den Geist ist so fühlbar, daß es noch nie jemandem eingefallen wäre, ihn anzuzweifeln. Frühe körperliche Übungen trügen dazu bei, den Charakter des Menschen zu festigen.

Den Erziehern wird vorgeworfen, daß sie die gesunden Erziehungsgrundsätze vernachlässigten und dadurch schuldig an der Gesellschaft würden.

Es gebe, so beginnt das Kapitel 6, ein einziges Heilmittel gegen die Mängel der bisherigen Erziehung, das ist die Gymnastik. Die Alten hätten von der Gymnastik eine so hohe Meinung gehabt, daß Plato und Aristoteles nicht zögerten, eine Regierung als mangelhaft anzusehen, wenn die Gymnastik vernachlässigt wird.

Die Verfasser treten dann gegen die angeblichen Nachteile der Gymnastik, wie die Möglichkeit, sich zu verletzen, auf usf. Der letzte und achte Artikel der Einleitung ist den Vorteilen der Gymnastik gewidmet wie der körperlichen Widerstandskraft, der Stärkung der Gesundheit, den positiven psychischen Wirkungen: »La sérénité de l'ame est la conséquence immédiate de la santé du corps.«

Die zweite Abteilung beginnt mit Spielen und Kampfspielen, die, nach den Grundsätzen der Alten, eingeteilt werden in eigentliche gymnastische Übungen, Militärgymnastik, athletische und Gesundheitsgymnastik. Unter anderem werden Springen, Laufen, Kampfspiele, Schwimmen, Speerwerfen, Gleichgewichtsübungen, Reiten,

·chten, Tanzen, Schlittschuhlaufen, Schnurspringen usf. behandelt. ·en einzelnen Übungen werden historische Erläuterungen beige-gt, ebenso wird die Art, wie jede Übung auszuführen ist, eingehend klärt.

ie dritte Abteilung befaßt sich mit der Ausbildung der fünf Sinne, e, jeder auf seine Weise, trainiert werden.

as Buch schließt mit einer »Anatomie der Gymnastik«, das ist die 'irkung der verschiedenen Übungen auf die verschiedenen Körper-ırtien. Ebenso werden Ratschläge erteilt, zu welcher Jahreszeit die bungen am besten auszuführen sind. Und schließlich werden Emp-hlungen abgegeben über die Tageszeiten, zu denen die Übungen ›rteilhafterweise zu machen sind.

ım deutschen »Vorbild« bemerkt J. C. Friedrich Guts Muths in ·inem grundsätzlichen Werk »Gymnastik für die Jugend . . .« in ner Anmerkung: »Da ich weder die Dänische noch Englische Über-·tzung besitze, so kann ich die Titel nicht anführen. Die Letzte ·schien bey Johnson unter Salzmanns Nahmen. Wenigstens ist das › schlimm noch nicht, als wenn der Seeberg, auf dem neben Gotha ıe Herzogliche Sternwarte steht, unter dem Titel ›Herr Seeberg andkarten macht‹. Die Französische Übersetzung erschien 1803 nter dem Titel: La Gymnastique de la jeunesse ou traité élémentaire es jeux d'Exercice considérés sous le rapport de leur utilité physique : morale. Par M. A. Amar Durivier et L. F. Jauffret. A. Paris chez .. G. Debray. An XI. Als ich das Buch erhielt, und den Titel las, euete ich mich, daß auch Franzosen den Gegenstand bearbeitet hat-n, und verehrte die Männer, die nach dem ›Avis du Libraire éditeur‹ n ›exemple de modestie et de désintéressement‹ gaben, indem sie .eichzeitig arbeitend und in Collision gerathen, die Früchte ihrer roßen Anstrengung friedlich in Einen Korb zusammen legten. Ich ıftete den Deckel, und fand fast nichts als ein Plagium vom Anfang is Ende aus meiner Gymnastik und den Spielen für die Jugend. Es auert mich, daß ich dieses schöne Exemple de modestie hier in ein icht stellen muß, wo es aussieht wie ein ›Exemple d'impudence‹.«

.ugustin Durivier Amar, 1765—1837, trat in die Congregation der ›octrine chrétienne ein und wurde später Lehrer in Lyon, wo er bis 802 verblieb. 1803 wurde er als Conservator in die Bibliothèque 1azarine nach Paris berufen, wo er bis zu seinem Ende lebte. Er ver-ffentlichte eine Reihe von Erziehungswerken, wie »Le Fablier nglais . . .«, »Cours complet de rhétorique«, »Elements d'histoire de rance« und andere mehr. Ebenso war er Mitarbeiter des »Moniteur« nd an der »Biographie Universelle«.

ouis François Jauffret, 1770—1850, Sekretär der Rechtsfakultät der .cadémie d'Aix, später Bibliothekar und ständiges Mitglied der Aka-emie in Marseille, schrieb zahlreiche Jugend- und Kinderbücher, ·ie »Entrennes sentimentales . . .«, »Romances historiques . . .«, »Le ourrier des Enfants et des Adolescents«, »Les Merveilles du corps ıumain ou éléments d'anatomie à la portée de l'enfance« und zahlrei-he andere mehr.

258.803-B.Fid. (110-146)

4 [JOHANN MICHAEL ARMBRUSTER]

Moral in Beyspielen

bestehend: aus hundert auserlesenen Aesopischen und andern Fabeln für die Jugend, mit Kupfern

Nürnberg, Adam Gottlieb Schneider und Weigel [1796]

8°. 4 Bl. Titel mit kolorierter Vignette, Vorrede, Verlagsanzeigen, Inhaltsverzeichnis, 157 S., 35 gestochene, kolorierte Vignetten, 1 ganzseitige Tafel. Kustoden.
Aus den Verlagsanzeigen geht hervor, daß es sich bei dem vorliegenden Buch um das dritte Bändchen der »Rosenblätter« (siehe Bibl. Nr. 5) handelt.

Heinsius III, Sp. 424; Seibert, S. 173 ff. (Unter diesem Titel nicht bei Rammensee.)

In der Vorrede verweist der Herausgeber auf die Nützlichkeit von Fabeln für die Jugend und ebenso darauf, daß er diese Fabeln »Kindern von guter Erziehung« zum drittenmale übergebe. Sodann folgt eine Aufzählung der Autoren, aus denen der Herausgeber schöpft, darunter Gellert, Lessing, Lafontaine, Gleim usf. »Das Fabellesen muß unter Leitung Sachverständiger Aeltern und Lehrer jedoch frühzeitig geschehen . . .«

Johann Michael Armbruster, 1761—1814, Dichter und Volksschriftsteller, war als Sekretär Lavaters in Zürich tätig, dessen »Physiognomische Fragmente« er in Auszügen herausgab. Später kam er von Konstanz nach Wien, wo er 1805 Hofsekretär wurde. 1814 endete er durch Selbstmord.

250.376-B.Fid. (36-127)

5 [JOHANN MICHAEL ARMBRUSTER]

Rosenblätter

Neue Erzählungen u: Lieder für Kinder: von J: M: Armbruster

Nürnberg und Jena, Adam Gottlieb Schneider, 1791

8°. 2 Teile in einem Band. Reihentitel (anstelle eines Frontispizes, mit kolorierter Vignette): Lehr- und Lesebuch für die Jugend und ihre Freunde. Leipzig und Jena, bey Adam Gottlieb Schneider, 1791. Gestochenes Titelblatt mit kolorierter Vignette, 2 Bl. Widmung. Band 1: 3 Bl. (Zwischentitel, Vorrede, Inhaltsverzeichnis), 82 S., großteils kolorierte Vignetten, u. a. von A. W. Küfner, J. C. Pemsel, G. J. Schratzensteller, J. C. Bock, am Eingang jedes Kapitels, Kustoden. Band 2: Rosenblätter. Neue Lieder für Kinder. von J. M. Armbruster, Leipzig und Jena, bey Adam Gottlieb Schneider, 1791. Titelblatt mit kolorierter Vignette, 38 S., 1 Bl. (Inhaltsverzeichnis), 1 kolorierte Vignette auf S. 1.

Heinsius I, Sp. 125; Kayser I, 106; Rühmann KB 23; Rammensee 106.

In der Vorrede teilt der Verfasser mit: »Die prosaischen Erzählungen sind durchaus, was den Stoff betrift, französischen Ursprungs«, und mit »äusserster Gewissenhaftigkeit« nenne er die Werke, wo er aus denselben entlehnte. Diese sind: »Nouveau Cours d'education, par Mr. de Fréville, Strasbourg 1789.

Bibl. Nr. 5, Titelkupfer

Eine Episode aus: Le petit Grandison, traduit du Holandois. Paris 1787. Der treflichste Kinder=Roman, den ich kenne, und der — frey umgearbeitet — zur Michaelis=Messe deutsch erscheint.
Historiettes et Conversations à l'usage des enfants, qui commencent à lire un peu courament par Mad. de V. . . 4 T. Paris au bureau de l'ami des enfants. 1789. Die Verfasserin sagt: Sie habe die Leçons de Mad. Barbauld und einige andere englische Werke benützt.
Hochets moraux par Monget.
Französis. Lesebuch für deutsche Töchter. Halberstadt. 1788.
L'ami des Enfans par Berquin.
Lectures pour les Enfans.«
Der Verfasser zeigt dies, wie er erklärt, deshalb an, weil es möglich wäre, daß ein anderer Erziehungsschriftsteller aus denselben Quellen schöpfte und er dann in den Verdacht kommen könnte, »als hätt' ich dem Heere der Kompilatoren, die vorzüglich in diesem Fache eine sehr auffallende Freybeuterey sich erlauben, mich zugesellt, und schon vorhandene Uebersezungen benüzt«. Der Verfasser teilt ferner mit, daß die zwei letzten Erzählungen aus dem »beliebten Nürnbergischen Kinder-Almanach« entnommen wurden.
Die Lieder und die Erzählungen in Versen im zweiten Teil sind entweder neu oder Umarbeitungen früherer Werke.

Joseph May, 1755—1820, dem das Buch gewidmet ist, war österreichischer Pädagoge und Humanist, der auf Veranlassung Kaiser Josephs II. in Paris am Institut des Abbé de l'Epée zum Taubstummenlehrer ausgebildet und später zum Leiter des k. k. Taubstummeninstitutes bestellt wurde.

6 *Kleine Rednerische Aufsätze*

von Jünglingen für Jünglinge Veranstaltet vom Verfasser der Aphorismen zum Denken und Handeln
Basel, Johann Schweighauser, 1790

8°. XII (Titel, Vorrede und Inhaltsverzeichnis), 248 S.

Kayser II, 202; Brüggemann 282.

In der Vorrede rechtfertigt der Herausgeber sein Vorhaben so: »Nirgend ist aber der Mangel an schicklichen Beyspielen grösser, als bei dem Fache der Redekunst.« Die Sammlung solle neben ihrem eigentlichen Zweck auch dazu dienen, jenen »Schwarm schädlicher Bücher von Komödien und Romanen wenigstens einige Stunden im Tag« von den Jünglingen fernzuhalten. Die Reden sind nicht vom Herausgeber (Felner), sondern von einer Reihe unbekannter Autoren (wahrscheinlich Lehrern) verfaßt. Sie beginnen mit einer Rede »Der Deutsche, wie er ehemals war, und wie er izt ist«. Diese Rede ist ein Loblied auf die alten Germanen und ein flammender Appell an die Deutschen, zum Vorbild der alten Germanen zurückzukehren. Unter den Reden, die — offenbar zur Schulung — bisweilen widersprüchliche Inhalte aufweisen, befindet sich auch »Empfindungen eines Oesterreichers bey den Gefahren, in die sich Joseph wagt« und weiter eine »Lobrede auf Kaiser Joseph II.«
Die Reden stellen Mahnungen oder moralische Betrachtungen dar. Eine unter ihnen stellt die Frage: »Sind Romane, so wie sie sind — eine empfehlenswerthe Lektüre?« — ». . . jene[r] schädlichen Romane, [. . .] die wie eine gewaltige Sündflut unsern Erdboden überschwemmen!« Romanlektüre wird grundsätzlich verdammt, und die Jünglinge werden davor gewarnt, sich durch romantische und verschwommene Ideen, wie die empfindsamen Romane sie bringen, verführen zu lassen. Eine weitere Rede wendet sich »Wider das Theater«, welches ». . . die verborgene Klippe [ist], an der die Jugend [. . .] zu scheutern pflegt«.

Herausgeber ist Ignaz Andreas Anton Felner, geb. 1754. Er trat in den Jesuitenorden ein, wurde 1776 zum Priester geweiht und war Professor, später Präfekt am akademischen Gymnasium in Freiburg. Er gab pädagogische und moralische Schriften heraus.

11.176 PKB (145-132)

7 *Avis aux Jeunes Gens*

capables de réfléchir sur ce qui regarde une sage conduite.

Francfort, Eustache Moeller, 1760

8°. 2 Bl. Titel mit Vignette und Avertissement, 388 S., 3 Bl. Inhaltsverzeichnis, Kustoden.
Handschriftliche Widmung am Vorsatz.

Nicht nachweisbar.

Im Avertissement teilt der Autor mit, dieser *recueil* sei vorerst zum Privatunterricht für junge Leute beiderlei Geschlechts bestimmt gewesen, die schon das eine oder andere kleine Werk kennen. Der Text enthält in alphabetischer Reihenfolge Ratschläge, Ansichten, Informationen über die heterogensten Begriffe und Namen. Die Artikel stammen dort, wo keine Autorennamen angegeben sind, offenbar vom Verfasser selbst. In anderen Fällen sind die Autoren angegeben. Das ABC beginnt mit der Académie; hier werden Betrachtungen über Kindheit und Jugend angestellt, die mit dem Schlagwort nichts zu tun haben.
Es wird aus dem »Spectator«, aus Abbé de Bellegarde, La Rochefoucauld, La Bruyère, Gracian und Epiktet zitiert. Bisweilen wird ein Schlagwort in einer Reihe von Punkten über mehrere Seiten hin erörtert. Die Ratschläge werden in Form von kurzen Maximen oder seitenlangen Ausführungen erteilt, sie beziehen sich auf alle möglichen Lebenslagen sowie Fragen des äußeren und des moralischen Verhaltens.
Der Text endet mit dem Artikel »Volonté« und einer Maxime von La Rochefoucauld. »Rien n'est impossible. Il y a des voyes, qui conduisent à toutes choses. Et si nous avions assez de volonté nous aurions toûjours assez de moyens.«

Der meistzitierte Autor ist: Jean Baptiste Morvan de Bellegarde, 1648—1734, französischer Literat, der unter dem Namen Abbé de Bellegarde bekannt geworden ist. Während zwanzig Jahren gehörte er der Gesellschaft Jesu an, die er später wegen seiner Anhängerschaft an den Cartesianismus verlassen mußte. Er hat Werke des hl. Johannes Chrysostomus, des hl. Basilius, von Thomas a Kempis u. a. übersetzt. Seine Übersetzungen genossen wegen ihrer Fehlerhaftigkeit keine hohe Wertschätzung. Er schrieb außerdem »Reflexions sur ce qui peut plaire et déplaire dans le commerce du monde«, »Modèles de conversation pour les personnes polies« und anderes mehr.

250.812-C.Fid. (42-68)

8 [JOSEPH EDLER VON BAUMEISTER]

Die Welt in Bildern vorzüglich zum Vergnügen und Unterricht der Jugend

Herausgegeben von Joseph Edlem von Baumeister

Wien, 1788—1794

4°. In 6 Bänden.
Band 1: Titel, 1 Bl. (»Gott« von Ewald Christian Kleist), Vortitel, 190

Die Welt in Bildern vorzüglich zum Vergnügen und Unterricht der Jugend.
Herausgegeben von Joseph Edlem von Baumeister.
Erster Band.
(Mit 51 Kupfertafeln.)
Wien gedruckt und verlegt in der k. k. priv. von Baumeisterischen Buchdruckerey. 1788.

Bibl. Nr. 8, Band 1, Titelkupfer von N. Mansfeld

S., 51 Tafeln und 3 kolorierte Schlußvignetten, 1 Bl. Inhaltsverzeichnis.
Band 2: Vortitel, Titel, 140 S., 48 (statt 49) Tafeln, 1 Bl. Inhaltsverzeichnis. Tafel 1 samt Lieferung (Text) fehlt.
Band 3: Das Pflanzenreich. Vortitel, Titel, 162 S., 50 Tafeln, 1 Bl. Inhaltsverzeichnis.
Band 4: Titel, 1 Bl. (»An den Leser«), 72 S., 23 (statt 24) Tafeln, hier fehlt offenbar die Lieferung 24 samt Tafel.
Band 5: Titel, 1 Bl. (Vorrede), 200 S., 50 Tafeln, 1 Bl. Inhaltsverzeichnis.
Band 6: Titel, Zwischentitel, 195 S., 50 Tafeln. Auf der Rückseite des Zwischentitels befinden sich das Inhaltsverzeichnis sowie die Titel der Tafeln. Außerdem wird nochmals der 7. und 8. Band angekündigt.
Impressum von Band 1—4: »Wien gedruckt und verlegt in der k. k. priv. von Baumeisterischen Buchdruckerey«, 1788—1791. Band 5: Wien bey Johann Baptist Wallishauser, privil. Buchhändler. 1793. Band 6: Wien, auf Kosten und im Verlag bey Johann Baptist Wallishauser, k. k. priv. Buchhändler. 1794.

Die Tafeln sind u. a. von: N. Mansfeld, F. Assner, J. Lachenbauer, J. Sollerer, J. Eberspach, M. M., F. Schulz, K. F. Hampe, J. F. Krethlow und Haus.

Heinsius IV, Sp. 365; Kayser I, 162; Pilz, S. 345: vorliegendes Exemplar mit der Anmerkung ». . . es muß zunächst offen bleiben, ob die Ausgabe tatsächlich in diesem Umfang (d. h. in 8 Bänden) herausgekommen ist oder nicht«. Dazu Gräffer-Czikann I, 207: »Die Welt in Bildern«, 6 Bde. mit 280 Kupfern (meist von Kohl) Wien 1788. Seibert, S. 137, A. 52; Brüggemann, Sp. 1154, verzeichnet 4 Bände, die den Verfassern vorlagen.

Die Titelblätter der sechs Bände enthalten je eine gestochene kolorierte Vignette mit figürlicher Darstellung. Sämtliche Tafeln sind numeriert und — zum Teil — mit Deckfarben koloriert. Der Text der einzelnen Kapitel beginnt mit der Bezeichnung der auf den Tafeln abgebildeten Personen und Gegenstände in fünf Sprachen: Deutsch, Lateinisch, Italienisch, Französisch und Englisch (dieses mit phonetischer Wiedergabe). Von Band 5 an nennt sich der Verfasser »Joseph Edler von Baumeister. Der Rechte Doktor, und Lehrer bey I. I. K. K. H. H. den jüngern Erzherzogen«.
Band 1: »Von der Welt und den Himmelskörpern«. Auf der Rückseite des Vortitels wird der Plan des Werkes, das ursprünglich auf acht Bände angelegt war, erläutert. Es sollte in Lieferungen zu einem halben Bogen mit je einem Kupfer erscheinen. Bei den Kapiteln zu diesem Band 1 wird angegeben, welche Vorbilder beziehungsweise Illustrationen für die Darstellungen benutzt wurden. Als Quellen für den Text werden Linné, Raff, Buffon und andere genannt. Statt einer Einleitung oder Vorrede beginnt der Autor scin Werk mit Ewald Kleists Gedicht »Gott, Deus, Iddio, Dieu, God« und geht dann sofort in medias res, indem er eine Definition für Welt gibt: »Alle Dinge, die erschaffen sind, zusammen genommen nennt man die Welt.«
Dieser erste Band beschreibt die Himmelskörper und die Erdkugel und setzt sich fort mit dem Tierreich, das in Klassen (Vögel, Säugetiere, Fische, Amphibien, Insekten und Würmer) und diese wieder in Ordnungen unterteilt sind.
Nach der Welt wird der Himmel so definiert: »Unter dem Worte Himmel versteht man hier . . . den erstaunlich großen Raum, in welchem wir die Sonne, den Mond, die Sterne und andere Himmelskörper schweben sehen.« Und zu »Himmel« gehört eine Anmerkung: »Dieses Wort bedeutet auch denjenigen Ort, wo Gott mit den Engeln und Heiligen ewig glükselig lebet . . .« Es werden sodann die Gestirne, Lufterscheinungen, die Einteilung der Erdkugel, Land, Wasser usw. erörtert. Als nächstes folgt die Einteilung der »natürlichen Körper«, das heißt »Alle in und auf der Erde sich befindende vermischten Körper, welche durch die Kunst der Menschen noch nicht merklich verändert worden sind . . .« Sie werden eingeteilt in das Tierreich, das Pflanzenreich und das Mineralreich. Diese drei Reiche unterscheidet der Verfasser so: »Die Thiere wachsen, leben und empfinden. Die Pflanzen wachsen leben aber empfinden nicht. Die Mineralien wachsen, ohne zu leben und zu empfinden.« In den Anmerkungen zum Text beruft sich der Autor wiederholt auf andere Naturgeschichtsforscher, wie etwa Buffon, Raff, Linné und andere. Ab und zu wird ein Gedicht zitiert, etwa aus Ovids »Metamorphosen«, und anderes mehr.
Im Kapitel über die zweihufigen Säugetiere heißt es in einer Anmerkung: »Je mehr sich der Mensch vervielfältigt, desto mehr müssen die Thiere abnehmen. Nahrung, Sicherheit, alles entgeht ihnen zuletzt; wenn sich dieser nicht durch seine eigenen Bedürfnisse genöthiget sieht, einiger Arten davon zu schonen.«
Im zweiten Band erfolgt die »Fortsetzung des Thierreiches« mit den Fischen, den Amphibien, Insekten und Würmern.

Der dritte Band behandelt »Das Pflanzenreich«. Von der Pflanze gibt der Autor folgende Definition: »Unter dem Worte Pflanze werden in der allgemeinsten Bedeutung alle Arten von Gewächsen, das ist, alle natürliche Körperarten verstanden, welche sich durch Wurzeln nähren, und ihren Standplatz nicht freywillig verändern können.« Es werden vorerst die Bestandteile der Pflanze, wie Wurzeln, Stamm, Blätter usw., beschrieben. Das Pflanzenreich selbst wird in acht Klassen eingeteilt.
Beim Tee werden die verschiedenen Sorten beschrieben. »1. Grüner Thee, 2. Brauner Thee«, und hier wird »Caravanen- oder Sutschong, Congo und Peko-Thee« aufgezählt. »Dr. Kämpfer schreibt, daß der ganz frische Thee etwas narcotisches, dumm und trunken machendes, welches die Lebensgeister beunruhigte, an sich hätte; er verursachte in den Nerven eine zitternde Bewegung, und könnte kein Mensch frischen Thee oder wenigstens nicht viel trinken und vertragen.« Jedoch auch Tee, der ungefähr ein Jahr alt ist, solle nur mit Mäßigung getrunken werden, dann könne man sagen, daß er der »allerbeste, allerdelicateste und den Menschen recht erfreuende« sei. Das Kapitel endet mit dem Satz. »Der Thee hat mancherley Versuche mit andern Gewächsen veranlaßt, welche man an dessen Stelle zu gebrauchen gedacht. Inzwischen liefern keine andere Blätter den wahren Theegeschmack, und es läßt sich wohl schwerlich durch diese Mittel der allgemeine und häufige Gebrauch des Thees einschränken.«
Das nächste Kapitel handelt vom Kaffee. Die älteste Nachricht über den Gebrauch des Kaffees finde sich bei einem arabischen Schriftsteller im 15. Jahrhundert. »Der arabische oder so genannte elevantische Kaffe behauptet unter allen Sorten, welche wir nach Europa bekommen, den Vorzug. Die mehreste Menge im Handel ist aber amerikanischer Kaffe . . .«
In einem »Nachtrag zu dem Pflanzenreiche« heißt es: »Im eigentlichen Verstande sind Blumen solche Pflanzen, die man in Häusern oder Gärten in Blumentöpfen oder Gartenbeeten der Blüthen wegen mit besonderem Fleiße ziehet, um dadurch die Augen und den Geruch zu vergnügen.«
Im vierten Band folgen dem Pflanzenreich »Die Mineralien«. »Man kann alle Mineralien bequem unter fünf Classen bringen . . . I. Erden, II. Steine, III. Salze, IV. brennliche Mineralien, V. oder endlich Metalle.« In der Vorrede an den Leser kündigt der Verfasser die letzten zwei Bände an, die die merkwürdigsten Handwerke, Künste und Fabriken enthalten werden.
Band 5 ist mit »Der Mensch« betitelt, Band 6 »Menschliche Tätigkeiten, Eigenschaften. Vom Ende des menschlichen Lebens«. Im ersten Satz des fünften Bandes zitiert der Autor sich selbst (Bd. I, Nr. 28, S. 109): »Ohne den Menschen wäre diese schöne Erde nichts weiter als eine leere Wüsteney . . .« und weiter: ». . . und so haben kluge Deutsche unser Vaterland . . . zu einem angenehmen Aufenthalte für uns, und zu einem der schönsten und mächtigsten Reiche auf Erden gemacht . . .«
Es werden sodann Beispiele von Kindern, die wie Tiere aufwachsen, gebracht und daraus gefolgert: »Diese Begebenheiten lehren deutlich, daß Menschen, die den Umgang mit andern Menschen entbehren müssen, nie zu dem Gebrauche ihres Verstandes gelangen . . .«
Das nächste Kapitel spricht von den Stufen des menschlichen Alters, die auf der beigegebenen Abbildung ungefähr so dargestellt werden wie auf gleichzeitigen volkstümlichen Bilderbögen. Dieses Kapitel beginnt mit dem Satz: »Unter den Menschen giebt es zweyerlei Geschlechter, wovon das männliche mit besondern Vorzügen verse-

hen, und zum Schutz sowohl als zur Versorgung des weiblichen verpflichtet ist.« Die menschlichen Beschäftigungen werden nach Geschlechtern abgegrenzt, für den Mann der Beruf, für die Frau Haus und Kinder. Der Erdball wird nach Gestalt und Statur der Menschen in sechs Distrikte eingeteilt, deren jeder von einer bestimmten Art Menschen bewohnt wird: 1. Amerikaner, 2. Indianer (Inder), 3. Afrikaner, 4. Asiaten oder Tataren, 5. Polarmenschen, 6. Europäer. Amerika wird hier Westindien genannt (wegen der Ähnlichkeit der Schätze mit Indien), weil es in Hinsicht der Alten Welt gegen Westen liegt. »Amerika, weil Amerigo Vespucci der erste, eine Landkarte von diesem Welttheile geliefert hat.«

Es werden sodann die Völker nach der obengenannten Einteilung beschrieben, besonders ausführlich die Europäer. Begonnen wird mit den Russen, und von ihnen heißt es: ». . . so ist es doch noch nöthig, daß diese Nation gleichsam erst von einem allgemeinen Geiste der lebhaftern Thätigkeit beseelt würde, und sich recht im Ganzen und in allen einzelnen Theilen zugleich wie andere Europäische Völker zu erheben anfange.« Von den Römern heißt es, sie »haben einen hohen Geist und feinen Geschmack; aber zum Arbeiten sind sie nicht sonderlich aufgelegt«. Von den Engländern wird festgestellt: »In ihren Sitten herrschet noch eine gewisse Wildheit . . .« An den Deutschen werden kriegerischer Mut, Ehrlichkeit, Treue usf. gelobt und die Unmäßigkeit im Trinken getadelt.

Ein weiteres Kapitel ist der Verschiedenheit der Menschen gewidmet. Hier werden die äußeren und inneren Teile, die fünf Sinne, merkwürdige Zwerge und Riesen und andere menschliche Kuriositäten behandelt. Es folgen menschliche Beschäftigungen, darunter Ackerbau, Viehzucht, Jagd, Weinlese, und Berufe wie Kaufmann, Student, Soldat, Geistlicher, Zustände wie die Familie, der Ehestand, die Kindheit usw.

Beim »Wandersmann« heißt es: »Die tägliche Erfahrung bestättiget es zur Genüge, daß Menschen, die immer an einem Orte sich aufhalten, selten so brauchbar zu den mancherley Geschäften dieses Lebens sind, als diejenigen, welche fremde Orte besucht und mit Ausländern persönliche Bekanntschaft gemacht haben.« Bei dem Kapitel »Student« werden die berühmtesten Universitäten aufgezählt und als erste vier »Kambridge, Oxford, Paris, Wien . . .« genannt. Bei der »Schlacht« findet sich eine »Kurze historische Nachricht von dem Kriegswesen in Europa«. Beim »Ehestand« heißt es: »Der Ehestand ist ein von Gott selbst verordneter Stand . . .« und weiter: »Der Ehestand ist die Wurzel und die Stütze der menschlichen Gesellschaft.« Von den Ehefrauen wird abwechselnd als »schätzbares Gut« oder »schätzbares Ding« gesprochen. Das Kapitel »Von der Kindheit« enthält eine kurze Erzählung mit anschließender Moral und endet mit der Aufforderung an die Jugend, brav, fromm und andächtig zu sein. Zur Musik bemerkt der Autor: »Die Musik oder Tonkunst ist eine der vorzüglichsten Vergnügungen; daß sie fähig ist, fast alle menschliche Empfindungen und Leidenschaften vorzustellen, zu erregen, zu stärken und zu schwächen, kann einem jeden durch Erfahrung bekannt werden.« Jede Tätigkeit, jeder Zustand wird ausführlich erklärt, gegebenenfalls mit historischen Beispielen belegt und am Ende mit einer allgemeinen Betrachtung geschlossen.

Der sechste Band führt die Behandlung menschlicher Tätigkeiten und Zustände fort. Das erste Kapitel befaßt sich mit dem Staat, der so definiert wird: »Die Vereinigung mehrerer freyer Menschen, die sich ihrer Sicherheit wegen einem gemeinschaftlichen Oberhaupt unter gewissen Gesetzen unterworfen haben, heißt: ein *Staat,* eine bürgerliche *Gesellschaft*«. Es werden unter anderem auch die Staatsformen erklärt, wobei die Demokratie schlecht wegkommt: »In der Demokratie gehen die Geschäfte sehr langsam, indem erst in den Versammlungen berathschlaget werden muß; und da verschwindet in der Zwischenzeit oft die schönste Gelegenheit.«

Es werden unter anderem das Krankenhaus, die Münze, der Jahrmarkt, das Gericht, Verbrechen und Strafe besprochen. Bei diesem Kapitel wird auch den Ursachen des Verbrechens nachgegangen und zur Strafe bemerkt, daß »der letzte Endzweck der Strafen die äußere Wohlfahrt und Sicherheit [. . .] Besserung des Verbrechers und Abschreckung anderer« sei.

Zwei Kapitel handeln vom Krieg und Kriegswesen, das nächstfolgende »Von den Gesandtschaften«. Hier findet sich die Feststellung: »Gesandte sind Personen, denen als Unterthanen die Nation aufträgt, die öffentlichen Angelegenheiten bey einer anderen Nation feyerlich zu besorgen. Es ist nicht wider den Begriff und Endzweck der Gesandtschaft, Frauen dazu zu verwenden . . .« Es werden sodann Beglaubigungsschreiben, Instruktionen, die Einteilung der Gesandten, diplomatische Immunität, Exterritorialität usw. behandelt. Zwei Kapitel sind den Leibesübungen gewidmet, die im fünften Band nicht erwähnt wurden, wie Fechten, Reiten, Schießen, das Ballspiel usw. Unter anderem wird auch das »Stiergefecht in Spanien« besprochen, von dem es heißt: »Es ist dasselbe eines der schönsten Schauspiele in der Welt . . . wie wohl es auch den Nahmen des grausamsten, blutdürstigsten und gefährlichsten Zeitvertreibes mit Recht verdienet.«

In weiteren Kapiteln werden die Menschenliebe und darauf eine Reihe von Lastern und schlechten Eigenschaften, wie Stolz, Geiz, Wollust, Neid, Verleumdung, Zorn, Trägheit und Furcht usw., besprochen.

Zwei Kapitel befassen sich mit dem kopernikanischen System, die folgenden handeln von der Geschichte, wo bemerkt wird: »Überhaupt muß man die Geschichte so erlernen, daß man die Begebenheiten in ihrem Zusammenhange und Verbindung unter einander übersehen könne.« Es folgen die Dichtkunst sowie mehrere Kapitel über Mythologie, die abgelöst werden von der Naturlehre, die sich gleichfalls über mehrere Kapitel erstreckt. Das Luftschiff, das Bergwerk, Opfergebräuche der alten Griechen und Römer, Leibesgebrechen und Krankheiten, die Medizin, die Chirurgie, die Apotheke, der Tod und die »Begräbniß-Ceremonien der Alten« beschließen den Band.

Joseph Edler von Baumeister, 1750—1819, stammte aus einer angesehenen österreichischen Familie, die mehrfach wichtige Ämter bekleidet hat. Er war Doktor der Rechte und gab unter anderem eine »Chronologische Übersicht der Weltgeschichte« heraus. Später betätigte er sich als Jugendschriftsteller und erhielt 1782 das Privileg zur Errichtung einer Druckerei. 1792 beauftragte ihn Kaiser Franz, das Amt eines Erziehers bei seinen jüngeren Brüdern zu übernehmen.

In »Neues Archiv für Geschichte, Staatenkunde . . .«, Jg. II, 9, S. 64, wird festgestellt, Baumeister habe mit diesem Werk ». . . dem leichteren Unterricht der Jugend eine Bahn gebrochen, auf welche vor ihm nur Comenius hingewiesen hat«.

258.794-B.Fid. (114-179)

9 *Geographische Belustigungen der Jugend*

Oder: Erleichterte Uebung in den Anfangs-Gründen der Erd-Beschreibung. Nach einer ganz neuen Methode, vermittelst XXII. illuminirter Probir-Charten eingerichtet und durch Fragen und Antworten erläutert

Amsterdam, Johann Christian Sepp, 1767

Kl.-8°. 2 Bl. (Titel, Vorbericht), 162 S., Vignetten und Zierleisten, 9 Bl. (Register und Anweisung für den Buchbinder), 22 gefaltete Karten, alle gestochen und koloriert. Auf der ersten Tafel befindet sich am unteren Rand der gestochene Vermerk »C. Sepp omnes fecit«.

Nicht nachweisbar.

Im Vorbericht bemerkt der (unbekannte) Verfasser, daß man die Wissenschaften nützlicherweise durch solche Mittel fördern werde, aus welchen die Menschen Vergnügen schöpfen; ein solches Mittel aber sei die Wißbegierde. Insbesondere die Jugend mache sich ein Vergnügen aus dem Suchen und Finden, vornehmlich »wenn sie sich bey Erlernung der Geographie in den Land-Charten übet . . .« Man habe daher an Stelle der Namen und Bezeichnungen von Ländern, Städten, Flüssen usw. Zahlen und Buchstaben stehen, wobei der Schüler die zugehörigen Namen selbst zu finden hat; daher der Name »Probir-Charten«. Nach dieser Methode wurden die politische Geographie und Europa ausführlicher »als die übrigen drey Welt-Theile, am weitläuftigsten aber die Welt-Charte [. . .] abgehandelt«.
Im ersten Kapitel wird der Vorgang, der für die Abbildung der Erdkugel beobachtet wurde, erklärt und die Einteilung der Karten behandelt. Das zweite Kapitel spricht über die Einteilung Europas, beginnt mit der iberischen Halbinsel und behandelt sodann europäische Inseln, Grenzen, Gewässer usf. 19 der insgesamt 22 Kapitel sind Europa mit ausführlichen Angaben über alles Wissenswerte gewidmet. Die letzten drei Kapitel befassen sich mit Asien, Afrika und Amerika. Im Register sind die Namen der Länder »und ihrer fürnehmsten Theile« (Provinzen, Departements usf.), Städte, Inseln, Flüsse, Meere, Seen, Gebirge usf. verzeichnet.
Die Tafeln sind, wie der Verfasser mitteilt, aufgrund der Darstellungen des berühmten Geographen G. de l'Isle angefertigt worden.

Guillaume Delisle oder de l'Isle, 1675—1726, erster Geograph des Königs. Er zeichnete mit neun Jahren Karten über die Geschichte der Alten und beschloß schon in seiner Jugend, das System der Geographie zu reformieren und auf neue Grundlagen zu stellen. Mit fünfundzwanzig Jahren ließ er eine Weltkarte, Karten von Europa, Asien und Afrika sowie einen Himmels- und einen Erdglobus erscheinen, die allgemeine Bewunderung erregten. Nach und nach veröffentlichte Delisle eine große Zahl von geographischen Karten für alle Teile der Welt und verschiedene historische Epochen, insbesondere aber wird auf die Weltkarte verwiesen, die er zwei Jahre vor seinem Tod herausgab. Delisle unterrichtete Ludwig XV. in Geographie, der dann selbst ein kleines geographisches Werk veröffentlichte und Delisle den Titel »Premier géographe du Roi« verlieh.

251.060-A.Fid. (212-265)

10 [Laurent Pierre Bérenger und Eustache Guibaud]

La Morale en Action

ou Élite de Faits mémorables et d'Anecdotes instructives, Propres à faire aimer la Vertu et à former les Jeunes Gens dans l'Art de la Narration. Ouvrage utile à Messieurs les Éleves des Écoles Militaires et des Colleges

Orléans, Letourmy, 1791

8°. VIII (samt Titel und Vorrede), 424 S. (samt Inhaltsverzeichnis).

Barbier II, 12142 La Morale . . . (par Bérenger et le P. Guibaud de l'Oratoire) führt einen zweiten Teil an, Manuel de la Jeunesse Française in 3 Bänden. Neu aufgelegt 1789 in 2 Bänden, von denen der erste ohne den zweiten wieder neu aufgelegt wurde.

Das Vorwort (Réflexions Préliminaires) beginnt mit dem Satz: Von allen Kenntnissen gibt es gewiß keine, die mehr Sorge und Aufmerksamkeit erfordern als jene, die die Sitten betreffen, und es gibt keine, über die man sich mit mehr Gleichgültigkeit unterrichtet. Könnte man einen nützlicheren Gebrauch von seiner Begabung und seinen Talenten machen, als sie darauf zu verwenden, jenen Teil der Erziehung zu vervollkommnen, der die Sitten betrifft? Dies ist das Vorhaben des Verfassers.
Die Moral sei eine Wissenschaft mit so weit verzweigten Verästelungen, daß Reiche, Höfe, Städte, Gesellschaften und Familien sich nur unter ihrem glücklichen Einfluß aufrecht erhalten. Das Werk, das die Autoren dem Publikum anbieten, habe einen unmittelbaren Bezug zu den Sitten, durch die großen Beispiele, die hier geboten werden, ebenso wie durch die verschiedenen Reflexionen, die in ihm enthalten sind, indem das Nützliche mit dem Angenehmen verbunden wird. Es sei eine Tatsache, daß die meisten Geschichtsbücher die Kinder langweilten, Gedichtsammlungen seien ebensowenig geeignet wie Fabelsammlungen, die sehr oft unpassende Geschichten aufnähmen. Dabei sei es sehr wichtig, daß man den jungen Leuten sehr gereinigte (épurés) und gut geschriebene Werke anbiete.
Es wäre wünschenswert, wenn die Professoren das Werk besonders in den Oberklassen verwendeten und jeden Tag daraus lesen ließen. Wenn die Kinder den Text gleich nach der Lektüre wiedergäben, würden sie sich daran gewöhnen, rein und ordentlich zu sprechen und überdies die Züge von Edelmut, Humanität, Großzügigkeit usf. im Gedächtnis behalten. Ein mit Sorgfalt erzogenes Kind werde in edlem Wetteifer versuchen, es den Mustern, die ihm vorgeführt werden, gleichzutun.
Das ganze Buch besteht aus Anekdoten über bekannte oder unbekannte Persönlichkeiten und enthält unter anderem auch eine Episode aus dem Leben Maria Theresias.
Gegen Ende findet sich eine Abhandlung über Erziehung, in welcher der Erziehung in öffentlichen Schulen der Vorzug vor der häuslichen Erziehung gegeben wird. Den Beschluß bilden Reflexionen über das Glück des tugendhaften Menschen.

Laurent Pierre Bérenger, 1749—1822, Professor der Rhetorik am Collège d'Orléans, Verfasser von literarischen und Reisewerken sowie einer Prinzenerziehung. Sein bekanntestes und immer wieder aufgelegtes Werk ist »La morale en action.«

Eustache Guibaud, 1749—1822, Professor für Humanistik und Philosophie, war an mehreren Collèges seines Ordens (l'Oratoire) tätig und arbeitete u. a. auch am Dictionnaire histor, litt. et critique, das 1758 von Abbé Barral in Soissons herausgegeben wurde.

251.061-A.Fid. (138-047)

11 [Laurent Pierre Bérenger]

La Morale en Exemples

ou Élite d'Anecdotes Anciennes et Modernes, de Préceptes et de Discours Propres à former la Jeunesse à la Vertu et à l'Art d'écrire

Par l'Auteur de la Morale en action, et du Tableau des Vertus du Peuple. Devise: »C'est au zele ardent pour la Morale qu'on peut reconnoître désormais les amis de la chose publique. C'est à nos tyrans qu'il appartenoit de détruire les mœurs; c'est aux amis de l'ordre à les rétablir, et à faire d'abord des hommes, pour avoir ensuite des Citoyens. Tom. I, p. 273.«

Lyon, Amable Leroy, et Paris, Nyon jeune, 1801

8°. In 2 Bänden.
Band 1: Frontispiz, XVI S. Vortitel, Titel, Widmung, Vorrede und Brief an den Stecher, 430 S.
Band 2: Vortitel, Titel, 432 S. Gestochenes Titelkupfer von Revoil.

Barbier II, 12143; Quérard, France litt. I, 281 (1801).

Das Werk ist dem Nachfolger des Abbé de l'Epée gewidmet (s. u.). Im Vorwort stellt der Autor fest, er wolle mit diesem Werk die jungen Leute an Grundsätze erinnern, die allzu vergessen sind, und ihnen überdies Beispiele für die Kunst des Schreibens liefern. Er wage es, wie der Verfasser erklärt, dieses Buch trotz seiner Unvollkommenheit den einschlägigen Instituten zu empfehlen, und zählt dann einige dieser Anstalten auf. Der folgende Brief, der an einen Freund der schönen Künste gerichtet ist, soll seine Motive und Wünsche näher erklären. In einer Randbemerkung beklagt der Verfasser den Sittenverfall, der im Gefolge der Revolution aufgetreten sei, und begrüßt es, daß die Regierung Schritte unternehme, um dem Übel zu begegnen. Der zitierte Brief ist an ein Mitglied des Athénée, den Stecher Revoil in Lyon, gerichtet. Darin bittet der Autor den Adressaten, das Buch, das für die Jugend bestimmt ist, weiterzuempfehlen. Er habe darin eine Reihe von moralischen oder unterhaltsamen Anekdoten gesammelt und einen Abriß aller Pflichten beigefügt.
Man werde in diesem Buch sehen, daß man aus griechischen und lateinischen Schriftstellern einen ausgezeichneten Auszug unserer moralischen Grundsätze herstellen könne. Er habe, fährt der Autor fort, fast alle seine Gebete während der »abominable époque de la terreur« ad hoc und nahezu ohne Bücher abgefaßt. Man müsse nun alles unternehmen, um den schrecklichen Atheismus zu bekämpfen. Der Verfasser spricht dann von den infamen Dogmen Robespierres, die er durch die Hébert und Chaumette predigen ließ. »Ce triomphe scandaleux des pervers put faire douter un moment de la justice éternelle, mais la foudre qui les a précipités les uns sur les autres, comme les lâches dans une déroute, doit ramener la Foi et absoudre le Ciel.« Dann beschwört der Verfasser den Adressaten, er möge im Namen des Athénée, im Namen der Freundschaft, sein bescheidenes Frontispiz in Kupfer stechen. Tatsächlich hat Revoil das Titelkupfer gestochen.
Im ersten Kapitel werden, nach einigen Anekdoten, als erste der im versprochenen Abriß angekündigten Pflichten, jene angeführt, die der Mensch gegen sich selbst hat, hier die Pflicht der Selbsterkenntnis.
Den Anekdoten, Erzählungen und Dialogen folgen Gebete. Das zweite Kapitel spricht von den Pflichten des Menschen gegen das Vaterland; hier findet sich, neben zahlreichen Ermahnungen, der Satz: »Payez donc les impôts avec joie . . .« Das vierte Kapitel enthält die Pflichten der Kinder gegen die Eltern, im fünften werden die gegenseitigen Pflichten der Ehegatten, im sechsten die Pflichten der Eltern gegen die Kinder usf. behandelt. Der zweite Band enthält nur mehr Anekdoten, Erzählungen und Berichte, darunter von Mme. de Genlis, Geßner, Campe, Hirzel, Milton, dem Abbé de l'Epée u. a. Gegen Ende dieses Bandes findet sich eine Ergänzung zum Abriß über die Pflichten der Lehrer, Schüler und Eltern, gefolgt von Vierzeilern über die Pflichten junger Leute.

Charles Michel, Abbé de l'Épée, 1712—1789, hat sich bereits als junger Geistlicher ganz dem Dienst an den Taubstummen gewidmet. Mit Hilfe des Handalphabets und vermittels der Zeichnung konnte er seine taubstummen Schüler in der Grammatik unterrichten und einfache Beziehungen zwischen den Gegenständen herstellen.
Kaiser Joseph besuchte l'Épée und wurde durch ihn zur Gründung des Taubstummeninstitutes in Wien angeregt. Nach dem Tod des Abbé wurde 1791 das nationale Taubstummeninstitut in Paris gegründet. L'Épée verfaßte eine Reihe von Werken über den Taubstummenunterricht. (S. auch Armbruster: Rosenblätter, Bibl. Nr. 5.)

252.399-A.Fid. (137-152)

12 [Arnaud Berquin]

Le Livre de Famille

ou Journal des Enfans, contenant des Historiettes morales et amusantes, Mêlées d'Entretiens instructifs sur tous les objets qui les frappent journellement dans la nature et dans la société. Par. M. Berquin. Pour servir de suite à l'Ami des Enfans, et des Adolescens, du même Auteur. Devise: »Pauline. Ah! Maman, aidez-moi à réfléchir, je vous en prie. Mme. de Verteuil. C'est le principal objet de tous nos entretiens.«

Lausanne, Durand l'aîné et Comp. Libr.; Henri Vincent, Impr. 1793

8°. 2 Bände, 203 S., 210 S.

Quérard, France litt. I, 297.

In einer Reihe von Unterhaltungen zwischen Eltern und Kindern werden Begriffe wie Gehorsam, Gerechtigkeit, Worthalten, Eigentum, aber auch solche aus der Naturgeschichte, wie Katze, Hund, Vogelflug, Sprichwörter, Eigenschaften wie Zorn, Phantasie, Gedächtnis, die fünf Sinne und unter anderem auch der Tod erklärt.
Auf die Frage, warum Kinder den Erwachsenen gehorchen müssen, erwidert die Mutter, Kinder kennten noch nicht den Unterschied zwischen dem, was für sie gut, und dem, was für sie von Übel sei, es könnte ihnen also mancherlei zustoßen, wenn nicht die Eltern sie davor bewahrten, daher müßten die Kinder den Erwachsenen folgen.

Die Gerechtigkeit wird am Beispiel, wie Kinder einander ihre Spielsachen leihen, erläutert. Ein Dialog trägt den Titel: »Die Rücksichten, die wir unseren Dienern schulden.« Er endet mit dem Satz: »Die, welche nicht verstehen, die Menschen, die ihnen dienen, zu schonen, und ihnen eine Arbeit auftragen, die über ihre Kraft geht, verdienen es, im Stich gelassen zu werden.«
Die Dialoge werden durch Fabeln und Erzählungen unterbrochen. Gegen Ende werden die Vorteile erörtert, die dem Menschen im Umgang mit seinesgleichen erwachsen.
Den Beschluß bilden zwei Dialoge über Geld, Handel und Handelsleute sowie Reichtum, Kapital, Zinsen und Geldanlagen.

Arnaud Berquin, 1749—1791, genannt »Ami des enfans«, hat vorerst begonnen, Romane und Idyllen zu schreiben, ehe er Kinderbücher verfaßte, von denen das nach C. F. Weißes »Kinderfreund« (Bibl. Nr. 181) benannte »Ami des Enfans« das bekannteste ist. Es wurde von der Académie Française 1784 als das nützlichste Buch des Jahres bezeichnet.

252.377-C.Fid. (119-79)

13 Friedrich Johann Justin Bertuch

Bilderbuch zum Nutzen und Vergnügen der Jugend

enthaltend eine angenehme Sammlung von Thieren, Pflanzen, Blumen, Früchten, Mineralien, Trachten und allerhand andern unterrichtenden Gegenständen aus dem Reiche der Natur, der Künste und Wissenschaften; alle nach den besten Originalen gewählt, gestochen, und mit einer kurzen wissenschaftlichen und den Verstandeskräften der Jugend angemessenen Erklärung begleitet, von F. J. Bertuch, Herzogl. S. Weimar. Leg. Rath [. . .]

Porte-Feuille instructif et amusant pour la jeunesse

Mélange intéressant d'Animaux, Plantes, Fleurs, Fruits, Minéraux, Costumes, Antiquités et autres objets instructifs et amusans pour la Jeunesse; choisis et gravés sur les meilleurs originaux, avec de courtes explications scientifiques et proportionnées à l'entendement de la jeunesse. Rédigé par F. J. Bertuch, Conseiller de légation [. . .]

Wien, B. Ph. Bauer, Buchdrucker und Buchhändler
Ohne Angabe eines Erscheinungsjahrs, mit Ausnahme von Band 1: »Wien, 1813. Gedruckt bey Anton Pichler«. Bände 1, 2, 3, 4, 5, 7, 8, 9, 10 »Zweyte Ausgabe«; Bände 15—22 von Carl Bertuch.

4°. 22 in 11 Bänden. Jeder Band enthält in deutscher und französischer Sprache: Einen doppelseitigen Titel und das Inhaltsverzeichnis, Band 1 überdies Ankündigung, Vorbericht und Plan des Werkes. Der Text ist zweispaltig, jeweils auf der Vorderseite des Blattes in deutscher und auf der Rückseite in französischer Sprache abgefaßt. In den 22 Bänden befinden sich je 50 gestochene und kolorierte Tafeln von F. X. Schmuzer und anderen sowie 54—58 Bl. Text (samt Inhaltsverzeichnis).

Graesse I, 351; Brunet IV, 827; Gumuchian 611, Wiener Ausgabe, mit französ. Titel, s. d. (1808—1828); Rümann 33; Seebass 180; Goedeke IV/1, 679; Brüggemann 84—86.

Angesichts der vielfachen Ausgaben des Bertuchschen Bilderbuches läßt sich das vorliegende Exemplar nur schwer einordnen. Möglicherweise handelt es sich um die zweite in Wien erschienene Ausgabe. In Privatbesitz in Wien befindet sich ein Exemplar, dessen erste drei Bände mit 1801 datiert sind und den Zusatz tragen: »Neue, grossentheils umgearbeitete und verbesserte Auflage.« Der letzte, mit einer Jahreszahl versehene Band dieses Exemplars ist Band 10 (1807). Ab Band 11 dieser Ausgabe findet sich keine Datierung mehr, ab Band 12 ist das Werk bei B. Ph. Bauer erschienen. Dazu: Erich Strobach, »Das Bertuchsche Bilderbuch und seine Ausgaben« in Philobiblon, Jg. 1969, 4.
Die Wiener Ausgabe hat, im Gegensatz zur Weimarer Ausgabe, die 1185 Kupfer enthält, nur 1100 Tafeln, der Text ist in beiden Ausgaben der gleiche.
Bertuchs Bilderbuch beginnt mit den Worten: »Ein Bilderbuch ist für eine Kinderstube ein eben so wesentliches und vielleicht noch unentbehrlicheres Meuble als die Wiege, die Puppe oder das Steckenpferd. Diese Wahrheit kennt jeder Vater, jede Mutter, jeder der Kinder erzogen hat«. In einer anderen Ausgabe (in Privatbesitz) wird betont: ». . . Man kann nicht glauben, wie begierig die Einbildungskraft eines Kindes die ersten bildlichen Eindrücke faßt, wie fest sie diese hält und wie schwer es hernach ist, falsche Bilder und Begriffe . . . in der Folge wegzuschaffen«. Bertuch erklärt dort auch die Anordnung des Werkes und erwähnt, daß 1789 in Paris ein ähnlicher Versuch mit dem »Portefeuille des Enfans« des Herrn Cochin unternommen worden sei, er jedoch glaube, daß dieses Buch viele Mängel aufweise, die er, Bertuch, zu vermeiden trachte. Was den Verfasser nicht hindert, ohne Angabe der Quelle im Vorbericht festzustellen, daß die Illustrationen auf die linke Seite gesetzt wurden, damit das Kind sie nicht mit der rechten Hand bedecke, ebenso sollten die Blätter von den Kindern ausgeschnitten und auf Pappendeckel geklebt werden können. Beides finde sich bereits im »Portefeuille des Enfans« des Herrn Cochin.
Der Plan des Werkes wird in acht Punkte gegliedert:
1. Das Bilderbuch enhält das Merkwürdigste aus dem Reich der Natur sowie aus den Wissenschaften und Künsten. Alles, was nicht allgemein wissenswert oder für die Jugend interessant ist, wird ausgeschlossen.
2. »Die Zeichnungen sind schön und richtig . . .« Denn »nichts ist wichtiger als die Jugend gleich vom Anfange an nur an wahre Darstellung der Gegenstände, richtige Verhältnisse . . . schöne Formen und guten Geschmack zu gewöhnen.«
2. »Es sind nicht zu viele und zu sehr verschiedene Gegenstände auf Einer Tafel zusammengedrängt; denn dadurch würde die Imagination der Jugend nur verwirrt . . .«
4. »Die Gegenstände sind nicht zu klein dargestellt . . .« und, wie weiter ausgeführt wird, im richtigen Verhältnis ihrer Größe zueinander.
5. »Der Text ist kurz und nicht gelehrt. Die Jugend liest ihr Bilderbuch nicht, um es eigentlich zu studieren, sondern sie will sich nur damit unterhalten«.
6. »Es enthält meist fremde und seltene, jedoch instructive Gegenstände, welche die Jugend nicht ohnedies schon täglich sieht.«
7. »Die Kupfer folgen ohne alles anscheinende System und mit möglichster Abwechslung und Mannichfaltigkeit aufeinander, so wie die Natur selbst ihre Gegenstände gewöhnlich dem Auge darbietet.«
8. »Diesem bilderreichen Chaos liegt aber bey aller anscheinenden Regellosigkeit der Ordnung ein gewisses verstecktes System zum Grunde . . .« »In der Aufeinanderfolge der Gegenstände herrschet nämlich die vollkommenste Ordnung . . .« Die untereinander verwandten Gegenstände sind in Folgen gebracht und die Tafeln entsprechend numeriert. Der Lehrer kann diese Ordnung dazu benutzen, um seine Schüler auf das »systematische Arangement« aufmerksam zu machen.

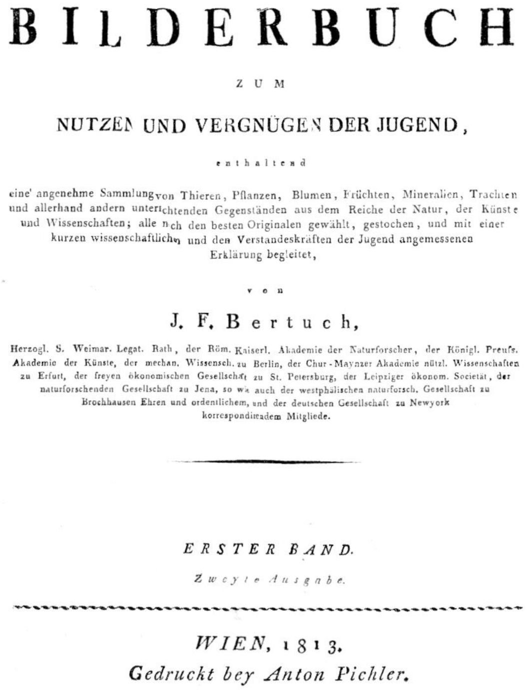

BILDERBUCH

ZUM

NUTZEN UND VERGNÜGEN DER JUGEND,

enthaltend

eine' angenehme Sammlung von Thieren, Pflanzen, Blumen, Früchten, Mineralien, Trachten und allerhand andern unterichtenden Gegenständen aus dem Reiche der Natur, der Künste und Wissenschaften; alle nch den besten Originalen gewählt, gestochen, und mit einer kurzen wissenschaftlichen und den Verstandeskräften der Jugend angemessenen Erklärung begleitet,

von

J. F. Bertuch,

Herzogl. S. Weimar. Legat. Rath, der Röm. Kaiserl. Akademie der Naturforscher, der Königl. Preufs. Akademie der Künste, der mechan. Wissensch. zu Berlin, der Chur-Maynzer Akademie nützl. Wissenschaften zu Erfurt, der freyen ökonomischen Gesellschaft zu St. Petersburg, der Leipziger ökonom. Societät, der naturforschenden Gesellschaft zu Jena, so wie auch der westphälischen naturforsch. Gesellschaft zu Brochhausen Ehren und ordentlichem, und der deutschen Gesellschaft zu Newyork korrespondirendem Mitgliede.

ERSTER BAND.

Zweyte Ausgabe.

WIEN, 1813.
Gedruckt bey Anton Pichler.

Bibl. Nr. 13, Band 1, Titelblatt

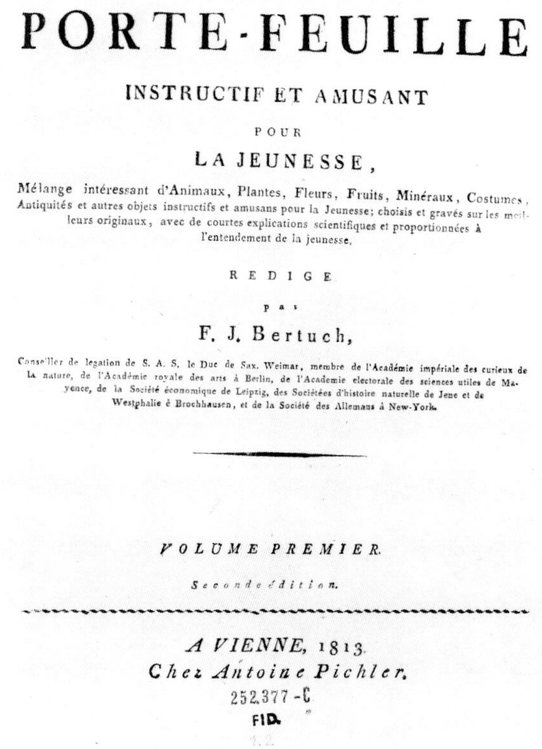

PORTE-FEUILLE

INSTRUCTIF ET AMUSANT

POUR

LA JEUNESSE,

Mélange intéressant d'Animaux, Plantes, Fleurs, Fruits, Minéraux, Costumes, Antiquités et autres objets instructifs et amusans pour la Jeunesse; choisis et gravés sur les meilleurs originaux, avec de courtes explications scientifiques et proportionnées à l'entendement de la jeunesse.

REDIGE

par

F. J. Bertuch,

Conseiller de legation de S. A. S. le Duc de Sax. Weimar, membre de l'Académie impériale des curieux de la nature, de l'Académie royale des arts à Berlin, de l'Academie electorale des sciences utiles de Mayence, de la Société économique de Leipzig, des Sociétées d'histoire naturelle de Jene et de Westphalie è Brochhausen, et de la Société des Allemaus à New-York.

VOLUME PREMIER.

Seconde édition.

A VIENNE, 1813.
Chez Antoine Pichler.

Bibl. Nr. 13, Band 1, Titelblatt

Im letzten Satz kündigen die Herausgeber an, daß in Ungarn eine neue Ausgabe des Bilderbuches veranstaltet werden wird. Das Werk wird im Textteil ausführlich besprochen.

Bertuch, Friedrich Johann Justin, 1747—1822, Schriftsteller und Verleger, pflegte in dem mit einem Verlag verbundenen »Landes-Industrie-Comptoir« vor allem die geographische und kartographische Abteilung und gründete 1786 die monatlich erscheinende Zeitschrift »Journal der Moden«, die als »Journal des Luxus und der Moden« bis 1827 bestand.

Der Vorläufer des »Bilderbuchs« war »Le Porte-Feuille des Enfans«: *Mélange Intéressant* d'Animaux, Fruits, Fleurs, Habillemens, Plans, Cartes Et Autres Objets, dessinés suivant des reductions comparatives, et commencés à graver en 1783, sous la direction de Cochin. Accompagné de courtes Explications & de divers Tableaux Elémentaires. Rédigé par ANT. NIC. EUCHESNE. AUG. SAV. LE BLOND. N°s 1—20.

A Paris, Chez Merigot, jeune ... (et) Merlin ... [1786 ff.] M. 102 Kupferstichtafeln und 3 Vignetten. Gr.-4°. (Seebass 1469)

Gumuchian 4605: »Les vingt premiers fascicules (tout ce qui a paru?) de ce »portefeuille« qui constitue une véritable encyclopédie à l'usage de la jeunesse, où géographie et l'histoire naturelle tiennent une grande place. Sur les planches ... certaines sont d'un intérêt particulier, qu'elles touchent l'histoire du costume etc.« — Die letzten 3 oder 4 Lieferungen (m. etwa 20 Tafeln) fehlen.

Bibl. Nr. 13, Band 12, Nr. 48, »Der Bernards-Tagfalter in China«

Bibl. Nr. 8, Band 5, Nr. 2, »Von den Stuffen des menschlichen Alters«, Kupferstich von Cl. Kohl

Bibl. Nr. 8, Band 5, Nr. 12, »Tartaren«, Kupferstich von Cl. Kohl

Bibl. Nr. 8, Band 5, Nr. 46, »Der Tanz«, Kupferstich von Cl. Kohl

Bibl. Nr. 8, Band 6, Nr. 2, »Die Krone, das Zepter, der Adel, das Wapen, der Ritterorden«, Kupferstich von Cl. Kohl

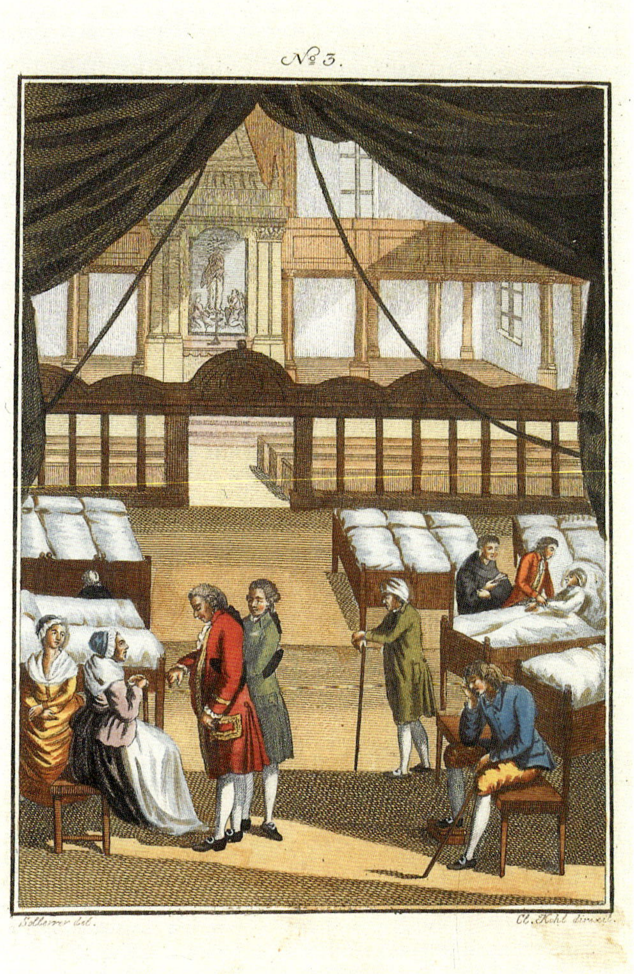

Bibl. Nr. 8, Band 6, Nr. 3, »Das Krankenhaus, Hospital«, Kupferstich von Cl. Kohl

Bibl. Nr. 8, Band 6, Nr. 5, »Der Jahrmarkt«, Kupferstich von Cl. Kohl

Bibl. Nr. 8, Band 6, Nr. 24, »Die Furcht«, Kupferstich von Cl. Kohl

Bibl. Nr. 8, Band 6, Nr. 39, »Von dem Lichte«, Kupferstich von Cl. Kohl

Bibl. Nr. 13, Band 2, Nr. 20, »Die sieben Wunder der Welt«

Bibl. Nr. 13, Band 5, Nr. 6, »Herschels Teleskop«, Kupferstich von Jacob Xaver Schmu[t]zer

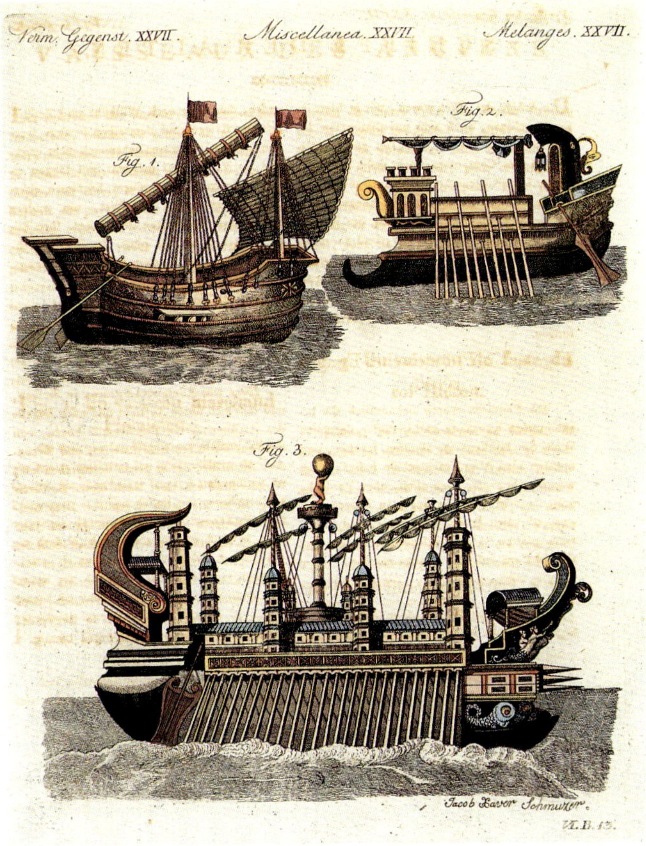

Bibl. Nr. 13, Band 6, Nr. 13, »Schiffe der Alten«, Kupferstich von Jacob Xaver Schmu[t]zer

Bibl. Nr. 13, Band 7, Nr. 15, »Rosen-Sorten«, Kupferstich von Jacob Xaver Schmu[t]zer

Bibl. Nr. 13, Band 8, Nr. 5, »Telegraphen«, Kupferstich von Jacob Xaver Schmu[t]zer

Bibl. Nr. 13, Band 8, Nr. 29, »Luftschifferey«, Kupferstich von Jacob Xaver Schmu[t]zer

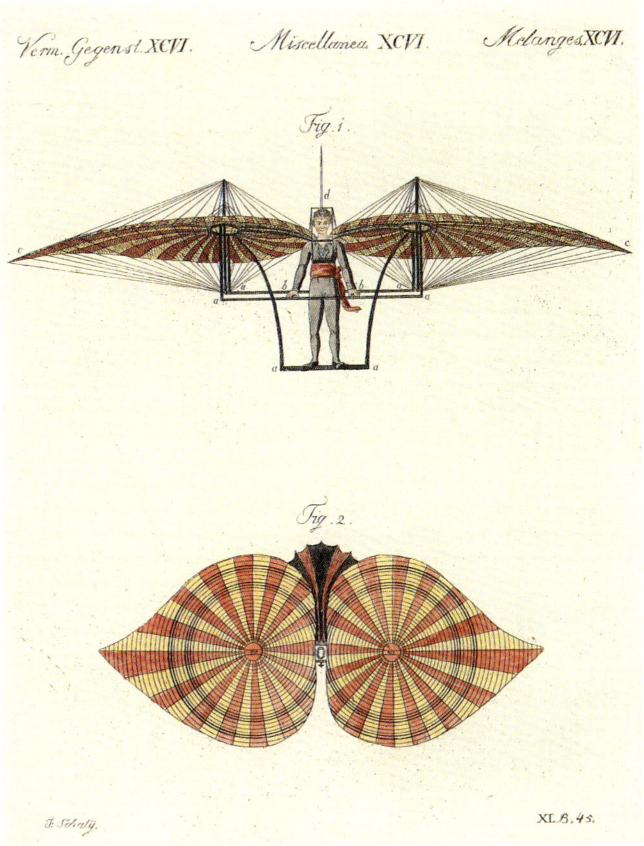

Bibl. Nr. 13, Band 11, Nr. 45, »Degens Flugmaschine«, Kupferstich von J. Schaly

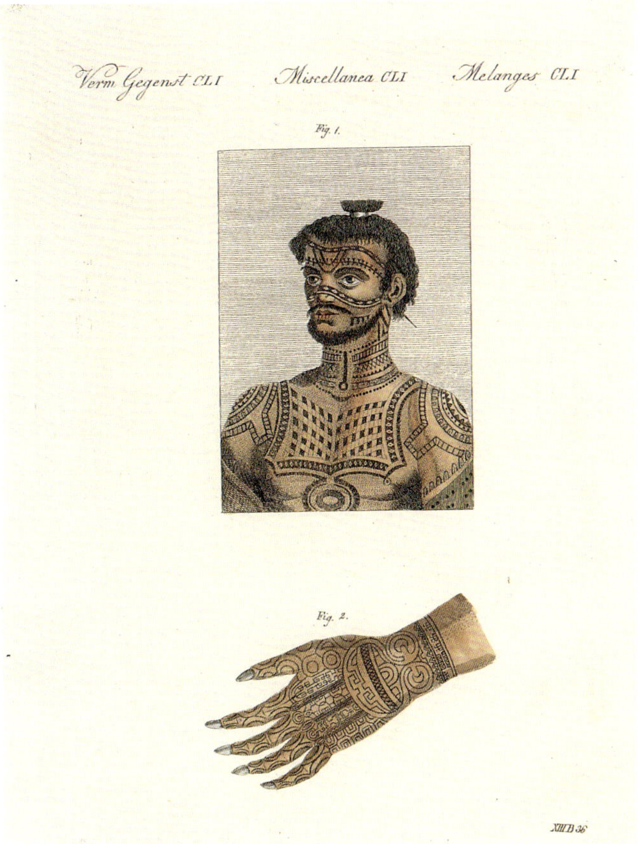

Bibl. Nr. 13, Band 13, Nr. 36, »Die Kunst des Tätowirens auf der Insel Nukahiwah«

Bibl. Nr. 13, Band 12, Nr. 30, »Die Statue Josephs des II. vor der kaiserl. Burg in Wien«, Kupferstich von J. B. Pfitzer

Bibl. Nr. 13, Band 19, Nr. 4, »Die Gefahren des Wallfischfanges«, Kupferstich von Rieder

Bibl. Nr. 13, Band 13, Nr. 17, »Die grosse Glocke in Moskau«

Bibl. Nr. 13, Band 16, Nr. 48, »Gewerbe, Künste und Handwerke der Chinesen« (Aufnahme aus dem Exemplar der Autorin)

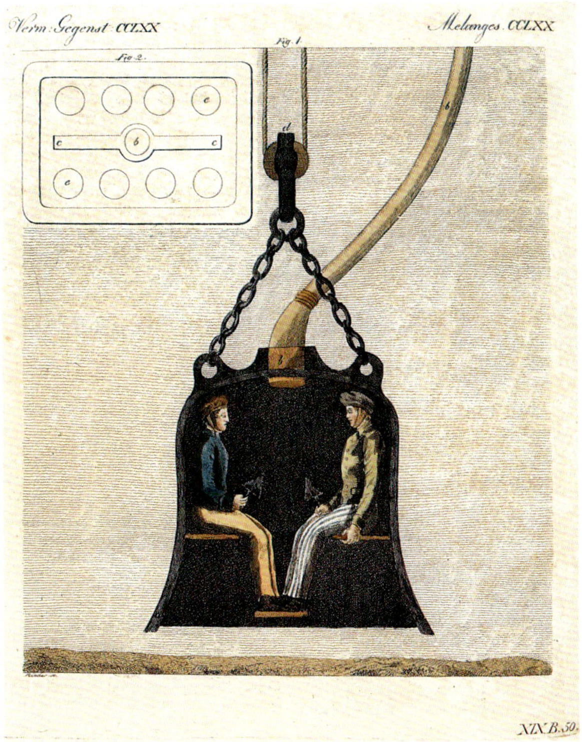

Bibl. Nr. 13, Band 19, Nr. 50, »Die Taucherglocke«, Kupferstich von Rieder

Bibl. Nr. 13, Band 16, Nr. 49, »Gewerbe, Künste und Handwerke der Chinesen« (Aufnahme aus dem Exemplar der Autorin)

Bibl. Nr. 13, Band 22, Nr. 24, »Das Schlittschuhläufer-Regiment in Norwegen«, Kupferstich von Rieder.
(Was heute Ski genannt wird, heißt hier »Schlittschuh«.)

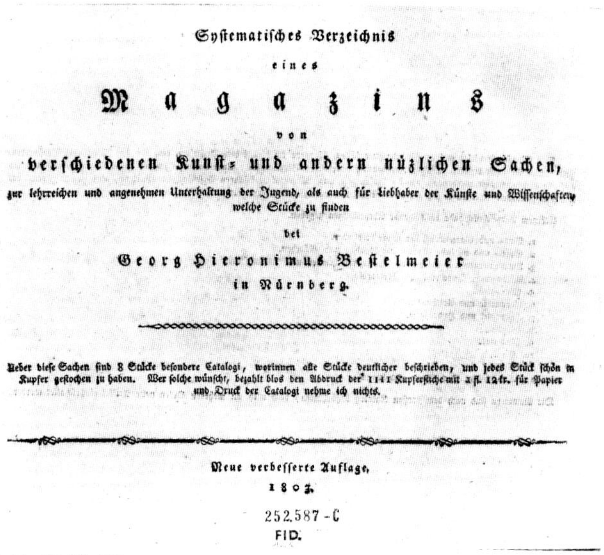

Systematisches Verzeichnis
eines
Magazins
von
verschiedenen Kunst- und andern nüzlichen Sachen,
zur lehrreichen und angenehmen Unterhaltung der Jugend, als auch für Liebhaber der Künste und Wissenschaften, welche Stücke zu finden
bei
Georg Hieronimus Bestelmeier
in Nürnberg.

Ueber diese Sachen sind 8 Stücke besondere Catalogi, worinnen alle Stücke deutlicher beschrieben, und jedes Stück schön in Kupfer gestochen zu haben. Wer solche wünscht, bezahlt blos den Abdruck der 1111 Kupferstiche mit 2 fl. 12kr. für Papier und Druck der Catalogi nehme ich nichts.

Neue verbesserte Auflage,
1803.

Bibl. Nr. 14, Titelblatt

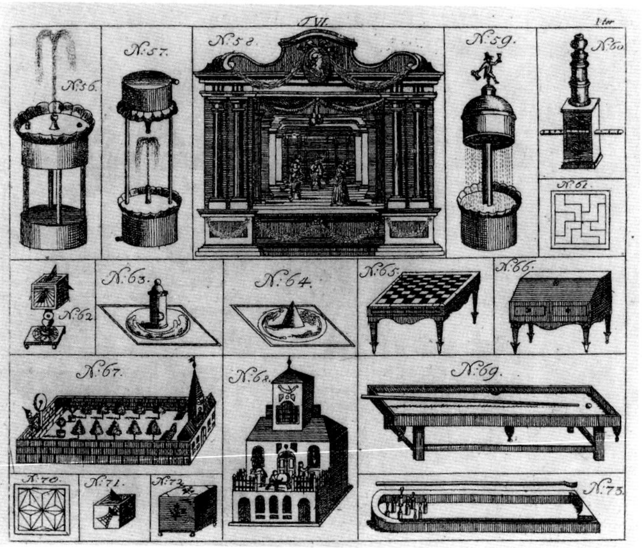

Bibl. Nr. 14, Teil I, Tafel 6, »Spiel- und nüzliche Sachen für Knaben und Mädchen«

252.587-C.Fid. (216-278)

14 [Georg Hieronymus Bestelmeier]

Systematisches Verzeichnis eines Magazins von verschiedenen Kunst- und anderen nüzlichen Sachen,

zur lehrreichen und angenehmen Unterhaltung der Jugend, als auch für Liebhaber der Künste und Wissenschaften, welche Stücke zu finden bei Georg Hieronimus Bestelmeier in Nürnberg. Ueber diese Sachen sind 8 Stücke besondere Catalogi [. . .] in Kupfer gestochen zu haben . . .
Neue verbesserte Auflage, 1803

Quer-4°. 32 S., zweispaltig. Darin 8 Stücke »Magazin . . .« 10 S., 7 Tafeln; 15 S., 11 Tafeln; 16 S., 10 Tafeln; 12 S., 7 Tafeln; 12 S., 6 Tafeln; 15 S., 8 Tafeln; 20 S., 13 Tafeln; 12 S., 8 Tafeln. Insgesamt 1100 Darstellungen.

Rammensee, S. 155, verzeichnet 3 Auflagen aus verschiedenen Jahren, von denen keine der andern, weder in der Seitenzahl noch in den Tafeln gleicht. Hauswedell bringt eine Auflage, die weder mit der vorliegenden noch mit einer von Rammensee angegebenen identisch ist, Hauswedell 177. Heinsius I, 242, gibt für sein Exemplar 350 Abbildungen an.

Ein Lagerkatalog der Firma Bestelmeier, der Abbildungen aus nahezu allen Lebensbereichen enthält, von Landkarten und Globen, Gartenarchitekturen, Puppentheatern, Hausgeräten, Gewehren, Lesepulten, Zauberspiegeln, griechische Amphoren, Statuetten usw. Bestelmeier hat seine Kataloge offenbar jeweils geändert, um neuen Bedürfnissen der Käufer gerecht zu werden.

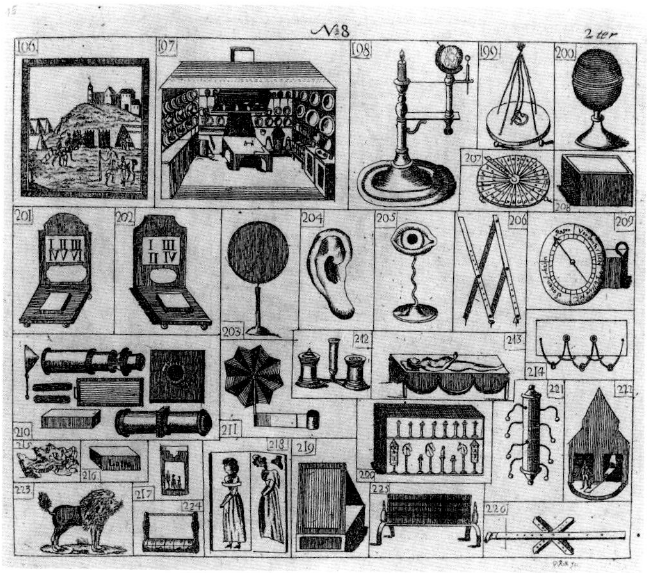

Bibl. Nr. 14, Teil II, Nr. 8, Kupferstich von G. Roth

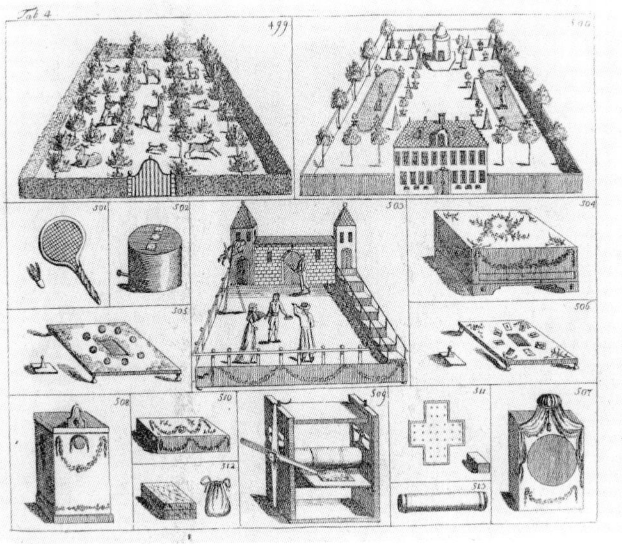

Bibl. Nr. 14, Teil IV, Tafel 4

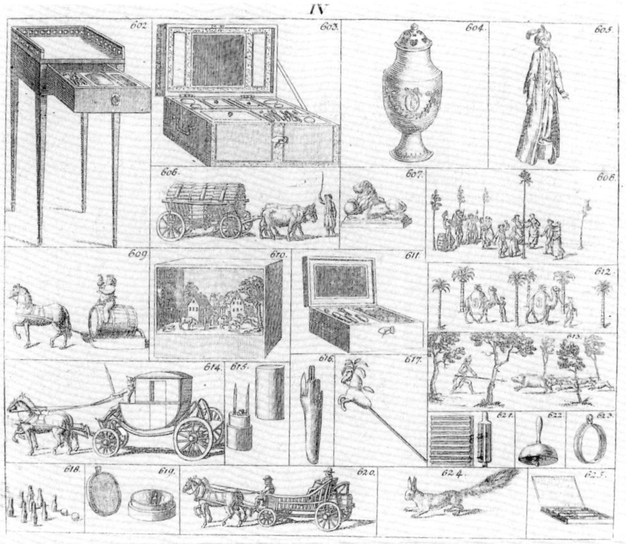

Bibl. Nr. 14, Teil V, Tafel 4

Bibl. Nr. 14, Teil VI, Tafel 3

Bibl. Nr. 14, Teil VIII, Tafel 1

7.025 FKB (218-124)

15 *Beyspiele von allerley Unglücksfällen*

zur Belehrung und Warnung für alle Menschen, besonders für die Jugend. Nebst einem Anhange über giftige Pflanzen. Mit acht illuminirten Kupfern

Wien, Georg Edler von Mößle, 1800

Kl.-8°. 2 Teile in einem Band. Durchlaufend paginiert. Gest. Frontispiz, XIV (samt Titel, Vorrede, Inhaltsverzeichnis), 168 S. Teil 1 reicht bis S. 138, Teil 2 (samt Zwischentitel und Inhalt) von S. 139—168 (samt Erklärung der Abbildungen), Kustoden.

Heinsius I, Sp. 299, mit dem Titel: »Beyspiele von Unglücksfällen zur Warnung der Jugend mit ill. Kupfern, Göttingen Dieterich 798«; Kayser I, 187, mit dem gleichen Titel.

Teil 1. Die Vorrede beginnt mit der Feststellung: »Der Mensch ist von seiner Geburt bis zum Grabe so mancherley Gefahren ausgesetzt . . .«, daher sei es notwendig, ihn zu warnen, und dies gelte insbesondere für die unerfahrene Jugend. »Es würde daher sehr nützlich seyn, wenn diese Schrift in den Schulen zum Gebrauch beym Lesen eingeführt würde . . .« Auch Erwachsene würden sie mit Nutzen lesen. Der erste Teil enthält 90 Beispiele mehr oder weniger gruseliger Unglücksfälle.
Teil 2. Von besonders giftigen und gefährlichen Pflanzen, die in Deutschland allenthalben anzutreffen und leicht mit andern heilsamen und guten zu verwechseln sind; »mitgetheilt vom Herrn Professor Hoffmann zu Göttingen«.
Nach einer allgemeinen Beschreibung der Giftpflanzen und den »Allgemeine(n) Hülfsmitteln gegen verschluckte betäubende Giftpflanzen« erfolgt die Beschreibung im einzelnen für jede Pflanze.

21.858 FKB (117-125)

16 *Beytrag zu kleinen Schauspielen für die Jugend*

Frankfurt am Main, Eßlingerische Buchhandlung, 1779

Kl.-8°. 192 S. (samt Titel, Vorbericht und Inhaltsverzeichnis), Kustoden.

Nicht nachweisbar. Brüggemann führt unter 251—254 verschiedene andere Werke an.

Im Vorbericht erwähnt der Verfasser (Herausgeber?) eine Gesellschaft junger Leute von zehn bis sechzehn Jahren, die sich zusammengetan hatten, um Herrn Engels »Dankbaren Sohn« aufzuführen. Die jungen Leute hätten dabei soviel Begabung gezeigt, daß man sich um Schauspiele umsah, welche ihnen ohne Gefahr in die Hände gegeben werden können. Da sich in »allen Provinzien Teutschlands National-Schaubühnen eröfnen . . .«, sei zu vermuten, daß auch anderswo junge Leute Lust bekämen, kleine Bühnen zu errichten. Der Verfasser (Herausgeber) habe daher geglaubt, daß man den Eltern einen Dienst erweise, wenn man diese kleinen Schauspiele veröffentliche.
Das Buch enthält fünf kleine einfache Stücke, von denen jedes eine Moral aufweist, einen Epilog zu Engels »Dankbarem Sohn« und einen »Anhang. VII. Sophie, oder das belohnte Almosen, in zween Aufzügen. Aus der Theatralmakulatur eines Ungenannten; Aber beynahe ganz umgearbeitet.«

Johann Jakob Engel, 1741—1802, betrieb Theologie, Philosophie und Naturwissenschaften und war 1776 Professor am Joachimsthalerischen Gymnasium in Berlin. Er unterrichtete die Prinzen Friedrich Wilhelm und andere Prinzen und Prinzessinnen in den schönen Wissenschaften. Engel war ein vielseitiger Schriftsteller, der sich die Bewunderung der Zeitgenossen errungen hatte. Goedeke vergleicht ihn mit Lessing. »Der dankbare Sohn« wird ausdrücklich erwähnt. ». . . die kleinen Spiele sind durch strengen Bau und die vollendete Natur des Dialogs wahrhafte Musterstücke in dieser Gattung . . .«

258.789-B.Fid. (217-431)

17 *Neuestes Bilderbuch*

ein Geschenk für Kinder. Es enthält: I. A B C der Sittenlehre in 25 Fabeln und Bildern. II. Auswahl nützlicher Kenntnisse von verschiedenen merkwürdigen Lehrgegenständen mit Benennungen der in 300 Bildern vorgestellten Sachen.

Wien, Camesianische Buchhandlung, 1802

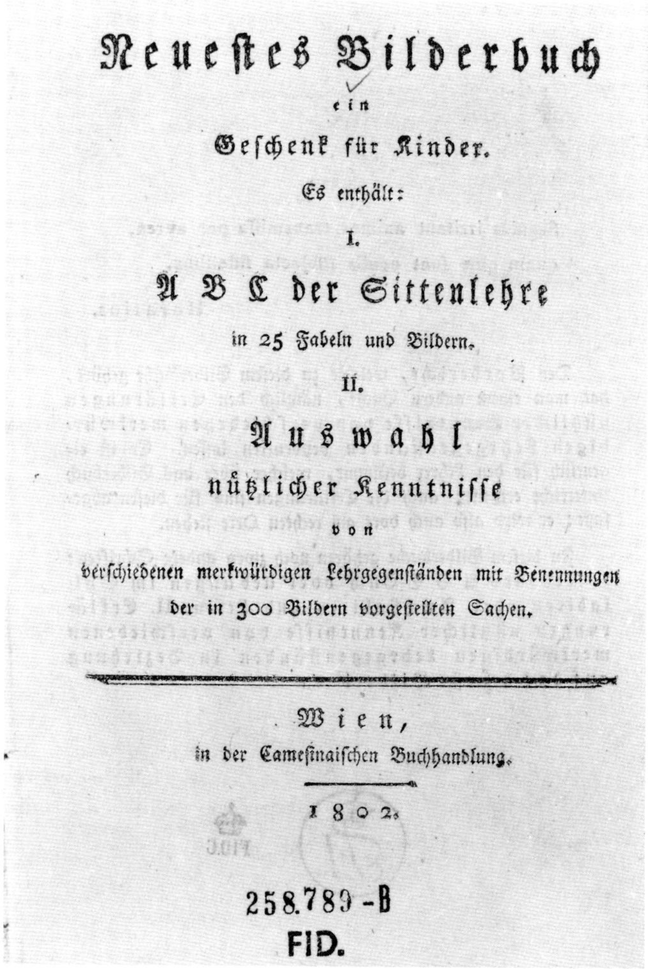
Neuestes Bilderbuch
ein
Geschenk für Kinder.
Es enthält:
I.
A B C der Sittenlehre
in 25 Fabeln und Bildern.
II.
Auswahl
nützlicher Kenntnisse
von
verschiedenen merkwürdigen Lehrgegenständen mit Benennungen
der in 300 Bildern vorgestellten Sachen.
Wien,
in der Camesinaischen Buchhandlung.
1802.

Bibl. Nr. 17, Titelblatt

Bibl. Nr. 17, Frontispiz von Max von Grimm

8°. Gestochenes Frontispiz, Titel (Rückseite bedruckt), 25 Bl., 25 numerierte kolorierte Tafeln von Max Grimm, 4 Bl. (Inhalt der Fabeln und »Verzeichniß der in dreyhundert Bildern vorgestellten Sachen«), 2 Bl. Verlagsanzeigen, Kustoden.

Heinsius I, Sp. 334; Kayser I, 270, als Verfasser wird Heubner angegeben; es handelt sich wahrscheinlich um den Buchhändler J. G. Heubner, Wien.

Der Vermerk auf der Rückseite des Titelblattes besagt, daß der »Vorbericht, welcher zu diesem Bilderbuche gehört«, einem anderen Buch, »Erklärungen nützlicher Kenntnisse . . .«, beigedruckt wurde. Zu jedem Buchstaben gehört eine Fabel, der die entsprechende Moral = Sittenlehre folgt; unter dem größeren Bild, das die obere Hälfte der Tafeln einnimmt, befinden sich je zwölf kleine Darstellungen, welche »Nützliche Kenntnisse verschiedener merkwürdiger Lehrgegenstände« aus der Naturgeschichte, dem Pflanzenreiche, Mineralien, Handwerke, Geographie, Mythologie, Menschenleben usw. enthalten. Jede dieser kleinen Illustrationen trägt eine Nummer und wird im »Verzeichniß« (s. oben) namentlich bezeichnet.

258.797-B.Fid. (99-201)

18 *Kleines Bilder-Cabinet,*

Worinnen, Zu Erlernung der Lateinischen Sprache, Die üblichste Wörter in Bildern ausgedruckt, Und dero Bedeutung Teutsch, Lateinisch, Frantzösisch, und Italiänisch beygefüget anzutreffen, Nebst deutlich- und leicht zu begreiffenden Grammaticalischen Lehr-Sätzen. Ein Für die studirende Jugend nützliches Wercklein.

Augspurg, Johann Andreas Pfeffel, 1735

8°. Titel in Rot-Schwarz-Druck, 7 Bl. Vorbericht, 96 S., 8 Bl. Register (Verzeichnis der im Bilder-Cabinet enthaltenen Wörter), Fleuron am Eingang des Vorberichtes, Zierleiste am Beginn des Textes, Kustoden. Zweites gestochenes Titelblatt: Kleines Bilder-Cabinet zur Erlernung der Sprachen I. Teutsch, II. Lateinisch, III. Französisch und IV. Italiänisch. Cum Privileg: Sacrae Caes. Maj.
Augspurg, Johann Andreas Pfeffel Kay. Hoff Kupferstecher A°, 1735. 100 gestochene numerierte Tafeln mit je 9 Darstellungen und unterlegtem deutschem, lateinischem, französischem und italienischem Text.

Weder bei Graesse noch Heinsius nachweisbar. Auch Pilz kennt das Buch nicht, obwohl er mehrfach Aufnahmen in der Fideikommißbibliothek gemacht hat. Georgi I, 158, verzeichnet ein Kleines Bilder-Cabinet, worinnen zur Erlernung der Teutschen Sprache die üblichsten Wörter und Bilder abgedruckt und deren Deutung Teutsch, Latein, Frantz. und Italiänisch anzutreffen. Regensburg. Montag 1734.

Im »Vorbericht« rechtfertigt der Verfasser sein Unternehmen damit, daß die »Bilder der Einbildungs-Krafft sonderlich bey zarten Gemüthern trefflich zu statten kommen«. Er erklärt weiter, er habe es für unnötig befunden, bei den Bildern zu weitläufig zu sein. Er begnüge sich daher damit, nur »die nöthigsten und gemeinsten Sachen in feinen Bildern vorzustellen. Denn wenn die Leute zu Jahren und besserm Verstande kommen: so haben sie eben keiner Bilder mehr vonnöthen, sondern die Nothwendigkeit treibet sie schon selbst, die Wörter der Sprache ohne Bilder wohl zu fassen.« Es folgt eine ausführliche Erläuterung der Methode, die der Verfasser beim Unterricht angewendet wissen will, wobei dem Auswendiglernen eine wichtige Rolle zukommt, auch wenn der Verfasser betont, daß man von den Kindern die *rationes* der Grammatik »fleißig fordern« müsse. Die Kapiteleinteilung folgt der unter Alpha — Omega (in Buchstaben gedruckt) vermerkten Aufzählung, wie vielerlei ein Anfänger der lateinischen Sprache zu lernen habe, nämlich: »1. Recht lesen und schreiben, welches die Orthographie lehret. 2. Wohl aussprechen, welches die Prosodie lehret. 3. Fertig declinieren, movieren, comparieren und conjugiren, welches die Etymologie lehret. 4. Ordentlich construiren und zusammen setzen, welches der Syntax lehret«. Der Syntax folgt ein Register, in dem alle auf den Tafeln dargestellten Gegenstände mit der Nummer der Tafel verzeichnet sind. Die Tafeln selbst stellen eine Art Bilderenzyklopädie dar, die den Menschen und seine Lebensalter, Berufe, Werkzeuge, Fauna und Flora, das Haus, die Jahreszeiten usf., aber auch Tätigkeiten oder Eigenschaften, wie etwa »Halsstarrig« vorführt.

Der im Vorbericht erwähnte Christoph Cellarius (Keller), 1638—1707, besuchte die Universität Jena, studierte Theologie und Philosophie sowie orientalische Sprachen, unter der Leitung des berühmten Professor Weigel Mathematik. 1693 wurde er an die Universität Halle als Professor der Beredsamkeit und Geschichte berufen. Hier entfaltete er eine reiche schriftstellerische Tätigkeit, gab Reden und Briefe

Bibl. Nr. 18, Tafel 78, »Adjectiva unius Terminationis«

Ciceros sowie Briefe des Plinius und anderen in lateinischer Sprache heraus. Durch seinen »Liber memorialis« (den der Verfasser des »Bilder-Cabinets« als sein Vorbild erwähnt) hat er das Studium der lateinischen Sprache sehr gefördert. Groß sind auch seine Verdienste um die hebräische, arabische und syrische Sprache.

257.189-A.Fid. (72-266)

19 *Bildung eines edlen Herzens*

in der Jugend in angenehmen und lehrreichen physikalischen und historischen Unterhaltungen.

Frankfurt am Mayn, Johann Gottlieb Garbe, 1779

8°. Titelblatt, 4 Bl. Inhaltsverzeichnis, 448 S., Kustoden, gestochene Vignette von Nothnagel und Philippin am Titelblatt (starke Gebrauchsspuren).

Kayser I, 273 (vorliegende Ausgabe); Heinsius I, Sp. 336 (gleichfalls vorliegende Ausgabe).

Der Text beginnt mit einem Gespräch zwischen dem Knaben Wilhelm und seinem Mentor Dorant, das sich in einer späteren Folge fortsetzt und über Astronomie handelt. Der Inhalt des ganzen Werkchens besteht aus Gedichten, lehrreichen Sprüchen, Berichten über fremde Länder, Beschreibungen exotischer Tiere, Kinderbriefen, Erzählungen, naturgeschichtlichen Erörterungen usw. Eine Erzählung »Das sterbende Kind« handelt vom Sterben eines Kindes. Erzählungen, Sprüche und Gedichte sind durchwegs erbaulich und moralisierend. In den »Regeln der Tugend und Klugheit für ein junges Frauenzimmer« heißt es unter anderem: »Die schönste Gelehrsamkeit eines Frauenzimmers bestehet in dem Schmucke weiblicher Tugenden.«
Das Buch endet mit den »Reisen eines alten Jugendbeobachters durch Deutschland«.

252.792-A.Fid. (90-114)

20 [Jean Baptiste Blanchard]

Préceptes pour l'Éducation des deux Sexes

a l'usage des Familles chrétiennes; Par feu l'Abbé Blanchard, Auteur de l'École des Moeurs; Rédigés et mis en ordre, d'après son Manuscrit, par Bruyset aîné, de l'Académie de Lyon, de la Société d'Agriculture et des Arts de la même ville, de la Société Physico-Économique de la Haute-Lusace, etc.

Lyon, Bruyset Aîné et Compe. An XI=1803

8°. 2 Bände.
Band 1: gestochenes Frontispiz, XXIV (samt Vortitel, Titel, »Avertissement« und »Observations importantes«), 458 S. (samt Inhaltsverzeichnis).
Band 2: Vortitel, Titel, 461 S. (samt Inhaltsverzeichnis). Band 2 ist bei fortlaufender Paginierung unterteilt: Teil 1 befaßt sich mit der Erziehung im allgemeinen, Teil 2 (Zwischentitel »De l'Éducation des Filles«, nach S. 230) behandelt die Erziehung der Mädchen.

Quérard, France litt. I, 348, zitiert die vorliegende sowie eine spätere Ausgabe von 1807 mit dem Titel »Éducation chrétienne à l'usage de l'un et l'autre sexe«.

Im »Avertissement« wird festgestellt, daß das Werk sowohl für Knaben wie für Mädchen bestimmt sei, daß der Autor jedoch wegen der bisher vernachlässigten Erziehung der Mädchen ihr in Band 2 ein, wie er es nennt, anderes Werk gewidmet habe. Sodann wird Rousseau, ungeachtet dessen, daß der Verfasser voller Bewunderung für ihn sei, einer scharfen Kritik unterzogen und auf den Abbé Sabatier verwiesen, der erkläre, Rousseau habe neben Extravaganz, Geist und Subtilität Religion und Gottlosigkeit vereinigt. »Emile« sei das Werk eines brillanten, aber exaltierten Autors. In den »Observations importantes« wird der allgemeine Sittenverfall, der auf eine falsche oder vernachlässigte Erziehung zurückgehe, beklagt. »La meilleure éducation est celle qu'on reçoit dans le sein de sa famille«. Doch müsse diese Erziehung Hand in Hand gehen mit jener durch die Lehrer. Das Buch

selbst beginnt mit der Erwägung, ob Mütter ihre Kinder selber stillen oder ihr Kind einer Amme übergeben sollen, und stellt dann fest, nichts könne die mütterliche Zärtlichkeit ersetzen.
Die ersten neun Kapitel sprechen von der körperlichen, die nachfolgenden acht Kapitel von der moralischen Erziehung. Im Abschnitt über die Strafen meint der Verfasser, eine Möglichkeit, Fehler und Strafen zu vermeiden, liege darin, den Kindern eine angemessene (honnête) Freiheit zu lassen. Der Band 2 beschäftigt sich mit dem Unterricht der Kinder und enthält unter anderem einen Hinweis über die zu lehrenden Gegenstände und die einschlägigen Autoren. In dem der Erziehung der Mädchen gewidmeten Abschnitt beklagt der Verfasser, daß die Erziehung der Mädchen so oft vernachlässigt werde, obwohl sie nicht weniger wichtig wäre als die der Knaben. Er beruft sich auf die »Éducation des Filles« des Fénelon (Bibl. Nr. 61) und auf Band 6 des »Spectacle de la Nature« von A. Noël Pluche (Bibl. Nr. 136), ebenso wird »Emile« von Rousseau des öftern zitiert. Unter den Gegenständen, die ein Mädchen lernen soll, fungieren unter anderem Arithmetik, Geschichte, Geographie, Beredsamkeit, Literatur, Sprachen und — Rechtswissenschaft. Im besonderen das Eigentums- und Immobilienrecht, weil diese beiden bei der Verehelichung von Nutzen sein würden. Eine Forderung, die auch von Fénelon in der »Education des Filles« erhoben wurde. (Bibl. Nr. 61)

Jean Baptiste Blanchard (= Jean-Baptiste-Xavier Duchnese, genannt Blanchard oder Blanchart), 1731—1797, trat vorerst als Lehrer in den Jesuitenorden ein. Nach der Vertreibung des Ordens zog er sich nach Belgien zurück, wo er sich ganz der Erziehung der Jugend widmete. Er schrieb eine Reihe von Werken für die Jugend, so unter anderem »L'École des moeurs«, »Le Temple des Muses fabulistes . . .« usw.

Jean Marie Bruyset, 1749—1817, Buchhändler, Publizist und Historiker in Lyon. 1812 zum Inspektor der Imprimerie von Lyon ernannt. Mitarbeiter der »Gazette littéraire« sowie Verfasser mehrerer historischer Werke.

Antoine Sabatier, auch Sabatier de Castres (nach seinem Geburtsort) genannt, 1742—1817, bekannt unter dem Namen l'Abbé Sabatier, hatte wegen seines Opportunismus und der von ihm verfaßten Pamphlete sowie seiner Liebedienerei gegenüber den Mächtigen einen höchst zweifelhaften Ruf. Unter anderem verfaßte er eine polemische Schrift gegen Voltaire, und sein Werk »Les trois siècles de la littérature« trug ihm zahlreiche Feinde ein. Unter seinen Schriften sei noch erwähnt »Abrégé historique de la vie de Marie Thérèse, impératrice, reine de Hongrie et de Charles Emanuel III.«

252.791-A.Fid. (45-341)

21 [PIERRE BLANCHARD]

Le Voyageur de la Jeunesse dans les quatre parties du monde:

Ouvrage élémentaire, contenant: 1° La Description pittoresque des divers pays; 2° Le Tableau de moeurs, religions et gouvernemens de tous les peuples; 3° Des Notices sur ce que la nature et les arts ont de plus curieux: ornés de 64 fig. représentant les principaux peuples dans leurs costumes. Rédigé par Pierre Blanchard.

Paris, Le Prieur. An XII.—1804

Kl.-8°, 6 Bände mit insgesamt 64 gestochenen Tafeln von Huot, das Frontispiz des ersten Bandes von Bovinet (nach Huot).
Band 1: Vortitel, Frontispiz (Erklärung am verso des Titels), Titel, Vorwort S. [VII]—XI. Die arabische Paginierung beginnt mit S. 14, 484 S., 8 Tafeln.
Band 2: 456 S., 8 Tafeln.
Band 3: 432 S., 9 Tafeln.
Band 4: 408 S., 10 Tafeln.
Band 5: 427 S., 16 Tafeln.
Band 6: 92 S., 13 Tafeln.
Vortitel, Titel und Inhaltsverzeichnis sind bei Band 2, 3 und 4 in der Paginierung inbegriffen.

Quérard, France litt. I, 350 (5. Aufl. 1819); Gumuchian 768.

Im Vorwort sagt Blanchard, es sei unnütz, die Zweckmäßigkeit seines Werkes beweisen zu wollen. Er wolle sich damit begnügen, in wenigen Worten sein Ziel zu erklären und die Mittel, die er angewendet hat, um das Buch so angenehm und lehrreich als nur möglich zu gestalten. Sein Hauptziel sei es gewesen, eine Art Ergänzung zu den verschiedenen Geographiewerken, wie sie in die Erziehung aufgenommen wurden, zu bieten. Diese Bücher, die gewöhnlich viel zu sehr abgekürzt seien, brächten im allgemeinen nichts als die Orte und ihre topographische Lage. Sie stellten alle Völker der Erde vor, ohne sie zu erklären und näher zu erläutern, sie sprächen vom Klima, ohne die Natur zu schildern. Der Verfasser habe, im Gegensatz dazu, in sein Werk wenige topographische Schilderungen, dafür aber anschauliche Darstellungen der bemerkenswertesten Gegenden, charakteristische Bilder der Völker, ihrer Gebräuche, ihrer Gesetze und Gewohnheiten aufgenommen. Er habe versucht, alles das zu bringen, was eine Vorstellung des Globus und seiner Bewohner bieten kann. Für die Darstellung seien die besten Quellen herangezogen worden, namentlich die »Histoire Générale des Voyages« von Prévost und das Abrégé, das Laharpe davon gemacht hat, dieses allerdings mit Vorbehalt. Lehren bedeute viel, sogar alles, sagt der Autor. Aber man täte unrecht, nicht auch zu unterhalten, wenn der Gegenstand es erlaubt. Der Autor habe dann, wie er weiter mitteilt, überlegt, welche Form er den Reiseberichten geben sollte, und zitiert in diesem Zusammenhang auch Campe: Reiseabenteuer zu sammeln, wie Herr Campe dies tat, hätte geheißen, nahezu alles der Unterhaltung opfern, wobei die Belehrung zu kurz gekommen wäre. So habe er den verschiedenen Quellen das entnommen, was seinem Ziele entsprach, und ab und zu auch ein besonderes Abenteuer zur Ausschmückung gebracht. Der Text beginnt mit Frankreich. Der Verfasser erklärt dies mit einigen Worten, indem er hinzufügt, die Sitten und Gebräuche, die »wir hier sehen, werden uns als Maßstab für Sitten und Gebräuche, wie wir sie bei den anderen Völkern sehen, dienen.« Es folgen die Schweiz, Italien und Spanien.
Im zweiten Band finden sich Portugal, Holland und Deutschland, Polen, Preußen, Dänemark, Norwegen und Schweden sowie Rußland. Im Rahmen Deutschlands wird auch Österreich beschrieben, und hier gibt es eine wenig schmeichelhafte Schilderung Wiens, wobei keine der Institutionen, weder das Volk noch der Adel, ungeschoren davonkommt. Einzig die kaiserliche Bibliothek dürfe sich rühmen, zu den schönsten Sammlungen der Welt zu zählen: Sie enthalte 300.000 Bände, von denen 12.000 kostbare Manuskripte seien. Das Gebäude, in dem sie sich befindet, gehöre zu den schönsten der

Stadt. Von Maria Theresia heißt es: ». . . femme beaucoup trop vantée . . .« Die Wienerinnen im allgemeinen kommen besser weg als ihre Männer: ». . . bien faites et belles [. . .], elles mettent de l'aisance dans leur démarche, leurs mouvemens et leur conversation . . .« Vom Adel heißt es: »Rien de plus fastueux que la haute noblesse à Vienne . . .« und weiter: »La musique est le seul art pour lequel la noblesse montre quelque goût, et il faut convenir qu'elle ne l'aime qu'avec connaissance de cause.«
»L'Autriche, proprement dite [. . .] a généralement l'apparence d'un pays heurex . . . tous les habitans [. . .] jouissent de cette heureuse médiocrité qui est le fruit d'une administration sage et modérée.«

253.572-B.Fid. (145-126)

22 [Friedrich Leopold Brunn]

Kurze Biographien der berühmtesten Römer

als Vorbereitung zur Erlernung der römischen Geschichte, für junge Leute. Mit 12 Kupfern. Erstes Bändchen

Berlin 1792. Im Verlage der königl. preuß. akademischen Kunst- und Buchhandlung

8°. Nur 1 Band vorhanden. VI (Titelblatt, Vorbericht, Inhaltsverzeichnis), 263 S., 12 Tafeln von H. F. Penningh.

Holzmann-Bohatta I, 242, 6955; Kayser I, 370 (Anmerkung).

Im Vorbericht erklärt der Verfasser, man würde ihn mißverstehen, wenn man vollendete Lebensbeschreibungen in seinem kleinen Werk suchte. Jedoch habe er bemerkt, daß selbst in berühmten Schulen viel über die Geschichte der Meder, Perser usf. gelehrt würde, die römische und griechische Geschichte dagegen, die zum Verständnis der klassischen Schriftsteller so notwendig sei, fast ganz vernachlässigt werde. Er habe daher den Entschluß gefaßt, diese kurzen Biographien zu schreiben, um den Schülern Gelegenheit zu geben, sich wenigstens mit den vornehmsten Männern etwas bekannt zu machen. Das Material habe er griechischen und römischen Schriftstellern entnommen. Der erste Band liefere die Könige und die vornehmsten Männer, der folgende, der später erscheinen solle, werde die Kaiser und vorzügliche Schriftsteller enthalten.

255.795-A.Fid. (60-226)

23 *Cabinet von edeln Gemählden*

für gefühlvolle Jünglinge und Mädchen. Nach dem Alphabet in gehöriger Ordnung aufgestellt.

Leipzig und Frankfurt, 1798

Kl.-8°. 2 Teile in einem Band.
Teil 1: Titel, 2 Bl. (Vorerinnerung, Inhaltsverzeichnis), 183 S.
Teil 2: Titel, 1 Bl. Inhaltsverzeichnis, 207 S.
In einem Band eingeklebt findet sich ein vergilbtes Blatt Papier, das in alten Schriftzügen den Vermerk trägt: »Leipzig und Frankfurt wird oft darum statt dem eigentlichen Druckorte auf das Titelblatt gesetzt, um den Debit ins Ausland — welches gegen diesländige Produkte ganz falsch eingenommen ist — zu verstärken — oft wird es zur Nothwendigkeit, wenn von der Zensur sine loco impressionis verordnet wird.
Dieses werkchen ward zu Graz mit Aufhammerischer Schrift gedruckt.«

Heinsius II, Sp. 540.

In der Vorerinnerung ermahnt der Verfasser die guten Jünglinge und Mädchen, sich durch die Beispiele zum Edlen und Guten anreizen zu lassen. In beiden Teilen werden meist Unbekannte als nachahmenswerte Beispiele dargestellt. In Teil 1 findet sich ein Abschnitt über Joseph II., in Teil 2 ein solcher über Leopold II.

254.301-A.Fid. (44-91)

24 *Le Cabinet des Fées*

ou Collection Choisie des Contes des Fées, et autres Contes Merveilleux, Ornés de Figures.

Genève, Barde, Manget et Compagnie. Et Paris, Cuchet [1785—1786]

12°. 37 Bände mit 108 gestochenen Tafeln nach Marillier.
Band 1: 1785. Vortitel, VIII (Titel, Plan der Reihe).
Band 2: 1785. 549 S. (samt Vortitel und Titel), Inhaltsverzeichnis auf 549 verso.
Band 3: 1785. 554 S. (samt Vortitel und Titel), 1 ungezählte S. Inhaltsverzeichnis.
Band 4: 1785. 477 S. (samt Vortitel und Titel), Inhaltsverzeichnis auf 477 verso.
Band 5: 1785. 496 S. (samt Vortitel, Titel und Inhaltsverzeichnis).
Band 6: 1785. 440 S. (samt Vortitel, Titel und Inhaltsverzeichnis).
Band 7: 1785. 490 S. (samt Vortitel, Titel, Avertissement und Inhaltsverzeichnis).
Band 8: 1785. 487 S. (samt Vortitel, Titel und Inhaltsverzeichnis).
Band 9: 1785. 528 S. (samt Vortitel, Titel und Inhaltsverzeichnis).
Band 10: 1785. 582 S. (samt Vortitel und Titel), 1 ungezählte S. Inhaltsverzeichnis.
Band 11: 1786. 505 S. (samt Vortitel und Titel), Inhaltsverzeichnis auf 505 verso.
Band 12: 1786. 504 S. (samt Vortitel und Titel), 1 Bl. Inhaltsverzeichnis.
Band 13: 1786. 488 S. (samt Vortitel, Titel und Inhaltsverzeichnis).
Band 14: 1786. VIII (Vortitel, Titel und Préface), 563 S., Inhaltsverzeichnis auf 563 verso.
Band 15: 1786. 552 S. (samt Vortitel, Titel, Avertissement du traducteur), 1 Bl. Inhaltsverzeichnis.
Band 16: 1786. VIII (Vortitel, Titel und Préface), 446 S. (samt Inhaltsverzeichnis).
Band 17: 1786. XII (Vortitel, Titel und Préface), 476 S. (samt Inhaltsverzeichnis).
Band 18: 1786. 461 S. (samt Vortitel, Titel und Inhaltsverzeichnis).
Band 19: 1786. 516 S. (samt Vortitel, Titel und Inhaltsverzeichnis).
Band 20: 1786. 496 S. (samt Vortitel, Titel, Avis de l'éditeur), 1 Bl. Inhaltsverzeichnis, 1 Bl. Avis au relieur.
Band 21: 1786. 546 S. (samt Vortitel, Titel und Inhaltsverzeichnis).

Bibl. Nr. 24, Band 1, S. 15, »La Barbe bleue«, Kupferstich von Ghendt

Bibl. Nr. 24, Band 1, S. 70, »Le petit Poucet«, Kupferstich von R. D'Elvaux 1785

Band 22: 1786. 500 S. [irrtüml. 50] (samt Vortitel, Titel und Inhaltsverzeichnis), Avis au relieur auf 500 verso.
Band 23: 1786. 516 S. (samt Vortitel, Titel, Inhaltsverzeichnis und Avis au relieur).
Band 24: 1786. 580 S. (samt Vortitel, Titel und Inhaltsverzeichnis).
Band 25: 1786. 599 S. (samt Vortitel, Titel, Widmung an Madame und Inhaltsverzeichnis), Avis au relieur auf 599 verso.
Band 26: 1786. 545 S. (samt Vortitel und Titel), 1 ungezählte S. Inhaltsverzeichnis, 3 leere Bl.
Band 27: 1786. 561 S. (samt Vortitel, Titel und Inhaltsverzeichnis).
Band 28: 1786. 458 S. (samt Vortitel, Titel und Inhaltsverzeichnis).
Band 29: 1786: 484 S. (samt Vortitel, Titel, Avertissement de l'éditeur anglais und Inhaltsverzeichnis).
Band 30: 1786. 483 S. (samt Vortitel und Titel), Inhaltsverzeichnis auf 483 verso.
Band 31: 1786. 467 S. (samt Vortitel, Titel, Avertissement des Editeurs), Inhaltsverzeichnis auf 467 verso.
Band 32: 1786. 475 S. (samt Vortitel, Titel und Inhaltsverzeichnis).
Band 33: 1786. 416 S. (samt Vortitel und Titel), 1 Bl. Inhaltsverzeichnis.
Band 34: 1786. 513 S. (samt Vortitel, Titel, Avertissement des Editeurs und Inhaltsverzeichnis).
Band 35: 1786. XII (Vortitel, Titel und Avertissement de l'Editeur), 479 S. (samt Inhaltsverzeichnis).
Band 36: 1786. 479 S. (samt Vortitel, Titel, Avertissement de l'Editeur und Inhaltsverzeichnis).

Bibl. Nr. 24, Band 1, S. 190, »Pean d'Ané«, Kupferstich von Berthel

Bibl. Nr. 24, Band 7, S. 141, »Mille et une Nuit«, Kupferstich von J. F. Borgnet 1784

Band 37: 1786. 467 S. S. 461—467 Notice des Auteurs, Liste complette des Ouvrages [. . .]

Barbier I, 142, 1878; Barbier-Quérard. Anon. IV, Sp. 470; Graesse II, 2; Hayn-Gotendorf, 515—516; Gumuchian 996. Barbier zitiert gleichfalls die Ausgabe in 37 Bänden, denen später 4 Bände mit der Fortsetzung der Märchen aus 1001 Nacht folgten. Graesse bemerkt, daß man sehr oft Exemplare finde, die nicht illustriert sind.
Brüggemann Nr. 134 (Titelaufnahme einer deutschen Übersetzung); Rammensee bringt unter 283—285 eine französische und zwei deutsche Ausgaben.

Band 1 beginnt mit einer Liste der in der Sammlung enthaltenen Märchen, darunter die Märchen von Perrault, die der Comtesse de Murat, der Comtesse d'Aulnoy, der Mme. de Villeneuve und Mlles. Lhéritier und de Laforce. Einer der Märchenverfasser ist Ferdinand Galli-Bibiena (»De La Poupée«), Prospekt- und Theaterdekorateur Karls VI. Ferner finden sich indische, chinesische und persische Märchen sowie in den Bänden 7, 8, 9, 10 und 11 die Märchen aus 1001 Nacht in der Übersetzung von Galland (s. dazu Bibl. Nr. 149). Band 37 bringt biographische Anmerkungen über die Autoren sowie Verlagsanzeigen und Anzeigen weiterer Märchen und Märchensammlungen. Die von Frauen verfaßten Märchen gehören in die Kategorie des »femininen Salonmärchens«, es sind die »Dames de Lettres«, die im Umkreis der Preziösen die Märchenmode beherrschen und die, nahezu ausnahmslos, dem hohen Adel angehören.

Catherine le Jumel de Barneville, Comtesse Marie d'Aulnoy, 1650—1705. Ihre »Contes Nouveaux ou les Fées à la mode« erschienen 1698, bereits ein Jahr nach Perraults »Histoires ou Contes du temps passé

Bibl. Nr. 24, Band 18, S. 222, »Fables de Fenelon«, Kupferstich von R. D'Elvaux 1785

avec des moralités«. Ihre Märchen fanden beim jungen Publikum den gleichen Anklang wie einige der von Perrault. Das berühmteste ihrer Märchen, »L'Oiseau bleu«, hat Maurice Maeterlinck zu seinem Stück »Der blaue Vogel« inspiriert.

Louise de Bossigny, Comtesse d'Auneuil, gestorben um 1700, hatte, nachdem die Mode der Feenmärchen vorerst erschöpft zu sein schien, eine Parodie auf den Feenglauben, »La Tyrannie des Fées détruite«, verfaßt. Nach der Übersetzung von 1001 Nacht durch Galland gewann die Märchenmode neuerlich an Bedeutung.

Marie Jeanne Lhéritier de Villandon, 1664—1734, eine Nichte Charles Perraults, schrieb Erziehungsmärchen, »Les enchantements de L'Eloquence ou les effets de la douceur« and »L'Adroite Princesse ou les Aventures de Finette«, in denen sie Verse Perraults zitiert.

Charlotte-Rose de la Force, 1654—1724, hat 1698 »Les Fées, contes des contes« — in Erinnerung an Giovan Battista Basiles »Lo Cunto de le Cunti« — erscheinen lassen.

Band 26 bringt von Gabrielle-Susanna Barrot, Mme. de Villeneuve, 1695—1755, das Märchen »La Belle et la Bête«. Mme. Villeneuve, Romanschriftstellerin und Freundin Crébillons, schrieb »Les contes Marines ou la jeune Américaine«, berühmt aber wurde sie erst mit »La Belle et la Bête«, einem der populärsten Kunstmärchen Frankreichs. Der Enzyklopädist Marmontel hat es für eine komische Oper verwendet und Cocteau den Stoff für seinen gleichnamigen Film adaptiert.
Bis in die jüngste Zeit wurde es, insbesondere im deutschen Sprachraum, der Mme. Le Prince de Beaumont zugeschrieben, die es im 5. Dialog des »Magasin des Enfans« den Kindern erzählt. (Bibl. Nr. 112) Diese hat grundsätzlich die Stoffe der Märchen, die sie im »Magasin« bringt, anderen Märchensammlungen entnommen und sie moralisch zurechtgeschnitten. Mme. de Villeneuve war ihr wohlbekannt, auch in den Text der »Instructions pour les jeunes Dames . . .« (Bibl. Nr. 110) hat sie eine Erzählung der Villeneuve eingeflochten.
Als erster Autor stellt Darton fest, daß »La Belle et la Bête« nicht von Mme. Le Prince de Beaumont, sondern von Gabrielle de Villeneuve stammt, und zwar aus der »Encyclopaedia of fairy-invention«, wie er das »Cabinet des Fées« zu Recht nennt. (F. J. Harvey Darton, Children's books in England, Cambridge 1960, S. 89) Ebenso verweist Caradec darauf, daß die Verfasserin Mme. de Villeneuve ist, und hebt hervor, es sei Mme. Le Prince de Beaumonts Verdienst, dieses Märchen aus dem »Cabinet des Fées« hervorgeholt und es den Kindern zugänglich gemacht zu haben.

Die Tafeln von Marillier gehören zu den reizendsten Illustrationen des 18. Jahrhunderts. Sie sind zum Teil von ihm selbst, zum Teil von anderen Stechern gestochen.
Brüggemann (194) erwähnt eine gekürzte deutsche Ausgabe.

Pierre-Clément Marillier, 1740—1808, lebte in Beaulieu, bekleidete verschiedene öffentliche Ämter und soll auch an der Gründung der öffentlichen Bibliothek von Melun beteiligt gewesen sein.

253.633-B.Fid. (36-53)

25 [Jeanne-Louise Henriette Genest Campan]

Conversations d'une mere avec sa fille

en français et en anglais, composées pour la maison d'éducation de Mme. Campan: Dédiées a Madame Louis Bonaparte.

Paris, F. Louis. An XII [1804]

8°. VIII (Vortitel, Titel, Dédication und Avertissement de l'éditeur), 186 S., 1 Bl. (Table des Conversations und Errata), Frontispiz von Dien.

Quérard, France litt. II, 31.

Im Vorwort wird darauf verwiesen, daß man fremde Sprachen am leichtesten bei einem Aufenthalt im fremden Land selbst lerne, weil dort der Zwang zum Sprechen gegeben sei. Nun glaube der Herausgeber, es wäre die beste Methode, fremde Sprachen so zu erlernen, daß man die Kinder kleine häusliche Szenen lesen und rezitieren lasse, um ihr Ohr und damit die Betonung zu bilden. Daher habe Mme. Campan 25 Dialoge verfaßt, die alle Stunden des Tages einschließen und sich in Form von Gesprächen zwischen einer fürsorglichen Mutter und ihrer Tochter abspielen. Diesen Dialogen liege kein Erziehungsplan zugrunde, man habe sich lediglich bemüht, ein möglichst umfangreiches Vokabular zu verwenden. Die Sprache, die gelehrt wird, ist Englisch.
Die Gespräche beginnen mit dem Erwachen und den Vorbereitungen des Tages, dann folgt der Morgenspaziergang, bei welchem sich Gelegenheit zu naturgeschichtlichen Betrachtungen ergibt; der Blumen- und der Gemüsegarten werden besucht, ebenso der Hühnerhof. In den Unterrichtsstunden mit dem Hauslehrer werden alle kleinen Ereignisse besprochen.
Der Text ist zweispaltig, die linke Spalte französisch, die rechte enthält die englische Übersetzung.

Jeanne-Louise Genest, verehelichte Campan, 1752—1822, war Vorleserin und Kammerfrau bei Marie-Antoinette bis zu deren Gefangennahme im Temple. Mme. Campan gründete später ein Pensionat für junge Mädchen, welches sich eines so ausgezeichneten Rufes erfreute, daß Napoleon ihr seine Stieftochter Hortense zur Erziehung anvertraute. Nach der Rückkehr der Bourbonen fiel Mme. Campan in Ungnade und starb, gänzlich verarmt, in Paris.

254.248-A.Fid. (45-283)

26 [Joachim Heinrich Campe]

Kleine Kinderbibliothek

Herausgegeben von J. H. Campe. Neue Auflage

Wien, gedruckt im k. k. Taubstummen-Institute, 1789

8°. 6 Teile in 3 Bänden.
1. Teil: Titel, 4 Bl. (Vorbericht), 1. Bl. Verlagsanzeigen, 242 S., 5 ungezählte Seiten Inhaltsverzeichnis.
2. Teil: Titel, 2 Bl. Inhaltsverzeichnis, 250 S.
3. Teil: Titel, 230 S., 2 Bl. Inhaltsverzeichnis.
4. Teil: Titel, 262 S., 2 Bl. Inhaltsverzeichnis, die S. 261—262 sind dem Inhaltsverzeichnis nachgebunden.
5. Teil: Titel, 1 Bl. Inhaltsverzeichnis, 248 S.
6. Teil: Titel, 2 Bl. Inhaltsverzeichnis, 248 S.
Jeder Teil enthält ein gestochenes Frontispiz, 1 Titelvignette und mehrere Vignetten im Text. Am Titelblatt von Teil 1 erscheint der Verfasser als J. K. Campe. Ab Teil 2 ist die Schreibweise korrekt. In Teil 5 letzte Seiten fälschlich 142—148 statt 242—248.

Heinsius I, Sp. 493, sowie Kayser I, 409, bringen eine französische Übersetzung. Brüggemann 140—142.

Die sechs Teile enthalten Erzählungen, Fabeln, Gedichte, Schauspiele, Gespräche, Spiele, kurze Berichte aus Zeitungen und anderes. Unter den Verfassern befinden sich Gleim, Bertuch, Overbeck, Weiße, Pfeffel, Höltey und andere.

Im Vorbericht spricht Campe davon, daß die letzten zehn Jahre einen »artigen kleinen Schatz« an Büchern für Kinder hervorgebracht hätten, es jedoch noch immer an einem fehle, das »eben so unterhaltend, als lehrreich, und in jeder Betrachtung völlig unschädlich für sie wäre«. Nun zählt Campe die Grundsätze auf, von denen er sich habe leiten lassen: Nur solche Stückchen aufzunehmen, welche für die Kinder ebenso verständlich als unterhaltend und lehrreich zugleich wären. Was die Forderung »verständlich und unterhaltend« betreffe, so habe er einen »untrieglichen Probierstein«, an dem er habe ermessen können, ob die beiden Eigenschaften zuträfen: »Ich las es [das Stück] nemlich erst jungen Kindern vor; und wenn ein einziges unter ihnen bei dieser Vorlesung gähnte, oder sich mit etwas Anderem zu beschäftigen anfieng; so war dem vorgelesenen Aufsatze dadurch allein schon sein Verwerfungsurtheil gesprochen.« Die lehrreiche Seite mußte der Autor selbst beurteilen.
Da die Kinderbibliothek für Kinder im Alter von fünf bis zwölf Jahren bestimmt war, teilte Campe die Kindheit in drei Absätze, von denen der erste bis an das siebente, der zweite bis an das zehnte und der dritte bis an das zwölfte Jahr des Kindes reichte. Diese Abschnitte sind im Inhaltsverzeichnis als erste, zweite und dritte Abteilung gekennzeichnet. Allerdings, so bemerkt Campe, gebe es zwischen den einzelnen Abteilungen auch Überschneidungen.
Die zweite Regel, die Campe zu befolgen suchte, war die, daß die aus jedem »Stücke fließende Sittenlehre sowohl der Fassungskraft, als auch den sittlichen Bedürfnissen des Kindes, so viel möglich, angemessen wäre.«
Und zur dritten Regel habe er es sich gemacht, den Kindern den Menschen *anfänglich* nur von der liebenswürdigen Seite zu schildern und alle menschlichen Torheiten und Laster an den Tieren in erdichteten Begebenheiten zu zeigen.
In der ersten Abteilung für das jüngste Alter ist daher nie von bösen hassenswerten Kindern die Rede; in der zweiten treten zwar Kinder mit kleinen oder größeren Fehlern auf, doch läßt er sie, bevor sie wieder abtreten, sich bessern, »um die Herzen meiner kleinen Leute wieder mit ihnen auszusöhnen«. Wollte man den kleinen Kindern nur gute Manieren vorführen, so wäre dies eine »schimärische Forderung«, zeige man ihnen, daß andere ihresgleichen schlimmer seien als sie, dann könne man keine Menschenliebe in ihnen erwecken und verleite sie überdies zu »geistlosem Stolze«.
Zu den Verfassern bemerkt Campe, einen Teil der Aufsätze habe er selber gemacht, einen anderen hätten mitarbeitende Freunde geliefert, und einen dritten Teil habe er schon gedruckten Büchern entnommen.
In der dritten Abteilung des Teiles II findet sich eine merkwürdige Begebenheit aus dem Leben des englischen Vizeadmirals John Byron (Bibl. Nr. 31).
In der dritten Abteilung des Teiles III ist ein Stück aus Mösers »Patriotischen Phantasien« abgedruckt, in welchem unter anderem ein neuer Guckkasten beschrieben wird, »worin man durch das eine Glas alles so sieht, wie es ist, und durch das andere, wie es seyn sollte«, das heißt: auf der einen Seite wird zum Beispiel eine schlechte Eigenschaft dargestellt, auf der anderen Seite ihr tugendhaftes Gegenstück. Ebenso ist hier ein Abenteuer der Herren Banks und Solander beschrieben (Bibl. Nr. 31).
In der zweiten Abteilung des Teiles IV schildert ein Vater in einer der längsten Erzählungen seine Reise nach Dänemark und Norwegen.
Teil V weist keine Abteilungen auf. In ihm findet sich ein »Neujahrs-

geschenk aus Jamaika in Westindien für ein Kind in Europa«. Dazu vermerkt Campe, er habe dieses Stück mit Einwilligung des Verfassers, Schlözer, in die Kinderbibliothek aufgenommen. Ein weiteres Reisestück ist die »Geschichte einer merkwürdigen Begebenheit, welche sich auf Cooks letzter Reise um die Welt ereignete«, dem »Nachrichten vom unglücklichen Ende des berühmten Länderentdeckers Cook« folgen.

Joachim Heinrich Campe, 1746—1818, unterrichtete als Lehrer bei der Familie Humboldt die beiden Söhne Alexander und Wilhelm. Er war Mitkurator in der Leitung des Philanthropins in Dessau, dessen alleinige Führung nach dem Rücktritt Basedows in seine Hände überging. Campe galt als philanthropischer Schriftsteller par excellence und verschaffte den neuen Erziehungsprinzipien weite Verbreitung. In diesem Zusammenhang spricht seine Biographie (von J. Leyser) von »einseitigem Utilitarismus«, das heißt Erziehung wird in den Dienst der Nutzbarkeit für das Leben gestellt. 1777 ging Campe nach Hamburg, wo er eine kleine Schule unterhielt und mit Klopstock, Claudius und anderen in Verbindung stand. 1787 übernahm er die bisher mit dem Waisenhaus verbundene Buchhandlung und führte sie mit geändertem Namen als Braunschweigische Schulbuchhandlung weiter.

254.663-A.Fid. (46-87)

27 [Joachim Heinrich Campe]

Kolumbus oder die Entdekkung von Westindien

ein angenehmes und nützliches Lesebuch für Kinder und junge Leute von J. H. Campe. Mit allerhöchst-gnädigst Kayserl. Privilegio.

Tübingen, Wilh. Heinr. Schramm und Joh. Friedr. Balz, 1782

8°. 3 Bände, Titel ab Band 2: »Die Entdekkung von Amerika . . .«
Band 1: Titel, 6 Bl. (Vorrede), 312 S. (samt Zwischentitel).
Band 2: 291 S. (1 Bl., Titel und Zwischentitel).
Band 3: 272 S. (1 Bl., Titel und Zwischentitel).
Eine gefaltete Karte am Ende jedes Bandes.

Brüggemann 155—156 unter dem Titel »Die Entdeckung von Amerika«.

Im Vorwort »Von der Absicht dieses Buches« erklärt der Verfasser, er habe vor einigen Jahren den Plan zu einer Folge von ». . . angenehmen und lehrreichen Unterhaltungsbüchern für das ganze kindische und jugendliche Alter . . .« gefaßt, die nach den Altersstufen gegliedert sein sollten. Daher habe er vorerst mit der »Kleinen Kinderbibliothek« begonnen, welcher der »jüngere Robinson« folgte. Dieser aber sollte der Vorläufer des Buches über Kolumbus, Cortez und Pizarro sein. Er setze daher bei seinen jungen Lesern voraus, daß sie die zitierten Werke gelesen haben. Die drei vorliegenden Bände sollten die Jünglinge auf eine Lektüre vorbereiten, die ». . . unter allen Unterhaltungsschriften für Jünglinge mir bei weitem die nützlichste zu sein scheint — auf die Lesung zwekmäßig abgefaßter Reisebeschreibungen, das ist, solcher — die wir noch nicht haben«.
Der Verfasser habe, wie er bemerkt, dieses Buch wieder in dialogischer Form geschrieben, wobei er diesmal nicht so oft unterbrochen wurde wie in »Robinson dem Jüngeren«, weil den Kindern seltener etwas unterkam, das einer Erklärung bedurfte.
Er habe mehr als einmal den Grundsatz geäußert, daß der Erzieher den Kindern die fehlerhaften Seiten der Menschheit nicht aufdecken, sondern sie soviel als möglich vor ihnen verhüllen müsse, um ihnen nicht ein schlechtes Beispiel zu geben. Man könnte ihm nun den Vorwurf machen, er sei bei diesem Buch »Kolumbus« von seinem zitierten Grundsatz abgegangen, weil er in diesem vielfache Beispiele von Schurkereien und Unmenschlichkeiten gebe. Doch dem halte er entgegen, daß das Buch nicht für kleine Kinder, sondern für Jünglinge bestimmt sei, und er habe immer erklärt, daß man die Kinder mit zunehmendem Alter auf bestimmte Weise mit den Torheiten der Menschheit bekannt machen müsse. Auch käme es darauf an, in welcher Einkleidung man solche Begebenheiten bringe. Man werde auch diesmal sehen, daß es sein Bestreben gewesen sei, nicht bloß den Verstand seiner jungen Leser aufzuklären, sondern sie überdies zu den vornehmsten Tugenden zu führen. Campe verweist schließlich darauf, daß das Werk in Paris jetzt ins Französische übersetzt werde.
Die drei Bände bestehen aus 51 Erzählungen. Der erste Band handelt von »Kolumbus oder die Entdekkung von Westindien«, der zweite und dritte haben Cortez und Pizarro zum Inhalt.

258.544-A.Fid. (85-034)

28 [Joachim Heinrich Campe]

Leitfaden beim christlichen Religions-unterrichte für die sorgfältiger gebildete Jugend

Zur allgemeinen Schul-encyklopädie gehörig von Joachim Heinrich Campe. Dritte Auflage

Braunschweigische Schulbuchhandlung, 1793

8°. VIII (samt Titel und Vorrede), 136 S.

Kayser I, 408: Braunschweig 1791—1809, Brüggemann 172.

In der Vorrede zur zweiten Auflage teilt Campe mit, er habe diesen Leitfaden sechs Monate zuvor als Anfrage herausgegeben, ob diese Anleitung zum Religionsunterricht »angemessen scheinen dürfte«. Da innerhalb kurzer Zeit die ganze Auflage vergriffen gewesen und das Buch in verschiedenen angesehenen Schulen zum Unterricht aufgenommen worden sei, hätte er die neue Auflage nicht länger hinausschieben können.
In der Einleitung nennt Campe die Religion die »Gesundheitslehre für unsere unsterbliche Seele«. Bei ihr käme es nicht auf bloßes Wissen und Glauben an, sondern vornehmlich auf das Tun und Ausüben.
Weiterhin wird das Wesen der Religion erläutert und festgestellt, alles, was ihr zugerechnet werde, müsse aus der gesunden Vernunft und unzweideutigen Stellen aus der Bibel geschöpft werden. »Der Zweck der Religion ist: Die Menschen gut und glücklich zu machen.«
Der Leitfaden ist in folgende elf Kapitel eingeteilt:
I. Von des Menschen Natur, Bestimmung und Würde. II. Von Gott, dem Schöpfer des Welt-Alls. III. Von der göttlichen Vorsehung. IV. Von den Gesinnungen Gottes gegen die Menschen. V. Von der Person Jesu Christi, und von der Absicht seiner Sendung. VI. Von der Besserung und dem fortschreitenden Besserwerden des Menschen, als einem unentbehrlichen Mittel zur Seligkeit. VII. Von dem Beistande, den uns Gott zu unserer Besserung leisten will. VIII. Von dem Gebete,

als einem vorzüglichen Mittel zu unserer Besserung und Beglückung. IX. Von dem gegenwärtigen und zukünftigen Leben. X. Vom thätigen Christenthume, dem Glauben und der christlichen Rechtschaffenheit. XI. Von der Taufe und dem Abendmahl.
In Kapitel IV (Von den Gesinnungen Gottes gegen die Menschen) heißt es unter anderem: »Gott liebt die Menschen alle, in dem Maße, wie sie es verdienen, ohne Unterschied des Volks, des Standes und der Sekten.«
Das Buch ist eine praktische Anleitung, wie man durch richtige Ausübung und richtiges Verständnis »Nutzen« — ein vielfach verwendetes Wort — aus der Religion ziehen könne. Desgleichen spielen der »gesunde Menschenverstand« und die »Nützlichkeit« eine erhebliche Rolle.

253.694-B.Fid. (36-149)

29 [Joachim Heinrich Campe]

Väterlicher Rath für meine Tochter

Ein Gegenstück zum Theophron. Der erwachsenern weiblichen Jugend gewidmet von Joachim Heinrich Campe

Wien, gedruckt im k. k. Taubstummeninstitute, 1790

8°. VI (Titel und Vorrede), Zwischentitel, 384 S. (samt Inhaltsverzeichnis)

Heinsius I, Sp. 495 (Braunschw. Schulbuchhandl. 809); Kayser I, 408 (Braunschweig 789 bis 829 . . .); Brüggemann 169/170.

In der Vorrede erklärt Campe, daß er ursprünglich nicht die Absicht gehabt habe, über die »weibliche Bestimmung« ein ganzes Buch zu schreiben. Angesichts der »Misleitung, wodurch dies ewig gegängelte und ewig getäuschte Geschlecht . . . von seiner ursprünglichen hohen und würdigen Bestimmung so häufig abgeführt wird . . .«, habe sich der Verleger bestimmen lassen, den Versuch eines Buches zu wagen. Wenn auch viele es nicht lesen werden, werde es doch einige geben, die seinen Ratschlägen ihre ernsthafte Aufmerksamkeit zuwenden werden.
Der erste Teil befaßt sich in vier Kapiteln mit der Einführung der Tochter in einen neuen Lebensabschnitt, der allgemeinen und besonderen Bestimmung des Weibes, handelt über die ungünstigen Verhältnisse des Weibes zur menschlichen Gesellschaft sowie die Mittel zur Verbesserung dieser ungünstigen Verhältnisse und zur Erreichung jener Bestimmung. Dieses Kapitel ist in zahlreiche Abschnitte und Unterabschnitte gegliedert.
»Der zweite Theil dieses Werkes handelt von der, einem jungen Frauenzimmer nöthigen Menschenkenntniß und theilt die darauf gegründeten Klugheitsregeln mit.«
Campe wendet sich in direkter Anrede an seine »bald funfzehn Jahre« alte Tochter, die nun andere Pflichten, andere Geistes- und Herzensbedürfnisse erwarten.
Das erste Buch besteht aus vier Kapiteln, von denen das dritte vielfach gegliedert und unterteilt ist.
Kapitel 1 spricht über die allgemeine und besondere Bestimmung des Weibes. Diese Bestimmung sei unter einem zweifachen Gesichtspunkt zu sehen: »Du bist ein Mensch — also bestimmt zu allem, was der allgemeine Beruf der Menschheit mit sich führt. Du bist ein Frauenzimmer — also bestimmt und berufen zu allem, was das Weib dem Manne, der menschlichen und bürgerlichen Gesellschaft seyn soll.« Die Bestimmung des Menschen sei es, sich und andere ». . . auszubilden, zu vervollkommnen, zu veredeln . . . Die Beglückung seiner selbst und anderer . . .« sei das Ziel.
Dieses Ziel und dieser Zweck würden, je nachdem, welche Stellung man in der menschlichen Gesellschaft einnehme, verschieden sein. Ein Weib müsse ihre Kräfte ». . . immer in Beziehung auf (ihren) bestimmten Beruf als Weib . . .« auf jede Weise ausbilden und entwickeln. Die Aufgabe und Bestimmung der Frauen sei es, ». . . beglückende Gattinnen, bildende Mütter und weise Vorsteherinnen des inneren Hauswesens zu werden . . .«
Kapitel 2, »Über die ungünstigen Verhältnisse des Weibes zur menschlichen Gesellschaft«, beginnt mit der bemerkenswerten Feststellung, ». . . daß das Geschlecht, zu dem du gehörest, nach unserer dermaligen Weltverfassung, in einem abhängigen und auf geistige sowohl als körperliche Schwächung abzielenden Zustande lebt und, solange jene Weltverfassung die nämliche bleibt, leben muß«. Doch möchte der Verfasser seiner Tochter Mittel an die Hand geben, diesen Zustand soweit als möglich zu verbessern. Der Mann sei stärker und habe mehr Verstand, das Weib sei klein, zart, furchtsam und »kleingeistig«, der Mann hingegen kühn, hehr und kraftvoll an Leib und Seele. Es sei der Wille der Natur, daß der Mann »Beschützer und Oberhaupt« und das Weib »die sich anschmiegende . . . folgsame Gefährtin und Gehülfin seines Lebens seyn sollte . . .« Der Verfasser bemerkt allerdings, daß die Rechte der Herrschaft, die das männliche über das weibliche Geschlecht behauptet, ». . . bisher so unbestimmt und schwankend waren . . .«, daß jeder sie willkürlich handhaben konnte. »Schade, daß weder die Gesetzgebung, noch die fortschreitende öffentliche Aufklärung es bis jetzt über sich genommen haben, diese Grenzen nach Recht und Billigkeit und mit Rücksicht auf das Wohl des Ganzen genau zu bestimmen!«
Ein weiteres drückendes Übel sei die ». . . Herrschaft, welche Vorurtheile, Moden, Sitte und bürgerliche Verfassungen . . .« über die Frauen ausübten. Der Mann könne sich unabhängig und selbständig äußern, der Frau sei das verwehrt. Frauen müßten immer auf das ». . . was wird man davon sagen?« achten.
Kapitel 3 handelt von den »Mittel[n] zur Verbesserung jener ungünstigen Verhältnisse und zur Erreichung der weiblichen Bestimmung«. Es werden dann solche Mittel aufgezählt und als erstes »Abhärtung« genannt. ». . . Stillsitzen . . . zwangvolle Kleidung . . . tändelnde Geschäftigkeit, alles zielt darauf ab, die Frauen schwächlich zu machen.« Durch eine schlichte natürliche Lebensweise, ebenso dadurch, daß man gewisse Modetorheiten vermeide, könne man seinen Körper widerstandsfähig machen, dadurch, daß man selbst in sein Schicksal eingreife, mitwirke und mitarbeite.
Es werden nun in einer Reihe von Punkten Wege zur Verbesserung der ungünstigen Lage des Weibes gezeigt. Die wahren Verdienste des Weibes, mit welchen sie ihre Stellung verbessern könne, bestünden nicht in Kunstfertigkeiten, in einer ». . . ausnehmenden Cultur des Geistes durch litterarische und wissenschaftliche Kenntnisse«. In einer Anmerkung dazu stellt der Verfasser fest, daß diese Ausführungen von »Damen aus höheren Ständen« vielleicht anstößig gefunden würden, doch möge man bedenken, daß er »für seine Tochter . . . d. i. für ein Mädchen bürgerlichen Standes schrieb«. Wieviel davon für Damen höheren Standes anwendbar und nützlich sei, müßten sie selbst bestimmen.
Mit der äußeren Schönheit verhalte es sich so, daß man auf sie allein

nicht allzu großes Gewicht legen dürfe, viel bedeutender sei jene Schönheit, die aus der Beschaffenheit der Seele kommt. Der Verfasser nennt diese die »Schönheit der weisen aufgeklärten und rechtschaffenen Leute«.
Das wahre Verdienst eines Frauenzimmers des Standes seiner Tochter bestehte in solchen Eigenschaften, Fertigkeiten, Kenntnissen und Geschicklichkeiten, die der »dreyfachen Bestimmung des Weibes zur Gattin, zur Mutter und zur Vorsteherin des Hauswesens entsprechen«.
Dann folgen Anweisungen über jene Art von Lektüre, die den Frauenzimmern gestattet ist, wie etwa Basedows praktische Philosophie oder Garvens moralische Schriften. Eine weitere Art von Erkenntnis, worüber eine Frau einer Aufklärung bedürfe, sei die Religion. Dies wird auf mehreren Seiten ausführlich erörtert. Eine dritte Art von Kenntnissen, die man erwerben solle, sind die »anthropologischen«, das heißt jene von der geistigen und körperlichen Natur des Menschen. Über Geschichte und Erdbeschreibung brauchten Frauenzimmer nur eine allgemeine Übersicht, sie könnten auch Erkenntnisse aus der Naturhistorie, aus der Natur- und Kunstlehre haben. Der Autor empfiehlt dann einige Bücher, hauptsächlich aus der Naturlehre, warnt aber vor allen jenen, die die Aufschrift »›Für Frauenzimmer‹ tragen, weil sie meist nur seichtes Zeug enthalten«.
Die Erlernung fremder Sprachen sei ». . . einem jungen Frauenzimmer Deines Standes . . . nicht nur unnütz, sondern auch schädlich . . .« Sie (seine Tochter) sei nicht zum Reisen bestimmt, und kämen Franzosen ins Land, so sollten sie deutsch sprechen, und wenn Personen von Stand sich zu ihr herabließen, dann sollten sie eben von ihrem Französisch abgehen und mit ihr in ihrer Muttersprache reden. Sie solle ihre Zeit lieber darauf verwenden, ». . . eine würdige Gattin und Hausmutter zu werden . . .«
Die Frage, ob ein Frauenzimmer ihres Standes sich mit den schönen Künsten befassen dürfe, wird so beantwortet, daß es ihr insoweit gestattet sei, als das ohne Vernachlässigung ihrer häuslichen Pflichten angehe. Zu diesen schönen Künsten gehöre auch das Tanzen, keinesfalls aber das »sogenannte Walzen . . .«
Ein weiterer Vorzug des Weibes soll ein »recht würdiger, edler, der ganzen Lage und Bestimmung des Weibes vollkommen angemessener Gemüthscharacter« sein. Dazu gehörten »Reinigkeit des Herzens und der Gesinnungen, aufgeklärte Gottesfurcht, Keuschheit, Schamhaftigkeit, Bescheidenheit, Befreiung von Eitelkeit, Freundlichkeit und immer gleiche Herzensgüte, Geduld, Sanftmut, Ordnungsliebe, Sparsamkeit und Häuslichkeit«.
Der zweite Teil enthält »die einem Frauenzimmer nöthige Menschenkenntnis nebst den darauf gegründeten Klugheitsregeln . . .«, die in jeweiligen »Wahrnehmungen« festgehalten sind.
In der »Skizze eines allgemeinen Menschengemähldes« heißt es: »Der Mensch ist gutartig von Natur . . .« Das heißt, er wolle das Böse niemals um des Bösen willen, sondern aus Unwissenheit oder Gedankenlosigkeit und Übereilung. Die Natur des Menschen sei gut, »weil sie das Werk eines guten und weisen Schöpfers ist . . .« Es gebe unter den Menschen weder vollkommen gute noch vollkommen schlechte, man solle sie daher für etwas nehmen, was zwischen den beiden Endseiten, das heißt in der Mitte liegt, so werde man mit seinem Urteil der Wahrheit am nächsten kommen.
»Die Menschen sind das, was sie sind und thun, es sey Gutes oder Böses, höchst selten aus Grundsätzen, höchst selten aus freier, auf eigener Überzeugung gegründeten Wahl, sondern theils aus Temperament . . . aus Trägheit . . . theils aus Verwöhnung . . . theils endlich aus Noth und dringendem Bedürfnis.« Dieser Satz wird dann eingehend erläutert.
»Die Menschen urtheilen nach ihren Vorstellungen und handeln, da, wo sie nichts hindert, nach ihren Urtheilen.«
Insgesamt werden zwanzig Wahrnehmungen dieser und ähnlicher Art gemacht und näher ausgeführt. In der Folge schildert Campe eine Reihe von Menschentypen, wie die Empfindsamen, die moralischen Schwärmer, die berühmten Menschen, die Dummen usf., und erteilt der Tochter Anweisungen, wie sie sich den einzelnen Menschentypen gegenüber zu verhalten habe. Hier finden sich Sätze wie: »Am wenigsten rechne bei dem größen Theil der Menschen auf die Wirksamkeit ihrer religiösen und sittlichen Grundsätze.« Wie denn überhaupt die »Wahrnehmungen« und die aus ihnen gezogenen Schlüsse für das entsprechende Verhalten von einigem Skeptizismus des Autors zeugen.
»Endlich, mein theures Kind, vergiß nie . . . daß strenge und gewissenhafte Rechtschaffenheit in allen Fällen die weiseste und sicherste Politik . . . ist.«
Das Buch endet mit dem Sprichwort »Thue recht und scheue Niemand!«

30 [JOACHIM HEINRICH CAMPE]

Robinson der Jüngere

zur angenehmen und nützlichen Unterhaltung für Kinder, von J. H. Campe.

Frankfurt und Leipzig, 1780

8°. 12 Bl. (Titel, Vorbericht, Tafel, Zwischentitel und Einleitung), 198 S., Titel mit Vignette, 1 gestochene Tafel, Anfangs- und Schlußvignette, Kustoden. Illustriert von Weissenhahn.

Ullrich, S. 68, c (Ausgabe von 1781), Brüggemann 144—150.

Im Vorbericht setzt Campe die Zwecke auseinander, die er bei der Ausarbeitung des Buches im Auge gehabt habe: Erstens wolle er seine jungen Leser auf so angenehme Weise unterhalten, als es ihm möglich wäre, und er hoffe, daß er dies »in einem ziemlichen Grade« erreicht habe.
Und zweitens habe er sich vorgenommen, ». . . an den Faden der Erzehlung . . . soviel elementarische Kenntnisse zu schürzen, als es . . . nur immer geschehen könne«. Unter »elementarischen Kenntnissen« versteht Campe nicht nur literarische, sondern auch alle Vorbegriffe von Dingen aus dem häuslichen Leben, aus der Natur und »aus dem weitläuftigen Kreise der gemeinen menschlichen Wirksamkeit . . .« Nebenbei habe er auch Vorerkenntnisse aus Literatur und Naturgeschichte mitnehmen wollen. Seine vierte und wichtigste Absicht sei gewesen, »die Umstände und Begebenheiten so zu stellen, daß recht viele Gelegenheiten zu moralischen . . . Anmerkungen, und recht viele natürliche Anlässe zu frommen, gottesfürchtigen Empfindungen dadurch hervorwüchsen«.
Campe hatte die Absicht, mit dieser Erzählung, die er entsprechend verändern mußte, »den Samen der Tugend, der Frömmigkeit und der Zufriedenheit in junge Herzen auszustreuen«. Und sein fünfter Vor-

satz war es, der »epidemische[n] Seelenseuche« des Empfindsamkeitsfiebers entgegenzuwirken. Es folgt eine Philippika gegen die Empfindsamkeit und die »fanatische Schäferwelt« . Bei der Überlegung, wo ein Buch zu finden sei, das diese idealen Forderungen erfüllen könnte, sei ihm eingefallen, »daß schon Rousseau (Friede sey mit seinem abgeschiedenen großen Geiste!) [dies] einmal gewünscht und . . . schon zum Theil gefunden habe«. Es folgen wörtlich die entsprechenden Stellen aus »Emile«. Jedoch läßt Campe den Robinson nur soweit gelten, als er die »bloße Hauptidee« betrifft, die ganze Ausführung nennt er »weitschweifiges überflüßiges Gewäsche«, »schwerfällige Schreibart«, »veraltete, oft fehlerhafte Sprache« und nicht zuletzt die »fehlerhafte moralische Seite«. Der Verfasser beanstandet ferner, »daß Robinson mit allen europäischen Werkzeugen versehen wird«, die er braucht, so sei es ihm nicht möglich, die Bedürfnisse des einzelnen, der außerhalb der Gesellschaft lebt, anschaulich zu machen. Er, Campe, habe daher die ganze Geschichte in drei Perioden zerlegt: In der ersten soll Robinson, ganz ohne Werkzeuge, sich bloß mit seinem Verstand helfen, in der zweiten gesellte er ihm einen Menschen zu, und in der dritten wird er ein europäisches Schiff an seiner Küste scheitern lassen, das ihn mit Werkzeugen und den meisten Notwendigkeiten versorgt. Die Erzählung spielt sich in Form eines Gespräches zwischen den Erwachsenen — das sind ein Elternpaar und seine Freunde — auf der einen und vier Kindern auf der anderen Seite ab und geht ziemlich langsam und schleppend vor sich, weil sie nicht nur durch Frage und Antwort, sondern auch durch Anbringung moralicher und erzieherischer Lehren anhand von Robinsons Verhalten unterbrochen wird.
In einer Randanmerkung teilt Campe mit, daß die in der Erzählung vorkommenden Briefe sowie sehr viele Fragen und Antworten der Kinder ». . . durchs ganze Buch . . . Wort für Wort den Kindern nachgeschrieben« worden seien.
Zu dieser Ausgabe in einem Band vermerkt Ullrich: »Es gibt auch Originalausgaben in einem Band . . . Campe hatte sich bei seinem auf Subskription herausgegebenen Buch bezüglich des Umfanges . . . verrechnet . . . Er half sich so aus der Verlegenheit, daß er (am Schlusse des ersten Bandes) Robinson während seiner Krankheit in eine tiefe Ohnmacht sinken läßt, die für die Abnehmer ausschließlich dieses ersten Bandes seinen Tod und das Ende der Geschichte bedeuten muß, während die Abnehmer der beiden Bände Robinson im zweiten Band aus seiner Ohnmacht wieder zum Leben erwachen und die bekannten weiteren Schicksale erleben sehen.« Es sei dies eine einfallsreiche und durchaus modern anmutende Form des Fortsetzungsromanes.

258.997-A.Fid. (89-182)

31 [Joachim Heinrich Campe]

Sammlung interessanter und durchgängig zweckmäßig abgefaßter Reisebeschreibungen für die Jugend von J. H. Campe

1786—1793

8°. In 12 Teilen, von denen die ersten 8 ohne Angabe des Verlags und des Verlagsorts erschienen sind.

Erster Teil. 1786: Titel, 7 Bl. (Widmung und Vorbericht), 296 S. (samt Zwischentitel und Einleitung).
Zweiter Teil. 1787: 370 S. (Nach Titel und Zwischentitel beginnt die Paginierung auf der Rückseite des ersten Blattes mit »8«).
Dritter Teil. 1787: XXIV (Titel, Vorrede, Berichtigungen zum zweiten Theile dieser Reisebeschreibungen), 268 S. (samt Vortitel und Einleitung), 1 gefaltete Karte.
Vierter Teil. 1788: 287 S. (samt Titel, Vorrede, Zwischentitel). Die Paginierung beginnt nach 2 Bl. (Zwischentitel und Beginn der Erzählung) mit »9«.
Fünfter Teil. 1788: 277 S. (samt Titel, Vorrede, Zwischentitel und weiterer Vorrede »An die jungen Leser«). Die Paginierung beginnt mit »8«.
Sechster Teil. 1789: 270 S. (samt gestochenem Frontispiz, Titel, Vorrede, Zwischentitel). Die Paginierung beginnt mit »12«.
Siebenter Teil. 1790: Titel, 3 Bl. (Vorrede), 284 S. (samt Zwischentitel).
Achter Teil. 1790: 316 S. (samt Titel und Zwischentitel).
Neunter Teil: »Mit Allerhöchst. gnädigst. Kaiserl. Königl. Privilegio. Reutlingen, gedruckt bey Johannes Grözinger, 1792. 260 S. (samt Titel, Vorrede, Einleitung).
Zehnter Teil. 1792: Gestochenes Frontispiz, Titel, II (Vorbericht), 255 S. (samt Zwischentitel), die Paginierung beginnt mit »8«.
Elfter Teil. 1793: 223 S. (samt Titel, Vorrede und Zwischentitel), Verlagsanzeigen S. 223.
Zwölfter und letzter Teil. 1793: 287 S. (samt Titel, Vorrede und Zwischentitel), 1 gefaltete, gestochene Karte.
Kustoden in allen 12 Teilen.

Heinsius I, Sp. 495 (»Erste Sammlung merkwürdiger Reisebeschreibungen Braunschweig Schulbuchh. 1805); Kayser I, 408 (»Erste Sammlung merkwürdiger Reisebeschreibungen 12 Teile Hamburg 785—93); Seebass 331, Brüggemann 162—167 (andere Ausgaben).

Teil 1. Die Widmung ist an die Prinzen Heinrich und Ludewig von Preußen gerichtet.
In der Vorrede erklärt Campe, warum er Reisebeschreibungen herausgibt: Sie seien am besten geeignet, »einen wünschenswürdigen Geschmack an ernsthaften und nützlichen Unterhaltungen einzuflößen«. Außerdem glaube er, er müsse nun den kleinen Geschichten der »Kinderbibliothek« einen »andern Inhalt unterschieben«. Diese Sammlung von Reisebeschreibungen trete nun an die Stelle der »Kinderbibliothek«, sie sei eine Fortsetzung dieses Werkes, »aber nach veränderten Zwecken«. Diese Sammlung sei für Kinder, welche sich dem jugendlichen Alter nähern, bestimmt. Er werde, fährt der Verfasser fort, unter allen Reisen die interessantesten heraussuchen und seine jungen Leser nach und nach in alle Weltgegenden leiten.
Teil 1 ist in vier Abschnitte gegliedert: I. Jacob Heemskerks und Wilhelm Barenz' nördliche Entdeckungsreise und merkwürdige Schicksale. II. Merkwürdige Abenteuer vier russischer Matrosen auf Spitzbergen. Ein Anhang zur vorhergehenden Erzählung. III. Vasco da Gamas Reise nach Ostindien, die erste, welche von den Portugiesen um Afrika herum vollführt wurde. IV. Des Herausgebers kleine Reise von Trittow nach Wismar und von da nach Schwerin, in Briefen an seine Kinder.
Die erste Reise führt nach Nowaja Semlja und Spitzbergen. Bei dieser Gelegenheit bemerkt Campe, er hoffe, die jungen Leser würden die Orte auf der Landkarte aufsuchen und sie sich so gut merken, daß sie die Karte unter Umständen auch entbehren könnten. Der Verfasser erklärt dann, daß Jacob Heemskerk, Wilhelm Barenz und

Johann Cornelius Ryp versucht hätten, die sogenannte »nordöstliche Durchfahrt« ausfindig zu machen, um den Weg nach China abzukürzen.
Der zweite Abschnitt erzählt die Geschichte von vier russischen Matrosen, die eine Expedition nach Spitzbergen unternahmen, und welche Abenteuer und Beschwerlichkeiten sie zu ertragen hatten. Am Ende werden sie von einem Schiff gerettet.
Der dritte Abschnitt behandelt die erste Reise Vasco da Gamas um das Kap der Guten Hoffnung nach Ostindien mit drei kleinen Schiffen im Jahr 1497, schildert ihren Aufenthalt in Mozambique und ihre schließliche Ankunft in Kalkutta. 1499 kehrte da Gama nach Portugal zurück.
Im vierten Abschnitt schreibt Campe seinen Kindern. Die Briefe sind belehrenden Inhalts, geben aber gleichzeitig die Eindrücke des Verfassers über Land und Leute wieder. Er erklärt im ersten Brief, bisher habe er törichterweise Schlösser, Museen, Kirchen und andere Kunststätten besucht, nun wolle er sich dem zuwenden, was sein eigentlicher Beruf sei: sein »eigenes und anderer Menschen Thun und Lassen nebst den Folgen desselben zu beobachten, und dann nachzudenken, wie wir es anzufangen haben, um immer besser zu handeln und immer glücklicher zu werden«. Campe tadelt unter anderem, daß man zuviel Wald geschlägert und es verabsäumt habe, neue Holzaufschläge für die Nachkommenschaft anzulegen. Die Merkwürdigkeiten der verschiedenen Orte werden anschaulich und lebendig beschrieben und daran Schilderungen von Land und Leuten geknüpft.
Teil 2 behandelt die Reise des Verfassers von Hamburg über Celle, Braunschweig, Hildesheim, Göttingen, Kassel, Marburg, Frankfurt am Main, Mainz, Darmstadt, Heidelberg, Karlsruhe und Straßburg nach Basel. Jede der genannten Städte wird ausführlich beschrieben samt Handel, Industrie, Sehenswürdigkeiten usf. In Straßburg stößt Campe auf Cagliostro, über den er einige Schnaken und Schnurren berichtet, ebenso begegnet er Mesmer, den er einen »zweiten Wundermann von gleichem Schlag« nennt. Von Straßburg geht die Fahrt nach Colmar und schließlich nach Basel, dessen schöne Lage der Verfasser besonders rühmt. Die Häuser jedoch mit ihrer Bemalung findet er häßlich und geschmacklos. Er berichtet unter anderem auch, daß er in der Bibliothek zu Basel das berühmte »Lob der Narrheit« des Erasmus gesehen habe. »Die bürgerliche Verfassung der kleinen Republik Basel, scheint jetzt eine der weisesten und glüklichsten zu sein.« Diese Verfassung wird dann näher ausgeführt und rühmend hervorgehoben, daß alle Bürger an den öffentlichen Geschäften regen Anteil nähmen. Von Basel geht die Reise weiter nach Schaffhausen und zum Rheinfall bei Laufen.
Teil 3 ist in drei Abschnitte gegliedert: I. Beschreibung einer Reise um die Erdkugel, angestellt von dem englischen Commodore Byron . . . II. Beschreibung einer Reise um die Erdkugel, angestellt von dem britischen Schiffskapitän Samuel Wallis . . . III. Beschreibung einer Reise um die Erdkugel, angestellt von dem britischen Schiffskapitän Philipp Carteret . . .
In der Einleitung zum ersten Abschnitt gibt Campe seine Quelle, das Werk des Doctor John Hawkesworth, an.
Teil 4 ist in zwei Abschnitte gegliedert: I. Traurige Schicksale der Madame Godin des Odonais auf einer Reise von Riobamba unweit Quito in Peru durch das Amazonenland. II. Das interessanteste aus Johann Carvers Reisen, durch die innern Gegenden von Nordamerika.
In der Vorrede teilt Campe mit, daß er den Inhalt der ersten Erzählung einem Brief des Herrn Godin entnommen habe, den man im Schlözerschen Briefwechsel vom Jahr 1775 findet. (Zum Schicksal der Madame Godin s. ihre Biographie.)
In der Einleitung zum zweiten Abschnitt erzählt Campe, daß Carver im Interesse seines Landes nach Nordamerika gereist sei. Er sei am Ontario-, Erie- und Huron-See gewesen und schließlich den Mississippi bis zu »einer gewissen Höhe« hinaufgefahren. Er habe seinen Reiseplan nicht ganz ausführen können, weil er durch seine Abenteuer mit den Indianern aufgehalten wurde. Es folgt sodann eine lebendige Schilderung der Indianer, ihrer Sitten und Gebräuche.
Teil 5 ist in zwei Abschnitte gegliedert: I. Wilhelm Isbrand Bontekus merkwürdige Abenteuer auf einer Reise aus Holland nach Ostindien. II. Beschreibung einer Reise um die Erdkugel, angestellt von dem englischen Schiffskapitän Cook und den Gelehrten Banks und Solander in den Jahren 1768—1771.
In der Vorrede teilt Campe seine Quelle zu den Reisen Bontekus mit: Er habe sie dem achten Band der allgemeinen Historien der Reisen zu Wasser und zu Lande entnommen. In diesem Zusammenhang erwähnt er auch die Quelle zum zweiten Abschnitt, die Reise Cooks, die aus der bereits zitierten »Geschichte der Seereisen und Entdeckungen im Südmeere« von John Hawkesworth stammt. (Zu Abschnitt I und II s. die betreffenden Biographien.)
Teil 6 behandelt die Fortsetzung und das Ende der Reisen Cooks, Banks und Solanders in den Jahren 1768—1771.
Teil 7: P. Brydones Reise durch Sizilien und Malta im Jahr 1770. Im Vorwort spricht Campe über seine Gewährsmänner Brydone, Riedesel, Swinburne und Bartels, insbesondere hebt er Brydone lobend hervor.
Teil 8: Reise des Herausgebers von Braunschweig nach Paris im Heumonat 1789.
In der Vorrede erklärt Campe, daß er zu seiner Erholung reise, um ein wenig Abwechslung in seine Stubenhockerei zu bringen. Er reist über Spaa, Lüttich und Brüssel, nachdem er dem deutschen Teil seiner Reise eine ausführliche Beschreibung gewidmet hat. Unter anderem bemerkt er: »Was jezt in Frankreich geschieht, und was in den österreichischen Niederlanden nächstens geschehen wird kann nicht ohne große segenreiche Folgen für die gesammte Menschheit in allen fünf Welttheilen bleiben.«
Es folgt eine ausführliche Beschreibung Brüssels.
In seinem Brief vom 3. August 1789 schreibt Campe in begeistertem Ton: »Es ist ein großer, rührender, Herz und Geist erhebender Anblick . . .« Gemeint ist die Revolution. Der Verfasser lobt überdies die Höflichkeit der Franzosen, ihre Zuvorkommenheit und ihre Heiterkeit. Am Schluß der Beschreibung von Paris verspricht Campe, diese Schilderung im nächsten Band fortzusetzen.
Teil 9: Vorrede, Einleitung [ohne Titel]. In der Vorrede erklärt der Verfasser, das Publikum sei in den letzten Jahren mit Schriften über Frankreich überschwemmt worden, er wähle daher eine andere Reisebeschreibung: Und zwar eine Reise sowie den Schiffbruch des Kapitäns Wilson, durch den er nach den Peljuinseln in der Südsee verschlagen wird, wo er und seine Leute sich mit den Eingeborenen und dem König anfreunden. Nachdem sie in langer mühsamer Arbeit ein neues Fahrzeug gebaut hatten, kehrten sie nach England zurück (die Spanier führen die ganze Inselgruppe unter dem Namen Palaos-Inseln). Am Ende der Beschreibung findet sich eine eingehende Schilderung der Häuser, Sitten und Gebräuche der Eingeborenen.
Teil 10 behandelt »Le Vaillants Reise in das Innere von Afrika, vom Vorgebirge der guten Hoffnung aus in den Jahren 1780—1785« und

enthält unter anderem eine eingehende Beschreibung der Sitten und Gebräuche der Hottentotten.
In der Vorrede teilt Campe mit, er habe die Beschreibung nach dem französischen Original angefertigt: »Voyage de Mr. Le Vaillant dans l'interieur de l'Afrique par le Cap de bonne-espérance, dans les années 1780—1785. II Tomes, A Liège 1790«.
Teil 11 beendet »Le Vaillants Reise in das Innere von Afrika«.
Teil 12 schildert »Herrn von Lesseps Reise durch Kamtschatka und Sibirien, im Jahr 1788« (s. die Biographie Lesseps).

Biographien

Zu Teil 1: Jacob Hemskerk oder Heemskerk, 1567—1607, holländischer Seeheld, der mit dem Prinzen Moritz von Oranien eine Expedition unternahm, um eine nordöstliche Durchfahrt nach China zu entdecken. Das Eis nötigte sie aber im gleichen Jahr noch zur Rückkehr.
Die vorliegende Reise ist a. a. O. ausführlich beschrieben. Hier sind auch die Quellen angeführt, aus denen möglicherweise Campe schöpfte: »Recueil des Voyages qui ont servi à l'Etablissement de la Compagnie (hollandaise) des Indes orientales«.
Barentzen oder Barents (Wilhelm), holländischer Seefahrer, der in der zweiten Hälfte des 16. Jahrhunderts lebte. 1597 starb er auf Nowaja Semlja. 1594 hatte er versucht, durch die Nordsee nach China zu gelangen, 1596 unternahm er einen zweiten Versuch (die Reise, die Campe schildert), kam jedoch nicht weiter als bis zum 77. Breitengrad. Bei einem dritten Versuch entdeckte er die Bäreninsel und Spitzbergen, überwinterte und versuchte in zwei offenen Booten die Heimreise anzutreten, auf welcher er und zwei seiner Begleiter starben.
Vasco da Gama, geboren um 1469, gestorben 1524, berühmter portugiesischer Seefahrer, der den Seeweg nach Ostindien entdeckte. 1497 wurde er von König Manuel d. Gr. mit drei Schiffen von Lissabon aus nach Ostindien geschickt. 1502 unternahm er eine zweite Reise und gründete an der Ostküste von Afrika in Mozambique und Sofala Faktoreien. 1524 wurde er von König Johann III. zum Vizekönig von Indien ernannt.
Zu Teil 3: Commodore John Byron, 1723—1786, englischer Seefahrer, der sich mit 17 Jahren auf einem der Schiffe des Lord Anson eingeschifft hatte, welches für die Reise um die Welt bestimmt gewesen war, in der Magellanstraße jedoch Schiffbruch erlitt. 1764 unternahm er im Auftrag Georgs III. eine Entdeckungsreise in die Südsee, fand mehrere Inseln daselbst auf und kehrte 1766 über Batavia nach England zurück. Dies ist die erste Reise, die man in der Sammlung Hawkesworth findet unter dem Titel »Relation des voyages entrepris [. . .] pour faire des découvertes dans l'hémisphère méridional et exécutés successivement par le commodore Byron, le capitaine Wallis et le capitaine Cook dans son premier voyage«.
Samuel Wallis, gestorben 1795, englischer Seefahrer, der beauftragt wurde, die Entdeckungen Byrons im Pazifik fortzusetzen und weiter auszudehnen. 1766 schiffte er sich an Bord der »Dolphin« ein; unter seinem Kommando stand auch die »Swallow« mit Kapitän Carteret. 1767 entdeckte er unter anderem die Insel Tahiti und kehrte 1769 nach England zurück. Auch seine Reise wird in der Sammlung Hawkesworth dargestellt.
Philipp Carteret, englischer Seefahrer, 1733—1796. Nach der Rückkehr Byrons nach England ordnete Georg III. eine neue Expedition an mit dem Ziel, die Erforschung der südlichen Halbkugel fortzusetzen; das Kommando hatte Samuel Wallis. Die Flotte startete in Plymouth. Die »Swallow«, ein sehr schlechter Segler, wandte sich, nachdem sie von den anderen Schiffen durch einen Sturm getrennt worden war, nach der Insel Massa-Fuero, eine der beiden Inseln Juan-Fernandez, die durch Alexander Selkirk, dem Vorbild des Defoeschen Robinson, berühmt geworden war. Carteret entdeckte unter anderem Portland und die Admiralitätsinseln, die er im Namen Englands in Besitz nahm. Er kam weiter nach den Molukken und an die Westküste von Celebes. »Les résultats du voyage de Carteret furent très importants pour la géographie.«
Zu Teil 4: Madame Godin des Odonais, geb. Isabella Grandmaison y Bruno, entstammte einer in Riobamba ansässigen französischen Familie. Sie wurde berühmt, weil sie die größten Gefahren auf sich nahm, um zu ihrem Mann, der 1742 M. de la Condamine nach Quito begleitete, zu gelangen. Nach einer gefahrvollen Reise und zwanzigjähriger Trennung erreichte sie ihn; 1773 waren die Ehegatten wieder in Frankreich.
Jonathan Carver, 1732—1780, englischer Reisender. Er studierte zuerst Medizin, trat dann in die britische Armee ein und machte alle Feldzüge in Kanada mit. Im Jahr 1766 reiste er von Boston ab und kehrte 1768 wieder zurück.
Zu Teil 5: Wilhelm Isbrand Bonteku (Bontekoë), holländischer Seefahrer, der in der ersten Hälfte des 17. Jahrhunderts lebte. 1618 war er Kapitän der »Nouvelle Hoorn«, einem Schiff mit 11.000 Tonnen und 206 Mann Besatzung. Er unternahm eine Fahrt nach Ostindien, und als er sich Batavia näherte, explodierte das Schiff in einer Feuersbrunst, Bonteku wurde in die Luft geschleudert, konnte sich jedoch mit einigen anderen in eine Schaluppe retten und gelangte endlich nach Sumatra, wo sie allerdings der Feindseligkeit der Eingeborenen wegen nicht bleiben konnten. Sie fuhren nach Batavia zurück, wo sie eine holländische Flotte vorfanden. Von Bonteku stammt »Journal of te gedenkwaerdige beschreijving van de Oost-Indische Reyse begonn en 1618, en vollendigh 1625«.
Daniel Karl Solander, 1736—1782, war schwedischer Naturforscher und Schüler Linnés. Er ging nach London, wo er 1764 Mitglied der Royal Society wurde. Obwohl er kaum schriftliche Aufzeichnungen hinterließ, genoß er großes Ansehen und ebensolche Autorität. Auf Banks Betreiben schloß er sich 1768 der ersten Weltreise Cooks an, bei der in Feuerland eine Reihe von Abenteuern zu bestehen war. Nach dreijähriger Abwesenheit kehrte er 1771 nach London zurück.
Sir Joseph Banks, 1744—1820, studierte in Eaton und Oxford, besuchte 1765 Neufundland und Labrador und begleitete Cook auf seiner ersten Reise um die Welt. Er regte eine genauere Untersuchung der Küsten Australiens an, besuchte mit Solander Island und die Shetlandinseln und entdeckte die Basaltsäuleninsel Staffa; er war Präsident der Royal Society und wurde 1797 Mitglied des Geheimen Rates. Er verfaßte verschiedene Reisewerke und ein »Journal during Captain Cooks first voyage 1768—1771«.
James Cook, 1728—1779, der berühmte Weltumsegler. Er nahm 1755 in der Flotte Dienst, Lord Hawke ernannte ihn zum Befehlshaber des Schiffes, das zur Beobachtung des für 1769 erwarteten Venusdurchganges entsendet wurde. 1768 unternahm er seine erste Weltreise, von der er 1771 zurückkehrte. 1772 brach er zu seiner zweiten Weltumseglung auf; 1775 entdeckte er Südgeorgien und später die Sandwich-Inseln. 1779 segelte er von Nordamerika nach Hawaii und landete im gleichen Jahr in der Karakkakuabai, wo er in einem Kampf mit den Eingeborenen getötet wurde. Seine erste Reise wurde von Hawkesworth beschrieben, seine zweite beschrieb er selbst. Von Cooks Rei-

sen stammende Gegenstände wurden 1804 von Kaiser Franz angekauft; sie befinden sich heute im Völkerkundemuseum in Wien.
Zu Teil 7: Patrice Brydon, 1741—1818, englischer Reisender. Er erhielt eine brillante Erziehung und widmete sich physikalischen Studien. Er besuchte die Schweiz, die Alpen und die Apenninen, um die Temperaturen der hauptsächlichsten europäischen Gebirgszüge festzustellen. Ebenso stellte er Untersuchungen über die Abweichung der Magnetnadel an. Er verfaßte eine Reihe von wissenschaftlichen Werken, darunter »Tour through Sicily and Malta 1774—1776«.
Joseph Hermann Riedesel, Baron Eisenbach auf Altenburg, 1740—1785. Deutscher Reisender. Er war der Sohn eines höheren preußischen Offiziers und wurde Kammerherr bei Friedrich dem Großen, der ihn später als Botschafter nach Wien entsandte. Er besuchte Süditalien, Sizilien und Griechenland und erforschte dort die antiken Monumente. Er beschrieb eine »Reise durch Sicilien und Groß-Griechenland«.
Henry Swinburne, 1752—1803, dritter Sohn des Baronet von Northumberland, war katholisch und wurde in Frankreich erzogen. Er unternahm zahlreiche Reisen und galt als origineller und kühner Kopf, der unter anderem auch bei Maria Theresia und Joseph II. sowie an anderen Höfen gerne gesehen wurde. Er schrieb zahlreiche Reisebücher und anderes mehr, so ein Werk »The courts of Europe at the close of the last century«, London 1841.
Zu Teil 10: François Le Vaillant, 1753—1824, französischer Naturforscher und Reisender, war der Sohn eines reichen Kaufmannes und Konsuls in Paramaribo, der Hauptstadt von Surinam. Er brach 1780 von Paris auf und kam 1781 zum Kap der Guten Hoffnung. Diese Reise dauerte insgesamt 16 Monate und wird in der vorliegenden Erzählung Campes beschrieben. Seine zweite Reise dauerte 18 Monate und führte ihn in die Tropen. Seine Reisebeschreibungen wurden in alle Sprachen übersetzt, besonderen Beifall fand seine lebendige und lehrreiche Schilderung der Sitten und Gebräuche der Hottentotten. In Paris veröffentlichte er später eine Reihe von naturgeschichtlichen Werken.
Zu Teil 12: Jean-Baptiste-Barthélmy (Baron) de Lesseps, 1766—1834, Reisender und Staatsmann. Er unternahm schon in seiner Jugend mit seinem Vater zahlreiche Reisen. Mit 17 Jahren war er französischer Konsul in Kronstadt. 1784 befand er sich in Paris, als er mit einer Expedition betraut wurde, während der er sich wegen der Wetterunbilden in Kamtschatka aufhalten mußte. Von hier aus begab er sich nach Sibirien, kam dann nach Irkutsk, Tomsk, Kasan, Nischnij Nowgorod, Moskau und schließlich nach Petersburg. Auf dem Weg über Deutschland kehrte er nach Paris zurück. 1802 wurde er zum französischen Generalkommissär in Lissabon ernannt. Lesseps verfaßte eine Reihe von Reisewerken.

20.228 FKB (226-H/33)

32 [JOACHIM HEINRICH CAMPE]

Kleine Seelenlehre für Kinder von J. H. Campe

Neue Auflage. Nebst vier neugestochenen Kupfertafeln in Quart.

Wolfenbüttel, Schulbuchhandlung, 1786

Kl.-8°. 192 S. (samt Titel und Vorrede), 4 gefaltete gestochene Tafeln.

Heinsius I, Sp. 496 (Braunschweig 807, Bamberg 809); Kayser I, 409 (Hamburg 780 N. A. mit 4 Kpf., Wolfenbüttel 786 8e. A. mit 5 Kpf., Braunschweig 815, 9e. A. mit 5 Kpf., 830); Brüggemann 153/154.

Campe erklärt in der Vorrede, die Abfassung dieses Werkchens entspräche einem wirklichen pädagogischen Bedürfnis. Er sei zwar Gegner einer »frühreifen intellectuellen Ausbildung der Kinder«, glaube aber, daß auch der freieste Erzieher nicht würde umhin können, schon acht- bis zehnjährigen Kindern eine zusammenhängende Unterweisung in der Religions- und Sittenlehre zu geben. Ihr vorausgehen müsse auch ein »Inbegrif, psychologischer Vorerkenntnisse«, und dies sei der erste Grund für die Abfassung der »Kleinen Seelenlehre«. Die vollkommenste Erziehung sei diejenige, welche »alle physischen und moralischen Anlagen des Leibes und des Geistes der Kinder in dem besten Verhältnisse zu einander gleichmäßig auszubilden sucht«. Man müsse feststellen, daß bei dem gesamten Schulunterricht hauptsächlich das Gedächtnis der Kinder ausgebildet werde, der Verfasser glaube daher, von Zeit zu Zeit etwas einschieben zu müssen, das auch die übrigen Seelenkräfte beschäftigt. Und er glaube weiter, auf Grund seiner Erfahrungen im Erziehungswesen, in diesen Gesprächen einen »kleinen Beitrag zu einer angewandten Methodik [gemeint ist die sokratische Methode], empfehlen zu dürfen«.
Campe weist unter anderem auch darauf hin, daß »Ein paar Ideen zu Vorstellungen auf den Kupfertafeln [. . .] von den Basedowschen Elementarbildern entlehnt« sind.
Das Buch solle kein eigentliches Lesebuch, aber auch kein sogenanntes Compendium oder Lehrbuch, »sondern vielmehr etwas seyn, das zwischen beiden die Mitte hält«.
Die Lektionen spielen sich in Form von Gesprächen eines Vaters mit seinen Kindern ab. Im ersten Gespräch beginnt der Vater den Kindern die Seele zu erklären als das, was man nicht sehen könne und was unteilbar sei. »Sie [die Seele] ist ein einfaches Wesen, das sich etwas vorstelt, und das sich seiner bewust ist.« Zu dieser Erkenntnis hat der Vater die Kinder im Wege der Deduktion geführt.
Das letzte Kapitel handelt von der Unsterblichkeit der Seele. »Seelenlehre« wird hier für eine Methode der Belehrung über die Hintergründe menschlichen Verhaltens verwendet.

253.666-B.Fid. (36-085)

33 [JOACHIM HEINRICH CAMPE]

Theophron

oder der erfahrne Rathgeber für die unerfahrne Jugend von J. H. Campe. Ein Vermächtniß für seine gewesenen Pflegesöhne und für alle erwachsnere junge Leute welche Gebrauch davon machen wollen.
Devise »Inter opus monitusque maduere genae, Et patriae tremuere manus. Ouidius.«
Mit allerhöchst-gnädigst. Kaiserl. Privilegio.

Tübingen, Wilh. Heinr. Schramm und Joh. Friedr. Balz, 1789

8°. In zwei Teilen, die fortlaufend paginiert sind, sowie einem dritten Teil: Merkwürdige Lebensregeln aus des Grafen von Chesterfield Briefen an seinen Sohn, in einem zwekmässigen Auszuge und mit nöthigen Abänderungen.

Teil 1: Frontispiz, Titel, 5 Bl. Widmung, S. [1]—72 (samt Zwischentitel).
Teil 2: S. [73]—216 samt Zwischentitel, das Titelblatt ist dem Text nachgebunden.
Teil 3: 160 S., wobei S. 1—2 fehlen. Römisch paginierte Vorreden eingebunden bei S. 210 und 214.
Kustoden.

Heinsius I, Sp. 496 (1806); Kayser I, 409 (1783); Brüggemann 157—160.

Die Widmung lautet »An meine gewesenen Pflegesöhne«. In der Vorrede nimmt Campe Abschied von ihnen, indem er die Trennung in langatmigen Wendungen bitter beklagt. Mit diesem Buch wolle er ihnen, die jetzt in das Leben hinaustreten sollen, noch einen Wegweiser für ein ruhiges, zufriedenes und glückliches Leben mitgeben. Aber er wolle sie auch lehren, vorsichtig und klug zu werden. Leider werde man dies meist erst aus Erfahrung; die Jünglinge, an die sich der Autor wendet, sollen nicht zur Schar der Unglücklichen zählen, die erst durch Schaden klug werden, er übergebe ihnen hiermit ein Buch, worin er seine oft teuer erkauften Erfahrungen aufgezeichnet habe. »Dieß ist der Nachlaß meines Herzens für euch und für alle junge Weltbürger, welche Theil daran nehmen wollen.« Die Jünglinge sollten dieses Büchlein aufbewahren wie ein Heiligtum, bis die Zeit herannaht, da sie ohne Führer ins menschliche Leben treten sollen.
Theophron ist ein alter Mann, der seinen Lebensabend seiner kleinen Familie und insbesondere seinem Sohn Kleon widmet.
Der Text beginnt damit, daß Theophron seinem Sohn eine traurige Wahrheit sagt, nämlich daß auf dieser schönen Erde wenig glückliche Menschen leben. Die Ursache dafür liege in den Menschen selbst und ihren unseligen Leidenschaften, von ihnen seien die verdammenswertesten: Ehrsucht, Üppigkeit und Unzucht. Der erste wichtige Lehrsatz lautet: ». . . wolle, indem du auf die Schaubühne des geschäftigen Leben tritst, nicht glänzen, sondern nüzen und glücklich seyn!« Eine zweite besondere Regel lautet: »Laß deinen moralischen Wirkungskreis nur auf diejenigen eingeschränkt sein, welche dir die nächsten sind . . .« Dies sei ein Gebot weiser Einschränkung. Campe spricht davon, daß im jetzigen Jahrhundert ». . . der Geschmack veredelt [ist], das sittliche Empfindungsvermögen verfeinert, die Einbildungskraft beflügelt . . . Verstand und das Gedächtnis mit einer überschwenglichen Fülle von Kenntnissen bereichert, und zugleich die ganze Aussenseite des Menschen mit erkünstelter Anmuth überfirnißt worden«. Doch zugleich habe man den »nationalen Muth in Gefahren . . . den ruhigen heitern Biedersinn . . . hinsinken und absterben gesehen«. Weitere Regeln sind: »Hüte Dich vor jeder Ueberspannung deiner Kräfte: denn auf Überspannung erfolgt Erschlaffung, und der Zustand der Erschlaffung ist allemal ein unglücklicher Zustand.« — »Bevor du ein Amt übernimmst, erkundige dich genau nach allen Geschäften, welche dasselbe mit sich bringt, und nach allen Unannehmlichkeiten, welche damit verbunden sein können.« — ». . . mache es dir zur Gewohnheit, an jedem Abend, soweit es möglich ist, einen ordentlichen Plan zu den Geschäften des folgenden Tages zu entwerfen . . .« — »Seze dir daher, wenn deine Arbeit nicht in ausserordentlichen Fällen durchaus unaufschieblich ist, von Zeit zu Zeit einige Ruhepunkte, und wende diese wohlthätigen Pausen zu deiner Ermunterung an . . .« — »Sey . . . gesellig, mein Sohn, so sehr es, ohne Vernachläßigung deiner Berufspflichten, nur immer geschehen kann.«
Der zweite Teil befaßt sich, wie Theophron seinem Sohn erklärt, mit dem Menschen: »Von Natur . . . sind die Menschen fürwahr ein gutartiges Geschlecht.«
Im folgenden werden einige Leitsätze, die Theophron für seinen Sohn aufstellt, wiedergegeben:
»Die Menschen sind das, was sie sind — gut oder böse — höchstselten aus Grundsätzen, höchstselten aus [. . .] eigener freier Wahl, sondern meistentheils aus unwillkürlicher Gewöhnung, meistentheils auch aus Noth und dringendem Bedürfnis.« Der Kommentar zu dieser Regel lautet so, daß, seitdem die Fürsten, um die Staaten nach ihrem Wohlgefallen zu lenken, das »allgewaltige Mittel der Entnervung, die schönen Künste mit ihrer beständigen Gefährtin, der Ueppigkeit, in Gang zu bringen wußten . . .«, die menschlichen Bedürfnisse und Begierden sich vervielfältigt hätten. »Wann es wahr ist, — und das ist es, bei allem, was heilig heißt! — daß die Vermehrung der Bedürfnisse eine unläugbare Hauptursache der Verschlimmerung der Menschheit, ein unläugbares Haupthindernis unserer Glückseligkeit ist . . .«, dann müsse man den Luxus einschränken, durch eine natürliche einfache Erziehung die Bedürfnisse »weniger machen« und den »ausgetrettenen Strom der menschlichen Begierden wieder in sein ursprüngliches Bet« zurückführen. Der Autor warnt seinen Sohn davor, sich in den »Strudel des großen Weltlebens« zu stürzen, weil er zu moralischer Verderbnis führe. Überdies urteilten alle diese Menschen lediglich nach dem äußeren Schein und nach Vorurteilen. Und da »die ganze Kunst der feinen Lebensart darin besteht . . .«, den Menschen mit seinen Mängeln zu verbergen, so gewöhne man sich an, nur auf den Eindruck zu sehen, den man mache.
Unter all den Unwahrheiten des gesellschaftlichen Lebens gebe es jedoch auch erlaubte, so etwa die Verheimlichung der Wahrheit in allen Fällen, wo keine Pflicht bestehe, sie zu sagen. Es gebe auch gewisse Unwahrheiten der Etikette, der Höflichkeit, die durchaus zulässig seien. »In dem Wörterbuche des gemeinen Lebens gibt es eine Menge Ausdrükke, die ganz und gar die Bedeutung nicht mehr haben, die ihnen von den Erfindern der Sprache beigelegt worden.« Da man aber über den Wert solcher Höflichkeitsfloskeln unterrichtet sei, so könne kein Mißverständnis entstehen, wenn man sie anbringe.
Nach der Unwahrhaftigkeit wird die Eitelkeit behandelt und aufs Korn genommen. Der Autor fügt seinen Erörterungen hinzu, daß zahlreiche Menschen nicht nur eitel, sondern auch eingebildet seien und an ihre guten Eigenschaften selber glaubten.
»Bey deinem Eintritt in die grosse menschliche Gesellschaft hüte dich, . . . mehr von den Menschen zu erwarten, als mit ihrer Gemächlichkeit, mit ihrem Vergnügen und mit ihrem eigenen Vortheile bestehen kann.«
»Achte aber nicht sowohl auf die grossen und öffentlichen Handlungen der Menschen, als vielmehr auf die kleinen, auf die häuslichen, auf diejenigen, welche man gleichsam im Vorbeigehen verrichtet, ohne eine überdachte Absicht dabei zu haben.« Diese seien die »ächten Probiersteine des Karakters«. — ». . . gewöhne dich, mein Sohn, den Tugenden deiner Mitmenschen noch viel eifriger, als ihren Thorheiten und Lastern nachzuspüren.« — »Wahre Verdienste mit wahrer Bescheidenheit zu verbinden — siehe da, mein Sohn, den kurzen Inbegrif der ganzen Kunst, sich gefällig und beliebt zu machen!« — ». . . bestrebe dich, durch vertrauten Umgang mit wohlerzogenen Menschen, auch wohl zuweilen durch Besuchung solcher Oerter, wo die sogenannte schöne Welt zu gemeinschaftlichen Vergnügungen sich versammelt, diejenige äusserliche Artigkeit und jenes ungezwungene, edle und gefällige Wesen anzunehmen, welche den Mann von guter Erziehung und von Welt bezeichnen.«

Der Autor verlangt von seinem Schüler auch ein »recht großes Maß von Heiterkeit und guter Laune« für den Eintritt in die Welt. Er empfiehlt ihm die Mäßigkeit und eine natürliche Lebensart.
»Gib . . . einem jeden, soviel du kannst, Gelegenheit von dem zu reden, worin er — sei's wirklich, oder auch nur seiner Einbildung nach — ganz vorzüglich zu Hause ist . . .« Überhaupt solle man es darauf anlegen, daß der andere eher seinen eigenen Wert als daß er den unsrigen fühle.
Der Autor warnt auch besonders vor dem Mißbrauch von Überlegenheit. Ein solcher liege vor, wenn jemand seinen Witz darauf verwende, Schwächere lächerlich zu machen.
Es gebe eine Klasse Menschen, vor denen man sich besonders hüten müsse, das seien die Empfindsamen, die durch Erziehung verweichlicht und durch »Lesung faselnder Modebücher . . . über Gebühr verfeinert und reizbar« geworden sind. Ebenso wird vor Schwärmern und Enthusiasten gewarnt: »Gemeiniglich ist jeder Schwärmer auch zugleich ein Fanatiker, das heißt, ein Schwärmer in religiösen Dingen . . .« Vernunft und Erfahrung seien die beiden Erbfeinde der Schwärmerei. Gewarnt wird auch vor jenen, die eine besondere Frömmigkeit affektierten und sich ohne Unterlaß auf Gott und Christentum berufen. Von den Großen dieser Erde solle man »keine wahre Freundschaft, keine fortdauernde Zuneigung, keine bleibende Erkenntlichkeit« erwarten für die Opfer, die man gebracht habe.
»Auch die einfältigen und dummen Menschen verdienen unsere Aufmerksamkeit«. Wobei man zwischen denen, die aus natürlicher Verstandesschwäche das sind, was sie sind, und denen, die eine mangelhafte Ausbildung gehabt haben, unterscheiden müsse. Die ersten nennt Campe »dumm«, die zweiten »einfältig«. — »Lerne Beleidigungen verschmerzen, ohne sie zu ahnden . . .« — »Traue nie einseitigen Berichten, sie mögen sich herschreiben von wem sie wollen . . . audiatur et altera pars!« — »Suche . . . durch Sparsamkeit und Fleiß deine äusserlichen Umstände so blühend, als möglich, zu machen«. — »Nichts sei dir wichtiger, als deinen Kredit in Geldsachen zu erhalten: denn es kommt die Zeit, da du seiner bedarfst . . .« — »Ueberhaupt . . . suche so unabhängig zu werden, als es bei der dermaligen Lage der Menschheit möglich ist.«
Sodann kommt der Autor zur letzten Klippe, dem »Umgang mit dem Frauenzimmer«. Das sicherste wäre, so meint Campe, sich diesem »seiner Unschuld uns seinem Wachsthum an Vollkommenheit gefährlichen Geschlechte . . .« bis zur Zeit, da der Jüngling die Gefährtin seines Leben wählt, ». . . ganz und gar zu entziehen. Aber zum Unglück ist kein ander Mittel vorhanden, Erfahrung, Welt- und Menschenkenntnis zu erlangen als grade dieses einzige sich in die Schule dieser gefährlichen Lehrmeisterinnen« zu begeben. Mit Widerstreben nimmt der Autor den Einfluß der Frauen auf die menschliche Gesellschaft zur Kenntnis und empfiehlt auf jeden Fall, nur mit sittsamen Frauenzimmern Umgang zu haben. Vor allen anderen wird eindrücklich gewarnt. Dem Autor bebe das Herz, wenn er an alle Gefahren denke, welche den Jüngling im Umgang mit der Gesellschaft erwarten. Hier wird Wieland zitiert, der auch in der unschuldigsten Liebe ein schleichendes Gift erblicke.
Zum Schluß warnt Theophron seinen Sohn vor unzüchtigen Bildern und Büchern, und endlich belehrt er ihn, daß nicht nur seine eigene, sondern auch die Unschuld anderer Menschen ihm heilig sein müsse.
In der Vorrede zum dritten Teil, »der den zweiten Theil dieses Werkchens ausmacht«, bemerkt Campe, er habe das Wesentlichste aus einer besonderen Sammlung der Briefe des Grafen von Chesterfield an seinen Sohn entnommen. Nun könne man fragen, warum er nicht einfach die gesamten Briefe übernommen habe? Diejenigen, die die Briefe gelesen hätten, würden wissen, warum. Für die übrigen müsse er anmerken, daß diese Briefe hauptsächlich auf die »Aussenseite« seines (des Grafen) Sohnes abgestimmt seien. Dazu komme, daß der Sohn dieses »vornehmen und begüterten Weltmannes« für eine Laufbahn bestimmt war, ». . . zu welcher nur wenige junge Leute durch Geburt und Glüksumständen fähig sind . . .«

258.799-B.Fid. (268-215)

34 [Giovanni della Casa]

Le Galatee,

premierement composé en Italien par I. de la Case, et depuis mis en François, Latin, Allemand, et Espagnol. Traicté tresutile et tresnecessaire, pour bien dresser une ieunesse en toutes manieres et façons de faire louables, bien receuës et approuuees par toutes gents d'honneur et de vertu: et propre pour ceux, qui non seulement prennent plaisir en la langue Latine, mais aussi aux ulgaires, qui pour le iourd'huy sont les plus prisés.
Druckerzeichen des Jean de Tournes. Devise in gestochener Rundvignette »Quod tibi fieri non vis, alteri ne feceris.«

Genève, Iean de Tournes [1609]

12°. 8 Bl. (Titel, Inhaltsverzeichnis in Französisch, Latein, Epigramm und Inhaltsverzeichnis in Deutsch, letztes Blatt leer), 619 S. (samt 1 Titel- und 2 Incipit-Seiten in Französisch, Deutsch, Latein, Spanisch und Italienisch).
Der Text ist vierspaltig, nur der lateinische Text unter den vier Spalten durchlaufend. Der französische Text ist in Civilité-Schrift gedruckt.

Graesse II, 59 zitiert die Ausgabe von 1598 gleichfalls bei Tournes, in Lyon auch in vier Sprachen.

Die Einleitung, in Form einer Ansprache, die ein bejahrter Mann an einen Jüngling richtet und in welcher er ihm auseinandersetzt, wie vorteilhaft »eusserlichen geberden zierligkeit vnnd sittsamheit« sich im Umgang mit anderen auswirken. Er erklärt auch, er könne ihm manche nennen, die als nicht sehr achtenswert zu beurteilen wären, die aber wegen ihrer Umgangsformen und ihrer Conversation beliebt seien. Man könne sich nicht so verhalten, wie es einem beliebe, sondern habe »sitten vnnd geberden« nach denjenigen zu richten, mit denen man umgehe, jedoch dürfe man dies nicht so weit treiben, daß es zur Würdelosigkeit führe.
Die Anweisungen über das Wohlverhalten, die an Deutlichkeit der festzustellenden Mängel nichts zu wünschen übrig lassen, werden durch Erzählungen und Anekdoten unterbrochen. Es beginnt mit den Tischsitten oder, besser gesagt, Tischunsitten, die bisweilen recht derb sind. Wenn man mit anderen höflich umgehen wolle, dann dürfe man nicht in ihrer Gesellschaft »anfangen zuschlaffen«, dies sei ein Zeichen von Geringschätzung, auch gilt es als unhöflich, wenn andere sitzen, daß einer aufstehe und im Gemach spazieren gehe, noch weniger aber dürfe man sich in Gesellschaft anderer die »Nägel kürtze[n]«. Es folgen Kleidervorschriften; in seiner Kleidung solle man vor allem nicht von den anderen abstechen. Fallen Leute mit ihrer Kleidung und Haartracht aus dem Rahmen, so sei dies so, »als

wenn sie sich gegen die andern wolten auffwerffen«. Weitere Abschnitte behandeln das Verhalten gegenüber anderen am Beispiel von Menschen, die »widersinnigen und störrischen kopffs seyn«. Es folgen Regeln über das Verhalten des Gastgebers, Ausführungen über den Widerspruchsgeist, über die Notwendigkeit des freundlichen Verhaltens gegen andere, um nicht als Barbar zu gelten, von der Lächerlichkeit der Titelsucht und anderes.
Kapitel 3 handelt vom Gespräch in Gesellschaft. Man solle keine zu »subtile noch tieffsinnige materi« ins Gespräch bringen, sich über niemanden lustig machen, keine »vnfläterey« reden usf., sich nicht seiner Überlegenheit rühmen oder etwa seines Reichtums, seines Adels usw.
Kapitel 4 stellt am Beginn fest, man solle von eines andern Sachen und Geschäft nicht übel reden, auch wenn die anderen aus Neid offenbar willig und gerne zuhörten. Werde man zu einer Diskussion aufgefordert, solle man seinen Sieg nicht über die Maßen genießen. Man soll keinen unerbetenen Rat erteilen und andere nicht dem Gelächter preisgeben, auch keine Scherzreden führen, die andere kränken könnten, ebenso sei die Unart der Geschwätzigkeit zu meiden.
Im fünften Kapitel erklärt der Verfasser, er wollte sich's gern genügen lassen, wenn es ihm gelungen wäre, das rechte Maß ehrbarer Sitten in diesem Büchlein auseinanderzusetzen. Dieser Gedanke wird sodann in seinen Einzelheiten ausgeführt. Es sei nicht richtig, so der Autor, daß man seiner Natur nicht Meister zu werden vermöge, dazu besitze man, eben im Gegensatz zum Tier, die Vernunft.
Im Kapitel 6 ist davon die Rede, daß die Menschen sich lieber mit der Schönheit, Lieblichkeit und Holdseligkeit beschäftigen als mit dem Häßlichen. Als schön, erklärt der Verfasser, betrachten wir jene Dinge, in welchen gewisse zierliche Maße und Proportionen herrschen. Sodann wird die menschliche Schönheit beschrieben. Das Schöne begebe sich aber nicht nur im Körperlichen, sondern auch in der Konversation, in der Unterredung und im Wandel des gemeinen Lebens. Man begnüge sich nicht damit, recht und gut zu sein, man müsse sich auch feiner Art und feinen Geschicks befleißigen. Es folgt eine Zusammenfassung dessen, was in den früheren Kapiteln erörtert wurde. Großes Gewicht wird in diesen Schlußausführungen auf wohlanständige Kleidung gelegt. Es folgen Anweisungen, wie man sich zu bewegen, wie man zu stehen und wie man zu gehen habe. Das Buch endet damit, daß der Verfasser sich dafür gleichsam entschuldigt, daß er, wie er glaube, »dem ding zuviel gethan«, das heißt zuviel über Anstand und Sitte gesprochen habe.
»Il Galateo«, wie der italienische Originaltitel lautet, ist eine Anstandsfibel und gehörte bis ins 18. Jahrhundert zu den erfolgreichsten Handbüchern des guten Benehmens. Diese Fibeln richteten sich sowohl an Kinder wie an Erwachsene, die mit den Regeln des Anstands und der feinen Sitten nicht ganz vertraut waren.
Der »Galateo« ist auch heute noch in Italien, was der »Knigge« für den deutschen Sprachbereich bedeutet, ein Synonym für Anstandslehre. Die vorläufig letzte Ausgabe des Buches ist 1978 in Mailand erschienen. In italienischen Zeitschriften gibt es noch immer eine Rubrik »Galateo«, an welche sich die Leser in Fragen des guten Benehmens und der Etikette wenden können.

(Als »Lettres de Civilité« wurde eine der Schreibschrift nachgebildete französische Drucktype bezeichnet. Diese Bezeichnung dürfte von der französischen Übersetzung des »De civilitate morum puerilium« des Erasmus von Rotterdam herrühren. Um welche der verschiedenen in Frankreich üblichen Caractères de Civilité es sich hier handelt, konnte nicht festgestellt werden.)

Giovanni della Casa, 1503—1556, entstammte einer vornehmen alten Familie in der Nähe von Florenz und galt als einer der elegantesten Schriftsteller des 16. Jahrhunderts. Er war apostolischer Kommissär in Florenz, Erzbischof und schließlich Sekretär des Papstes Paul VI., ehe er sich in ein Kloster zurückzog. Er schrieb »Rime«, die mit jenen des Pietro Bembo, dessen Biographie er unter anderem verfaßte, verglichen wurden. Das Werk, das seinen Ruhm begründete, war jedoch »Il Galateo«.

256.422-A.Fid. (66-194)

35 [Claudine Cœurderoy]

Dialogues d'une mère avec sa fille

Par Madame Cœurderoy, ancienne Élève de Saint-Cyr, sous le nom de Claudine Berthier de Grandry.

Auxerre, Imprimerie de Laurent Fournier. Et Paris, H. Barbou. An XI

8°. 4 Teile in 3 Bänden.
Teil 1: XII (samt Vortitel, Titel, Widmung und Vorrede), 270 S.
Teil 2: Vortitel, Titel, 216 S.
Teil 3: Vortitel, Titel, 335 S.
Teil 4: Vortitel, Titel, 418 S.
Anfangsvignetten, Culs-de-lampe, einzelne Blätter mit Kustoden.

Quérard, France litt. II, 237.

Die Widmung ist an junge Mädchen gerichtet, die noch Kinder sind. Sie sollen die kleinen Dinge, die ihnen hier dargeboten werden, noch vor dem charmanten Berquin lesen. Bei der Lektüre werde ihnen bewußt werden, wie wichtig es ist, gesellschaftliche Tugenden (vertus sociales) zu erwerben.
Im Vorwort entschuldigt sich die Autorin dafür, daß sie in diesen Dialogen die Hauptsache, die Religion, beiseite gelassen habe, und sie begründet dies damit, daß das Werk zwischen 1793 und 1794 geschrieben worden sei, um ihrer Tochter nützlich zu sein und ihre Familie von den Schrecken des Terrors abzulenken. Selbst von Moral und Wohltun zu sprechen, sei zuviel an Wagnis gewesen. Die Mütter sollten ihre Erziehung auf die Grundsätze des Christentums stützen. Die Autorin zählt alle Vorteile auf, die Mütter dann haben werden, wenn sie ihre Erziehung auf Glauben, Frömmigkeit und Moral aufbauen.
Der Inhalt des Werkes besteht aus Dialogen zwischen Mutter und Tochter, die durch Märchen unterbrochen werden. In den folgenden Dialogen wird das jeweilige Märchen besprochen, wobei das kleine Mädchen bisweilen Überlegungen anstellt, die wie jene eines Erwachsenen klingen, so, wenn das Kind, anläßlich der Besprechung des Gewissens fragt: »Quoi, maman, la conscience se mêle de ces petites affaires-là«. Die Mutter erklärt der Tochter Begriffe, wie die unterschiedliche Bedeutung, die das Wort »Gesellschaft« haben kann, und die Funktionen, die der einzelne in der Gesellschaft übernimmt. Das Kind Félicité bemerkt: ». . . dis-moi qui tu hantes et je te dirai qui tu es.«

Im dritten Band erfährt man, daß die Mutter dem Kind einige Idyllen von Geßner vorgelesen hat, und daß nun Félicité ihrerseits ebenfalls eine Idylle verfaßt hat. Die Eltern ziehen mit der Tochter auf das Land, wo sie sich sehr glücklich fühlt; mit ihren Spielgefährtinnen erhält sie — spielend — Unterricht. Auch die Mutter belehrt das Kind in ihren beiderseitigen Gesprächen. Eingestreut sind kurze Schauspiele, »Proverbes«, die dann von Mutter und Tochter kommentiert werden. Unter anderem bemerkt Félicité: »C'est tout simple, nous sommes bien élevés de pére en fils, de mère en fille . . .«, und sie schließt daraus, daß auch sie gut, tugendhaft und wohlerzogen sein müsse. Auch im Dorf sehe man, daß ehrbare Leute gute Kinder hätten.
Insgesamt enthält das Werk 40 Dialoge. Der in der Widmung erwähnte Berquin, 1749—1791, schrieb Idyllen im Stil von Geßner, Wieland und Metastasio.
Saint-Cyr war eine von Ludwig XIV. und Mme. de Maintenon gegründete Erziehungsanstalt für mittellose Mädchen aus dem Adel.

36 [Johannes Amos Comenius]

Joh. Amos Comenii Orbis Sensualium Picti pars prima

Hoc est: Omnium fundamentalium in mundo rerum, et in vita actionum, Pictura et Nomenclatura. Editio auctior et emendatior, cum Titulorum juxta atque Vocabulorum Indice. Der sichtbaren Welt Erster Theil. Das ist: Aller vornehmsten Welt-Dinge, und Lebens-Verrichtungen, Vorbildung und Benahmung. Aufs neue aufgelegt / an vielen Orten / neben einem Titel- und Wörter-Register verbessert; auch mit gantz neuen / schönern und deutlichern Figuren / versehen. Cum Gratia et Privil. Sacr. Majestatis, et Sereniss. Regis Poloniae atque Electoris Saxoniae.

Noribergae, Sumtibus Martini Endteri [1724]

8°. 2 Teile in einem Band.
Teil 1: Titel mit runder Holzschnittvignette und Devise: »Omnia sponte fluant absit violentia rebus.« Bibelzitat auf der Rückseite. 7 Bl. (lateinische und deutsche Anrede an den Leser, Praefatio und Vortrag), 315 S. (samt Zwischentitel), S. 315 verso und 2 Bl. Index Titulorum und Titelregister. 28 Bl. Index Vocabulorum, 24 Bl. Wörterregister, 152 große Holzschnitte und je 12 kleine Darstellungen auf S. 4 und 5. Die S. 6 (Invitation, Einleitung) und 314 (Clausula, Beschluß) mit dem gleichen Holzschnitt, signiert von I. Spörl. Bei Holzschnitt III, der in anderen Ausgaben mit einem beweglichen Ring und einer beweglichen Scheibe versehen ist (Himmel und Erde), fehlt sowohl der Grundholzschnitt wie die beweglichen Teile, die herausgerissen sein dürften.
Teil 2: Joh. Amos. Comenii Orbis Sensualium Picti denuò aucti Secunda, CL. Figuris instructa et illustrata, in qua Tyronibus facillimâ methodo et summâ voluptate ingens elegantium Phrasium ac rarissimorum Terminorum Artium in Prima Parte non extantium, copia instillari potest; quibus varia Moralia ad emendationem animi facientia, adjecta sunt. Cum Indice locupletissimo. Der Neuvermehrten Sichtbaren Welt Anderer Theil / mit 150. Figuren versehen und erläutert, In welchem jungen Leuten auf eine gar leichte Art

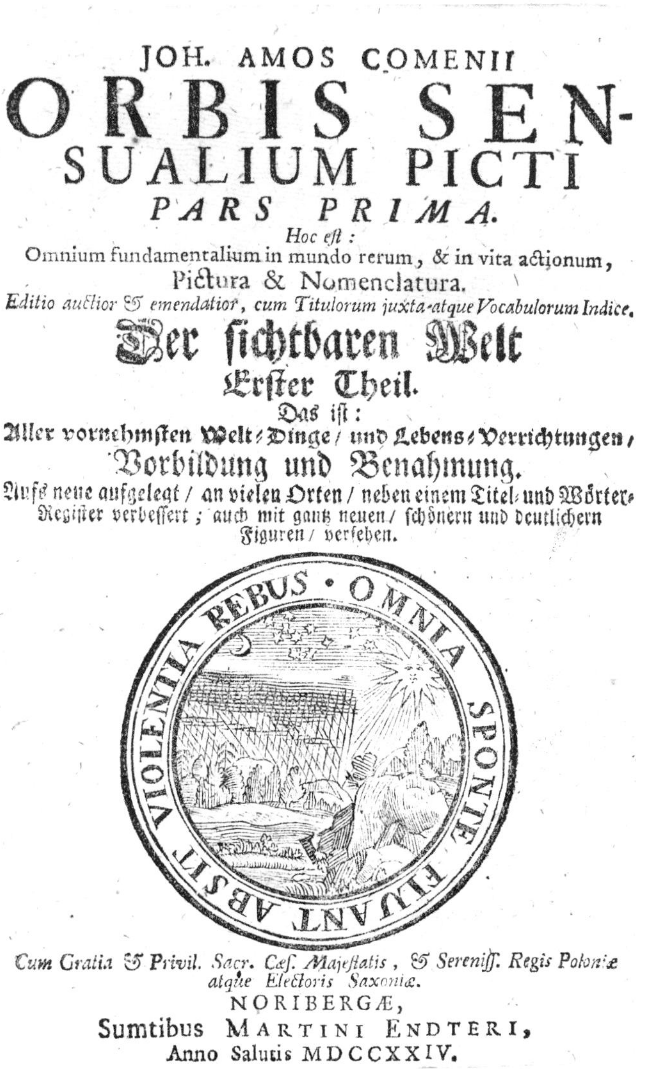
JOH. AMOS COMENII
ORBIS SENSUALIUM PICTI
PARS PRIMA.
Hoc est:
Omnium fundamentalium in mundo rerum, & in vita actionum,
Pictura & Nomenclatura.
Editio auctior & emendatior, cum Titulorum juxta atque Vocabulorum Indice.
Der sichtbaren Welt
Erster Theil.
Das ist:
Aller vornehmsten Welt-Dinge / und Lebens-Verrichtungen /
Vorbildung und Benahmung.
Aufs neue aufgelegt / an vielen Orten / neben einem Titel- und Wörter-Register verbessert; auch mit gantz neuen / schönern und deutlichern Figuren / versehen.

Cum Gratia & Privil. Sacr. Cæs. Majestatis, & Sereniss. Regis Poloniæ atque Electoris Saxoniæ.
NORIBERGÆ,
Sumtibus MARTINI ENDTERI,
Anno Salutis MDCCXXIV.

Bibl. Nr. 36, Titelkupfer

und mit gröster Lust / eine grosse Menge zierlicher Redens-Arten und rarer Wörter / wie in unterschiedlichen Künsten und Handthierungen ein Ding eigentlich zu geben, und in dem Ersten Theil nicht zu finden, können beygebracht werden; Denen noch ferner zu Erbauung des Gemüts allerhand dienliche Sitten-Lehren beygefüget worden. Nebst einem weitläufftigen Register.

Noribergae, Sumtibus Martini Endteri [1719]

8°. 449 S. (samt Zwischentitel), 5 ungezählte Seiten Syllabus Titulorum, Blatt-Weiser der Titel, und Kustoden der Titel, 28 Bl. Wörterregister, 150 Holzschnitte (ausschließlich Berufsdarstellungen).
In beiden Teilen durchgehend Kustoden.

Pilz, 180 (vorl. Exemplar aus der Fidei-Kommißbibliothek). Brüggemann 206. Nicht bei Rammensee.

In einer Ankündigung wird auf verschiedene Korrekturen, die an dieser Ausgabe vorgenommen wurden, verwiesen. Im »Vortrag« werden

(88)

XLII.

Anima hóminis. Die Seel des Menschen.

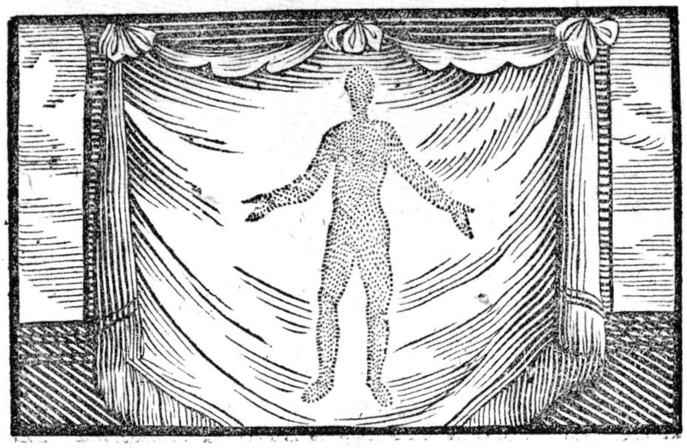

Anima f. 1.	Die Seel	
est *córporis vita*,	ist des Leibes Leben /	Corpus, n. 3. der Leib.
		Vita, f. 1. das Leben.
una in toto:	einig in dem gantzen:	Unus, a, um, einig.
		Totus, a, um, gantz.
Tantùm	Allein	
vegetativa	eine Wachsthümliche	Vegetàtivus, a, um, wachsthümlich.
in *plantis*;	in den Pflantzen;	Planta, f. 1. die Pflantze.
simul sensitiva	zugleich eine Sinnliche	Sensitivus, a, um, sinnlich.
in *animalibus*;	in den Thieren;	Animal, n. 3. das Thier.
etiam rationális	auch eine Vernünfftige	Rationális, c. 3. e, n. 3. vernünfftig.
in *hómine*.	in dem Menschen.	Homo, m. 3. der Mensch.
Hæc consistit	Diese bestehet	
in *tribus*:	in dreyen Dingen:	Tres, c. 3. tria, n. 3. plur. drey.
Primò	Erstlich	
in *mente*.	in der Vernunfft/	Mens, f. 3. die Vernunfft.

sive

Bibl. Nr. 36, S. 88, »Die Seel des Menschen«

das Buch und die Methode, nach welcher man bei seiner Verwendung vorgehen soll, erläutert. »Wir wissen nicht, was nothwendig zu wissen ist, weil wir nicht, was nothwendig, gelernet.« Es ist, fährt Comenius fort, »... ein kleines Büchlein: aber gleichwohl ein kurtzer Begriff der gantzen Welt und der gantzen Sprache, voller Figuren und Bildungen, Benahmungen, und der Dinge Beschreibungen«. Das Buch soll die Schüler anlocken »[...] daß sie ihnen in der Schule, keine Marter, sondern eitel Wollust einbilden. Dann bekannt ist, daß die Knaben (stracks von ihrer Jugend an,) sich an Gemählden belustigen, und die Augen gerne in solchen Schauwercken weiden. Der aber zuwege bringt, daß von den Würtz-Gärtlein der Weißheit die Schrecksachen hinwegbleiben, der hat etwas Grosses geleistet.« Zum »nützlichen Gebrauch« rät Comenius, das Buch den Kindern in die Hand zu geben, ihnen die erwähnten Sachen zu zeigen wie Kleider, Bücher, Hausgeräte usw. Man solle ihnen auch gestatten, »die Gemählde mit der Hand nachzumahlen«, damit man sie daran gewöhnt, »einem Ding recht nachzusinnen, und darauf scharffe Achtung zu geben«. Der »Vortrag« endet mit den Worten: »So dann würde diese Schule ein warhafftiger Schauplatz der sichtbaren Welt ...« Und am Ende findet sich ein Zitat aus Sirach 25/5: »Wann Du, in der Jugend, nicht sammlest: was wilst Du im Alter finden?«

Das Buch beginnt mit einem figürlichen Alphabet, das heißt: neben jedem Buchstaben befindet sich die Abbildung des Tieres, »... dessen Stimme derselbige Buchstab ausdrucket«. So erblickt man ein Wickelkind neben dem Buchstaben »e«, die Legende dazu lautet: »Das Kind wemmert, infans éjulat: é é é«. Der Text ist so angeordnet, daß links die lateinische Version, in der Mitte die deutsche und rechts außen der lateinische Ausdruck mit der deutschen Übersetzung steht. Er beginnt mit Gott, der Welt, dem Himmel und den Elementen, es folgen die Naturgeschichte und die Beschreibung des Menschen, so auch der Seele: »Die Seel ist des Leibes Leben.« Dargestellt wird sie durch einen Mann vor dem Hintergrund eines gerafften Vorhanges. Die Figur besteht aus winzigen Punkten, durch die offenbar ihr unfaßbarer Charakter vorgestellt werden soll. Es folgen menschliche Tätigkeiten, Abbildungen verschiedener Handwerks- und Geschäftslokale, Schiffe, Schiffahrt, Berufe, Gerichtsbarkeit, Spiele, man erblickt »Das Reich und die Landschafft«, ein Feldlager, die Religion (Abbildung eines Domes), das Heydenthum, das Judenthum und das Christenthum. Vor dem »Beschluß« des ersten Teiles steht das »Jüngste Gericht«.

Teil 2 enthält auf 150 Tafeln ausschließlich Handwerke und andere Berufe. Im danebenstehenden deutschen und lateinischen Text werden der Beruf beziehungsweise das Instrumentarium, dessen er zu seiner Ausübung bedarf, ausführlich erklärt. Verwandte Berufe und Handwerke werden in aufeinanderfolgenden Kapiteln behandelt. Die Berufe beginnen mit dem Kantor, gehen über den Organisten und den Mesner bis zum Taschenspieler, Praestigiator, Agyrta oder Gesticulator. Beim »Bereuter«, der vom Knecht mit der Peitsche gefolgt ist, heißt es am Schluß: »Scholaren müssen tractirt werden wie die Pferde, da ihnen die eine Hand liebkoset, und die andere die Ruthe zeiget.« Nach jedem Text folgt solch ein Sinnspruch. Der Hofmeister, der »... jungen Herren, oder Pagen, oder andern Edlen« vorgesetzt ist, muß ihn in folgenden Fächern unterweisen: »Historien, Sitten-Lehre, Vernunfft-Kunst, Rhetoric (Red-Kunst), Natur-Kunst, Politic, Astronomie, Erd-Messerey, Erd-Beschreibung, Civil- und Kriegs-Bau-Kunst, Schiffer-Kunst, Wappen-Kunst (l'art du Blason), Geschlechts-Register« [Genealogie]. »Er wird ihnen auch mitgegeben, wann sie in fremde Länder reisen wollen.«

Beim Schlot- oder Schornsteinfeger steht: »Kinder fürchten sich für dem Schlot-Feger, und meynen, er sey der Lucifer (der Teufel). Die Welt richtet nach dem äusserlichen, Gott aber siehet das Hertz an.« Der »Armateur«, das ist der »Commendant eines Kriegs-Schiffes«, und der Corsaire, der »ohne Unterschied Freund und Feinde« angreift, werden in einem Abschnitt behandelt und auf einer Illustration dargestellt. Beim »Tuchmacher«, bei welchem der Werdegang von der Wolle bis zum fertigen Tuch dargestellt wird, wird am Ende Ovid zitiert: »Weist du nicht, daß aus der Schaf-Wolle Königlicher Purpur werde?« Der »Pflasterer« wird am Ende mit einem Wort Sirachs bedacht: »Die Gottlosen gehen zwar auf einem feinen Pflaster, das Ende der Höllen Abgrund ist.« Bei der Schilderung der Tätigkeit des Garkochs wird am Ende gegen Völlerei gewettert: »Viele aber bauen der Gesundheit ein Grab, durch ihren Schlund und Zähne.« Der letzte Beruf ist, wie oben erwähnt, der Taschenspieler, der mit einem Sinnspruch endet: »Sey nicht schnell zu urtheilen, es scheint offt böß, was gut ist, und wird für wahr gehalten, was eine Masque der Lügen ist«.

Johann Amos Comenius (Komenský), 1592—1670, studierte Theologie und wurde 1632 Bischof der Brüdergemeine in Böhmen. Der Dreißigjährige Krieg führte ihn nach England, Schweden, Ungarn, Polnisch-Lissa und schließlich nach Amsterdam.
Comenius gewann Weltbedeutung durch seine pädagogischen Lehren. Er wollte das verderbte menschliche Dasein verbessern und das Friedensreich Gottes und die böhmisch-mährische Brüdergemeine wieder herstellen.
Die bleibende Bedeutung Comenius' für das Unterrichts- und Erziehungswesen beruht darin, daß er, ohne die Forderungen des kirchlichen, staatlichen und geselligen Lebens zu verkennen, vor allem auf eine naturgemäße Erziehung der Jugend drang und die Anschauung der wirklichen Welt als Ausgangspunkt für allen Unterricht annahm.
Unter seinen Schriften seien erwähnt: »Janua linguarum reserata aurea sive seminarium linguarum et scientiarum omnium hoc est compendiosa latinam (et quam libetaliam) linguam una cum scientiarum artiumque omnium fundamentis perdiscendi methodus (Lesna 1631)«, »De rerum humanarum emendatione consultationis Catholica« [Amsterdam 1657] und »Didactica magna (Amsterdam 1657)«.

1.249 FKB (39-042)

37 [L'Abbé Etienne Bonnot de Condillac]

Cours d'Étude pour l'instruction du Prince de Parme

aujourd'hui S. A. R. l'Infant D. Ferdinand Duc de Parme, Plaisance, Guastalle etc. etc. etc.
Par M. l'abbé de Condillac de l'académie françoise et de celles de Berlin, de Parme et de Lyon; ancien précepteur de S. A. R.

Aux Deux Ponts 1782

8°. In 13 Bänden.
Band 1: gestochenes Frontispiz, 294 S. Discours préliminaire, La Grammaire.
Band 2: 400 S., Traité de l'Art d'Écrire.
Band 3: 326 S., De l'Art de Raisonner.
Band 4: 229 S., De l'Art de Penser.
Band 5: 706 S., 1 Bl. Errata. Histoire Ancienne.
Band 6: 672 S., 1 Bl. Errata. Histoire Ancienne.
Band 7: 660 S., 1 Bl. Errata. Histoire Ancienne.
Band 8: 723 S., 1 Bl. Errata. Histoire Ancienne.
Band 9: 646 S., 1 Bl. Errata. Histoire Moderne.
Band 10: 654 S., 1 Bl. Errata. Histoire Moderne.
Band 11: 708 S., 1 Bl. Errata. Histoire Moderne.
Band 12: 736 S., 1 Bl. Errata. Histoire Moderne.
Band 13: 366 + 84 S., Par M. l'abbé de Mably. De l'Etude de l'Histoire, 9 gefaltete Tafeln.
Anhang zu Bd. 13: 1 Blatt, Directions pour la conscience d'un Roi; composées pour l'Instruction de Louis de France Duc de Bourgogne par Messire François de Salignac de la Mothe-Fénelon Archevêque-Duc de Cambrai son précepteur. Imprimé à l'Haye en 1748. Devise: »Et nunc Reges intelligite: erudimini qui judicatis terram. Psaum. II. 10.«
3 Bl. Avertissement de l'Editeur Felix de Saint-Germain, 72 S.; Autre Supplément, Contenant diverses maximes [. . .] de M.r de Cambrai [. . .]. Bei fortgeführter Paginierung S. 73—82, Inhaltsverzeichnis S. 83—84.
In sämtlichen Bänden ist das Inhaltsverzeichnis in der Paginierung inbegriffen.

Quérard, France litt. II, 267.

Im »Discours préliminaire« stellt Condillac fest, die Methode, nach welcher er beim Unterricht des Prinzen vorgehe, würde neu erscheinen, obwohl sie im Grunde so alt sei wie die menschlichen Kenntnisse. Es sei die Art, in der die Menschen sich verhalten haben, um Künste und Wissenschaften zu erschaffen.
Man nehme an, daß Kinder zu Erkenntnissen, die einiger Überlegungen bedürfen, unfähig seien. Man warte, um ihnen solche Kenntnisse zu vermitteln, das Alter der Vernunft ab, so als ob es im Leben einen Augenblick gäbe, wo uns die Vernunft, die wir im Augenblick vorher nicht hatten, eingeflößt worden wäre. Der Verfasser gibt sodann einen kurzen Abriß der Entwicklung der Menschheit und stellt fest, es gebe kein Alter, in welchem man die Allgemeinprinzipien einer Wissenschaft verstünde, wenn man nicht die Beobachtungen gemacht habe, die zu diesen Prinzipien führen. Das Alter der Vernunft sei somit jenes, wo man beobachtet habe, die Vernunft werde dann zeitgerecht kommen, wenn wir die Kinder zu Beobachtungen anhalten. Man werde sehen, daß die wahre und einzige Methode darin bestehe, den Schüler vom Bekannten zum Unbekannten zu führen; daher genüge es, mit dem zu beginnen, was er weiß, um ihn etwas zu lehren, was er noch nicht weiß. Der Lehrer möge alle Systeme ignorieren ebenso wie sein Schüler, er solle mit ihm beginnen, von Beobachtung zu Beobachtung zu gehen, so als ob sie miteinander dieselben Entdeckungen machen würden. Um in der Erziehung Erfolg zu erzielen, müsse man ein Kind mit seinen geistigen Fähigkeiten vertraut machen, müsse man in ihm das Bedürfnis erwecken, sich ihrer zu bedienen. Habe ein Kind erst einmal seine Fähigkeiten erkannt, dann müsse man es nur gut führen, damit es den Lauf der menschlichen Kenntnisse erfasse und ihnen in ihrem Fortschreiten folge. Der Verfasser erörtert dann die Vorteile, die diese Methode mit sich bringe, und geht über zur Erziehung, die auf dem Gedächtnis beruht. Sie könne zwar Wunder vollbringen, doch nur für die Zeit der Kindheit, und im übrigen habe sie gerade bei begabten Kindern wenig Erfolg. Zwar dürfe man das Gedächtnis nicht vernachlässigen, niemals jedoch eines vergessen: Wer viel überlegt, merkt sich viel. Man glaube, daß Kinder nichts besser könnten als auswendiglernen, und um keine kostbare Zeit zu verlieren, fülle man ihnen den Kopf mit irgendwelchen Sachen. Man sollte sich auch hüten, Kinder mit zu tiefsinnigen Dingen zu belasten, es genüge, wenn man ihnen die Mittel an die Hand gibt, Kenntnisse zu erwerben: Man müsse das Kind denken lehren; dazu müßten wir uns über unsere eigenen Denkvorgänge im klaren sein. Der Mensch denke aus Gewohnheit oder nach Überlegung. Im ersten Fall würden wir uns unserer Urteile nicht bewußt, weil wir sie zu gleicher Zeit anstellten. Der Autor vergleicht diesen Vorgang mit der Bewunderung eines Malers, der ein Bild zum ersten Mal sieht und es vorerst als Ganzes betrachtet. Urteile man jedoch aus Überlegung, dann würden wir uns unserer Urteile bewußt, weil sie nicht simultan, sondern aufeinander folgen.
An einer Stelle, nachdem das Urteil »aus Gewohnheit« und das Urteil »nach Überlegung« eingehend behandelt wurden, bemerkt Condillac: »So bildet sich der Geschmack nach den Gewohnheiten, die wir angenommen haben. Er ist nichts anderes als das Ergebnis mehrerer

Gedankenverbindungen. Diese Gedankenverbindungen bewahren Modelle in uns auf, die wir nicht mehr überprüfen und nach denen wir ein schnelles Urteil über das, was schön ist, fällen. Nach den gleichen Grundsätzen können solche Gewohnheiten auch Ursache unserer Fehler und Irrtümer sein.«
Anhand der Entwicklungsgeschichte der Menschen habe der Verfasser den Prinzen eine Fülle zusammenhängender Kenntnisse gelehrt, indem er ihm erklärte, wie die Beobachtung zu den Entdeckungen führte. Die Menschen irrten selten, wenn es gelte, ihre dringendsten Bedürfnisse zu stillen. Anders verhielte es sich mit ihren theoretischen Überlegungen: Hier klärte die Erfahrung sie überhaupt nicht oder nur schwer auf, und sie konnten jahrhundertelang in ihren Irrtümern verharren. Anhand solcher und ähnlicher Erwägungen unterrichtete Condillac den Prinzen, der sich in seiner freien Zeit damit unterhielt, die Anfänge der Handwerke selbst nachzuahmen, in seinem Garten ein Feld bestellte, säte und erntete.
Condillac bemerkt: ». . . sie [die Völker] haben mit der Beobachtung der notwendigsten Dinge begonnen, dann suchten sie das Schöne und endeten damit, daß sie theoretische Überlegungen anstellten.«
So habe ihm die Geschichte des menschlichen Geistes den Weg gewiesen, dem er in der Erziehung des Prinzen zu folgen hatte. Unter anderem habe er versucht, den Geschmack seines Schülers zu bilden, indem er ihm Modelle des Schönen gezeigt und versucht habe, ihn damit vertraut zu machen. Ebenso ließ er ihn die besten Schriftsteller und dramatischen Autoren lesen. So lernte er die Sprache, und es schien, daß er sich mehr unterhielt als daß er studierte. Diese Lektüre führte ihn auf natürlichem Weg zu den Regeln der Kunst des Sprechens. Das war der Grund, weshalb der Verfasser eine Grammatik und eine Abhandlung über die Kunst des Schreibens (s. Titel des ersten und zweiten Bandes) verfaßte. Sein Ziel sei gewesen, die Beobachtungen, die der Prinz bei der Lektüre gemacht hatte, zu erweitern und zu entwickeln. Der Geschmack des Schülers formte sich, und der Verfasser glaubte, er könne ihm nun einige Kenntnisse in der Philosophie vermitteln. Da er bereits darin geübt war, Beobachtungen über seine geistigen Fähigkeiten, über den Ursprung der menschlichen Gesellschaft und über die Sprache anzustellen, zweifelt Condillac nicht, daß er fähig sei, mit den Philosophen zu beginnen. Denn wenn man einen Geist, der zu überlegen verstünde, von Wahrheit zu Wahrheit führe, sei nicht einzusehen, daß es Kenntnisse gebe, die außer seiner Reichweite lägen. Das Werk, das Condillac »Die Kunst zu denken« nennt, sollte den Prinzen mit einem Teil der Entdeckungen der Philosophen bekannt machen. Der Verfasser ist der Meinung, daß die Kunst, zu denken, im Grunde genommen die Kunst sei, zu beobachten und richtig zu urteilen. Im übrigen seien die Fertigkeiten des Sprechens, Schreibens, Überlegens und des Denkens im Grunde genommen ein und dieselbe Fertigkeit.
Wenn man bedenke, wie sehr wir ohne den Gebrauch der Zeichen in unseren Kenntnissen eingeschränkt wären, dann werde man beurteilen können, daß wir weniger Ideen hätten, wenn wir weniger Wörter hätten, und daß wir daher weniger fähig wären, zu denken und zu überlegen. So sei die Kunst des Sprechens nichts anderes als die Kunst, zu denken und zu überlegen, die sich in dem Maße entwickle wie die Sprache sich vervollkommne. Tatsächlich lernten wir sprechen, weil wir es lernten, die Gedanken, die wir haben, und die Beziehungen zwischen ihnen, auszudrücken. Ein Kind würde also nicht sprechen lernen, wenn es nicht schon Gedanken hätte und wenn es nicht ihre Beziehungen untereinander erfaßte. Es urteile und überlege, ehe es ein Wort einer Sprache kenne.
In diesem Stadium der Erziehung seien alle Bestrebungen auf ein und dasselbe Ziel gerichtet gewesen, nämlich den Prinzen das Denken zu lehren.
Hier findet sich eine Zwischenbemerkung über die Verschiedenheit der Erziehung in den einzelnen Gesellschaftsschichten: Da nicht alle Mitglieder der Gesellschaft in gleicher Weise zu ihrem Besten mitwirkten, müsse die Erziehung je nach dem Stande, zu dem einer bestimmt ist, variieren. Kenntnisse würden notwendig in dem Maße, als es sich um einen gehobenen Rang handle. Nach den Sprachstudien folgen jene in der Geschichte. »Wenn wir in ihr unseren Nutzen zu finden wissen, werden wir uns an der Erfahrung der vergangenen Jahrhunderte erleuchten.« Ein Fürst müsse lernen zu regieren. Für ihn werde die Geschichte ein Kurs in Moral und Gesetzgebung sein. Dieser Lehrgang in Geschichte müsse daher alles umfassen, was dazu beigetragen hat, die bürgerlichen Gesellschaften zu formen, sie zu vollenden, sie zu verteidigen, sie zu verderben oder sie zu zerstören. Nachdem der Prinz mit der Grammatik, der Kunst des Schreibens, der des Überlegens und jener des Denkens vertraut gemacht worden sei, würde es ihm leicht, noch etwas, nämlich die Geschichte, dazuzulernen.
Es folgt »Motif des Leçons préliminaires«. In einer Anmerkung erklärt der Autor, er werde nochmals beweisen, daß die Kinder fähig zur Überlegung seien. »Wenn man ein Vorurteil bekämpft, muß man es zu wiederholten Malen aufgreifen.«
Wir wüßten nur das, was wir gelernt haben. Eine Größe könne nur durch die Beziehung, die sie zu anderen hat, bestimmt werden; sich eine Vorstellung davon zu machen, heiße sie mit anderen vergleichen, die man beobachtet, und festzustellen, daß sie von ihnen mehr oder weniger verschieden ist. Die Fähigkeit, Überlegungen anzustellen, beginne, sobald unsere Sinne beginnen, sich zu entwickeln. Ehe das Kind sprechen gelernt hat, habe es bereits einige Kenntnis der Bewegungssprache. Seine Bedürfnisse seien bestimmend dafür, daß es beobachtet. Es lerne bald, seine Wünsche und Ängste auszudrücken. Die Interlinearversion sei sicher die beste Methode, um eine Sprache zu lehren. Das aber sei genau die Methode, der das Kind folge, wenn es die Sprache seiner Eltern lernt. So bezeichne man den Namen eines Gegenstandes, wenn das Kind durch seine Bewegungen anzeigt, daß es ihn haben will. Es werde also annehmen, daß dieser Name das Zeichen für die Sache selbst sei, und es werde daraus schließen, daß es das Zeichen an die Stelle seiner Geste setzen kann. Auch wenn Kinder Fehler machten, so setzten auch diese Fehler Überlegungen voraus, derer wir sie nicht für fähig gehalten hätten.
Kinder verhielten sich bei ihren Überlegungen zweckmäßiger, als sich Philosophen im allgemeinen verhalten: Sie gingen vom Bekannten zum Unbekannten vor, indem sie beobachteten, nach ihren Beobachtungen urteilten und dabei einen Scharfsinn entwickelten, der selbst die Hindernisse überwindet, die wir der Entwicklung ihrer Vernunft in den Weg stellen. Um seinen Unterrichtsplan durchzuführen, habe sich der Autor seinem Schüler als Instruktor annähern, sich ganz an seine Stelle versetzen, ihn spielen lassen und mit ihm spielen müssen; doch habe der Verfasser über diese Spiele kleine Betrachtungen angestellt, die für den Schüler gleichzeitig ein neues Spiel waren. Der Instruktor, das heißt der Verfasser, habe die erste Lektion begonnen, über die er mit dem Schüler (dem Prinzen) sprach, danach die zweite und schließlich die dritte vorbereitende Lektion. Der Prinz sei zu dieser Zeit sieben Jahre alt gewesen.
Die dem Band 13 beigebundenen »Directions pour la conscience d'un Roi« von Fénelon, 1748 in Den Haag gedruckt, werden vom Heraus-

geber mit der Mitteilung eingeleitet, ihre Drucklegung verdankten sie wahrscheinlich ebenso wie die Veröffentlichung des »Télémaque« einem ungetreuen Diener. Gefunden wurde das Manuskript im Hause des Herzogs von Beauvilliers, der Fénelon in enger Freundschaft verbunden gewesen ist. (Bibl. Nr. 60)

Etienne Bonnot de Condillac, 1715—1780, französischer Philosoph. Er wurde als Abbé Instruktor des Infanten von Parma, nachmaligen Herzogs Ferdinand und 1768 Mitglied der Académie Française. Sein vorzüglichstes Werk war der »Traité des sensations« (London und Paris 1754). Er verfaßte eine Reihe weiterer Werke, darunter auch den »Cours d'Études pour l'instruction du Prince de Parme« (Zweibrücken 1782).
Condillac ist der Begründer des Sensualismus, indem er nicht mehr, wie vorher mit Locke, die innere Wahrnehmung als eine zweite Erkenntnisquelle neben der äußeren gelten ließ, sondern aus der äußeren als einziger Quelle alle Vorstellungen als Umbildungen (sensations transformées) der Sinneswahrnehmung genetisch abzuleiten suchte.

255.805-A.Fid. (60-216)

38 [Thomas Day]

Geschichte Sandford's und Merton's für Kinder erzählt

Aus dem Englischen. Herausgegeben von J. H. Campe

Frankfurt und Leipzig, 1789

8°. 2 Teile in 1 Band.
Teil 1: XVI (Titel, Vorrede des Verfassers, Vorrede des Übersetzers), 222 S.
Teil 2: Titel (ohne Angabe des Herausgebers), 252 S.

Heinsius III, Sp. 507 (Braunschweig Schulbuchhandlung 788); Kayser V, 39 (Braunschweig 788); Brüggemann 216.

In der Vorrede beruft sich Day darauf, daß es in England an Büchern fehle, die man Kindern im ersten Lesealter in die Hand geben könne. Am brauchbarsten schienen ihm die Lebensbeschreibungen des Plutarch, Xenophons Erziehungsgeschichte des Cyrus und einige Stellen in »Robinson Crusoe«. Day verweist darauf, daß das Buch den Rahmen für eine Reihe von Erzählungen bilde, die sich »aus dem Hauptinhalte des Buchs ganz natürlich zu entwickeln« schienen. Den Stoff zu den Erzählungen habe er verschiedenen Autoren entnommen. Im »Vorbericht des Übersetzers« nennt Campe den Namen des Verfassers. Auf das Buch sei er durch die »Monthly Review« (Vol. LXX, p. 126 ff.) aufmerksam geworden.
Das Buch stellt die Geschichte eines zwar reichen, aber ungezogenen, und eines armen, aber braven Knaben dar. Eingestreut sind Geschichten moralischen Inhalts.

Thomas Day, 1748—1789, studierte in Oxford, erwarb sich sodann Rechtskenntnisse und übte die Funktion eines Advokaten aus. Er gab den Beruf später auf und führte ein einfaches Leben, in dem er stets anderen zu helfen suchte. Sein erstes Werk war ein Gedicht gegen die Negersklaverei; in der dritten Auflage findet sich eine Widmung an Rousseau. Day verfaßte ein Gedicht gegen den Krieg in Amerika und Prosastücke, die gleichfalls den Krieg in Amerika und den Sklavenhandel betrafen.
Den größten Erfolg jedoch hatten Days Bücher für Kinder, darunter »Sandford und Merton«, das in Frankreich ebenso verbreitet war wie in England.

254.169-A.Fid. (44-114)

39 [Daniel Defoe]

The Life and most surprizing Adventures of Robinson Crusoe

Of York, Mariner; Who lived eight-and-twenty years in an uninhabited island on the coast of America, near the mouth of the great river Oroonoque. With an account of his deliverance thence, and his after Surprizing Adventures.
In two Volumes. A New Edition, revised and corrected, Adorned with several Elegant Plates.

London, William Lane [1783]

Band 1: Gestochenes Frontispiz, IV (Titel, Vorwort), 175 S.
Band 2: S. 177—331. Insgesamt mit 12 gestochenen Tafeln, 6 davon gefaltet. Kustoden.

Nicht bei Ullrich, der zwar eine Ausgabe mit dem gleichen Titel nachweist, die jedoch in Edinburgh bei John Robertson 1777 erschien. Die vorliegende Ausgabe enthält auch den III. Teil, die »Vision of the Angelic Word [sic]«.

251.349-A.Fid. (6-070)

40 [Daniel Defoe]

La Vie et les Aventures de Robinson Crusoe

Contenant sa naissance, son évasion de chez ses Pere et Mere, les Voyages qu'il fit sur mer, et son séjour dans le Bresil. Traduit de l'Anglois.

Amsterdam, Aux Dépens de la Compagnie [1765]

8°. 4 Teile in 2 Bänden.
Teil 1: Contenant sa naissance, son évasion de chez ses Pere et Mere, les Voyages qui'il fit sur mer, et son séjour dans le Bresil. Vortitel (mit Anweisung für den Buchbinder am verso), Frontispiz, Titel in Rot-Schwarz-Druck, 238 S.
Teil 2: Contenant le séjour qu'il a fait pendant vingt-huit ans dans une Isle deſerte, située sur la côte de l'Amérique, près de l'embouchure de la grande Riviere Oroonoque. Vortitel, Titel in Rot-Schwarz-Druck, 252 S.
Teil 3: Contenant son retour dans son Isle, et ce qui s'y passa pendant son absence. Vortitel, Titel in Rot-Schwarz-Druck, 213 S.
Teil 4: Contenant ce qui se passa dans l'Isle de Madagascar, son séjour à Bengale, son Voyage dans la Chine, etc. Vortitel, Titel in Rot-Schwarz-Druck, 251 S. Mit insgesamt 12 gestochenen, nicht signierten Tafeln.

Nicht bei Ullrich; Gumuchian 4804. — (Zu dieser Ausgabe s. auch den Katalog »Europäische Kinderbücher vom 15. bis zum 19. Jahrhundert«, Wien 1979, S. 153 f.)

253.122-A.Fid. (34-166)

41 [M. Delacroix]

Dictionnaire Poétique d'Éducation

Où, sans donner de préceptes, on se propose d'exercer et d'enrichir toutes les facultés de l'ame et de l'esprit, en substituant les exemples aux leçons, les faits aux raisonnements, la pratique à la théorie. Par M. Delacroix.
Devise: »Omne tulit punctum qui miscuit utile dulci, Lectorem delectando pariterque monendo. Horat. de Arte poët.«

Paris, Vincent [1775]. Avec Approbation, et Privilege du Roi.

8°. In zwei Bänden.
Band 1: VIII (samt Vortitel und Titel, Avertissement), 803 S.
Band 2: Vortitel, Titel, 766 S. (samt einer Table des poëtes), 1 Bl. Verlagsanzeigen, Fleurons.

Nicht nachweisbar.

Im »Avertissement« verweist der Herausgeber darauf, daß es nicht genüge, dieses Dictionnaire als zufällige Ansammlung von poetischen Studien zu betrachten, solcher Sammlungen gebe es bereits zu viele. *Sein* Ziel sei es, den Geist der jungen Leute beiderlei Geschlechts zu formen, ihr Gedächtnis zu üben und Tugend und Ehre in ihre Herzen zu pflanzen. Bei der Auswahl sei sehr sorgfältig vorgegangen worden, gleich wie die Biene, die ihren Honig aus Tausenden von Blüten zusammenträgt. Keine Art von Poesie sei ausgeschlossen worden, weil jede das Ihre zur Belehrung der Jugend beitragen könne. Den interessantesten Teil habe jedoch zweifellos das Theater geliefert. »Alle unsere Tragödien, ohne die mittelmäßigen auszunehmen, sind voll von erstaunlichen Zügen von Seelengröße, Großzügigkeit und Wohltätigkeit.« Wenn die jungen Menschen die verschiedenen Artikel mit Aufmerksamkeit läsen, würden sie mühelos die Gebräuche und Gewohnheiten der Gesellschaft kennenlernen; man habe, um keinen Wunsch offen zu lassen, von jeder Szene eines Theaterstückes den Inhalt in kurzen Worten wiedergegeben. Am Ende des zweiten Bandes befindet sich ein Verzeichnis der zitierten Dichter von François Villon bis auf »unsere Tage«, das über jeden von ihnen eine kurze Biographie samt einer Liste seiner Werke enthält. Die kritischen Leser würden dieses Verzeichnis als einen der Hauptteile des Werkes betrachten, und für die jungen Leute werde es sehr nützlich sein.
Die beiden Bände sind in Abschnitte gegliedert, von denen jeder eine bestimmte menschliche Tugend zum Gegenstand hat, wie zum Beispiel Amour maternel, Bienfaisance, Consolation, Devoir, Eloquence usf., wobei die Eigenschaften in alphabetischer Reihenfolge gegliedert sind. Den Beschluß bildet »Zèle«. Unter den Autoren befinden sich neben Villon d'Alembert, Boileau, Corneille, La Fontaine, Malherbe, Molière, Racine, Ronsard, Le Sage, Scarron, Voltaire usw.
Auch Friedrich der Große ist vertreten mit einem Gedicht, das die Mittelmäßigkeit im Gegensatz zur Größe, zu welcher Fürsten verdammt sind, preist. Es endet: »Pour moi, menacé du naufrage, — Je dois, en affrontant l'orage, — Penser, vivre et mourir en roi«.

Jean François de Lacroix wurde in Compiegne geboren und gilt als Kompilateur des 18. Jahrhunderts. Werke in Auswahl: L'Esprit de Mlle de Scudery (Amsterdam 1766). Abrégé chronologique de l'histoire ottomane, 2 Bände (1768). Dictionnaire portatif des faits et dits mémorables de l'histoire ancienne et moderne, 2 Bände (1768). Dictionnaire historique portatif des Femmes célèbres, 2 Bände (1769).

1.758 FKB (226-412)

42 [Christian Friedrich Dotzauer]

Lehren für Jünglinge zur weisen und glücklichen Führung ihres Lebens

Von Christian Friedrich Dotzauer, Diakonus in Sonnenfeld im Hildburghäusischen Koburg, Rudolph August Ahl, 1790

8°. Widmung, Titel, 104 S. (samt Vorerinnerung und Einleitung). Die Seiten 1—8 sind nicht vorhanden.

Heinsius I, Sp. 705; Kayser II, 70; Brüggemann 226.

Die Absicht des gegenwärtigen Werkchens sei es, wie der Verfasser in der »Vorerinnerung« bemerkt, dem Jüngling aus gesittetem Stand, der in die Welt zu treten im Begriffe ist, die Religion Jesu als die sicherste Lehrerin der Glückseligkeit zu empfehlen. Denn allzu oft geschehe es, daß der junge Mann es unterläßt, zu prüfen, ob diese oder jene Handlung mit der Tugend übereinstimmt, und oft geschehe es, daß er die kalte Vernunft außer acht läßt. Es bedürfe großer Vorsicht und Weltklugheit, den Verführungen des Lasters nicht nachzugeben.
Im Text heißt es, der Mensch fühle ein inniges Streben nach immer größerer Vollkommenheit, seine Bestimmung: »Er ist zur Glükseligkeit geschaffen.« Wie soll er es anfangen, dieses Ziel zu erreichen? Das erste, was wir entdeckten, sei unsere Schwäche. Mit der bloßen Vernunft allein kämen wir auch nicht weiter, es bedürfe einer höheren Erkenntnis. Der Mensch allein fehle, er bedürfe einer Quelle, ». . . die ihm Ruhe und Trost gewährt . . .« und das sei die Religion Christus'. »Aus der Tugend fließt der wahre Friede; Wollust ekelt, Reichthum macht uns müde . . .«, wird aus Hallers Gedichten zitiert. Der Glaube an Gott sei die Quelle erhabenster Freuden. Dann folgt wieder ein Zitat aus einem französischen Schriftsteller, in dem der Jüngling aufgefordert wird, aus den »dunklen Tempeln« herauszutreten und Gott in der »stillen Betrachtung der Natur« zu suchen. Auf den folgenden Seiten wird vor dem Laster gewarnt und werden seine Gefahren geschildert. Der Weg zur Tugend sei rauh, der zum Laster anmutig, verliere sich aber in eine »tödende Wüste«.
Im zweiten Abschnitt werden Mittel, Religion und Glauben zu bewahren, angegeben und die Lektüre bestimmter Autoren empfohlen. Im dritten Abschnitt wird davon gesprochen, wie man sich bei entstehenden Zweifeln an der Religion verhält. Man solle unter anderem einen Freund befragen, der tiefer in dieses Gebiet der Wissenschaft eingedrungen ist.
Der vierte Abschnitt handelt vom gesellschaftlichen Umgang und der Wahl der Freunde. Der Mensch sei von der Natur zu teilnehmender Geselligkeit angelegt. »Die Gesellschaft ist also die Schule, die den Menschen zum Menschen macht, seine Kräfte entwikelt, seinen Geist bildet und veredelt.« Der Verfasser spricht auch davon, daß das Vergnügen an der Gesellschaft gefährlich sein könne, der Jüngling müsse daher in der Wahl seines Umganges sehr vorsichtig sein. Es werden sodann Beispiele von Jünglingen gebracht, deren Umgang abzulehnen sei.

Der letzte Abschnitt spricht von Leiden, durch die man sich in seinem Glauben nicht beirren lassen dürfe.

Christian Friedrich Dotzauer, 1764—1794, Diakon in Sommerfeld im Fürstentum Hildburghausen. Verfasser folgender Werke: Die ersten Früchte (Hildburghausen 1785), Predigten (Hildburghausen 1790), Vermischte Gedichte (ebenda 1790), Dr. G. P. Hönn's, [. . .], Sachsen-Coburgische Chronik etc., 2 Bände (Coburg 1792), Lehrreiche Unterhaltungen in Nebenstunden (ebenda 1793).

256.223-A.Fid. (65-202)

43 [FRANÇOIS GUILLAUME DUCRAY-DUMINIL]

Alexis oder das Häuschen im Walde

Eine Handschrift die am Ufer der Isere gefunden ward, herausgegeben von dem Verfasser von Lolotte und Fanfan.

Wien, Franz Haas, 1794 und 1793

Kl.-8°. In zwei Teilen. Teil 1: 1794, Teil 2: 1793. Jeder Teil besteht aus zwei Büchern, die fortlaufend paginiert sind, jedes Buch ist unterteilt in Kapitel.
Teil 1: Gestochenes Frontispiz, gestochener Titel mit Vignette, 196 S. (das 2. Buch beginnt mit S. 99).
Teil 2: 260 S. (samt Titel; das 4. Buch beginnt mit S. 115).

Nicht nachweisbar.

Eine Abenteuergeschichte, die die Wanderschaft und das romantische Schicksal des Helden schildert, ehe er ein reiches Erbe antritt und die Geliebte seines Herzens zum Altar führt.

François Guillaume Ducray-Duminil, 1761—1819, folgte 1790 Abbé Aubert als Redakteur der »Petit Affiches de Paris«. Er war Mitglied der Académie des arcades de Rome, des Musée de Paris, des Lyceé des arts, des sciences et belles-lettres und des Lycée de Paris.
Wegen einer Ankündigung in seinem Journal wurde er vom Konvent zu einer Gefängnisstrafe verurteilt, jedoch bald wieder freigelassen. Er schrieb zahlreiche Bücher, insbesondere für die Jugend. Ein einziger Grundsatz beherrschte alle seine Werke: Der Kampf der Unschuld mit der Gewalt und der List. Seine Romane und seine Theaterstücke waren große Erfolge.

259.173-A.Fid. (92-033)

44 [FRANÇOIS GUILLAUME DUCRAY-DUMINIL]

Les Déjeuners champêtres de mon cher oncle

à l'usage des Adolescens, Pour servir de suite aux Veillées de ma Grand'Mère, et aux Contes Moraux de ma Grand'Tante. Par le G. Ducray-Duminil. Devise: »Oh, si l'on connaissait la vie de chaque individu qui passe dans ces campagnes! . . . quel code de morale!«

Paris, Le Prieur. An IX. [1791]

Kl.-8°. In 2 Bänden.
Band 1: gestochenes Frontispiz, 253 S. (samt Vortitel, Titel und Prologue), Inhaltsverzeichnis auf S. 253 verso.
Band 2: gestochenes Frontispiz von Bovinet und Binet. 245 S. (samt Vortitel und Titel), Inhaltsverzeichnis auf S. 245 verso.
Jeder Band hat einen Vortitel mit Avis am verso.

Quérard, France litt. II, 633 (1800).

Im Prolog erzählt der Verfasser, daß er und seine Geschwister, von denen das älteste noch nicht sechzehn Jahre ist, in Paris im Haus eines Onkels leben und von ihm wie von einem Vater geliebt werden. Der Onkel führt sie in regelmäßigen Abständen aufs Land zu einem Déjeuner champêtre. Dort stoßen sie entweder auf Leute, die ihnen ihre Schicksale erzählen, oder sie erleben selbst ein Abenteuer. Jede der Erzählungen enthält eine nützliche Moral.

258.813-A.Fid. (126-104)

45 [FRANÇOIS GUILLAUME DUCRAY-DUMINIL]

Les Journees au village ou tableau d'une bonne Famille.

Ouvrage où l'on trouvera des Contes, des Historiettes, des Apologues, etc. pour amuser utilement la jeunesse. Orné de 72 figures. Devise: »Voyez-vous cet asyle champêtre, là-bas près de ce bois, sur le penchant de cette colline boisée? . . . c'est le toît du père de famille qui forme des hommes pour la postérite.«
Par M. Ducray-Duminil.

Paris, Leprieur. An XII. — 1804.

12°. 8 Bände.
Band 1: XIX (Hommage und Programm des Werkes), 262 S.
Band 2: 283 S.
Band 3: 269 S.
Band 4: 310 S.
Band 5: 275 S.
Band 6: 260 S. (fälschlich 275 aufgedruckt).
Band 7: 244 S.
Band 8: 231 S.
Mit Ausnahme von Band 1 sind in den restlichen sieben Bänden die Titel in der Paginierung inbegriffen, in sämtlichen Bänden auch das Inhaltsverzeichnis. 35 gestochene Tafeln.

Quérard, France litt. II, 633; Gumuchian 2289 (Ouvrage très difficile à trouver bien complet.) Das vorliegende Exemplar ist vollständig.

In der »Huldigung« erklärt der Autor, daß er sich an die achtjährigen und noch älteren Kinder wende, die schon imstande sind, die Moral im Gewand der Unterhaltung zu schätzen. Dieses Alter sei für alle Eindrücke am empfänglichsten. Der Verfasser wolle belehren, indem er zerstreut, mit dieser Absicht habe er sein Werk geschrieben, es soll eine Art Erziehungsplan darstellen, auch wenn die Erzähler abwechseln und es bald der Vater, bald die Mutter oder die Erzieherin sei, welche die Geschichten und Märchen erzähle.
Im »Programm« der Arbeit stellt der Autor die handelnden Personen vor, die Eltern, den Großvater, die Erzieherin und fünfzehn Kinder, von denen fünf durch die Eltern adoptiert wurden.
Der Inhalt, der auf insgesamt 62 Tage verteilt wird, besteht aus Erzäh-

lungen, Romanen, Fabeln und Gleichnissen, die ausnahmslos eine Moral enthalten, die dann von den Zuhörern und dem Erzähler besprochen wird. In Band 5 findet sich ein »Cathéchisme de Civilité, à l'usage de la jeunesse«. Vorerst wird der Begriff »civilité«* erläutert. Auf die Frage: »Was ist civilité?« lautet die Antwort: »Das ist die Kunst, sich zu halten, zu gehen, zu laufen, sich vorzustellen, zu grüßen, sich niederzusetzen, sich zu erheben, zu sprechen, zu antworten, sich den Augen der Mitwelt darzubieten.« Im folgenden wird jeder dieser Ausdrücke erklärt und kommentiert. Am 62. und letzten Tag findet eine Preisverteilung statt, bei der die Kinder nach Verdienst für Beredsamkeit, Sanftmut, für Latein- und Griechischkenntnisse usf. bedacht werden.

256.465-A.Fid. (67-242)

46 [François Guillaume Ducray-Duminil]

Petit-Jacques et Georgette

ou les petits Montagnards Auvergnats; Par l'Auteur de Lolotte et Fanfan, et d'Alexis ou la Maisonette dans les Bois. Devise: »Allez, pauvres Orphelins? Tâchez d'attendrir les cœurs sensibles, et de rencontrer quelque part la paix et le bonheur! . . .«

Paris, Maradan; Perlet; Blanchon; Geneve, Barde, Manget et Comp.; Bruxelles, le Charlier, 1791

Kl.-8°. In vier Bänden mit insgesamt 15 Büchern. Vor jedem Buch befindet sich ein Inhaltsverzeichnis, das in der Paginierung inbegriffen ist. Fleurons und Culs-de-lampe in Holzschnitt. Auf der Rückseite des jeweiligen Vortitels: Ankündigung, daß die in der Erzählung enthaltenen Lieder in Musik gesetzt wurden.
Band 1: IV (Avertissement), 215 S.
Band 2: 250 S.
Band 3: 244 S.
Band 4: 334 S., davon S. 297—334 alphabetisches Register von in der Erzählung vorkommenden Personen, Orten, Begriffen, Ereignissen usf.
Jeder Band hat einen Vortitel mit Avis auf der Rückseite, ein gestochenes Frontispiz von Bornet und Duhamel und ein Titelblatt.

Quérard, France litt. II, 634 (5. Ausg. 1813); Gumuchian 2290—2292 (Ausg. 1792 und 1793), 1. Ausg. 1789.

Im Vorwort erklärt der Verfasser, daß die Wirren der Revolution ihn daran gehindert hätten, den vierten Band zeitgerecht herauszubringen, und daß es auf diese Wirren zurückzuführen sei, wenn Fehler sich eingeschlichen hätten. Er bittet auch um Verständnis dafür, daß er eine Person eingeführt habe, die zu Abschweifungen Anlaß gebe; er wollte nur zeigen, daß Leute, die alles wissen und sehr viel Talent besitzen, oft in einem Spital sterben, weil sie sich den Ereignissen nicht unterordnen wollen.
Im ersten Buch werden die kleinen Titelhelden vorgestellt, ihr Leben in der Auvergne, ihr Vater, der am Schluß dieses Buches tödlich verunglückt. Bereits hier werden in Anmerkungen verschiedene Begriffe und Wörter, wie etwa Lava und Basalt, auch solche historischen Charakters, ausführlich erläutert. Unter anderem werden Gregor von Tours, Rousseau und Vergil zitiert.
Im zweiten Buch werden die beiden Kinder vom Pfarrer getröstet. Sie verlieren ihre Hütte, begeben sich auf Wanderschaft und machen halt in Moulins, wo sie einen Affenführer namens Bonnin kennenlernen. Er fordert sie auf, mit ihm zu gehen, was die Kinder auch tun. Sie ziehen von Stadt zu Stadt und kommen nach Paris. Bonnin ist ein vom Schicksal geschlagener Mann, der aber sehr gelehrt ist und nun beginnt, die Kinder zu unterrichten. Er unternimmt mit ihnen einen Rundgang durch Paris, bei dem er ihnen alle historischen Gebäude erklärt.
Im dritten Buch setzen sie ihre Reise fort und kommen nach Montargis und Nevers. Sie treffen im Gasthaus zwei Mediziner, mit denen Bonnin ein Gespräch über Medizin führt. Nach einer Reihe von Abenteuern verlassen Bonnin und die Kinder Nevers. Montargis wird mit der Anmerkung versehen, daß es die Heimatstadt der Mme. Guyon ist, die mit ihrem Mystizismus den Quietismusstreit zwischen Fénelon und Bossuet verursacht hatte.
Im vierten Buch werden Charakter und Aussehen von Petit-Jacques geschildert; er ist nun 14 und Georgette 13 Jahre alt. Auf dem Weg von Nevers nach Moulins verirren sich die drei Gefährten, und die Kinder verlieren Bonnin. Sie fallen einem Räuber in die Hände.
Das fünfte Buch bringt das Ende des Abenteuers mit dem Räuber. Eine Dame und ein Herr fassen Freundschaft zu den Kindern und adoptieren sie. Die Marquise nimmt Georgette und der Baron Jacques. Im Verlauf dieses Kapitels werden einige Städte des Bourbonnais und von Berry sowie solche in Burgund beschrieben. Im Schloß der Marquise kehrt ein Bettler ein, der niemand anderer als Bonnin ist. Als man dahinterkommt, wer der Bettler war, ist er schon über alle Berge. Im Schloßpark hat er eine Papierrolle verloren, die seine Geschichte enthält.
Im sechsten Buch wird die Geschichte Bonnins erzählt. Sein Vater stand im Dienst des Papstes und war ein gelehrter Mann. Nach seinem Tod ging Bonnin mit einem englischen Physiker nach London. Vor seiner Abreise gibt er eine ausführliche Beschreibung Roms.
Siebtes Buch: Schilderung und Abenteuer Bonnins in England. Er kehrt nach Frankreich zurück, von wo er sich mit seinem Bruder nach Malta begibt. Es folgt eine Beschreibung Maltas und der Sitten seiner Bewohner. Der Ursprung des Malteserordens wird erklärt. Bonnin fällt in die Hände eines algerischen Sklavenhändlers. Gespräche über Alchimisten und Goldmacherei. Bonnin ist endlich frei, wird aber bestohlen und gelangt nach Ceuta. Dort kauft er Affen, schifft sich ein, reist durch Spanien und einige Provinzen Frankreichs.
Achtes Buch: Betrachtungen des Barons zur Geschichte Bonnins. Pläne der Kinder. Ihre Beschützer werden ihrer überdrüssig und wollen sie zu Dienstboten machen. Die Kinder werden schließlich aus dem Schloß gejagt, nachdem sie ihre alten ärmlichen Kleider wieder angezogen haben. Sie begeben sich auf die Suche nach Bonnin. Mit Einbruch der Nacht kommen sie in eine Herberge, wo sie ein schreckliches Abenteuer erleben.
Neuntes Buch: Zwei Diebe haben Feuer an die Scheune gelegt, in der

* Die Civilité, Civilitas, bildet den Inhalt von Erasmus' »De Civilitate Morum puerilium . . .« Dieser Civilitas des Erasmus entsprechen Eigenschaften, die nicht in der Schule erworben werden, wie Anstand, Weltgewandtheit, Zuvorkommenheit usf. Littré definiert die »Civilité« als »Bonnes manières à l'égard d'autrui; usage du monde«, also als Wohlverhalten gegenüber dem Nächsten oder auch Weltkenntnis. In Frankreich hat der Begriff der Civilité sich in Verbindung mit honnête, chrétienne, puérile usf. bis ins späte 19. Jahrhundert lebendig erhalten. So konnte der Buchillustrator M. Boutet de Monvel noch 1887 ein Anstandsbuch mit dem Titel »Civilité puérile et honnête« herausgeben und diesen Begriff bei seinen kleinen Lesern als bekannt voraussetzen.

sich die Kinder befinden. Die Diebe plündern die Herberge aus, aber die Kinder werden des Diebstahls und der Brandlegung beschuldigt. Sie werden eingesperrt, jedoch von der Frau des Schloßverwalters befreit, und begeben sich wieder auf Wanderschaft, sie beginnen wieder zu singen und zu tanzen. Ein Abbé nimmt sich ihrer an, und Petit-Jacques wird Enfant de chœur. Als sie eines Abends den Friedhof besuchen, hören sie Seufzen und Stöhnen.
Zehntes Buch: Der Lärm, das Seufzen und Stöhnen dringen aus einem Sarg, in welchen man Bonnin, der irrtümlich für tot gehalten worden war, gelegt hatte. Nachdem er sich erholt hat, trägt der Pfarrer ihm das Amt des Mesners an, das er auch annimmt. Zwischen ihm und dem Pfarrer spinnt sich ein ausführlicher Disput über theologische Fragen an. Hier wird ein langer Essay über alle Religionen eingefügt. In einer Anmerkung verweist Ducray-Duminil darauf, daß es sich um eine historische Diskussion handelt.
Im elften Buch stellt Bonnin Reflexionen über seinen Essay an. Er zieht sich die Feindschaft des Pfarrers zu und wird gewarnt, daß er und die Kinder (Bonnin ist Ex-Jesuit) von den Jesuiten weggeschafft werden sollen. Petit-Jacques soll Jesuit und Georgette in ein Kloster gesteckt werden. Sie begeben sich wieder auf das Schloß Artigues, wo sie aufs beste empfangen werden. Der Baron erzählt von einer Reise, die er durch Spanien unternommen hatte, was wiederum zu ausführlichen Schilderungen von Land und Leuten Gelegenheit bietet.
Zwölftes Buch: Viktor, der Diener des Barons, warnt Bonnin und die Kinder, daß die Sendboten des Bischofs von Autun im Kommen seien, um sie zu entführen. Sie verlassen das Schloß und begeben sich zu einem Freund des Barons, M. de St. Cyr, der Bonnin seiner Gelehrsamkeit wegen zu seinem Bibliothekar macht. Jedoch können sich M. de St. Cyr und Bonnin wegen der Bibliothek nicht einigen, und so ziehen Bonnin, die Kinder und ihr Reisegefährte François Ouvrille wieder weiter.
Das dreizehnte Buch beginnt mit sechs Sentenzen: »On reconnaît l'homme sans jugement en six occasions: il se fâche sans sujet; il dit des choses inutiles; il se confie à tout le monde; il change de place sans raison; il se mêle de ce qui ne le regarde point; et il confond son ami avec son ennemi.« Bonnin erfährt durch einen Brief, den ihm der Zufall in die Hände spielt, daß irgend jemand die beiden Kinder sehnsüchtig sucht. In der Herberge, in der sie sich aufhalten, proben Musikanten die Musik zu einer Oper, was wieder Anlaß für Bonnin ist, sich über die Musik zu verbreiten. Sie erfahren, wer die Kinder sucht, nämlich der Entführer ihrer Mutter, der Comte de Rosambel. Eingeflochten wird eine abenteuerliche Geschichte, die Bonnin widerfährt. In ihr wird über Locke, Gassendi und Descartes disputiert.
Vierzehntes Buch: Bonnin ist schwer verletzt und wird in ein Armenspital gebracht. Die Kinder bleiben bei ihm und schicken ihren Freund Ouvrille aus, um den Comte de Rosambel zu suchen. Es folgt die Erzählung eines anderen Spitalsinsassen, mit dem Bonnin Erfahrungen über Perser, Juden, Gallier, Inder usf. austauscht. Am Schluß dieses Kapitels stirbt Bonnin.
Im fünfzehnten Buch wandern Petit-Jacques und Georgette wieder und treffen auf ihrer Wanderschaft den Neffen des Comte de Rosambel. Sie kommen in das Schloß des Grafen, werden von ihm adoptiert, heiraten und lassen sich mit ihren Familien in Clermont nieder. Am Ende des Buches, das bereits mit seinem Inhalt ein enzyklopädisches Wissen vermittelt, befindet sich eine »Table Alphabétique des noms de Villes, de Rivières, d'Hommes illustres etc. etc. cités dans cet Ouvrage«. In diesem Register werden die Namen mit Angabe des Buches, in dem sie sich befinden, und der Seite zitiert und eine Erklärung beigesetzt. Sie reichen von den Anabaptisten, dem Antichrist über Aristoteles, Giovanni Bologna, Cäsar, den Kardinal von Kues (Nikolaus), Descartes, Epikur, Heraklit, Johannes von Leyden, Pico della Mirandola, Newton usf. bis zu Tertullian und Zeno.

28.294 FKB (211-259)

47 [Joseph Sigismund Ebersberg]

Luise

Freundlicher Rath für die reifere weibliche Jugend, im geselligen Leben zu gefallen und zu beglücken. Von Ebersberg.

Wien, Tendler und von Manstein, 1827

8°. XII (Titel, Widmung und Vorerinnerung. Die Paginierung beginnt auf S. X), Zwischentitel, 148 S., 2 Bl. Verlagsanzeigen.

Heinsius VII, Sp. 194; Kayser II, 90; Seibert S. 175 und passim.

In der »Vorerinnerung« stellt der Autor fest: »Die Männer sind es, welche über das Verdienst der Frauen am gerechtesten urtheilen . . .« Er rechtfertigt seinen Versuch, hier als Mann Verhaltensregeln für Frauen aufstellen zu wollen, so: »Das weibliche Geschlecht will ja dem männlichen liebenswürdig seyn, und muß es daher nicht ungern sehen, daß wir ihm mittheilen, wie es, nach unserem Dafürhalten, Achtung und Liebe verdient.« Er habe benützt, was er in trefflichen Jugendschriftstellern, wie Glatz, Wieland, Wallenburg, Rousseau u. a., gefunden habe. Und als Schlußsatz: »Brave deutsche Mädchen werden sein (i. e. des Verfassers) Buch nicht ohne Erfolg gelesen, und er dasselbe nicht ohne Erreichung seiner Absicht geschrieben haben.« Die Ratschläge im Text werden in Form von Briefen an Luise erteilt und beginnen damit, daß Luise nach dem Tod ihrer Mutter eines Ratgebers bedarf.
Der erste Abschnitt handelt über »Die Bestimmung des Weibes«. Vorerst wird betont, daß sie sehr verschieden von jener des Mannes ist, während nämlich dieser die »weite Welt offen hat . . .«, sei jene auf den engen Kreis ihres Hauses beschränkt und habe keine andere Bestimmung, als zu beglücken. Des Mannes Teil sei der »rauschende Ruhm«, der des Weibes die »anspruchslose Übung stiller Tugend«.
Der zweite Abschnitt spricht von den »Tugenden, welche das schöne Geschlecht gefallen machen«, und wird durch den Satz bestimmt: »Vergänglich ist die Herrschaft der Schönheit, aber das Reich der Tugend ist ewig.«
Der dritte, vierte und fünfte Abschnitt befassen sich gleichfalls mit den Tugenden, welche gefallen machen. Unter ihnen spielen sittliche Würde, Bescheidenheit, weibliche Klugheit, ein veredeltes Herz usf. eine hervorragende Rolle. Es folgen Abschnitte über Tugenden, durch welche das schöne Geschlecht beglückt: Dazu gehören die Menschenliebe im allgemeinen und die für den Gatten im besonderen, Mutterliebe und Häuslichkeit. Ab und zu wird der Katalog der Tugenden durch das Beispiel einer Erzählung illustriert.
Der neunte und zehnte Abschnitt handeln von der Liebe, und hier wird ein praktischer Ratschlag erteilt: Ein Mann, der die jungen Frauenzimmer ». . . beglücken soll . . .«, muß vor allem dreierlei mitbringen, »ein[en] sittliche[n] Charakter«, ein »angemessenes Vermögen« und eine »Erwerb schaffende Beschäftigung«.

Im elften Abschnitt wird mit der »Putzsucht des weiblichen Geschlechtes« zu Gericht gegangen, und der letzte Abschnitt ist der »liebenswürdige[n] Jungfrau« gewidmet. Ein Kompendium moralischer Verhaltensregeln, das selbst für diese Zeit nicht leicht zu ertragen gewesen sein muß.
Gräffer-Czikann sprechen in einem anderen Zusammenhang von den »wohlgemeinten Absichten« des Verfassers.

Joseph Sigismund Ebersberg, 1799—1854, »fürstbischöflicher (Bres-lau'scher) Rath, beliebter Jugendschriftsteller«, fühlte sich schon früh zur schriftstellerischen Laufbahn hingezogen. Nachdem er mit seinen ersten Publikationen keinen Erfolg hatte, wandte er sich der Jugendschriftstellerei zu und gab unter anderem die »Feyerstunden«, eine periodische Jugendschrift, heraus, die später vom Verlag Sollinger übernommen und als literarische Zeitschrift weitergeführt wurde. Ebersberg verfaßte unter anderem ein Buch vom guten geselligen Ton, »ein Art verbesserten Complimentirbuches«. Seibert stellt den Autor »in die Tradition des moralisch-belehrenden Schrifttums« (S. 175 ff.). Viele seiner Jugendschriften wurden in »Kaysers Bücherlexikon« als von Luise Ebersberg herausgegeben verzeichnet.

48 [Karl von Eckartshausen]

Bibliothek für Mädchen, nach den Stuffen des Alters eingerichtet

München, Joseph Lentner, 1791

8°. Drei Teile in zwei Bänden.
Teil 1: Lesebüchlein mit moralischen Erzählungen, für Mädchen der ersten Klasse, welche eben lesen lernen. Titel mit gestochener Vignette, 2 Bl. (Imprimatur und Inhaltsverzeichnis), 80 S. und eine ungezählte Seite Verlagsanzeigen.
Teil 2: Lesebüchlein mit moralischen Erzählungen und einigen Vorbereitungskenntnissen zur Hauswirthschaft für Mädchen vom mittlern Alter. Titel mit gestochener Vignette und Sinnspruch auf der Rückseite, 2 Bl. (Inhaltsverzeichnis), 138 S., eine ungezählte Seite Verlagsanzeigen.
Teil 3: Handbuch für Mädchen von reiferm Alter; mit moralischen Erzählungen und ökonomischen Kenntnissen. Nebst einer Melodie. Titel mit Vignette und Sinnspruch auf der Rückseite, 240 S., 1 Bl. Inhaltsverzeichnis, 1 gefaltete Tafel mit Noten zwischen den S. 190 und 191.
Alle Reihentitel mit Vignette.

Meusel, Lemgo 1795 führt das Buch unter den Werken des Karl von Eckartshausen an. Holzmann-Bohatta I, 234; Kayser I 260 (schreibt das Werk Vinzen von Pallenhausen oder Karl von Eckartshausen zu); Brüggemann erwähnt unter 242—244 andere Werke des Autors.

Das erste Buch beginnt mit einem Dialog zwischen einem Vater und seiner Tochter: »Gott hat alles gemacht.« Dann folgen in bunter Reihe Gedichte und kleine Erzählungen belehrenden und erzieherischen Inhalts, Geschichten von braven und von schlimmen Kindern usf. Ebenso das zweite Buch im ersten Teil. Der zweite Teil enthält »Vorbereitungskenntnisse zur Hauswirthschaft«; hier wird die Zubereitung des Flachses, von Hanf, Baumwolle, Seide usw. erklärt. Der dritte Teil beginnt mit einem Aufsatz »Ueber die Bestimmung des weiblichen Geschlechtes«. Hier heißt es unter anderem: »Die Bestimmung des weiblichen Geschlechtes kömmt zwar mit jener des männlichen im allgemeinen überein; denn die Frauenzimmer als Menschen betrachtet, können nur auf dem nämlichen Wege zur wahren Glückseligkeit gelangen, worauf selbe die Männer erreichen.« Jedoch: »Der Mann macht sich in öffentlichen Geschäften um die Welt verdient, und bekannt . . . Mit den Frauenzimmern hat es eine ganz andere Beschaffenheit. Ihr Geschäfte ist in ihren Häusern, und ihr Lob in dem kleinen Zirkel ihrer Familien und Bekannten eingeschränkt.« Und weiter: »Ihre Bestimmung ist, beglückende Gattinnen, bildende Mütter und weise Vorsteherinnen des Hauswesens zu werden.« Vor allen anderen Kenntnissen müßten die »werthesten Freundinnen«, wie der Verfasser die Leserinnen anspricht, sich mit vielem Fleiß auf die Kenntnisse der Religion verlegen. Es folgen die üblichen Ausführungen über die Pflichten der Gattin und Mutter. Die Freundinnen werden ermahnt, das Leben nicht allzusehr von der leichten Seite zu nehmen, weil sich das später rächen würde. Die Frauen mögen sich um gute Einsichten bekümmern und ihren Verstand ausbilden, auch müßten sie sich beizeiten an stille Eingezogenheit gewöhnen und trachten, beständig beschäftigt und emsig zu sein. Frauen von hohem Stand müßten einige Wissenschaften kennen, denen von geringem Stand sei es genug, wenn sie in der Religion unterrichtet werden. Alle diese Forderungen werden dann erläutert. Zur Eingezogenheit bemerkt der Autor, die Chinesen hätten den Frauen durch »eine heilsame Verschwörung« die Füße verkrüppelt, um ihnen das Gehen (und Ausgehen) zu erschweren. Die Europäer dächten besser von ihren Frauen und griffen nicht zu solchen Mitteln, um sie zur Eingezogenheit zu erpressen.
In einer kleinen Erzählung wird uns Amalia vorgeführt, die alle geforderten Tugenden aufs glücklichste in sich vereinigt. Es folgen Lehren eines Vaters an seine Tochter zur »Erhaltung der Reinigkeit des Herzens«, mit welchen die Tochter vor allem zur Tugend der Keuschheit angehalten werden soll. Weiter geht es mit Gedichten und empfindsamen Erzählungen. In einer Art Tagebuchaufzeichnung, »Karoline an sich selbst«, stellt die Schreiberin fest, daß Schönheit nur wenige Jahre dauere: ». . . ein Frauenzimmer ist den kleinsten Theil ihres Lebens schön, den größten Theil ist sie nicht mehr schön . . .«, und weiter: »Aber die Tugend begleitet uns durch unser ganzes Leben.«
Der letzte Teil des Buches befaßt sich mit »Oekonomische[n] Vortheile[n]«, etwa wie Flachs verfeinert werden könne, vom Hecheln und Spinnen, und hier heißt es: »Wie gut läßt es einem Frauenzimmer, wenn es sich mit Spinnen beschäftiget!« Den einschlägigen Ausführungen schließt sich ein »Lied bey'm Spinnrade zu singen; mit einer Melodie« an. Das Buch endet mit einem Kapitel über das »Weben der Leinwand« und schließlich mit praktischen Ratschlägen für den Haushalt.

Karl von Eckartshausen, 1752—1803, geboren auf Schloß Eckartshausen, Sohn des Grafen Karl von Heimhausen und der Marianne Eckart, verfaßte zunächst juridische und belletristische, später dann mystische Schriften. Seit 1777 Mitglied der Akademie, seit 1784 Geheimer Archivar. In der zweiten Periode seines Schaffens schrieb Eckartshausen religiöse Werke.

11.569 FKB (127-027)

49 [Karl von Eckartshausen]

Der Prinz und sein Freund

ein Buch für Fürstenkinder geschrieben von dem Churfürstl. Hofrath und geheimen Archivar Karl von Eckartshausen

München, Joseph Lindauer, 1789

8°. Gestochenes Frontispiz von Mettenleiter, Titel mit gestochener Vignette, 2 Bl. »Uebersicht und System dieses Buches«, 414 S., Kustoden.

Kayser II, 94.

»Uebersicht und System . . .« beginnt damit, daß der Freund bemüht ist, den Prinzen Menschenkenntnis zu lehren; er zählt zu diesem Zweck Untugenden auf, die man an Höfen findet, wie Eitelkeit, Neid, Eigennutz usf. Sodann macht der Prinz seinerseits Wahrnehmungen über Freundschaft, Weltkenntnis usw. Der Text setzt fort mit einem Dialog, das heißt einem Frage- und Antwortspiel zwischen dem Freund und dem Prinzen. Die aufgezählten Untugenden werden anhand von Beispielen erläutert. Im Abschnitt »Weltkenntniß« heißt es: »Der Hof ist die Schule, wo man Weltklugheit lernt . . .« In dem Kapitel vom Zusammenleben der Menschen: »Nur zu sehr verschwindet die Größe des Menschen in der Nähe; man muß ihn immer in der Ferne sehen, und die Vertraulichkeit gleicht einem konvex geschliffenen Glase, wodurch man das Verdienst nicht sieht.« Und im Abschnitt »Umgang mit dem Frauenzimmer« findet sich die anmerkenswerte Feststellung: »Sie [i. e. die Ehemänner] bilden sich ein, ein ausschließendes Recht zur Treulosigkeit zu haben . . .«
Nach diesen und anderen Überlegungen, die der Freund und der Prinz angestellt haben, führt der Freund den Prinzen von der allgemeinen Kenntnis der Menschen zu jener der Hofleute zurück und erklärt ihm eine Reihe von Grundsätzen: »Der Prinz soll sich selbst kennen lernen, und wissen, daß er ein schwacher Mensch wie ein anderer sey.« — »Ein Regent muß Tugendhafte und Weise zum Umgang wählen.« — »Die Stärke eines Fürsten bestehe darinn [. . .] Wahrheit ertragen zu können« usw.
Weiter unten heißt es: »Ein Fürst muß Achtung gegen seine Unterthanen haben.« Hier werden vor allem die Verdienste des Bauernstandes hervorgehoben, auch wird der Prinz ermahnt, sich an eine härtere Lebensweise zu gewöhnen, die ihn vor der Verweichlichung am Hof schützen soll.
In einem gereimten »Taschenbuch für den Prinzen« werden die guten Lehren nochmals in Kurzform wiederholt. Es folgen historische Beispiele als Leitbilder für den Prinzen: Marc Aurel, Cato und andere. In einem Abschnitt »Von den Großen« wird »Demokratie« erläutert: »In der Demokratie ist es wesentlich, daß die Großen durch die Wahl bestimmet werden, und niemand, seines Standes wegen, davon ausgeschlossen sey.« Breiten Raum nimmt das Kapitel »Von dem Hofe« ein, das ein wenig schmeichelhaftes Bild vom Hofleben und den Höflingen liefert.
In den »Maximen für den Prinzen in einsamen Stunden zu überlegen« wird nochmals der Landbau hervorgehoben, der als »die einzige nöthige und die nützlichste Beschäfftigung« bezeichnet wird. In »Vom moralisch Großen« werden unter anderem Xenophon, Plutarch, Livius, Fénelon, Marmontel und Schrökh aufgezählt.
»Nur das Wichtige, das Allgemeinnützliche, nur das, was die Aufklärung und Ausbildung vieler Menschen betrifft, was sie weiser, tugendhafter und glücklicher macht, was zu ihrer Ruhe und Sicherheit gehört, nur das ist der Gegenstand des großen Mannes.«
Einer der letzten Abschnitte handelt »Von den Günstlingen eines Regenten. Ein Kapitel aus Herrn v. Justi — welches dem Prinzen oft vorzulesen«. Abgeschlossen wird das Buch mit einem »Gebeth des Prinzen«.

Johann Heinrich Gottlob von Justi, 1702—1771, studierte Jura und Kameralia, trat in preußische Kriegsdienste und geriet in österreichische Kriegsgefangenschaft, der er sich durch Flucht entzog. 1750 erhielt er einen Ruf als Professor der Beredsamkeit und Kameralistik ans Theresianum in Wien. Nach wechselvollen Schicksalen wurde er unter der nicht erwiesenen Beschuldigung, staatliche Gelder unterschlagen zu haben, 1768 ins Gefängnis nach Küstrin gebracht, wo er 1771 starb.

255.310-A.Fid. (54-195)

50 *Education Parfaite*

avec un Choix des meilleurs morceaux de Morale, de Goût et de Littérature, pour former l'Esprit et le Cœur des jeunes-gens. Pour servir de suite aux Ouvrages de Mad. le Prince de Beaumont.

Amsterdam, Chret. Fred. Schneider, 1776

8°. Zwei Teile in einem Band.
Teil 1: 250 S. (samt Titel, Widmung und Zwischentitel).
Teil 2: 282 S.
Kustoden.

Nicht nachweisbar.

In der Widmung erklärt die Verfasserin — die sich selbst als »Eure Mutter« bezeichnet — ihren Kindern, sie glaube, ihnen keinen größeren Dienst erweisen zu können, als ihnen die Kenntnis ausgezeichneter Werke zu vermitteln. Um in ihr Buch etwas Ordnung zu bringen, habe sie es in zwei Teile gegliedert. Im ersten habe sie jene Stücke verwendet, die sich auf die Erziehung beziehen, der zweite Teil soll den Kindern den Nutzen eines kultivierten Geistes zeigen. Der erste Aufsatz trägt den Titel: »Die Bedeutung der guten Erziehung der Jugend«. Die größten Philosophen und die berühmtesten Gesetzgeber hätten die Erziehung als sicherste Gewähr für das Glück von Familie und Staat angesehen. Die Gesetze seien die Grundlage des Staates, aber quid leges sine moribus vanae proficiunt? (Horaz) Hier findet sich der Satz: »Das Gesetz allein ist eine harte und gebieterische Herrin, die den Menschen in dem, was ihm am teuersten ist und worüber er am eifersüchtigsten wacht, behindert. Ich meine in seiner Freiheit«. Der Gedanke wird dann weiter ausgeführt und auf die Bedeutung der Erziehung und der Sitte verwiesen, die die Grundlage des Gesetzes bleiben müssen. Von der Erziehung, im Gegensatz zu oben Gesagtem, heißt es: »Die Erziehung ist eine sanfte und überredende Gebieterin, die, Zwang und Heftigkeit abhold, zu überzeugen sucht . . .« Es dürfe daher nicht verwundern, wenn die Alten soviel Gewicht auf die Erziehung der Jugend legten. Ihre Maxime war es, daß die Kinder mehr der Republik als ihren Eltern gehörten, weshalb sie auch nicht im Elternhaus, sondern in öffentlichen Schulen von gemeinsamen Lehrern erzogen werden sollten. Zur Erhärtung dieser Feststellung werden Beispiele aus der Antike gebracht. Alle großen Männer der Antike seien überzeugt gewesen, daß die Hauptaufgabe, so wie Plutarch dies im besonderen von Lykurg sagt, des Gesetzgebers und ebenso des Fürsten darin bestehe, nützliche und gute Regeln für die Erziehung aufzustellen und für ihre Durchführung zu sorgen.

Es folgen Ermahnungen an einen Vater, an einen Sohn und Empfindungen eines antiken Autors über die Erziehung der Kinder in den ersten Lebensjahren. Man müsse, so die Verfasserin, in der Erziehung des Kindes vom ersten Augenblick an größte Sorgfalt anwenden, auch sei es falsch, zu glauben, ein Kind könne man erst vom siebenten Lebensjahr lernen lassen, sie halte es lieber mit Chrysipp, der meint, es gebe keine Zeit im Leben eines Menschen, wo man sich nicht um seine Erziehung kümmern müsse.

Im nächsten Aufsatz werden die ersten Grundlagen der Erziehung behandelt. Er endet mit der Aufforderung. »Du moins retranchons nous . . . à joindre l'agréable à l'utile autant que nous le pouvons . . .«

In dem Aufsatz über »Die Neugierde der Kinder und wie man sie sich zunütze mache« heißt es unter anderem: »Quelques questions qu'un Enfant puisse faire, il n'en faut rejetter aucune avec mépris, ni permettre qu'on en fasse des railleries«. Man müsse Fragen, die Kinder stellen, ernsthaft beantworten und dürfe sie mit den Antworten nicht täuschen oder belügen, weil sie sehr bald dahinterkommen.

Im nächsten Aufsatz wird erörtert, wie man den Hang zur Grausamkeit, insbesondere im Umgang mit Tieren, den Kinder oft zeigen, bekämpfen kann. Ein Mittel, mit dem man Kinder zur Humanität erziehen könne, sei es, sie zu Höflichkeit und Rücksichtnahme gegen Untergebene und insbesondere gegen Dienstleute anzuhalten.

Der folgende Aufsatz behandelt die Frage, ob man die Kinder zu Hause oder in einer öffentlichen Schule erziehen soll. Die Autorin neigt dazu, Kinder zu Hause zu erziehen, um sie nicht den Gefahren des Umganges mit anderen Kindern, die vielleicht schlechte Sitten haben, auszusetzen. Der zweite Grund, der für eine Erziehung zu Hause spreche, sei die Tatsache, daß der Lehrer sich *einem* Kind viel mehr widmen könne als einer großen Zahl von Kindern. Die Autorin führt jedoch auch Gründe an, die dafür sprechen, ein Kind in die öffentliche Schule zu geben, wie zum Beispiel die frühzeitige Gewöhnung an viele Menschen, das Stimulans, das für den ehrgeizigen Schüler im Wettbewerb mit einem anderen liegt usf.

Die Autorin wendet sich sodann gegen die fälschliche Ansicht, man könne einem kleinen Kind am Anfang einen mittelmäßigen oder gar schlechten Lehrer geben. Der andere Irrtum sei der, zu glauben, ein Mann von Verdiensten sei zu schade für den Beruf des Erziehers.

In den folgenden Kapiteln werden Fragen wie die, ob man die Kinder je nach ihrer Begabung unterrichten müsse, oder die Frage, ob ein Kind mehrere Dinge zugleich lesen könne usf., behandelt.

In 13 Artikeln werden Grundprinzipien der Erziehung aufgestellt:

Art. I: Welches Ziel soll man sich in der Erziehung setzen? Man darf sich nicht damit begnügen, Kinder Griechisch und Latein zu lehren, das Ziel der Erzieher muß es sein, Verstand und Herz zu bilden.

Art. II: Den Charakter der Kinder studieren, um in der Lage zu sein, sie führen zu können. »A en juger par l'expérience commune on diroit que de tous les animaux l'homme est le plus intraitable«. Eine Überlegung, die Xenophon in seinem Vorwort zur Kyrupädie aufstellt. Um Kinder führen und erziehen zu können, muß man ihren Charakter und ihre Fähigkeiten studieren.

Art. III: »Prendre d'abord de l'autorité sur les enfans . . .« Vorerst muß man Autorität über das Kind gewinnen. Autorität verleiht einen Charakter von innerem Gleichgewicht, der gefestigt und gemäßigt ist, immer beherrscht, nur vom Verstand und nicht von Aufwallungen des Temperamentes bestimmt.

Art. IV: Geliebt und gefürchtet werden, Liebe und Furcht sind die treibenden Kräfte jeder Leitung im allgemeinen und der Erziehung im besonderen. »Sit rigor, sed non exasperans; sit amor, sed non emolliens« wird zitiert. Die folgenden Ausführungen berufen sich auf Quintilian.

Art. V: Da dieser Artikel von äußerster Wichtigkeit ist, will die Verfasserin länger bei ihm verweilen. Im ersten Teil wird sie Unzuträglichkeiten und Gefahren der Züchtigung mit der Rute behandeln und im zweiten die Regeln, die man bei dieser Art der Bestrafung befolgen soll.

Die Bestrafung mit der Rute habe etwas Unanständiges, Gemeines und Niedriges an sich. Ein Kind, das für Tadel unempfänglich ist, wird sich an die Schläge gewöhnen und gegen die Bestrafung im Trotz verharren. Man darf die Rute zwar anwenden, aber nur in seltenen Fällen und wegen schwerer Fehler. »Une ame menée par la crainte, en est toujours plus foible«. Kinder, bei denen die oben geschilderten Grundsätze (liebevolle Autorität, Festigkeit in der Haltung usf.) beachtet wurden, werden keiner Strafe bedürfen. Auch muß man sehr genau unterscheiden, bei welchen Fehlern man die Strafe der Rute anwenden darf: ausgeschlossen sind alle Fehler, die ohne bösen Willen geschehen sind. Als einziger Fehler, der eine strenge Bestrafung verdient, erscheint der Autorin das aus böser Absicht erfolgte Verharren im Bösen.

Unter anderem stellt die Autorin fest, eine der ersten Regeln sei es, das Kind nicht im Augenblick seines Fehlers zu bestrafen, sondern ihm die Zeit zu lassen, seinen Fehler, sein Unrecht einzusehen. Der Erzieher selbst darf nie im Zorn, nie mit Leidenschaft bestrafen.

Art. VI: Vom Tadel.

Auch er kann gefährliche Folgen so wie die körperliche Züchtigung haben. Es ist falsch, zu oft zu tadeln, besonders dann, wenn es sich um kleine, den Kindern fast unvermeidliche Fehler handelt. Anstatt zu tadeln, sollte man warnen, und zwar mit Freundlichkeit. Warum es so schwierig ist, zu tadeln: »On s'aime tel que l'on est, et l'ou veut avoir raison de s'aimer.« Es ist ferner falsch, ein Kind mit Vorwürfen zu überhäufen, die ihm die Hoffnung auf Besserung nehmen, es zu entmutigen, indem man nur tadelt, ohne gleichzeitig einen Weg zu zeigen, wie man über seine Fehler hinwegkommen könne.

Art. VII: Mit den Kindern vernünftig reden. Ihren Ehrgeiz anfachen, Lob, Belohnung und Zärtlichkeit anwenden.

Mit Kindern vernünftig reden, heißt leidenschaftslos und ohne Laune mit ihnen reden, ihnen die Gründe für das Verhalten, das man ihnen gegenüber einnimmt, auseinandersetzen. Hat man den Kindern etwas auftragen müssen, das unangenehm oder ärgerlich ist, soll man ihnen erklären, daß danach etwas Vergnügliches komme. Man soll ihnen auch immer die Nützlichkeit dessen, was man sie lehrt, erklären. Kinder sind durchaus in der Lage, Vernünftiges zu verstehen: ». . . et ils aiment à être traités en gens raisonnables dès l'âge le plus tendre . . .« Sie sind auch sehr empfänglich für Lob, diese Schwäche muß man nützen. Sie würden entmutigt werden, wenn man sie nicht lobte, sobald sie es verdienen. Auch der Belohnung in Form von Geschenken kann man sich mit Maß bedienen, allerdings soll man weder Geld noch Näschereien oder ein schönes Kleidungsstück versprechen, um diese Dinge nicht als begehrenswert erscheinen zu las-

sen. Man soll kleine Dinge schenken, wie Bilder oder Bücher. Das Geschick von Eltern oder Erziehern wird darin bestehen, kleine Geschenke zu erfinden.
Art. VIII: Kinder an die Wahrheit gewöhnen. Man soll die Lüge als etwas Verabscheuungswürdiges hinstellen, ebenso die Heuchelei, die Verstellung und schlechte Entschuldigungen. Ein Kind, das seinen Fehler eingesteht, soll man um seiner Aufrichtigkeit willen loben, ihm den Fehler verzeihen, ohne ihn ihm vorzuwerfen, und man darf in der Folge nie mehr darauf zu sprechen kommen. Man soll ihnen andrerseits nicht Versprechungen oder Drohungen machen, von denen Kinder wissen, daß sie nicht gehalten werden.
Art. IX: Die jungen Leute an Höflichkeit, Reinlichkeit und Pünktlichkeit gewöhnen. Mangel an Höflichkeit schmälert das größte Verdienst; allerdings soll man hier nicht übertreiben, um nicht in eine gewisse Affektation zu verfallen. Auch an Reinlichkeit, Ordnung und Pünktlichkeit soll man gewöhnen, und sie sollen beizeiten lernen, alle Sachen wieder an ihren Platz zu legen.
Art. X: Das Lernen angenehm gestalten. Das ist einer der wichtigsten, aber auch einer der schwierigsten Punkte in der Erziehung. Das Lernen, sagt Quintilian, soll für das Kind wie ein Spiel sein: Man soll dem Kind kleine Fragen stellen, es durch Lob anregen, damit es Genugtuung darüber empfindet, daß es etwas zustande gebracht hat. Das große Geheimnis, die Kinder das Lernen lieben zu lehren, besteht darin, daß der Lehrer es versteht, sich bei den Kindern beliebt zu machen. Die Kinder werden dann versuchen, seine Freundschaft durch gute Leistungen zu gewinnen. Man darf nie vergessen, daß das Studium, das Lernen vom Willen abhängt, der keinen Zwang verträgt. Man kann einen Schüler zu seiner Arbeit verhalten, seine Arbeit strafweise verdoppeln, ihn zwingen, eine Aufgabe zu machen, aber ist dies ein Studium, wie ein Sträfling zu arbeiten? Man soll versuchen, den Willen des Schülers mit Freundschaft, Überredung und Milde zu gewinnen.
Art XI: Den Kindern Ruhepausen gestatten. Man darf die Kinder nicht zu sehr zum Studium antreiben, besonders nicht in den ersten Lebensjahren. Aus gesundheitlichen Gründen muß man ihnen Pausen gewähren. Die Neigung zum Spiel verrät oft einen lebhaften Geist, man soll jedoch einfache Spiele mit den Kindern spielen und großartige Zerstreuungen vermeiden.
Art. XII: Das Gute in jungen Leuten durch Rede und Beispiel heranbilden. ». . . rien ne se dit impunément devant les enfans . . .« Vor Kindern sagt man nichts ungestraft. Man möge ihnen mehr durch Handlungen denn durch Worte ein Beispiel geben.
Art. XIII: Frömmigkeit, Religion, Bemühen um das Heil des Kindes. Gott hat die Kinder den Lehrern anvertraut, damit sie in ihnen den kostbaren Schatz der Unschuld bewahren, die ihnen die Taufe in die Seele gepflanzt hat. Das Christentum ist die Seele, so die Verfasserin, und die Ergänzung aller Pflichten, von denen sie bisher gesprochen habe. Jeder Lehrer kann die Früchte seiner Arbeit nur dann erwarten, wenn er seine Aufgabe im Geiste Christi ausführt. Dazu muß er sich Gottes Gnade anvertrauen.
Es folgen Fabeln und Gedichte sowie allgemeine Betrachtungen über den Charakter der Kinder und Bemerkungen über die Erziehung. Die Kinder seien, so stellt die Autorin fest, jetzt viel reifer als früher, und dies sei allein das Ergebnis der Erziehung. Man habe vordem gemeint, daß junge Menschen in ihrer ersten Kindheit keiner Lernanstrengung fähig seien, jetzt beginne man, sobald sie sich ausdrücken können, ihre Phantasie anzuspornen.
Es wird sodann ein Lehrplan aufgestellt nach dem Prinzip, das Angenehme mit dem Nützlichen zu verbinden. Neben alle Studien, die mit fortschreitendem Alter intensiviert werden, solle auch das Vergnügen des Gespräches treten, und zu diesem Zweck müsse man dem jungen Menschen die Gelegenheit geben, in Gesellschaft von Leuten zu weilen, die ihre natürliche Begabung mit einem großen Savoir-vivre verbinden und die jene Anmut des Geistes haben und jene leichte und unterhaltsame Konversation beherrschen, wie man sie nur in der großen Welt besitzt, wo man diese Gaben mehr schätzt als den schärfsten Verstand und tiefe Kenntnisse.
Zur empfohlenen Lektüre für einen jungen Mann gehören auch die Komödien von Molière, ebenso empfiehlt die Autorin die Lektüre »Don Quixotes« und die »Contes des Fées«, das heißt Märchen. Sehr abgeraten wird dagegen von der Lektüre der Romane, in denen alles falsch sei, unechte Abenteuer bestanden, unechte Großzügigkeit geübt werde und ein unechter Geist herrsche.
Es folgen Überlegungen über die Auswahl der Studien, Gleichnisse und Fabeln, ein Aufsatz über die Methode des Studierens und Lesens, über den Fleiß, Parallelen zwischen Studium und Leben, über die Notwendigkeit, immer beschäftigt zu sein, um Langeweile zu vermeiden, über die Liebe zum Schönen, über Lektüre und Gedächtnis. Mehr noch als durch die Lektüre selbst würden wir bereichert durch den Zwang, zu denken und zu überlegen.
Der zweite Teil enthält neben Parabeln ausschließlich Aufsätze über Lektüre und den Geist in seinen verschiedenen Formen.

990 FKB (108-176)

51 [Anton Eglauer]

Der Jugendfreund

oder die deutschen Schriftsteller in einer Auswahl für die deutsche Jugend

St. Pölten, Laitré, 1792

8°. In 3 Bänden.
Band 1: Albrechts von Haller Schriften Erster Theil. Titel, 3 Bl. (Widmung), 286 S. (samt Vorreden), 1 Bl. Inhaltsverzeichnis.
Band 2: Albrechts von Haller Schriften Zweyter Theil. 419 S. (samt Titel), 4 ungezählte Seiten Inhaltsverzeichnis.
Band 3: Friedrichs von Hagedorn Schriften. Titel, 4 Bl. Pränumerantenverzeichnis, 272 S., 4 Bl. Inhaltsverzeichnis. 4 Bl. Verlagsanzeigen.

Seibert, S. 48.

Erster Teil. Die Widmung ist gezeichnet mit Anton Eglauer. In der Anrede »Meine lieben jungen Leser und Leserinnen!« fordert der Verfasser die jungen Leute auf, das Werk als einen Beitrag zu ihrer Bildung zu benutzen.
Im Vorwort stellt der Verfasser fest, daß die Lesebegierde unter der deutschen Jugend zu keiner Zeit so allgemein gewesen sei. Wenn diese Leselust auch nützlich und lobenswert sei, so gefährlich wäre sie, wenn die Jugend über Bücher gerate, die ihre guten Anlagen verderben könnten. So umfangreich auch die Jugendliteratur sei, würde doch allgemein darüber Klage geführt, daß es sehr wenige Bücher gebe, die man der Jugend ungescheut in die Hände geben könne. Diesen Klagen will der Verfasser durch das vorliegende Werk abhelfen.

Auch wenn die Jugend nur zur Unterhaltung lese, so würden ihr doch die Grundsätze eines Buches unvermerkt eingeflößt. In den deutschen »sogenannten classischen Schriftstellern« finde man alle Grundsätze, die man in einer Jugendschrift erwarte, beisammen, und »dieß mit einer Reinigkeit der Sprache, einer Zierlichkeit der Schreibart . . . und Ausarbeitung des ganzen, daß sie billig von jedem Kenner für Meisterstücke angesehen werden . . .« Gleichwohl sei zu bedauern, daß manche dieser Werke für die Jugend auch gefährlich sein könnten, weil sie entweder gegen die guten Sitten oder gegen die Religion oder gegen den Staat seien, diese Werke müßten daher ausgeschlossen werden. Was für die Jugend schädlich sei, werde er auslassen und in den einzelnen Werken die anstößigen Stellen ausmerzen, auch wenn er sich hiebei einige Kritik zuziehe; er gebe dies hier bekannt, damit man ihn keiner Fälschung beschuldigen könne. Jedem Schriftsteller wird eine ausführliche Lebensbeschreibung und eine Aufzählung seiner Werke beigegeben. Da Haller »mit Recht der Gründer des besseren deutschen Geschmackes genennt wird . . .«, werde er mit ihm den Anfang machen. Es folgen nun Gedichte von Haller, darunter auch »Die Alpen«, und in einem zweiten Band »Fabius und Cato«, worin die absolute, die beschränkte und die aristokratisch-republikanische Staatsform behandelt wird, sowie »Alfred König der Angelsachsen«. Danach folgt »Usong, eine morgenländische Geschichte«, den Abschluß der Hallerschen Werke bilden die »Briefe über die wichtigsten Wahrheiten der Offenbarung«.
Der dritte Band enthält Friedrich von Hagedorns Fabeln und Erzählungen.

Albrecht von Haller, 1708—1777, praktizierte seit 1729 als Arzt in Bern. Er bereiste die Alpen zwecks botanischer Studien und ging 1736 als Professor der Medizin, Anatomie, Botanik und Chirurgie nach Göttingen. Er verfaßte eine Reihe wissenschaftlicher Werke, wurde von Kaiser Franz II. geadelt und nach Oxford, Utrecht, Halle, Berlin und Petersburg berufen. 1745 wurde er in den Großen Rat seiner Vaterstadt Bern aufgenommen.
Haller ist als Anatom und Physiologe der hauptsächliche Träger dieser Wissenschaften im 18. Jahrhundert gewesen. Als Dichter trug er zu dem hohen Aufschwung bei, den die deutsche Dichtung in der zweiten Hälfte des 18. Jahrhunderts nahm. Seine Gedichte wurden ins Französische, Italienische und Englische übersetzt.

Friedrich von Hagedorn, 1708—1754, deutscher Dichter. Er übernahm 1733 das Sekretariat des English Court, einer alten Handelsgesellschaft in Hamburg. Er schrieb »Versuch in poetischen Fabeln und Erzählungen«, wo er sich insbesondere Lafontaine zum Vorbild nahm. Von ihm stammen »Oden und Lieder« und »Moralische Gedichte«, in denen er die Horazische Philosophie des weisen Lebensgenusses predigt.

257.386-B.Fid. (68-056)

52 [Friedrich Ekkard]

Allgemeine Uebersicht der Erd- und Naturkunde für Kinder und Kinderfreunde

Mit Kupfern.

Nürnberg und Leipzig, Adam Gottlieb Schneider, 1792

8°. Gestochenes Frontispiz in Rotdruck, 8 Bl. (Vorreden), 184 S., 24 Tafeln, davon 3 in Rotdruck, 21 gestochen und koloriert, davon 1 gefaltet. Kustoden.

Heinsius I, Sp. 726 (1797 mit Nachtrag von Hollandre: Affen); Kayser I, 115; Rammensee 629; Brüggemann 249. Lt. Kayser III, 176; es handelt sich bei dem Werk um die Übersetzung einer französischen Naturgeschichte von Hollandre, »Abrégé d'histoire naturelle . . .«, die ihrerseits ein kurzer Abriß der Naturgeschichte Buffons ist.

In der ersten Vorrede teilt Ekkard mit, daß diese kleine Naturgeschichte zum ersten Mal 1782 erschienen ist und daß er sie Kindern von 12 bis 14 Jahren verständlich zu machen suchte, daß jedoch alles, was er von Erdgewächsen und Mineralien sage, auch Kindern von 8 bis 10 Jahren verständlich sei, wenn man ihnen Kupfer und Naturalien zeigte.
Zur Deutlichkeit wähle er deutsche Ausdrücke anstelle der lateinischen. Abbildungen seien ». . . zum Unterrichte von sichtbaren Dingen unentbehrlich . . .« Zum Schluß vemerkt Ekkard, daß die Bemerkungen zu den vierfüßigen Tieren dem »Abrégé d'Histoire naturelle par Buffon« entnommen seien, die »Dr. Hollandre« 1790 herausgegeben habe.
In der zweiten Vorrede (von Holander) bemerkt der Autor, daß die Naturgeschichte unter allen Arten des Wissens diejenige sei, die den meisten Reiz gewähre, sie erwecke die erhabene Idee, daß »die Welt mit allen ihren Geschöpfen, das Werk eines unendlichen Geistes ist«.
Nach einigen Ausführungen über die Methode der Naturforschung stellt der Autor fest: »Man sieht also hieraus, daß sich kein vernünftiges System aufstellen lasse, um Produkte der Natur zu classifiziren.« Und weiter: »Der Mensch, die Welt im Kleinen, darf sich unstreitig als das Meisterstück des Schöpfers betrachten, weil ihm der gütige Urheber seines Lebens Verstand gegeben, und ihn dadurch zu den vollkommensten Wesen gemacht hat . . .« Durch Verstand und Kunstfleiß (Industrie) wird er der stärksten Tiere Herr.
Das erste Kapitel handelt von »Mineralien und Gewässern«. Das zweite und dritte von der Stellung der Erde und den vorbedeutenden Zeichen der Witterung, dann folgt eine kurze Übersicht von dem Pflanzenreich. Der zweite Abschnitt beginnt mit dem »Thierreich«, das sechste Kapitel bespricht die Säugetiere, das siebente schließlich den »Mensch[en]« und beginnt mit dem Satz: »Der Mensch ist das vollkommenste, edelste und vornehmste unter allen sichtbaren lebendigen Geschöpfen auf der Erde; es gebührt ihm daher der erste Rang . . .« Es folgt die Beschreibung verschiedener Volksstämme, sodann »Der Mensch nach seinen Theilen«. Ein Kapitel ist der Sterblichkeit des Menschen gewidmet und enthält Sterblichkeitsstatistiken.
Der letzte Abschnitt behandelt das Tierreich, beginnt mit dem Affen und endet mit der Zibetkatze.

Friedrich Ekkard, Privatdozent in Göttingen, war Verfasser philosophischer und religiöser Schriften sowie von Jugendliteratur.

Bibl. Nr. 53, Band 1, Titelkupfer

Bibl. Nr. 53, Band 1, Frontispiz von J. Gerstner

6.594 FKB (110-173)

53 [KARL AUGUST ENGELHART und DANKEGOTT IMMANUEL MERKEL]

Neuer Kinderfreund

von Engelhardt und Merkel

Wien und Prag, Franz Haas, 1799

8°. 12 Bändchen.
Band 1: 151 S., 2 gefalt. Notenblätter (»Vogelstellerlied des Papageno aus der Zauberflöte, einer Oper komponiert vom [!] Mozart«).
Band 2: 152 S., 1 gefalt. Notenblatt.
Band 3: 152 S., 1 gefalt. Notenblatt.
Band 4: 148 S.
Band 5: 160 S., 2 gefalt. Notenblätter.
Band 6: 163 S., 1 gefalt. Notenblatt.
Band 7: 141 S., 1 leeres Blatt, 1 gefalt. Notenblatt.
Band 8: 157 S., 1 Bl.; 1 gefalt. Notenblatt.
Band 9: 141 S., 1 leeres Blatt, 1 gefalt. Notenblatt.
Band 10: 149 S., 1 gefalt. Notenblatt.
Band 11: 159 S., 1 gefalt. Notenblatt.
Band 12: 134 S., 17 Bl. Inhaltsverzeichnis für alle 12 Bändchen, 1 gefalt. Notenblatt.
Sämtliche Bändchen enthalten ein gestochenes Frontispiz samt Titel mit Vignette. Die Notenblätter sind gleichfalls gestochen; in allen Bändchen ist je ein Zwischentitel in der Paginierung inbegriffen. Das Register enthält ausführliche Angaben über den Inhalt der einzelnen Bändchen. Vignetten und Frontispiz in den einzelnen Bändchen von J. Gerstner, J. Blaschke, L. Maillard.

Kayser II, 129 (12 Bändchen m. Kpf. u. Musik, Leipzig 1794—99), Brüggemann 627—629.

Bibl. Nr. 53, Band 1, S. 151, »Vogelstellerlied des Papageno aus der Zauberflöte, einer Oper, komponiert vom Mozart«.

Bibl. Nr. 53, Band 7, Frontispiz von L. Maillard

Im ersten Bändchen stellt der Verfasser seine Familie vor, die aus den Eltern und sechs Kindern besteht. Ebenso werden ein Freund und der Hauslehrer vorgeführt.
Die Zeitschrift beginnt damit, daß der Freund eine begeisterte Schilderung der Mozartschen »Zauberflöte« gibt und anschließend das Vogelstellerlied spielt, dessen Noten sich am Ende dieses Bändchens befinden. Man erfährt aus den Gesprächen, daß zu dieser Zeit in Wien Vogelstellerpfeifchen modern wurden und man sie allenthalben in den Straßen hören konnte. Auf das Lob und die Bewunderung für Mozart gibt der Freund eine Schilderung des Lebens von Mozart. Man entnimmt diesem Bändchen auch, daß die Familie des Kinderfreundes in Dresden zu Hause ist.
Grundsätzlich enthält die Zeitschrift belehrende Unterhaltung, Besuche bei Handwerkern, Teilnahme an einer Weinlese, Unterweisungen in den Gebräuchen der Antike, Erklärungen über den Ursprung von Festen, Scharaden, Rätsel, kleine Schauspiele usf. Im vierten Bändchen finden sich die Schilderung einer Reise in die Lausitz sowie eine interessante Beschreibung von Herrnhut und des Brüderhauses. Im fünften Bändchen werden die Buchdruckerei, die Erfindung der Buchstaben, die Sprache durch Gebärden und Mienen, die ersten Sprachen usf. behandelt und eine Buchdruckerei besucht; das sechste Bändchen setzt den gleichen Gegenstand fort und beendigt ihn. Im achten Bändchen wird ausführlich über Höflichkeit und die Regeln der guten Lebensart gesprochen.

Karl August Engelhardt (Pseud. Richard Roos), 1768—1834, war Theologe, nahm eine Hofmeisterstelle an und wurde später nach Adelungs Vermittlung bei der k. öffentlichen Bibliothek in Dresden angestellt. 1831 wurde er Sekretär im Kriegsministerium. Er schrieb Theaterstücke, Gedichte und eine Reihe anderer Prosastücke, arbeitete an Taschenbüchern und Zeitschriften, so am »Neuen Kinderfreund«, mit.

256.508-A.Fid. (67-244)

54 *Les Entretiens du Père Raimond*

Dialogues à l'usage des Enfans

Devise: »›Qu'on lui mette en fantaisie une honnête curiosité de s'enquérir de toutes choses‹. Montaigne.«

Paris, Testu; Auguste Delalain, jeune; Tilliard; Fuchs; Petit 1802 = An X.

Kl.-8°. In zwei Bänden.
Band 1: Gestochenes Frontispiz, Titel, 1 Bl. (Widmung und Avertissement), 120 S.
Band 2: Vortitel, gestochenes Frontispiz, Titel, 1 Bl. (Avertissement), 296 S, 1 Bl. Errata.

Nicht nachweisbar.

Die Widmung richtet sich an die Kinder. Der Verfasser erklärt, er wolle den Kindern mit dem Buch einen ersten Begriff über Ursprung und Zusammenhang der einfachsten und gebräuchlichsten Dinge geben, weil viele von ihnen, besonders jene, die in der Stadt leben, keine Vorstellung davon haben. Das Werkchen besteht, so der Autor im Avertissement, aus mehreren Teilen, die mit fortschreitendem Alter des Kindes jeweils zu benützen sind.
In der Person eines armen blinden Mannes, dem Père Raimond, wird ein Mentor eingeführt, der die Kinder, meist anhand praktischer Beispiele oder einer Erzählung, über Vorgänge im Landleben belehrt. Die Beispiele werden mit moralischen Maximen gewürzt, in der Art etwa von: »Lernet, meine Kinder, daß nichts ohne Arbeit gedeiht.« Von der Landwirtschaft kommt Père Raimond zu den Handwerkern; so wird der Tischler gleich in mehreren Kapiteln besprochen. Der erste Band wird mit einer langen Erzählung beschlossen.
Der zweite Band beginnt mit einem Avertissement, in dem der Autor erklärt, er hoffe, daß er den Fortschritt des Alters gebührend berücksichtigen konnte und daß Père Raimond die Kinder nicht langweile, weil er sie zwinge, zu denken und zu überlegen. Die Gespräche befassen sich erst mit Themen aus der Naturgeschichte und sollen zeigen, welche Fortschritte die Kinder während ihres Studiums im Winter

gemacht haben. Es werden Obst- und Gemüsegärten und ein Ziergarten besucht und Pflanzen, Bäume und Blumen eingehend besprochen. Sodann kommen die Tiere an die Reihe. Eingestreut sind Erzählungen des Père Raimond, mit denen er die Kinder unterhält. Den Beschluß des Bandes bildet wiederum eine lange Erzählung.

250.092-B.Fid. (109-109)

55 [Johann Heinrich Martin Ernesti]

Erlesene Aesopische Fabeln

mit Anwendungen, Lehren und eingedruckten Kupfern insbesondere zum Gebrauch für die Jugend. Auch Aesops Leben und Schicksale mit Anmerkungen und Kupfern von Johann Heinrich Martin Ernesti, Doctor der Philosophie und Professor an dem Herzoglichen akademischen Gymnasium zu Coburg. Mit Churfürstl. Sächsischer gnädigster Freiheit.

Nürnberg, J. C. Monath und F. J. Kussler, 1790

8°. XXVIII (Frontispiz, Titel, Widmung, Vorrede und Inhaltsverzeichnis), 208 und 96 S. Gestochene Vignetten im Text, Culs-de-lampe.

Kayser III, 151 (hier »Auserlesene« statt »Erlesene«); Brüggemann verzeichnet eine Reihe anderer Werke des Autors; Rammensee 410—411.

In der Vorrede schreibt der Bearbeiter: »Es ist bekannt genug, von welchem Einflusse die Fabeln sind.« Man könne sich davon auch täglich beim Unterricht der Jugend überzeugen. Fabeln können bei geschicktem Gebrauch den Verstand zur Aufmerksamkeit erziehen, die Urteilskraft üben und »das Herz mit Wohlgefallen an dem Guten und mit Abscheu an dem Bösen erfüllen . . .« Die vorliegenden Fabeln sind den griechischen Sammlungen, die dem Äsop zugeschrieben werden, entnommen. Wahl und Anordnung sind, wie der Bearbeiter bemerkt, nicht ». . . in seiner Gewalt gewesen«. Die, die er in dieses Buch aufgenommen hat, habe er ziemlich frei behandelt und sich umso weniger ein Gewissen daraus gemacht, als der Text nicht von Äsop selbst herrühre und er ihn dadurch lebendiger gestalten konnte. Die »Moralien« machte er ganz neu und richtete sich hier noch weniger nach den Fabeln, da die Moralien mehr noch als die Fabeln das Machwerk später Griechen sind.
Bei der Verwendung der Fabeln muß man unterscheiden zwischen der angehenden und der reiferen Jugend. Man kann zwar Kinder schon in zartem Alter in Fabeln unterrichten, man kann ihnen aber noch nicht die Moralien an die Hand geben, diese sind mehr für die reifere Jugend bestimmt. »Es ist überhaupt nicht wohlgethan, wenn man da für die Kleinen . . . im Ton des strengen Sittenrichters moralisiert . . .« Zumal ja in den Fabeln ohnedem die Moral liege, ». . . wie die Veilchen unter den Blättern, versteckt . . .«
Ganz anders aber verhält es sich ». . . mit der etwas stärkern Jugend . . .« Doch auch hier müssen die Moralien nicht nur kurz, sondern auch so beschaffen sein, daß sie sich von selbst aus der Fabel ergeben. Was Äsops Leben betrifft, so folgt er dem Planudes, das heißt so, wie es dieser griechische Mönch beschrieben hat. Ebenso wurde des berühmten französischen Schriftstellers Bachet de Meziriac »Aesops Leben und Schicksale nach dem Planudes« herangezogen; es sei freilich nichts anderes als ein historischer Roman, ». . . aber doch, einige Auswüchse abgerechnet, ein schöner und nützlicher Roman«. Der französische Titel dieses Buches lautet: »La vie d'Esope, tirée des Anciens Auteurs par Bachet de Meziriac à Bourg en Bresse 1632«. Der Bearbeiter bemerkt schließlich, er wünsche »herzlich, daß die Jugend unter der Leitung ihrer Aeltern und Lehrer die Vortheile und Vergnügungen aus diesem Buche schöpfen möge, welche man von den Aesopischen Fabeln erwarten kann.«
Nach dem Roman des Planudes folgt die Beschreibung von Äsops Leben nach Meziriac mit einer Reihe von Anmerkungen.

Johann Heinrich Martin Ernesti, 1755—1836, ordentlicher Professor in Koburg. Ernesti schrieb unter anderem eine Reihe von Schulbüchern.

Claude-Gaspar Bachet de Meziriac, 1581—1638, französischer Gelehrter. Er verbrachte seine Jugend zum Teil in Paris, zum Teil in Rom, wo er auch italienische Gedichte verfaßte. 1635 wurde er Mitglied der Académie Française. Meziriac war ein ausgezeichneter Grammatiker, ein gelehrter Hellenist, ebenso Philosoph, Theologe und Mathematiker. Er verfaßte eine Reihe von wissenschaftlichen Werken, darunter auch »La Vie d'Esope, tirée des Anciens Auteurs«.

Maximos Planudes, um 1260—1310, gelehrter Mönch in Konstantinopel. Vorläufer des Humanismus, wirkte durch griechische Übersetzungen lateinischer Schriftsteller und durch eine Prosabearbeitung der Äsopischen Fabeln. 1296 war er Gesandter in Venedig.

22.757 FKB (357-19)

56 [Johann Ludwig Ewald]

Einige leitende Ideen über das richtige Verhaeltniss zwischen religioeser, sittlicher, intellektueller und aesthetischer Bildung

Zur Ankündigung des in Mannheim zu errichtenden Lyceum. Nebst einem beygefügten Schematismus der Lectionen. [Umschlagtitel]

Mannheim, Schwan und Goetz, 1807

8°. Titelblatt (mit einem griechischen Zitat auf der Rückseite), 31 S., 1 gefalteter Stundenplan (Schematismus der Lektionen).

Nicht nachweisbar.

Im Inhalt wendet sich der Verfasser gegen jede Art einseitiger Bildung. Sodann bespricht er den Plan des zu errichtenden Lyceums: Es soll eine »ansehnliche« Bibliothek, ein Zeichen- und ein Musikzimmer usf. enthalten. *Ein* Hauptmittel, das erstrebte Ziel, nämlich eine harmonische und gleichmäßige Bildung zu erreichen, erblickt der Verfasser im Studium der Antike. Man werde sich auch bemühen, nach der Pestalozzischen Methode vorzugehen. Am meisten jedoch erwartet der Autor von der Ausbildung der Religiosität. Die Schrift endet mit einem Rousseauschen Zitat.

Johann Ludwig Ewald, 1747—1822, studierte reformierte Theologie in Marburg. Er war mit Goethe befreundet und wurde später Prediger der deutsch-reformierten Gemeinde in Offenbach. 1781 folgte er einem Ruf nach Detmold, wurde Hofprediger und Consistorialrat. Ihm ist die Verbesserung des dortigen Schulwesens zu verdanken. Nach einer Reise in die Schweiz empfahl er den Müttern, nach der Pestalozzischen Methode vorzugehen. Er verfaßte zahlreiche theologische Schriften, Ratschläge, Handbücher usf. Seine Werke fanden weite Verbreitung und wurden zum Teil sogar ins Französische übersetzt. Den größten Wert haben die didaktischen und pädagogischen Bücher.

256.443-B.Fid. (67-197)

57 [Johann Ludwig Ewald]

Der gute Jüngling, gute Gatte und Vater, oder Mittel, um es zu werden

Ein Gegenstück zu der Kunst ein gutes Mädchen zu werden. Von Johann Ludwig Ewald. Mit Kupfern von Jury.

Frankfurt a. M., Friedrich Wilmanns, 1804

8°. 2 Bände.
Band 1: Gestochenes Frontispiz, 1 Bl., Titel, XXIV (Widmung, Vorrede und Inhaltsverzeichnis, die Paginierung beginnt auf S. XII), 415 S. (samt Zwischentitel), 2 gestochene Tafeln.
Band 2 fehlt.

Heinsius I, Sp. 833, Kayser 178, Brüggemann 268.

Das Buch ist Alexander I. von Rußland gewidmet. Der Verfasser beruft sich in der Vorrede auf das Handbuch für Töchter, das »seine Wirkung nicht ganz verfehlt« habe und schon in dritter Auflage erschienen sei, nun wolle er dazu ein Seitenstück für Jünglinge schaffen, obgleich er eine Zeitlang nicht den Mut dazu gefunden habe, »weil Jünglinge nicht so leicht Belehrung annehmen«. Immerhin sah der Verfasser auch Jünglinge, die belehrbar erschienen und auf die er einwirken konnte. Er habe sich für die Schrift keinen eigentlichen Plan gemacht, es sei denn die chronologische Folge der Vorlesungen, wie er sie auch für das Handbuch der Töchter eingehalten habe. »Die Sprache ist etwas derber, männlicher, als in der Schrift für Frauenzimmer.« Als Mittel, ein guter Jüngling zu werden, verwendet der Autor die Form von Vorlesungen. Die erste Vorlesung, »Für wen ich schreibe, was ich verspreche und wünsche«, wendet sich mit einleitenden Worten an seine Leser. Er wolle raten und Hilfsmittel an die Hand geben, aber er wünsche sich nicht, daß man ihm aus Zwang folgt, sondern nur aus freiem Willen, »aus freiem Entschluß«. Er werde den Jünglingen keine Welt der Phantasie bringen, sondern Beispiele und Persönlichkeiten aus der Geschichte. Der Verfasser zählt dann auf, welchen Zuhörern oder Lesern er nichts zu sagen habe, so etwa den Lasterhaften, aber auch den »Überweisen«, die sehr erhaben reden, ihnen müßte er seinen Rat aufzwingen und »ein aufgedrungener Rath ist schlimmer als gar keine Warnung«. Es folgt ein Zitat aus Rousseaus »Emile« über die Art, wie er seinen Zögling vorbereitet und das, was er ihm zu sagen oder zu raten hat, und der Autor wünscht sich, er möge auf die Jünglinge wirken wie Rousseau auf seinen Emil.
In der zweiten Vorlesung findet sich unter anderem eine Philippika gegen halbwüchsige Jünglinge, die affektiertes Zeug schwatzen und Redensarten gebrauchen, wie etwa die von »gefrorner Musik«, wozu in einer Anmerkung festgestellt wird: »Die Baukunst, nach den neuesten Bezeichnungen.«
Die folgenden Vorlesungen befassen sich mit der Pietät gegen die Eltern, als historische Beispiele für Elternliebe werden Scipio der Afrikaner, Thomas Morus, Bertrand du Guesclin und andere angeführt. Eltern, so fordert der Verfasser, selbst wenn sie fehlerhaft und verkehrt, dem einen oder anderen Laster ergeben wären, sind zu achten. Er prangert an, daß die Jünglinge als »Ton ihres Zeitalters« das Alter zum Gegenstand ihrer Verachtung machen.
Die nächste Vorlesung handelt von der »Wollust, eine Entweihung der Natur« und spricht von der »Vertraulichkeit mit dem andern Geschlechte, die der Entstehung eines Menschen vorhergeht . . .« Es folgen Warnungen vor dem Laster, im besonderen vor jenem der Unkeuschheit. In diesem Kapitel werden auch »Ardinghello« von Heinse und Schlegels »Lucinde« zitiert. Die fünfte Vorlesung spricht »Ueber den Umgang mit Frauenzimmern«. Hier empfiehlt der Verfasser vor allem den Umgang mit edlen Frauen; es wird wieder Rousseau zitiert, und der Autor bemerkt: »Alle Völker, die Sitten hatten, schäzten die Weiber.«
In der Vorlesung »Wahl eines Standes« rät der Verfasser, sich nicht zu frühe einen Stand zu wälen . . .« Die Jünglinge sollten zuerst auf die Vervollkommnung ihrer Bildung schauen und Kenntnisse erwerben, die eigentlich jeder Mensch haben sollte, das heißt jene Kenntnisse, die man »in allen gebildeten Ständen, nicht einmal fordert, sondern voraussezt«. So müsse man über fundierte Lateinkenntnisse verfügen, etwas Griechisch sei auch nötig ». . . wenigstens so lang' es unseren Schriftstellern gefällt, statt Leichenreden, Thanatologieen, und statt Kunst, lange zu leben, Makrobiotik [zu] schreiben . . .« — »Einige lebende Sprachen, wenigstens Eine — im südlichen Deutschland, die französische, und im Nördlichen die englische, muß der Jüngling mit einer gewissen Fertigkeit sprechen und schreiben . . .« Außerdem werden Naturgeschichte, Geschichte und Geographie gefordert, ebenso die Fabellehre. Auch wird einige Fertigkeit in Musik und Zeichnen verlangt, ». . . die Erste wenigstens zum eigenen Lebensgenuß, die Andere, zum Fassen und Aufbewahren gewisser lehrreicher Formen . . .«
Es folgt eine Vorlesung »Warnung vor Spielwut« und als nächstes »Warnung vor einigen Modethorheiten«, der Autor verwirft das Haschen nach Idealen, »die sich die Fantasie aus Büchern und Menschen zusammengesezt [. . .]« Er warnt vor dem »Partheigeiste« und »Klikengeiste«, vor allem andern aber vor Unbescheidenheit und hochfahrendem Wissen.
Die neunte Vorlesung handelt von der Freundschaft und wird von Montaignes Essai »Von der Freundschaft« gefolgt.
Die zehnte Vorlesung befaßt sich mit der Religion: »Wähnen Sie nicht, daß irgend eine Philosophie, Ihnen Religion ersezen werde oder könne. [. . .] Der Mensch *ist* nicht blos Verstand und Vernunft, wird nicht blos dadurch geleitet; und der Jüngling am Wenigsten.« Das Buch endet mit einem dramatischen Dialog »Die höchste Tendenz.«

256.215-A.Fid. (64-155)

58 [Johann Ludwig Ewald]

Die Kunst, ein gutes Mädchen, eine gute Gattin, Mutter und Hausfrau zu werden

Ein Handbuch für erwachsene Töchter, Gattinnen und Mütter, von Johann Ludwig Ewald. Zweite vermehrte und verbesserte Auflage. Mit neuen Kupfern von Ramberg und Ridley und neuer Musik von Fränzel.

Bremen, Friedrich Wilmans, 1801

Kl.-8°. 2 Bände.
Band 1: Frontispiz, Titel, XVI (Beschreibung des Titelkupfers, Widmung an seine Tochter Hannchen Fränzl, Inhaltsverzeichnis), 336 S. (samt Zwischentitel), 3 gestochene Tafeln, 2 gefaltete Notenblätter.
Band 2: Frontispiz, Titel, VIII (Beschreibung des Titelkupfers, Inhaltsverzeichnis), 257 S. (samt Zwischentitel), Verlagsanzeigen auf der letzten, unpaginierten Seite, 2 gestochene Tafeln und 4 gefaltete Notenblätter. Die Tafeln sind von William Ridley und Johann Heinrich Ramberg.

Heinsius I, Sp. 833; Kayser II, 178; Brüggemann 267.

Die Vorrede beziehungsweise Widmung ist an die Tochter des Verfassers gerichtet. Über ihren Inhalt ist nichts weiter zu sagen, weil sie neben dem pathetischen Wortreichtum keinen Inhalt aufweist, es sei denn, daß sie sich, nach den Worten des Verfassers, nicht nur an seine Tochter, sondern an alle Töchter schlechthin wende. Sie endet mit dem Satz: ». . . und so mögen denn meine Leserinnen aus dem Buche selbst sehen, in welchem Sinne ich behaupte, daß den Beruf des Weibes zu erfüllen, eine Kunst sey.«
Das Buch beginnt mit der poetischen Schilderung eines Sonnenunterganges als Gleichnis für den Tod der älteren Tochter. Es folgt der eigentliche Inhalt — ebenso wie in »Der gute Jüngling . . .« — in Form von Vorlesungen, deren erste von ihrem Geist und Zweck handelt. Sie richten sich — nachdem der Verfasser festgestellt hat, er wende sich an den »vernachläßigten, zurückgesetzten Theil der Menschheit« — an einen »Kreis guter, nicht ungebildeter, durch keine Romanlektüre, Lustbarkeithenwuth, Empfindelei oder Freigeisterei mißbildeter Mädchen, die ihrem Beruf entgegen reifen. . .« Der Autor beklagt es, daß man den Mädchen »manche unentbehrliche und entbehrliche Kenntnisse beibringt, aber es so selten mit seiner eigentlichen Bestimmung bekannt macht . . .«
Der Verfasser bemerkt, eine Zeitlang gedacht zu haben, diese Ratschläge sollten von einem Weibe gegeben werden. Doch der Mann habe den Vorzug, daß er auch sagen kann, ». . . wie Alles auf ihn wirkt . . .« Es folgt ein kleines Kompendium darüber, wie man — auf ehrbare Art — Männer fesselt.
Die zweite Vorlesung befaßt sich mit dem »Unterschied des weiblichen von dem männlichen Geschlecht . . .« Hier lautet einer der ersten Sätze: »Heilig ist die Stimme der Natur; ihre Winke sind Gesetze, die wir nicht ohne Schaden übertreten können.« Und nach der Schilderung der weiblichen Gesichtszüge inklusive der Stirne: »Zu einer eigentlichen Denkerin ist also das Weib nicht bestimmt.« *Wenn* das Weib jedoch am Ende Philosophin oder »eine spekulative Politikerin werden« will, dann vernachlässige sie die ihr eigentümliche Natur. Es folgt eine — positive — Schilderung jener Eigenschaften, die man von einem Weib erwarten kann, und zum Abschluß eine diskrete Beschreibung der körperlichen Eigentümlichkeiten des Weibes.
Die dritte Vorlesung spricht von der »Herrschaft über Phantasie und Herz«. Besonders die Bildung des Herzens sei wichtig, es bedürfe jedoch der ratenden Mutter der Vernunft. »Haushaltung ist auch in der Liebe, der einzige Weg zum Vollgenuß . . .« Den Frauen wird geraten, auch bei der Freundschaft mit Männern vorsichtig zu sein. »Solche Verbindungen sind immer gefährlich, und erfordern viel Kenntniß und Beobachtung seiner selbst.«
Die vierte Vorlesung handelt von der »Wichtigkeit des weiblichen Berufs«. »Gehülfin ihres Mannes« zu sein, ist der wichtigste, aber nicht der einzige Beruf der Frau, sie muß gleichzeitig Hausfrau und Mutter sein. Es folgen Ausführungen über die Aufgaben, die der Mutter insbesondere bei der Erziehung zufallen.
Die fünfte Vorlesung behandelt »Das Mädchen«. Hier wird den jungen Mädchen geraten, mit »Wal, Ordnung und Pünktlichkeit« alles zu lesen, »was Sie mit dem Menschen in den verschiedensten Klimas, Lagen und Graden bekannt machen kann«. Und weiter: »Bilden Sie Ihren Geschmack durch Bekanntschaft mit den besten Dichtern in Ihrer Sprache, und in jeder fremden Sprache, die Sie kennen.« Zwei Talente seien wichtig für das junge Mädchen: ». . . das Talent, etwas richtig und mit Ausdruck vorzulesen, und das Talent zu erzälen«. Übung in Musik so wie im Zeichnen ist gleichfalls wichtig. Die Vorlesung wird mit kosmetischen Ratschlägen beschlossen: ». . . frühes Aufstehen, frische Luft, und mäßige Bewegung in frischer Luft, häufiges Kämmen der Haare, und öfteres Baden . . . das beste Mittel, um sich schön zu erhalten, um seiner Haut die Reinheit, Weichheit, und Lebendigkeit zu geben, die man von einer schönen Haut fordert«. In einer Anmerkung stellt der Verfasser fest, daß alle diese Ratschläge nur ein Auszug aus Hufelands Aufsatz »Einige Schönheitsmittel, nicht aus Paris« seien, der im »Journal des Luxus und der Moden« 1788 erschienen sei.
Schließlich macht der Verfasser noch einige Bemerkungen über die Mode und Geschmack und fügt hinzu, daß auch ein unverdorbenes Mädchen gefallen wollen darf.
In der sechsten Vorlesung, die über Religion handelt, rät der Verfasser den Frauen, Schriften zu lesen, die »über das Ganze der Bibel Licht geben«. Gleichzeitig aber warnt er sie vor religiöser Empfindelei.
Die siebente Vorlesung handelt vom »Umgang mit den Männern«. Vorerst jedoch eine Rechtfertigung für den Terminus »Weiber«, den der Verfasser, so erklärt er, so gebraucht wie die Franzosen »Les femmes« für »Das ganze weibliche Geschlecht«. Er gibt zu, daß der Umgang mit Männern die jungen Mädchen »auf eine wolthätige Art aufspannt, anspornt«. Die Wirkung, die junge Männer auf junge Mädchen haben, schildert er so: »Sie sind das doppelt, was Sie vorher waren, und Sie freuen sich dessen, was Sie sind . . . Sie sehen viel mehr Gegenstände, und alle deutlicher und in schönerem Lichte.« Er spricht andererseits auch vom wohltätigen Einfluß, den der Umgang mit Frauen für Männer hat. Er warnt jedoch vor den Wüstlingen, die gerade sehr viel Erfolg bei Frauen haben.
Die achte Vorlesung befaßt sich mit der »Weisheit und Klugheit der Braut«. Hier wird ein Brief mitgeteilt, der, nach den Worten des Verfassers, tatsächlich von einem Vater an seine Tochter gerichtet wurde. Der Brief stellt einen Leitfaden für Verhaltensregeln während des Brautstandes dar. Diese Vorlesung wird mit einem Gedicht und einer Trauungsrede beschlossen.
Die neunte und zehnte Vorlesung befassen sich mit dem Beruf der

Gattin, die elfte mit dem Thema »Wenn der Gatte auf Irrwegen geht«. Zeigt er Wunderlichkeiten, Launen, Sonderbarkeiten, so solle ihn die Gattin, falls er diese nicht ablegen könne, gewähren lassen. ». . . so handel' und leb' er nach *seiner* Weise.« Ganz fehlerlos dürfe die Gattin jedoch nicht sein, das ertrügen Männer auch wieder nicht: »Wir verzeihen's ihnen nicht, daß wir ihnen nie etwas zu verzeihen haben.« Wenn der Gatte gefehlt hat, muß die Gattin auf liebevollste Weise versuchen, ihn wieder zu gewinnen. In der zwölften Vorlesung folgt dann eine wahre Geschichte über den gebesserten wiedergewonnenen Gatten.

Die dreizehnte Vorlesung spricht über die Vorbereitung zum Mutterberufe. Eingangs entschuldigt sich der Autor, daß er vor jungen Mädchen vom Mutterberuf spricht. Das junge Mädchen könne sich auf diesen Beruf vorbereiten, indem es etwa an der Erziehung der Kinder in einem befreundeten Haus teilnimmt. Übung in Geduld, Sanftmut, Nachsicht, Selbstverleugnung usf., in alldem liege die beste Vorbereitung auf den Beruf der Mutter. Unter anderem finden sich folgende Sätze: »Das glückliche Kind ist fast nie unartig, wenn es nicht schon ganz verdorben ist. Ich will nicht, daß man den Kindern in allen unschuldigen Dingen ihren Willen thue. Dieß wäre keine gute Vorbereitung auf das menschliche Leben . . . Ich will nur, daß die Kinder *als* Kinder sich nicht unglücklich fülen.« Und weiter: »Ich meinte nur, daß Bildung durch Leiden keine Bildung für Kinder ist.« Im Verlauf dieser Vorlesung tadelt der Verfasser Übellaunigkeit, Eitelkeit, allzuviel Romanlektüre usf. Er rät den jungen Müttern, ihre Kenntnisse »wirklicher Welt- und Menschenbegebenheiten« zu erweitern, sich mit der Erdbeschreibung und dem Interessantesten aus der Geschichte bekannt zu machen und die Natur und ihre Gesetze zu studieren. Er empfiehlt, vor allem die Kinder zu beobachten, ihre Neigungen, den Eindruck, den gewisse Reden, Menschen oder Gegenstände auf sie machen. Statt politischer oder Romanlektüre schlägt der Verfasser vor, die jungen Mütter mögen einschlägige Werke über Kindererziehung, Kinderkrankheiten usf., hauptsächlich aber Hufelands »Kunst seine Gesundheit zu erhalten«, lesen. Ehe der Autor zur Bildung des Körpers der Mutter kommt, entschuldigt er sich, daß er sich zu einem so heiklen Thema äußere. »Aber Sie *lesen* ja diese Vorlesungen nur. Sie *hören* mich nicht.« Und weiter: »Als Mädchen sich einen gesunden, starken Körper zu erhalten . . . ist . . . große, heilige Pflicht.«

Die vierzehnte Vorlesung handelt vom Beruf der Mutter. Die Pflicht der Mutter sei es, ihr Kind selbst zu stillen, und der Verfasser verweist auf die Gefahren, denen das Kind ausgesetzt ist, wenn es einer Amme übergeben wird. Der erste Faden der Familienbande werde an der Mutterbrust geknüpft. Am Herzen der Mutter empfange das Kind auch die erste Nahrung für sein Herz. Es folgen Regeln der Hygiene für das Kind und solche der Erziehung und Moral. In keinem Fall solle Verbieten und Tadeln ein Haupterziehungsmittel sein. Man solle die Kinder leiten und ihre Kräfte wecken und üben. Eine der wichtigsten Beschäftigungen werde es wohl sein, den religiösen Sinn des Kindes zu wecken. Diese Vorlesung endet mit einigen Gedichten.

Die fünfzehnte Vorlesung spricht über den Beruf der Hausfrau und rät zu Reinlichkeit, Ordnung und Sparsamkeit. Die sechzehnte und letzte Vorlesung richtet »Ein brüderliches Wort an alte Jungfern und junge Witwen«.

Gern hätte er, schreibt der Autor, ein anderes Wort gewählt, wenn ein kurz bezeichnendes sich fände, weil mit erwähntem Ausdruck ein verächtlicher Nebenbegriff verbunden sei. Es sei unrecht, daß man reiche unverheiratete Wüstlinge achte und auf unverheiratete weibliche Personen mit Verachtung herabsähe. Er rät den unverheirateten Mädchen »Sticken, Putz- und Blumenmachen, so manche Arbeiten in Quinquailleriefabriken . . .«, damit sie sich unabhängig selbst erhalten könnten.

257.081-A.Fid. (72-155)

59 [F. A. SCHEUERECK]

Unterhaltungen in der Naturgeschichte

zum nützlichen Gebrauch für die Jugend, sowohl aus verschiedenen Schriften berühmter Naturforscher zusammen getragen, als auch aus eigner Beobachtung verfertiget von F. A. S. Mit Kupfern.

Leipzig, 1782, auf Kosten des Verfassers

8°. Frontispiz, Titel, 4 Bl. (Vorrede), 574 S., 43 unsignierte kolorierte Tafeln, davon 4 gefaltet, 10 Bl. Register samt Druckfehlerberichtigung.

Brüggemann 927.

In der Vorrede stellt der Verfasser fest, »Unter den vielen Studien, welche dem menschlichen Geiste zur Nahrung und Unterhaltung gereichen«, sei das Studium der Naturgeschichte eines der vorzüglichsten. Es sei auch mit vielfältigem Nutzen verbunden, weil man daraus unter anderem die unermeßliche Größe und Weisheit des Schöpfers kennenlerne.

Das Buch habe er nach der systematischen Ordnung Linnés eingerichtet. Bei diesem »ersten Buch« (im Titel findet sich kein Hinweis darauf, daß es sich um ein mehrbändiges Werk handelt) sei er vorzüglich dem Hofrat Schöber verpflichtet, die »folgenden Bände« beabsichtige er durch eigene Beobachtungen zu ergänzen. Das Buch beginnt in Form einer Rahmenerzählung, in welcher ein Lehrer zwei Brüder in der Naturgeschichte unterweist. Der Anfang wird mit dem Menschen gemacht und dem, was er geschaffen hat. Danach werden die Einwohner in den verschiedenen Teilen der Welt behandelt, und etwa bei den Bewohnern »Südasiens« wird bemerkt, man finde daselbst »viele gesittete Menschen«, oder anläßlich der »Sineser« wird festgestellt, ». . . bey welchen die Wissenschaften weit eher bekannt worden sind, als bey uns . . .« Alle Nationen und Rassen werden zudem auch nach ihrem Äußeren ausführlich beschrieben.

Nach dem Menschen beginnt die Darstellung der Säugetiere mit dem Affen und endet mit dem Delphin.

255.792-A.Fid. (60-212)

60 FÉNELON (François de Salignac de la Mothe-Fénélon, archevêque de Cambrai)

Die seltsame Begebenheiten des Telemach

In einem auf die wahre Sitten- und Staats-Lehre gegründeten, angenehmen und sinnreichen Helden-Gedichte durch den Herrn von Fenelon abgefast, In zwey Theile abgetheilet. Mit nöthigen Anmerckungen erläutert, und ins Teutsche übersetzt von Ludwig Ernst von Faramond. Mit Kupfern, und allergnädigsten Privilegiis.

Franckfurt und Leipzig, Peter Conrad Monath, 1749

8°. Gestochenes Frontispiz, Titel in Rot-Schwarz-Druck, 15 Bl. (Kaiserl. Druckprivileg, Extract d. Königl. Polnischen und Churfürstl. Sächsisches Privileg, Vorbericht), 872 S. (samt Zwischentitel), 24 gestochene Tafeln, 1 gefaltete Landkarte, Kustoden.

Heinsius I, Sp. 867 (1788); Kayser I, 203 (1788, 98, 1805); Rammensee 448—450; Weller 189; Brüggemann 283—288 (andere Ausgaben, darunter zwei deutsche).

Das Werk ist in 24 Bücher unterteilt. Im Vorbericht bemerkt der Übersetzer, daß dieser Telemach »nach einem der besten Originalien abgefaßt« wurde.
Fénelon erhielt seine Stellung als Erzieher der Königssöhne 1689; Anlaß dafür war sein Werk »De l'éducation des filles«, das ihn berühmt gemacht hatte. Gouverneur (Hofmeister) der Herzoge von Burgund, Berry und Anjou war der Herzog von Beauvilliers. Es wird dann die Methode geschildert, nach welcher der Herzog von Beauvilliers bei der Erziehung des Thronfolgers, der von ungebärdigem und heftigem Temperament war, vorging. ». . . man bemühete sich, ihm eine Lust zu den Wissenschaften durch die Neugierigkeit zu erwecken. Auf solche angenehme Weise machte man ihm seinen Zeitvertreib zu einer unmühsamen (sic!) Erlernung der Wissenschaften . . .« Der Übersetzer bemerkt weiter, daß alle die weisen Anstalten, die bei der Erziehung des Prinzen getroffen wurden, ». . . mehrentheils von dem Herrn von Fenelon« herrührten. Es wird dann die Feindschaft Bossuets gegen Fénelon dargestellt und der Vorwurf, daß Fénelon den Quietismus begünstigt habe; der Name der Madame Guyon, die in diesem Zusammenhang gleichfalls angeschuldigt wurde, wird erwähnt und schließlich auch die »Explication des Maximes des Saints«, die den Beifall der Anhänger des Quietismus fand. Auf Drängen Ludwigs XIV. hat die päpstliche Kurie 1699 mit einer besonderen Bulle 23 Sätze aus den »Explications« verdammt. Es wird weiter berichtet, wie der Telemach zu Unrecht als eine »Satyrische Schmäh-Schrift« betrachtet wurde. Auch der Kammerdiener (s. unten), der das Werk ohne Wissen Fénelons herausgab, wird erwähnt. Der Übersetzer bemerkt, Fénelon sei, wenn er Homer und Vergil nicht übertroffen habe, ihnen zumindest gleichzustellen. Telemach wird als junger königlicher Prinz dargestellt, der seinem bedrängten Vaterland zu Hilfe kommen und ebenso seinen königlichen Vater unter Verachtung aller Gefahren überall suchen will. Hiebei macht er sich »bei aller Gelegenheit durch Ausübung heroischer Tugend berühmt«. Ihn begleitet die Göttin Minerva unter der männlichen Gestalt des Mentor. Die meisten Poeten der »sogenannten Romans, oder Helden- und Liebes-Gedichte« machten aus ihren Helden vollkommene Menschen. Bei Fénelon habe der Held auch menschliche Schwachheiten, die sich aber in Tugenden verwandeln können. »Jedoch eine der vornehmsten Eigenschaften dieses hochzuschäzenden Helden-Gedichtes bestehet darinnen, daß dessen Verfasser die vollkommenste Staats-Kunst mit dem herrlichsten Begriff der Tugenden vereiniget hat.« Der Verfasser beweist, ». . . daß die ganze Welt nichts anders, als eine allgemeine Republic, und daß in derselben ein jedes Volck ein groses Geschlecht, oder Hauß-Wesen sey«. Man müsse die Länder als aneinanderhängende unzertrennliche Körper betrachten.
Erstes Buch: Telemach wird durch Minerva in der Gestalt des Mentor geführt und landet nach einem Schiffbruch auf der Insel der Kalypso, wo Ulysses sich zuvor aufgehalten hatte. Er erzählt Kalypso, die sich in ihn verliebt, von seinen Reisen nach Pilos und Lakedämon und spricht von den ausgestandenen Gefahren. In einer Anmerkung wird darauf verwiesen, daß alles, was Telemach sagt, mit der Gemütsbeschaffenheit des Herzogs von Burgund übereinstimmt.
Zweites Buch: Telemach erzählt, wie er auf einem Schiff der Flotte des Sesostris gefangengenommen und nach Ägypten geführt wurde. Mentor sei als Leibeigener nach Äthiopien geschickt worden, er selbst habe eine Herde Vieh in der »Wüsten Oasis« hüten müssen. Sesostris habe sich schließlich von seiner Unschuld überzeugt und versprochen, ihn nach Ithaka zu schicken. Sesostris sei jedoch gestorben und er, Telemach, in einem Turm gefangengehalten worden. Mentor hatte Telemach auf die gute Verwaltung und die schöne Ordnung in Ägypten verwiesen, und Telemach bemerkt: »Glückseelig [. . .] sind diejenigen, welchen für den gewaltsamen Wohllüsten eckelt, und welche wissen, wie sie sich mit der Süsigkeit eines unschuldigen Lebens vergnügen sollen!« Und weiter: ». . . daß ein König nicht würdig ist, zu befehlen, und daß er sich bei seiner Macht keiner Glückseeligkeit zu erfreuen hat, als in so weit er selbige der Vernunft unterwirffet.«
Drittes Buch: Telemach erzählt, daß er auf dem Schiff des Narbal nach Tyrus geführt worden sei. Daß er nach Ithaka reisen wollte, jedoch von Pygmalion gefangengenommen und von seiner Konkubine Astarbäa geretten wurde. ». . . wer nicht schweigen kan, der ist unwürdig, zu regieren.« Dazu heißt es in einer Anmerkung: »Die Tugend der Verschwiegenheit suchte der Herr von Fenelon dem seiner Aufsicht anvertrauten Herzoge von Burgund insonderheit beizubringen, welche allen Menschen, vornehmlich aber denen Regenten höchst-nöthig ist.«
Viertes Buch: Kalypso hindert Telemach am Weitererzählen und verlangt, daß er sich ausruht. Telemach berichtet dann, daß er während der Schiffahrt von Tyrus bis Zypern einen Traum gehabt hat, in welchem er Venus und Kupido erblickte, gegen die ihn Minerva schützte. Weiter, daß er nach seiner Ankunft auf Zypern die schändlichsten Greuel gesehen habe. Daß er vom Syrier Hazael, dessen Leibeigener Mentor geworden war, mit diesem wieder vereinigt und auf ein Schiff gebracht wurde, um nach Kreta zu fahren.
»Es sind auf der Erden keine wahre Menschen, als nur diejenige, welche diese ewige Vernunft um Rath fragen, sie lieben und ihr folgen . . .«
Fünftes Buch: Telemach erzählt, daß er nach seiner Ankunft in Kreta vernommen habe, daß König Idomeneus aufgrund eines Gelübdes seinen einzigen Sohn geopfert habe und daraufhin vertrieben wurde. »Denn sie sagten, daß nächst den Göttern, von welchen die guten Gesetze herkommen, den Menschen nichts so heilig seyn solle, als die Gesetze, welche darzu geordnet sind, daß sie dieselben fromm, weise und glückseelig machen mögten.«
»Ein wahrhaftig freier Mensch ist derjenige, welcher von aller Furcht und von allem Verlangen entbunden, nur allein den Göttern und der Vernunft unterworffen ist.«
Sechstes Buch: Telemach erzählt, daß er sich geweigert habe, die königliche Würde in Kreta anzunehmen, damit er nach Ithaka zurückkehren kann. Auch Mentor schlägt die Königswürde aus, worauf Aristodemus zum König ausgerufen wurde. Auf ihrem Weg nach Ithaka erlitten sie Schiffbruch, worauf sie von Kalypso auf ihrer Insel aufgenommen wurden.
Siebtes Buch: Kalypso bewundert Telemach und versucht, ihn durch ihr verliebtes Begehren auf der Insel zu halten. Mentor ermahnt ihn,

Telemach empfindet Liebe gegen die Nymphe Eucharis, Kalypso ist eifersüchtig und will Telemach von der Insel vertreiben. Das Schiff, mit dem Telemach und Mentor abreisen sollen, verbrennt. Daraufhin stürzt Mentor den Telemach ins Meer und wirft sich selbst hinein, um zu einem Schiff zu gelangen, das sie an der Küste erblicken.
Achtes Buch: Telemach und Mentor werden gütig von Adoam auf seinem tyrischen Schiff aufgenommen. Während ihrer Mahlzeit versammeln sich die Tritonen, Nereiden und die übrigen Meergöttinnen um das Schiff, Mentor nimmt eine Leier und spielt.
Adoam erzählt von der Landschaft Bätica, wo die Völker ein ruhiges Leben bei großer Einfalt der Sitten führen. Die Menschen in Bätica leben anspruchslos, sie halten Reichtum und Überfluß für verderblich. »Alles, was ein weiser Mann thun kan, bestehet darinnen, daß er sich williglich darein ergiebet, entweder ein gelehriges und gehorsames Volck . . . oder ein solches Volck zu regiren, welches ihn bittet, daß er wie sein Vater und Hirte seyn mögte.«
Neuntes Buch: Venus, über Telemach immer noch erzürnt, bittet Jupiter, er möge ihn umbringen. Aber die göttlichen Schicksale gestatten nicht, daß er getötet werde. Doch Venus zu Gefallen leitet Jupiter das Schiff, auf dem Telemach und Mentor sich befinden, anstatt nach Ithaka in den Hafen der Salentiner, wo Idomeneus den Telemach und Mentor in seine neue Stadt aufnimmt. Der Opferpriester weissagt Idomeneus, daß die beiden Fremden ihm Glück bringen werden.
Zehntes Buch: Idomeneus berichtet dem Mentor über die Ursache des Krieges wider die Mandurier. Während dieser Erzählung lassen sich die Mandurier vor den Toren der Stadt Salente sehen, nachdem »sie geeilt hatten, die Waffen zu ergreifen«. Mentor geht allein zu den Manduriern hinaus, um mit ihnen zu verhandeln. »Die sicherste Vestung eines Staats ist die Gerechtigkeit, die Gelindigkeit, die Aufrichtigkeit, und die gewise Zuversicht, welche die Benachbarten haben, daß der Regente eines solchen Staates nicht verlange, ihre Länder unrechtmäsiger Weise an sich zu bringen.«
Elftes Buch: Telemach läßt sich die Tore von Salente öffnen und begibt sich zu Mentor. Seine Gegenwart trägt dazu bei, daß die Feinde die Friedensbedingungen, die er im Namen des Idomeneus vorträgt, annehmen. Auch Idomeneus nimmt seinerseits alles an, was beschlossen wurde. »Das ganze menschliche Geschlecht ist nichts anders, als ein einziger Stamm, welcher sich auf der Fläche des ganzen Erdbodens ausgebreitet hat. Alle Völcker sind untereinander Brüder, und sollen sich als Brüder lieben . . . Der Krieg ist zwar unterweilen nöthig; jedoch ist es dem menschlichen Geschlechte eine Schande, daß er bei einigen Gelegenheiten unvermeidlich ist.«
Es folgt eine Philippika gegen die Könige, die um des Ruhmes willen Kriege führen.
Zwölftes Buch: Nestor bittet den Idomeneus im Namen der Bundesgenossen um Hilfe gegen die Daunier. Die Salentiner verlangen nur, Telemach möge hundert edle Kreter als ihr Haupt anführen. Mentor leitet den Idomeneus und veranlaßt eine Reihe von Reformen, durch welche die Herrschaft des Idomeneus mild und weise wird. »Glückseelig ist derjenige König, welcher durch weise Rathschläge unterstützet wird!« — »Die Herzhaftigkeit kan keine Tugend seyn, als nur in so weit sie nach der Klugheit eingerichtet ist; sonsten ist sie eine unbesonnene Verachtung des Lebens, und eine unvernünftige Hitze.« — »Derjenige, welcher sich verwegener Weise in Gefahr giebt, verstöret die Ordnung der Krieges-Zucht, giebt ein böses Exempel der Verwegenheit, und stürzet oftmals ein ganzes Krieges-Heer in groses Unglücke.«
Dreizehntes Buch: Idomeneus erzählt Mentor von dem Vertrauen zu einem Freunde, der dieses enttäuscht habe und ihn verraten wollte. Er könne sich gleichwohl nicht entschließen, diesen Freund Protesilaus, ungeachtet seiner Untreue und Verräterei, hinwegzuschaffen. »Ihr müset wissen, daß die bösen Menschen nicht unfähig seynd, Gutes zu thun. Sie thun Gutes und Böses ohne Unterschied, wenn es ihnen zu ihrem Ehr-Geize dienlich seyn kan.« — »Die grose Anzahl der Menschen, von welchen die Fürsten umringet werden, verursachet, daß keiner unter ihnen einen tiefen Eindruck in ihre Gemüther machet.«
Vierzehntes Buch: Mentor bringt den Idomeneus dahin, daß er den Philocles, wider den er eingenommen war, zurückrufen läßt. Nachdem Philocles erkannt hat, daß dies der Wunsch der Götter ist, kehrt er zu Idomeneus zurück. ». . . Denn verdorbene und betrügliche Menschen empfinden keine Schamhaftigkeit, und sind jederzeit fertig, allerhand niederträchtige Dinge vorzunehmen.« — »Wenn man schon in seinem Feld-Lager den Sieg gleichsam angefesselt hätte, so würde man sich dennoch selbsten ins Verderben stürzen, indem man seine Feinde zugrunde richtete.«
Fünfzehntes Buch: Telemach erwirbt in dem Feldlager der Bundesgenossen die Gewogenheit des Philoctetes. Philoctetes erzählt ihm seine Begebenheiten, wobei er einige besondere Umstände vom Tode des Herkules anführt. Er berichtet ihm, wie er von Herkules die vergifteten Pfeile bekommen, ohne die Troja nicht hätte erobert werden können. In Troja wurde er von den Söhnen des Äskulap von seinen Wunden geheilt. »Derjenige, welcher sich in glücklichem Wohlstande befindet, soll immerdar befürchten, daß er desselben mißbrauchen mögte, und soll denen Unglückseeligen beistehen.«
Sechzehntes Buch: Telemach gerät mit dem Phalantes in Uneinigkeit wegen einiger Gefangener, die sie einander streitig machen. Er überwindet im Kampf den Hippias, der ihn wegen seiner Jugend verachtet. Adrastus, König der Daunier, greift die gegen ihn verbundenen Könige an und tötet den Hippias, den Bruder des Phalantes. »Das Alter pfleget nichts mehr zur Warnung anzunehmen . . . die zarte Jugend ist allein dasjenige Alter, darinnen der Mensch annoch alle Kräfte besitzet, sich zum Guten zu ändern.«
Siebzehntes Buch: Nachdem Telemach seine göttlichen Waffen angelegt hat, eilt er dem Phalantes zu Hilfe, treibt den siegenden Feind zurück und hätte einen vollständigen Sieg errungen, wenn nicht ein Unwetter das Gefecht beendet hätte. Darauf ehrt er den gefallenen Hippias mit einem prächtigen Leichenbegängnis. Telemach ergeht sich in Klagen über die Torheit der Menschen, die einander sinnlos töten. »Alle Menschen sind Brüder, und dennoch zerreissen sie einander [. . .] Die Löwen führen keinen Krieg mit Löwen, noch die Tyger mit Tygern . . . Der Mensch allein, unverachtet seiner Vernunft, thut dasjenige, welches die unvernünftigen Thiere nimmermehr thun würden.«
Achtzehntes Buch: Telemach glaubt, daß sein Vater nicht mehr auf Erden weilt, und will sich in die Hölle begeben, um ihn daselbst zu suchen. Er kommt zur Höhle Acherontia, gelangt an das Ufer des Styx, wo Charon ihn in sein Schiff nimmt. Er durchwandert den Tartarus, wo er die Qualen erblickt, welche die Undankbaren, Meineidigen und vornehmlich die bösen Könige erleiden.
Neunzehntes Buch: Telemach begibt sich in die elysischen Felder, wo er erfährt, daß sein Vater Ulysses noch lebt und daß er ihn zu Ithaka wiedersehen und nach ihm regieren werde. Vater Arcesius zeigt ihm die Glückseligkeit der guten und gerechten Menschen, vornehmlich aber die der guten Könige. Er erteilt dem Telemach einige Ratschläge,

worauf dieser sich wieder in das Lager seiner Bundesverwandten begibt.
Zwanzigstes Buch: Telemach bringt es in der Versammlung der Kriegshäupter soweit, daß sein Rat, die Stadt Venusia nicht zu überfallen, angenommen wird. Adrastus will Telemach überfallen, dieser jedoch kommt ihm zuvor und tötet ihn.
Einundzwanzigstes Buch: Nachdem Adrastus tot ist, bitten die Daunier um Frieden und einen König von ihrer Nation. Man will die Länder teilen und Telemach eine Landschaft zueignen. Das schlägt Telemach gänzlich aus und rät, den Polydamas zum König zu machen. Danach kehrt jeder in sein Vaterland zurück. »Wenn man hingegen die Menschen auf keine andere Weise beherrschen will, als nach denen wahren Regeln ihrer eigenen Wohlfahrt; so ist man mehr ihr Vormund, als ihr Herr.« — »Das Unglücke füget zu dem Ruhme groser Männer einen neuen Glanz. Es mangelt ihnen etwas, wenn sie niemals unglücklich gewesen sind.«
Zweiundzwanzigstes Buch: Als Telemach in Salente ankommt, verwundert er sich, daß das Feld so wohl bestellt ist und so wenig Pracht in der Stadt herrscht. Mentor erklärt ihm die Ursachen dieser Veränderung und zeigt ihm den guten Wandel des Idomeneus. Mentor rät dem Telemach, nach Ithaka zu reisen und Penelope von den Nachstellungen ihrer Liebhaber zu befreien. »Bedencket, o Telemach! daß zwei schädliche Dinge bey der Regirung über die Völcker zu finden seynd, welchen fast niemals abgeholffen wird. Das erste ist eine ungerechte und allzu hefftige Macht, deren sich die Könige anmassen. Das zweite ist die Pracht und das übermüthige Wesen, welches die Sitten verderbet.«
Dreiundzwanzigstes Buch: Idomeneus versucht Mentor und Telemach bei sich zurückzubehalten. Mentor aber erklärt, er müsse den Telemach zurückführen. Nun versucht Idomeneus, in Telemach Liebe zu seiner Tochter Antiope zu entfachen. Er veranstaltet eine Jagd, bei der seine Tochter von wilden Schweinen zerrissen worden wäre, wenn sie Telemach nicht gerettet hätte. Er begibt sich auf das Schiff mit dem Vorsatz, in sein Vaterland zu reisen.
Vierundzwanzigstes Buch: Telemach läßt sich von Mentor während der Schiffahrt viele Schwierigkeiten, die sich bei der Regierung der Völker ergeben, erklären. Auf einer Insel, an der sie anlegen, findet Telemach seinen Vater Ulysses, erkennt ihn aber nicht. Nachdem Ulysses weggefahren, erklärt Mentor ihm, daß Ulysses hier gewesen sei, tröstet ihn aber, daß er den Vater bald wiederfinden werde. Endlich nimmt die Göttin Minerva, »welche bißher unter dem Bilde des Mentors verdecket gewesen, ihre Gestalt wieder an, und giebt sich zu erkennen«. Sie erteilt Telemach ihre letzten Lehren und verschwindet, worauf Telemach in Ithaka eintrifft und seinen Vater wiederfindet. Das Kapitel beginnt damit, daß Telemach dem Mentor sagt, er begreife nun die Regierungsregeln, die er, Mentor, ihm erklärt hat. Mentor: »Man muß die Menschen auslernen, wenn man sie erkennen will.« — »Wie kan man sich denn einige Hoffnung machen, daß man die Menschen wohl regiren werde, wenn man sie nicht kennet?« — »Ein König, welcher denen Menschen keinen Zutritt verstattet, lässet auch die Wahrheit nicht zu ihm kommen.« Mentor: »Ihr sehet nun, worzu die Unglücks-Fälle des Lebens dienen: Sie machen die Fürsten verständig, und verursachen, daß dieselben das Leiden und Elend anderer Menschen empfinden . . . Woferne sie niemals etwas anders geschmäcket haben, als das süse Gift des glücklichen Wohlstandes; so bilden sie sich ein, sie seyen Götter.«

Fénelon, François de Salignac de la Mothe, 1651—1715, französischer Prälat, Erzbischof, Herzog von Cambrai. Mit zwölf Jahren wurde er an die Universität von Cahors geschickt. Er studierte Philosophie und Theologie und trat 1679 in den Orden von St. Sulpice ein. Um 1685 schrieb er »De l'éducation des filles«, das 1687 erschien und ihm seinen ersten Ruhm einbrachte; das Buch wurde auf Ersuchen der Herzogin von Beauvilliers, die ein Handbuch für die Erziehung ihrer Töchter haben wollte, geschrieben. Nach der Aufhebung des Ediktes von Nantes wurde er mit der katholischen Mission in Poitou betraut.
Der Herzog von Beauvilliers, der das Amt eines Gouverneurs beim Herzog von Burgund — dem Enkel Ludwigs XIV. — innehatte, schlug Fénelon als Erzieher, als Lehrer für den Herzog von Burgund vor. Dies war besonders im Hinblick auf das ungebärdige und heftige Temperament des Herzogs eine glückliche Wahl. Fénelon versuchte vorerst durch Fabeln, die er zu diesem Zweck verfaßte, das ungestüme Temperament seines Zöglings zu bändigen. In allem, was Fénelon tat, bemerkte man die Absicht, einen tugendhaften und instruierten Herrscher zu erziehen. Fénelon wurde auch die Erziehung der beiden anderen Söhne des Königs, der Herzoge von Anjou und Berry, anvertraut.
Der »Telemach« war ursprünglich nicht zur Veröffentlichung bestimmt. Man verdankt den Druck der Unredlichkeit eines Dieners, dem Fénelon das Manuskript anvertraut hatte, um es zu kopieren. Das Manuskript erregte solches Interesse, daß der Diener es in Druck gab. (1699)
Die ersten Ausgaben waren nicht unterteilt, erst später erfolgte die Aufteilung in 10 und 16 Bücher. Die Einteilung in 24 Bücher findet sich nur in den Ausgaben, die nach Fénelons Tod erschienen sind. Hoefer bestreitet in dem Artikel über Fénelon, daß er die Absicht hatte, eine Satire auf Ludwig XIV. abzufassen. Das Werk ist offenbar 1694/95 verfaßt worden, zu einer Zeit, da Fénelon berichtet, der König hätte ihm viele Beweise seines Wohlwollens geliefert. Zweifellos gibt es im »Telemach« eine Reihe von Auffassungen politischer und administrativer Natur, die mit denen des Königs nicht übereinstimmten und die man als Ansätze für Reformen auffassen könnte. (Hoefer XVII, Sp. 319 ff.)
1699 entzog Ludwig XIV. Fénelon den Titel eines Lehrers seiner Kinder.
Durch seine »Explications des Maximes des Saints«, die quietistische Elemente aufwiesen, und seine Beziehung zu Madame Guyon zog Fénelon sich die Feindschaft Bossuets zu; durch Bossuets Einfluß wurde er in sein Bistum verwiesen und sein Buch zur Verdammung nach Rom gesandt.

Paul de Saint-Agnan, Duc de Beauvilliers, 1648—1714, war erster Kammerherr des Königs, der ihn wegen seiner Ehrenhaftigkeit schätzte und ihn dem Dauphin als Ratgeber beigab. 1689 ernannte Ludwig XIV. ihn zum »Surintendant de la maîson de M. le duc de Bourgogne«. Später erhielt er dieselbe Funktion auch für den Herzog von Anjou (später Philipp V.) und den Herzog von Berry. Der König überließ dem Herzog die Wahl der anderen Personen, die er für die Umgebung seiner Söhne wählte. Auf seinen Vorschlag wurde Fénelon als Précepteur ausersehen. Beauvilliers war Fénelon in Freundschaft verbunden und hat ihn gegen seine Angreifer unermüdlich verteidigt.

Faramond, Pseudonym für Philipp Balthasar Sinold, genannt von Schütz, 1657—1742, war Schüler Christian Weißes, unternahm nach vollendetem Studium eine Reise nach Italien und verblieb zwei Jahre im Dienst des Großherzogs von Toskana. Nach seiner Rückkehr hielt er sich in Leipzig auf, arbeitete das »Reale Staats-Zeitungs- und Conversationslexicon« aus und entwarf die beiden ersten Teile des Zieglerischen Schauplatzes der Zeit.
1727 ging er als Gräflich-Solmischer Geheimer Rat nach Laubach, woselbst er starb.
Er schrieb eine Reihe von Andachtsschriften unter dem Namen Amadeus Creutzberg; unter dem Namen Irenicus Ehrenkron übersetzte er Hugo Grotius' Bücher vom Recht des Krieges und des Friedens, aus dem Französischen »Fénelons Telemach« und andere. Ohne Namen gab er eine Reihe von Schriften heraus, wie »Curiöses Caffe-Haus zu Venedig«, eine Zeitschrift, die als Vorläufer der »Moralischen Wochenschriften« angesehen wird, und anderes mehr.
Das Pseudonym »Faramond« — der Legende nach hieß der erste König der Merowinger Pharamond — dürfte auf den Roman »Pharamond« von La Calprenède (gest. 1603), zurückgehen. La Calprenède stammte aus dem Perigord, ebenso wie Fénelon, und soll auf den umliegenden Schlössern als Geschichtenerzähler umhergereist sein. Vermutlich waren dem gelehrten Sinold diese Zusammenhänge bekannt.

61 [Françoise de Salignac de la Mothe-Fénelon, Archevêque de Cambrai]

De l'Éducation des Filles

Par Messire Françoise de Salignac de la Mothe-Fénelon, Archevêque, Duc de Cambrai. On y a joint un Ouvrage de Monsieur de La Chetardie, intitulé: Instruction pour une jeune Princesse. Nouvelle Edition.

Francfort, en Foire, J. F. Bassompierre [1760]

Kl.-8°. XI (1 Bl., Titel, Avertissement, Inhaltsverzeichnis auf XI verso) 147 S., Zwischentitel (Education pour une jeune Princesse), S. 151—182, 1 Bl. Inhaltsverzeichnis. Gestochenes Frontispiz von De Boubers mit dem Porträt Fénelons vor dem 1. Titel.

Beigebunden: Manuel Moral ou Maximes, pour se conduire sagement dans le Monde, accompagnees de Reflexions. Ouvrage utile a la Jeunesse, Par J. M. D. V.

Augsburg et Memmingue, Conrad Henry Stague [1764]

77 S. (mit Titel und Vorwort), Kustoden.

Nicht nachweisbar.

Der Zusatz beim Verlagsort für den Haupttitel verweist auf die Bedeutung der Frankfurter Buchmesse und ihre enge Verbindung zu Paris als der damals bedeutendsten europäischen Universitätsstadt.
Alle drei Werke gehören in die Reihe der Erziehungsbücher, die sich mit Fragen der Moral ebenso wie mit denen des Verhaltens im Umgang mit andern befassen.
Im Avertissement des ersten Werkes (Education des Filles) wird darauf verwiesen, daß dieses kleine Werk des Fénelon vom Publikum sehr gut aufgenommen und von allen Seiten wieder verlangt wurde. Obwohl das Buch nicht unmittelbar von der Erziehung der Mädchen handle, werde man darin eine Reihe allgemein gültiger Sätze finden. Zwar enthalte es einige der römischen Kirche eigentümliche Lehrsätze, dies sollte jedoch die Protestanten nicht daran hindern, es zu lesen. Einerseits um sich von Fénelon überzeugen zu lassen, zum andern aber auch, um festzustellen, welche Schwächen er aufweise, wenn es sich um einzelne Dogmen der Kirche handelt. Und an anderer Stelle heißt es: »Il passe fort légerement sur certains Dogmes épineux de son Eglise, et les explique dans les termes les plus doux et le plus généraux qu'il peut trouver.« Unter anderem wird das einige Zeit zuvor erschienene Buch von Locke zitiert und die Lektüre des vorliegenden sowie des Werkes von Locke empfohlen, wobei man bisweilen die gleichen Empfindungen, jedoch mit verschiedenen Begründungen finden werde.
Am Ende des Vorwortes wird das Buch von Chétardie erwähnt, das ungefähr die gleiche Materie behandelt.
Das erste Kapitel trägt den Titel »De l'Importance de l'Education des Filles« und beginnt mit dem Satz: »Rien n'est plus négligé qui l'éducation des filles«. Man denke, Mädchen bräuchten wenig Bildung, indes die Erziehung der Knaben eine der wichtigsten Angelegenheiten für das öffentliche Wohl sei. Mädchen müßten lernen, ihren Haushalt zu machen, und ihren Männern, ohne zu räsonieren, zu folgen. Es sei richtig, daß ihr Verstand geringer und weniger robust sei als der der Männer, aber eben deshalb müsse man ihrer natürlichen Schwäche abhelfen. Auch die Führung eines Hauses sei für das öffentliche Wohl von Bedeutung. ». . . les filles mal instruites et inappliquées ont une imagination toujours errante.« Mit der Erziehung der Mädchen müsse man von der allerersten Kindheit an beginnen, ehe die Kinder zu sprechen anfangen. In den Ausführungen werden nicht nur die geistigen Grundlagen der Erziehung erörtert, sondern es wird auch auf Faktoren wie etwa die Ernährung Bedacht genommen. Kinder neigten dazu, alles nachzumachen, was sie sehen, daher dürfe man ihnen nur gute Beispiele geben. Im Kapitel über die »Instruction indirectes« heißt es, man solle das Kind spielen lassen und es im Spiel belehren. Besonders wichtig sei es, das Vertrauen der Kinder zu erwerben, nur so könne man Einblick in ihr Leben gewinnen. »Une ame menée par la crainte en est toujours plus foible.« Und: »Tout ce qui réjouit l'imagination facilite l'étude.« Das Lernen müsse zum Vergnügen gemacht werden, man dürfe nicht zu streng abwägen, sondern müsse dem Kind von Zeit zu Zeit eine kleine Zerstreuung gewähren. Ein langes Kapitel ist dem Religionsunterricht gewidmet, es werden Ratschläge erteilt, welche Lektüre den Kindern angemessen sei. Ein ausführlicher Abschnitt ist für die Zehn Gebote, die Sakramente und das Gebet vorgesehen.
Im Kapitel »La Vanité de la Beauté et des Ajustements« heißt es: »Mais ne craignez rien tant que la vanité dans les filles; elles naissent avec un désir violent de plaire«, und weiter: »Les véritables graces ne dépendent point d'une parure vaine et affectée.«
Ein ganzes Kapitel befaßt sich mit dem, was die Frau für ihre eigentlichen Aufgaben lernen soll. »Apprenez à une fille à lire et à écrire correctement.«
Die Mädchen sollen auch gewisse juristische Kenntnisse besitzen, zum Beispiel den Unterschied zwischen einem Testament und einer Schenkung kennen, wissen, was ein Vertrag ist, über die wichtigsten Regeln des Gewohnheitsrechtes des Landes, in dem man lebt, unterrichtet sein usf. Wenn sie heiraten, werden die hauptsächlichsten und

wichtigsten Angelegenheiten sich um diese Vorschriften drehen. Sie sollten sich aber nicht mit der Rechtsprechung und ihren Unzulänglichkeiten befassen; hier folgt eine lange Aufzählung dieser Unzulänglichkeiten. Mädchen von Geburt und ansehnlichem Besitz müßten auch über die Aufgaben des Grundherrn unterrichtet werden. Ebenso sollten sie über die verschiedenen Arten des Grundbesitzes belehrt werden.
Sodann geht Fénelon auf allgemeinere Grundsätze über: Die Mädchen sollen griechische und römische Geschichte lernen, ebenso die Frankreichs und anderer Länder. Anstatt Italienisch und Spanisch solle man sie eher Latein lernen lassen, zumal dies die Sprache der Kirche ist. Mit Auswahl dürften sie auch Werke über Dichtkunst und Beredsamkeit lesen. Ebenso müsse man mit Musik und Malerei behutsam umgehen, dies alles seien Künste der gleichen Art, und Fénelon erinnert daran, daß die Alten in einer gut regierten Republik nichts für verderblicher hielten als eine »mélodie efféminée«. Man solle nur christliche Dichtkunst und christliche Musik lehren.
Das letzte Kapitel spricht über Erzieherinnen, und Fénelon stellt fest, daß er zwar Idealforderungen erhebe, doch müsse man zumindest in einem Werk über die beste Erziehung solche stellen dürfen.
Instruction pour une jeune Princesse: Aus der »Table des matières« sind der Inhalt der einzelnen Kapitel und der Geist, in welchem das Werk konzipiert ist, ersichtlich: »Que la piété est une vertu très-nécessaire aux Dames« — »De la lecture et du choix des Livres que les Dames doivent lire« — »De l'avarice [. . .]«. Die Instruktion hebt mit der Feststellung an, Mitleid sei eine Tugend, die besonders für junge Damen nötig wäre, die der Himmel mit persönlichen Vorteilen bedacht hat. Der Autor spricht die Adressatin persönlich an und erklärt ihr unter anderem, daß schöne Damen mehr Verdienst hätten, tugendhaft zu bleiben, als die Häßlichen, für welche ». . . leur sagesse est une espece de sagesse forcée . . .«, die man ihnen nicht sehr hoch anrechnet. ». . . que votre unique dessein soit de ne rien faire qui ne soit dans les regles de la bienséance . . .«
Lektüre sei bei Beachtung aller vom Autor gegebenen Regeln nicht die schlechteste Hilfe, nur müsse man seine Bücher zu wählen wissen. Die Adressatin solle sich vor philosophischen Werken und Romanen hüten, sie würden ihr nur den Geist verwirren.
Das ganze Werk stellt nicht eigentlich ein Erziehungsbuch, wohl aber einen Verhaltenscodex für junge Damen von Rang und Namen dar.
Manuel Moral ou Maximes . . .
Im Vorwort teilt der Verfasser mit, daß alle diese Maximen schon lange auf einem Flugblatt gedruckt vorlagen, daß er jedoch jetzt ein Buch daraus gemacht und bei dieser Gelegenheit jeder Maxime »deux courtes réfléxions« beigegeben habe. Den Eltern rät er, dem Kind nur eine einzige Maxime in der Woche zu erklären und mit dem Kind darüber jeden Tag zu sprechen. Die Maximen beginnen mit einer Ode: »Il n'est ici bas rien de stable; Tout passe si rapidement, Que le bonheur le plus durable, N'est presque qu'un heureux moment . . .« In sieben weiteren Strophen wird die Vergeblichkeit allen eitlen Strebens vorgeführt. Sodann folgen 67 Maximen mit moralisierendem Inhalt, wie etwa »Refléchissez avant que de rien entreprendre«, »Demandez, pour agir, les sentimens des autres«, »Soyez dans vos discours toujours droit et sincère« usf. Bisweilen wird eine Maxime geteilt und an jeden Teil eine Betrachtung geknüpft. Die letzte Maxime lautet: »Préparez vous sans cesse à mourir en chrétien.« Im Kommentar dazu heißt es: »La mort est, si j'ose me servir de termes prophanes, le dernier coup de dez qui décide la partie.«

Über La Chetardie ist nichts Näheres bekannt, außer daß er neben der »Instruction pour une jeune Princesse«, ein zweites Werk, »Instruction pour un jeune Seigneur« verfaßt hat. Hazard zitiert Trotti de la Chetardie im Zusammenhang mit der neuerwachten Reiselust des Jahrhunderts: »Si vous êtes curieux, allez voyager . . .« (Hazard, S. 5, A. 1) Auch Hazard bringt keine näheren Angaben über den Autor.
Bei dem von Locke zitierten Werk handelt es sich um »Some thoughts on education«, das 1693 in England erschien und 1695 von Pierre Coste ins Französische übersetzt wurde.

253.683-A.Fid. (97-262)

62 *Neueingerichtetes Figur- und A. B. C. Büchlein*

oder nützliche Anweisung wie die zarte Jugend zum teutschen und lateinischen Buchstabieren und Lesen auf eine leichte Art kann angewiesen werden, wie auch einige biblische Historien mit einigen schönen Liedern zur Erbauung der Kinder; samt einen kurzen Entwurf von der Eintheilung der biblischen Bücher alten und neuen Testaments, sowohl mit ihren teutschen als lateinischen Benennungen.

Nürnberg, Wirsingische Kunsthandlung [um 1785]

Nicht bei Rammensee.

Beigebunden: ABC Instructif pour apprendre aux enfans les élémens de la langue françoise par C. W. Brunner.

Jena et Nurnberg, C. Weigel et Schneider [1803]

Kl.-8°. Zu Figur- und ABC Büchlein: 55 S. (samt Titel; das letzte Blatt trägt auf der Rückseite keine Seitenzahl), Frontispiz und 24 Tafeln, alle gestochen und koloriert. In fünf Kapiteln: 1. und 2. Mehrere Alphabete, 3. Deutsche Wörter in alphabetischer Reihenfolge und ihre lateinischen Übersetzungen, 4. Einige biblische Historien zur Uebung im Lesen; 5. Teutsche Verse nach denen gemeinsten Arten zur Uebung im Lesen.
Ein Vergleich mit anderen seiner Illustrationen hat ergeben, daß die Tafeln, mit Ausnahme des Frontispiz, von Wirsing selbst stammen. Die Darstellungen erinnern an zeitgenössische Grotesken.

Zu C. W. Brunner ABC Instructif: 54 S. (samt Titel), Kustoden, 12 Bl. beidseitig bedruckt, in der oberen Hälfte der Seite je eine kolorierte gestochene Darstellung des betreffenden Buchstabens, der Text in der unteren Hälfte in gestochener Kursivschrift, kalligraphische Schlußfiguren, auf der Rückseite des letzten Blattes verschiedene Alphabete, 1 Bl. Text, 6 Bl. mit 12 Anschauungstafeln, alle gestochen und koloriert, 1 Bl. Text.

Heinsius I, Sp. 447; Kayser I, 370; Rammensee 270; Hauswedell 24 (Ausgabe von 1807); Rümann KB 57 (1807).

Das Figurenbüchlein beginnt mit einem Vers: »Du bester Lehrer Jesulein! Mein Lernen laß gesegnet seyn. Daß all' mein Thun, durch Deine Gnad, Ersprießlich werd und wohlgerath. Amen.«
Es folgt das erste Kapitel von den Buchstaben mit mehreren Alphabeten, den Vokalen und den Konsonanten. Das zweite Kapitel enthält zusammengesetzte Buchstaben und vom dritten Kapitel an deutsche Beispiele und ihre lateinische Übersetzung über jeden Buchstaben des Alphabets. Zu jedem Buchstaben gehört eine Tafel, auf der in

scherzhafter Weise und — bisweilen — mit erfundenen Namen künstlich ein Bezug zu dem betreffenden Buchstaben hergestellt wird. Zum Beispiel, zu D: »Der die Dutzschwester Tantzend nach Hauß führende Honack« und für F: »Die falsch gestimte Stille und Schreyende Music«.
Das vierte Kapitel enthält »Einige biblische Historien zur Uebung im Lesen« und endet mit »Heiligen Gedanken« in Gedichtform: »Der Priester Eli liess die Kinder Sünde treiben, / und sahe nicht einmal darüber sauer aus: / Das aber liess der HErr nicht ungerochen bleiben, / Er strafte durch den Tod ihn und sein ganzes Haus . . .«
Das fünfte Kapitel bringt »teutsche« Verse, die nach bekannten Melodien zu singen sind. Es folgen ein »Kurzer Entwurf der biblischen Bücher« mit der Einleitung des Alten und des Neuen Testaments und als Abschluß das Einmaleins.
Das ABC Instructif beginnt mit den Groß- und Kleinbuchstaben des ABC sowie den Vokalen und Konsonanten, dann folgen Wörter zum Buchstabieren und Lesen, verschiedene andere Beispiele, lehrreiche Sätze, Fragen und Antworten, kleine Geschichten, einige Fabeln von La Fontaine, Rätsel, das Einmaleins und schließlich ausgewählte Gedanken, Überlegungen und Maximen, die so eingeleitet werden: »Le premier pas vers la sagesse, est de savoir qu'on ne sait rien . . .« alles in französischer Sprache.
Auf 12 Tafeln findet man die bildliche Darstellung des ABC, wobei in der oberen Hälfte Kinder bei verschiedenen Tätigkeiten gezeigt werden und der Text die Personen die Buchstaben aussprechen läßt. Es folgen verschiedene Alphabete und anschließend Wörter, danach werden auf den Anschauungstafeln Gegenstände des Alltags, aus der Naturgeschichte, Abbildungen des Menschen und einige Berufe gezeigt.
Den Abschluß bildet ein »Exercice de la lecture« mit moralischen Betrachtungen.

Adam Ludwig Wirsing, 1733—1797, stach Bildnisse, Blumen, Küchenstücke und anderes.

11.510 FKB (108-146)

63 [Jean-Jacques Fillassier]

Dictionnaire historique d'éducation

Où, sans donner de préceptes, on se propose d'exercer et d'enrichir toutes les facultés de l'ame et de l'esprit, en substituant les exemples aux leçons, les faits aux raisonnemens, la pratique à la théorie. Devise: »Longum per praecepta, breve per exemplum iter. Quintilien.«

Paris, Vincent [1771]. Avec Approbation, et Privilége du Roi.

8°. In 2 Bänden.
Band 1: 1 Bl., III-XII (Vortitel, Titel, Avertissement), 740 S.
Band 2: Vortitel, Titel, 703 S. In jedem Band eine Anfangsvignette. In Band 2, S. 546—699, befinden sich eine Liste der verwendeten Autoren und ein historisch-alphabetisches Personenregister sowie S. 700—703 Errata, Approbation und Privilege.

Barbier-Quérard, Anon. IV, Sp. 976, vermerkt, daß das Werk von Ersch (Gelehrtes Frankreich, I, 353) dem Jean François de la Croix, Marquis de Castries zugeschrieben wird. Quérard, France litt. III, 122, gibt als Autor Fillassier an und vermerkt, daß die erste Ausgabe anonym erschienen ist. Im Band IV, 377, dagegen weist er das Werk unter dem gleichen, diesmal ausführlicher zitierten Titel dem Marquis de la Croix zu. Dazu ist festzustellen, daß sowohl Quérard wie auch Ersch in ihren Angaben nicht immer verläßlich sind.

Im Vorwort sagt der Autor, niemals hätte man besser als in unserem Jahrhundert verstanden, wie wichtig und notwendig eine gute Erziehung sei, und niemals sei soviel darüber geschrieben worden. Und doch: Welches Zeitalter böte mehr Laster und weniger Tugenden. Man spreche von Freundschaft, Vaterlandsliebe, und wenn von uns das leiseste Opfer verlangt werde, verschlössen wir unsere Ohren. Wir predigten die Tugenden, ohne sie zu pflegen. Sollte dies nicht auf unsere Erziehung zurückgehen? Vom zartesten Alter an predige man uns Vorschriften, man behalte sie im Gedächtnis, doch ohne daß dies an unser Herz rühre. Die Folge sei, daß wir zwar unsere Pflichten kennen, ohne ihnen jedoch nachzukommen, daß wir besser unterrichtet sind, ohne selbst besser zu sein. Man müsse also den entgegengesetzten Weg einschlagen, den Vorschriften Beispiele entgegensetzen, und da der Mensch Nachahmer sei, würden die großen Männer durch ihre Haltung unseren Schülern weise Lehren erteilen.
Um dieses große Ziel zu erreichen, biete der Autor dem Publikum ein Werk, das sicherlich seine Zustimmung finden werde. Es sei eine kritische Sammlung all dessen, was die Geschichte an Angenehmem und Belehrendem biete.
Seit langem beklage man mit Recht, daß es keine Bücher gebe, die man Kindern schenken könne. Große Geschichtswerke seien für dieses Alter zu umfangreich. Und die Sammlungen interessanter Erzählungen und Anekdoten würden von weisen Erziehern mit Recht ausgeschieden, weil sie oberflächlich oder frivol seien. Aber selbst in unserem Jahrhundert würde die Tugend gepriesen. Der Autor hofft, daß sein »Dictionnaire historique« zu den Büchern gehören wird, die für die Kinder nützlich sein werden. Er habe eine sorgfältige Wahl getroffen sowohl für die Geschichte als auch für die Tatsachen, die er berichtet. Die Beispiele, die er bringe, sollen in den Kindern den edlen Wunsch zur Nachahmung erwecken, sie würden sie lehren, den falschen Glanz von wirklichem Ruhm zu unterscheiden. Er führe ihnen Könige, Fürsten, Feldherren und Heilige vor, für die die Kinder sich begeistern können. Der Autor wollte, wie er erklärt, kein umfangreiches Werk schreiben, sondern eine Sammlung, die Kindern leicht zugänglich ist. Das Buch endet mit einer alphabetischen Tafel, in welcher das Jahrhundert, das Land, die Qualitäten und der Tod der großen Männer, die im Dictionnaire vorkommen, angegeben werden.
In den beiden Bänden werden in alphabetischer Reihenfolge eine Reihe von Eigenschaften angeführt und zu jeder Eigenschaft passende Episoden aus dem Leben berühmter Männer und Frauen gebracht.
Am Schluß des zweiten Bandes findet sich zuerst eine Liste der hauptsächlichsten Autoren, die für das Werk benutzt wurden, gegliedert nach Autoren für die Heiligengeschichte, die alte und neue Geschichte, sodann folgt von S. 553—699 die alphabetische Tafel der in beiden Bänden vorkommenden Persönlichkeiten, die von Aron bis Zoroaster reicht; sie enthält nahezu sämtliche berühmte Männer des Altertums sowie historische und zeitgenössische Persönlichkeiten Frankreichs und des Auslandes.
Unter dem Buchstaben »E« wie »Etude« findet sich auch hier mit einer ausführlichen Lebensbeschreibung die Geschichte Jean Philippe Baratiers (Bibl. Nr. 73). Unter anderen erscheint hier auch Prinz Eugen unter »Egalité« (Gleichmut) mit einer Episode aus der Schlacht bei Zenta.

Jean-Jacques Fillassier, ca. 1736—1806, französischer Moralist und Agronom. Als großer Bewunderer Rousseaus wollte er wie dieser das zeitgenössische Erziehungssystem vervollkommnen und verfaßte zu diesem Zweck »Eraste ou l'ami de la Jeunesse« (Bibl. Nr. 64). Während der Revolution wurde er Deputierter der Gesetzgebenden Versammlung. Er schrieb landwirtschaftliche und Jugendbücher.

255.964-A.Fid. (61-106)

64 [JEAN-JACQUES FILLASSIER]

Eraste, ou l'Ami de la Jeunesse

Entretiens familiers, Dans lequels on donne aux Jeunes Gens de l'un et de l'autre sexe, des notions suffisantes sur la plûpart des connoissances humaines, et particuliérement sur la Logique ou la science du raisonnement; la doctrine, la morale . . . Ouvrage qui doit intéresser les Peres et Meres, et généralement toutes les Personnes chargées de l'Education de la Jeunesse.
Nouvelle Edition, Soigneusement corrigée et considérablement augmentée. Par M. l'Abbé Fillassier.
Devise: »Gratum est quòd Patriae Civem Populoque dedisti, Si facis ut Patriae sit idoneus. Juvenal, Sat. XIV.«

Paris, Vincent [1774]. Avec Approbation, et Privilege du Roi.

8°. Titel, IV (Préface), 962 S. (samt Inhaltsverzeichnis, Errata, Approbation und Privilége), 2 gefaltete Karten (Weltkarte und Karte von Frankreich).

Quérard, France litt. III, 122.

Der Autor stellt im Vorwort fest, es fehlte den jungen Leuten beiderlei Geschlechts bis jetzt an einem Buch, welches das Notwendige mit dem Angenehmen verbunden hätte und gleichzeitig leicht verständlich gewesen wäre. Er habe nun ein Werk geliefert, das alle ». . . Fähigkeiten der Seele bereichern sollte«. Er biete es dem Publikum neuerlich an, nachdem die erste Ausgabe erschöpft sei. Dann erläutert er den Plan des Werkes: Nachdem er seinen Schülern die großen Vorteile der guten Erziehung gezeigt habe, werde ihre Vernunft durch die Gesetze der Logik gebildet, sodann folge das Studium der Religion und der Moral, danach komme die Betrachtung der Natur in ihrem Verhältnis zum Schöpfer, Religionsgeschichte, Apostelgeschichte, die Gebote Gottes und der Kirche, ein historisches Bild des Christentums und all dessen, was die Religion betrifft. Alle Belehrungen seien in Form einer »Conversation naîve« vorgenommen, um die Aufmerksamkeit der Jugend zu fesseln. Es folgten Naturgeschichte, Physik und Astronomie, Geographie und im besonderen jene Frankreichs. Beendet wird das Werk mit einem allgemeinen Bild der Geschichte des französischen Königreiches.
Obwohl das Buch für die Jugend bestimmt ist, sei es auch durchaus geeignet für Erwachsene, die sich mit einer Reihe von Kenntnissen vertraut machen wollten.
Das Werk ist in zwei Teile gegliedert, von denen der erste den Menschen in seiner Beziehung zur Religion und Moral, der zweite in seinem Verhältnis zur Kultur des Geistes darstellt. Der Inhalt wird in Form von Unterhaltungen zwischen Eraste, Eugène und Eudoxie dargeboten.
Die erste Unterhaltung behandelt die Erziehung und die Notwendigkeit, sich zu unterrichten, und beginnt damit, daß Eraste die beiden Kinder ermuntert und ihnen vorstellt: »Ohne Fleiß kein Preis.« — »La bonne éducation est la source de la vertu et de l'honneur . . .« Eudoxie erklärt, sie sei nicht damit einverstanden, daß ihr Bruder meine, man müsse an die Erziehung der Mädchen ebensolche Sorgfalt verwenden wie an jene der Knaben. Für Mädchen genüge es doch, wenn sie das Übliche könnten, Nähen, Sticken usf. Eraste dagegen stellt fest, gerade weil die Frauen das schwächere Geschlecht seien, sei es wichtig, sie zu stärken. Hätten sie nicht die gleiche Seele wie die Männer, hätten sie nicht gleichfalls eine Vernunft, die geführt, einen Willen, der geleitet werden müsse? Er gebe zu, daß die Frauen für gewöhnlich weniger Ausdauer, Geduld und Festigkeit als die Männer besäßen. Aber sie hätten ebenso schwierige Aufgaben wie die Männer, und das sei ein Grund mehr, sich zu bilden, zumal es die Frauen seien, die die Grundlage des ganzen Lebens darstellten. Sie hätten eine Familie zu leiten, einen Mann glücklich zu machen und für die gute Erziehung der Kinder zu sorgen. Es folgen Ausführungen über den großen und wichtigen Einfluß der Frau in vielen Bereichen des Lebens. Dann werden die Vorteile eines sorgfältigen Unterrichts geschildert und dieser in Relation zur Religion und zu Gott gebracht. Woher komme die Indifferenz gegenüber Gott und der Religion, die man allenthalben bemerke, wenn nicht aus dem ungenügenden Wissen über Gott und Religion? Eudoxie fragt, ob die Kenntnisse, von denen Eraste sprechen wird, für jedermann notwendig seien? Ja, erwidert Eraste, denn ihr Ziel sei es, dem Menschen eine genaue und klare Vorstellung von alldem zu geben, was er braucht, um sein Dasein auf Erden zu rechtfertigen, sein Herz für die bürgerlichen und moralischen Tugenden bereit zu machen und beizeiten zu lernen, sich in der Welt zu bewegen und, schließlich und endlich, um glücklich zwischen seinesgleichen zu leben. Diese Kenntnisse seien notwendig, für junge Menschen aller Stände, für Arme und Reiche, solche, die für die Würden des Staatsdienstes oder die Verteidigung des Vaterlandes bestimmt sind, für Priester, aber auch für alle anderen, die einen Beruf ausüben.
Die folgenden 28 Unterhaltungen handeln von Gott, dem Alten und dem Neuen Testament, von der Sünde, von den Sakramenten, den Kirchengeboten und geben schließlich einen Abriß der Kirchengeschichte. Ehe jedoch in das Gespräch über Gott und die Kirche eingegangen wird, beginnt Eraste die Elemente der Logik zu erklären. Auf die Frage, was Logik sei, erklärt der Lehrer: »C'est un art, ou, ce qui est la même chose, une collection de préceptes propres à diriger l'esprit dans la recherche de la vérité. Ainsi l'objet de la logique est de former la raison . . .« Über die Philosophie: »La philosophie est la science des choses naturelles . . .« In der Folge wird eine Reihe von Begriffen erklärt wie Ursache, Axiom (». . . une proposition si claire et si évidente qu'elle n'a pas besoin d'être démontrée . . .«)
Im zweiten Teil, »De l'Homme considéré par rapport à la culture de son Esprit«, ist vorerst von der Mythologie und der Götterwelt die Rede. In der vierten Unterhaltung beginnt das Studium der Physik, das abgelöst wird von der Astronomie und von hier über eine allgemeine Erdbeschreibung und eine allgemeine Beschreibung Europas zu einer Beschreibung Frankreichs gelangt. Die letzten fünf Unterhaltungen sind der Geschichte Frankreichs gewidmet.
Das Buch steht auf der Liste jener Werke, die Großherzog Leopold von Toskana (als Kaiser Leopold II.) bei der Aufsetzung der Maximen über die Erziehung seiner Kinder zu Rate gezogen hat.

65 [Jean Henri Samuel Formey]

Abrégé de toutes les sciences

à l'usage des adolescens, et de tous ceux qui veulent s'instruire. Par Mr. Formey.

Berlin, Joachim Pauli [1764—1765]

12°. 2 Bände.
Band 1: 1764, Frontispiz, XXII (Titel, Avertissement, Table des Entretiens, Systeme figuré des Connoissances Humaines), 328 S.
Band 2: 1765, Frontispiz, 3 Bl. (Titel, Avertissement, Table des Entretiens), 184 S., 8 Bl. (Catalogue de mes ouvrages), Kustoden.
Beide Bände mit Anfangs- und Schlußvignetten. Der am Ende des zweiten Bandes erwähnte Katalog der Werke Formeys enthält 111 Titel.

Meusel II bringt auf den Seiten 387—394 ein Werkverzeichnis, in dem sich auch das vorliegende Buch findet.

Im »Avertissement« will der Autor einfach die Geschichte dieses neuen Buches erzählen. Vor einiger Zeit habe er den Neudruck des »Abrégé des Sciences à l'usage des Enfans depuis l'âge de six ans jusqu'à douze« zu überwachen gehabt. Der Buchhändler riet ihm bei dieser Gelegenheit zu einer Fortsetzung dieses ersten Abrégé, so wie Mme. de Beaumont (die ihrem »Magazin des Enfans« ein »Magazin des Adolescentes« folgen ließ [Bibl. Nr. 112 und 113]). Er habe zuerst ein bereits vorhandenes Buch einfach kürzen wollen, sich jedoch dann entschlossen, selbst ein Buch zu schreiben. Allerdings sei etwas anderes daraus geworden als ursprünglich beabsichtigt, nämlich eine Art von großem »Catéchisme philosophique«, eine Arbeit, die ihn sehr befriedigte. Wenn das Buch Gefallen finde, werde er Fortsetzungen schreiben und alle philosophischen Systeme sowie ein besonderes Kapitel über Physik aufnehmen. »Le peu que nous pouvons savoir, il faut au moins tâcher de le bien savoir.« Seinen Ausführungen nach dachte der Verfasser nicht daran, die Reihe so bald abzuschließen. Er wolle immer zum Wohl seiner Nächsten beitragen, zur Vermehrung des Wissens und der Tugend und insbesondere zur Festigung der Religion.
Am Beginn des Werkes wird ein System der menschlichen Kenntnisse aufgestellt, das offenbar gleichzeitig den Plan für das vorliegende Buch bildet. Der Inhalt wird in Form eines langwierigen, weitschweifigen Dialoges zwischen dem Lehrer und dem Schüler über philosophische Begriffe, die der Lehrer an Hand von Beispielen erläutert, abgehandelt. Der erste Band beginnt nach der Einleitung mit einer Unterhaltung über die Philosophie im allgemeinen und endet mit einem Gespräch über Definitionen.
Im Avertissement zu Band 2 will der Verfasser dem Einwand begegnen, daß er am Ende des ersten Bandes nicht über den theoretischen Teil der Logik hinausgekommen sei. Auf die Frage, ob er etwa hundert Bände abfassen wolle — die wahrscheinlich nötig wären, um dieses Werk zu vollenden —, könne er nur antworten, er wisse es nicht. Und da die Bände sukzessive erscheinen sollen, liege es am Leser, ob er sie erwerben wolle. Schließlich gebe es auf Einwände eine entscheidende Antwort: Der wahre Abriß aller Wissenschaften sei die Kunst, richtig zu argumentieren.
Das erste Kapitel handelt über die »Urteile«, und der Schüler erklärt, er habe sich bereits etwas vorbereitet, indem er jenes Werk, das der Lehrer für das beste seiner Art halte, nämlich die große Logik von Wolff, gelesen habe. »Un Jugement est composé de deux idées. L'une des deux est celle dont on affirme, ou l'on nie quelque chose. L'autre est celle, qui est affirmée ou niée de la premiere.« Der zweite Band endet mit dem Satz: »Pourquoi tant d'études, tant de recherches, si ce n'est pas pour connoitre la Verité par excellence, le Dieu qui nous a fait pour trouver notre bonheur dans sa possession.«

Jean Henri Samuel Formey, 1711—1797, kam aus einer französischen Flüchtlingskolonie in Berlin, war Professor der Beredsamkeit am Französischen Gymnasium, Mitglied der Akademie in Berlin und ständiger Sekretär. Unermüdlich tätig für alle seine Aufgaben, fand er noch Zeit, eine enorme Zahl von Werken zu schreiben. Sein Hauptstück ist »La Belle Wolfienne ou Abrégé de la Philosophie wolfienne«. Anhänger der Philosophie Wolffs, tat er alles, um sie zu verbreiten und volkstümlich zu machen. Formeys Sohn war Arzt und kam auch nach Wien, um hier zu studieren.

66 [Anne François Joachim Fréville]

Correspondance de Miladi Cécile, avec ses Enfans

ou Recueil de Lettres relatives aux études, aux moeurs et aux jeux de la jeunesse des deux sexes; pour la former aux vertus morales, à la narration et au style épistolaire. Par. A. F. J. Fréville, auteur des nouveaux Essais d'éducation.
Devise: »Le commerce de lettres cultive le cœur et l'esprit, rapproche les distances les plus éloignées, dissipe l'ennui, adoucit les regrets de l'absence, alimente l'amitié, veille aux affaires, et sert d'acheminement à la fortune.«

Paris, Gueffier. An IVe de la République [1796]

Kl.-8°. In 2 Bänden.
Band 1: XXVII (Titel, Vorwort und Inhaltsverzeichnis), 302 S.
Band 2: 335 S. (samt Titel und Préceptes auf S. 334—335).

Quérard, France litt. III, 213 (Ausg. von 1795).

In der Einleitung hebt der Autor die Bedeutung eines gut abgefaßten Briefes zu allen Gelegenheiten, als Geschäfts- oder Privatbrief, als Freundschaftsband usw., hervor. Kinder hätten eine unüberwindliche Abneigung dagegen, Briefe zu schreiben. Das sei verständlich, wenn man bedenke, daß die Abfassung von Briefen auch Erwachsenen Schwierigkeiten bereite. Deshalb bietet der Autor Beispiele, die dem Alter der Kinder und ihren Beschäftigungen angepaßt sind. Man solle mit Kindern vorerst das Thema in einfacher Weise besprechen. Er selbst — der Autor — habe seine Briefbeispiele durch kleine Geschichten und Erzählungen aufgelockert. Damit würden die Kinder auch mit der Fähigkeit zu erzählen vertraut, was für die Stilbildung in Briefen sehr bedeutsam sei. Er werde keine eleganten Wendungen gebrauchen, keine schönen Phrasen, sondern möchte die einfache Sprache seiner jungen Leser sprechen. Dazu wird unter der Überschrift »Art und Zeit diese Briefe anzuwenden« vorerst bemerkt, daß sie für

bereits etwas geübte Elf- und Zwölfjährige bestimmt seien. Es genüge, wenn man ihnen wöchentlich einen oder zwei Briefe gebe. Mehr würde die Kinder langweilen. ». . . un des plus grands secrets de l'éducation, c'est la variété, la gaîté et l'attention de présenter des images riantes.« Der Verfasser erklärt, daß er seit nahezu dreißig Jahren unterrichte und die Erfahrung gemacht habe, daß nichts einen größeren Einfluß ausübe als das Beispiel.
Über jedem Brief befinde sich ein kurzes Resümee, das dazu bestimmt sei, den Schülern, die danach einen Brief abfassen sollen, diktiert zu werden. Das Buch selbst dürften sie während der Arbeit nicht benützen.
Die Korrespondenz beginnt mit Briefen zwischen Mutter und Sohn, in welchen die »Miladi« Ratschläge dafür gibt, wie man lernt, gut Briefe zu schreiben, darunter jenen, daß ein Brief so sein soll wie ein gewöhnliches Gespräch. Unter den Anekdoten, die erzählt werden, befindet sich auch eine über das Leben und den Tod des Duc de Bourgogne.
Der Sohn berichtet der Mutter über seine Studien: Besonders schwierig erscheint ihm die Mathematik ». . . eine abstrakte Wissenschaft . . .« Daneben lernt er Englisch und Italienisch sowie die Geschichte Frankreichs. Jeden Tag, ehe das eigentliche Studium beginnt, hat Gaston »une leçon de morale«, die seine Mutter als den wichtigsten Teil seiner Erziehung betrachtet. Und jeden Tag, nach der Abendpause, werden den Kindern zwei oder drei Maximen diktiert, wie »Aimez qu'on vous conseille, et non pas qu'on vous loue . . .« Gaston lernt auch Latein, das Hauptgewicht aber wird auf die Beherrschung der eigenen Sprache gelegt. Beim Lesen geht der Lehrer folgendermaßen vor: Zuerst lesen die Kinder einen oder zwei Absätze, dann erfolgt die Erklärung der Ausdrücke, der Gebräuche, Sitten usf. des betreffenden Themas. Darauf muß der Schüler das Ganze mit eigenen Worten wiedergeben. Bisweilen müssen die Schüler das Thema schriftlich behandeln, und es werden dann die Fehler korrigiert. Aus diesem Brief erfährt man, daß auch Neun- bis Zehnjährige diesem Kurs bereits folgen. Am Ende des Monats müssen die einzelnen kleinen Aufgaben über ein Thema zu einem größeren Aufsatz vereinigt werden. Für die beste Leistung gibt es Preise, doch gibt es schon für Eifer und guten Willen einen Aufmunterungspreis.
In einem Brief schreibt die Tochter der Mutter, wie ihre Studien vor sich gehen: Nach den Morgenlektionen (die nicht näher beschrieben werden) müssen die Mädchen in dem kleinen Pensionat nähen, sticken und stricken. Nach dem Frühstück kommen drei Lehrer, einer zum Schreibenlernen, einer für Geschichte und ein Musiklehrer. Ein vierter Lehrer erscheint vor dem Vesperbrot und liest den Kindern kleine Erzählungen vor; dann werden Fabeln diktiert und Maximen über das Verhalten im Leben.
Dem Schüler Gaston wird ein Ausspruch vorgegeben, der eine Moral enthält, um die herum er als Aufgabe eine Fabel abzufassen hat. In einem Brief teilt Gaston mit, daß er und seine Kameraden sich damit vergnügen, die Tischlerei zu erlernen, und daß er es darin schon zu einigem Geschick gebracht hat.
In einem der Briefe finden sich »Ratschläge einer Mutter an ihre Tochter«, die mit dem Satz beginnen: »Zu allen Zeiten hat man die Erziehung der Mädchen vernachlässigt . . . man überläßt die Frauen sich selbst, ohne daran zu denken, daß sie die Hälfte der Menschheit ausmachen . . .« Mütter, die selbst eine schlechte Erziehung gehabt haben, erziehen nun ihre Kinder ebenfalls schlecht beziehungsweise überlassen sie Kindermädchen, die gewöhnlich aus den unteren Volksschichten kommen und den Kindern keine ordentliche Erziehung vermitteln können. Nun folgen eine Reihe von allgemeinen Regeln, die sich auf das moralische Verhalten beziehen, unter anderem die Feststellung »Das Verdienst der Frauen ist es, unbekannt zu bleiben. Der wahre Ruhm für uns besteht darin, ihn nicht anzustreben . . .« Die Mädchen sollen solide Kenntnisse besitzen (es wird nicht spezifiziert, welcher Art), und es wird ihnen vor allem abgeraten, Romane zu lesen ». . . ils mettent du faux dans l'esprit . . .«
Von den Dienstboten heißt es, man solle sie mit Güte und Menschlichkeit behandeln und an das Wort der Alten denken, die sehr sinnvoll gesagt hätten, man müsse die Dienstboten wie unglückliche Freunde behandeln.
Beide Bände bestehen, mit Ausnahme der angeführten Erziehungspläne, aus kleineren Erzählungen, Fabeln, historischen Anekdoten und Ratschlägen »Miladis« an ihre jungen Adressaten. Als Anhang enthält der zweite Band einen »Recueil de Conseils, Maximes, Réflexions et Fragmens de Lettres du Lord Chesterfield, Pour l'éducation de son fils Stanhope«. Am Schluß werden politische und moralische Maximen gebracht.

Anne François Joachim Fréville, Professor an der Zentralschule von Versailles. Gab hauptsächlich pädagogische Schriften heraus.

258.243-A.Fid. (83-205)

67 [Anne François Joachim Fréville]

Les Jeux, Les Fables et Les Maximes

Pour enseigner la Lecture et la Morale aux enfans, avec une Pirouette. Par A. F. J. Fréville, auteur des nouveaux Essais d'éducation, de la Vie des Enfans célèbres, profeésseur de littrature à l'Ecole centrale de Seine et Oise etc. etc.
Devise: »Je veux que mon plaisir m'instruise en m'amusant.«

Paris, Gueffier jeune; J. Chereau. An VII [1799]

12°. 175 S. (samt Vortitel, Titel und Vorwort). Auf S. 175 verso Anzeige der Werke Frévilles.

Quérard, France litt. III, 214.

Im Vorwort stellt der Verfasser fest, es wäre wünschenswert, daß die Erholungsstunden der Kinder auch lehrhafte Beispiele brächten, besonders in jenen Gegenständen, bei denen nicht Fleiß, sondern Auge und Gedächtnis beansprucht werden. Ein Kind könnte alle Buchstaben in 12 oder 15 Monaten kennen, und das ohne Bücher und insbesondere ohne Lehrer. Anstatt die Kinder mit langweiligen ba be bi bo bu zu quälen, sollte man ihrem Spielzeug die Form der Buchstaben des Alphabets geben. Und was noch besser wäre: Warum stellt man die Buchstaben nicht aus Lebkuchen oder süßem Teig her? Dies wäre ein besseres Mittel als das der Schullehrer und Buchhändler.
Nach diesen Beobachtungen habe der Autor die Kenntnis der Buchstaben, Zahlen, des Lesens und selbst die Moral zu einem Spiel gemacht, und man werde am Ende der Fabeln in diesem kleinen Buch die entsprechenden Regeln finden. Eltern und Lehrer sollten mit ihren Kindern und Zöglingen spielen, dann würden sie des Ergebnisses dieses einfachen natürlichen Mittels gewahr werden.
Dieses kleine Buch ist nur die Ergänzung und Erklärung des »Jeu de

Symboles et Lettres«, das aus 32 Figuren besteht. Der erste Teil des Büchleins enthält Fabeln, an deren Schluß jedesmal eine Moral steht. Im zweiten Teil werden die Regeln für das Alphabet-Spiel erklärt. Dann folgen die Erläuterung für ein Spiel mit Zahlen und schließlich die Regeln für das Spiel der Symbole, wobei die verschiedenen Symbole erklärt werden, wie zum Beispiel das Buch als Symbol der Wissenschaft, der Pfau als Symbol für Stolz und Eitelkeit, der Hund für die Treue usf. Sodann wird ein Dominospiel erwähnt, bei welchem die Steine Buchstaben tragen. Den Beschluß bilden Moralvorschriften und die Erklärung der verschiedenen Ausdrücke. Die Moral wird so erklärt: »La morale est la science de nous conduire, soit avec nous-même, soit avec les autres.«

252.080-A.Fid. (22-110)

68 [Anne Françoise Joachim Fréville]

Vie des Enfans célèbres

ou Les Modèles du Jeune âge, suivis des plus beaux Traits de Piété filiale; Pour servir de Lecture et d'Instruction à la Jeunesse. Par. A. F. J. Fréville, Auteur des Nouveaux Essais d'Éducation, Professeur de Littérature à l'École Centrale de Seine et Oise, etc. etc. Devise: »Ces vertueux enfans au matin de leur vie / Furent frappés, hélas! par le Destin jaloux! / Tendres mères, consolez-vous: / Plus d'un vieillard encore peut leur porter envie!«

Paris, A. J. Dugour et Durand. An VI [1798]

Kl.-8°. In 2 Bänden.
Band 1: Vortitel, gestochenes Frontispiz, Titel (mit Avis aux bons Pères am verso), IV (Inhalt), XXIV (Épitre aux enfans, envoi und Vorrede über die Erziehung der Kinder), 411 S. mit Quellenangaben auf S. 411 verso.
Band 2: Vortitel, gestochenes Frontispiz, Titel, VIII (Inhalt, Notice), 429 S. mit Quellenangaben auf S. 429 verso. Nach S. 286 Zwischentitel: »Traits recommendables de Piété filiale, d'Amour de l'Étude, de Sagacité, de Courage, de la part des Enfans; Pour servir de complément aux Modèles du Jeune âge. Par A. F. J. Fréville, Auteur des nouveaux Essais d'Éducation, Professeur de Belles-Lettres, etc. etc.« Devise: »La piété filiale est le fondement de toutes les vertus. Cic[éron].« Dem Zwischentitel folgt eine Widmung. Beide Blätter sind unpaginiert, aber mitgezählt.

Quérard, France litt. III, 214; Gumuchian 2631; Brüggemann 299.

Das Vorwort bringt am Beginn eine Angabe des Inhaltes in Schlagworten. Der Verfasser spricht vorerst den Schriftstellern des Altertums seine Bewunderung aus, weil sie sich dadurch ausgezeichnet hatten, daß sie mit Vorliebe das Leben berühmter Männer darstellten und so dazu beitrugen, das Studium der Moral zu vervollkommnen. Wozu nützt es uns, immer nur die Beispiele kriegerischer Männer vor Augen zu haben, die Schlachten liefern, ganze Reiche unterjochen und die Völker der Erde erzittern lassen! Sind die häuslichen Beschäftigungen eines Cyrus, Cäsar, Ludwigs XII. oder Heinrichs IV. nicht angenehmer und interessanter als ihre Siege und Triumphe? Es wird Cicero zitiert, der die Waffen ergreifen will, um den Ruhm der Verstorbenen zu verkünden. Und der Verfasser rühmt das Beispiel, welches das Leben liebenswürdiger und gelehriger Kinder bieten könnte. Die meisten Leute, die über Erziehung schreiben, hätten das Mißverständnis und das Unpassende der Zeugnisse des reifen Alters übersehen, die zum Unterricht der Kinder und Jugendlichen herangezogen werden. Man müsse nur Mütter beobachten, wie sie ihren Kindern, wenn sie unartig sind, das Beispiel eines braven Kindes vorhalten. Ein moderner Dichter habe sehr sinnvoll gesagt: »Nichts entgeht den Kindern, selbst die Stille nicht.« Wenn man, um die Kinder zu belehren, die Mütter befragen wollte, könnten zahllose Fehler, Irrtümer und Sorglosigkeiten in der Kinderliteratur beseitigt werden. Schon Plato habe festgestellt, daß Kinder auch andere Fähigkeiten besäßen, als spielen oder Viehherden hüten zu können, und Sokrates habe seinen Schülern bewiesen, daß die Kinder, sobald sie sprechen können und unterscheiden gelernt hätten, nicht mehr zu jung für die Wissenschaft seien. Aus solchen Erkenntnissen hätten die Griechen und Römer praktische Schlüsse gezogen, und es sei nicht selten gewesen, daß die jungen Leute schon in früher Jugend die Geschichtsschreiber, Dichter, Philosophen und Rechtsgelehrten gründlich kannten.
Mit den Studien müsse man daher bereits im zartesten Alter beginnen. Die natürliche Neugierde der Kinder lasse sie alles sehen, alles hören und alles erfassen. Ähnlich einem unbeschriebenen Blatt sei ihr Gedächtnis immer bereit, alles zu empfangen, was intelligente Lehrer hineinschreiben wollten. Man dürfe sich aber nicht darauf beschränken, den Geist der Kinder zu bilden, man müsse vor allem auch auf die sittliche Seite der Erziehung achten. Wenn wir geistvolle Männer, geschickte Künstler heranzögen, so sei dies eine gute Sache, vor allem aber sollten sie sich auszeichnen durch Bescheidenheit, Genügsamkeit, Herzlichkeit und Weisheit. *Das* sei der Gesichtspunkt, unter dem der Autor die Kinder für diese »neue Galerie« ausgesucht habe. Sie sei ein vollkommener Lehrgang der Erziehung, wo die Vorschriften mit den Beispielen Hand in Hand gehen. Seine innigste Hoffnung sei es, daß sich auch unter seinen jungen Lesern Musterbeispiele, wie er sie schildere, finden würden.
Mit Ausnahme einiger historischer Beispiele, wie etwa Louis', Duc de Bourgogne, Enkel Ludwigs XIV., Alexander des Großen, einiger Schriftsteller, darunter Montaigne, des Philosophen Descartes u. a., handle es sich grundsätzlich um unbekannte Namen, wobei die Vorlagen aus allen Volksschichten gewählt worden seien.

210.337-A. Fid. (61-108)

69 [Abbé Fromageot]

Cours d'Etudes des Jeunes Demoiselles

Ouvrage non moins utile aux Jeunes Gens del 'autre sexe, et pouvant servir de Complément aux Etudes des Collèges; Avec de Cartes pour la Géographie, et des Planches en taille-douce pour le Blason, l'Astronomie, la Physique et l'Histoire-Naturelle.

Paris, Vincent 1772—1775

8°. 8 Bände.
Band 1: LXXXII (Discours Préliminaire, Lettre à Madame de Sainte-Valérie, Inhalt), 396 S., 6 gestochene und kolorierte Karten.
Band 2: VI (samt Titel und Inhaltsverzeichnis), 526 S. (mit Approbation auf S. 526), 1 Bl. (Privilege du Roi).
Band 3: XII (Vortitel, Titel, Avertissement), 455 S. (samt Inhaltsverzeichnis).

Band 4: Vortitel, Titel, 495 S. (samt Inhaltsverzeichnis und Approbation).
Band 5: Vortitel, Titel, 474 S. (samt Inhaltsverzeichnis).
Band 6: Vortitel, Titel, 460 S. (samt Inhaltsverzeichnis).
Band 7: Vortitel, Titel, 427 S. (samt Inhaltsverzeichnis).
Band 8: Vortitel, Titel, 431 S. (samt Approbation auf S. 431). Par M. l'Abbé Fromageot. Prix 3 livres le volume relié.

Paris, Vincent [1772]. Avec Approbation, et Privilége du Roi. Ab Band 3 Nennung des Autors am Titelblatt mit »Prieur commendataire Seigneur de Goudargues, Ussel, etc. und erweiterte Verlagsangabe: Chez Vincent, rue des Mathurins, Hôtel de Clugny. [Chez] Prault fils, à l'Immortalité, quai des Augustins. [Chez] Lacombe, rue Christine

Quérard, France litt. III, 221.

Der »Discours préliminaire« beginnt mit dem Satz »Les principes d'une bonne éducation sont la source du bonheur de la vie« und »L'on a beaucoup écrit sur l'éducation de jeunes gens, et rien sur celle des filles, qui n'est pas moins importante.« Er werde, so fährt der Autor fort, seine Aufgabe gut gelöst haben, wenn man sich aufgrund seines Buches anschicke, die jungen Mädchen rechtzeitig zu nützlicher Beschäftigung zu erziehen. Es liege etwas Beleidigendes und Ungerechtes darin, die Frauen als schöne Blumen zu betrachten, deren einzige Bestimmung es sei, das Auge zufriedenzustellen. Und der Autor verweist auf die verschiedenen Heldinnen der Geschichte, wie etwa Christine von Schweden und Elisabeth von England. Es werden dann Frauen aufgezählt, die sich in Frankreich in den Wissenschaften und der Literatur ausgezeichnet haben und die es mit den gelehrtesten Männern aufnehmen könnten. Nichts sei so schlecht erdacht wie die Erziehung der Mädchen, sie würden der Obhut von Dienstboten anvertraut, die unwissend und voll der Fehler einer schlechten Erziehung seien. Sein Vorwurf richte sich auch gegen die Mütter, die sich um die Erziehung der Kinder im ersten Lebensalter nicht kümmern. Der Verfasser gibt Empfehlungen, in welche Klöster man die jungen Mädchen schicken solle: Vor allem in jene, wo die Mädchen gleiche Kleidung tragen und die Unterrichtsstunden gleichmäßig eingehalten werden. Behalte man die Kinder bei sich, so solle man mit möglichst wenigen Regeln auskommen, ihnen aber stets ein gutes Beispiel geben. Er beabsichtige keineswegs, aus den Frauen langweilige Gelehrte zu machen, und er zitiert in diesem Zusammenhang aus den »Femmes savantes«. Durch eine sorgfältige Erziehung schärfe man die Urteilskraft, und die Mädchen würden es lernen, auf jene Launen und das kapriziöse Wesen zu verzichten, das man den Frauen vorwirft. Eine gebildete Frau werde überall am Platz sein, man werde sie immer wieder mit Vergnügen sehen, dies sei es, was der Geist der Schönheit voraus hat. Wenn man den Frauen ihre typisch weiblichen Eigenschaften vorwerfe, so liege der Fehler ein wenig bei den Männern. Wieviel sei nicht schon geschrieben worden über die Erziehung der Männer und weshalb so wenig über die der Frauen, die doch fähig seien, den gleichen Bildungsgang zu verfolgen wie die Männer. Mit seinem Cours d'Etudes will es der Autor den jungen Mädchen ersparen, eine unendliche Anzahl von Bänden anhäufen und darin studieren zu müssen.

Alles, was man über die Erziehung der Kinder geschrieben habe, gelte bis zu einem gewissen Alter für beide Geschlechter; erst im Alter von sechs bis sieben Jahren würden der Lebensgang und die Beschäftigung für Mädchen und Knaben verschieden. Sodann wird Fénelon zitiert und empfohlen, sich an seine Grundsätze zu halten. Fromageot erklärt weiter, er habe eine Methode aufgestellt, die man bei der Schulung befolgen könne. Vorerst lehre er die Schülerinnen jene Kenntnisse, die nur Auge und Gedächtnis in Anspruch nehmen, und dann erst jene, die Überlegungen und Kombinationsfähigkeiten erfordern. Er habe seinen Schülerinnen einen Globus und Karten gegeben, zugleich mit den Ländern habe er jedoch auch Völker und ihre Gebräuche behandelt, ihre Regierungsform, die Erzeugnisse des Landes usf.

Was die Geschichte anlange, so gebe es zwar eine Unzahl von Werken, er habe es jedoch für zweckmäßiger gehalten, selbst einen Abriß der allgemeinen Geschichte zu verfassen. In der modernen Geschichte habe er Frankreich am ausführlichsten behandelt. Die jungen Mädchen sollten aber auch in das Studium der Naturgeschichte und der Physik eingeweiht werden. Begonnen wird mit dem Himmel als erstem Gegenstand, dann folgen die Luft, die Meteore, das Feuer usf., am Ende steht die Befassung mit der Erde. Als vornehmster Gegenstand der Naturgeschichte gilt jedoch der Mensch. Nach eingehender Behandlung des Menschen folgen Künste und Handwerk. Auch Besuche bei Künstlern und Handwerkern sind im Erziehungsplan vorgesehen. Ebenso werden die Schülerinnen in der Redekunst unterrichtet und müssen Stilübungen machen. Literatur und Unterricht in der Logik gehören gleichfalls in das Erziehungsprogramm. An einer Stelle zitiert der Verfasser: »L'esprit n'a point de sexe . . .«, wie ein aufrichtiger Freund der Frauen gesagt habe. ». . . elles en ont autant que les hommes, et il est capable des mêmes opérations.« Danach kommt — Fromageot spricht hier für einen konkreten Fall, in welchem man ihm ein junges Mädchen zur Erziehung anvertraut hatte — die Metaphysik, wobei er insbesondere die Existenz Gottes und die Natur des Menschen, der aus einer Seele und einem Leib bestehe, besprochen habe. Jeder Mensch habe Pflichten in der Gesellschaft, die sich nach Alter, Geschlecht und Rang richteten, diese zu erklären und zu lehren sei sein Ziel.

Zum Abschluß des »Discours Préliminaire« zählt der Autor alle Tugenden auf, welche eine Frau, die eine sorgfältige Erziehung genossen hat, zieren.

Es folgt ein Brief an Madame de Sainte-Valérie, Premiere Maîtresse des Pensionnaires de l'Abbaye Royale de Port-Royal. In diesem Brief spricht Fromageot davon, daß die Leiterin der Schule, Mme. de Sainte-Valérie, seinen »Cours d'études« zur Grundlage ihres Lehrplanes für die Schule machen wolle. Dies ließe sich umso leichter bewerkstelligen, als sie nach Gutdünken über die Zeit der Schülerinnen verfügen könne. Sein »Cours d'études« sei so konzipiert, daß alle Pensionärinnen ihm ohne Mühe folgen könnten. Er rate ihr — der Schulleiterin —, die Mädchen nach dem Alter in zwei Klassen einzuteilen, in der einen die 8- bis 12jährigen und in der anderen die 12- bis 17- oder 18jährigen unterzubringen, wobei Fromageot hinzufügt, er nehme an, daß sie alle lesen und schreiben könnten. Für jede dieser beiden Klassen ersuche er um drei Stunden täglichen Unterrichtes. Die erste Stunde wäre für die Kleinen zum Geographie- beziehungsweise Geschichtsunterricht zu verwenden, für die älteren käme der Stoff der letzten fünf Bände seines Kurses in Betracht. Die zweite Stunde, die er zum Studium bestimme, wäre eine Art Erholungsstunde am Abend, bei der man »familiérement« über den Stoff, den man am Morgen durchgenommen habe, reden könne. Manche würden schon einiges vergessen haben, jene aber, die sich erinnern, könnten dann den anderen behilflich sein. Alles würde sich gleichsam wie in der Familie abspielen, wobei vielleicht auch ein gewisser Wetteifer zwischen den einzelnen Schülerinnen anregend wirken werde.

Die dritte Stunde würde eine »Erholungsstunde« sein, an der alle, Große wie Kleine, teilnehmen sollten. Die Lehrerin sollte mit ihren Schülerinnen die Orthographie nach der Art eines »bureau typographique« vornehmen (eines Verfahrens, bei dem der Schüler lesen lernt, indem er ungefähr die gleichen Tätigkeiten wie der Setzer in einer Druckerei durchführt), welches ihr ja bekannt sei. Die Wahl der Stunde überlasse er der Lehrerin, vorausgesetzt, daß alle Schülerinnen daran teilnehmen könnten. Sie solle die Wörter durch eine Schülerin zusammensetzen lassen, ohne ihr, außer in einem wirklich schwierigen Fall, zu helfen.

Ein weiteres Prinzip: Die Lehrerin solle trachten, daß den Schülerinnen kein Kummer erwachse, weil dies in ihnen Abneigung gegen das Lernen erzeugen würde und Haß wegen lächerlicher Strafen, die ihnen auferlegt wurden.

Am Schluß des Briefes steht eine neuerliche Warnung gegen allzugroße Strenge.

Der erste Band enthält eine allgemeine Geographie der Welt mit den Erklärungen einzelner Begriffe, wie Erdfigurationen, Pole, Meridiane usf. Band 2 beginnt bereits mit der Geschichte des Altertums und enthält am Beginn eine Definition des Begriffes »Geschichte«. »Le récit de ces évènemens rassemblés et présentés suivant l'ordre des temps auxquels ils sont arrivés, se nomme l'Histoire.« Und weiter: »L'Histoire est la leçon de tous les âges et de tous les états.« Der Autor verspricht, nicht nur Kriege zu beschreiben, sondern auch das Recht und die Lebensgewohnheiten und diese zwischen den Völkern untereinander zu vergleichen. Es werden dann die verschiedenen Regierungsformen erklärt und in diesem Zusammenhang — ohne Nennung des Namens Montesquieu — »le célèbre auteur de l'Esprit des Lois« zitiert.

Im Vorwort zu Band 3 gibt der Autor einige Ratschläge wieder, die man ihm anläßlich des Erscheinens der ersten zwei Bände erteilt hat: Er solle einiges über Ackerbau und Viehzucht in das Werk hineinnehmen. Ebenso solle bei den Bänden über Geschichte angegeben werden, welche Landkarte von den Schülern zu benutzen wäre. Und schließlich solle der Stoff so eingerichtet werden, daß er sich für die Redeübungen eigne.

Der dritte und vierte Band behandeln die Geschichte der Griechen einschließlich der Mythologie, der fünfte die Geschichte der Parther und den Beginn der römischen Geschichte, der sechste ausschließlich die Römer und die Bände 7 und 8 die Geschichte Deutschlands.

In diesen acht Bänden wird weder Frankreich — außer im Kapitel »Geographie« — behandelt noch finden sich die Naturgeschichte, die Physik, der Mensch, Handwerke und Künste, die alle im »Discours Préliminaire« angekündigt waren. Möglicherweise waren weitere Bände vorgesehen; Quérard führt a. a. O. allerdings ebenfalls nur acht Bände an.

8.207 FKB (137-101)

70 [Carl Philipp Funke]

Neues Elementarbuch zum Gebrauche bey dem Privat-Unterrichte

Herausgegeben von C. P. Funke.
Erster Theil. Erste Hälfte, welche die Buchstabenkenntniß, das Lesenlernen und die Vorbereitung zum Rechnen begreift. Mit zwey und dreyßig Vignetten. Neue verbesserte, und mit einem Anhange zur Unterhaltung über die Vignetten vermehrte Ausgabe.

Wien, B. Ph. Bauer, 1804

8°. Nur 2 Teile in einem Band vorhanden.

Auch unter dem Titel: Neues Bilder A,B,C, und Lesebuch zum Privat-Gebrauch in Familien. Herausgegeben von C. P. Funke. Mit zwey und dreyßig Vignetten. Neue, verbesserte, und mit einem Anhange zur Unterhaltung über die Vignetten vermehrte Ausgabe. [Impressum wie oben]

Band 1: Beide Titel, XVI (Vorrede zur 1. und zur 2. Aufl.), 208 S., 32 gestochene Vignetten (zumeist mit A. Withalm bezeichnet), 1 gefaltete Tafel, die das ABC in Groß- und Kleinbuchstaben, Satzzeichen und die Ziffern 1—0 enthält.
Band 2: Beide Titel (Zweyte Hälfte, welche noch einige angenehme und nützliche Leseübungen enthält. Mit acht Vignetten auf 4 Kupfertafeln.), VI (Vorrede und Unterredung eines Vaters mit seinen Kindern), 1 Bl. (Vorrede zur zweyten Ausgabe mit Inhaltsverzeichnis auf der Rückseite), 286 S., 4 gestochene Tafeln mit je 2 Darstellungen.

Heinsius I, Sp. 959, unter Neues Elementarbuch Berl. Voss. 3 Bde. 799—805; Kayser Neues Elementarbuch 6 Bde. mit Kpf. Berl. Voss, I. 1. 2. Auch unter dem Titel »Neue Bilderfibel«, Brüggemann 309/310.

In der Vorrede erklärt der Autor, dieses Bilder-ABC habe Bezug auf mehrere Lehrbücher, »worin die Elemente der nöthigsten Kenntnisse und Wissenschaften für die Jugend der gebilderten Stände vorgetragen werden sollen«. Daher führt dieses ABC- und Lesebuch auch den Titel »Elementarbuch«. Es ist hauptsächlich dazu gedacht, eine Hilfe für die Privatunterweisung in den Familien darzustellen.

Funke gibt dann im folgenden eine Reihe von Grundsätzen bei der Erziehung der Kinder an, wobei er bemerkt, daß die Eltern für die Erziehung ihrer Kinder soviel als möglich selbst sorgen müssen. ». . . die Sorge für die Erziehung muß mit der Geburt des Kindes anfangen . . .« Die Leitsätze beginnen demgemäß mit der Erziehung des kleinen Kindes und gehen dann auf die Lehrmethode des ABC ein. Hier bemerkt Funke auch, daß der mit Buchstaben und Ziffern bedruckte Bogen (d. i. die gefaltete, gestochene Tafel) vom Buchbinder auf Pappe geklebt, jeder Buchstabe besonders ausgeschnitten und alles in ein Kästchen gelegt werden soll. Eine gleichartige Anweisung findet sich auch auf der Tafel selbst.

Das Buch beginnt mit den Vignetten, die je einen Buchstaben versinnbildlichen. Es folgen Groß- und Kleinbuchstaben mit Wortbeispielen, einfache und — fortschreitend — schwierigere kleine Geschichten, sodann das lateinische Alphabet in Groß- und Kleinbuchstaben und entsprechende Erzählbeispiele. Als nächste Stufe werden kalligraphische Schreibschriften gebracht sowie eine Vorbereitung zum Rechnen.

Diese »neue verbesserte Auflage« enthält als Anhang Rätsel, Schara-

12 bär.

b.

bär.

Da hat sich ein bär in der Schlinge gefangen. Die Schlinge besteht aus einem starken Strick, an dessen Ende ein Klotz befestigt ist. Sobald der bär den Strick um den Hals hatte, und im Fortgehen sah, daß der Klotz ihn hinderte: so ergrimmte er, trug den Klotz den Berg hinan, und will ihn nun in die Tiefe werfen. Aber der schwere Klotz wird ihn mit hinabreißen, und er wird sich todt fallen. Ein solcher bär trägt, wenn er sich nicht sogleich todt fällt, den Klotz wieder auf den Berg, und wirft ihn noch einmahl hinunter. Dieß wiederhohlt der bär (wie man sagt) so oft, bis er liegen bleibt.

Bibl. Nr. 70, S. 12, Kupferstich von A. Withalm

citrone. caffee. confekt. 13

c.

citrone. caffee. confekt.

Die Gäste vor diesem Wirthshause vergnügen sich ein jeder nach seinem Belieben. Einige machen sich einen kühlen Trank von dem Safte der citronen, den sie in Wasser thun und mit Zucker versüßen; andere trinken caffee; noch andere haben einen Teller mit confekt oder Zuckergebackenem vor sich. Aber confekt verdirbt den Magen leicht, besonders wenn man Wein dazu trinkt; caffee wird auch nicht für gesund gehalten; hingegen der Saft von citronen in Wasser ist selbst den Kranken ein erquickendes und heilsames Getränk. Welche Leute mögen wohl das Beßte gewählt haben?

Bibl. Nr. 70, S. 13, Kupferstich von A. Withalm

den, Sprichwörter und sprichwörtliche Redensarten. In einem zweiten Anhang werden die Texte zu den Anfangsvignetten in allen Details, die auf den Bildern zu sehen sind, ausführlich erläutert.
In der Vorrede zum zweiten Teil bemerkt Funke, er habe hier solche Stücke aufgenommen, die die Kinder »zum Lesen anlocken können . . .« Es folgt sodann die Unterredung eines Vaters mit seinen Kindern, in welcher er verspricht, ihnen die langen Winterabende zu kürzen. Zu diesem Zweck gibt er ihnen ein Buch, in dem neben Märchen, welche die Kinder am liebsten hören, auch noch andere »angenehme und nützliche Sachen« enthalten sind. In der folgenden Vorrede zur zweiten Ausgabe teilt der Verfasser mit, er habe die Märchen auch in dieser neuen Ausgabe nicht weggelassen, obwohl ihm nicht unbekannt sei, was man dagegen sagen könne.
Dieser Teil enthält zehn Märchen, Reisebeschreibungen und anderes. Unter den Reisebeschreibungen findet sich auch die Reise des Herrn von Lesseps nach Kamtschatka (s. auch Campe, Sammlung interessanter . . . Reisebeschreibungen . . . [Bibl. Nr. 31])

Carl Philipp Funke, 1752—1807, wurde nach theologischen und lateinischen Studien Lehrer der alten Sprachen an der Friedrichschule in

Breslau. In Dessau begann er seine vielseitige Schriftstellertätigkeit, beeinflußt vom Philanthropin, wie zum Beispiel in dem neuen Elementarbuch zum Gebrauch beim Privatunterricht in 4 Teilen, der Fibel und anderem. Damit ist der ausführliche Text zu Bertuchs Bilderbuch zu verbinden, welcher in fünf Bänden (seit 1798) Eltern und Lehrern einen Kommentar bei der Benutzung jenes Werkes bieten sollte. Von Funke stammen auch das »Neue Realschullexikon«, die »Naturgeschichte für Kinder« und anderes mehr.

252.507-B.Fid. (27-68)

71 *Nouvelle Gallerie de Figures*

pour servir à conoître les objets de la nature et de l'art, les moeurs et les coûtumes de la vie commune, à l'usage des jeunes gens des deux sexes dédiée à son Altesse Royale la Princesse Auguste de Prusse. contenant 151 figures.

Berlin, Guillaume Oehmigke le Cadet Marchand Libraire [1804]

8°. Frontispiz, Titel mit Vignette, 2 Bl. (Vortitel, Inhaltsverzeichnis), VIII (Introduction), 398 S., 28 kolorierte und 1 gefaltete unkolorierte Tafel, alle gestochen und numeriert (2 Bl., Errata und avis au Relieur). Die Tafeln IX—XI, XIX, XXII und XXVI—XXVIII von Meno, P. Haas und Conrad F. Krüger sind identisch mit den Tafeln gleicher Numerierung in Milas »Petite Galerie de Figures« (Bibl. Nr. 125). Die Titelüberschriften sind in Französisch, Latein und Deutsch, der Text ausschließlich in Französisch abgefaßt.

Nicht nachweisbar.

In der Einleitung stellt der Verfasser die Natur der Kunst gegenüber und versteht unter Kunst alles, was vom Menschen zu einem bestimmten Zweck hervorgebracht wurde.
Der Text bringt in bunter Folge Informationen aus der Naturgeschichte, der Völkerkunde, Architektur, Malerei, Physik, Astronomie usf. Drei Kapitel sind dem Menschen gewidmet, von denen das erste sich mit seiner »animalischen«, das zweite mit seiner geistigen und das dritte mit seiner moralischen Natur beschäftigt.
Der Mensch, das höchste Lebewesen, zeichnet sich vor dem Tier durch seine Vernunft und die Sprache aus, wobei der Verfasser in einer Randanmerkung darauf verweist, daß das Wort und die Rede nicht mit der Stimme verwechselt werden dürften. Es folgt eine ausführliche Beschreibung der menschlichen Anatomie. Sodann wird auf die geistige Natur des Menschen eingegangen. »Die Fähigkeit des Menschen zu wissen, zu denken . . . das Gefühl oder die Fähigkeit zu fühlen, Wille und Wunsch bilden das, was wir Seele nennen.« Unter anderem werden auch die Begriffe Betrachtung, Phantasie, Intelligenz usf. erklärt.
Unter den Ausführungen über die »Geschichte« meint der Verfasser, nichts sei interessanter für einen Menschen, als die Geschichte des Staates zu kennen, dem er angehört. Daher wolle er seinen jungen Lesern einiges davon erzählen, insbesondere den Ursprung der verschiedenen Klassen, jenen des Adels, der Bürger und der Bauern. So würden seine jungen Leser auch lernen, ihrer Geburt kein Verdienst über Gebühr zuzuweisen. Nach einer geschichtlichen Übersicht über die Entwicklung des Adels folgt eine über die der Bürger und der Bauern. Ein weiteres Kapitel handelt von der moralischen Größe des Menschen. Hier entwirft der Autor ein Idealbild, wobei er hinzufügt, die Eigenschaften, die diesen Typus Mensch charakterisieren, fänden sich nicht an *einer* Person, sondern er habe sie einzeln historischen Charakteren entnommen. Einer der letzten Sätze dieses Kapitels lautet: »La vertu n'est liée [. . .] ni à la naissance, ni aux richesses . . .«
Zum Abschluß werden diätetische Grundsätze erörtert, über die Bekömmlichkeit frischer Luft, mäßigen Essens, Bewegung, Reinlichkeit, Kleidung usf. Alle diese Regeln entsprechen im übrigen bereits den Erkenntnissen der modernen Hygiene.
Verfasser ist wahrscheinlich Wilhelm Mila (Bibl. Nr. 125)

250.717-C.Fid. (35-46)

72 *Gallerie der Welt*

in einer bildlichen und beschreibenden Darstellung von merkwürdigen Ländern; von Völkern nach ihrem körperlichen, geistigen und bürgerlichen Zustande; von Thieren; von Natur- und Kunsterzeugnissen; von Ansichten der schönen und erhabenen Natur; von alten und neuen Denkmälern, mit beständiger Rücksicht auf Beförderung der Humanität und Aufklärung.
Herausgegeben von Bartholdy und Rumpf.

Berlin [. . .], Oehmigke d. J. [1800—1812]

4°. In 5 Bänden.
Band 1: Gallerie der Welt . . . Erster Band. Neue verbesserte Auflage. Mit IV Karten und zwölf Kupfertafeln. 1805. Titel mit kolorierter Vignette (»Die Kettenpumpe in China«), XIV (Vorbericht, Inhaltsverzeichnis und Nachricht für den Buchbinder), 426 S. (Allgemeine Erdbeschreibung) und 250 S. (Asien), 4 Karten, davon 3 gefaltet, 12 Tafeln.
Band 2: Gallerie der Welt . . . Von J. D. F. Rumpf und G. W. Bartholdy. Zweyter Band, Hinter- und Vorder-Indien. Mit sechzehn Kupfertafeln. 1800. Titel, 2 Bl. (Fortsetzung des Pränumerantenverzeichnisses und Inhaltsverzeichnis, Nachricht für die Käufer der »Gallerie der Welt« und zweites Inhaltsverzeichnis), 375 S., S. 375 verso enthält die Quellenangaben, 16 Tafeln.
Band 3: Gallerie der Welt . . . Dritter Band. Mit zwanzig Kupfertafeln. 1802. Titel, 1 Bl. (Inhaltsverzeichnis), 480 S., 1 Bl. (»Anzeige der vorzüglichsten bei diesem Band benutzten Quellen«), 20 Tafeln.
Band 4: Gallerie der Welt . . . Herausgegeben von J. D. Rumpf und Bartholdy. Vierter Band. Mit 15 Kupfertafeln und 1 Karte. 1804. Titel, 3 Bl. (davon 2 Bl. Inhaltsverzeichnis und 1 Bl. Quellenangaben), 400 S., 15 Tafeln und 1 gefaltete Karte.
Band 5: Gallerie der Welt . . . Herausgegeben von J. D. F. Rumpf. Fünfter Band. Mit 20 Kupfertafeln. Berlin, 1812. In der Neuen Sozietäts-Verlags-Buchhandlung, Jägerstraße No. 51. Titel mit kolorierter Vignette, 2 Bl. (Inhaltsverzeichnis und Erklärung der Kupfer), 475 S., 20 Tafeln.
Band 1 in zweiter, die Bände 2—5 in erster Auflage. Nach dem Vorbericht zu Band 1 war das Werk ursprünglich auf sechs Bände angelegt, von denen jedoch nur fünf erschienen sind. Sämtliche Tafeln handkoloriert von I. W. Weil, F. W. Mayer, M. Haas, D. F. Sotzmann, C. C. Jättnig, Bertin, C. A. Hirschmann, Refenberg / Rosenberg, Fügel, P. Haas, Meijer, J. W. Berttinger, F. Guimpel, Heinrich Klie-

wer, G. A. Lehmann, L. Serrurier und Schumann. Eine der Tafeln wird jeweils als Frontispiz verwendet.

Heinsius II, Sp. 8 (o. J., mit den Verfassern Rumpl, Kiesewetter und Bartholdy), Heinsius V (Hrsg. von G. W. Bartholdy und J. D. Rumpf); Kayser I, 153, 5 Bände, Berlin 1799—1803, Meusel Suppl. I, 62.

Im Vorbericht erklären die Verfasser die Gründe für ihr Vorhaben, nämlich eine »Geschichte und Beschreibung der Erde und ihrer Schöpfungen vorzulegen, damit, dass man von gebildeten Leuten gewisse Kenntnisse erwarte, die sie sich erst von allen Seiten zusammensuchen müßten«. Dann wird der Plan des Werkes vorgelegt:
»I. Uebersicht der Lage, der Grenzen, des Bodens, der Gebirge . . .
II. Beschreibung der merkwürdigsten Erzeugnisse aus den drei Naturreichen . . .
III. Die Menschen nach ihrem Kulturzustande, d. h. nach der erreichten Stufe der Entwicklung und Reife ihrer sinnlichen, sittlichen und intellectuellen Anlagen;
1. Als sinnliche der organischen Natur angehörige Wesen . . . 2. Als intellektuelle Wesen, a) Anwendung der Menschenkräfte auf die vernunftlose Natur, b) auf die Veredlung der Menschennatur . . . 3. Als sittliches Wesen: Triebe, Neigungen . . . 4. Kulturgeschichte. Rückblick auf die Schicksale, die das Volk ausbildeten [. . .]«
Die Güte des Werkes, erklären die Verfasser, hänge von seiner Faßlichkeit und der Qualität der Quellen ab. Dem Vorbericht folgt ein Quellenverzeichnis für diesen ersten Band, wobei auch Aussagen über den Wert oder Unwert einzelner Quellen gemacht werden.
In der »Einleitung« wird darauf verwiesen, daß die Autoren unter dem Wort »Welt« nur die von Menschen bewohnten Weltkörper verstehen. Von den Himmelskörpern solle hier nicht die Rede sein, sie seien keine Quelle von Lust oder Schmerz, Furcht oder Hoffnung. »Nur der Aberglaube kann sein Geschick in den Sternen lesen . . .« Durch den Namen »Gallerie« wollten die Verfasser andeuten, daß sie sich auf diejenigen Kenntnisse von Gegenständen einschränken wollen, die sich »durch Beschreibung« erwerben lassen. Sie wollten vor allem die merkwürdigsten Dinge auch in »Gemählden« (d. i. Illustrationen) darstellen. Sie verwahren sich gegen den möglichen Vorwurf, daß sie eine gewöhnliche Erdbeschreibung mit anderem Titel vorgelegt hätten, *ihr* Hauptzweck sei es, ». . . das Merkwürdigste jedes Landes im Ganzen anzuzeigen . . .« Das menschliche Geschlecht ». . . wird der Hauptgegenstand unserer Untersuchungen seyn«. Das heißt: der Mensch nach den Besonderheiten seiner Bildung, seiner körperlichen Gestalt, der Art seiner Nahrung, seiner Kleidung, Familie und Gesellschaft, Gebräuche, Feste usw. Gleichzeitig sollen die Leser auch mit der Gegend eingehend bekannt gemacht werden. Damit sie sich überall zurechtfinden, werden sie mit Kenntnissen vertraut gemacht, die sie »für die ganze künftige Zeit unsers Umganges« mit ihnen benötigen werden.
Es folgen eine Einleitung in die allgemeine Erdbeschreibung, Maße und Messungen, Himmelskörper, Zeitrechnung, Wasser, Luft, wichtigste allgemein verbreitete Stoffe, Mineralien, Tiere, verschiedene Menschenrassen und als letztes Hauptstück eine Allgemeine Staatenkunde; hier heißt es an einer Stelle, ». . . daß der Staatszweck in dem Grade vollkommener erfüllt werde, in welchem die äußere und innere Sicherheit am kräftigsten, und zugleich mit der mindesten Einschränkung der Freiheit der Bürger geschützt wird«.
Der erste Band ist Asien gewidmet. »Die zauberische Phantasie des Dichters vermag aber kaum so paradiesisch schöne und fruchtbare Gegenden zu schaffen, als wir auf dem östlichen Theile unsers Planeten wirklich finden; er war also vermuthlich der Wohnplatz des ersten Menschenpaars . . . der Erdfleck, auf welchem unser Geschlecht sein Kindheitsalter verlebte, und von woher alle übrigen Theile der Erde bevölkert wurden.« Die sachlichen Ausführungen beginnen mit China und enden mit Korea.

Gallerie der Welt,
in
einer bildlichen und beschreibenden Darstellung
von
merkwürdigen Ländern; von Völkern nach ihrem körperlichen, geistigen und bürgerlichen Zustande; von Thieren; von Natur- und Kunsterzeugnissen; von Ansichten der schönen und erhabenen Natur; von alten und neuen Denkmälern, mit beständiger Rücksicht auf Beförderung der Humanität und Aufklärung.
Herausgegeben
von
Bartholdy und Rumpf.
Erster Band.
Neue verbesserte Auflage.
Mit IV Karten und zwölf Kupfertafeln.
Die Kettenpumpe in China
Berlin, 1805.
Bei Oehmigke dem Jüngern.

Bibl. Nr. 72, Band 1, Titelkupfer, »Die Kettenpumpe in China«, von M. Haas

Der zweite Band behandelt ausschließlich Indien, der dritte befaßt sich mit Polynesien und der Geschichte der Entdeckungen im großen Weltmeere, dem nördlichen Archipelagus, Sibirien, »Nova Zembla« und den »uralschen« Ländern. Es folgt eine chronologische Aufzählung der Entdeckungen von 1502 bis 1799. Der vierte Band handelt über die »Tatarey«, die kaukasische Landenge, die asiatische Türkei, »Natolien«, Syrien, Mesopotamien, Irak, Persien und Arabien. Hier wird wieder ein Quellenverzeichnis angeführt.
Der fünfte und letzte Band befaßt sich mit Nordafrika, und hier fällt der Hauptanteil an Ägypten; sodann folgt die Barbarey, das sind Tripolis, Tunis, Fez, Marokko usf., Mittel- und Südafrika und schließlich die afrikanischen Inseln. Da Europa zur Gänze fehlt, ist anzunehmen, daß ein geplanter sechster Band Europa gewidmet gewesen wäre.

Johann Daniel Rumpf, 1757—1838, königlich preußischer Regierungssekretär, verfaßte Handbücher für die Verwaltung in Preußen, Biographien, Wörterbücher usf., daneben aber auch Jugendschriften, wie die »Gallerie der Welt«, »Das moralische Bilderbuch für junge Knaben und Mädchen . . .« und anderes mehr.

Georg Wilhelm Bartholdy, 1765—1815, Schulrat und Direktor des pädagogischen Seminars in Stettin, schrieb über »Gesellschaftliches Elend« und redigierte mehrere Zeitschriften.

253.617-A.Fid. (36-182)

73 *Sittliche Gemälde*

guter und böser Kinder; oder Unterhaltungen des Vaters Baratier mit seinem Sohn Philipp, nebst einem Anhang von Originalbriefen eines siebenjährigen Knabens, und einigen Auszügen aus seinem Tagebuch. Als Beylage zum Weihnachts-Geschenk für Kinder. Motto: »Via brevis per Exempla«.

Nürnberg, Chr. Weigel und Schneider [1786]

Kl.-8°. 4 Bl. (Titel, Vorrede und Nachschrift), 96 S., 2 Bl. (Inhaltsverzeichnis, Anhang und Auszüge Aus Junker Karls Briefen und Tagebuch), zwischen S. 62 und 65 befindet sich ein unpaginiertes Blatt »Anhang, Junker Karls Briefe«, ebenso zwischen S. 86 und 89 »Auszüge aus Junker Karls Tagebuch«; beide Blätter sind in der Paginierung inbegriffen. Koloriertes gestochenes Frontispiz von A. Gabler, das mit jenem in Teil 3 der »Schule des Vergnügens« von J. P. Voit (Bibl. Nr. 172) identisch ist. Die Rückseite des Titelblattes enthält eine »Erinnerung«, aus der hervorgeht, daß dem Buch ein französisches Original zugrunde liegt: »Histoires possibles, ou Caracterès de bons et de mauvais enfans, composés par Mr. Baratier le pere, à l'usage de Mr. Baratier le fils.«

Heinsius I, Sp. 176, Rammensee 499 (2. Aufl. 1796), Brüggemann 44.

In der Vorrede rühmt der Herausgeber das Werkchen wegen seiner großen Vorzüge, zu denen er unter anderem die Simplizität der Erfindung, die Naivität des Vortrages, die anlockende Idee des Inhalts usf. zählt. In der Nachschrift, die der Vorrede folgt, teilt der Herausgeber mit, daß er erst nach gänzlicher Vollendung des Werkchens im »Schlözerischen Jouet des jolis petits garçons einen beinahe gänzlich unveränderten Abdruk vom Original dieser Erzählungen des Vaters Baratier, welcher gleichfalls aus Choffins Lecture facile et agréable und seinen angehängten Histoires possibles ou Caractères de bons et de mauvais enfans etc. entnommen ist«, gefunden habe. Schlözer, dessen Buch als verschollen gilt, hat auch ein kurzes Vorwort zu seiner Ausgabe geschrieben.
In Teil 1 werden jeweils in verschiedenen Städten gute beziehungsweise böse Kinder geschildert. Bei der ersten Erzählung, die von einem verständigen Kind names Johann in Berlin spricht, das vom König von Preußen wegen seiner Verständigkeit belohnt wird, dürfte es sich um Jean Philippe Baratier (den Sohn) handeln, der als Wunderkind vom König von Preußen ein Stipendium erhielt (s. u.).
In Wien wird das »Eigensinnige Kind« geschildert, das sich besonders schlimm und boshaft gebärdet. Am besten kommt die Schweiz weg: In Genf wird ein gottesfürchtiges und in Bern ein behutsames Kind vorgeführt.
Der Anhang enthält »Junker Karls Briefe an seine Anverwandte und Freunde«. Auf der Rückseite des Zwischentitels wird daran erinnert, daß die Briefe ». . . lauter ächt geschriebene Originale eines siebenjährigen Knabens in getreuen Uebersezungen« sind. Diese Briefe dürften nach ihrem Inhalt und ihrer Formulierung, die weit über das Fassungsvermögen eines siebenjährigen Knaben hinausgehen, ebenso wie die Auszüge aus Junker Karls Tagebuch von dem Wunderkind Jean Philippe Baratier stammen.

Ein höchst kurioses Büchel, dem folgender Sachverhalt zugrunde liegt: François Baratier, 1682—1751, der Verfasser, war Fabeldichter und Vielschreiber, der nach der Aufhebung des Ediktes von Nantes in die Schweiz floh und 1699 nach Berlin kam. Der König von Preußen übertrug ihm die Inspektion der französisch reformierten Kirche in Magdeburg. Baratier hinterließ unter anderem ein Werk »Curieuse relation au sujet d'un enfant précoce«, Stettin und Leipzig 1728, das auch ins Deutsche übersetzt wurde. Sein Sohn, Jean Philippe Baratier, 1721—1740, verfaßte im Alter von 13 Jahren sein erstes Werk »Itinéraire de Benjamin de Tudèle, Amsterdam 1734«. Er erhielt vom preußischen König ein Stipendium und sollte in Halle Jus studieren. Er starb jedoch im Alter von 19 Jahren. Eine ausführliche Biographie des jungen Baratier findet sich bei Lanteire »Bibliothèque du Père de Famille . . .« Bd. IV, S. 85 (Bibl. Nr. 105)

(David-Étienne) Choffin, 1703—1773, französischer Literat, der mit 19 Jahren nach Stuttgart kam, vorerst Erzieher und später Professor lebender Sprachen an der Universität Halle wurde. Choffin war Herrnhuter und schrieb eine Reihe von philologischen Werken; er gab unter anderem Formeys Biographie (Bibl. Nr. 65) von Baratier heraus.

15.783 FKB (212-41)

74 [JOHANN GENERSICH]

Alfred

Ein Lesebuch für Jünglinge von fünfzehn bis zwanzig Jahren, zur Bildung des Herzens und des Geschmacks. Seitenstück zur Wilhelmine. Von dem Professor Johann Genersich.

Wien, Anton Doll, 1812

8°. 2 Teile in zwei Bänden.
Teil 1: Frontispiz, Titel, 347 Seiten (samt Zwischentitel und Vorrede; die Seiten 4—8 sind römisch paginiert), Inhaltsverzeichnis S. 347 verso.
Teil 2: Frontispiz, Titel, 315 S. (samt Zwischentitel), Inhaltsverzeichnis S. 315 verso, 2 Bl. Verlags-Anzeige: »Kurze allgemeine Weltgeschichte. Nach Beck, Eichhorn u. J. B. Schütz mit vorzüglicher Rücksicht auf Studierende bearbeitet von dem Professor Johann Genersich. 3 Bände, mit 3 schönen Kupfern [. . .]«.
Frontispiz in Band 1 von J. Blaschke.

Heinsius V, Sp. 196; Kayser II, 336, Seibert 122 und 280.

Die Vorrede eignet der Autor dem »hochherzigen Jüngling« zu. Im Ganzen habe er den gleichen Plan gehabt wie bei »Wilhelmine«. Er habe viele fremde Aufsätze aufgenommen und »nach meiner besten Einsicht« geordnet. Vieles konnte er aus dem »practischen Handbuche zur statarischen und kursorischen Lectüre, der deutschen Klassiker für Lehrer und Erzieher von Carl Heinrich Ludwig Pölitz«

benutzen. In schwülstigen, hochtrabenden Wendungen endet der Verfasser die Vorrede mit der Hoffnung, der »edle Jüngling« werde Nutzen aus dem Buche ziehen. Der erste Teil beginnt mit Beispielen verschiedener Charaktere, wie dem Leichtsinnigen, dem Eigensinnigen, dem Spötter, dem Gewissenhaften usf. Es folgen Erzählungen von La Fontaine und Herder, Gedichte und Prosastücke von Gellert, Jean Paul Richter, Bertuch, Schlosser und anderen. Beschreibungen, wie die des Ätna von Brydon . . ., der »Frühling« von Kleist, eine Ethnographie nach Zimmermann (Taschenbücher der Reisen, Leipzig 1802), Briefe, zumeist die eines Vaters an seinen Sohn, moralischen und belehrenden Inhaltes und am Schluß Abhandlungen.
Der zweite Teil beginnt mit historischen Skizzen, dann folgen Idyllen von Geßner, Kleist, Voß, Elegien von Schiller, Voß, Mahlmann, Friedrich Leopold Graf Stolberg, Lehrgedichte, Satiren und Epigramme, Lehrgedichte nach Horaz, Kleist, Schiller, Goethe, Langbein und anderen. Das zwölfte Kapitel enthält die Biographien von Sokrates und Alfred dem Großen, König von England, nach Hume, Schröckh und Woltmann. Den Beschluß bilden Reden.
Die Verlagsanzeige bringt eine Betrachtung über den Nutzen der Geschichte. Der Herausgeber (Genersich) wollte »kein Originalwerk zur Geschichte« liefern, ihm kam es vor allem darauf an, die Materialien zu ordnen. Einen »sichern Leitfaden« fand er in der »Anleitung zur Kenntniß der allgemeinen Welt- und Völkergeschichte für Studierende« von dem berühmten Leipziger Hofrathe, Christian Daniel Beck . . .«

Johann Genersich, 1761—1823, Schriftsteller, der sich an der Hochschule zu Jena hauptsächlich mit klassischen Sprachen befaßte. 1788 wurde er Professor am Lyceum in Käsmark (wo er geboren wurde), 1821 Professor der Kirchengeschichte und des Kirchenrechtes an der protestantisch-theologischen Lehranstalt in Wien. »Als pädagogischer Schriftsteller besitzt Genersich wesentliche Verdienste.« (Wurzbach V, 133) »Genersich Johann, einer der vorzüglichsten Literatoren Ungarns, geboren zu Käsmark in der Zips . . .« (Österreichische Nationalencyclopädie II, 303)

Karl Heinrich Ludwig Pölitz, 1772—1838, Professor für Moral und Geschichte an der Ritterakademie in Dresden und 1815 Professor für Geschichte und Statistik in Leipzig. Er verfaßte Romane und andere Prosastücke. Das im Vorwort zitierte Handbuch findet sich bei Goedeke nicht erwähnt.

Christian Daniel Beck, 1757—1832, studierte Theologie, Sprachen und Geschichte. 1782 wurde er ordentlicher Professor in Göttingen. Beck las auch über Dogmen- und Kirchengeschichte sowie Archäologie. Er hatte eine Reihe von Ämtern inne und war Mitglied vieler gelehrter Gesellschaften, arbeitete an verschiedenen Zeitschriften mit, verfaßte theologische und andere Werke. Beck war einer der letzten Polyhistoren und ließ mehr als 200 Schriften drucken, darunter Übersetzungen aus dem Französischen und Englischen, gab griechische und lateinische Autoren heraus, übernahm von Adelung das »Allgemeine Verzeichnis neuer Bücher« und veröffentlichte unter anderem die von Genersich zitierte »Anleitung zur Kenntnis der Allgemeinen Welt- und Völkergeschichte«.

75 [JOHANN GENERSICH]

Kurze allgemeine Weltgeschichte

Nach Beck, Eichhorn und J. B. Schütz, mit vorzüglicher Rücksicht auf Studierende bearbeitet von dem Professor Johann Genersich.

Wien, Anton Doll, 1812

8°. In drei Bänden.
Band 1: Alte Geschichte. Frontispiz, Titel, 392 Seiten (samt Zwischentitel und Vorrede; die Seiten 4—8 sind römisch paginiert), Inhaltsverzeichnis S. 388—392.
Band 2: Mittlere Geschichte. Frontispiz, Titel, 606 Seiten (samt Zwischentitel und Einleitung; die Seiten 4—6 sind römisch paginiert), Inhaltsverzeichnis S. 602—606.
Band 3: Neuere Geschichte. Frontispiz, Titel, 695 Seiten (samt Zwischentitel und Einleitung), Inhaltsverzeichnis S. 689—695.
Das Frontispiz zu Band 2 ist von J. Blaschke.

Heinsius V, Sp. 196; Kayser II, 336.

In der Vorrede stellt der Verfasser fest, es sei »eine für die neue österreichische Literatur ehrenvolle Erscheinung, daß der Geschmack an Romanen und abentheuerlichen Erzählungen, an Ritter- und Gespenstergeschichten, allmählig verschwunden, und dafür der bessere an der wahren, so lehrreichen Geschichte verbreitet worden ist«. Überspannte Geschichten verlören ihre Wirkung, sobald der Jüngling in den Kreis des Lebens tritt, und aus seinen Träumen weckt ihn ». . . die wahre Geschichte des Menschen . . .«
Dieses Handbuch ist zunächst zum Gebrauch für die studierende Jugend geschrieben. Es war die Absicht des Verfassers — der unter anderem auch Auszüge aus dem Schützischen Werk für Unbemittelte gemacht hat — ein ». . . concentrirtes Gemälde alles Merkwürdigen in der Civil-, der Cultur- und Literärischen, wie in der Religions-Geschichte aufzustellen . . .«
Er wollte kein Originalwerk zur Geschichte liefern, sondern es sei ihm vor allem darauf angekommen, die vorhandenen Materialien zu ordnen und auf seine Weise darzustellen. Den Leitfaden zur Ausarbeitung seines Handbuches fand er vor allem in der »Anleitung zur Kenntniß der allgemeinen Welt- und Völkergeschichte für Studierende von dem berühmten Leipziger Hofrathe, Christian Daniel Beck«.
Wunsch des Verfassers war es, der Jugend ». . . ein wohlfeiles Geschichtsbuch in die Hände zu geben, das in möglichster Kürze alles Wissenswürdige für den studierenden Jüngling, und überhaupt für den denkenden und gebildeten Leser enthalten soll«.
In der Einleitung gibt der Verfasser auch eine Definition für den Begriff der Geschichte: »Denken wir uns die zusammenhängende Erzählung aller der vielen Begebenheiten, die auf dem Erdball seit dem Ursprunge des menschlichen Geschlechtes sich zugetragen haben, so haben wir den Begriff der Geschichte.«
Ihre Quellen teile man in geschriebene und ungeschriebene. Zu diesen gehörten vor allem Sagen oder mündliche Überlieferungen sowie Lieder und ». . . die sogenannten stummen Denkmähler, wie Steine, Altäre, Säulen, und Ruinen großer Werke. Ihnen zunächst stehen Statuen, Gemälde, Münzen ohne Umschrift, Gemmen, Feste und feyerliche Gebräuche. Noch wichtiger sind die geschriebenen Denkmähler . . .«

Man unterscheide hinsichtlich der Zeit Begebenheiten so, wie sie einander zeitlich folgen (chronologische) oder gleichzeitige Begebenheiten (synchronistische). Aber auch der Schauplatz sei sehr wichtig, daher die Geographie für die Geschichte von besonderer Bedeutung sei. Geographie, Naturgeschichte u. a. nenne man Hilfswissenschaften der Geschichte.
»Die Geschichte ist die treue Lehrerinn für Jung und Alt, sie zeigt an Beyspielen die Tugend in ihrer Majestät, das Laster in seiner Häßlichkeit . . .«
Der erste Band reicht von Adam bis 476 n. Chr., der zweite behandelt die Entstehung des fränkischen Reiches und endet mit der Entdeckung Amerikas, der dritte Band schließt mit dem Frieden von Wien im Jahr 1809.

254.218-A.Fid. (45-280)

76 [Johann Genersich]

Wilhelmine

Ein Lesebuch für Mädchen von zehn bis fünfzehn Jahren, zur Bildung des Herzens und des Geschmacks. Von dem Professor Johann Genersich.

Wien, Anton Doll, 1811

8°. In zwei Teilen.
Teil 1: 276 Seiten (samt Zwischentitel und Vorrede; die Seiten 4—10 sind römisch paginiert), Inhaltsverzeichnis S. 276.
Teil 2: Frontispiz, Titel, 606 Seiten (samt Zwischentitel), Inhaltsverzeichnis S. 277—278.
Je 1 gestochenes Frontispiz von J. Blaschke.

Heinsius II, Sp. 59 (1810); Kayser II, 336; Seibert 280.

In der Vorrede erklärt der Verfasser, angesichts der Menge der seit etwa zwanzig Jahren erschienenen Lesebücher für die Jugend beider Geschlechter bedürfe es wohl einer Rechtfertigung, wenn er wage, mit einem neuen aufzutreten, welches die anderen zwar nicht verdrängen soll, sondern dazu bestimmt ist, »in seinem Kreise Sittlichkeit und Religiosität und Zufriedenheit mit dem menschlichen Leben bey Leserinnen von dem beabsichtigten Alter zu verbreiten«. Er teilt weiter mit, daß er aufgefordert worden sei, »ein Lesebuch für Mädchen, die schon in einer untern Classe einen gewissen Grad der Bildung erreicht hätten, und in der letzten ihren Schulcursus beendigen sollten, zu schreiben«. Der Verfasser habe den »scientifischen« Gesichtspunkt, den er gerne anderen Jugendschriftstellern überläßt, beiseite gelassen und sich mit dem »moralisch-ästhetischen« begnügt. Er habe versucht, »theils in eigenen Aufsätzen die sittliche und ästhetische Bildung der aufblühenden Gattinnen, Mütter und Hausverwalterinnen zu befördern, theils in einem Blumenstrauße das Brauchbare, was er für sie in älteren und neueren Büchern vorfand, ihnen zur öffentlichen und häuslichen Lectüre darzubiethen«. Er hoffe, daß es ihm gelungen sei, das Herz der weiblichen Jugend für Sittlichkeit und Religion zu erwärmen.
Das Werk erscheint nach den Worten des Autors zunächst als Lesebuch in öffentlichen Anstalten, er hoffe jedoch, daß es auch in Privaterziehungsanstalten und im Familienkreise einigen Nutzen stiften könne. Er habe aus bewährten Schriftstellern das ausgewählt, was ihm zweckmäßig erschien.
Lehrern, die sich dieser Schrift in öffentlichen Anstalten bedienen wollten, solle es überlassen bleiben, in welcher Ordnung sie den Schülerinnen diesen oder jenen Abschnitt vorlesen wollen. Die beiden Bände enthalten Fabeln, Erzählungen, Beschreibungen, und das X. Kapitel bringt eine »Liedersammlung für Gesang und Herz«. Der erste Band beginnt mit »Charactere in moralischen Erzählungen«, in denen meist negative Beispiele von Charaktereigenschaften, wie die Eigennützige, die Hochmütige, die Geizige, aber auch einige positive, wie die Gewissenhafte, die Ordentliche usw., enthalten sind. Es folgen Idyllen von Geßner, Gedichte von Klopstock, von Kleist, Karoline Pichler, Stücke von Wieland, Claudius, Bürger, Hölty sowie »Johannas Abschied« von Schiller, Scharaden von Lessing, Nicolai, Hagedorn, Gryphius, den Abschluß bildet die zitierte Liedersammlung. Beendet wird dieser Band mit einem Anhang, der Biographien von Johanna d'Arc, Lady Johanne Gray und »edlen Römerinnen« enthält.

1.956 FKB (127-174)

77 [Stéphanie-Félicité Ducrest de Saint-Aubin, Comtesse de Genlis]

Adele et Théodore

ou Lettres sur l'Éducation. Contenant tous les principes relatifs aux trois différents plans d'Éducation, des Princes, des jeunes Personnes, et des Hommes.

Maestricht, J. E. Dufour et Phil. Roux [1783]

8°. In 3 Bänden.
Band 1: Vortitel, Titel (mit Avertissement am verso), 380 S.
Band 2: 359 S.
Band 3: 385 S. und 2 ungez. Seiten (»Table des lettres relatives à l'éducation des Princes« sowie Approbation).
Jeder Band besitzt einen Vortitel und einen Titel, die in der Paginierung nicht inbegriffen sind.
Im »Avertissement« zu Band 1 heißt es, daß die Briefe sich auf einen Zeitraum von zwölf Jahren beziehen und daß nur die interessanten aufgenommen wurden. Die dadurch entstehenden Lücken unterbrächen jedoch den Lauf der Ereignisse nicht.

Quérard, France litt. III, 305 ff. zitiert eine in Maestricht erschienene Ausgabe von 1784; Brüggemann 323.

Der Bericht über die Erziehung zweier Geschwister, Adele und Théodore, der sich in Form eines Briefwechsels der Verfasserin (Baronne d'Almane = Mme. de Genlis) und der Vicomtesse de Limours auf der einen Seite sowie zwischen dem Baron d'Almane und dem Vicomte de Limours auf der anderen Seite abspielt. Eingestreut sind Briefe dritter Personen, wie etwa des Prinzenerziehers, Comte de Roseville, und anderer. In den Briefen finden sich Erzählungen, Anekdoten, Gesellschaftsklatsch, Intrigen, Reiseschilderungen usf. Mit diesem Werk, in dem sie ihre Erziehungsprinzipien teils nach Rousseauschem Muster ausarbeitet, ist Mme. de Genlis in ganz Europa bekannt geworden.

Der Briefwechsel beginnt mit der Mitteilung der Verfasserin an ihre Freundin von ihrer Übersiedlung aufs Land, die sie zum Besten ihrer beiden Kinder vorgenommen habe. Sie gibt nun einiges von ihren Erziehungsgrundsätzen preis, zu denen es unter anderem gehört, daß sie ihrer Tochter, als sie noch im Steckkissen lag, eine Engländerin beigegeben habe, um das Kind rechtzeitig an diese Sprache zu gewöhnen. Tatsächlich beherrsche Adele nunmehr, im Alter von sechs Jahren das Englische in vollendeter Weise. Die Kinder werden am Land nach einem genau eingeteilten Stundenplan leben und teils von Privatlehrern, teils von der Mutter unterrichtet werden.
In einer Anmerkung zu Band 1 wird Rousseau zitiert, der sich seinerseits auf Fénelon beruft: »Le premier âge, dit M. de Fénelon, qu'on abandonne à des femmes indiscretes, et quelquefois déréglées, est pourtant celui où se font les impressions les plus profondes, et qui, par conséquent, a un grand rapport à tout le reste de la vie.« Zur Erziehung Adeles bemerkt die Mutter: »On doit éviter avec soin d'enflammer l'imagination des femmes, et d'exalter leurs têtes; elles sont nées pour une vie monotone et dépendante [. . .] le génie est pour elles un don inutile et dangereux.« Als weiteren Grundsatz zitiert die Verfasserin ein Werk von Chanteresne (Pseudonym, unter dem der Jansenist Pierre Nicole dieses Werk verfaßte): »Education d'un Prince, seconde partie«: »On peut dire généralement, que les lumieres des enfants étant toujours très dépendantes des sens, il faut, autant qu'il est possible attacher aux sens les instructions qu'on leur donne, et les faire entrer non-seulement par l'ouie, mais aussi par la vue . . .«
Die Auffassungen der Vicomtesse, mit denen sie auf die hochfliegenden Idealvorstellungen der Baronne reagiert, zeugen von einem gesunden Menschenverstand. Die Mutter Adeles berichtet weiter, ihre Tochter kenne mit zwölf Jahren weder die Lafontainschen Fabeln noch den »Télémaque« oder die Briefe der Mme. de Sévigné usw., denn es sei unsinnig, diese Meisterwerke in die Hand eines Kindes zu legen, das sie ja doch nicht verstünde. Sie fährt fort: »Je ne donnerai à mes enfants, ni des Contes de Fées, ni les Mille et une nuits.« Alle diese Phantastereien in den Märchen könnten Kindern nur falsche Vorstellungen geben und in ihnen Widerwillen gegen wahrhaft belehrende Bücher hervorrufen. Dann stellt sie fest, sie kenne in Frankreich kein Werk, das für Kinder gemacht sei; ein solches müsse einfach, rührend und abwechslungsreich sein. Allerdings existiere ein solches Buch bereits, nämlich die »Veillées du Château«. Mme. Genlis kündigt damit, publizitätsbewußt, ein Buch an, das erst im Manuskript vorlag. (Bibl. Nr. 83)
In einem der Briefe, die der Baron an den Vicomte richtet, bemerkt er, er halte Latein zwar für sehr nützlich, doch sei es nicht mehr unentbehrlich wie etwa vor fünfzig Jahren. Heute genüge es, Französisch, Englisch und Italienisch perfekt zu beherrschen, um in den Genuß zahlreicher wertvoller Werke zu kommen.
Im zweiten Band schildert der Prinzenerzieher, Comte de Roseville, die Maßnahmen, die er zur Erziehung seines Zöglings ergreift, und beruft sich hiebei auf die »Leçons d'une Gouvernante à ses éléves« (Bibl. Nr. 80, gleichfalls von Genlis). Auch hier, das heißt in »Adele et Théodore«, führt der Gouverneur ein Tagebuch über die Erziehung des Prinzen, welches er ihm an seinem 13. Geburtstag mit den Worten überreicht, er werde darin einiges Nützliche finden.
In einem ihrer Briefe schildert die Verfasserin ebenso umständlich wie pedantisch, auf welche Weise sie die Studien Adeles, die nun 15 Jahre alt ist, überprüft, und fügt hinzu: »Accoutumée . . . à ne jamais perdre un moment, cette application continuelle ne peut être fatigante pour elle; le changement d'occupation la délasse . . .«
Zweimal in der Woche besucht die Mutter mit Tochter und Sohn Museen und Galerien oder Manufakturen, wobei sie sich im Verein mit den Kindern vorangehend in der »Encyclopädie« über das informiert, was sie anzuschauen beabsichtigen. Auch in die »Comédie Française« wird die Tochter »assez souvent« geführt.
Zum Beschluß der Briefe heiraten sowohl Adele wie Théodore; als Geschenk bestimmt die Verfasserin die vorliegenden »Lettres sur l'éducation«. Ein Geschenk, das von der hohen Selbsteinschätzung der Verfasserin beredtes Zeugnis ablegt. Am Ende befindet sich ein Überblick über die Lektüre Adeles von ihrem sechsten bis zu ihrem 18. Lebensjahr, dem Jahr ihrer Vermählung beziehungsweise zwei Jahre nach ihrer Vermählung: Mit sechs Jahren vermochte Adele vollkommen zu lesen, sie sprach Englisch und Französisch. Sie begann kleine Geschichten in Büchern zu lesen, die ein fliegender Händler in das Schloß bringt. Mit sieben Jahren liest sie die Bibel und die »Hochets moraux« von Monget, sodann folgen die sieben Bände der »Annales de la vertu«, (Bibl. Nr. 78), ein Geographiebuch usf. Daneben muß Adele, um ihn zu lernen, den Katechismus abschreiben, wozu sie sechs Monate braucht. Mit neun Jahren liest sie immer noch an den »Annales de la vertu«, daneben auch eine Unterweisung über die »Metamorphosen« des Ovid; mit zehn Jahren folgen »Robinson Crusoe« und ein Werk über die Elemente der französischen Dichtkunst. Mit elf Jahren muß sie einen Teil der bereits gelesenen Werke wiederholen und liest überdies die »Geschichte der Alten« von Rollin, die Nachfolge Christi und anderes. Im Alter von zwölf Jahren folgt Macauley's »History of England«, mit 13 »La Princesse de Clève«, sie muß neuerlich die »Annales de la vertu« vornehmen sowie das Werk über die Mythologie (von Mme. Almane, d. i. Mme. de Genlis), mit 14 die Geschichte Frankreichs, Theaterstücke (so von Marivaux), das »Spectacle de la Nature« von Pluche (Bibl. Nr. 136) und die Briefe der Lady Montague. Adele spricht bereits vollendet Italienisch und liest die Komödien von Goldoni, mit 15 Jahren den »Don Quichotte«, die Gedichte Marmontels und die »Geschichte Englands« von Hume, mit 16 die »Äneis«, die Briefe der Madame de Sévigné, Fabeln von Lafontaine, das Theater von Crébillon und griechische Theaterstücke in Übersetzungen, mit 17 die Geschichte des Jahrhunderts Ludwigs XIV. von Voltaire, die Theaterstücke von Corneille und Racine, Grandisson und Pamela auf englisch, mit 18 schließlich die Theaterstücke von Molière, die Werke von Boileau, Gedichte von Rousseau und Petrarca auf italienisch.
Bis zwei Jahre nach ihrer Vermählung wurde ihre Lektüre noch von ihrer Mutter überwacht; sie las während dieser Zeit die »Odyssee«, die Naturgeschichte von Buffon, den »Télémaque«, Bossuet, die »Caractères« von La Bruyère, die »Maximen« von La Rochefoucauld, an englischer Lektüre Pope und Locke, an italienischer die »Geschichte Italiens« von Guiciardini und Dante. Adele wird von ihrer Mutter bis zum 28. Lebensjahr mit Leserateschlägen versorgt.
Mme. Almane stellt abschließend fest, der Leseplan Théodores sei viel umfangreicher gewesen, er habe auch lateinische Werke lesen müssen.
Über Adele sagt Mme. Almane: ». . . on dit qu'Adèle rencontra dans le monde peu de femmes qui eussent autant d'instruction qu'elle . . .«

Stéphanie-Felicité Ducrest de Saint-Aubin, Comtesse de Genlis, 1746—1830, kam mit sechs Jahren in ein Kloster, wo sie mit unglaublicher Nachlässigkeit und Frivolität erzogen wurde. Mit 13 Jahren wußte sie noch so gut wie nichts. Im Alter von 16 Jahren heiratete sie den Comte de Genlis und suchte nun, während der Ehe, ihre man-

gelhafte Bildung zu vervollständigen. Sie wurde Ehrendame der Duchesse de Chartres und Erzieherin ihrer beiden Töchter, widmete sich dieser Erziehung mit großem Eifer und wurde 1782 vom Herzog von Chartres zum Gouverneur seiner Söhne ernannt, deren ältester später als Louis Philippe König wurde. Trotz ihrer überragenden Intelligenz und der Bildung, die sie sich erworben hatte, erregte die Ernennung zum Gouverneur Aufsehen und Spott. Im gleichen Jahr 1782 veröffentlichte sie das Werk, das sie berühmt machte, »Adele et Théodore ou lettres sur l'éducation«. Sie wandte sich nunmehr gegen die Philosophie und erwies sich als Feindin der Gewissensfreiheit. Zu dieser Zeit nannte sie sich Marquise de Sillery nach einem Besitz, den ihr Mann geerbt hatte. Sie besaß, ungeachtet ihres scharfen Urteils und der harten Kritik an ihren Zeitgenossen, eine Reihe von Bewunderern, so unter anderem den Sekretär des Herzogs von Orléans (vorher Chartres), Melchior Freiherr von Grimm, der durch 36 Jahre Bulletins über die französische Literatur herausgab, die nach seinem Tod unter dem Titel »Correspondance littéraire philosophique et critique« erschienen. Ebenso wurde sie von Mme. de Staël bewundert. Später, als die Genlis die Staël hart kritisierte, sagte diese: »Elle m'a attaquée, je l'ai louée: c'est ainsi que nos correspondances se sont croisées.«
Ihre Erziehungsmethode bei den jungen Prinzen war wegen einer gewissen Kleinlichkeit harter Kritik ausgesetzt. Ihre literarischen Publikationen sind so umfangreich, daß sie einen ganzen Katalog füllen würden.
». . . l'une des plus fécondes femmes auteurs de ce siècle . . .« Von allen ihren Werken gilt ein kleiner Roman, »Mademoiselle de Clermont«, als das beste und wird bisweilen mit der »Prinzessin von Clève« der Madame Lafayette verglichen. Ihre Memoiren sind ein einziger Panegyrikus auf sich selbst. Madame de Genlis war eine hochbegabte Frau, sie malte, war musikalisch, spielte die Harfe und hatte verschiedene Handwerke, wie Blumenbinden, Korbflechten usf., erlernt. Sie gehört zu den umstrittensten Schriftstellerinnen des 18. beziehungsweise 19. Jahrhunderts. Im Gegensatz zu den offiziellen Biographien findet sich im Vorwort zu einem Band der Bibliothèque Rose (»Contes moreaux« de Mme. de Genlis, Paris 1886) eine erstaunlich freimütige Beschreibung ihres Lebens, in der es unter anderem heißt: ». . . et comme d'un autre côté . . . sa conduite était assez légère, elle eut le malheur d'obtenir moins de considération que de célébrité.«
Obwohl Mme. de Genlis mit der Revolution sympathisierte, mußte sie mit ihren Zöglingen fliehen und unternahm ausgedehnte Reisen nach England, Deutschland und der Schweiz. Ihre Tochter Pamela heiratete Lord Edward Fitzgerald, einen der ersten Führer der Society of United Irishmen.
Das Buch gehört zu den Werken, die Großherzog Leopold (als Kaiser Leopold II.) »bei der Aufsetzung der Maximen über die Erziehung seiner Kinder zurathe gezogen« hat.

11.815 FKB (73-126)

78 [Stéphanie-Félicité Ducrest de Saint-Aubin, Comtesse de Genlis]

Annales de la Vertu

ou Cours d'Histoire a l'usage des jeunes Personnes. Par l'Auteur du Théatre d'Éducation.

Paris, M. Lambert et F. J. Baudouin [1781]

8°. In drei Bänden.
Band 1: Vortitel, Titel, 304 S. (samt Vorwort), IV S. (Inhalt).
Band 2: Vortitel, Titel, 338 S. (samt Inhaltsverzeichnis).
Band 3: Vortitel, Titel, 302 S. (samt Inhaltsverzeichnis und einem Index der in dem Werk vorkommenden Begriffe, Personen und Orte).

Quérard, France litt. III, 306 (in der Anmerkung).

Im Vorwort bemerkt die Autorin, der Geschmack am Lesen und der Wunsch, sich zu unterrichten, sei heute allgemein verbreitet. Für Leute von Welt (gens du monde) und junge Leute sei es jedoch fast unmöglich, alle Bücher zu lesen, die nötig seien, um eine wirkliche Bildung zu erwerben. Ganz abgesehen davon, daß die Memoiren, Briefe, Spezialgeschichtswerke und die allgemeine Geschichte einen so umfangreichen Leseplan erfordern würden, daß man mit ihm innerhalb eines Erziehungsprogrammes nicht fertig würde. Es gebe sehr wenige gute Historiker, die Mehrzahl sei schlecht oder mittelmäßig. Aber selbst in den bestgeschriebenen Geschichtswerken werde man noch zahlreiche langweilige Details finden, die man nicht wissen müsse. Und es gebe nahezu kein Geschichtsbuch, das man jungen Menschen ohne weiteres zum Lesen geben könne. Plutarch beispielsweise sei ein Werk, das man auch der Jugend geben könnte. Tugendhafte Taten erschienen nur in kleiner Zahl in der gesamten Geschichte. Gesammelt und vereinigt jedoch würden sie ein umfangreiches und zweifellos interessantes Werk ergeben. Wenn es wahrheitsgetreu sei, dann bedürfe es der Beredsamkeit nicht, weil es die Neugierde, das Herz und die Vernunft zufriedenstellen werde. Ein solches Werk existiere in keiner Sprache. Um es zustande zu bringen, sei es erforderlich gewesen, zwölf Jahre hindurch Auszüge aus den gelesenen Werken zu machen. Die Verfasserin erklärt, daß sie alle allgemeinen und alle Spezialgeschichtswerke gelesen habe, ebenso alle Übersetzungen griechischer und lateinischer Autoren, die englischen und italienischen im Original, sowie mehrere Lexika. Das Ergebnis dieser Forschungen habe ein Werk erbracht, das man für würdig hielt, es dem Publikum vorzulegen. Hier der Plan, nach welchem vorgegangen wurde: Das Werk enthält Einzelheiten schöner Taten sowie besondere und denkwürdige Züge aus der allgemeinen und der Spezialgeschichte aller Völker der Erde, chronologisch geordnet von der Erschaffung der Welt bis auf unsere Tage. Außerdem gibt es eine Übersicht der schönsten Gesetze verschiedener Gesetzgeber, einen Auszug aus der Morallehre und der Empfindungen der berühmtesten Philosophen sowie einen kurzen Auszug der Sitten und Gebräuche der Alten. Jeder Geschichtsabschnitt beginnt mit einem chronologischen Kurzauszug.
Dieses Geschichtswerk enthalte nur die Annalen der Wohltaten und der Tugend, bemerkt die Verfasserin wörtlich. Wenn es notwendig sei, daß das Laster existiert, dann sei das sicherste Mittel, es zu hassen, ein glanzvolles Bild der Tugend und ihres Zaubers darzubieten. Die Verfasserin erklärt weiter, sie denke mit Genugtuung daran, daß die-

ses Werk, welches Empfindungen enthalte, die ebenso rein sind wie jene der Jugend, auf sie veredelnd einwirken werde. Aber, so schmeichle sie sich, es werde auch für Künstler, Bildhauer, Maler und Zeichner, die sich nicht dem Studium der Geschichte widmen können, nützlich sein.
Alle Autoren, aus denen sie geschöpft hat, werden genannt. Sie habe das, was sie berichtet, weder geändert noch verschönert, sie habe höchstens zusammengezogen, um die Einheitlichkeit des Stils, die bisher in kompilatorischen Werken immer gefehlt habe, zu wahren. Ab und zu stellt die Verfasserin Reflexionen an, wie sie bemerkt, besonders dann, wenn sie lehrreich sind, weil dieses Werk besonders für Kinder bestimmt ist. Sie hoffe, daß man insbesondere in der Geschichte Frankreichs interessante und merkwürdige Forschungsergebnisse finden werde. Allein die Hoffnung, daß dieses Werk wirklich nutzbringend für die Jugend sein werde, habe sie die mühevolle Arbeit von zwölf Jahren durchführen lassen.
Die Annalen beginnen mit der Geographie des alten Testamentes, das heißt der Beschreibung der Schauplätze, daran schließt die Geschichte der Päpste an, besser gesagt ihre Aufzählung, wobei die Autorin Zensuren erteilt, wie »bon et charitable« oder »vicieux« usf. Es folgen die Geschichte Chinas und Japans, Ägyptens, Griechenlands, Mazedoniens usf. An die Geschichte des Altertums schließt sich ein Kapitel »Künste, Wissenschaften und Philosophie der Alten«.
In Band 2 werden die Geschichte der Römer, die Spaniens und schließlich Amerikas behandelt.
Band 3 setzt die Geschichte Amerikas fort, kommt zu Portugal und befaßt sich sodann mit Frankreich. Am Ende der französischen Geschichte stehen ein Abriß der Literaturgeschichte und einer der Geschichte der Oper.
Das Buch gehört zu den Werken, die Großherzog Leopold von Toskana (als Kaiser Leopold II.) »bei der Aufsetzung der Maximen über die Erziehung seiner Kinder zurathe gezogen« hat.

7.430 FKB (226-H15)

79 [Stéphanie-Félicité Ducrest de Saint-Aubin, Comtesse de Genlis]

Le petit La Bruyere

ou Caractères et Mœurs des Enfans de ce siècle. Ouvrage fait pour l'Adolescence, suivi d'une seconde partie, contenant un recueil de Pensees diverses, offert à la jeunesse. Nouvelle Édition, revue, corrigée et augmentée de plusieurs chapitres entièrement nouveaux. Par Madame de Genlis. Devise: »Il ne faut point mettre un ridicule où il n'y en a point, c'est se gâter le goût, c'est corrompre son jugement et celui des autres; mais le ridicule qui est quelque part, il faut l'y voir, l'en tirer avec grace et d'une manière qui plaise et qui instruise. La Bruyère, Chap. I.«
De l'imprimerie de Crapelet.

Paris, Maradan. An IX.—1801

8°. 385 S. (samt Vortitel, Titel, Widmung und Vorwort), S. 385 verso eine Liste der Werke, die Mme. de Genlis von 1795 bis 1800 in Deutschland drucken ließ (insgesamt 11 Titel).

Gumuchian 2712; Hoefer XIX, Sp. 909 erwähnt das Werk gleichfalls.

Der Widmungsbrief ist an den Enkel Anatole de la Woestine gerichtet und aus Berlin datiert. Die Verfasserin schreibt, der größte Teil des Werkes sei für Kinder im Alter ihres Enkels, der zwölf Jahre alt ist, geschrieben worden.
Die Autorin bemerkt, daß sie für Kinder Theaterstücke, einen Roman und Erzählungen, jedoch noch kein Buch der Maximen verfaßt habe. Sie polemisiert dann gegen La Rochefoucauld, dessen »Maximen« sie »gefährlich« und dessen Stil sie unkorrekt findet. Sie habe sich La Bruyère zum Vorbild genommen, ohne zu glauben, daß sie an ihn heranreichen könne.
Das Buch ist in zwei Teile gegliedert, der zweite ist nicht für Kinder, sondern für Jugendliche bestimmt. Hier habe sie Gedanken niedergelegt, wie sie ihr im Verlauf ihres bewegten Lebens gekommen seien. Doch obgleich sie, wie sie schreibt, das Opfer von Verleumdungen gewesen, obgleich sie Flüchtling sei, sei sie, wie sie feststellt, frei von Bitterkeit und Menschenfeindlichkeit.
Nach dem Vorwort, dem Widmungsbrief und den Verlagsanzeigen dürfte das vorliegende Werk in Berlin abgefaßt worden sein. Das erste Kapitel beginnt mit dem von La Bruyère verwendeten Eingang seiner »Caractères«: »Je rends aux enfans, ce qu'ils m'ont prêté . . .«, wobei hier anstelle von »public« »enfans« steht. Die Verfasserin erklärt dann, daß Kinder immer der Gegenstand ihres besonderen Interesses gewesen seien, daß sie sehr früh Mutter geworden, ihren und den Kindern überhaupt ihre ganze Anteilnahme zugewendet habe. Außerdem habe sie eine große Anzahl von Kindern selbst erzogen. Alle Porträts, die man in ihrem Buche finden werde, seien nach der Natur gezeichnet, doch werde man die Originale nicht mehr erkennen, weil sie mittlerweile erwachsen geworden seien und sie zudem ihre Vorbilder in Frankreich, der Schweiz, Holland, Italien, England, Deutschland usf. gefunden habe.
Das zweite Kapitel handelt von der Lektüre, wobei man zwei Dinge zu beachten habe: Die Wahl guter Bücher und Fleiß sowie Aufmerksamkeit beim Lesen. Die Verfasserin erzählt von einer kleinen Deutschen, die ebenso schlecht Französisch wie Deutsch spreche und die — im Alter von zwölf Jahren — mit Leidenschaft französische Romane lese. Die Autorin tadelt das und verweist auf gute Werke, wie beispielsweise den ». . . großen La Bruyère«.
Das dritte Kapitel handelt von persönlichen Verdiensten, Talent, Geist, Bildung und Tugend. Das vierte von artigen und unartigen kleinen Mädchen. Alle folgenden Kapitel behandeln gute und schlechte Eigenschaften, für die praktische Beispiele gebracht werden. Im Kapitel über Standespersonen und Fürsten heißt es: »Fürsten langweilen sich mehr als andere Menschen, weil sie im allgemeinen schlechter erzogen sind und weniger persönliche Hilfsmittel haben.«
Der zweite Teil enthält Gedanken und Ratschläge an die Jugend. Die Verfasserin rühmt die Heiterkeit in Schriftstellern wie Molière, Scarron, Lesage usf. und tadelt den »Don Qixote«, weil »der Held und sein Diener« zu oft geschlagen werden. Man lache über eine Schelmerei, nicht aber über eine grausame Bosheit. Auch im nächsten Kapitel werden moralisierend verschiedene Eigenschaften, wie Mangel an Frömmigkeit, Hochmut, Anmaßung usf., besprochen. Es wird Literatur zitiert, wie Marmontel, Marivaux, Corneille usf. Ein Kapitel handelt von »Anstand und menschlichem Respekt«. Vom Anstand wird folgende Definition gegeben: »Der Anstand besteht darin, die Religion, die Ehrenhaftigkeit, die Gesetze und allgemeinen Gebräuche, soferne sie nicht der Moral widersprechen, in der Öffentlichkeit

und in Gegenwart von Zeugen zu respektieren.« (sic!) Und weiter: »Fürsten und alle Frauen müssen Sklaven des Anstandes sein.« Ein Kapitel handelt vom Tod, den die Verfasserin unter dem Aspekt der Religion sieht. Die letzten Willensäußerungen Sterbender sollen geprägt sein von der Religion, dem Wohltun, der Dankbarkeit und Freundschaft.
In einem nächsten Kapitel polemisiert die Autorin gegen Mme. de Staël. Eines der letzten Kapitel handelt von der guten Erziehung und den Erziehern, denen der Schüler ewig verpflichtet bleibe.

Jean de La Bruyère, 1645—1696, französischer Charakter- und Sittenschilderer. 1684 wurde er auf Bossuets Verwendung hin dazu berufen, den Enkel des großen Condé Geschichte zu lehren; er blieb bis zu seinem Tod diesem Hause treu ergeben. In seinem Buch »Les Caractères de Theophraste, traduits du grec, avec les caractères ou les mœurs de ce siècle« (1688) brachte er seine eigenen Beobachtungen über die moderne Gesellschaft unter der Patronanz eines antiken Autors vor.

8.783 FKB (218-118)

80 [Stéphanie-Félicité Ducrest de Saint-Aubin, Comtesse de Genlis]

Leçons d'une Gouvernante a ses Élèves

ou Fragmens d'un Journal, qui a été fait pour l'Education des Enfans de Monsieur d'Orléans. Par Madame de Sillery-Brulart, Gourvernante de M.elle d'Orléans.

Paris, Onfroy, 1791

8°. In 2 Bänden.
Band 1: 371 S. (samt Vortitel, Titel und Vorwort), Vortitel, Verlagsanzeigen.
Band 2: 582 S. (samt Titel, Vorrede, Inhaltsverzeichnis sowie Schlußwort S. 581—582).

Quérard, France litt. III, 309, zitiert eine Ausgabe, gleichfalls aus 1791, bestehend aus 2 Bänden in 8° und 2 Bänden in 12° (s. dazu das Schlußwort der Autorin zu Bd. 2).

Im Vorwort beruft sich Mme. Sillery-Brulart (i. e. Mme. de Genlis) auf ihren »Discours sur l'Education de M. le Dauphin«, in dem sie verschiedene Grundsätze zur Prinzenerziehung aufstellt und zudem verlangt, es müsse ein Journal über diese Erziehung geführt und dieses veröffentlicht werden. Die Verfasserin wendet sich dann gegen jene, die sie seit zwei Jahren auf unerhörte Weise verfolgen, und erblickt das einzige Mittel zu ihrer Verteidigung in der Veröffentlichung jener Grundsätze, die sie bei der Erziehung der drei königlichen Prinzen, das heißt der Söhne des Herzogs von Chartres, verfolgt habe. Die Verfasserin entschuldigt sich, daß man den Stil des Buches bisweilen ziemlich nachlässig finden werde, doch handle es sich um tägliche Aufzeichnungen, die in aller Eile geschrieben wurden. Es folgt eine lobende Anerkennung, die die Autorin sich und ihren Erziehungsmethoden zollt. Da ihre Ernennung zum Gouverneur der Söhne des Herzogs allgemeines Aufsehen und zum Teil Spott erregt habe, verteidigt sich Mme. de Genlis auch gegen diese Angriffe und führt eine Reihe von Vertrauensbeweisen, die Madame d'Orléans (früher Chartres) ihr erwiesen hatte, an. Dies habe sich erst 1789 geändert (s. dazu die Biographie zu »Adele et Théodore«, Bibl. Nr. 77). Am Schluß des Vorwortes erklärt die Autorin, sie schmeichle sich, daß dieses Buch für Eltern und Erzieher nicht ohne Nutzen sein werde.
Das Werk selbst ist in Form eines Journals mit täglichen Eintragungen abgefaßt, wobei die Autorin sich persönlich an ihre Zöglinge wendet, ihnen ihre Vorzüge und ihre Fehler erklärt und sie entsprechend lobt oder tadelt. Die Ausführungen des Journals stellen ein Verhaltenskompendium für junge Leute in der Relation zu sich selbst und ihren Beziehungen zur Umwelt dar.
Der zweite Band beginnt mit dem privaten Tagebuch der Autorin im Jahr 1782, dem Jahr, in welchem sie zum Gouverneur der Söhne des Herzogs von Orléans ernannt wurde; aus diesem Anlaß beklagt sie die bis dahin vernachlässigte Erziehung der drei Prinzen. In einem weiteren Kapitel werden die Gegenstände aufgezählt, die der Lehrstoff umfaßt: Latein, Griechisch, Englisch, Italienisch und Deutsch, Geschichte, Mythologie, Literatur, Naturgeschichte und im besonderen Botanik, Physik und Chemie, Geographie, Gesetzeskunde, Zeichnen, Architektur, mechanische Künste, Pharmazie usw. Der Gymnastik wird ein eigenes Kapitel gewidmet; die Mittel zur körperlichen Ertüchtigung sind bisweilen drastisch: So müssen die Kinder Schuhe mit schweren Bleisohlen tragen, um sich einen leichten Gang anzueignen! Die Gymnastik umfaßt unter anderem Laufen, Springen, Übungen am Barren, Bogenschießen und Schießen, Ballspielen, Tanzen, Reiten, Schwimmen usf. Schließlich spricht die Autorin über Diätvorschriften, wobei sie vor allem Mäßigung empfiehlt und jene Nahrungsmittel verwirft, die auch nach heutiger Auffassung zu vermeiden sind, wie etwa Süßigkeiten, Bratensäfte, zu stark gesalzenes Fleisch, Crémes usf.
Am Schluß des Bandes gibt Mme. Genlis ein Resümee aller Aufzeichnungen, die mit minuziöser Genauigkeit geführt wurden. Sie bilden, nach der Aussage der Verfasserin, 35 dicke Manuskriptbände und würden gedruckt 50 Bände ausmachen.
Aus einem Postskriptum geht hervor, daß das Werk in zwei Ausgaben erschien, die eine in 8° und die andere in 12° (s. dazu auch das Zitat von Quérard).
Das Buch gehört zu den Werken, die Großherzog Leopold (als Kaiser Leopold II.) »bei der Aufsetzung der Maximen über die Erziehung seiner Kinder zurathe gezogen« hat.

253.670-B.Fid. (30-060)

81 [Stéphanie-Félicité Ducrest de Saint-Aubin, Comtesse de Genlis]

Nouvelle Methode d'Enseignement pour la première Enfance

contenant, 1°. Une nouvelle Méthode d'instructions et de lectures morales pour les Enfans de cinq ou six ans; 2°. Des Dialogues et un Conte; 3°. Des Maximes détachées; 4°. Des Modèles de compositions; 5°. Une nouvelle Méthode pour enseigner aux Enfans à dessiner et à peindre.
Par Madame de Genlis.
Nouvelle Édition, revue, corrigée et augmentée.

Paris, Maradan. An X—1801

8°. 2 Teile in einem Band, fortlaufend paginiert. VIII (Vortitel, Titel, Avertissement und Inhaltsverzeichnis), 387 S. Zwischentitel: »Nouvelle Méthode . . . Seconde partie« und Widmung sind in der Paginierung inbegriffen.

∅ Quérard, France litt.; ∅ Litt. Franc. contemp.

Im Vorwort verweist die Autorin auf eine Raubausgabe, die voller Fehler gewesen sei, da überdies die Originalausgabe erschöpft sei, habe sie nunmehr eine vermehrte verfaßt, die so umfangreich wäre, daß sie aus zwei Teilen bestehe. Der erste Teil sei für die Erzieher, der zweite für die Kinder bestimmt. Da sie wahrgenommen habe, daß die Jugendlichen ihre Gesundheit eher aus Unwissenheit denn aus mangelnder Mäßigkeit zerstören, habe sie dem Buch eine kleine Abhandlung über häusliche Medizin angefügt.
Im ersten Teil, der allgemeine Gedanken zur Erziehung enthält, verweist die Autorin darauf, daß sie schon zahlreiche Bücher für Kinder von 12 bis 13 Jahren verfaßt habe, jedoch noch nie eines für Kinder im Alter von fünf bis sechs Jahren. Sie hätte bemerkt, daß man die Kinder beim Vorlesen einer Erzählung immer aufforderte, nach dem Sinn jener Worte zu fragen, die sie nicht verstünden. Das pflegten Kinder aber nicht zu tun, weil sie 1. keine langweiligen Erklärungen mögen und 2. den Fluß einer interessanten Geschichte nicht unterbrechen wollen. Nun wäre es absurd, kleine Kinder mit Kenntnissen zu belasten, die ihr Auffassungsvermögen übersteigen, andrerseits wisse man, daß Eindrücke, die Kinder in den ersten Lebensjahren erhalten, unauslöschlich seien. Die Autorin legt dann ihre Auffassung über die Fähigkeiten der verschiedenen Lebensalter dar und stellt fest, daß man die perfekte Ausbildung des Genies erst gegen das Ende des Lebens sähe, dann, wenn die körperlichen Kräfte nachlassen. Wenn junge Menschen große Werke fertigbringen, wie Pascal, Pope und der große Condé, könne man sehen, daß sie eine ungewöhnlich sorgfältige Erziehung genossen hätten. »Je ne prétends pas dire qu'une éducation parfaite puisse donner le génie, mais je dis qu'elle doit développer complétement tout ce qu'on a d'esprit et de raison . . .« — »L'éducation ne peut créer, elle ne peut que développer et hâter les progrès.« Es folgt ein Kapitel über die Definition gewisser Worte, die in den folgenden Abschnitten enthalten sein werden. Darunter finden sich Ausdrücke, die nach heutigen Begriffen die Fassungsgabe eines fünf- bis sechsjährigen Kindes zweifellos überschreiten, wie sens commun, sublime, illusion usf. Unter anderem wird auch der Begriff »Coquetterie« (» . . . desir absurde et criminel de plaire aux hommes . . .«) für die Fünf- bis Sechsjährigen erläutert.
Es folgen Vorschläge für kleine Erzählungen beziehungsweise mündliche Aufsätze, wobei das Thema in Form einer Frage an das Kind gestellt wird. Die Themen bewegen sich ausschließlich um Moral und Fragen des Wohlverhaltens.
Der zweite Teil (für Kinder) beginnt mit einer »Épitre dédicatoire« an die Kinder der Lady Édouard Fitz-Gerald (die Enkelkinder der Verfasserin, s. unten). Die Belehrungen erfolgen in Form von Dialogen zwischen einer Mutter und ihrem Kind, es sind Unterhaltungen über die verschiedensten Bereiche und Lebenslagen, die ihrerseits wieder über das Fassungsvermögen von kleinen Kindern hinauszugehen scheinen, so wenn die Mutter mit dem Kind das Problem des Selbstmordes erörtert. Bei Gelegenheit fragt das Kind, wozu man Zeichnen, Musik und Tanz lerne, die doch unnütze Künste seien? Die Mutter belehrt, man könne mit diesen Künsten nicht nur Freude bereiten, sie könnten sich auch als sehr nützlich erweisen: Viele Emigranten (der Revolution) hätten ihr Vermögen verloren. Jene, die verschiedene Talente und sie ausgebildet hatten, konnten sich mit ihnen erhalten und gute Stellen finden.
Im letzten Dialog werden Kinderspiele, das heißt *ein* Kinderspiel »de madame«, das etwa dem deutschen Mutter-Kind-Spiel entspricht, erklärt. Dieses Spiel wird mit besonderer Ausführlichkeit erläutert, wobei Belehrungen über eine ganze Reihe von häuslichen Beschäftigungen der Mädchen eingeflochten werden. Ein Kapitel nennt sich ausdrücklich »Instructions relatives au Jeux de Madame, pour la petite fille qui doit jouer le rôle de mère«. Als letzter Punkt darin folgt ein Abschnitt über die Kenntnis der Heilpflanzen, Erläuterungen über Diätnahrung und gewisse medizinische Grundkenntnisse zur Abhilfe kleinerer Übel im Hause selbst.
Ein Abschnitt handelt über die Kürzungen und Zeichen in ärztlichen Rezepten, eine Tafel belehrt über die arabischen und lateinischen Ziffern.
Schließlich folgt eine »wahre« Erzählung, »L'Ile des Enfans«, und den Abschluß bilden die »Pensés et Maximes«, die erbaulicher, moralischer und belehrender Art sind.

Lord Edward Fitzgerald, 1763—1798, Sohn des ersten Herzogs von Leinster, wurde in Frankreich erzogen, zeichnete sich im amerikanischen Sezessionskrieg aus und wurde Mitglied des irischen Parlaments. Er begrüßte die Französische Revolution in der Annahme, sie werde allen Ländern, also auch Irland, die Freiheit bringen, und begab sich nach Paris, wo er mit den Revolutionären in Verbindung trat. Hier vermählte er sich auch mit Pamela »l'éléve et selon quelques écrivains la fille de Mme. de Genlis, qui l'aurait eue du duc d'Orléans, Philippe Egalité«. Fitzgerald wurde, nachdem die englische Herrschaft in Irland unerträglich geworden war, Chef der Bewegung Irish United und starb im Verlauf der Erhebung Irlands im Gefängnis, noch ehe er hingerichtet werden konnte.
Nach einer Bemerkung Mme. de Genlis' im ersten Teil des Buches, sie habe Erzählungen ihrer Tochter in England, wo sie damals weilte, probeweise geschickt, ist anzunehmen, daß es sich um Pamela Fitzgerald gehandelt hat, zumal die »Epitre dédicatoire« an die Kinder der Lady Edouard Fitzgerald gerichtet sind.

82 [Stéphanie-Félicité Ducrest de Saint-Aubin, Comtesse de Genlis]

Théatre a l'usage des jeunes personnes,

par Madame la Comtesse de Genlis. Devise: »Leçon commencé, exemple acheve. La Motte, Fable de l'Aigle et de l'Aiglon.«

Paris, M. Lambert et F. J. Baudouin, 1780

12°. 4 Bände.
Band 1: 361 S. (S. 1—3 Vorwort des Herausgebers, 1 Bl. Titel des ersten Theaterstücks, Approbation und Privileg auf Rückseite von S. 361 und 1 Bl.).
Band 2: 324 S. (samt Avertissement).
Band 3: 308 S.
Band 4: 293 S. (samt Vorwort).
Fleurons über den einzelnen Titeln.

Quérard, France litt. III, 311 (1. Ausg. 1779); Gumuchian 2715: Théatre à l'usage des Jeunes Personnes; Brüggemann 322.

Man müsse, bemerkt der Herausgeber im Vorwort, dem Autor dieses kleinen Theaters das Verdienst zubilligen, eine ganz neue Art von Stücken geschaffen zu haben. Es seien große Schwierigkeiten zu überwinden gewesen, ehe es gelang, interessante Dramen ohne Zuhilfenahme von Intrigen, Leidenschaften, Gegensätzen, Lastern und Tugenden zu verfassen. Man habe es sich zum Prinzip gemacht, niemanden auftreten zu lassen und kein Wort zu sagen, welches nicht eine Lehre beinhalten würde. Diese ganzen Stücke seien nichts anderes als Abhandlungen über die Moral, die in dramatische Aktionen umgesetzt wurden. Man habe sich vorgestellt, daß die jungen Menschen darin anregende und überzeugende Lektionen finden würden. Im übrigen würden sie beim Spielen dieser Stücke nicht nur ihr Gedächtnis schulen, Anmut und Haltung lernen, sondern es würden sich ihnen auch die in den Stücken vorkommenden Lehrsätze einprägen. Bis jetzt seien keine Theaterstücke bekannt, die junge Menschen ohne Gefahr spielen könnten. Hier jedoch werde mit Sorgfalt die Einführung verabscheuungswürdiger Charaktere vermieden. Es gäbe ein einziges häßliches Charakterbild, nämlich Dorine in »Das verwöhnte Kind«. Der Herausgeber spricht schließlich die Hoffnung aus, daß die Kinder den lobenswerten Beispielen, die ihnen hier vorgeführt werden, folgen würden.
Jeder Band enthält sechs Theaterstücke, die mit einer Ausnahme in Band 2, »L'Aveugle de Spa«, und der Stücke in Band 4 alle in gehobenen Schichten, meist in Adelsfamilien, spielen. Einige tragen märchenhaften Charakter, wie »La Belle et la Bête«, das jedoch nichts mit dem berühmten Märchen gemein hat. In dem Stück »L'Aveugle de Spa« bemerkt die Autorin in einem kurzen Vorwort, daß es auf einer wahren Begebenheit beruhe; die Heldin ist die Frau eines Schusters.
Im Vorwort zu Band 4 stellt die Verfasserin fest, es gebe zwar viele Bücher über Erziehung, bisher hätten jedoch alle diese Autoren für eine einzige Klasse gearbeitet. Sicherlich: Die allgemeinen moralischen Grundsätze würden für alle Menschen gelten, daneben aber habe jeder Stand seine besonderen Regeln, und jedermann solle die seinem Rang, seiner Stellung angemessenen Qualitäten zu erwerben suchen. Dieser Band ist ausschließlich der Erziehung der Kinder von Kaufleuten und Handwerkern gewidmet. Jedoch könnten, wie die Verfasserin bemerkt, auch Leute unter dieser Klasse aus diesen Stücken noch lernen; etwa Kammerfrauen, Verkäuferinnen und andere würden hier einzelnes über ihre Aufgaben und Pflichten lernen. Sie würden ebenso lernen, daß das beste Mittel, sein Glück zu machen, Ehrlichkeit und Anständigkeit sei. Es stehe in der Macht eines ehrlichen Mannes, den Stand, wohin der Himmel ihn gestellt habe, zu adeln. Wenn er seine Pflicht erfülle, werde dieser Mensch Gegenstand der Teilnahme, Wertschätzung und Verehrung sein. Die Autorin erklärt, sie habe nichts außer acht gelassen, was sie mit der Klasse der Bürger, denen dieser Band gewidmet ist, in allen Einzelheiten bekannt machen konnte. Dieses Studium habe ihren Wunsch, ihnen (den Bürgern) ein Werk zu widmen, verdoppelt. Im allgemeinen finde man in dieser Klasse Frömmigkeit, reine Sitten und eine rührende Einigkeit in den Familien. Mme. de Genlis fügt hinzu, daß es sich bei diesen kleinen Stücken keineswegs um Chimären handle, sondern daß diese Charaktere existierten und ohne jede Übertreibung dargestellt wurden. Am Schluß spricht die Verfasserin den Wunsch aus, daß diese kleinen Dramen von den schätzenswerten Bürgern gelesen werden, für die sie bestimmt sind. Möge man dieses Buch nicht in einer großen Bibliothek, sondern am Arbeitstisch finden!
Das erste Stück dieses Bandes hat eine Legende in bäuerlichem Milieu zum Gegenstand, das zweite spielt in einem Modesalon, im dritten ist die Hauptfigur Inhaberin eines Wäschegeschäftes, im vierten ist ein Buchhändler der Held, im fünften sind es ein Kaufmann und ein Arzt, das letzte spielt sich in einer bürgerlichen Familie ab.
In ihrem Vorwort zu den »Veillées du Chateau« (Bibl. Nr. 83) verteidigt sich Mme. de Genlis gegen den Vorwurf, sie schreibe nur für die höheren Stände, mit dem Hinweis auf den Band 4 des »Théatre d'Education« und fügt hinzu: »Ich bin der erste Autor, der sich mit der Erziehung des Volkes befaßt.«

Bibl. Nr. 62, Teil 2, Nr. 8, Der Buchstabe H. (Die Kupferstiche zum »Neueingerichteten Figur- und A. B. C. Büchlein« stammen von Adam Ludwig Wirsing.)

Bibl. Nr. 62, Teil 2, Nr. 9, Der Buchstabe I

Bibl. Nr. 62, Teil 2, Nr. 25, S. 20, Der Buchstabe P

Bibl. Nr. 62, Teil 2, Nr. 19, S. 24, Der Buchstabe T

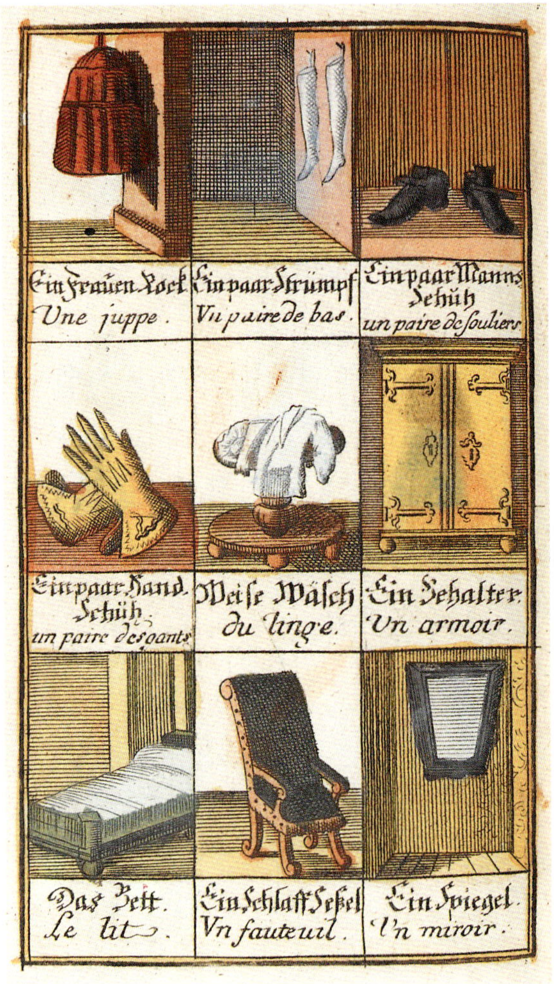

Bibl. Nr. 62, Teil 2, Nr. 32, Vermischte Gegenstände

Bibl. Nr. 62, Teil 2, Nr. 33, Vermischte Gegenstände

Bibl. Nr. 72, Band 1, Tafel 1, Kupferstich von Fügel

Bibl. Nr. 72, Band 2, Tafel 1

Bibl. Nr. 72, Band 4, Tafel 3, »Umriss des Schwarzen Meeres, des Bosphorus, des Propontes, des Hellesponts, des Archipelagus nebst den Küsten«, Kupferstich von Heinrich Kliewer

Bibl. Nr. 72, Band 4, Tafel 8, Kupferstich von G. A. Lehmann

Bibl. Nr. 72, Band 5, Frontispiz (= Tafel 6), von M. Haas

Bibl. Nr. 72, Band 5, Tafel 8

Bibl. Nr. 72, Band 5, Tafel 9

Bibl. Nr. 72, Band 5, Tafel 14, Kupferstich von G. A. Lehmann

Bibl. Nr. 88, Frontispiz

Bibl. Nr. 88, Nr. 2, S. 38, »Der Strohhut«

Bibl. Nr. 91, Nr. 9, »Ein Isabellfarbnes Pferd mit einer Dame« — Nr. 10, »Ein Krippensetzer«

Bibl. Nr. 91, Nr. 3, »Ein kroatisches Pferd« — Nr. 4, »Ein dänisches Pferd mit einem Dragoner«

Bibl. Nr. 91, Nr. 21, »Ein vielfarbiges Pferd oder eine Schäcke« — Nr. 22, »Ein Wettrennen mit einem Jockey«

Bibl. Nr. 95, Band 2, Nr. 1588, Kupferstich von Martin Engelbrecht

Bibl. Nr. 95, Band 2, Nr. 1592, Kupferstich von Martin Engelbrecht

Bibl. Nr. 95, Band 6, Nr. 92/1, Kupferstich von Johann Christoph Schmidhammer

Bibl. Nr. 95, Band 3, Nr. 2159 (= 437), Kupferstich von Martin Engelbrecht

Bibl. Nr. 95, Band 6, Nr. 97/1, Kupferstich von Caspar Neuner

Bibl. Nr. 95, Band 7, Nr. 30/1 (= 165), [Vermischte Szenen], Kupferstich von Johann Trautner

Bibl. Nr. 95, Band 3, Nr. 1851, Kupferstich von Martin Engelbrecht

Bibl. Nr. 95, Band 4, Nr. 3358, Kupferstich von Martin Engelbrecht

Bibl. Nr. 95, Band 6, Nr. 144/2, »Ich Ernehre Mich Von Feuer«

Bibl. Nr. 106, Nr. 11

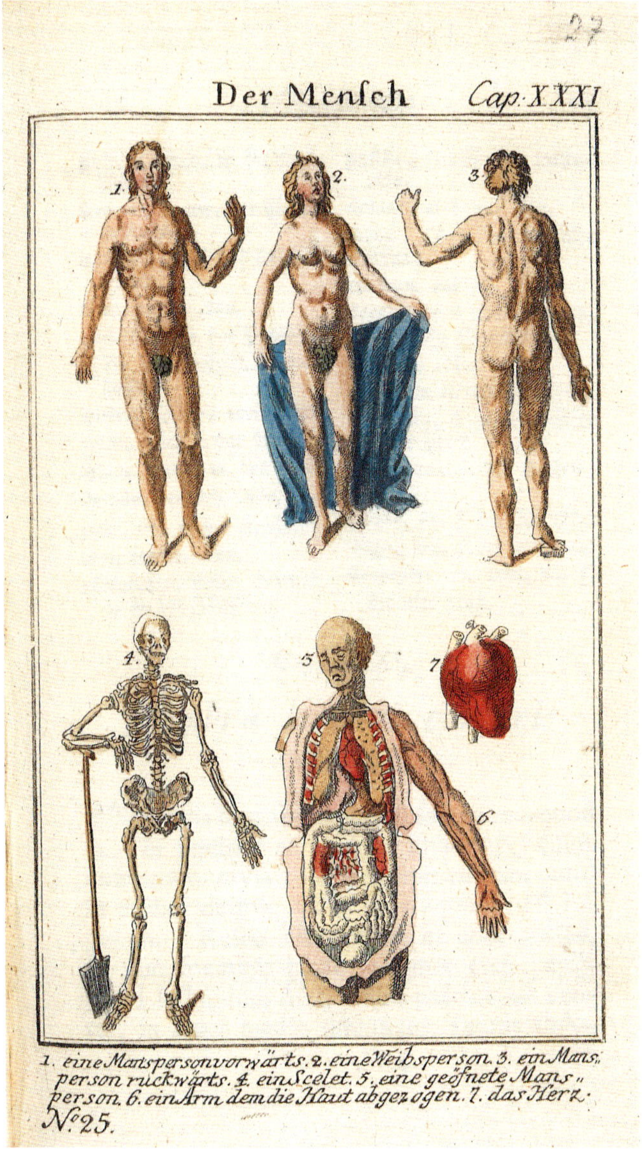

Bibl. Nr. 106, Nr. 25

Bibl. Nr. 127, Band 1, Nr. 7, Kupferstich von Miscelle

Bibl. Nr. 127, Band 5, Kupferstich von Miscelle L[ne]

Bibl. Nr. 127, Band 12, Nr. 5, Kupferstich von Carrée

259.000-A.Fid. (89-178)

83 [Stéphanie-Félicité Ducrest de Saint-Aubin, Comtesse de Genlis]

Les Veillées du Chateau

ou cours de Morale a l'usage des enfans. Par l'Auteur d'Adele et Théodore.

Paris, Maradan. An XI—1803

8°. In drei Bänden.
Band 1: XLVI (samt Vortitel, Titel, Widmung und Vorwort), 1 Bl. »Avis«, 404 S.
Band 2: 461 S.
Band 3: Vortitel, Titel, 504 S.
Jeder Band ist am Ende mit erklärenden Anmerkungen versehen. Der Widmungsbrief ist an den Neffen der Verfasserin, César Ducrest, gerichtet. Sie rät ihm, das Werk ab und zu wieder zu lesen.

Barbier-Quérard, Anon VII/4 Sp. 917; Gumuchian 2716—2720 (1785); Seebass 716, Brüggemann 322 (deutsche Übersetzung von Christian Felix Weiße).

Im Vorwort erklärt die Verfasserin, daß das Werk für Kinder von zehn, elf oder zwölf Jahren abgefaßt ist. In einer Fußnote fügt sie hinzu: Für Kidner von zehn, wenn sie intelligent sind und mit Sorgfalt erzogen wurden; andernfalls für Kinder mit zwölf Jahren. Man habe, so erklärt sie weiter, viel zu viele Bücher für Kinder von fünf Jahren geschrieben, die sie nicht verstehen und aus denen sie daher nichts lernen könnten. Sie ist aber überzeugt, daß Erzählungen, wie sie diese drei Bände enthalten, auch für Kinder von fünf Jahren schon zugänglich seien. Bevor sie das Werk hätte drucken lassen, habe sie es einer Gesellschaft von Kindern vorgelesen und mit Vergnügen festgestellt, daß auch die acht- bis neunjährigen ihr aufmerksam zugehört hätten. Sie erklärt dann den Plan, nach dem sie vorgegangen ist: Sie will vor allem den Kindern »les goûts simples«, also die Liebe zum einfachen Leben und eine Vorliebe für das Landleben einflößen und ihnen daher die Naturgeschichte nahebringen. Überdies hat sie jede Geschichte nach einer moralischen Wahrheit gebildet; so sei sie auch beim »Théatre d'Education« und bei »Adele et Théodore« verfahren, sie halte dies für die beste Methode. Es gebe kein moralisches Thema, das nicht mit Anmut behandelt werden könne, und kein moralisches Buch, das von Nutzen wäre, wenn es langweilig sei. Diese Wahrheit würde nicht immer beachtet. Ein Buch wie der »Télémaque« von Fénelon werde immer gelesen werden, und man werde daraus lernen, ohne es zu wollen. »Un moraliste prétend à la considération«, ein Moralist erhebt Anspruch auf Achtung. Die Autorin verwahrt sich auch gegen den Vorwurf, daß sie nur für die höheren Stände schreibe, und erinnert daran, daß der vierte Band des »Théatre d'Education« ausschließlich für Kinder von Kaufleuten und Handwerkern bestimmt ist, daß aber auch Personen unter diesem Stand dort noch für sie Nützliches finden werden, so etwa Verkäuferinnen, und selbst Bauern würden dort ihre Pflichten und Aufgaben geschildert sehen. Sie führt das im Vorwort dieses Buches ausdrücklich an mit dem Wunsch, daß dieser Band von jenen gelesen werde, für die er bestimmt sei. Die Autorin vergißt auch nicht, die idyllischen Eigenschaften zu erwähnen, die sie dieser Klasse von Menschen zuschreibt. Sie fügt hinzu: »Ich bin der erste Autor, der sich mit der Erziehung des Volkes befaßt . . .« und bezieht sich dann auf die Anmerkungen, die jedem Band folgen, wobei sie feststellt, sie wolle sie möglichst interessant für die Kinder gestalten. Sie spreche von allem, erklärt sie, um ihnen Allgemeinbegriffe auch von jenen Dingen zu geben, die Kinder im allgemeinen nicht besitzen.
Das Werk sei insbesondere für Kinder gedacht, die am Land, und für Familienmütter, die auf ihren Schlössern leben. Am Ende des Vorwortes spricht die Autorin über die Erziehung und das Schicksal ihres Neffen, dem das Buch gewidmet ist. Die Handlung spielt auf dem Schlosse Champcery, in dem die Autorin geboren wurde.
In einer Ermahnung an ihre Kinder erklärt die Mutter, Madame de Clémire, am Beginn des Textes, eine hohe Geburt sei nur in den Augen der Welt ein Vorteil, die wahren Unterschiede aber stelle die gute und sorgfältige Erziehung her. In diesem Zusammenhang bemerkt sie, man könne seine Dienstboten lieben, wenn sie gut und anständig seien, jedoch habe man jede Art von Familiarität mit ihnen zu vermeiden. Nun, da die Kinder mit der Mutter und der Großmutter am Land leben, werden in die Schilderung des Landlebens Erzählungen eingeschoben, die durch kritische Bemerkungen der Kinder unterbrochen werden. Eine Erzählung endet mit dem Sinnspruch: »Erinnert euch, meine Kinder, um glücklich zu sein, muß man sich mehr mit dem beschäftigen, was man hat, als mit dem, was man erhofft.« Als Lektüre wird den Kindern hier vorerst »L'Ami des enfans« von Berquin (Bibl. Nr. 12) und »Le spectacle de la nature« von Pluche (Bibl. Nr. 136) angeboten. An einer Stelle finden sich Erziehungsmaßnahmen für ein Mädchen: Es muß sechs Monate des Jahres am Lande verbringen, in Paris darf es nur selten ins Theater gehen. Es muß sehr viel Bewegung machen und darf zum Frühstück und zur Jause nie etwas anderes als Brot essen, außer in der Obstzeit. Es darf nur einfache Kleidung tragen, weil diese allein bequem und leicht ist. Man wird ihm, damit es sich nicht langweilt, unterhaltende und belehrende Bücher geben. An einer Stelle erklärt die Mutter, warum sie sich zwar mit den Bauern unterhält, nicht aber mit dem Dienstpersonal. Dieses sei ungebildet und verbringe seine Zeit bisweilen mit Müßiggang, es habe sich eine Reihe schlechter Eigenschaften angewöhnt, indes der Bauer seine alten und reinen Sitten, sein einfaches Leben und seine natürlichen Tugenden beibehalten habe. Auch würden sich die Kinder eher die Sprache der Dienstboten angewöhnen, weil sie jener der »Herrschaft« ähnlicher sei als die altertümliche und den Kindern fremde der Bauern.
Bei Spaziergängen, Besuchen von Freunden, Gesprächen über andere, kurzum bei jeder Gelegenheit werden moralische Betrachtungen eingeflochten. An einer Stelle wird Buffon zitiert: »Alles, was wir jenseits der Natur suchen, ist Schmerz; und nichts ist Vergnügen als das, was sie uns bietet.« Das Landleben wird hier zum praktischen Unterricht in der Naturgeschichte gemacht.
In einer der eingestreuten Erzählungen besucht eine Mutter mit ihrer Tochter Geßner in Zürich. Hätte er nicht in dieser lieblichen Gegend gelebt, heißt es hier, dann hätte er niemals seine bezaubernden Idyllen geschrieben, wo die Tugend in so rührenden Zügen dargestellt ist. Er begleitet Mutter und Tochter und zeigt ihnen die schönen Plätze, die er beschrieben oder gezeichnet hatte. Sie verbringen acht Tage mit Geßner und sehen in ihm ». . . un sage heureux, un vrai philosophe, et un digne peintre de la Nature«.
Als die Mutter die Kinder bei der Lektüre des Märchens »Le prince Percinet et la princesse Gracieuse« antrifft, erklärt sie ihnen die Schädlichkeit der Märchen, die wunderbare Dinge erzählen, die unwahr sind, und sie stellt fest, Natur und Kunst böten Wunder, die viel bemerkenswerter seien als die in den Märchen dargestellten. Es folgt nun eine Erzählung »Alphonse et Dalinde, ou la féerie de l'art

et de la nature, conte moral«. Diese Erzählung beschreibt das Erdbeben von Lissabon von 1755 und was dem Helden in der Folge dieses Elementarereignisses zustößt. Der in der Familie lebende Erzieher des Sohnes, der Abbé, erzählt dann, angespornt von der Autorin, andere Wunder, die man in der Natur findet, wie den Wachsbaum oder jene Pflanze, deren Blätter sich schließen, sobald man sie berührt. In den am Schluß des Bandes befindlichen Anmerkungen werden jedes Tier und jede Pflanze ausführlich erklärt. Unter anderem wird aus Anlaß einer Erzählung auch ein Teleskop, das sich im Schloßpark befindet, besichtigt und erklärt.
Der Knabe, César, spricht über ein (damals sehr bekanntes) Buch, »Vie du Dauphin, père de Louis XV« von Abbé Proyart, und wird von seiner Mutter anhand dieses Buches dazu angeleitet, selbst — wie der Dauphin — kleine Reden zu verfassen. Unter den berühmten Kindern, die sich auszeichneten, wird auch der Sohn Baratiers erwähnt (Bibl. Nr. 73). Anläßlich eines Besuches, den die Familie in der Nachbarschaft macht, wird — mit ausschließlich negativen Vorzeichen — ein englischer Garten beschrieben, in dem es weder gerade Alleen noch symmetrische Anlagen noch Blumenparterres gibt.
Der Sohn bittet die Mutter, die »Ilias« lesen zu dürfen. Sie erklärt ihm, er wäre noch zu jung, um die Schönheiten dieses Werkes zu würdigen; da jedoch die Lektüre so wichtig zum Verständnis zahlreicher Bilder sei, so gestatte sie es, das Buch zu lesen, jedoch nicht in seiner freien Zeit, sondern ausschließlich mit ihr. César ist, wie dem Band 1 zu entnehmen, fast zehn Jahre alt. Ebenso erhält er ein zweibändiges Werk über die Geschichte Englands als Lektüre. Bei den abendlichen Spaziergängen im Park wird nicht nur die Lektüre des vorangehenden Tages besprochen, sondern es werden auch astronomische Studien betrieben und bei jeder sich bietenden Gelegenheit Unterricht in Moral und Anstandslehre erteilt.
An einer Stelle wird über malende Frauen diskutiert. Die Mutter, die Marquise de Clémire, stellt fest, wenn es nicht so viele berühmte Malerinnen wie Maler gebe, so sei dies nicht nur auf die Vorurteile der Männer zurückzuführen, die die Frauen nicht anerkennen wollten, sondern vor allem darauf, daß man sich mit der Bildung der Frauen nicht befasse und ihnen vor allem und von allem nur oberflächliche Kenntnisse beibringe. Ein Historienmaler, der eine begabte Tochter hat, wird ihr erklären, daß sie nicht Historienmalerin werden könne, sondern sich dem Porträt oder der Blumenmalerei zuwenden solle. »So entmutigt er sie und bringt ihre Phantasie zum Erlöschen.« Ebenso verhält es sich mit Wissenschaftern, Dichtern usf. »On lui [d. i. der Frau] prescrit le genre dans lequel elle doit s'exercer.« Die Verfasserin führt das Thema von der Benachteiligung der Frau ausführlich weiter und sagt unter anderem: ». . . l'instituteur trace autour de sa jeune élève un cercle étroit qu'il lui défend d'oser franchir.«
Auf einem einzigen Gebiet gestatte man der Frau die Freiheit der Entfaltung: als Schauspielerin. Und Mme. de Genlis schließt mit den Worten: »Wenn alle anderen Talente ebenso wie dieses weniger die Frucht der Erziehung, der Kunst und des Studiums denn glückliche Gaben der Natur wären, dann bestände zweifellos vollkommene Gleichheit zwischen Männern und Frauen.«
In Paris, wohin die Familie sich nach der Rückkehr des Vaters begeben hat, werden die Kinder in Bildergalerien geführt, wo man ihnen das Wesen der Malerei erklärt. Es folgt ein ganzer Exkurs über die Malerei, in der auch die Kinder sich üben müssen.
Mme. de Clémire führt die Kinder in die »Comédie Française« und verspricht ihnen, daß sie an Hand eines Werkes, welches sie zu schreiben beabsichtigt, sowie mit Hilfe der »Poétique« von Marmontel auch in der Literatur Unterricht erhalten werden.
Jeder Band enthält am Schluß Anmerkungen, die einzelne Stellen und Begriffe des Textes erläutern und naturgeschichtliche, geographische, historische sowie Details über geschichtliche Persönlichkeiten bringen.

257.694-B.Fid. (215-179)

84 [Jakob Glatz]

Naturhistorisches Bilder- und Lese-Buch

oder Erzählungen über Gegenstände aus den drei Reichen der Natur. Von Jakob Glatz, Mitarbeiter an der Erziehungsanstalt zu Schnepfenthal. Nebst 300 illuminirten Abbildungen von Horny und einer kurzen Erklärung derselben in Versen.

Jena, Friedrich Frommann [1803]

8°. VIII (Titel, Widmung und Vorrede), 360 S. (samt Erklärung der Kupfertafeln und Zwischentitel), 14 gestochene kolorierte Tafeln.

Heinsius V, Sp. 209 (Zwickau 1807); Kayser II, 387; Seibert, S. 282.

Das Buch besteht aus zwei Teilen: 1. Erklärung zu den Kupfertafeln in gebundener Form, S. 3—44, und 2. Erzählungen über Gegenstände aus den drei Reichen der Natur in Beziehung auf die XIV Kupfertafeln, S. 47—360.
Im zweiten Teil wird für jede Tafel vorerst die Einteilung der abgebildeten Gegenstände gegeben und sodann eine entsprechende Erzählung vorgetragen. Die Erklärung zu den einzelnen Tafeln, die der Erzählung vorangeht, erfolgt in Form eines Frage- und Antwortspiels. Eingestreut sind Gedichte von Matthias Claudius, Hölty und anderen, dazwischen finden sich moralische Lehren. Bei der Beschreibung verschiedener Vogelarten bemerkt der Verfasser, ihr Zugtrieb erinnere sie genau, wann sie aus ihrem Land wegziehen sollten. »Dieser Trieb ist so stark, daß er sich auch dann äußert, wenn man einen Zugvogel im warmen Zimmer hält. Kommt die Zeit des Wegziehens, so wird der Vogel unruhig . . . er sehnt sich, seinen Zug antreten zu können«.
Anläßlich der Schilderung des Elefanten wird eine Elefantenjagd Vaillants dargestellt, und unter anderem wird über einen Walfischfang an der Küste Grönlands berichtet.
Den Beschluß bilden »Bäume und Gesträuche, die nicht in Deutschland wachsen, wohl aber daselbst benutzt werden«, wie zum Beispiel Tee, Kaffee, Schokolade und Kakao.

Jakob Glatz, 1776—1831, Sohn eines Schmiedes und Leinwandhändlers, berühmter Pädagoge und Jugendschriftsteller. Mit zwölf Jahren entschied Glatz sich für den Beruf eines evangelischen Geistlichen. Er besuchte das evangelische Gymnasium in Käsmark (Ungarn) und fand an Johann Genersich (s. d., Bibl. Nr. 74) einen väterlichen Freund und Lehrer. Auf Anraten Salzmanns, mit dem er seit 1794 in brieflicher Verbindung stand, ging er zur Fortsetzung seiner geistlichen Studien nach Jena, wo damals unter anderen auch Fichte lehrte. Von 1797 bis 1803 wirkte Glatz als Lehrer bei Salzmann in Schnepfenthal. 1804 folgte er einem Ruf an die Schulanstalt der evangeli-

schen Gemeinden Augsburger und helvetischer Konfession und wurde bald darauf Konsistorialrat.
»Als Jugendschriftsteller steht Glatz nur ein Mann ebenbürtig zur Seite: Christoph Schmid. Viele von Glatz' Schriften wurden in eine Reihe europäischer Sprachen übersetzt. Glatz schrieb auch unter den Namen K. Gutmann und Jak. Stille.« (Wurzbach)

258.791-B.Fid. (218-288)

85 [JAKOB GLATZ]

Neue Familiengemählde und Erzählungen für die Jugend

Zur Bildung des Sinnes für häusliche Tugenden und häusliches Glück. Von Jakob Glatz.

Wien, Degensche Buchhandlung, 1809

8°. 2 Bändchen in einem Band.
Band 1: Gestochenes Frontispiz, gestochener Titel, VI (Drucktitel, Vorrede), 1 Bl. Inhaltsverzeichnis, 291 S.
Band 2: Gestochenes Frontispiz, gestochener Titel, 2 Bl. (Drucktitel, Inhaltsverzeichnis), 265 S.
Das Frontispiz ist in beiden Bänden von J. Blaschke.

Heinsius II, Sp. 129; Seibert, S. 281; Brüggemann 331.

In der Vorrede verweist Glatz darauf, daß er vor zehn Jahren bei Perthes in Gotha »Familienglück« und Erzählungen habe erscheinen lassen, die »bey den jungen Lesern Sinn für das Gute und für die stilleren Freuden des häuslichen Lebens« hätten wecken und nähren sollen. Damit dieser Sinn in einer Zeit der »Zerstreuungssucht« nicht ganz verlorengehe, gebe er nun diese Erzählungen heraus, die bis auf drei neu seien. Das erste Bändchen enthält dreizehn, das zweite sieben Erzählungen edlen und rührenden Inhalts. Die beiden Biographien des Epaminondas und Pelopidas sind, wie aus einer Anmerkung hervorgeht, von »Herrn Professor Joh. Genersich, zu Kesmark, in Ober-Ungarn bearbeitet« worden.

20.436 FKB (128-047)

86 [ANTOINE YVES GOGUET]

Ueber den Ursprung der Gesetze, Künste und Wissenschaften

im Auszuge nach dem Französischen des Herrn Goguet, zum gemeinnüzigen Gebrauch für studierende Jünglinge und andere Leser bearbeitet, von Johann Paul Sattler, Professor und Konrektor des nürnbergischen Gymnasiums.

Nürnberg, Bauer- und Mannische Buchhandlung, 1796

8°. 4 Bl. (Titel, Vorbericht, Inhaltsverzeichnis), 391 S., 3½ Bl. Verlagsanzeigen, Kustoden.

Heinsius II, Sp. 141; Kayser II, 397.

Im Vorbericht stellt der Bearbeiter fest, es werde zwar zu unserer Zeit »eine unbeschreibliche Menge Bücher geschrieben . . .«, aber es fehle immer wieder an solchen, die dem zwar ungelehrten, aber doch gebildeten Publikum nützliche Kenntnisse vermittelten. Wie sich »aus den rohen, zerstreuten Menschenhaufen bürgerliche Gesellschaften gebildet? Wie waren die Gesetze beschaffen, wodurch man Ordnung in den ersten Staaten zu erhalten suchte?« Wie haben die Künste aus den rohen Anfängen entstehen können? — diese und andere Fragen seien in dem auch ins Deutsche übersetzten Werk Goguets »De l'origine des loix, des arts et des sciences« sehr gründlich und ausführlich untersucht worden. Jedoch bestehe dieses Werk aus drei Quartbänden, daher habe der Bearbeiter einen Auszug gemacht, in dem alles Wesentliche des Werkes enthalten sei.
Der Text beginnt mit dem Ursprung der Gesetze. »Gesellschaften haben ohne Verträge nicht bestehen können und diese Verträge waren der Grund der Gesetze.« Von den allgemeinen Erörterungen geht der Verfasser über zu Gesetzgebung und Regierungsform der Babylonier, Assyrer, Ägypter und Griechen.
Das zweite Buch behandelt Künste und Handwerke: »Die Noth und der Zufall lehrte den Menschen Handarbeiten und Künste erfinden . . .« Das Buch führt vom Ackerbau über Getränke, Gartenbau usf. bis zur Erfindung der Schrift.
Das dritte Buch spricht von den Wissenschaften: »Künste und Wissenschaften hatten einerley Ursprung. Die Kenntnisse, welche mit der Zeit sich zu Wissenschaften erhoben, waren zuerst bloße Handgriffe ohne Grundsatz und Methode.«
Ds vierte Buch befaßt sich mit der »Handlung und der Schiffahrt«. Im zweiten und dritten Teil werden Sitten und Gebräuche, Regierungsformen, Wissenschaften, Handwerke und Künste, Kriegsbaukunst usf. nach den einzelnen Ländern behandelt.

Antoine Yves Goguet, 1716—1758, widmete sich nach seinen Rechtsstudien der Rechtsgeschichte und schrieb in Zusammenarbeit mit seinem Freund Alexandre Fugère ein wichtiges Werk über den Ursprung der Gesetze, der Künste und Wissenschaften. »Das achtzehnte Jahrhundert brachte in Frankreich wenige Werke von so umfassender Gelehrsamkeit, so sicherer Kritik und solcher Klarheit hervor.« Der französische Titel des Werkes lautet: »De l'origine des lois, des arts et des sciences et de leurs progrès chez les anciens peuples«.

6.538 FKB (217-205)

87 [GEORG GOLDSCHMID]

Der Jugendfreund

Unterrichtende Gespräche nach Erast von Georg Goldschmid.

Ofen, gedruckt mit Königl. Universitätsschriften, 1797

8°. 3 Teile in einem Band. 4 Bl. (samt Titel, Vorbericht und Inhaltsverzeichnis), 474 S. Eingangs- und Schlußvignetten, Kustoden.

Heinsius IV, Sp. 526; Kayser III, 280.

Im Vorbericht bemerkt der Verfasser, es fehle bisher an einem Buch, »welches, indem es das *Nothwendige, Nützliche* und *Angenehme* vereiniget, leicht, faßlich, und in einer der Jugend angemessenen Sprache geschrieben wäre«. Ein solches sollte »alle jene Elemente der Wissenschaften« enthalten, die »sowohl zur Bildung des Herzens, als zur Kultur des Geistes . . .« notwendig sind. Alle diese Gegenstände habe er ». . . in einen ungezwungenen und naiven Styl vorzutragen für gut befunden«. Das Buch ist in drei Teile und jeder Teil in »Morgen« (Tageszeit) unterteilt. Der erste Teil handelt von der Religion und Sittenlehre, der zweite von Gott und dem Alten Testament, der dritte von der Geschichte der Religion, von der Erschaffung der Welt angefangen bis auf unsere Zeiten.

Nachdem der Lehrer einen Vortrag über den Nutzen der Erziehung gehalten hat, geht er am zweiten Morgen auf die Anfangsgründe der Logik ein. Nicht ohne am ersten Morgen bemerkt zu haben: »Ich gebe zu, daß die Frauenzimmer weniger Verwendung, Geduld, Eifer, Muth und Festigkeit des Geistes besitzen, als ein Mann . . .« Es folgt ein Lob der Häuslichkeit und Bescheidenheit, die das weibliche Geschlecht zieren, auch müsse man für die Bildung des Herzens und des Verstandes der Frauenzimmer sorgen, damit sie nicht dem Müßiggang und dem eitlen Putz verfallen.

Im Gespräch über den Körper und die Seele heißt es gelegentlich: ». . . die Behaglichkeit des Körpers erfreuet unsere Seele eben so, als dessen Ungemach uns betrüben, und bis ins Innerste der Seele erschüttern kann«.

Über die Logik findet sich folgende Definition: »Die Logik ist eine Kunst, oder, was nämliche ist, eine Sammlung von Lehren, welche geschickt sind, den menschlichen Geist zur Erkenntniß der Wahrheit zu leiten, und ihm die gehörige Richtung zu geben.«

Am vierten Morgen werden Begriffe wie Erfahrung, Substanz, Kraft, notwendig, zufällig, Ursache usw. behandelt. An den Schluß des ersten Teiles werden einige Leitsätze über die Lektüre guter Bücher angefügt.

Der zweite Teil beschäftigt sich ausschließlich mit Gott und der Religion, dem Charakter und der Göttlichkeit des Alten Testaments sowie der Sittenlehre. Hier heißt es unter anderem: »Nach ihrer wahren Bestimmung und nach den gesunden Begriffen, welche man von der Moral schöpfen kann, ist sie nichts anders, als ein Inbegriff aller sittlichen Pflichten . . .« Der dritte Teil, der mit dem sechzehnten Morgen beginnt, handelt von der »Schöpfung bis auf den Beruf Abrahams«. Er enthält unter anderem eine ausführliche Schilderung des »gelobten Landes« und der Bräuche der Israeliten.

Der vierundzwanzigste Morgen erzählt die Kirchengeschichte vom 11. bis zum 18. Jahrhundert.

258.790-B.Fid. (365-252)

88 [Karl Heinrich August Hahn]

Die Familie Bendheim

Lehrreiche Unterhaltungen für die Jugend. Von K. Hahn, Rektor der königl. Garnisonschule in Berlin. Mit 17 illum. Kupfern.

Berlin, Friedrich Maurer, 1804

8°. X (Titel, Widmung und Vorrede), 1 Bl. Druckfehler und Nachricht für den Buchbinder, 396 S., 17 numerierte und kolorierte Kupfertafeln von K. F. Hampe, Krethlow, P. Haas und anderen. Das Frontispiz ist in Spiegelschrift mit »Krethlow«, die Tafeln VII und XIV mit »Hampe« signiert, Tafel XVI (die so wie Tafel VI den übrigen an Qualität nachsteht) ist mit »P. Haas sculp.« signiert.

Heinsius II, Sp. 237 (1800); Kayser III, 14 (1800).

In der Vorrede bemerkt der Verfasser, ein Buch für Kinder solle keine Vorrede haben, doch sei diese nicht für die Kinder, sondern die Erwachsenen bestimmt. Der Verleger habe von ihm ein Buch gewünscht, »bei dessen Bearbeitung die Moral vorzüglich im Auge gehalten würde . . .«

Der Verfasser erklärt, er halte nichts davon, den Kindern Muster an Vollkommenheit vorzuführen, die Kinder bemerkten in ihrer Umgebung, daß es solche Vollkommenheit nicht gebe und würden nur mißtrauisch. »Die Wahrheit, welche bezweifelt wird, verlieret ihre Kraft.«

Im ersten Kapitel werden die Mitglieder der Familie Bendheim, die aus dem Großvater, den Eltern, zwei Mädchen, zwei Knaben und einem ganz kleinen Mädchen besteht, mit ihren charakteristischen Eigenschaften vorgeführt. Dieses sowie eine Reihe von anderen Kapiteln schließen mit einigen Rätseln.

Es folgt eine Reihe von Erzählungen, in welchen die Erwachsenen, meist der Großvater, Gelegenheit finden, den Kindern verschiedene Begriffe zu erklären. Eingeflochten in die Erzählungen sind Gedichte. Jede der Erzählungen ist einem bestimmten Gegenstand aus der Geschichte oder Naturgeschichte gewidmet.

Die hier aufgestellten Grundsätze entsprechen der Haltung der Philanthropisten (Campe, Salzmann, Guts-Muths und in weiterem Sinne auch Rousseau), denen Hahn angehörte. Hahn hat auch den Vorbericht zur fünften Auflage des »Krebsbüchleins« von Ch. G. Salzmann sowie den »Anhang zu Salzmanns Krebsbüchlein« geschrieben. Das vorliegende Buch ist dem Vater Karl Hahns, Karl V. Ludwig August Hahn, der Mecklenburg-Schwerinscher Hofrat und gleichfalls Jugendschriftsteller gewesen ist, gewidmet.

Karl Heinrich August Hahn, 1778—1854, Rektor der königlichen Garnisonsschule in Berlin, später königlicher preußischer Regierungs- und Schulrat zu Erfurt und schließlich Geheimer Kirchen- und Schulrat, schrieb Andachtsbücher und Kinderschriften, die in den nach Basedowschen Grundsätzen eingerichteten Schulen als Lesebücher verwendet wurden.

20.476 FKB (131-182)

89 *Handbuch der Sittenlehre*

Nach dem Französischen. Nebst einer kleinen Sammlung auserlesener Sittensprüche aus den besten deutschen Dichtern. Zum Gebrauche der Erziehung.

Wien, Joseph Kurzböck, 1773

Kl.-8°. 206 S. (samt Titel, Vorbericht des Übersetzers, Vorrede des Verfassers; die Paginierung beginnt auf S. 20), 17 ungezählte Seiten Register (das gleichzeitig einen Hinweis auf die einzelnen Artikel enthält), Kustoden.

Barbier IV, 2288: Manuel de morale, dédié à M. le Comte d'Artois. Par l'Abbé Coupé; Fromm, Bibliogr. II, 157; Quérard, France litt. II, 310 (1. Aufl. 1772); Heinsius II, Sp.

258, verzeichnet ein »Handbuch der Sittenlehre« aus dem Franz. Wien Camesina 775. Nach Fromm ist die Übersetzung des Manuel von Abbé Coupé, Handbuch der Sittenlehre, in Wien bei Heubner 1773 erschienen.

Im Vorbericht stellt der Übersetzer fest, das Handbuch enthalte eine Sammlung von Klugheitsregeln, die man der Jugend ». . . sobald sie Nachdenkens fähig ist, in die Hände geben kann«. Doch würden auch Eltern und Erzieher von dem Buche den besten Gebrauch zu machen wissen. Die angehängten Sittensprüche aus den besten deutschen Dichtern kämen der Absicht dieser Sammlung entgegen, zumal sie sich dem Gedächtnis leicht einprägten.
In seiner Vorrede erklärt der Verfasser, man dürfe sich mit diesem Buch keinen »förmlichen Lehrbegrif der Sittenlehre« erwarten, er lege bloß eine Sammlung von Gedanken, Bemerkungen, Vorschriften und Grundsätzen vor, welche sich ». . . auf das sittliche Betragen beziehen, und dazu dienen sollen, zugleich den rechtschaffenen und den liebenswürdigen Mann zu bilden«. Dabei habe er aus den berühmtesten alten und neueren Schriftstellern geschöpft. Man solle nun die jungen Leute täglich einen Artikel aus dem Handbuch auswendig lernen lassen, wobei der Lehrer ihn vorher entsprechend erklären müsse. Diese Erklärung »müste für die Kinder unendlich lehrreicher seyn, als das Lesen eines weitlauffigen Kapitels der Moral . . .« Auf diese Weise würden sich ihnen alle Regeln und Vorschriften tief einprägen.
Der Verfasser geht sodann auf die Erziehung der Personen des »andern Geschlechtes« ein und erklärt, es wäre zu wünschen, daß man den Kreis ihrer Kenntnisse etwas erweitere und ». . . ihrem Geiste alle die Ausbildung geben möchte, deren er fähig ist«. Auch ihnen müßte man das Handbuch zugänglich machen und entsprechend erklären. Wenngleich dieses Handbuch für die Jugend bestimmt sei, glaube der Verfasser doch, es der »ganzen Welt« empfehlen zu können, selbst Prinzen würden daraus Vorteil ziehen, ». . . dann es giebt keine gründliche Staatskunst, die nicht auf die gesunde Moral sich gründet«.
Handbuch heiße das Büchlein einmal der Kürze der in ihm enthaltenen Grundsätze wegen und zum zweiten, weil man es ständig zur Hand haben solle. Schließlich verweist der Autor auf das Inhaltsverzeichnis, das alle Artikel unter eigenen Rubriken enthalte.
Angaben der Autoren, welche für die Maximen herangezogen wurden, bringt weder das französische Exemplar — das zum Vergleich herangezogen wurde — noch seine deutsche Übersetzung. Ebenso fehlen die Verfasser der der deutschen Übersetzung angehängten »Sittensprüche für die Jugend, aus den besten deutschen Dichtern«.
Der Inhalt besteht aus 606 Maximen. Dem französischen Original angehängt ist ein weiteres »Manuel moral ou Maximes . . . Ouvrage utile à la Jeunesse«, das in Augsburg erschienen ist.
Das Sittenbuch enthält neben grundsätzlichen Bemerkungen moralischer Art auch Verhaltensregeln über den Umgang mit Menschen.

259.052-B.Fid. (89-091)

90 [Carl Gottlob Hausius]

Kleine Bilderschule für die Jugend

Zweyte verbesserte Auflage.

Leipzig, Voß und Compagnie, 1797

Gr.-8°. Titel mit gestochener Vignette, 1 Bl. (Vorrede), 258 S., 11 gestochene, zum Teil kolorierte Tafeln mit 56 Abbildungen, Kustoden.

Heinsius I, Sp. 335; Kayser I, 272.

In der Vorrede teilt der Verfasser mit, daß die kleinen Aufsätze seines Buches nicht nur zur Unterhaltung in müßigen Stunden bestimmt seien, sondern hauptsächlich den Zweck haben, »theils durch Beyspiele die Gefühle von Tugend überhaupt, insbesondere aber von Rechtschaffenheit und Menschenliebe rege zu machen . . .« Man könnte ihm, so fährt der Verfasser fort, den Vorwurf machen, daß er zuweilen eine Materie gewählt habe, die etwas zu schwer sei für die Fassungskraft der Jugend, allein er wolle damit die Wißbegierde der Jugend anstacheln, und zum andern wünsche er, daß diese Sammlung nicht ganz ohne Leitung eines Lehrers gelesen werde. »Unterricht und Veredelung des Herzens war also die Hauptabsicht.«
Am Schluß des Vorwortes bringt der Verfasser zwei Bücher von ihm in Erinnerung: Erstens »Beschreibung der 4 Jahreszeiten zur Belehrung und Belustigung für Kinder mit schwarzen und bunten Kupfern. Zweitens: ein geographisches Handbuch für die Jugend mit Landcharten in 4 Abtheilungen«. Die Tafeln des vorliegenden Buches stellen die verschiedenartigsten Gegenstände dar, wie Himmelserscheinungen, Pflanzen, Bäume, Berufe, wie den Töpfer, einen Schmied, einen Knaben, »der malt und dem der Papst zusieht«. Hier werden verschiedene Maltechniken erklärt und berühmte Maler angeführt. Der dargestellte Papst ist Pius VI., von dem eine entsprechende Anekdote erzählt wird. Weiters finden sich »Der feuerspeiende Berg Aetna«, der Anlaß zu ausführlichen Darstellungen über Vulkane bietet, exotische Völker und ein Luftballon; die letzte Abbildung stellt den Blocksberg oder Brocken dar.
An jede Abbildung knüpfen sich lange und ausführliche Erörterungen, für die der abgebildete Gegenstand meist nur den gegebenen Anlaß bildet.

Carl Gottlob Hausius, 1754—1825, Sohn eines Pfarrers, trat in die Thomasschule in Leipzig ein, studierte dann an der Universität daselbst, und zwar hauptsächlich Philologie und biblische Exegese. Er wurde Magister und fand durch den Buchhändler Breitkopf Eingang in die literarischen Kreise Leipzigs. Er lieferte Beiträge zur »Allgem. Litt. Zeitung«, verfaßte eine Kritik Kants und ein Repertorium aller auf Kant bezogenen Schriften. Dann warf er sich auf andere Gebiete und schrieb 1794 ein »ABC Buch der Naturgeschichte«, beschäftigte sich mit dem Studium medizinischer Schriften und verfaßte unter anderem »Der kleine Pferdeliebhaber, ein Lesebuch für Knaben«. (Bibl. Nr. 91)

258.816-C.Fid. (110-115)

91 [Carl Gottlob Hausius]

Der kleine Pferdeliebhaber

Ein Lesebuch für Knaben. Mit 12 ausgemahlten Kupfertafeln.

Leipzig, Voß und Compagnie, 1800

8°. 60 S. (samt Titelblatt), 12 gestochene kolorierte Tafeln mit je zwei Pferdedarstellungen auf Velinpapier.

Holzmann-Bohatta III, 267; Meusel fünfter Nachtrag (Lemgo 1795) 557; Heinsius III, Sp. 172; Kayser III, 68.

In Form einer Rahmenerzählung erklärt der Hauslehrer einem Knaben, der Pferde leidenschaftlich liebt, die einzelnen Pferderassen, ihren Ursprung und ihre Bestimmung, zu welchem Zweck er »die vornehmsten Pferdearten und zwar nach alphabetischer Ordnung« aufzeichnet und in Kupfer stechen läßt. Er benützt seine Erklärungen zu den einzelnen Pferden dazu, dem Knaben auf diese Weise gleichzeitig Geographieunterricht zu erteilen »und seine Allgemeinkenntnisse zu erweitern«.
Auf eine Reiterin im Damenkleid, jedoch im Herrensitz, macht der Lehrer aufmerksam, um das Unschickliche und Gefahrvolle dieser Vorgangsweise zu unterstreichen. Aus den Feststellungen des Lehrers geht hervor, daß diese Art der Reitkleidung für Damen damals offenbar in Mode gewesen ist.
Das Buch endet mit einer »Zugabe«, das ist die Beschreibung des »idealen Pferdes«, die der Lehrer für den Knaben macht.

6.409 FKB (267-270)

92 [Carl Heinrich Heydenreich]

Die Worte einer edlen Mutter an den Geist und das Herz ihrer Tochter

zum Namensfeste Ihrer K. K. Majestät Maria Theresia gewidmet von Herausgeber

Wien, 1798

12°. 2 Teile in einem Bändchen. Beide Teile sind fortlaufend paginiert. Gestochenes Frontispiz von Josef Stöber, gestochener Titel, 103 S. (samt beiden Zwischentiteln).
Teil 2 beginnt bei S. 91. Titel: Einige Ideen über Kleinheit und Größe im weiblichen Charakter. (Offenbar ein Nachdruck.)

Heinsius IV, Sp. 467 (Worte einer edlen Mutter an den Geist und das Herz ihrer Tochter bey der Feyer ihres Geburtstages v. K. H. Heydenreich m. illum. K. Lpz. Martini 799); Kayser VI, 290 (Worte einer edlen Mutter an den Geist und das Herz ihrer Tochter, nebst Worten des Dankes der guten Tochter an ihre Mutter bei der Feier ihres Geburtstages. V. K. H. Heydenreich. Mit ill. Kpf. Leipz. 796. Martini).

Der erste Satz des ersten Teiles lautet: »Zu allen Zeiten vernachläßigte man die Erziehung der Frauen, dachte blos auf die Bildung des männlichen Geschlechts, und überließ jene, gleichsam als gehörten sie gar nicht zur Menschheit, ohne Stützung und Leitung, ihnen selbst.«
Der Verfasser betont die Wichtigkeit der Bildung der Frauen im Hinblick auf ihre spätere Rolle als Ehegattin und Mutter. Grundsätze bilden den Charakter, Basis aller Grundsätze aber ist die Religion, die einen allgemeinen Einfluß auf unsere moralische Gesinnung haben muß. »Die Freuden der Welt sind trügerisch . . .« Die Tochter möge bedenken, daß Ehre und Reichtum uns nicht lange reizen können, die ». . . wahre Glückseligkeit« rühre »von der Vernunft her«. Eine der größten Tugenden bei Frauenzimmern sei die Schamhaftigkeit, denn »Frauenzimmer sind nicht bestimmt zu glänzenden Tugenden, ihnen gehören die einfachen und friedlichen Tugenden . . .«
». . . nichts regieren, als nur sich und sein Hauswesen, sich der Einfachheit, der Gerechtigkeit und der Bescheidenheit befleißigen, sind schwere Tugenden, denn sie sind geräuschlos und wirken in der Stille.«
Frauen sollen ein liebenswürdiges Verdienst besitzen und die Grazie mit den Tugenden verbinden. Die Mädchen sollen den mächtigen Drang, gefallen zu wollen, überwinden. Sie sollen sich nicht oft in Schauspielen zeigen, das sei gegen die Würde eines Frauenzimmers. »Die Mäßigkeit [. . .] ist die reichste Quelle des Vergnügens.« Die Tochter solle planmäßig und sparsam mit ihrem Vermögen umgehen, jedoch nicht geizig sein, Geiz entehre den Menschen. Sie möge in allen Unternehmungen und Handlungen nach der größten Vollkommenheit streben, sie möge sich immer fragen: ». . . könnte ich es nicht besser machen?« Sie möge ihre Zeit gut verwenden und sich von allen Stunden Rechenschaft ablegen.
»Es ist nützlich, daß junge Frauenzimmer sich mit gründlichen Wissenschaften beschäftigen.« Dazu gehöre die Geschichte der Griechen und Römer, von der neueren Geschichte vorzüglich die des eigenen Vaterlandes, ebenso eine »gewisse Bekanntschaft« mit der Philosophie, und hier besonders der Moral, ebenso solle sie die klassischen Schriftsteller der Alten lesen. Der Verfasser hätte auch nichts dagegen, wenn ». . . ein Frauenzimmer Geschmack an der lateinischen Sprache fände, sie öffnet gleichsam die Pforten aller Wissenschaften . . .« Frauenzimmer gewännen leicht eine Vorliebe für das Italienische, das hält der Verfasser für gefährlich; es ». . . ist die Sprache der Liebe«. Gefährlich sei auch die Lektüre der Romane. »Der Roman ist nie der Natur und Wahrheit ganz getreu, er entzündet die Einbildungskraft [. . .] lockt unsere Leidenschaft [. . .] und flößt uns ein wildes Feuer ein.« Sollte die Tochter eine lebendige Einbildungskraft haben, so müsse sie diese Anlage der Wissenschaft widmen, solle jedoch bedenken, daß Mädchen in bezug auf die Wissenschaft ». . . beynahe eine ebenso feine Schaamhaftigkeit haben müssen als in Beziehung auf Thorheiten«. Wenn sie es zustande bringt, ihre Einbildungskraft unter der Herrschaft der Vernunft gesetzmäßig zu leiten, ». . . so hast du damit für deine Vollkommenheit und Glückseligkeit viel gewonnen«. Man müsse sich ». . . in seinen Grundsätzen über Moralität und Glückseligkeit über den Pöbel erheben; Pöbel nenne ich alle Menschen, welche niedrig und unedel denken«.
Die Tochter möge die Welt fliehen und eher ein stilles, ruhiges Leben führen. Sie solle sich vor Eigenliebe hüten, weil diese uns unsere Fehler verkleinert darstellt.
Wenn die Liebe sie überrascht, so möge sie bedenken, daß ihre Freuden flüchtig sind und ihr nur allzubald entschlüpfen. »Was die geselligen Pflichten betrifft, so ist ihre erste und Hauptforderung, nicht blos für sich, sondern auch für andre zu sorgen.«
Eine Ursache vieler Leiden ist es, zu sehr auf die Menschen zu rechnen. Sie solle nicht übereilt in ihren Urteilen sein und bedenken, ». . . daß es wahrscheinliche Dinge giebt, die doch nicht wahr, und wahre, die doch nicht wahrscheinlich sind«.

»Zuvorkommende Höflichkeit ist eine wichtige gesellschaftliche Tugend«. Sie ist diejenige Eigenschaft, »wodurch die Zufriedenheit im Umgange mit Menschen vollendet wird«. In der Folge spricht der Autor von Herrschsucht und Demut, vom guten Ruf, von der Verwerflichkeit des Hasses usf. Auch solle die Tochter ». . . nie die Rolle eines witzigen Frauenzimmers spielen . . .«, man erwerbe sich selten Achtung dadurch, daß man andere zum Lachen bringt, man sollte besser die Unterhaltung anderer hervorheben und vor allem auch zuhören können. Sie soll menschlich und gütig sein gegen ihre Domestiken und sie wie unglückliche Freunde betrachten. Sie solle bedenken, daß der Abstand zwischen ihr und den Dienstleuten nur ein Werk des Zufalls ist. »Alle Knechtschaft läuft gegen die natürliche Gleichheit der Menschen.«

Die Ratschläge der Mutter enden damit, daß sie erklärt, sie schreibe in Demut über Dinge, welche sie an ihre eigenen Fehler erinnern; sie gebe damit der Tochter die Waffen in die Hand, derer sie sich bedienen könne, wenn sie fände, daß die Mutter von ihr Tugenden erwarte, die sie — die Mutter — selbst nicht besitze.

»Denn Ratschläge sind ohne Nachdruck, wenn sie nicht vom Beyspiele unterstützt werden.«

Zweiter Teil: Einige Ideen über Kleinheit und Größe im weiblichen Charakter.

»Man macht es den Frauenzimmern zum Vorwurfe, daß sie viel Sinn für Kleinigkeiten besitzen.« Die Männer, selbst wenn sie demgegenüber nachsichtig sind, sind sich doch einig darüber, daß diese Eigenschaft zu den Schwächen des weiblichen Geschlechtes gehöre. Der Verfasser hält diese Eigenschaft weder für eine Schwäche noch eine Tugend, doch meint er, daß sie dem weiblichen Geschlecht ganz angemessen sei. Dieser Sinn für Kleinigkeiten könne im häuslichen Kreise für die künftige Tätigkeit des Weibes sogar von Bedeutung sein. Im übrigen habe er es nicht nötig, diese Gedanken hier weiter auszuführen, ». . . denn die Schrift, der ich sie anknüpfe, athmet in allen ihren Theilen den reinen Charakter einer so ächten weiblichen Seelengröße [. . .] Sie ist das Werk der Marquisin von Lambert, einer berühmten Schriftstellerin aus dem Zeitalter Ludwigs des Vierzehnten . . .«

Der Verfasser teilt sodann mit, daß das vorliegende Werkchen eine Bearbeitung ihres »Avis d'une mère à sa fille« (Bibl. Nr. 104) darstelle, welche den »Reflexions nouvelles sur les femmes« (Œuvres de Madame la Marquise de Lambert, Paris, 1785) angehängt sei. Er habe auch nichts daran zu ändern gehabt, ». . . um nicht gegen die Aufklärung unserer Zeit zurück zu bleiben«. Nur einige Stellen habe er entfernt, wo sie ihrem Religionssystem auf eine ». . . sowohl für protestantische, als auch für erleuchtete katholische Christen anstößige Weise zu huldigen schien«.

Carl Heinrich Heydenreich, 1764—1801, studierte Philosophie und Philologie. 1785 wurde er Professor der Philosophie. Er erfreute sich eine Zeitlang einer günstigen Aufnahme durch das Publikum, wurde jedoch später einer harten Kritik unterzogen und von Goethe und Schiller in den »Xenien« unbarmherzig angegriffen.

255.150-A.Fid. (53-85)

93 [Pierre Fortin de La Hoguette]

Testament ov Conseils Fidelles d'vn bon Pere à ses Enfans

Où sont contenus plusieurs raisonnements Chrestiens, Moraux, et Politiques. Composé par P. Fortin, Sieur de la Hoguette. Seconde Edition, augmentée et divisée par Chapitres.

Paris, Antoine Vitré, 1648

8°. 4 Bl. (Titel mit Holzschnittvignette, Vorwort, Extrait du Privilege du Roy, Inhaltsverzeichnis), 519 S., einige Schlußvignetten.

Bibl. Nat. 86563 (von 1648—1679 erschienen 10 Ausgaben). Hier wird der Autor unter »La Hoguette (Philippe dit Fortin de)« geführt.

Im Vorwort wendet sich der Verfasser an seine Kinder: Nachdem er seine besten Jahre im Dienst des Königs verbracht habe, wolle er nun die ihm verbleibende Muße seinen Kindern widmen. Da er 63 Jahre alt geworden sei, verwende er seine Zeit darauf, seinen Kindern Gottesfurcht und bürgerliche Tugenden zu vermitteln. Der Mensch sei geboren für den Dienst an seinem Nächsten, und wer dies übe, erfreue sich des Wohlwollens jenes, der diesen Dienst sieht, und des anderen, dem der Dienst erwiesen wurde.

Das Buch ist in drei Abschnitte unterteilt: 1. Die Pflichten des Menschen gegen Gott. 2. Die Pflichten des Menschen gegen sich selbst. 3. Die Pflichten des Menschen gegen seine Mitmenschen. Im Inhalt spricht der Verfasser seine Kinder persönlich an.

Im ersten Abschnitt wird darauf verwiesen, daß das Kind seine Anbetung Gottes mit dem Wort beginnt. Das Wesen Gottes sei unverständlich, jedoch könne man ein guter Mensch und guter Untertan nur dann sein, wenn man ein guter *Christ* ist.

In Kapitel 2, »Von der Überlegenheit des Glaubens über die Vernunft«, heißt es: »Wenn wir nur das glauben, was unserer Vernunft entspricht und nichts darüber hinaus, tun wir der Wahrheit, die sich in der Materie widerspiegelt, mehr Ehre an als dem Urheber der Materie, der die Wahrheit selbst ist.«

Der zweite Abschnitt handelt von den Pflichten des Menschen gegen sich selbst. Er beginnt damit, daß der Mensch, um seine Pflichten gegen sich zu erkennen, vorerst sich selbst kennen muß. Der Anfang des Menschenlebens sei mit Leid und Tränen verbunden, und der Verfasser zieht hier zum Vergleich den Eintritt ins Leben von Pflanzen und Tieren heran, der in Schönheit und Anmut vor sich gehen könne. Die ersten Lebensäußerungen des Menschen erschienen ihm (dem Autor) nur als dumpfer Impuls, und Willensäußerungen habe er bei seinem Kind am Beginn nur in dem Widerstand gesehen, den es seinem (des Verfassers) Willen entgegensetzte, gleichsam wie ein Versuch, sich zu befreien, ». . . d'entrer en la premiere possession de toy-mesme . . .« Der Verfasser stellt dann Beobachtungen über die ersten Willensäußerungen des Kleinkindes an, die durchaus modern erscheinen.

Ein weiteres Kapitel handelt von der Notwendigkeit, Studien und körperliche Übungen miteinander zu verbinden, von denen einige, wie Reiten, Tanzen, Schießen u. a., genannt werden. Es wird festgestellt, daß der Adelige einen Degen trägt, um immer für den Dienst beim Fürsten bereit zu sein. Dagegen rät der Verfasser seinen Söhnen von der Jagd ab, ». . . qui est permise aux Grands et à la Noblesse . . .«, weil er den schlechten Einfluß fürchtet, den sie ausüben könnte. Im Abschnitt über die Pflichten des Menschen gegen sich selbst ist unter

anderem auch die Rede von den Studien, die jeder nach seiner Begabung wählen solle. Könige, so wird festgestellt, müßten »savants«, kenntnisreich, sein, denn von ihnen hänge das Wohl der Völker ab. Von seinen Söhnen erwartet der Verfasser, daß zwei in der Armee des Königs und der dritte der Kirche dienen solle, vorausgesetzt, daß er zu diesem heiligen Amte berufen sei. Es folgen Ratschläge für den Homme de guerre. Als begehrenswertester Beruf wird der Dienst bei Hof betrachtet. Nachdem der Verfasser schließlich seine Kinder aufgefordert hat, ehrenhaft (»honneste«) zu bleiben, erteilt er ihnen Ratschläge, wie sie ihr Haus bestellen sollen. Sodann kommt er auf die Kenntnisse zu sprechen, die man vom öffentlichen Leben, von der Verfassung und den Gesetzen haben müsse; alles dies jedoch könne man am zweckmäßigsten im Hofdienst erlernen, weshalb man einen Teil seines Lebens am Hof verbringen müsse.
In einem nächsten Kapitel spricht der Autor von den Vergnügungen und Zerstreuungen, deren gewöhnlichste das Spiel und die Konversation sind: Besonderes Gewicht wird auf das Gespräch in einer »honneste societé« gelegt. Beschlossen wird dieser zweite Abschnitt mit Ratschlägen für Personen geistlichen Standes und ausführlichen Bemerkungen über die Tugend.
Der dritte Abschnitt handelt von den Pflichten der Menschen untereinander. Der Verfasser erklärt, wer den Forderungen des ersten Teiles, das heißt der Gottesfurcht und der richtigen Anwendung von Vernunft und Willen entspreche, der werde auch ein guter Gatte, Vater, Sohn, Nachbar, Bürger usf. sein. Die Natur des Menschen sei auf die Gesellschaft mit seinesgleichen angelegt. Die primärste Gesellschaft sei die zwischen Mann und Frau, die Wahl einer Gattin sei daher das wichtigste Ereignis im Leben des Mannes. Um eine gute Wahl zu treffen, müsse man mehr auf die Reinheit der Sitten als auf das Alter ihrer Familie sehen. Als nächstes werden die Pflichten der Väter gegenüber den Kindern besprochen. Die erste Sorge für das leibliche Wohl obliege der Mutter, es sei dies gleichsam die erste Geburt, die zweite sei das Erwachen der Vernunft, und hier trete der Vater in seine Rechte.
In weiteren Kapiteln werden die Geschwisterliebe, die Pflichten zwischen Herr und Diener, insbesondere die Pflichten des Hausherrn gegen seine Bediensteten besprochen. Es folgen Regeln über die Gesellschaft, in der man sich bewegen, und über jene, die man meiden soll.
Das letzte Kapitel handelt vom Tod und der Barmherzigkeit Gottes.
Bei dem »Testament« handelt es sich um einen der zahlreichen Traktate, wie sie im Gefolge von »De civilitate Morum puerilium« des Erasmus, von Balthasar Gracians »El Heróe« und des »Cortegiano« von Baldassare Castiglione bis ins 19. Jahrhundert erschienen sind. Sie enthalten Anweisungen über Moral, Anstand, Courtoisie und die zweckmäßigste Art, mit den Menschen umzugehen.

Pierre Fortin de la Hoguette, geboren 1582, war der Sohn eines Gerichtspräsidenten in Falaise (Calvados), der von König Heinrich IV. von Frankreich geadelt wurde. Mit etwa 60 Jahren vermählte er sich mit der Schwester des Erzbischofs von Paris, Hardouin de Pèrefixe, Historiker Heinrichs IV. Aus dieser Ehe stammten drei Söhne und zwei Töchter. Das Buch, in dem er sich als »alter Mann an seine jungen Kinder« wendet, wie er im Vorwort erklärt, ist wiederholt in Holland und Frankreich aufgelegt worden.

261.417-A.Fid. (117-177)

94 [Christoph Wilhelm Hufeland]

Guter Rath an Mütter

über die wichtigsten Punkte der physischen Erziehung der Kinder in den ersten Jahren. Von D. Christ. Wilh. Hufeland, der Medizin ordentl. Lehrer zu Jena.

Berlin, Heinrich August Rottmann, 1799

8°. Titelblatt mit gestochener Vignette, 86 S.

Heinsius II, Sp. 449; Kayser III, 208.

In der Einleitung stellt der Verfasser fest, daß man dank der »Progressen der Vernunft und Kultur« dabei sei, die »so lange verkannten Rechte der Natur und der Kindheit zu respektiren«. Gleichwohl sei man noch nicht so weit, daß nicht gewisse Irrtümer und Lücken in der Behandlung existierten. Auf diese aufmerksam zu machen, sei die gegenwärtige Absicht des Verfassers. Hufeland beklagt ferner, daß die Erziehungsverbesserungen größtenteils nur die späteren Jahre beträfen und noch keineswegs in das »Reich der Ammen und Kinderweiber« eingedrungen seien. Die Grundregeln, die einzuhalten Hufeland empfiehlt, sind Waschen, Baden, freie Luft, eine leichte reinliche Kleidung. Das Buch ist in Abschnitte eingeteilt und beginnt mit »Kaltes Waschen«, wobei der Autor empfiehlt, mit vorsichtiger Abhärtung bereits in zarter Kindheit zu beginnen. Der zweite Abschnitt handelt über das Baden als einem der vornehmsten Mittel zu Reinlichkeit und Gesundheit. Sodann folgt das »Tägliche Luftbad«, wobei auf die Schädlichkeit einer dumpfen Stubenluft verwiesen und festgestellt wird: »Wie gut wäre es, wenn man nicht, wie gewöhnlich, die schlechteste, sondern die beste Stube im Hause zur Kinderstube machte!« In weiteren Abschnitten werden Reinlichkeit, Essen und Trinken, der Schlaf und schließlich der bloße Kopf behandelt.
Im Abschnitt »Reinlichkeit« beruft sich Hufeland darauf, daß seine Ideen über die physische Erziehung der Kinder mit denen übereinstimmten, »die Herr Hofrath Faust in seinem schätzbaren Buche: Wie der Geschlechtstrieb der Menschen in Ordnung zu bringen, und wie die Menschen besser und glücklicher zu machen sind, von D. Faust. 1791, geäußert hat . . .«
Und schließlich stellt Hufeland fest: ». . . die größte Kunst der Erziehung scheint mir daher darin zu bestehen, die Kinder immer zu bemerken, ohne es ihnen je wissen zu lassen, daß man sie bemerkt und leitet.«

Christoph Wilhelm Hufeland, 1762—1836, Arzt und später Professor für Pathologie und Therapie in Berlin, behandelte unter anderen auch Wieland, Herder, Goethe und Schiller und gründete das poliklinische Institut sowie die medizinisch-chirurgische Gesellschaft in Berlin. Wegen seines Charakters und seiner Gelehrsamkeit genoß er großes Ansehen. Er schrieb eine Reihe medizinischer Werke, darunter »Geschichte der Gesundheit«, »Makrobiotik oder die Kunst das menschliche Leben zu verlängern« und andere mehr.

Bernhard Christoph Faust, 1755—1788, Mediziner und Leibarzt zu Bückeburg, schrieb eine Reihe von ärztlichen Werken.

258.815-B.Fid. (211-60)

95 *Verschiedene Illuminirte Kupferstiche*

[Rückentitel.] 11 Sammelbände, ca. 1720—1770.

Quer-4°. Band 1: 304 Tafeln, Band 2: 298 Tafeln, Band 3: 359 Tafeln, Band 4: 354 Tafeln, Band 5: 252 Tafeln, Band 6: 267 Tafeln, Band 7: 353 Tafeln, Band 8: 350 Tafeln, Band 9: 285 Tafeln, Band 10: 223 Tafeln, Band 11: 81 Tafeln.

Über das Zustandekommen dieser Sammelbände ist nichts bekannt, vermutlich hat Kaiser Franz, dessen Vorliebe für illuminierte Kupfer aus der Jugendzeit herrührte, sie entweder schon gebunden erworben oder sie nachträglich binden lassen. Jeder Band besteht aus 300 bis 400 gestochenen kolorierten Blättern, deren überwiegende Zahl von Martin Engelbrecht stammt, die anderen sind wohl dem Ornamentzeichner Jeremias Wachsmuth (ca. 1711—1771) zuzuschreiben. Die Blätter waren von vornherein zum Ausschneiden bestimmt, »nach jetziger beliebter Art«, oder sie wurden von Kindern und Erwachsenen als Ausschneidebogen verwendet. Aus der Numerierung ist ein System für die Anordnung der Blätter nicht erkennbar, was den Schluß nahelegt, daß sie nicht systematisch erworben wurden. Es sind wohl geschlossene Serien bis zu acht Blättern vorhanden, andrerseits finden sich von einer — offenbar unvollständigen Serie — zwei bis drei Blätter.
Diese Sammlung stellt ein Panoptikum, ein wahres Sammelsurium disparater Objekte und Elemente dar, in robusten, bisweilen kruden Farben, die an die Bilderbögen der »Imagerie populaire« erinnern. Die Zahl der abgebildeten Gegenstände beziehungsweise Personen schwankt je nach der Größe von einer einzigen Darstellung, etwa von einem Blumengewinde, bis zu 45 Abbildungen auf einem Blatt. Die Themenwahl ist unübersehbar: Städteansichten, Kalender, Bibelszenen, Hausgeräte und Möbel, Schwertfeger und Kerzengießer, promenierende Damen und Kavaliere, Jagdszenen, allegorische Figuren, Schäferspiele, die Jahreszeiten, Fischen und Jagen, exotische Tiere, Reitkunst, Berufe, Chinoiserien, Kinderspiele, Sagen, Trachten und Figurinen, die offenbar für Engelbrechts Guckkastentheater bestimmt waren: »Das 18. Jahrhundert war die Glanzzeit der Guckkästen. Besonders beliebt waren die vielen Sätze — in der Regel acht Blätter —, die von Martin Engelbrecht in Augsburg herausgegeben wurden . . . Jeder Satz enthielt ein Proszenium in lebhaftem Barockstil mit Rokokodetails, eine Reihe von Durchsichten und einen Bühnenhintergrund. Auf die Durchsichten sind Menschen, Tiere, Wagen, Schiffe usw. gezeichnet als unverrückbare Bestandteile . . . Alle beliebten Szenen der Zeit wurden geliefert: Die altbekannten religiösen nach Bibelbildern, die klassische Sagenwelt, Szenen aus dem Alltagsleben usf.« (Garde, S. 20)
In der österreichischen Nationalbibliothek befinden sich etwa 50 solcher Guckkastenbühnen von Martin Engelbrecht. Vier dieser Guckkastentheater wurden in der Ausstellung »Europäische Kinderbücher vom 15. bis zum 19. Jahrhundert«, 1979 gezeigt.
Kupferstiche von Martin Engelbrecht oder in seiner Manier wurden auch als Dekoration von Salons verwendet: »Paradebeispiele für die Auszier mit unzerschnittenen Kupferstichen sind der Salon und die beiden Kabinette im Chorherrnschlößl des Augustinerstiftes von Dürnstein (Niederösterreich), die Probst Hieronymus Übelbacher mit 686 Blättern dekorieren ließ, darunter eine beträchtliche Anzahl von Ausschneidebogen Martin Engelbrechts . . .« (Mettken, S. 106)
Martin Engelbrecht, 1684—1760, Mitglied des Rates von Augsburg, hatte mit seinem Bruder Christian, der mit Andreas Pfeffel in Wien tätig gewesen war, einen Verlag in Augsburg, der unter anderem auch wegen der illuminierten Lackier- und Ausschneidebilder berühmt war.

257.424-A.Fid. (75-152)

96 [Mistress Inchbald Elisabeth Simpson]

Natur und Kunst

oder: Der Charakter des Menschen gründet sich auf die Erziehung. Aus dem Englischen der Mistress Inchbald.

Wien, B. Ph. Bauer, 1797

8°. 2 Teile in einem Band. Gestochenes Frontispiz, gestochener Titel mit Vignette, 239 S. Der Band ist durchlaufend paginiert; Teil 2 beginnt mit einem Zwischentitel nach S. 118.

Nicht nachweisbar.

Es wird das Schicksal zweier Brüder geschildert, die ausziehen, um sich ihren Unterhalt zu erwerben.

Elisabeth Simpson, Mistress Inchbald, 1753—1821, englische Schauspielerin und Literatin, war verheiratet mit dem Schauspieler Inchbald. Ihr Roman »Simple histoire« (A simple Story) wurde in alle europäischen Sprachen übersetzt und immer wieder aufgelegt. Die Figuren des Romans haben seinerzeit zu den vertrauten Gestalten literarisch Interessierter gehört. Das vorliegende Buch »La nature et l'art« hat das Niveau des ersten Romans nicht erreicht. Mrs. Inchbald schrieb überdies eine Reihe von Theaterstücken.

254.729-A.Fid. (46-169)

97 [Louis François Jauffret]

Les Charmes de l'Enfance

et les Plaisirs de l'Amour maternel; Par L. F. Jauffret; ornés d'une Gravure en taille-douce. Devise: »La Fleur humaine croît par degrés, et s'épanouissant doucement, découvre chaque jour quelques nouveaux charmes, où se trouvent la noblesse du père et les agrémens de la mère. Thompson, Fin du Printemps.« Seconde édition, augmentée.

Paris, Moutard, 1792

12°. Gestochenes Frontispiz von F. M. Quéverdo und Delignon, 99 S. (samt Vortitel mit Reihentitel: »Ètrennes sentimentales aux meres et aux enfans, Pour l'année 1792«, Titel, Vorwort und Inhaltsverzeichnis auf S. 98—99).

Quérard, France litt. IV, 213.

Der Text enthält unter anderem sechs Idyllen auf die Natur, das Kinderleben, die Mutterliebe usf., offenbar unter dem Eindruck Salomon Geßners.
Ein weiterer Beitrag ist aus Moskau datiert. Der Autor bemerkt vor-

erst, daß es nicht leicht sei, ein gutes System für die Erziehung aufzustellen. Er schildert dann die Erziehung russischer Kinder: Die Schüler (beider Geschlechter) bewegen sich viel in frischer Luft, sind an die Unbilden der Witterung gewöhnt und genießen eine einfache gesunde Nahrung (der Verfasser spricht von einer wahrhaft spartanischen Erziehung). Er war Zeuge ihrer Spiele während der Schulpausen und berichtet, daß immer jene gewählt wurden, welche die größte Geschicklichkeit erforderten. Die körperliche Erziehung bilde einen wesentlichen Bestandteil der Erziehung überhaupt. Die Kinder würden sehr rein gehalten und oft an die frische Luft geführt. Man gebe ihnen so wenige Medikamente als möglich und wende lieber natürliche Mittel an. Man trachte auch, sie spielend zu unterrichten, ebenso bemühe man sich, ihren Bewegungsdrang nicht einzuschränken und ihnen viel Freiheit zu lassen.
Am Ende seiner Ausführungen meint der Autor, man müsse wieder zur Natur zurückkehren — hier wird unterstellt, daß diese Rückkehr in Rußland bereits erfolgt sei beziehungsweise daß in Rußland diese Natürlichkeit bereits bestehe.

Zur Biographie Jauffrets siehe Bibl. Nr. 3.

1.836 FKB (130-383)

98 [Christian M. Juncker]

1. Plutarchi Chaeronensis peri paidon agoges

seu de Puerorum Educatione Libellus, Analysi Grammatica, Interpretatione simplici ad textum Graecum, et Paraphrasi perspicua ad modum Iohannis Minellii, illustratus studio M. Christiani Iunckeri, Dresd. ill. Gymnas. Sax. Henneb. quod Schleusingae est, Conr. Cum Privilegio Ser. Pol. Regis ac Sax. Elect.

2. Isocratis Attici Rhetoris Orationes tres, I. ad Demonicum II. ad Nicoclem III. quae inscribitur; Nicocles, Analysi Grammatica, Interpretatione simplici ad textum Graecum, et Paraphrasi perspicua ad modum Joannis Minellii, illustratae studio M. Christiani Junckeri, Dresd. Ill. Gymnas. Sax. Henneb. quod Schleusingae est, Conr. Cum privilegio Ser. Pol. Regis ac Sax. Elect.

Lipsiae, Apud Maurit. Georg. Weidmannum Sacr. Pol. Reg. Maj. et Elect. Sax. Bibliop. An. 1719

8°. Zwei Teile in einem Band. 7 Bl. (Titel, Widmung, Ansprache an die Jünglinge, denen das Buch gewidmet ist, Vorrede »Lectori Benevolo«, auf der Rückseite eine Nachricht an den Buchbinder »Der Titul von Isocratis Orationibus wird forne abgeschnitten und nach pag. 157. eingebunden«), 381 S. (samt Vortitel zu 1. sowie Titel u. Vortitel zu 2.), 3 ungezählte Seiten Verlagsanzeigen.

Nicht nachweisbar.

Der erste Teil enthält eine Bearbeitung des Buches »Über die Erziehung der Knaben« von Plutarch, der zweite die erste Rede des Isocrates sowie zwei Reden über Nicocles, von denen die eine über das Königtum, die andere von den Pflichten der Untertanen gegen den Fürsten handelt.

Christian M. Juncker, 1668—1714, Schulmann und Historiker. Er erhielt 1696 das Conrectorat in Schleusingen, 1708 wurde er als Rektor und Bibliothekar nach Eisenach berufen. »Als Lehrer hat er eine ganze Reihe von Schulausgaben ad modum Minellii erscheinen lassen.« (Allgemeine deutsche Biographie, Band 14 [Leipzig 1881], S. 691) Er verfaßte unter anderem die »Historie von der Stadt Eisenach«, eine »Vita Lutheri nummis atque iconibus illustrata« usw. »Juncker galt unter seinen Zeitgenossen als ein sehr strebsamer Gelehrter und scheint auch eine ausgedehnte Correspondenz unterhalten zu haben.«

Jean Minell (Minelli), 1625—1683, Philologe in Rotterdam, studierte humanistische Wissenschaften und wurde Rektor der Erasmusschule in Rotterdam. Er gab lateinische Klassiker heraus, die hauptsächlich für Schüler bestimmt und mit erklärenden und bisweilen kindischen (puériles) Anmerkungen versehen waren. Man warf ihm vor, Wichtiges ausgelassen und sich bisweilen sogar bei der Übersetzung geirrt zu haben. Seine bekanntesten Ausgaben waren die von Vergil, Sallust, Cicero, Horaz usf. Sie hatten insbesondere in Deutschland großen Erfolg, wo Cellarius, Juncker und Walch in der gleichen Weise publizierten.

Isocrates, 436—338 v. Chr., einer der zehn großen attischen Redner; sein Lehrer war Gorgias, der damals den ersten Platz unter den Rednern einnahm. Seine Schüchternheit und eine schwache Stimme hinderten ihn daran, in den Volksversammlungen zu sprechen. Er hatte jedoch eine Rednerschule, die von der Elite der jungen Griechen besucht wurde, unter anderen war Xenophon einer seiner Schüler. Von ihm sind 21 Reden und 10 Briefe erhalten. Es gibt wenige antike Autoren, die so oft wieder gedruckt wurden wie Isocrates. Seine erste Rede ist die im vorliegenden Exemplar abgedruckte »Ad Demonicum«, seine zweite die an Nicocles.

Nicocles, König von Zypern, folgte 374 v. Chr. seinem Vater Evagoras in der Regierung. Er beauftragte Isocrates, auf seinen Vater eine Ruhmrede zu halten. Nicocles selbst war Schüler des Isocrates.

20.670 FKB (78-113)

99 Immanuel Kant

Über Pädagogik

Herausgegeben von D. Friedrich Theodor Rink.

Königsberg, Friedrich Nicolovius, 1803

Kl.-8°. VI (samt Titel und Vorrede), 146 S. Kustoden.

Heinsius II, Sp. 549; Kayser III, 304.

In der Vorrede teilt der Herausgeber mit, daß nach einer älteren Verordnung ehedem auf der Universität Königsberg von einem Professor der Philosophie die Pädagogik vorgetragen werden mußte. So traf zuweilen die Reihe auch Kant, der das von seinem Kollegen Konsistorialrat D. Bock herausgegebene Lehrbuch der Erziehungskunst zugrunde legte, ohne sich indessen »weder im Gange der Untersuchung, noch in den Grundsätzen, genau daran zu halten«.

Die Pädagogik habe neuerdings durch die Bemühungen mehrerer verdienter Männer, namentlich Pestalozzi und Olivier, eine neue interessante Richtung genommen. Daß Kant diese neuen Ideen kannte und manchen Blick weiter hinaus tat als seine Zeitgenossen, versteht sich von selbst.
Der Herausgeber polemisiert dann gegen seinen Verleger und spricht sich gegen den Zustand der deutschen Literatur aus. Kants Text beginnt mit der Feststellung: »Der Mensch ist das einzige Geschöpf, das erzogen werden muß.« Dieser Gedanke wird dann im Vergleich zur Entwicklung des Tieres ausgeführt. Disziplin verhüte, daß der Mensch durch seine »thierischen Antriebe von seiner Bestimmung, der Menschheit, abweiche«. Die Disziplin unterwerfe den Menschen den Gesetzen der Menschheit. So schicke man die Kinder anfangs in die Schule, nicht schon in der Absicht, daß sie dort etwas lernten, sondern damit sie sich an Disziplin gewöhnten. Der Mensch müsse früh daran gewöhnt werden, »... sich den Vorschriften der Vernunft zu unterwerfen«.
»Der Mensch braucht Wartung und Bildung. Bildung begreift unter sich Zucht und Unterweisung ...«
»Der Mensch kann nur Mensch werden durch Erziehung. Er ist nichts, als was die Erziehung aus ihm macht.«
Da die Erziehung den Menschen teils einiges lehre, teils einiges bei ihm nur entwickle, wisse man nicht, wieweit die Naturanlagen bei ihm gehen. Die Vernachlässigung der Disziplin sei ein noch größeres Übel als die »Verabsäumung der Kultur«, weil diese immer noch nachgeholt werden könne, ein Versehen in der Disziplin dagegen könne nie ersetzt werden. Man beginne jetzt erst einzusehen, was zu einer guten Erziehung gehöre, und es sei »entzückend«, daß die menschliche Natur durch die Erziehung immer besser entwickelt werden könne. »Wir können an dem Plane einer zweckmäßigeren Erziehung arbeiten, und eine Anweisung zu ihr der Nachkommenschaft überliefern, die sie nach und nach realisiren kann«. Die Erziehung ist eine Kunst, die erst in Generationen entwickelt und vervollkommnet werden muß. »Weil die Entwickelung der Naturanlagen bey dem Menschen nicht von selbst geschieht, so ist alle Erziehung — eine Kunst.« Eltern erziehen ihre Kinder gewöhnlich so, daß sie in die gegenwärtige Welt passen, sie sollen sie aber so erziehen, daß ein künftiger besserer Zustand dadurch hervorgebracht werde: »Gute Erziehung gerade ist das, woraus alles Gute in der Welt entspringt. Die Keime, die im Menschen liegen, müssen nur immer mehr entwickelt werden.« — »Demnach sollte auch die Einrichtung der Schulen blos von dem Urtheile der aufgeklärtesten Kenner abhängen.«
Bei der Erziehung müsse der Mensch also erstens diszipliniert werden, das heißt seine Wildheit muß bezähmt werden, zweitens müsse der Mensch kultiviert werden, »Cultur begreift unter sich die Belehrung und die Unterweisung«. Drittens »muß man darauf sehen, daß der Mensch auch klug werde, in die menschliche Gesellschaft passe ... Hiezu gehört eine gewisse Art von Cultur, die man Civilisirung nennt.« Das sind unter anderem Manieren, Artigkeit usw. Viertens »muß man auf die Moralisirung sehen ...«, das heißt der Mensch muß so gesinnt sein, daß er »... nur lauter gute Zwecke erwähle«. Man könne den Menschen auch dressieren, doch komme es darauf an, daß Kinder denken lernen.
»Wir leben im Zeitpunkte der Disziplinirung, Cultur und Civilisirung, aber noch lange nicht in dem Zeitpunkte der Moralisirung.« Ohne sittlich zu sein, könnten die Menschen jedoch nicht glücklich werden. Erst müsse man Experimentalschulen errichten, ehe man Normalschulen errichten könne, man wisse, daß sich bei Versuchen oft ganz entgegengesetzte Wirkungen als die erwarteten zeigten. Die einzige bahnbrechende Experimentalschule sei das Dessauische Institut gewesen. Die Erziehung sei entweder eine Privat- oder eine öffentliche Erziehung. Eine vollständige öffentliche Erziehung sei jene, die Unterweisung und Bildung vereinige. Eine Schule, die das tue, nenne man ein Erziehungsinstitut. Diese Institute seien sehr kostspielig, und ihre Einrichtung erfordere sehr viel Geld.
Die Erziehung solle »ohngefähr bis zu dem sechzehnten Jahre« dauern, bis zu der Zeit, da beim Menschen »... der Instinkt zum Geschlechte sich ... entwickelt«.
Zwang sei bei der Erziehung nötig, das Problem liege darin, wie man Zwang mit der Fähigkeit, sich der Freiheit zu bedienen, vereinigen könne. Hiezu sei verschiedenes zu beachten: Erstens, daß man das Kind von der ersten Kindheit an »in allen Stücken frey seyn lasse ...«, außer dort, wo es sich selbst schadet oder andere belästigt. Zweitens müsse man ihm zeigen, daß es anderen nicht tun darf, was ihm selbst auch nicht angenehm wäre. Drittens müsse man ihm beweisen, daß »man ihm einen Zwang auflegt, der es zum Gebrauche seiner eigenen Freyheit führt ...« Hier liege der Vorteil der öffentlichen Erziehung, »... denn bey ihr lernet man seine Kräfte messen, man lernet Einschränkung, durch das Recht Anderer«.
Es folgt eine »Abhandlung«, in der ein großer Teil praktischen Fragen der physischen Erziehung gewidmet ist. »Die Natur des Körpers und der Seele kommt doch darin überein, daß man ein Verderbnis bey ihrer beyderseitigen Bildung abzuhalten sucht, und daß die Kunst dann noch etwas bey jenem, wie bey dieser, hinzusetzt.«
Man habe verschiedene Methoden ausprobiert, um zu sehen, welche die beste für die Erziehung sei, und man sei unter anderem auch darauf verfallen, die Kinder alles im Spiel lernen zu lassen. Kant hält dies für eine törichte Methode: »Das Kind soll spielen, es soll Erholungsstunden haben, aber es muß auch arbeiten lernen.« Und weiter: »Der Mensch ist das einzige Thier, das arbeiten muß.« Das Thema des Lernens und des Gedächtnisses wird näher ausgeführt. »Man muß das Gedächtniß nur mit solchen Dingen beschäftigen, an denen uns gelegen ist, daß wir sie behalten ...«
Das Gedächtnis werde unter anderem kultiviert durch Sprachen, die den Kindern zuerst durch das Hören beigebracht werden sollen. Sehr zweckmäßig sei ein guter Orbis pictus, dann könne man auch mit Botanisieren, mit der Mineralogie, überhaupt Naturbeschreibung den Anfang machen.
Der erste wissenschaftliche Unterricht sollte in der Geographie, in der Mathematik und Physik erfolgen. Reiseerzählungen mit Kupfern und Karten führten zur politischen Geographie, darauf folge die alte Geschichte usf.
Der Wille der Kinder »muß ... nicht gebrochen, sondern nur in der Art gelenkt werden, daß er den natürlichen Hindernissen nachgebe ...« — »Wenn man bey Kindern einen Charakter bilden will, so kömmt es viel darauf an, daß man ihnen in allen Dingen einen gewissen Plan, gewisse Gesetze bemerkbar mache, die auf das genaueste befolgt werden müssen«.
Zum Charakter der Kinder gehören Gehorsam, und zwar der gegen den absoluten und zum zweiten gegen den für vernünftig und gut erkannten Willen eines Führers. Die Kinder dürfen nicht nur aus Neigung Dinge tun, sie müssen lernen, Dinge aus Pflicht zu tun. Der Mangel an Gehorsam ziehe Strafe nach sich, moralische, wenn man zum Beispiel dem Kind kalt begegnet, oder physische, die mit Behutsamkeit gehandhabt werden muß. Durch sie wird »doch kein guter Charakter mehr gebildet werden«.

»Der Gehorsam des angehenden Jünglings . . . besteht in der Unterwerfung unter die Regeln der Pflicht. Aus Pflicht etwas thun heißt: der Vernunft gehorchen.« Ein zweiter Hauptzug im Charakter der Kinder soll die Wahrhaftigkeit sein. Ihre Verletzung werde zweckmäßig einzig mit Entziehung der Achtung bestraft.
Kinder sollen nur in solchen Dingen unterrichtet werden, die sich für ihr Alter schicken, aus altklugen Kindern werde gemeiniglich nichts. In der »praktischen Erziehung« werden Geschicklichkeit, Weltklugheit und Sittlichkeit behandelt, wobei unter Geschicklichkeit Kenntnisse verstanden werden.
Um den Kindern moralischen Charakter zu geben, müsse man ihnen erstens Pflichten gegen sich selbst wie Mäßigung in allem, Würde usw. und zweitens die Pflichten gegen andere, wie Ehrfurcht und Achtung für das Recht der Menschen, erklären.
»Unseren Schulen fehlet fast durchgängig etwas, was doch sehr die Bildung der Kinder zur Rechtschaffenheit befördern würde, nähmlich ein Catechismus des Rechts. Er müßte Fälle enthalten, die populär wären, sich im gemeinen Leben zutragen, und bey denen immer die Frage ungesucht einträte: ob etwas recht sey oder nicht?«
Ein Kind soll sich nicht nach dem Wert anderer, sondern »nach den Begriffen seiner Vernunft schätzen«.
Es wird dann die Frage aufgeworfen, ob es tunlich sei, den Kindern frühe Religionsbegriffe beizubringen. Dies wird bejaht, weil sie früh bereits den Namen Gottes hören und bestimmte Vorstellungen damit verbinden. »Das göttliche Gesetz muß zugleich als Naturgesetz erscheinen, denn es ist nicht willkührlich. Daher gehört Religion zu aller Moralität.« Zum Unterschied des Geschlechts: Es sei unmöglich, den Jüngling hier in der Unwissenheit zu bewahren, man solle ». . . unverhohlen, deutlich und bestimmt mit dem Jünglinge davon reden . . .« Hier wird in der Anmerkung auf die betreffenden Stellen in Campes Revisionswerk verwiesen. Ein weiterer Gegenstand ist die Kenntnis von dem Unterschied der Stände und der Ungleichheit der Menschen. Als Kind muß man es diesen gar nicht merken lassen. »Man muß es ihm selbst nicht einmahl zugeben, dem Gesinde zu befehlen.« Das Bewußtsein von der Gleichheit der Menschen bei der bürgerlichen Ungleichheit kann dem Jüngling nach und nach beigebracht werden.
»Wenn man nicht blos Vergnügungen verlangt, sondern auch geduldig im Arbeiten seyn will, so wird man ein brauchbares Glied des gemeinen Wesens, und bewahrt sich vor Langeweile.«
Fröhlichkeit und gute Laune, auf sie solle man den Jüngling hinweisen. »Die Fröhlichkeit des Herzens entspringt daraus, daß man sich nichts vorzuwerfen hat.«
Man solle sein Augenmerk richten »auf die Nothwendigkeit endlich, der Abrechnung mit sich selbst an jedem Tage, damit man am Ende des Lebens einen Ueberschlag machen könne, in Betreff des Werthes seines Lebens«.

Der Herausgeber Friedrich Theodor Rink, 1770—1821, war ordentlicher Professor der Theologie in Königsberg. Er sammelte auf seinen Reisen arabische Handschriften und machte sich durch ihre Herausgabe verdient. Er gabe eine arabische Grammatik heraus und wendete sich auch dem Äthiopischen zu.

251.988-A.Fid. (21-136)

100 [Georg Christoph Kellner]

Die Edlen der Vorwelt

Hamburg, Benjamin Gottlob Hoffmann, 1793

Kl.-8°. In zwei Bänden.
Band 1: Titel, XIV (Einleitung samt Vortitel), 1 Bl. (Inhaltsverzeichnis), 480 S.
Band 2: Titel, 496 S., 1 Bl. Inhaltsverzeichnis, 3 Bl. Druckfehler und Verbesserungen.
Jeder Band enthält ein gestochenes Frontispiz von H. Lips.

Holzmann-Bohatta II, 3, 80.

In der Einleitung erklärt der Autor, Geselligkeit, Liebe zum Leben und zum frohen Lebensgenuß seien starke Triebe im Menschen, doch stärker als sie sei der Trieb zur Nachahmung, er erfasse alle Menschen, gleichgültig woher sie kämen und von welcher Charakterbeschaffenheit sie seien. Und er fordert »Erzieher, Volkslehrer, Gesetzgeber, Heerführer, Regenten« auf, sich diesen Nachahmungstrieb zunutze zu machen; doch müßten sie vorerst selbst das sein, was sie aus den Menschen machen wollten. »Seid selbst erst das, was ihr aus dem Menschen machen wollt: und euer Spiel ist mehr als halb gewonnen.«
Der Verfasser führt dann Beispiele für seine Feststellungen an, wie Basedow in Dessau, den »liebenswürdige[n] Gellert« und »Friedrich [den] Einzige[n] als König, Gesetzgeber und Heerführer . . .« Die überzeugendsten Moralsysteme beschäftigten nur den Geist und ließen das Herz kalt, ». . . während solch ein einziges Beispiel den ganzen Menschen nach sich umschaft . . .« Mit Recht fordern daher philosophische Moralisten zum Studium der Geschichte auf. Aber es fehle, fährt der Verfasser fort, an einer allgemein verständlichen Sammlung von Beispielen solcher Männer, ». . . die mit ihrer erhabenen Moralität die schwersten Proben bestanden, und ihre kostbarsten Güter, selbst ihr Leben opferten, ehe sie sich von der Zinne errungener Seelenhoheit auch nur um *einen* Schritt erniedrigt hätten.« Dieses Buch solle eine solche Beispielsammlung sein, und zwar werden die Beispiele, bis auf wenige, dem alten Griechenland und Rom entnommen. Der erste Band ist den Griechen und Römern, der zweite ausschließlich den Römern gewidmet, wobei zwischen den einzelnen Persönlichkeiten kurze geschichtliche Abrisse eingefügt werden.

Georg Christoph Kellner, 1765—1808, war Sohn des Organisten Johann Christoph Kellner in Kassel. Von seinem sechsten bis fünfzehnten Lebensjahr erlernte er Klavierspielen bei seinem Vater. Literarischen Unterricht erhielt er von Heinze zu Ebsdorf. Danach besuchte er das Collegium illustre carolinum, ging nach vier Jahren an die Universität Rinteln, um Theologie und Philosophie zu studieren. Zwei Jahre später besuchte er die Universität Göttingen, kehrte jedoch im darauffolgenden Jahr nach Kassel zurück, wo er eine Privatschule besuchte, welche aber vom Konsistorium verboten wurde. Aus diesem Grund nahm er eine Stelle als Hauslehrer in Mannheim an, welche er jedoch ebenfalls nach zwei Jahren verließ, um sich gänzlich der Schriftstellerei zu widmen. In der Folge kehrte er nach Kassel zurück, erteilte Unterricht im Klavierspiel und nahm schließlich die Stelle als Organist in der evangelischen Kirche zu Kassel an. Werke in Auswahl: Versuch zur Grundlegung einer Subjektiven Tugendlehre (Frankfurt 1788), Ideen zu einer neuen Theorie der schönen Künste, Unterhaltungen beym Klavier in Liedern mit Gesang, einem Janitscharen Marsch und englischen Tänzen (Halle 1790), Molly und Urania, Novelle (Mannheim 1790).

256.801-A.Fid. (71-189)

101 *Kinderzeitung*

Erstes Bändchen.

Nürnberg, Felßekerische Buchhandlung, 1780

Kl.-8°. Titel mit Titelkupfer von Rosmaesler, 3 Bl. (Inhaltsverzeichnis), 200 S. (Jg. 1780, Nr. 1—13).

Kayser III, 340: Wochenblatt, herausgegeben von C. G. Böckh, 14 Bändchen 1780—1783; Heinsius II, Sp. 585; Rammensee 734; Brüggemann 433.

In der ersten Nummer wird die »Veranlassung« zu dieser Zeitung in einer Erzählung erläutert: Zwei artige und gottesfürchtige Kinder haben durch ihre Fragen an ihre Eltern große Wißbegierde gezeigt. Die beiden Kinder, Christian und Sophie, lernen anhand des Weißischen ABC-Buches lesen. Um sie zu belehren, bringt der Vater Kupferstiche und eine Landkarte vom »Fränkischen Kreis« mit. Christian fragt seinen Vater: »Aber wird denn gleich alles aufgeschrieben, was sich Merkwürdiges in der Welt zuträgt und wie wird es gleich überall bekannt?« Der Vater erklärt den Kindern, dies geschehe durch die Zeitungen. Die Kinder bitten nun den Vater, sie die Zeitung lesen zu lassen. Er gestattet es ihnen, doch finden die Kinder keinen Gefallen daran, weil sie das meiste nicht verstehen. Nun erklärt ihnen der Vater, daß man, um die Zeitung lesen zu können, schon einige Kenntnisse haben müsse. Anläßlich eines Briefes an den Vater über eine Theateraufführung kommen die Kinder nochmals auf die Zeitung zurück, der Vater wiederholt, sie sollten sich eben die Kleinigkeiten erklären lassen, worauf die Kinder erwidern: »Aber verzeihen Sie, lieber Papa! was gehen uns die Nachrichten aus der grossen Welt an? Wir gehören ja noch zu der kleinen Welt, und bekümmern uns nur um das, was in dieser, und nicht, was in jener geschieht.« Und Christian erklärt, am angenehmsten wäre ihnen eine Zeitung, die »uns zuerst Begebenheiten aus der Kinderwelt, dann auch diejenigen aus der grossen Welt erzählte, die uns besonders anständig und nützlich wären«. Der Vater gibt den Kindern zu bedenken, daß man die Namen unartiger Kinder in die Zeitung einrücken könnte, doch die Kinder versprechen, so artig zu sein, daß sie nicht in die Zeitung kämen. Es werden nun Überlegungen angestellt, wie man eine solche Zeitung gestalten könnte, und der Vater verspricht, »Veranstaltungen« dazu zu machen. Der Verfasser wendet sich nun direkt an die Kinder und erklärt, worauf die Zeitung hinaus will: »Gewiß auf nichts geringers als auf Beyträge zur angenehmen Unterhaltung eurer Wißbegierde, Vermehrung eurer Kenntnisse, Aufklärung eures Verstandes und Bildung eures Herzens.« Es wird ferner darauf hingewiesen, daß der Verfasser mit Eltern, Lehrern und Erziehern durch Nachrichten, Anfragen usf. in Verbindung treten möchte und daß dieser Weg auch den jungen Leuten offenstehe.
Der erste Beitrag befaßt sich mit William Crotch, dem musikalischen Kinde, sowie mit einem zweiten Wunderkind. Auch Mozart scheint unter den Wunderkindern der damaligen Zeit auf, ebenso wie der kleine Baratier aus Schwabach (Bibl. Nr. 73). Vater und Kinder besprechen den Inhalt der gelesenen Artikel. In einem Aufsatz über die Schweiz werden dortige Gebräuche, in einem weiteren die Entstehung des Gewitters besprochen. Außerdem werden Kinderbriefe, Schilderungen fremder Städte, Erzählungen und Anekdoten gebracht.

Christian Gottfried Böckh, 1732—1792, der Herausgeber der Kinderzeitung, war pädagogischer und Kinderschriftsteller und insbesondere an altdeutscher Literatur interessiert. Er entwarf unter anderem einen Plan für eine kritische Bibliothek dieser Literatur.

7.697 FKB (214-257)

102 [Vicesimus Knox]

De l'Éducation

par Knox, Membre de l'Université de Cambridge, chef de l'Ecole de Tumbridge, traduit de l'Anglais, sur la huitième Edition.

Paris, Garnery, 1791

8°. Vortitel (mit Verlagsanzeigen am verso), Titel, 399 S.

Quérard, France litt. IV, 307 (1791).

Der Text beginnt mit der Feststellung, daß die Meinungen darüber, wann Erziehung einsetzen soll, geteilt seien. Das hänge, sagt der Autor, von dem einzelnen Individuum ab, denn selbst in diesem zarten Alter bestünden bereits Unterschiede zwischen den Kindern. Grundsätzlich solle man das Kind lehren, was seinem Fassungsvermögen angemessen sei.
Der Autor selbst ist der Ansicht, daß die Erziehung in der Wiege zu beginnen habe. Mutter und Amme seien in diesem ersten Lebensabschnitt die besten Lehrer. »Eine Mutter mit Verstand, die eine gute Erziehung erhalten hat, ist in jeder Hinsicht die geeigneteste Person, ihren Sohn solange zu unterrichten bis er so gut lesen kann, daß er die lateinische und griechische Grammatik zu studieren in der Lage ist.«
Um das Lesenlernen zu erleichtern, hat man verschiedene Methoden erfunden, darunter auch solche, die das Lernen zum Spiel machen. Der Autor ist gegen ein solches Verfahren, weil es wenig Erfolg verspricht. Das Kind soll verstehen lernen, daß es außer dem Vergnügen auch andere Dinge gibt.
In einem weiteren Abschnitt wird die Frage erörtert, welche Erziehung vorzuziehen sei, die öffentliche oder die private. Nach der Erfahrung des Verfassers neigt er dazu, nicht nur die öffentliche Erziehung vorzuziehen, sondern auch die private Erziehung, außer in Sonderfällen, gänzlich zu mißbilligen. Nun könne man einwenden, daß die Sitten in öffentlichen Schulen bisweilen verderbt seien, doch gelte das nur für jene, in denen keine Disziplin herrsche. Und im übrigen geschehe es auch in der Familie, daß böse Beispiele ein Kind ungünstig beeinflußten. In der öffentlichen Erziehung trete zu allem auch noch das Motiv des Wettbewerbes mit den Mitschülern als Stimulans hinzu. Ohne Wetteifer würden die Lektionen bald eine Last. Auch seien die Verpflichtung und die Notwendigkeit, vor einem Auditorium aufzutreten, ein geeignetes Mittel, Schüchternheit und Furcht vor der Öffentlichkeit zu besiegen. Dazu komme, daß die

Schule Möglichkeiten für Freundschaften und künftige Verbindungen biete. Das Kind, das eine öffentliche Schule besuche, bewege sich zwischen seinen Freunden und Kameraden, indes das Kind, das privat erzogen wird, in der Einsamkeit verbleibe.

Im nächsten Abschnitt wird über den Wert verschiedener Grammatiklehrbücher gesprochen, danach folgen die klassische Lektüre und die unterschiedlichen Lexika, die in englischen Schulen in Gebrauch sind. Bei den klassischen Büchern seien die ad usum delphini die häufigsten. Der Verfasser mißbilligt das, weil die Schülerausgaben keine oder nur sehr wenige Anmerkungen haben sollten.

Es folgen Abschnitte über Aufsatzübungen. Man solle den Kindern viel Lektüre bieten und sie ein- bis zweimal in der Woche einen Aufsatz über ein ihnen vertrautes Thema schreiben lassen. In diesem Abschnitt wird unter anderem ein Lehrplan für die Zehn- bis Fünfzehnjährigen aufgestellt.

Nach Abschnitten über das Verfassen lateinischer Verse sowie den Gebrauch des Lateinischen — dessen Kenntnis der Verfasser für unabweislich hält — und den Wert von Übersetzungen, die Knox ablehnt, sowie das Auswendiglernen klassischer Autoren folgen Abschnitte über Gedächtnisübungen und das Studium des Griechischen. Was das Griechische anlange, so hielte man es oft für ganz überflüssig. Knox stellt fest, er wage zu behaupten, daß die Kenntnis des Griechischen eine Zierde für einen Weltmann bilde, ebenso wie sie für einen Schüler essentiell sei. Hier wird auch der Wert des Griechischen zur Erklärung vieler englischer Wörter, die man täglich verwende, betont. Das Studium der griechischen Dichter und Philosophen sei geeignet, den Geist zu vervollkommnen. Man solle jedoch Latein vor Griechisch lernen, weil jenes von größerem praktischen Wert sei.

Es folgt ein Abschnitt über die Vorbereitung für das Handelsleben und ein weiterer über das Studium des Französischen in der Schule. Es beginnt mit dem Satz: »Die französische Sprache ist voll von eleganten, geistreichen, tiefsinnigen Schriftstellern und Autoren. Das ist ein Studium, welches für einen Schüler dieses Jahrhunderts unerläßlich ist. Seine Kenntnis vernachlässigen heißt, sich einer reichen Quelle von Vergnügen und Belehrung berauben.« Man solle jedoch in der Schule mit dem Studium des Französischen erst dann beginnen, wenn man über solide lateinische Grammatikkenntnisse verfüge. Um Französisch gut und mit »Elégance« zu sprechen, müsse man viel Zeit und Aufmerksamkeit verwenden und am besten einige Zeit unter den Landesbewohnern verbringen. Nur dürfe man, betont der Verfasser, in die Hände der Jugend kein einziges Werk von Voltaire legen. Früher konnten nur sehr gebildete Leute und berühmte Schriftsteller Französisch, heute ist es so allgemein in Gebrauch, daß es eine wahre Schande wäre, es nicht zu können.

Der Abschnitt 17 trägt die Überschrift »Von angenehmen Kenntnissen«: Es wäre überflüssig, sich über jene Talente zu verbreiten, die zur äußeren Anmut beitragen, sie vor allem seien es, die ins Auge fallen und denen manche Eltern die höchste Bedeutung beimessen. Mit Unrecht; erst bis das Kind die nötigen Kenntnisse erworben und gelernt habe, jene Eigenschaften zu schätzen, die die Menschheit ehren, könne man sich den Dingen zuwenden, die zur Anmut beitragen, wie dem Tanz, der eine ausgezeichnete Körperübung darstelle, der Gymnastik, die den Körper stärke, und anderes. Die Musik sei eine Quelle des Vergnügens und der Freude, doch solle sie nur ausgeübt werden, wenn das Kind dafür Neigung und Begabung zeige. Das Zeichnen werde in der Schule ebenfalls oft gelehrt, selten aber mit viel Erfolg, obgleich dies ein ebenso angenehmes wie wertvolles Talent darstelle. Abschließend erklärt der Autor, man dürfe auf die angenehmen Kenntnisse nicht so viel Mühe verwerten, daß darüber die nützlichen vernachlässigt werden, weil sie allein die Gewähr für ein glückliches Alter böten.

Der nächste Abschnitt befaßt sich mit der Notwendigkeit und der Methode, Geographie zu lernen. Man solle das Geographiestudium möglichst früh beginnen, ohne den Kindern Lehrbücher zu geben, sondern anhand von Karten mit ihnen lernen, vorerst denen Europas und darauf jenen Englands und Frankreichs. Als Lehrbuch empfiehlt Knox den Cellarius für die alte und Guthrie für die moderne Geographie.

Es folgt ein Abschnitt über das Studium der Geschichte, der mit dem Satz beginnt: »Das wichtigste Ziel der Erziehung ist es, den Geist zu öffnen und ihn bereit zu machen, alle Kenntnisse im allgemeinen zu empfangen und im besonderen jene, die für seine (des Kindes) künftige Bestimmung nötig sind.« Aufgabe der Schule sei es, einen Entwurf und nicht ein fertiges Produkt zu liefern (»La besogne de l'école est d'ébaucher, et non de finir«.) Und es sei die Aufgabe des Lehrers, dem Schüler die verschiedenen Wege zu zeigen, die zu den Kenntnissen führen, die ihn instand setzen, allein zu sehen, sobald er das Alter der Reife erreicht hat. Die Geschichte sei ein so ausgedehntes Gebiet, daß die Aufmerksamkeit der Kinder nur auf die Hauptpunkte der alten Geschichte und auf die Geschichte des eigenen Landes zu lenken sei.

Der Abschnitt 20 handelt von der Nützlichkeit, ordentlich lesen und schreiben zu lernen sowie aus berühmten Schriftstellern einzelne Stellen zu rezitieren. Hier werden Homer, Cicero, Titus Livius, Vergil, Milton, Shakespeare, Pope und Addison als Beispiele genannt. Wer rezitiert und dies vor einem Publikum tut, möge dabei Bescheidenheit walten lassen: »La modestie [. . .] est la qualité qui sied le mieux à un enfant«, das heißt Bescheidenheit sei jene Eigenschaft, die einem Kind am besten anstehe.

Ein weiterer Abschnitt befaßt sich mit der Notwendigkeit der Arbeit, die auch einem Genie nicht erspart bleibe. Trotz aller guten Lehren, die ein Vater seinem Kind geben mag, sei es unbedingt notwendig, daß das Kind sich rechtzeitig an eine fleißige Arbeit gewöhne, daß es auch daran gewöhnt werde, über das Gelernte nachzudenken.

Der nächste Abschnitt spricht von den Privatstudien während der Schulferien. Man solle dem Schüler während der Zeit seiner Muße einige englische Bücher sowie klassische Autoren geben. Das erste und passendste Buch, das der Autor empfehlen würde, ist der »Spectator«, es sei das amüsanteste, das man sich denken mag.

Man solle den Kindern nicht ein Zuviel an Lektüre bieten und gleichzeitig bedenken, daß insbesondre Bücher über Geschichte, wie ein Auszug aus Rollin, die Biographien von Plutarch, sehr nützlich seien. Hat ein Kind das fünfzehnte Lebensjahr erreicht, dann solle man ihm nicht nur englische, sondern auch leichte lateinische Lektüre geben; mit der Zeit werde es die lateinischen Bücher mit der gleichen Leichtigkeit lesen wie die englischen. Man müsse Kinder lehren, mit ihrer Zeit richtig umzugehen, es sollte jede freie Minute dazu benutzt werden, ein Buch zur Hand zu nehmen. Sehr wichtig sei es auch, die Lektüre von Romanen und Märchen zu verhindern, weil Kinder, die einmal solche Bücher zu lesen beginnen, ihre Studien erfahrungsgemäß vernachlässigen. Selbst Fielding und Cervantes sollten von den Kindern nicht gelesen werden.

Der Abschnitt 26 beschäftigt sich mit der literarischen Erziehung der Frauen. Es gebe viele Vorurteile gegen gelehrte Frauen. Der Autor findet jedoch, daß eine Frau, die von ihrem sechsten bis zum sechzehnten Lebensjahr ihren Geist kultiviert hat, ebensowohl in Gesellschaft

empfangen werden könne, und daß sie ebensowohl in der Lage sei, ihren weiblichen Pflichten nachzukommen wie jede andere.
Die literarische Erziehung der Frauen richte sich nach ihrem Vermögen und dem Rang, den sie innehaben. Junggesellinnen und Frauen mit einem großen Vermögen würden immer Muße finden, sich der Lektüre zu widmen. Und zweifellos werde ihre Lektüre gewählter sein, wenn sie in ihrer Jugend eine gewisse Bildung genossen hätten. Der Autor glaubt zwar nicht, daß Frauen Griechisch und Latein lernen sollen, wohl aber sollten sie Englisch und Französisch gründlich studieren. Im Englischen möge man ihnen Milton, Addison und Pope, im Französischen Boileau, Fénelon, Fontenelle und Vertot zu lesen geben. Im Zusammenhang damit stellt der Autor fest: »Es ist eine anerkannte Wahrheit, daß die Eigenschaften des Geistes für die Vervollkommnung der äußeren Grazie sehr günstig sind.« Auch übten sie einen glücklichen Einfluß auf die Tugendhaftigkeit der Frauen aus. Ihre Liederlichkeit, die Verderbtheit ihrer Sitten rühre zum großen Teil von ihrer mangelhaften Erziehung her. Immer dann, wenn ein junges Fräulein Talent und Geschmack an den Wissenschaften zeige — der Verfasser nehme keinen Anstand, dies festzustellen —, solle man sie frühzeitig Latein und Griechisch lernen lassen. Der Verstand der Frauen sei sicherlich genauso empfänglich wie der eines Kindes des anderen Geschlechtes. Bei der Privaterziehung der Mädchen solle man nach dem gleichen Plan vorgehen wie bei den Knaben.
Die Privaterziehung wird im Abschnitt 29 erörtert. Es sei nicht seine Absicht, erklärt der Autor, einen Vergleich zwischen den Vorteilen der öffentlichen und der privaten Erziehung anzustellen, er habe sich bereits deutlich für die öffentliche ausgesprochen, da es aber Leute gebe, die aus diesem oder jenem Grund die Privaterziehung vorzögen, wolle er einige seiner Beobachtungen hier mitteilen. Er glaube, daß man sich bei der Privaterziehung so genau wie möglich an den Plan der öffentlichen Erziehung halten sollte. Dieser Gedanke wird in der Folge ausgeführt.
Abschnitt 30 spricht von der Nützlichkeit der Prüfungen. Seit einiger Zeit würden in einigen Kollegs öffentliche Prüfungen eingeführt; dies scheine geeignet, den Studienerfolg zu begünstigen.
Kein Lehrer könne jedem seiner Schüler seine ungeteilte Aufmerksamkeit widmen. Daher sei es nach Meinung des Autors unbedingt notwendig, daß der Institutsvorstand alle Klassen mindestens alle vierzehn Tage inspiziere. Das Bewußtsein, daß sie nach einer gewissen Zeit Rechenschaft über ihr Können ablegen müßten, halte die Schüler in Atem und verdopple ihre Aufmerksamkeit. »Periodische und häufige Prüfungen zwingen den Geist, die Eindrücke, die er empfangen hat, zu behalten.« Diese Prüfungen seien auch unter einem anderen Gesichtspunkt nützlich: Sie lieferten dem Schüler die Gelegenheit, seine Talente zu entfalten. Lob, Belohnung, Tadel und Strafe, die in Gegenwart der ganzen Schule erteilt werden, seien viel eindrucksvoller, als wenn sie hinter verschlossenen Türen vor sich gehen. Die Vorteile der öffentlichen Prüfungen werden in der Folge noch eingehend erörtert.
Im Abschnitt 31 werden die Spiele der Kinder behandelt. Der Verfasser ist ein Gegner sogenannter »nützlicher Spiele«. Sobald die Kinder die Absicht, die hinter dem nützlichen Spiel steht, bemerkten, seien sie an dem Spiel nicht mehr interessiert.
Während ihrer Erholungsstunden müsse man den Kindern völlige Freiheit lassen, sie würden dann für die Zeit der Arbeit umso mehr Eifer zeigen. Die Gesundheit, die Kraft von Körper und Geist und schließlich die Munterkeit eines Kindes hingen von der freien Ausübung seiner Fähigkeiten ab. Ein Hauptbestandteil der Erziehung solle die Gymnastik sein.
Abschnitt 32 befaßt sich mit Urlaubstagen und Festen. Vergnügen und Ruhe seien sowohl für den Schüler wie den Lehrer nach der Arbeit notwendig. Zwei Arten von Ruhetagen verdienten besondere Beachtung: Die Ferien und die Feiertage. Die Ferien seien auch deshalb von Bedeutung, weil sie den Eltern die Möglichkeit böten, ihre Kinder kennenzulernen. Ferien seien bereits in allen großen Schulen eingeführt worden. Was die Feiertage anlange, so sehe der Verfasser nicht ein, weshalb die Kinder an solchen Tagen der Schule fernbleiben sollten, dies sei ein Rest von Papismus, man dürfe die Arbeit höchstens etwas einschränken und erleichtern.
Ein weiterer Abschnitt wendet sich gegen allzugroße Härte und Strenge in den Schulen. »Ein Kind hat unter einem strengen Lehrer mehr zu leiden als ein Verbrecher, der einen feindlichen Akt gegen die Gesellschaft verübt hat, unter der Strenge der Gesetze«, äußerste Strenge sei nicht nur an sich verdammenswert, sondern könne auch das Ziel der Erziehung nie erreichen.
Ein anderer Abschnitt spricht von der Kenntnis der Welt in einem noch jugendlichen Alter. Diese Kenntnis sei auch für junge Menschen wichtig, bedauerlicherweise meinten manche Eltern, daß Latein und Griechisch weniger wichtig wären als das, was man »le Monde«, die Welt, nennt. Worin aber bestehe diese Kenntnis der Welt? In der Kenntnis der Übel und Eitelkeiten, die ein Kind, das nicht rechtzeitig vor ihnen gewarnt wurde, in törichter Weise nachahmen wird. Es werden sodann Regeln aufgestellt für das Verhalten der Eltern beim Eintritt ihrer Kinder in die Welt.
Die beiden letzten Abschnitte erlegen den Eltern die Pflicht auf, ihre Kinder zu Ehrenhaftigkeit und Wahrheitsliebe sowie zur Frömmigkeit zu erziehen.
Die folgenden Abschnitte befassen sich mit der Lage der englischen Universitäten.

Vicesimus Knox, 1752—1821, englischer Schriftsteller und Headmaster an der Tunbridge School. Er wurde ungefähr 1777 zum Priester geweiht und galt sowohl als guter Lehrer wie als eindrucksvoller Prediger. Er veröffentlichte zahlreiche wissenschaftliche und andere Werke, darunter »Liberal Education or a practical Treatise on the Methods of acquiring Useful and Polite Learning«, London 1781, 10. Ausgabe 1789. Die vorliegende Übersetzung dürfte sich auf dieses Werk beziehen. Seine »Essays moral and literary« wurden ins Deutsche und Französische übersetzt.

917 FKB (136-155)

103 [Marie-Élisabeth Bouée, Madame de La Fite]

Entretiens, Drames et Contes moraux

a l'usage des Enfans; Par Madame de La Fite. Quatrième édition. [1791].

Kl.-8°. In 2 Bänden.
Band 1: XII (Titel, Widmung, Vorwort), 310 S.
Band 2: 322 S. (samt Titel).

Nicht nachweisbar.

Die Widmung richtet sich an Königin Charlotte von England. Im Vorwort berichtet die Autorin, daß diese Versuche (»essais«) vorerst nur für ihre eigenen Kinder bestimmt gewesen seien. Man beklage allgemein, daß es so wenige Bücher gebe, die man jenen Kindern in die Hand geben könne, die über das erste Kindesalter hinaus sind: einige Schriften der Mme. de Beaumont und »Les conversations d'Emilie« (Bibl. Nr. 120). Die Verfasserin habe sich allerdings die Werke der Mme. de Beaumont nicht ganz zum Vorbild genommen, weil darin viel Wahres mit viel Falschem gemischt sei. Um die Lektionen richtiger, aber trotzdem gleich interessant zu gestalten, müsse man sorgfältig jede Unwahrscheinlichkeit, jede Übertreibung meiden und möglichst wirklichkeitsnahe Situationen schaffen. Durchdrungen von der Ehrfurcht vor der Religion, habe die Verfasserin das »Magasin des Enfans« zu früh mit dem Religionsunterricht begonnen. Man sollte es vermeiden, zu hohe Anforderungen an das Verständnis der Kinder zu stellen. Die Verfasserin beruft sich auf zwei Autoren (Perponcher, »Instructions d'un Père à son fils«, und A. Chatelain, »Discours sur la manière dont on doit cultiver l'esprit et le cœur des enfans etc.«), die darin übereinstimmen, daß man die Religionslehre wirksamer gestalte, wenn man nicht zu früh mit ihr beginne. Es habe ihr geschienen, daß die moralischen Schriften die beste Vorbereitung für die christlichen Tugenden seien. »Die Natur ist auch eine Offenbarung, sagt der fromme Lavater, sie ist der Ausdruck der Gedanken des Schöpfers.« Die Autorin wendet sich dann gegen die Art, in der Religion oft gelehrt wird. Sie sei eine Sache des Herzens und nicht des Gedächtnisses; wenn man sie als solche auffasse, verliere sie alles Tröstliche. Die Verfasserin gibt an, sie habe auch aus deutschen Autoren geschöpft. Eines der Theaterstücke, die in dem einen Band enthalten sind, stamme aus (Weißes) »Kinderfreund«, eine der Erzählungen sei einem Buche Gleims entnommen.
Beide Bände bestehen aus Dialogen, in welche Erzählungen, Fabeln, naturgeschichtliche, geographische und vor allem moralische Betrachtungen eingeflochten und verschiedene Begriffe, wie Geiz, Selbstsucht, Mildtätigkeit, Gerechtigkeit und andere, erklärt werden. Anläßlich der Erläuterung des Begriffes »Geiz« zeigt die Mutter der Tochter die Abbildung eines Geizhalses in dem »grossen Buche von Herrn Lavater«.

Marie-Elisabeth Bouée, Dame de La Fite, 1737—1794, lebte in Hamburg, wo sie mit ihrem Mann, einem protestantischen Prediger, unter anderem auch an der Übersetzung der »Physiognomischen Fragmente« von Lavater mitarbeitete. Sie schrieb verschiedene Erziehungswerke in der Art des Berquin, die oft aufgelegt wurden. Außerdem übersetzte sie auch aus dem Deutschen Werke von Wieland, Gellert u. a.

257.337-A.Fid. (74-165)

104 [Anne-Thérèse de Marguenat de Courcelles, Madame de Lambert]

Œuvres de Madame la Marquise de Lambert

Nouvelle Edition augmentée

Amsterdam, Par la Compagnie [1758]

Kl.-8°. XVI (samt Titel, Avertissement, Biographie und Inhaltsverzeichnis), 427 S. Kustoden.
Das Buch ist durchlaufend paginiert und enthält u. a. die Werke »Avis d'une Mere à son Fils« und »Avis d'une Mere à sa Fille«, die im folgenden beschrieben werden.

Quérard, France litt. IV, S. 451 ff. vermerkt als Datum der Erstausgabe 1728 oder 1734. Die erste Ausgabe ist anonym erschienen. Brüggemann 469, siehe auch Nr. 90, die deutsche Bearbeitung von Heydenreich.

Im »Avertissement« erklärt der Herausgeber, daß er vor allem bestrebt gewesen sei, unter anderem auch Werke herauszugeben, die noch nie erschienen waren. Er habe sich zu diesem Zweck an M. de Fontenelle, der ein enger Freund der Verstorbenen war, gewendet. Die vorliegende Ausgabe enthalte unter anderem auch den Briefwechsel der Madame de Lambert mit Fénelon.
»Avis d'une Mere à son fils«: Wie immer man sich um die Erziehung seiner Kinder bemühen mag, sie wird immer unvollkommen bleiben. Um sie nützlich zu gestalten, müßte man die besten Erzieher haben, doch selbst Fürsten gelinge es kaum, solche zu finden.
»Es gibt nur zwei Abschnitte in unserem Leben, in denen die Wahrheit sich uns nützlich erweist: In der Jugend, um uns zu belehren, und im Alter, um uns zu trösten. In der Zeit der Leidenschaften läßt uns die Wahrheit im Stich.«
Obwohl ihr Sohn von zwei berühmten Männern erzogen wurde, waren sie verpflichtet, sich an die bestehenden Schulordnungen zu halten und achteten in den ersten Jahren mehr auf die Schulung des Geistes als auf jene, die sich mit der Welt und den Sitten befaßt. Die Verfasserin gibt dem Sohn im folgenden daher einige Vorschriften, die nicht als trockene Lehren gedacht sind, sondern als Ratschläge einer Freundin.
Bei seinem Eintritt in die Welt habe er sich als würdiges Ziel den Ruhm gesetzt. Doch müsse er wohl verstehen, welche Vorstellungen er an den Ruhm knüpfe und welche Gedanken er damit verbinde. Es gebe die verschiedensten Arten von Ruhm. In seinem Fall sei es der Ruhm des Helden. Jedermann verstehe, daß man die militärischen Tugenden allen anderen voranstelle. Nichts stünde einem jungen Mann weniger an als eine gewisse Bescheidenheit, die ihn glauben läßt, daß er großer Dinge nicht fähig sei. Eine solche Bescheidenheit sei nichts anderes als eine Art von Schlaffheit, die ihn daran hindere, sich mit Schnelligkeit zum Ruhm aufzuschwingen.
»Es gibt ein höheres Verdienst, welches fühlt, daß nichts ihm unmöglich ist.« Ein großer Ruf werde nicht in einem Tag gemacht, und die Vorstellung von einem Helden sei unvereinbar mit der Vorstellung von einem Menschen ohne Gerechtigkeit, ohne Redlichkeit und ohne Seelengröße. Die meisten jungen Leute glaubten alle ihre Pflichten erfüllt, wenn sie militärische Tugenden hätten, im übrigen meinten sie, es sei ihnen erlaubt, unehrenhaft, ungerecht und unhöflich zu sein. Für ihren Sohn dürfe dies nicht zutreffen, er müsse sich an das Vorbild seiner Ahnen halten. Er fände alle Wege zum Ruhm vorbereitet, denn ein großer Name sei ein kostbares Gut.
Ein langer Abschnitt wird dann der vorbildlichen Haltung des Großvaters und des Vaters des jungen Mannes gewidmet. Es folgen Vorschriften für das Verhalten: Es sei Pflicht, mit seinen Vorgesetzten, mit seinesgleichen, mit untergeordneten Personen und auch mit sich selbst auszukommen. Ohne Niedrigkeit gefallen können, seinesgleichen Achtung und Freundschaft erweisen, die Untergebenen keine Überlegenheit fühlen lassen und schließlich Würde vor sich selbst bewahren.

Über allen diesen Pflichten aber stehe die Verehrung des höchsten Wesens. Ohne die christlichen Tugenden seien die sittlichen in Gefahr.
Der Sohn solle bedenken, daß es zwei Arten von Größe gebe: Persönliche Größe und jene, die sich aus einer Institution ableitet. Man schulde jenen, die eine hohe Stellung bekleiden, Respekt. Jedoch sei dies nur ein äußerlicher Respekt. Das Gefühl der Achtung zolle man dem Verdienst. Man müsse den Menschen von seiner Stellung trennen und sehen, was er ohne diese noch sei. Der Titel eines Ehrenmannes stehe weit über jenen Titeln, die Glück und Vermögen verleihen.
Man solle versuchen, Beziehungen zu jenen zu unterhalten, die über uns stehen; so gewöhne man sich an Respekt und Höflichkeit. Mit seinesgleichen vernachlässige man sich, und der Geist lasse sich gehen.
Die Verfasserin spricht sodann von den Erfahrungen, die man bei Hof sammle, und davon, daß man die Großen in der Nähe betrachten müsse, um auch ihre Fehler zu erkennen und sie richtig einschätzen zu können. Die Tugend der Größe bestehe darin, für andere Gutes zu wirken. Titel und Würden seien kein Band, das uns mit den Menschen eint, uns an ihnen anzieht, sondern nur das Verdienst und die Güte. Es folgt ein Lob der menschlichen Tugenden und im besonderen der Wahrheitsliebe: »Man darf zwar nicht immer sagen, was man denkt, man muß aber immer denken, was man sagt.«
Man werde selbst mit Witz und Geist Mißfallen erregen, wenn man beide darauf verwende, die Fehler anderer aufzuzeigen und sie ans Tageslicht zu bringen. Vom sanften Spott zur Beleidigung sei nur ein Schritt. Wohlwollen gewinne man auch durch die Stimmung, die man zeigt: Traurigkeit und Mißstimmung mißfielen immer. Um zu gefallen, müsse man sich selbst vergessen, die anderen zu dem hinführen, was sie interessiert, sie zur Geltung bringen und ihnen jene Eigenschaften zuweisen, die man ihnen abstreitet. Man solle Freundschaft pflegen, sie sei es, die die Untugenden und Laster der Gesellschaft verbessere.
Es folgen das Lob der Freundschaft und die Mahnung, um einen Freund zu besitzen, müsse man selbst Freund sein. Von der Eigenliebe stellt die Verfasserin fest, sie sei die Bevorzugung des eigenen Ich gegenüber den anderen. Wer ehrenhaft sei, ziehe den anderen sich selbst vor. Man müsse jedoch zwei Arten von Eigenliebe unterscheiden: Die natürliche, legitime, die durch Gerechtigkeit und Vernunft bestimmt werde, und die andere, die lasterhaft und verderbt ist. »Unser erster Zweck sind wir selber; und wir gelangen zur Vernunft nur durch Überlegung . . . Sich lieben, wie es schicklich ist, heißt die Tugend lieben. Das Laster lieben, heißt sich mit blinder mißverstandener Liebe lieben.« Wenn man allein sei, vernachlässige man sich, die Welt zwinge uns, uns zu beobachten.
Höflichkeit sei die wichtigste Eigenschaft für den Umgang mit anderen. Es gebe die Höflichkeit des Geistes und jene der Manieren. Die des Geistes bestehe darin, feine, delikate und schmeichelhafte Dinge auf angenehme Art vorzubringen. Die Höflichkeit schlechthin sei der Wunsch, jenen zu gefallen, mit denen wir leben müssen, und sich so zu verhalten, daß man mit uns zufrieden ist. Das Mittel, zu gefallen, bestehe nicht darin, seine Überlegenheit zu zeigen, sondern, im Gegenteil, sie zu verbergen. Im folgenden beklagt die Verfasserin den Verfall der Sitten, das heißt hier den Verfall der feinen Umgangsformen. Vom Ehrenmann sagt die Verfasserin, er verfehle lieber sein Glück, als daß er es an Gerechtigkeit fehlen ließe. Sie zitiert Cäsar, der erklärte, die süßeste Frucht seiner Siege sei es, das Leben jenen zu schenken, die dem seinen nachstellten. Dies, so die Autorin, sei die einzige Rache, welche ehrenhafte Leute sich erlaubten.
Später spricht die Verfasserin von den Fehlern der Liebe, des Trinkens, des Essens und des Spieles. Sie rühmt die Freigiebigkeit und verurteilt den Geiz. Sodann ist die Rede vom Verhalten gegenüber Untergebenen und Personen niederen Ranges. In einem Reich, in welchem Vernunft herrsche, seien alle gleich, und es würde keine andere Auszeichnung geben als die Tugend. Vorteile der Geburt und des Standes solle man als Güter betrachten, welche das Glück uns geliehen habe, und nicht als Auszeichnung, die an unser Wesen geknüpft seien.
Die meisten Menschen verstünden es nicht, mit sich selbst zu leben, sie suchten ihr Glück draußen. Man müsse jedoch versuchen, das Glück in sich selbst zu finden, unabhängig von dem, was das Glück uns verweigert, so werde man freier werden.
Als Lektüre empfiehlt die Autorin das Studium der Geschichte, jedoch müsse man es, um wirklichen Nutzen daraus zu ziehen, mit Überlegung treiben. Der Sohn könne aus der Geschichte Lehren für seinen Beruf ziehen, wichtiger jedoch sei die Moral, die er daraus entnehmen könne. Nachdem sie eine längere Betrachtung über den Nutzen der Geschichte angestellt hat, erklärt die Verfasserin: »La vraie grandeur de l'homme est dans le cœur.« Die Tugend erhöhe den Menschen, das Laster erniedrige ihn. Die meisten Menschen verwendeten den ersten Teil ihres Lebens dazu, den zweiten elend zu gestalten. Man dürfe auch bei seinen Vergnügungen niemals die Vernunft außer acht lassen. Die Freiheit des Geistes und des Herzens sei mit dem Opfer des Vergnügens nicht zu teuer erkauft. »Der Ruhm und die Tugend haben ihre Vergnügen: Sie sind die Wonne der Seele und des Herzens.« Der Sohn solle auch lernen, sich selbst zu fürchten und sich selbst zu achten.
Ehren, Würden, ein hoher Rang seien Schauspiele und Zeremonien, von denen er nicht glauben dürfe, sie seien mit dem Wesen eines Menschen verknüpft, man verdanke sie dem Zufall, und er solle daher niemals jene vergessen, die unter uns stehen. Der Sohn solle sich der Vorteile seines Standes erfreuen, seine Nachteile aber mit Geduld ertragen. Das höchste Glück liege im Streben nach Unschuld. Man werde es unfehlbar in ihr stets finden.
»Avis d'une Mère à sa fille«: Dieses Buch beginnt mit der Feststellung: »On a, dans tous les tems, négligé l'éducation des Filles: l'on n'a d'attention que pour les Hommes.« Zu allen Zeiten habe man die Erziehung der Mädchen vernachlässigt und sein Augenmerk nur den Männern zugewandt. Und so als wären die Frauen eine eigene Spezies, überlasse man sie ihrem Schicksal, ohne daran zu denken, daß sie die Hälfte der Menschheit ausmachten und daß ihnen eine Reihe von Aufgaben zufielen. Man bestimme sie dazu, zu gefallen, und lehre sie nichts anderes. Die Verfasserin hält dem entgegen, daß es die Gefühle seien, die den Charakter formen, den Geist führen, den Willen leiten. Am Grund dieser Gefühle stehe die Religion, von der alle Tugenden sich ableiten, sie werde überdies die größte Hilfe in den Wechselfällen des Lebens sein.
Die Vergnügungen dieser Welt seien trügerisch, sie versprächen mehr, als sie halten. Es folgt eine längere Ausführung über die Tugend und welches Glück sie uns bringt. Man sage, es gebe zwei Vorurteile, denen man folgen müsse: Die Religion und die Ehre. Es sei jedoch ganz fehl am Platz, wenn man von der Religion als einem Vorurteil spreche. Von Vorurteilen könne man nur bei ungewissen Dingen sprechen, und dies sei die Religion nicht.
Obgleich die Ehre das Werk der Menschen sei, wäre es bedenklich,

gegen sie zu revoltieren, man müsse im Gegenteil dieses Gefühl, das heißt das Ehrgefühl, stärken und sein Leben danach einrichten. Man solle nicht glauben, es genüge zur Ausübung der Tugend, sich der Welt zu entziehen. Man habe zwei unvermeidbare Richter: Das eigene Gewissen und die Welt. Man könne der Welt entgehen, nicht aber dem eigenen Gewissen. Es gebe große Tugenden, angesichts derer man Fehler wohl verzeihen mag: Der höchste Wert beim Mann und das äußerste Schamgefühl bei Frauen. Wahre Tugend werde immer ihre Befürworter finden. Glänzende Tugenden seien nicht der Teil der Frauen, wohl aber einfache und friedliche. Die Alten sagten, nicht jene Frauen sind die besten, die man am meisten lobt, sondern jene, von denen man nicht spricht. In dieser Form erscheint der Autorin die Feststellung falsch, sie glaube aber dennoch, daß man die Welt und ihren Pomp meiden solle, weil sie der Schamhaftigkeit immer abträglich seien. Der wahre Ruhm bestehe darin, ihn entbehren zu können.

Die erste Tugend, nach der die Tochter streben solle, sei die Bescheidenheit. Sie sei die Ergänzung der Schönheit. Sie – die Tochter – sei zwar von angenehmem Äußerem, jedoch keine Schönheit. Das verpflichte sie dazu, sich andere Verdienste zu erwerben; die Schönheit bringe viele Vorteile mit sich, besitze man sie nicht, so werde man mit Strenge beurteilt. Da die Frauen dazu bestimmt seien, zu gefallen, dürfe man weder seine Talente noch seine Anmut vernachlässigen. Es sei schwierig, bestimmte Regeln für die Kunst des Gefallens aufzustellen. Grazie ohne Verdienst gefalle nur kurze Zeit, und Verdienst ohne Grazie werde geschätzt, ohne zu rühren. Frauen müßten daher ein liebenswürdiges Verdienst aufweisen und die Anmut mit Tugend verbinden. Eine ehrenhafte Frau besitze die Tugenden des Mannes: Freundschaft, Redlichkeit und Pflichttreue. Eine liebenswürdige Frau besitze nicht nur äußere Anmut, sie habe auch die Anmut des Herzens und der Gefühle.

Schönheit täusche jene, die sie besitzen, sie mache die Seele trunken. Man müsse jedoch bedenken, daß nur ganz wenige Jahre Unterschied bestehen zwischen einer schönen Frau und jener, die es nicht mehr ist. Von der Mode meint die Verfasserin, man solle sie als lästigen Zwang betrachten und ihr nur den notwendigen Tribut zollen.

Junge Personen seien der Langeweile unterworfen und gingen daher gern auf die Jagd nach Neuem. In diesem Zusammenhang warnt die Autorin vor allzu häufigem Besuch des Schauspiels, es sei unschicklich, sich dem Publikum im Theater allzu oft zu zeigen. Ein gesundes Gemüt könne sich an allem erfreuen, man solle jedoch bei allen Freuden und Vergnügungen Mäßigkeit walten lassen, die Seele und Körper gesund erhalte. Lektüre, eine Arbeit, ein Gespräch schenkten eine reinere Freude als die größten Unterhaltungen, zumal jene einfachen Freuden immer zur Hand seien.

Die Verfasserin rät der Tochter, da sie nur über ein beschränktes Vermögen verfüge, zu Ordnung und Sparsamkeit. Dies bedeute jedoch keineswegs Geiz, sondern nur das Vermeiden unnützer Ausgaben. Solange man jung sei, müsse man seinen Ruf aufbauen, das Vertrauen vermehren. Und man sollte sich bei jeder Unterhaltung fragen, ob man sie nicht noch besser, noch vollkommener machen könne. Man sollte aber auch versuchen, sich selbst so glücklich als möglich zu machen. Ebenso sollte man versuchen, mehr in der Gegenwart zu leben und nicht immer auf die Zukunft hoffen.

Es sei unsere Pflicht, die Zeit zu nützen. Wenige Leute wüßten sie nach ihrem Wert zu schätzen, das Leben liege nicht in der Zeit, sondern im Gebrauch, den wir von ihr machen. »Denke daran, meine Tochter, daß die jungen Jahre die kostbarsten sind, und mache einen nützlichen Gebrauch von ihnen.«

Man solle die Neugierde in sich nicht auslöschen, man brauche sie bloß zu leiten und sie auf Gutes verwenden. Junge Menschen sollten ein solides Wesen besitzen, griechische und römische Geschichte erhöben die Seele, die Geschichte des eigenen Landes müsse man auf jeden Fall kennen. Von Sprachen schätze sie auch für Frauen die Kenntnis des Lateinischen, weil es die Sprache der Kirche sei und das Tor zu allen Wissenschaften öffne. Italienisch erscheint der Autorin gefährlich, es sei die Sprache der Liebe. Auch die Dichtkunst könne Nachteile mit sich bringen, doch könne man die Lektüre Corneilles schwer untersagen. Romane lehnt die Autorin ab, sie entzündeten die Phantasie, schwächten die Schamhaftigkeit und stürzten die Herzen in Verwirrung. Die Tochter möge sich aber auch vor der übertriebenen Wertschätzung der Wissenschaften hüten.

Sie solle versuchen, ihre Einbildungskraft der Vernunft zu unterwerfen. Die Frauen besäßen gewöhnlich eine lebhafte Phantasie, das Schauspiel, Romane und ihre sonstigen Vergnügungen nährten sie überdies. »Die Vernunft wagt sich nicht hervor, wo die Phantasie herrscht.« Sie solle nicht urteilen wie das Volk, sondern sich ihre eigene Meinung bilden und lernen, unabhängig zu denken, ebenso wie die große Kunst, sich selbst zu gehören. Dazu sei es notwendig, daß man es verstehe, von Zeit zu Zeit einsam zu sein.

Unsere Eigenliebe zeige uns alle unsere Fehler in verkleinertem Maßstab, man solle sie jedoch mit dem gleichen Blick betrachten, mit dem wir die Fehler anderer sehen. Was die Liebe anlangt, so erklärt die Verfasserin: Im Anfang bietet die Liebe nur Blumen und verbirgt alle Gefahren. Man soll ihr entfliehen, nicht auf die Klage des Herzens hören und die Vernunft walten lassen.

Schließlich kommt sie auf die Tugenden in der Gesellschaft zu sprechen. Die erste Aufgabe im gesellschaftlichen Leben sei es, an das Glück der anderen zu denken. Leuten, die zuviel Eigenliebe besitzen, könne man sich nicht in Freundschaft verbinden.

Man solle Gutes tun, es bringe viel mehr ein als die Bosheit, und man dürfe andrerseits aber nicht zu sehr auf seine Mitmenschen zählen. Dies sei eine Quelle voreiliger und ungerechter Urteile.

Redlichkeit und Ehrenhaftigkeit, dies sei eine Nachahmung der Barmherzigkeit und eine der Tugenden der Gesellschaft, die uns, wenn wir sie in hervorragendem Maße besitzen, über andere erhebt. Der Gedanke der Ehrenhaftigkeit und Redlichkeit wird sodann ausführlich erörtert.

Höflichkeit entspringe dem Wunsch, zu gefallen; sie sei eine Ergänzung zur Tugend. Die Verfasserin glaubt, sie stelle das solideste Band in der Gesellschaft dar, weil sie am meisten zum Frieden beitrage. Die Tochter solle es sich zur Gewohnheit machen, ihre Dienstleute mit Güte und Menschlichkeit zu behandeln. Ein Philosoph des Altertums habe gesagt, man solle sie als unglückliche Freunde betrachten. Die Tochter möge nicht vergessen, daß der große Unterschied zwischen ihr und ihrem Dienstpersonal nur einem Zufall zu danken sei. Nichts sei verwerflicher als sich hoheitsvoll zu gebärden gegenüber jenen, die uns untergeordnet sind. Am Ende ihrer Ausführungen bemerkt die Autorin, sollte die Tochter ihre Ratschläge nicht befolgen, so würden sie immerhin nützlich für sie selber (das heißt die Mutter) sein, sie lege sich damit selbst eine Verpflichtung auf. »Nichts ist demütigender, meine Tochter, als über Dinge zu sprechen, die mich an meine Fehler erinnern.«

Indem sie ihre Fehler aufzeige, gebe sie der Tochter auch eine Waffe gegen die Mutter in die Hand, sie dürfe diese Waffe gebrauchen, wenn sie bemerke, daß die Mutter Fehler aufweise, die den von ihr empfohlenen Tugenden entgegengesetzt seien. Denn Ratschläge seien ohne Autorität, wenn sie nicht durch das Beispiel getragen würden.

Anne-Thérèse de Marguenat de Courcelles, Marquise de Lambert, 1647—1733, französische Schriftstellerin. Ihr Vater starb, als sie drei Jahre alt war. Ihr Stiefvater erkannte ihre Begabung und ließ ihr eine sorgfältige Ausbildung zuteil werden. Nach dem Tod ihres Mannes, der Gouverneur von Luxemburg gewesen war, zog sie nach Paris und eröffnete dort einen Salon, in dem sie die große Welt und zahlreiche Gelehrte empfing.
Sie verfaßte Werke, die mit Recht geschätzt wurden, die aber nicht für die Öffentlichkeit bestimmt waren und ohne ihr Einverständnis publiziert wurden.
Ihr »Avis d'une Mere à son Fils« und »Avis d'une Mere à sa Fille« sowie eine Reihe anderer Werke erschienen in zahlreichen Auflagen und wurden immer wieder gedruckt.
Der »Avis d'une Mere à sa Fille« gehört zu den von Großherzog Leopold für die Erziehung seiner Töchter empfohlenen Werken.

Bernard Le Bovier, Sieur de Fontenelle, 1657—1757, ein Neffe Corneilles, Schriftsteller und Philosoph, obwohl er sich gegen eine solche Klassifizierung mit einer gewissen Koketterie wehrte: »Si j'avais la main pleine de vérités, je me garderais bien de l'ouvrir.« Ein aufgeklärter, skeptischer Geist, der unter anderem eine »Histoire des Oracles« schrieb, auch für die Damen, wie er im Vorwort bemerkt, und vor allem berühmt wurde durch sein Werk »Entretiens sur la pluralité des mondes«, mit dem er sich ebenfalls an die Damen wandte, um ihre Neugierde, ihr Wissen und ihre Kenntnis zu stimulieren. Er verlange nicht mehr von ihnen, sagt er, als daß sie seinem Buch die gleiche Aufmerksamkeit schenkten, die sie bräuchten, um La Princesse de Clèves zu verstehen. Seine Stärke war die »clarté d'esprit«, die es ihm erlaubte, das System des Kopernikus so darzustellen, daß jedermann imstande war, es zu verstehen. Fontenelle war Mitglied der Académie und Mitglied der Akademien von London, Berlin und Rom.

7.725 FKB (108-169)

105 [M. Jean Lanteires]

Bibliothèque du Père de Famille

ou Cours complet d'Education. Ouvrage destiné non-seulement aux peres de famille, mais encore aux jeunes gens des deux sexes, à leurs Instituteurs [. . .] par Mr. Lanteires, Professeur en Belles-Lettres etc. Devise: »L'ame est un feu qu'il faut nourrir / Et qui s'éteint s'il ne s'augmente.

Lausanne, J. P. Heubach et Comp., 1795—1796

8°. 12 Bände in 3 Bänden.
Band 1: 134 S.; Band 2: Titel, 114 S.; Band 3: 120 S.; Band 4: 120 S.; Band 5: 120 S.; Band 6: 120 S.; Band 7: 120 S.; Band 8: 120 S.; Band 9: 120 S.; Band 10: 132 S.; Band 11: 108 S.; Band 12: 120 S.
Mit Ausnahme von Band 2 ist in allen Bänden der Titel in der Paginierung inbegriffen, in Band 12 sind in der Paginierung auch das Inhaltsverzeichnis und Errata enthalten.

Quérard, France litt. IV, 539.

Im Vorwort erklärt der Verfasser, er wolle keinen Kurs für methodische Erziehung liefern, sondern nur einen Auszug, in dem alle Gesellschaftsklassen eine belehrende Lektüre finden würden. Man müsse es einsichtigen und gelehrten Personen überlassen, zu beurteilen, wie weit ihm das gelungen sei. Er habe in den besten Quellen geschöpft, bedaure aber, daß es ihm wegen der Fülle nicht immer möglich gewesen sei, diese anzugeben.
Band 1: Das Buch beginnt mit der Religion, der Kosmogonie, der Natur- und moralischen Geschichte des Menschen und geht dann über auf fremde Völker. Es folgen Krankheiten, Abhandlungen über die Erziehung, Hygiene, Literatur, Künste und Wissenschaften, Sprachkunde, Dichtkunst, Geographie, Mathematik und Physik. Den Abschluß bilden kleine Erzählungen, Anekdoten und Gedichte.
Nach der Einleitung über die Religion folgt die Naturgeschichte des Menschen, die mit einem Zitat Buffons beginnt: »L'homme . . . est le seul des animaux qui se soutienne habituellement dans une situation droite et perpendiculaire.« Das Kapitel enthält auch eine Statistik über Sterblichkeit sowie eine Aufstellung der Lebenserwartung.
Nach der Naturgeschichte folgt die moralische, das heißt die Geschichte der Seele des Menschen und seiner Leidenschaften. In einem weiteren Abschnitt wird der Begriff »Politische Arithmetik« erklärt: Darunter würden jene Operationen verstanden, deren Ziel Untersuchungen über die Kunst des Regierens sei. Der erste, der darüber geschrieben habe, sei der Engländer Petty gewesen, der einen Essai unter dem Titel »Arithmétique politique« veröffentlicht habe.
Im nächsten Abschnitt werden ausführliche und freimütige Feststellungen über junge Mütter und die Ernährung von Kleinkindern gemacht. Danach folgt ein Abschnitt über die verschiedenen Menschenrassen.
Band 2 beginnt mit Gebräuchen und Gewohnheiten der verschiedenen Völker. Als Quelle werden Bank und Solander, Plinius usw. angegeben. Unter »Entdeckungen und Erfindungen« wird als letzte, »ganz außergewöhnliche« der Telegraph vermerkt, vermittels welchem man von einem Ende Frankreichs bis zum andern Mitteilungen machen könne. Weitere Abschnitte behandeln die Tiere und ihren Instinkt, dazwischen eingestreut sind zum Thema passende Anekdoten. Es folgen Abschnitte über Pflanzen und Mineralien, ein eigener Abschnitt ist dem »Stein der Weisen« gewidmet.
Band 3 beginnt mit dem Aberglauben, fährt fort mit seltsamen oder wenig bekannten Krankheiten und führt hier vorerst die »Maladie imaginaire« an, die als psychische Erkrankung zu betrachten sei. Sehr ausführlich werden Lepra und Pest behandelt. Unter die seltsamen Krankheiten wird auch das »Bauchreden« gerechnet, weil es eine der Merkwürdigkeiten sei, welche die Medizin beschäftigen. Es ist hier unter anderem auch von einem Bauchredner, Baron Mengen, die Rede, der in Wien residiere. Ein Abschnitt spricht vom »Bonheur des Sots«, womit die Unwissenden gemeint sind. Im Abschnitt über »Die Erziehung« heißt es an einer Stelle: »Man hat öfters wiederholt, daß ein junger Mann, der genau wie der Emil von J. J. erzogen wird, nie etwas anderes als ein Monstrum der Gesellschaft werden könnte.« Ohne nachprüfen zu wollen, wie weit diese Feststellung stimme, fährt der Autor fort, stehe gleichwohl fest, daß man beim jetzigen Stand der Dinge nicht versuchen sollte, Emil als Beispiel heranzuziehen. Und wenn man der menschlichen Gesellschaft den Ton nicht angeben könne, dann müsse man ihn von ihr annehmen. Ein Erziehungsplan habe sich nach den verschiedenen Umständen zu richten,

man müsse sich daher auf Grundsätze beschränken, die an diese Umstände angepaßt werden können. Locke, »den wir oft dem beredten Genfer vorziehen«, sagt: »Wer Kinder erzieht, muß vorerst ihre Natur und ihre Fähigkeiten studieren . . ., versuchen, herauszubekommen, welche Neigungen sie haben, für welche Eindrücke sie empfänglich sind, prüfen, wofür sie sich besonders eignen« usf. Der Autor betont, es wäre eine große Gefahr, wollte man sich bei der Erziehung an ein vorgegebenes System halten. Ein Vater aus Lausanne, der die Regeln Rousseaus befolgte, habe seinen Sohn bis zum zwölften Lebensjahr zur vollkommenen Untätigkeit verhalten mit der Folge, daß aus dem jungen Menschen ein Crétin wurde und er früh starb. Es folgen dann Maximen allgemeiner Art. Nunmehr zitiert der Autor aus einer Quelle, »die den meisten Leuten nicht zugänglich ist«, die er aber nicht nennt. »Unter Erziehung versteht man die Sorge für Nahrung, Geist und Unterricht.« Gegenstand der Erziehung sei daher die Sorge für die Gesundheit und den Körper, die Sorge für Redlichkeit und Unterrichtung des Geistes und schließlich die Sorge für die Sitten, das heißt das Verhalten im Leben und in der Gesellschaft.

Die Kinder sollten eines Tages die Gesellschaft bilden, in der sie zu leben haben werden. Ihre Erziehung sei daher das wichtigste, nicht nur für sie selbst, sondern auch für Familie und Staat. ». . . l'on ne peut se défaire d'une bonne éducation, ni, par malheur, d'une mauvaise.«

Was die Gesundheit betreffe, so wäre es wünschenswert, den jungen Leuten gewisse Kenntnisse von der Anatomie ihres Körpers zu vermitteln, weil diese einen Teil der Erkenntnis unseres Selbst bilden. Der wichtigste Rat sei Mäßigkeit in allen Dingen. Es sei auch falsch zu sagen, »man gewöhnt sich an alles«; es gibt Unterschiede, die zu beachten seien. Der Lehrer müsse versuchen, den zweiten Gegenstand der Erziehung, den Geist, auf eine Weise zu bilden, bei der der Schüler sich der Absicht nicht bewußt wird, weil sonst kein Erfolg zu erwarten sei. Der Autor zitiert Montaigne: »Je voudrais, dit Montaigne, qu'on fut soigneux de choisir à un enfant de maison un conducteur qui eut plutôt la tête bien faite que pleine . . .« Er spricht dann ausführlich über den Lehrer des Kindes, der besonders für die frühen Jahre des Kindes wichtig sei. Das große Geheimnis des Lehrers, besser noch die Kunst des Lehrens, sei die Rangordnung der Dinge. Ehe man das Wesen einer Armee erkläre, möge man dem Kind einen Soldaten zeigen. Der Autor spricht dann von der Entwicklung des kleinen Kindes, das noch nicht in der Lage sei zu sagen »Ich bin«, »Ich existiere«, weil es von diesen abstrakten Begriffen noch keine Vorstellung habe, und er erörtert, wie man den Kindern beispielsweise die Bedeutung eines Wortes erklärt, wie man Fremdsprachen lehrt usf. Der Verfasser kommt dann neuerlich auf die körperliche Erziehung zu sprechen und auf gewisse Regeln, die dabei einzuhalten seien, wie einfache Speisen, viel frische Luft, leichte Kleidung usf. Es folgen ein Auszug über die Erziehung in der Antike und ein kurzer Traktat über die vier Temperamente.

Band 4 beginnt mit der Hygiene, die in zweifacher Hinsicht verstanden wird: a) als Erhaltung der Gesundheit, b) als Therapie. Um die Gesundheit zu erhalten, müsse man die sechs Dinge kennen, welche die Alten als »nicht-natürliche« bezeichneten. 1. Luft, 2. Nahrung, 3. Bewegung, 4. Schlaf, 5. Verdauung, 6. Leidenschaften der Seele. In der Folge werden die entsprechenden Regeln erläutert, wie Mäßigkeit in allem, Gemütsruhe und die Forderung, sich soviel als möglich der Heiterkeit zu überlassen, weil andernfalls die Kräfte, die sonst den Körper aufrecht erhalten, für die Traurigkeit, die man im Kopfe trägt, aufgewendet würden. Es folgt ein Abschnitt über die häusliche Glückseligkeit, der mit den Worten anhebt: Jede politische Gesellschaft ist nichts als die Versammlung privater Gesellschaften. Die vielen Familien bilden eine große Familie, die man Nation nennt. Ein weiterer Abschnitt enthält die Ratschläge eines Vaters an seine Töchter. Er warnt sie vor Luxus und empfiehlt ihnen, bei ihren Freunden vor allem auf Herzensgüte und Ehrenhaftigkeit zu sehen. Wenn ein Mädchen einen Mann liebt, soll sie sich nur jemandem anvertrauen, auf dessen Verschwiegenheit sie bauen kann. Über die Freundschaft zwischen Mann und Frau findet sich folgender Satz: »L'amitié d'un homme pour une femme, même alors qu'il n'y a point d'amour entr'eux, est toujours mêlée d'une tendresse qu'il n'a point pour autre homme.« Es folgen lange Ausführungen über die Koketterie und schließlich die Feststellung, daß die Wahl eines Gatten das Wichtigste im Leben eines Mädchens sei und sie daher mit großem Bedacht vorgenommen werden müsse. Der nächste Abschnitt handelt über den Unterricht, für welchen man keine allgemein gültigen Regeln aufstellen könne, weil seine Durchführung davon abhänge, ob das Kind von den Eltern oder einem Lehrer unterrichtet werde, für welchen Beruf es bestimmt sei usf. Jedenfalls stehe fest, daß die ersten Eindrücke des Kindes für das spätere Leben maßgebend seien. Der Autor verpönt Märchenbücher, unwahrscheinliche Geschichten von Feen, Werwölfen, Irrlichtern, Gespenstern usf. Man dürfe Kindern keine Angst machen, sie nicht täuschen und sich nicht lustig machen über sie. Der Lehrer möge auf Spaziergängen mit seinem Zögling zuerst mit dem Planetensystem beginnen und dann auf die Erde zur Naturlehre und zur Lehre vom Menschen übergehen. Beim Unterrichten müsse man stets unterscheiden, was Sache des Gedächtnisses und was Sache des Verständnisses sei. Was auswendig gelernt wird, müsse jedoch auch durchdacht werden. Nur in der Jugend sei das Gedächtnis geeignet, viel aufzunehmen, dies müsse der Lehrer sich zunutze machen. Im Zusammenhang damit wird auch hier wieder Jean Philippe Baratier (Bibl. Nr. 73) erwähnt und in einer Randbemerkung über die erstaunlichen Kenntnisse des Wunderkindes berichtet. Frühreife, stellt der Autor fest, ist oft eine trügerische Erscheinung, und ein solches werde früher oder später hinter seinen Altersgenossen zurückbleiben.

Kinder läsen meist nicht gerne, Sache des Lehrers sei es, sie auf geschickte Weise dazu anzuleiten. Als Gelehrte, die sich mit der Erziehung der Kinder in letzter Zeit befaßt hätten, zitiert der Autor unter anderem Locke, Fleury, Rollin und Pluche. Er spricht dann vom Studium des Lateinischen und stellt fest, die genannten Autoren seien der Ansicht, es genüge die Kenntnis des Lateinischen und lateinischer Schriftsteller, es sei jedoch überflüssig, lange Aufsätze und Schriftarbeiten darin zu machen. Für die große Zahl der Schüler seien folgende Fächer am wichtigsten: Zeichnen, Rechnen und Schreiben, Elementargeometrie, Geographie etc. Daher genüge es, zwei Stunden in der Woche zu verwenden; man benütze dazu öfters die freie Zeit des Schülers, so könne man ungehindert das Studium der Sprachen betreiben. Auch Rhetorik solle bis zum Ende der Studien betrieben werden. Rhetorik, so der Autor, sei die Kunst, irgendeinen Gegenstand mit Eleganz und Stichhältigkeit zu behandeln. Wie immer es sich jedoch verhalte, die Beredsamkeit sei keine isolierte Fähigkeit, sondern die Ergänzung und letzte Frucht aller anderen Kenntnisse, die man durch Lektüre, Nachdenken, Umgang mit Gelehrten usf. erworben habe. Der vorletzte und der letzte Abschnitt handeln von der Konversation und der Sprache. Das Gesetz der Konversation bestehe im allgemeinen darin, nicht auf einem Gegenstand zu beharren, sondern mit Leichtigkeit und ohne Künstlichkeit zu einem ande-

ren Thema überzugehen und sowohl von frivolen wie ernsthaften Dingen reden zu können. »Le talent de rendre la conversation agréable suppose beaucoup d'art et de délicatesse.«
Band 5 beginnt mit den Literaten und dem Ursprung der Entwicklung der französischen Sprache. Die folgenden Bände 6 und 7 sind gleichfalls ausschließlich stilistischen Fragen gewidmet.
Band 8 beginnt mit einer Aufzählung und Erklärung von Emblemen und Allegorien. Es folgt ein kurzer Abriß der Literaturgeschichte, der Buchdruckerkunst, Zeichnung, Malerei, Skulptur, Musik und Tanz. Die nächsten Abschnitte handeln über Arithmetik, Architektur und Astronomie, die von den Alten Astrologie genannt worden sei. Man unterscheide die »natürliche Astrologie«, die darin bestehe, Wind, Gewitter und — mit Hilfe der Physik — eventuell selbst das Wetter vorherzusagen, und die »Astrologie Judiciaire« (unübersetzbarer Terminus der französischen Sprache für das, was bei uns einfach Astrologie genannt wird), kurz Astrologie genannt; sie gebe vor, Ereignisse auf Grund der Gestirne vorhersagen zu können. Der letzte Abschnitt handelt von der Astronomie schlechthin.
Band 9 beginnt mit der Kosmographie, das ist die »Beschreibung von Himmel und Erde, mit einem Wort des ganzen Universums«. Hier wird die Geographie behandelt, nachdem von der Astronomie bereits im vorangehenden Band die Rede gewesen ist. Es folgen Ackerbau, Geschichte und militärische Gebräuche der Alten. Im Abschnitt »Geschichte« findet sich ein kurzer Abriß berühmter Geschichtsepochen, bei welchen der Autor nach seinen Worten in der von Bossuet aufgestellten Reihenfolge vorgegangen ist.
Im Abschnitt über die Sprachen wird als älteste bekannte das Hebräische angegeben. Auch wird von der Möglichkeit einer abgekürzten Universalsprache berichtet und davon, daß man in der Enzyklopädie Ansätze zu einer solchen Universalsprache bereits finde.
Band 10 beginnt mit der Naturgeschichte, befaßt sich mit Metaphysik, Moral, Theologie, Chemie, Pharmazie usf., ohne ein ersichtliches System. Jeder auftauchende Begriff wird vorerst einmal definiert. So wird »Politik« folgendermaßen erklärt: »La Politique est une partie de la philosophie qui enseigne aux hommes à se conduire avec prudence, soit à la tête d'un état, soit à la tête d'une famille.«
Band 11 und 12 enthalten Anekdoten. Im Band 11 findet sich eine Warnung an die Geschichtenerzähler, man dürfe nicht alles erzählen, was man wisse und gelesen habe, weil man sonst seine Zuhörerschaft langweile. Unter den historischen Berichten, die hier eingestreut sind, befindet sich ein kurzer von der Entdeckung des Blutkreislaufes und in der Folge von der Bluttransfusion, die vermittels zweier silberner Röhrchen durchgeführt werde. Am Schluß des Bandes finden sich neben geographischen Angaben verschiedene praktische Ratschläge und schließlich Gedichte und Epigramme.

Jean Lanteires, 1756—1797, entstammte einer Hugenottenfamilie aus dem Languedoc, die sich 1776 in der Schweiz einbürgerte. Er versuchte in Lausanne einen botanischen Garten und ein Naturalienkabinett ins Leben zu rufen. Lantaires war Begründer und Schriftsteller des »Journal de Lausanne«, Verfasser mehrerer historischer Werke und der »Bibiothèque d'un père de famille.«

Sir William Petty, 1623—1687, englischer Volkswirt und Mitgründer der Royal Society, schrieb u. a. »Five Essays of political arithmetic«.

Bibl. Nr. 106, Titelkupfer (Siehe dazu die Erläuterungen am Ende des Textes und zu Bibl. Nr. 174.)

251.165-B.Fid. (1-118)

106 *Der kleine Lateiner*

1. Gestochener, kolorierter Titel: Die Gemalte Welt oder der gemeinnützige Lateiner.

Leipzig, C. Weigel und A. G. Schneider von Nürnb.

2. Drucktitel: Der Kleine Lateiner oder gemeinnützige Kenntnisse aus der Natur und Kunst in der Gestalt eines neuen lateinischen Lesebuchs für Kinder zur Bildung des Verstandes und Herzens durch das Gedächtnis. Mit Kupfern. Zweyte verbesserte Auflage.

Leipzig, C. Weigel und A. G. Schneiderische Kunst- und Buchhandlung in Nürnberg, 1790

8°. X (Drucktitel, Vorrede und Index capitum samt Nachricht an den Buchbinder), 150 S., 50 numerierte, gestochene und kolorierte Tafeln von A. Gabler, P. W. Schwarz, G. Vogel und anderen (samt Titel 1), Fleurons und Culs-de-lampe zur Vorrede, Fleuron über Kap. I. Die Tafeln sind nicht in der Reihenfolge eingebunden. Eine Tafel trägt die

Nr. 52, es scheinen daher 52 Tafeln geplant gewesen zu sein. Da in den bibliographischen Nachweisen die Zahl der Tafeln nicht vermerkt ist beziehungsweise es sich um andere Ausgaben handelt, konnte nicht festgestellt werden, wie viele Tafeln das vorliegende Exemplar tatsächlich enthalten sollte.

Heinsius II, Sp. 725 (Ausgabe 1792 und 1802); Kayser IV, 274 (Leipzig 1810, 4. Aufl. 1822); Holzmann-Bohatta III, 10; Pilz 340—341. Keine der angeführten Ausgaben ist identisch mit der vorliegenden, die Pilz offenbar nicht bekannt gewesen ist. 1. Aufl. 1785. Rammensee 915, wo jedoch die Zahl der Tafeln nicht angegeben ist.

In der Vorrede teilt der Verfasser mit: ». . . das viele Nachfragen nach einem lateinischen Lesebuch mit Kupfern für kleine Anfänger« habe ihn auf den Gedanken gebracht, das vorliegende Werkchen herauszugeben. Es bestünde eigentlich nur aus den leichteren Stücken einer Umarbeitung des »Orbis pictus« des Comenius, die Herr Rektor Lederer aus Sachsen vor einigen Jahren, »aber ohne Kupfer« herausgebracht habe. Der Verfasser meint nun, indem die Kinder Wörter und Sachen zugleich lernten, würden ihre Begriffe deutlicher, und sie machten sich mit der Sprache »gleichsam spielend bekannt«. In 76 Kapiteln werden Himmel und Erde, die Elemente, Fauna und Flora, Schiffahrt, Instrumente, das Haus und seine Teile, Musik, Malerei usf. in lateinischer Sprache erklärt. Den Abschluß bildet eine Darstellung der Majestät des Königs mit seinen Insignien und dem Hofstaat sowie schließlich ein ganz kurzes Kapitel über Gerichtsbarkeit.
Jedes Kapitel enthält am Ende ein deutsch-lateinisches Glossarium, in dem die noch unbekannten Vokabeln angeführt werden.
In Kapitel 41 (S. 119), »Schola«, findet sich die allen Grundsätzen progressiver Pädagogik hohnsprechende Feststellung: »Praeceptor sedet in cathedra, discipuli in subselliis: ille docet, hi discunt.«
Johann Peter Voit bezieht sich in der Vorrede zur ersten Auflage der »Unterhaltungen für junge Leute . . .« (Bibl. Nr. 174) auf den »Kleinen Lateiner« und darauf, daß er schon *vor* Erscheinen des Ledererschen »Orbis pictus« Erläuterungen zum Comenius angefangen und sie für den »Kleinen Lateiner« und insbesondere für die dabei befindlichen Kupfer brauchbar gemacht habe. Nun stellt der Text in Band 1 der »Unterhaltungen für junge Leute . . .« zwar keine wörtliche Übersetzung des vorliegenden Textes dar, wohl aber entspricht jedem lateinischen Kapitel ein deutsches über den gleichen Gegenstand in den »Unterhaltungen für junge Leute . . .«
Der »Kleine Lateiner« enthält außerdem einige zusätzliche Kapitel, die sich in den »Unterhaltungen . . .« nicht finden. Die Illustrationen sind bis auf wenige Ausnahmen in beiden Werken identisch beziehungsweise behandeln in ähnlicher Art den gleichen Gegenstand.
Man darf daher wohl annehmen, daß das vorliegende Werk auch von Johann Peter Voit stammt, zumal Johann Georg Lederer selber einen »Orbis pictus« umgearbeitet hat (Pilz, S. 339) und sich daher kaum der Umarbeitung seines Namensvetters Johann Christian Lederer bedient haben dürfte, obendrein ohne dieses kuriose Zusammentreffen zu erwähnen.

Johann Christian Lederer, Rektor in Jessen (Landkreis Wittenberg), gest. 1823 (Pilz 340).

Johann Georg Lederer, Rektor an der Hl.-Geist-Schule in Nürnberg, gest. 1792 (Pilz 339).

107 [C. P. L. Lebas]

Promenades instructives d'un Père et de ses enfans

Traduit de l'Anglais, d'Elisabeth Helme, auteur de Louisa, ou la Chaumière, etc. Par le C. P. L. Lebas.

Paris, Tavernier, An VII [1799]

12°. In 3 Bändchen.
Band 1: VIII (samt Titel und Vortitel, Verlags-Anzeige auf I verso), 169 S.; Band 2: 193 S.; Band 3: 164 S.
Jeder Band enthält ein gestochenes Frontispiz von Lefevre und am Schluß in der Paginierung inbegriffene Anmerkungen zum Text.

Nicht nachweisbar.

Im Vorwort erklärt die Verfasserin, es sei ihr Ziel gewesen, den Unterricht mit dem Vergnügen zu verbinden, der Tugend jene Züge zu geben, die ihr eigen, und das Laster in der häßlichen Form, die ihm zukommt, darzustellen. Sie wolle im Herzen der Jugend die Liebe zum Studium und die Freude am Fleiß, die Güte gegenüber dem Nächsten und den Respekt vor den Eltern erwecken.
Es handelt sich um eine Rahmenerzählung, in welche historische Anekdoten eingestreut sind. Da, wie die Übersetzerin bemerkt, die englische Geschichte den kleinen Franzosen nicht so vertraut ist, habe sie am Schluß jedes Bandes erklärende Anmerkungen hinzugefügt.
Die Erzählung beginnt damit, daß der Vater nach langer Abwesenheit die Kinder nach Hause holt. Sie erleben verschiedene Abenteuer und halten lange Zwiegespräche mit dem Vater, in welchen er seine moralischen Grundsätze erläutert. In London führt der Vater die Kinder umher, erklärt ihnen Straßen und Plätze sowie historische Persönlichkeiten, die hier lebten. Mit dem Versprechen des Vaters, diese Spaziergänge im folgenden Frühjahr über die Grenzen Londons hinaus auszudehnen, endet das Buch.

Elizabeth Somerville (Helme), geb. 1774, Verfasserin zahlreicher Jugendschriften, hat unter anderem auch Campe übersetzt.

108 *Lectures pour les enfans*

En vers et en prose, A portée de leur intelligence naissante, et propres à former leur cœur à la vertu par les véritables motifs.
Devise: »Instruis le jeune enfant à l'entrée de sa voie; lors même qu'il sera devenu vieux, il ne s'en retirera point. PROV. chap. XXII, v. 6.«

Yverdon, 1781

8°. 6 Teile in 2 Bänden.
Teil 1: Frontispiz von F. Zimmerli, IV (Titel mit Vignette, Vorwort), 116 S.; Teil 2: 112 S.; Teil 3: 119 S.; Teil 4: 112 S.; Teil 5: 104 S.; Teil 6: 112 S.
In Teil 2—6 sind Titel mit Vignette und Inhaltsverzeichnis in der Paginierung inbegriffen. Teil 5 enthält kein Inhaltsverzeichnis.

Nicht nachweisbar.

Im Vorwort erklärt der Verleger, die Lektüre, die hier den Kindern geboten würde, beinhalte eine moralische Erziehung. Man könne hier die düsteren Folgen des Lasters und die Vorteile der Tugend sehen. Das Buch bedürfe jedoch der Erklärungen einer weisen Erzieherin, die es verstehe, die Kinder auch zu interessieren. Wenn dies mit Klugheit geschehe, dann würden die Lehren aus dem Buch für immer im Gedächtnis der Kinder eingegraben.
Die erste Erzählung trägt den Titel »Toutes les grandeurs de ce monde ne valent pas un bon ami« und berichtet von einem treuen Freund, der einem ungetreuen in der Not beisteht. Damit ist der Tenor der Erzählungen des ersten Teiles gegeben. Der zweite Teil beginnt mit einer kleinen Komödie, in der ein Engel auftritt. Es folgt ein Bericht für Kinder von jenen Personen, die Schwierigkeiten haben, den Buchstaben »R« richtig auszusprechen. In diesem Bericht werden besonders viele »R« verwendet.
Der dritte und alle weiteren Teile enthalten Theaterstücke, Fabeln (unter anderem von Bidpai), Oden und moralische, erbauliche Erzählungen. In einer der Erzählungen wird der seltene Terminus »incivil« für unhöflich oder grob verwendet.

109 [Mme. Jeanne-Marie Le Prince de Beaumont]

Education complette

ou Abrégé de l'Histoire Universelle, Mêlé de Géographie et de Chronologie. Par Mme. Le P. de Beaumont.

La Haye, Pierre Gosse Junior et Daniel Pinet [1763]

Kl.-8°. 2 Bände.
Band 1: XXXII (samt 1 Bl., Vortitel, Titel, Préface und Avertissement), 402 S.
Band 2: 2 Bl. (Vortitel, Titel), 336 S.
Nur Band 1 vorhanden.

Quérard, France litt. V, 198 (Anm.); Brüggemann bringt zu 469 eine Übersetzung von Karl Heinrich Heydenreich, die offenbar eine Kurzfassung der Werke von Le Prince de Beaumont ist.

Als sie ihre Abhandlung über Erziehung dem Publikum übergab, habe sie, erklärt die Verfasserin, gezeigt, wie wichtig es sei, den Kindern an Stelle der Albernheiten, mit denen man sie befasse, ein Buch zu geben, das gleichzeitig angenehm und nützlich ist. Was scheine für einen solchen Zweck geeigneter als das Studium der Geschichte? M. Rollin, überzeugt von dieser Nützlichkeit, habe alles ins Werk gesetzt, um die Geschichte den jungen Leuten zugänglich zu machen. Nach einer lobenden Besprechung des Werkes Rollins meint die Verfasserin, es sei nicht für alle Lebensalter geeignet, es sei zu weitläufig, und die Kinder würden den vierten oder fünften Band schon mit Abscheu lesen, weil sie zum Inhalt der ersten keine Beziehungen mehr herstellen könnten. Dem wolle sie in ihrem kleinen Werk abhelfen. Man werde hier vorerst Fragen und Antworten finden, die sie klar und präzis gestaltet habe, gefolgt von einem kurzen erzählenden Teil, in dem das Vorangegangene näher erläutert wird.
Die Kinder würden durch das Studium der Antworten nicht nur ihr Gedächtnis üben, sondern auch die hauptsächlichsten Epochen in ihrer Reihenfolge lernen. Der erzählende Teil werde ihnen einprägen, was sie schon gelernt haben. Im dritten Teil endlich, den sie für den wichtigsten halte, werde ihnen die Geschichte zur Gewohnheit werden: Sie würden an unzähligen Beispielen die Notwendigkeit einer guten Erziehung, die Gefahr der Leidenschaften, die Nichtigkeit der Größe und anderes mehr lernen.
Die Autorin steht, wie sie feststellt, nicht an, das Lob der Methode, die sie dem Publikum anbiete, zu predigen: Sie bediene sich dieser Methode mit Erfolg seit mehreren Jahren, und es gebe nichts Besseres, vorausgesetzt, daß kundige Lehrer ihre Reflexionen je nach Begabung und Charakter erweitern oder anpassen könnten. Sie möchte hier noch ein Wort über die Eltern sagen. Es erstaunt die Verfasserin immer wieder, wie Eltern, die auf das äußere Benehmen ihrer Kinder größtes Gewicht legen, nichts oder fast nichts tun, um die Kultur des Herzens und des Geistes der Kinder zu pflegen. Im allgemeinen werde sie angestellt, um die Kinder die französische Sprache zu lehren. (Mme. de Beaumont lebte zu diesem Zeitpunkt in England.) Doch sei sie Sprachlehrerin geworden, um Verstand und Herz der Kinder bilden zu können.
Im folgenden führt die Autorin bittere Klage über die Einschätzung der Gouvernanten, fügt jedoch hinzu, daß dies für ihren Fall nicht zutreffe und sie daher nicht in ihrem Interesse spreche. Sie habe einen einzigen Wunsch: Ihren Zöglingen eine gute Erziehung zu vermitteln. »Dieses Werk ist der Beweis dafür.« Wenn es nach ihrem Wunsch ginge, würde sie sich ganz der Errichtung von Akademien widmen, wo man gute Erzieherinnen heranbilden sollte.
Im »Vorbericht« stellt die Autorin neuerlich fest, der notwendigste, der edelste, der am schlechtesten ausgeübte, der verachtetste Beruf sei es, die Jugend zu erziehen. Diese Kunst sei der Beruf aller jener geworden, die ihre Unfähigkeit daran hindere, einen anderen zu ergreifen. Fast niemand, der diesen Beruf wähle, sei dazu berufen. Der Gedanke der mangelnden Eignung der meisten Erzieher wird eingehend erörtert und ihm der begeisterte und berufene Erzieher gegenübergestellt. Es wird sodann in drei Abschnitten ausgeführt, welche Eigenschaften für einen guten Lehrer nötig sind.
1. Die Berufung. Die Verfasserin stellt fest, daß es selbst für einen berufenen Erzieher schwierig sei, sich seiner Aufgabe zu widmen, weil der Erzieher und besonders die Erzieherin ein Dienstbote sei. Weiter fürchte man die blinde Zärtlichkeit der Eltern. Es werde den Erziehern aufgetragen, mit den Kindern sanft umzugehen und ihnen nachzugeben.
2. Erworbene Talente. Nichts sei lächerlicher als das Vorurteil, man brauche für diesen Beruf keine Lehrzeit. »L'art d'éduquer les enfans, est le seul où l'on se croit maître sans avoir été aprentif.« (»Die Kunst, Kinder zu erziehen, ist die einzige, wo man sich Meister glaubt, ohne Lehrling gewesen zu sein.«) Dieser Gedanke wird im folgenden ausführlich erörtert. Um Kenntnis von der Erziehung zu erhalten, müsse man die einschlägigen Werke lesen, so unter anderem die von Fénelon und ihren eigenen »Traité d'Education« und sich nach alledem eine Methode zurechtlegen. In England gebe es bedauerlicherweise — im Gegensatz zu Frankreich — keine Institutionen zur Heranbildung von Erziehern. Gleichzeitig macht sich die Autorin — vorausgesetzt, man stelle ihr einen Saal zur Verfügung — erbötig, Kurse für Erzieherinnen abzuhalten.
3. Vergnügen am Unterricht zu finden. Die Schwierigkeiten der Erziehung lägen in der Ungelehrigkeit der Kinder, ihrem Leichtsinn und ihrer Abneigung gegen die Arbeit. Bei einem guten Lehrer verschwänden alle diese Schwierigkeiten, er kenne die große Kunst, seine Schüler zu interessieren, sie zu fesseln. Sie — die Autorin — behandle

ihre Schülerinnen individuell, sie komme mit allen zurecht, in ihren Händen seien sie Wachs.
In diesem Sinne übergebe sie diesen Abriß den Lehrern, damit er sie lehre, aus ihren Zöglingen tugendhafte Menschen zu machen. Sie könne sich in diesen Ausführungen nur kurz fassen, man werde aber am Ende jeder Lektion die notwendigen Reflexionen finden. Es folgen genaue Anweisungen für die Methode, nach welcher die Erzieher bei dem Buche mit den Kindern vorgehen müßten, worauf die Kinder aufmerksam zu machen seien usw. Die Autorin bringt unter anderem auch praktische Beispiele dafür, wie sie mit ihren Schülerinnen vorgeht.
Die Lektionen dieses ersten Bandes spielen sich in Frage- und Antwortform ab, gefolgt von der entsprechenden Erzählung, die mit Reflexionen über das Gelesene abgeschlossen wird.

Jeanne-Marie Le Prince de Beaumont, 1711—1780, Schriftstellerin, war mit einem Herrn de Beaumont verheiratet. Nach ihrer Scheidung veröffentlichte sie 1748 ihren ersten Roman. Später begab sie sich nach England, wo sie siebzehn Jahre als Erzieherin verbrachte. Von ihren zahlreichen Werken sind das »Magasin des Enfans« (1757), das »Magazin des Adolescentes«, ihre »Education complette« und die diversen anderen »Magasins« am bekanntesten. Mme. Le Prince de Beaumonts Werke gehörten zu den beliebtesten und meistübersetzten Jugendschriften ihrer Zeit.

250.896-A.Fid. (37-035)

110 [Jeanne-Marie Le Prince de Beaumont]

Instructions pour les jeunes Dames

qui entrent dans le Monde, se marient, leurs devoirs dans cet Etat, et envèrs leurs Enfans. Pour servir de suite au Magasin des Adolescentes. Par M. Le Prince de Beaumont.

Vienne, Jean-Thomas de Trattner [1764]

Kl.-8°. In 4 Bänden.
Band 1: 235 S. (Titel, Widmung und Avertissement); Band 2: 204 S.; Band 3: 371 S.; Band 4: 397 S.
In allen vier Bänden ist der Titel in der Paginierung inbegriffen. Kustoden.

Heinsius I, Sp. 206 (Ausg. Trattner 1772); Kayser I, 171.

Die Widmung ist an zwei englische Damen, Madame la Comtesse d'Egremont und Madame Grenville, gerichtet, denen die Verfasserin Elogen macht wegen der Sorgfalt, mit der beide sich ihren Kindern gewidmet hatten. Auch hier handelt es sich wie in den Werken »Magasin des Enfans« und »Magasin des Adolescentes« um Gespräche der Erzieherin mit ihren Schülerinnen. Sie beginnen mit der Geschichte des Neuen Testaments und behandeln vorerst ausschließlich religiöse Fragen.
Auf die Frage: ». . . qu'est-ce la foi?« erfolgt die Antwort: »C'est une vertu qui nous fait croire des vérités que nous ne pouvons comprendre.« An einer Stelle erklärt die Erzieherin: »Voyez-vous, Mesdames; ce n'est pas sans raison qu'on a interdit l'étude aux femmes; elles ont la tête si pleine de vent, qu'aux moindres talens, elles se croient sans façon les huitièmes merveilles du monde, et méprisent toutes les autres: ce défaut est odieux dans la société . . .«
Auch hier werden, wie in den vorangehenden Werken, Erzählungen in die Gespräche eingestreut. Am zweiten Tag beginnt der Dialog mit einer Lektion über die Heilige Schrift. Als im späteren Verlauf eine der Schülerinnen bemerkt, sie liebe es, auf Bälle zu gehen, wird sie von der Erzieherin heftig getadelt: ». . . le monde est un lieu où il règne une peste bien dangereuse, puisqu'elle tue l'ame . . .« Ehe eine ihrer Schülerinnen in die Welt, das heißt auf Gesellschaften gehe, solle sie sich zuvor durch Gebet und Meditation stärken. Auf den Einwand einer der Schülerinnen, die Erzieherin wolle Heilige aus ihnen machen, erwidert diese, die Gesellschaft der Heiligen sei die angenehmste, man könne ihnen alles vorschlagen, ausgenommen die Sünde. Sie schließt dieses Gespräch mit der Bemerkung, nun sei es genug des Moralisierens, und man werde zur römischen Geschichte zurückkehren. Es folgen ein Exkurs in die römische Frühgeschichte und darauf die Fortsetzung einer von der Erzieherin begonnenen Erzählung.
Anläßlich eines Gespräches über die Vernunft heißt es: »On ne doit jamais appeler raisonables que ceux qui se conduisent par les lumières de la raison . . .«
Die Erzieherin spricht dann von den Pflichten der jungen Mädchen, sobald sie einmal verheiratet sind. Sie mögen sich auf alle Fälle daran erinnern, daß ihre Herrschaft am Tage ihrer Hochzeit erlösche, und daß die des Ehemannes, der vordem Geliebter gewesen war, beginne. ». . . une femme doit renoncer courageusement à ses goûts et à ses volontés pour se conformer à ceux de son époux.«
In den Text eingeflochten ist eine Erzählung der Madame de Villeneuve. Dies erscheint deshalb erwähnenswert, weil die Autorin auch im »Magasin des Enfans« ein Märchen — in etwas geänderter Form — der Mme. de Villeneuve, nämlich »La Belle et la Bête« bringt. (S. auch Bibl. Nr. 24.) Eines der jungen Mädchen hat eine Biographie des Sokrates gelesen, die sie nun der Erzieherin und ihren jungen Gefährtinnen vorträgt.
In einem langen Exposé erklärt die Erzieherin den jungen Mädchen die Pflichten gegen ihren Ehemann: »C'est à Dieu que je me soumets en la personne de celui qu'il m'a donné pour époux.« (»Es ist Gott, dem ich mich in der Person jenes unterwerfe, den er mir als Gatten gegeben hat.«) In langen und gründlichen Erörterungen behandelt die Erzieherin die Pflichten der künftigen Ehegattinnen gegen ihren Gatten.
Die Erzählung der Mme. de Villeneuve wird in Band II fortgesetzt. In einem Gespräch über Kindererziehung beharrt die Erzieherin darauf, daß die Mütter die Kinder selbst erziehen müßten. Eine der Teilnehmerinnen des Gesprächs ist der Ansicht, daß die Erziehung nicht vor dem dritten Lebensjahr einsetzen solle, bis zu diesem Augenblick sollten die Kinder in der Hut einer guten Amme bleiben. Die Frage, ob man die Kinder durch eine Gouvernante erziehen lassen oder sie selbst erziehen solle, wird eingehend erörtert. Die Erzieherin erklärt, daß es in der Erziehung keine kleinen Fehler gäbe, der geringste könne alles verderben. Außerdem gebe es keine allgemeinen Verhaltensregeln, man müsse für jeden Fall anders, das heißt individuell vorgehen. Man dürfe nicht vergessen, daß erstens Kinder bei der Beurteilung ihrer Erzieher selber die strengsten Richter seien. Zweitens sei ein Hauptpunkt der Erziehung, den Kindern beizubringen, daß sie ihre Fehler nur durch ein Eingeständnis wieder gutmachen könnten. Es folgen lange Gespräche über den Glauben, die Frömmigkeit und die Sünde und danach wieder ein Kapitel aus der römischen

Geschichte und schließlich ein weiterer Abschnitt aus der Heiligen Schrift.
Zu den unverheirateten Schülerinnen gesellen sich später auch einige bereits verheiratete. Im Gespräch mit einer dieser Schülerinnen über das Hauspersonal kündigt die Verfasserin ihr »Magasin des Pauvres, des Domestiques et des Artisans« (Bibl. Nr. 113) an.
Der neunte Tag beginnt mit der Nachricht vom Tod einer der Schülerinnen, was Anlaß zur Lektüre einer Reihe von Briefen der Verstorbenen gibt.
In einem Dialog stellt die Erzieherin fest: »L'éducation . . . renferme deux points très importans; la culture des bonnes dispositions des enfans; la destruction de leur défauts.«
Der zweiten Forderung nachzukommen, sei bedeutend schwieriger. Es bedürfe steter Wachsamkeit, um hinter die Schliche zu kommen, welche die Kinder darauf verwenden, um ihren Fehlern zu frönen.
Der vierte Band, der mit dem vierzehnten Tag beginnt, behandelt, mit Unterbrechungen, in denen aus der Heiligen Schrift gelesen wird oder Erzählungen vorgetragen werden, ausschließlich Eheprobleme der verheirateten Schülerinnen.
In einem Abschiedsbrief ermahnt die Erzieherin ihre Zöglinge, in Frömmigkeit zu verharren, sich Gott zu unterwerfen und die Gelegenheiten zu sündigen, wie Bälle oder andere weltliche Vergnügungen, tunlichst zu meiden.

258.805-A.Fid. (92-38)

111 [JEANNE-MARIE LE PRINCE DE BEAUMONT]

Magazin des Adolescentes

ou Dialogues entre Une sage Gouvernante, et Plusieurs de ses Eleves de la premiére Distinction. Par Mad^e. Le Prince de Beaumont. Nouvelle Edition, revue et corrigée.

La Haie et a Leide, Pierre Gosse, Junior [1766]

Kl.-8°. 4 Bände in 2 Bänden.
Band 1: XXX (Titel, Widmung, Avertissement), 1 Bl. (Namen der in den Dialogen erscheinenden jungen Mädchen), 196 S.
Band 2: 236 S., (samt Titel).
Band 3: 242 S. (samt Titel).
Band 4: 278 S. (samt Titel).
Kustoden.

Quérard, France litt. V, 198 (1760).

Obwohl die Verfasserin erklärt, ihre Ansprache an Lady Carteret sei kein Widmungsbrief, stellt dieser sich gleichwohl als Widmung dar. Die Verfasserin stellt fest, die Adressatin habe alle Anlagen, um später einmal Lob zu ernten, und erklärt ihr, daß sie alle guten Eigenschaften von Gott erhalten habe. Es folgen nun Mahnungen für das spätere Leben. Mme. de Beaumont erklärt der Adressatin, daß sie das Modell für Lady Sensée (eine der handelnden Personen) geliefert habe, und wenn sie dem Vorbild noch nicht gleiche, solle sie doch trachten, ihm gleich zu werden.
Im »Avertissement« teilt die Verfasserin mit, die gute Aufnahme, die seinerzeit das »Magasin des Enfans« sowohl in London wie anderwärts gefunden habe, veranlasse sie nun, das »Magazin des Adolescentes« herauszugeben. Das gefährlichste Alter sei jenes, das mit 14 und 15 Jahren beginne. Man müsse vor allem Religion besitzen. »Die Tugend ist die einzige Sache, die uns schätzenswert und glücklich macht.« Man müsse den jungen Mädchen die Häßlichkeit des Bösen vorstellen, damit sie davor zurückschrecken. Man müsse sie davon überzeugen, daß das Joch des Evangeliums süß und leicht sei. Die Tugend allein könne die unvermeidlichen Übel dieses Lebens mildern. In dieser Art werden auf den folgenden Seiten die strengen Grundsätze der Verfasserin wiedergegeben. Dann erklärt sie, die handelnden Personen hätten lebende Vorbilder, nämlich ihre eigenen Schülerinnen. Sie berichtet weiter, welche Erziehungserfolge sie beispielsweise bei jenem kleinen Mädchen gehabt habe, das sie Lady Violente nennt.
Das Buch ist in Form von Gesprächen zwischen der Erzieherin und ihren Zöglingen gehalten, in welche Erzählungen der einzelnen Schülerinnen eingestreut sind. Zwischendurch finden sich in längeren Absätzen pädagogische Grundsätze und Maximen der Erzieherin. Unter anderem erklärt sie ihnen auch die Philosophie Sokrates', die man »philosophie morale« nenne und die für Damen ebenso schicklich sei wie für Männer. ». . . or, la prémière disposition necessaire pour apprendre la philosophie, est de beaucoup réfléchir.«
Miss Champêtre hat mit 14 Jahren schon einiges von Locke gelesen. Lady Sensée bemerkt grundsätzlich: »La philosophie morale est l'art de vivre heureux en vivant vertueusement«, und weiter: »Da Gott uns eine Vernunft gegeben hat, müssen wir uns ihrer bedienen . . .«
Die jungen Mädchen (im Alter von 12 bis 17 Jahren) nehmen mit der Erzieherin alle möglichen Themen in Angriff. So erklärt sie ihnen unter anderem den Begriff »Axiom«: »C'est une vérité si claire qu'on ne peut en douter sans renoncer aux lumières du bon sens . . .« Neben Philosophie werden auch Geschichte und Geographie gelehrt. In den Gesprächen wird unter anderem anhand der »Lettres Persanes« über die Zulässigkeit des Selbstmordes diskutiert. Das Völkerrecht, über welches die Gouvernante ebenfalls spricht, wird als »Droit naturel« bezeichnet und in der darauffolgenden Erläuterung die diplomatische Immunität als aus dem Naturrecht erfließend dargestellt. Es werden weiter Verhaltensregeln für eine gesunde Lebensweise gegeben und vor allem Mäßigung empfohlen.
Im dritten und vierten Teil kommen die älteren Schülerinnen häufiger zu Wort. Eine von ihnen fragt, welche die Wissenschaften seien, die man kennen oder ohne deren Kenntnis man sich schämen müßte. Die Antwort lautet: Man muß sehr gut lesen und schreiben können und die Rechtschreibung kennen. Ein junges Mädchen muß grüßen können, sich anmutig in Gesellschaft benehmen und sollte eine Zeitlang einen Tanzlehrer haben. Sie muß die Geographie kennen, allgemeine Kenntnisse in der Geschichte besitzen und ihre Muttersprache beherrschen, denn Französisch ist die Sprache aller Höfe geworden. Weiter wäre es rätlich, wenn sie Musik, Zeichnen und kleine Handarbeiten studierte. Diese jedoch, meint die Erzieherin, seien bloß gesellige Künste, um des feinen Anstandes willen. Da die jungen Mädchen dazu bestimmt seien, Mütter zu werden, müßten sie sich auch mit dem Haushalt befassen. Eine der Schülerinnen sagt, sie sei überzeugt, daß die Frauen ebensoviel wert seien wie die Männer. In einer langen Erörterung beweist die Erzieherin, daß die Schülerin nicht recht hat, und die Männer überlegen seien. Auf einen Einwand erklärt die Erzieherin, sie habe nicht behauptet, daß die Männer überlegen seien, sondern daß sie mehr Kraft und Mut besäßen. Sie läßt dann die Schülerinnen einzelne Begriffe, wie etwa »courage«,

definieren und beweist anhand der Anatomie eines Männer- und Frauenkopfes, daß die Männer den Frauen doch überlegen seien.

112 [MAD. JEANNE-MARIE LE PRINCE DE BEAUMONT]

Magasin des Enfans

ou Dialogues entre une sage Gouvernante et plusieurs de ses Eleves de la premiere distinction, Dans lesquels on fait penser, parler, agir les jeunes Gens suivant le génie, le tempérament, et les inclinations d'un chacun. [. . .] Par Mad. le Prince de Beaumont.

Vienne, Jean Th. Noble de Trattnern [1783]

12°. 2 Teile in einem Band.
Band 1: XLII (samt Titel und Avertissement), 210 S.
Band 2: 198 S. (samt Titel).

Quérard, France litt. V, 198 (1. Aufl. 1757).

Die Verfasserin erklärt im Vorwort, sie sei sich der Schwierigkeit ihres Unternehmens bewußt gewesen und einige Male in Versuchung gekommen, es aufzugeben. Umso mehr habe sie der Erfolg bei einer Reihe von erwachsenen Lesern überrascht. Dieser Erfolg habe sie jedoch erst recht entmutigt, weil sie ihr Werk ja nicht Erwachsenen, sondern Kindern bestimmt hatte. Als sie aber das Buch Kindern vorgelesen hätte, sei sie auch bei ihnen auf ein besonderes Interesse gestoßen; es sei ihr hier bewußt geworden, daß die Abneigung der Kinder gegen das Lesen daher komme, daß sie die Bücher, die man ihnen gebe, nicht verstünden und sie daher durch die Lektüre gelangweilt würden. Man könne sich vorstellen, wie sehr die englischen Kinder sich gelangweilt hätten, wenn man ihnen den »Télémaque« oder den »Gil Blas« zum Übersetzen gab. Die Verfasserin erklärt in diesem Zusammenhang, sie lehne auch die Märchenbücher ab, weil sie leicht zu falschen und gefährlichen Gedanken führen könnten. Sie wirft den Märchen vor, sie enthielten keine Moral, und die wenige, die sich finde, werde durch Lächerlich-Wunderbares erstickt. Sie wiederhole hier, was sie unzählige Male schon gesagt habe: »Die Sitten bilden, den Verstand nützen, ihn angenehm gestalten, ihm eine geometrische Wendung verleihen und das äußere Verhalten regulieren.«
Diese auch im Französischen gestelzte Ausdrucksweise entspricht der Mentalität der Beaumont, zeigt aber auch, daß sie — als etwas vage Jansenistin — Pascal gelesen hat. Die »geometrische Wendung des Verstandes«, die sie für die Kinder anstrebt, geht zurück auf ein kleines, posthum erschienenes Werk Pascals, »l'Art de persuader et l'Esprit géometrique«, in dem er die Präzision des methodischen, in seinen Grenzen befangenen Denkens dem unbegrenzten Blick der Imagination gegenüberstellt. Mit der Imagination hatte Mme. de Beaumont nicht allzuviel im Sinn, ihr ging es vor allem um Genauigkeit. (Als erster hat Ernst Seibert auf jansenistische Elemente ihrer Pädagogik hingewiesen. Seibert, S. 159 ff.)
Das ganze Bestreben der Erzieher müsse auf diese Forderungen gerichtet sein. Anstatt das Gute zu predigen und das Böse zu verurteilen, müsse man den Kindern begründen, warum man dies tue! Man mache aus ihnen sprechende, hörende, schauende Wesen, man solle denkende aus ihnen machen. Trotz der Schwierigkeit der Aufgabe habe sie Erfolge bei ihren Schülerinnen, denen sie nichts sage, ohne daß diese das Gesagte auf seinen Wahrheitsgehalt überprüfen könnten.
Vom dritten Jahr an müsse man den Kindern das Wahre und Richtige erklären, man dürfe ihren Verstand nicht unterdrücken und sie zu den Ansichten der Erwachsenen zwingen, sondern müsse sie überzeugen von der Notwendigkeit dessen, was man von ihnen verlangt. Dazu gebe es zwei Mittel, die Religion und die Vernunft. Die Verfasserin erklärt, sie habe dies anhand der Heiligen Schrift getan. Sie habe versucht, in der Heiligen Schrift Motive zu finden, die die Kinder zum Gehorsam veranlassen. Sie hoffe, indem sie die gefundenen Wahrheiten immer wiederhole, sie den Kindern auf unauslöschliche Weise einzuprägen. Einige Geschichten aus der Heiligen Schrift habe sie ausgelassen, um nicht die Neugierde der Kinder auf einen Gegenstand zu lenken, wo sie Unwissenheit als ein Glück betrachte. Die Kinder dürften nicht den Verdacht bekommen, daß sie belehren wolle. Dieses Motiv habe sie berechtigt, alles auszulassen, was langweilig sei, dasselbe Recht aber behalte sie sich für das vor, was für die Sitten gefährlich sein könnte.
Einige würden ihr vorwerfen, sie rede von Dingen, die über das Fassungsvermögen der Kinder hinausgingen und überdies für Frauen überflüssig seien. Sie aber wende sich gegen die Ignoranz, zu welcher ». . . Messrs., les Tirans . . .« die Frauen verurteilten. Ja, sie wolle aus ihnen Logikerinnen, Mathematikerinnen und selbst Philosophinnen machen. »Je veux leurs apprendre à penser juste pour parvenir à bien vivre.« Wenn sie nicht die Hoffnung hätte, dieses Ziel zu erreichen, würde sie sofort aufhören zu schreiben und zu lehren. Sie betrachte zum Beispiel das Studium des Französischen als ein Mittel, Herz und Verstand ihrer Schülerinnen zu bilden (sie war zu dieser Zeit Erzieherin in England) und erklärt weiter, sie sei überzeugt, daß ihre Schülerinnen mit den Grundsätzen, wie sie von ihr beobachtet würden, auch in den anderen Fächern fleißig und geschickt sein würden, weil sie wüßten, daß die heiligste Pflicht der Gehorsam gegen Eltern und Lehrer sei. Für Kinder, denen diese Grundsätze eingeprägt wurden, gebe es keine Nachlässigkeit mehr in der Erfüllung ihrer Pflicht. »Die Philosophie wird den Abscheu, den sie vor häuslichen Tätigkeiten empfinden, der Pflicht opfern, die aus dieser Aufgabe ein Gesetz macht.«
Sollte sie mit diesem Band Erfolg haben, dann würde sie mit einem zweiten Buch dieser Art fortfahren. Sie sei allerdings darauf angewiesen, daß es für diese Fortsetzung genügend Subskribenten gäbe, weil die Zahl der Leser für ein französisches Buch in England sehr beschränkt sei. Die Verfasserin verbreitet sich dann über die Frage, daß sie bedauerlicherweise gezwungen sei, mit ihren Büchern Geld zu verdienen. In der Folge polemisiert sie gegen die Engländer, die aber andrerseits den englischen Handel zum Blühen brächten, weil sie ihn nicht als eine Tätigkeit betrachteten, die eines Adeligen unwürdig sei. Ein fleißiger, anständiger Kaufmann könne hier auf alles Anspruch erheben. Der Herzog, der Graf verbänden sich mit ihm, ohne zu erröten, sie behandelten ihn mit Achtung und Rücksicht. Auch die Landleute erfreuten sich hier großer Achtung. Dies gelte im allgemeinen auch für die freien Künste, und im besonderen sollte es für jene gelten, denen man die Erziehung der Kinder anvertraue. Die Verfasserin beklagt es an dieser Stelle, daß man die Erzieher nicht mit jener Wertschätzung behandle, die ihnen, angesichts der Wichtigkeit ihrer Pflichten und Aufgaben, zukäme. Sie schließt mit der Bemerkung, daß die Erzieher, da man sie nicht so behandle wie sie es verdienten, sie aus ihrer Tätigkeit wenigstens materiellen Nutzen ziehen müßten.

Zum Schluß bemerkt die Verfasserin, daß es, ungeachtet aller Mühe, die sie sich gegeben habe, sein könnte, daß Kinder, deren Verstand zu beschränkt sei, Schwierigkeiten haben würden, ihr Buch zu verstehen. Sie beschwört die Erzieher, das, was an ihrem Werk fehlen könnte, zu ergänzen, selbst daran mitzuarbeiten, daß den Kindern das Verständnis erschlossen werde. Sie selbst habe während zwanzig Jahren in Gratisschulen arme Kinder unterrichtet, die ihr weniger Anschauungsmaterial gegeben hätten. Von den guten Beispielen einer adeligen oder vermögenden Familie könne man mehr an erhabenen Gefühlen erhoffen. Und ganz besonders in diesem Land. Sie könne mit Überzeugung sagen, daß die Engländer tugendhaft geboren würden. In den zehn Jahren, die sie in London lehre, habe sie die glücklichsten Anlagen gesehen!
Im Titel hat die Autorin den Inhalt des Buches ausführlich angegeben: Die jungen Leute denken, sprechen und handeln je nach Temperament und Begabung. Es werden die Fehler ihres Alters dargestellt, es wird gezeigt, wie man sie korrigieren kann, wie man sich bemüht, ihr Herz ebenso wie ihren Verstand zu formen und zu bilden.
Schließlich enthält das Werk einen Abriß der Heilsgeschichte, der Fabeln, der Geographie, alles mit zweckmäßigen Reflexionen und moralischen Erzählungen versehen, um die Kinder auf angenehme Weise zu unterhalten. ». . . abgefaßt in einem einfachen, ihrem Alter angemessenen Stil«. Die Form, die dafür gewählt wurde, ist der Dialog.

258.396-A.Fid. (84-305)

113 [MADAME JEANNE-MARIE LE PRINCE DE BEAUMONT]

Le Magasin des Pauvres, Artisans, Domestiques et Gens de la Campagne

Par Madame Le Prince de Beaumont. Avec Approbation.

Liege, J. F. Bassompierre, Fils; J. Van den Berghen, Bruxelles [1769]

12°. 2 Teile in 1 Band.
Teil 1: XVI (samt Titelblatt, Widmung, Einführung und Liste der Personen des Buches), 356 S.
Teil 2: 301 S. und 2 Bl. »Privilège du Roi«.

Quérard, France litt. V, 198 Ausg. von 1768. Quérard erwähnt verschiedene Ausgaben, darunter eine in Leyden 1769, nicht aber die vorliegende. Gumuchian 3763 (Leyden 1769). Wiedergedruckt 1819, 1822 und 1825 unter dem Titel »Le Trésor des Pauvres, artisans . . .« wie oben. Auch unter dem Titel »Trésor des familles chrétiennes« erschienen.

Das Buch ist dem verstorbenen Comte de Torre-Palma, spanischem Botschafter in Wien und später in Turin, in Form eines Briefes an ihn gewidmet. Ein zweiter kurzer Brief wendet sich an die Witwe des Verstorbenen. Auf der der Seite XIV folgenden Seite (ohne Zahl) und auf Seite XVI wird das Verzeichnis der Partner, die an den folgenden Gesprächen teilnehmen, bekanntgegeben. In Form von Dialogen, in denen »La Bonne« (doppelsinnig: die Gute oder auch das Hausmädchen) die Rolle der Belehrenden übernommen hat, lehrt sie die Armen, das sind Handwerker, Dienstboten und Landleute, Glauben, Moral und die Liebe zu Gott, wobei die armen Leute bemerkenswert ketzerische Ansichten äußern, wie etwa der Bauer, der meint, er wäre dankbar, wenn man ihm den Weg zum Himmel wiese, doch der sei ja nur für die Reichen da, die Zeit hätten, in die Kirche zu gehen, und Zeit zu beten, nicht so wie die Armen, die nur von Sorgen und Schmerzen geplagt würden. La Bonne ist der Ansicht, alle könnten Heilige werden, wenn sie Gott ihre Taten und Handlungen darbrächten.
Grundsätzlich wird dem Armen hier die Rolle des Unwissenden zugeteilt, der sündigt, weil er nicht in der Lage ist, die Absicht Gottes, der den vom Schicksal Benachteiligten Lasten und Plagen auferlegt, zu erkennen.
Das Buch endet mit einem Schlußwort von La Bonne: »Devenez bons Chrétiens, mes enfants, et vous aurez la vraie politesse, qui ne consiste pas dans les compliments, mais dans l'amour du prochain.«

256.237-A.Fid. (64-142)

114 [MAD. JEANNE-MARIE LE PRINCE DE BEAUMONT]

Le Mentor moderne

ou Instructions pour les Garçons et pour ceux qui les élevent. En douze volumes en -12°. Par Mad. le Prince de Beaumont. Avec Approbation et Privilege du Roi.

Paris, Claude Herissant [1773]

12°. 12 Bände bzw. Teile.
Tome 1: XXIV (Titel, Épitre, Avertissement, Approbation, Werksverzeichnis und Inhaltsverzeichnis), 273 S.
Teil 1: 2 Bl. (Titel und Inhaltsverzeichnis mit den Namen der auftretenden Kinder), 272 S.
Teil 2: 271 S. mit Inhaltsverzeichnis auf S. 271 verso.
Teil 3: 279 S. (samt Titel) und Inhaltsverzeichnis auf S. 279 verso.
Teil 4: 246 S. und 3 Bl. Subskriptionsliste.
Teil 5: 276 S. (samt Titel).
Teil 6: 266 S. (samt Titel und 1 leeren Bl.).
Teil 7: 263 S. (samt Titel).
Teil 8: 265 S., Inhaltsverzeichnis auf S. 265 verso.
Teil 9: 273 S. (samt Titel).
Teil 10: 268 S. (samt Titel), dem Text folgen 5 unpaginierte Seiten Inhaltsverzeichnis und 7 unpaginierte Seiten »Avis«.
Teil 11 und 12: 199 S. (samt Titel) mit Inhaltsverzeichnis auf S. 199. Es folgen 4 unpaginierte Seiten mit der Angabe der Bandzahl, Imprimatur und Druckerprivileg.

Quérard, France litt. V, 199.

Die Widmung (Épitre) ist an Mylady Maine gerichtet. Im »Avertissement« meint die Verfasserin, sie habe gegen das Vorurteil zu kämpfen, daß Frauen in der Erziehung der Knaben nichts zu reden hätten. Ihr Ziel wolle sie trotzdem erreichen, nämlich Herz und Verstand durch Erziehung auszubilden. Das vornehmste Mittel dazu scheine ihr das Studium der Geschichte. Sie warnt davor, die Kinder zu frühzeitig mit dem Lernen zu befassen, weil sie das zu sehr ermüde und überdies ihre Abneigung gegen das Studium erwecke. Band 1 beginnt mit einem Abriß der Geschichte der Alten, dann folgt Teil 1; die Teile 2, 3 und 4 sind, nach der Verfasserin, vorzüglich für Mütter und Erzieherinnen geeignet, in Teil 5 findet man dann die entsprechenden Lek-

tionen. Die Teile 11 und 12 sind unter dem Titel »Le Mentor ... Onzième partie, et la Douzième, y compris l'histoire du Catéchisme. Ce volume n'est que pour les Maîtres« in einem Band zusammengefaßt.
Sämtliche Lektionen finden in Form von Frage und Antwort statt.

258.087-A.Fid. (81-224)

115 [JEANNE DE SCHOMBERG, MADAME LA DUCHESSE LIANCOURT]

Réglement

donné par Madame la duchesse de Liancour, à Mlle de la Roche-Guyon sa petite-fille, pour sa conduite, et pour celle de sa Maison; Avec un autre Réglement que cette Dame avoit dressé pour elle-même: Suivi du Devoir des Grands, de Monseigneur le Prince de Conti, avec son Testament.

Paris, Saugrain et Lamy [1779]

8°. (Devoir des Grands mit dem Testament des Prince de Conti fehlt in dieser Ausgabe). XXIV (1 Bl., Vortitel, Titel, Avertissement, Biographie der Verfasserin), 203 S. (samt Inhaltsverzeichnis).

Quérard, France litt. V, 297 (Paris 1698, 1779 und 1814).

Der Titel ist dem Erziehungsprogramm Jacqueline Pascals, der Schwester Blaise Pascals, entnommen. Er lautet: »Réglement pour les Enfants«. Der ursprüngliche Titel lautete: »Réglement donné par une dame de haute qualité à Mme.*** sa petite fille (la princesse de Macillac.) pour sa conduite et pour celle de sa maison publié par l'Abbé J. Boileau Paris 1698.«
Quérard (a. a. O.): »L'éditeur a joint à cet ouvrage un réglement qu'elle avait composé pour elle-même et la fit précéder d'un Avertissement, qui contient la vie de madame Liancourt.«
In der vorliegenden (zweiten) Ausgabe befindet sich die Biographie der Verfasserin zwischen der Anzeige des Verlegers und dem eigentlichen Text. Der Herausgeber stellt fest, das Buch sei wegen der Verfasserin noch interessanter als wegen seines Inhaltes. Es war 24 Jahre nach ihrem Tod von Abbé Boileau herausgegeben und mit einer Biographie versehen worden, die mehr als ein Drittel des Werkes einnahm. Der Herausgeber dieser Ausgabe habe diese Biographie gekürzt und gleichzeitig um einige Angaben bereichert.
In der Einleitung wendet sich die Autorin an ihre Enkelin und erklärt ihr, man habe sie veranlaßt, ihr — der Enkelin — aus dem reichen Schatz ihrer Erfahrungen das mitzuteilen, was ihr nützlich sein könnte. Sie bittet auch Gott, er möge ihre Enkelin vom rechten Weg nicht abkommen lassen und möge sie stets mit frommen und guten Leuten Umgang haben lassen.
Der Text ist in 19 Artikel gegliedert. Der erste Artikel handelt vom Gebrauch der Zeit und von der Arbeit. Als Folge der Erbsünde habe Gott dem Menschen Arbeit und den Tod geschickt; dieser sei unvermeidlich, jene notwendig. Jeder müsse nach seinem Stand und seinen Gaben arbeiten, denn Gott strafe die, die ihre Gaben nicht nützen. Die besonderen Pflichten ihres Standes lägen in der Aufsicht über jene, die mit uns im Haus leben, um sie in ihrer Frömmigkeit zu Gott zu erhalten, uns um ihre Angelegenheiten zu kümmern und für die Armen zu sorgen. Wenn dann noch Zeit bleibe, nehme man eine Handarbeit, um der Faulheit und dem Müßiggang, die am Beginn aller Sünden stehen, zu entfliehen.
Zum Müßiggang gehörten nicht gewisse Pflichtbesuche oder die Zeit, die man auf unschuldige Vergnügen verwende. Zu verdammen seien alle, die behaupten, man müsse sich »zerstreuen«, um dem Müßiggang zu entfliehen. Man dürfe auch nicht zuviel Zeit auf Schlaf und Kleidung verwenden.
Artikel II spricht vom Vergnügen und von der Ruhe. Da wir nach der Erbsünde zu Arbeit und Tod verurteilt seien, seien wir auch vom Ort der Ruhe und der Wonnen verbannt, wir dürften daher die Freuden dieser Welt nur mit dem Wunsch nach jener anderen Welt betrachten. Eine der sichersten Regeln, erlaubte von unerlaubten Freuden zu unterscheiden, sei die, uns vor Gott zu stellen und zu fragen, ob wir sie ihm darbringen könnten. Zu den Vergnügen, die dessen nicht würdig sind, gehören sicherlich Bälle, Komödien, Ballett, eitler Tand usf.
Artikel III handelt vom Gebrauch unserer Güter. Geburt und Tod, die von allem entblößt erfolgen, sollten uns darüber belehren, daß wir nicht mehr Recht auf die Güter dieser Welt haben als die Ärmsten der Armen. Wenn Gott uns viel gegeben habe, dann deshalb, um die Güter an die Armen zu verteilen, die uns anvertraut seien wie treuen Wirtschaftsführern der Familie Gottes. Eines Tages würden wir Ihm Rechenschaft legen müssen. Man werde dann ruhigen Gewissens einen Teil des Gutes für sich und seine Familie verwenden dürfen, jedoch in bescheidenem Maße, und man möge immer bedenken, daß Bescheidenheit, die nicht dem Geiz entspringt, von jedermann gebilligt wird. Die Pflichten der Ehefrau gegen ihren Mann werden im nächsten Kapitel in acht Punkten ausführlich behandelt. Dieses Sakrament ist ein großes Mysterium, welches die Verbindung Christi mit der Kirche darstellt. Die Ehefrau schuldet dem Mann Freundschaft, Glaube an ihn, Abhängigkeit von seinem Willen, wenn er nicht gegen jenen Gottes gerichtet ist, und die Dienste für seine Seele und seinen Körper. Um Freundschaft und Vertrauen zwischen den Eheleuten aufrechtzuerhalten, dürfe man darüber nie den Respekt vergessen, den man dem Ehemann schulde; man solle nie mit Frauen Umgang haben, gegen welche der Ehemann eine Abneigung hegt. Es gebe weniges nur, das man vor ihm geheimhalten darf, wie etwa das Geheimnis eines anderen. Einen Ehemann solle man sanft und ohne Zeugen auf seine Fehler gegen Gott und andere hinweisen.
Der Artikel V spricht vom Verhalten der Frau in der Welt. Wir — die Frauen — seien von Geburt aus so schwach und neigten so sehr zum Bösen, daß wir des öfteren in uns hineinblicken müßten, um unsere Fehler kennenzulernen. Der Dämon des Bösen werde vielleicht versuchen, uns zu schlechter Gesellschaft zu verleiten, daher müßten wir sehr darauf achten, mit wem wir umgehen. Dieser Dämon könnte uns dazu verleiten, Romane zu lesen, die selbst von gescheiten Leuten gelobt werden, die Frauen müßten sich vor diesen verderblichen Büchern ebenso hüten wie vor schlechter Gesellschaft. Wenn eine Frau bemerke, daß ein Mann zu sehr ihre Gesellschaft sucht, solle sie das übersehen und mit anderen Frauen reden. Überhaupt solle sie sich vor jungen und ansehnlichen Männern hüten und nie mit einem Mann allein bleiben. Niemals dürfe ein Diener des Morgens ihr Gemach betreten, auch solle sie vor der Dienerschaft ihrem Mann keine Zärtlichkeit zeigen.
Was die Kleidung anlangt, so solle sie überflüssigen Luxus, Moden, die den Busen und die Arme freilassen, Schminke usw. meiden. Die Pflichten gegen die Kinder bilden den Artikel VI. Die Zuneigung der

Mutter gegen ihre Kinder zeige, daß Gott ihr dieses Gefühl eingeflößt habe, um als Beispiel oder Vorwurf für die vernünftigen Geschöpfe zu dienen, die unvernünftig genug wären, es daran fehlen zu lassen. Die Eltern dürften sich nicht nur um das körperliche Wohl ihrer Kinder kümmern, sondern müßten auch für ihr seelisches Heil sorgen, sie müßten die Kinder für Gott erziehen. Diese Erziehung beginne im Mutterleib, weil man sie Gott anbieten müsse, sobald man sich schwanger fühle. Man solle die Kinder sogleich in der Kirche taufen lassen und möge ihnen Ammen mit guten und anständigen Sitten geben. Niemand Verderbter dürfe sich ihnen nähern, und sobald sie die geringste Einsicht hätten, müsse man ihnen erklären, daß sie einen Vater im Himmel haben. Als Erzieher gebe man ihnen fähige und fromme Personen, die man sorgfältig selber überprüft habe. Was ihren, der Kinder, Beruf anlange, so dürfe man ihn nicht im voraus bestimmen, sondern müsse die Entwicklung der Kinder abwarten. Im nächsten Artikel wird die Erziehung jener, die für die Kirche bestimmt seien, und im darauffolgenden die Erziehung der Kinder in der Welt behandelt.

Für die Kirche dürfe man nur Kinder bestimmen, die Anlage, Neigung und Berufung dafür zeigten. Auf keinen Fall dürfe man sich davon Benefizien für die Kinder oder andere Vorteile erwarten.

Die Erziehung für die Welt biete keine geringen Schwierigkeiten, denn es sei nicht leicht, die Kinder so zu erziehen, daß sie gute Christen und Hofleute zugleich seien. Da sie eine Erziehung wie andere Kinder erhielten, müßten sie in Sprachen und Wissenschaften nach ihren Fähigkeiten unterrichtet werden. Denn ein Mann von Welt sei ebenso benachteiligt wie ein anderer, wenn er in Gesellschaft gelehrter Personen nicht mitreden könne.

Insbesondere aber müßten diese Kinder, die für die Welt erzogen werden, eine gründliche Schulung in allen christlichen Prinzipien erhalten und lernen, was sie Gott, sich selbst, dem Vaterland, dem König, ihren Freunden, ihren Dienstleuten und ihren Untertanen verdanken. Sie sollen auch frühzeitig auf ihre Würde als Christen aufmerksam gemacht werden und lernen, daß ihre Seele kostbarer sei als alle Vergnügungen, Reichtümer und Ehren der Welt. Es werden dann alle Tugenden aufgezählt, die den gläubigen Christen in der Welt auszeichnen: Er verrate niemals jemanden, er liebe die Gerechtigkeit, er habe nur tugendhafte Freunde usw. Unter anderem rühme sich der gläubige Christ, sich niemals zu rächen, im Gegenteil: er verzeihe gerne und leicht. Sodann wird im Zusammenhang mit diesen Feststellungen das Duell in einer langen Ausführung angeprangert. Damit jedoch die Söhne ihren Mut zeigen könnten, schicke man sie frühzeitig in den Krieg. Die Mütter sollten versuchen, durch ihre Freundschaft das Vertrauen ihrer Söhne zu erwerben.

Ein ungleich kürzerer Artikel ist der Erziehung der Töchter gewidmet, obgleich die Autorin empfiehlt, die Mütter mögen für die Erziehung der Töchter die gleiche Sorgfalt aufwenden wie für die der Söhne. Bereits im ersten Absatz wird nachdrücklich darauf gedrungen, daß bei den Spielen der Mädchen niemals Knaben dabei sein sollen. Schon die kleinen Mädchen solle man möglichst daran gewöhnen, mit der Nähnadel umzugehen und Puppenkleider zu nähen. Man müsse Strenge mit Güte paaren und vor allem so handeln, daß die Kinder vor der Mutter immer Respekt haben.

Man solle die Kinder nicht an die Rute gewöhnen, weil sie sonst verhärten und Schmerz und Schande nicht mehr so sehr fürchteten. »Le fouet est principalement nécessaire aux enfans depuis l'âge de trois ans ou environ, jusqu'à ce qu'ils aient la raison assez forte pour craindre autre chose: car en ce temps-là ils agissent par instinct quasi comme des bêtes.« (»Die Rute ist hauptsächlich notwendig für Kinder von ungefähr drei Jahren, bis sie Vernunft genug besitzen, um andere Dinge zu fürchten: Denn zu diesem Zeitpunkt handeln sie aus Instinkt wie Tiere.«) Wenn man über ihre kleinen Unarten lache, ohne daß man sie sorgfältig und durch den Schmerz der Rute tadle, wüchsen die Fehler mit ihnen heran, so daß man ihrer nicht mehr Herr werden könne. Ein entsprechender Passus fehlt in dem Artikel über die Erziehung der Knaben.

Die Lehrer sollen gute Christen sein, die Gott fürchten. Wenn die Kinder von Natur aus Anmut besäßen, brauchten sie keinen Tanzlehrer, weil sie ohnedies niemals auf Bälle und Assembleen gehen sollen. Sie sollten sich an Entbehrungen gewöhnen, um Gott zu gefallen, und sie sollten ihm gehorchen. Man solle sie ebensowenig wie die Söhne weder für die Heirat noch die Religion bestimmen, sondern Gott handeln lassen. Weder Söhne noch Töchter solle man zu einer Ehe zwingen.

Frieden in der Familie und mit anderen könne man nur halten, wenn man seine Leidenschaften der Vernunft und diese Gott unterwerfe. Wenn man wirklich Frieden wünsche, so müsse man versuchen, Gott in allem gehorsam zu sein, wird in Artikel X ausgeführt.

Der nächste Artikel gibt Regeln für das Leben mit den Dienstleuten. »Du weißt, meine Tochter, daß deine Dienstboten gleicher Natur und von gleichen Eigenschaften wie du vor Gott sind. Und wenn sie tugendhafter sind als du, werden sie in der Ewigkeit einen glorreicheren Platz haben als du.« Im Herzen solle man sie als seinesgleichen betrachten und als Leute, die Gott in dieser Welt auf den Dienststand eingeschränkt habe, um der Schwäche der Herrschaft zu Hilfe zu kommen, während diese ihrem Elend beistehen soll. Man verdanke ihnen ebensoviel wie sie uns, nur in anderer Weise. Man solle sie nicht unnütz mit scharfen Worten erbittern; wenn sie allzugroße Fehler aufwiesen, müsse man sie entlassen. Die Verfasserin schlägt für das Personal bereits eine Art von schriftlichem Dienstvertrag vor. Dienstmädchen sollten weder zu jung noch zu schön sein ...

Bei der Beanspruchung des Ranges, dem gleichfalls ein Artikel gewidmet ist, solle man — als Person von Rang — alle Anwandlungen des Stolzes unterdrücken, weil man in uns den Rang als ein Geschenk Gottes respektiere. Wenn wir unseren Rang einhielten, hielten wir eine gottgewollte Ordnung ein. »Erinnere dich, mein liebes Kind, daß eine Person, die tugendhaft sein will, sich bis in die kleinsten Dinge niemals durch anderes als durch die Vernunft bestimmen lassen soll und daß sie, wenn möglich, in nichts ihrer Phantasie folgt ...«, so beginnt der Artikel über Phantasie und Affektation. Es werden dann beide Begriffe näher ausgeführt und nochmals betont, daß man ihnen nicht nachgeben dürfe.

Im Artikel XIV werden Ratschläge für das Verhalten in verschiedenen Lebenslagen, wie Hofdienst, Prozesse bei Gericht usw., und schließlich die Ökonomie im Haushalt behandelt.

Dieser ist ein weiterer Artikel gewidmet. Sie sei Angelegenheit der Frauen, ein Mann, der einen Beruf und andere Beschäftigungen habe, gebe sich damit nicht ab. Die Hausfrau müsse über ihre Ausgaben genau Buch führen und das Budget mit ihrem Mann besprechen, Ausgaben für das Personal, die Anzahl der Pferde, Entlohnung des Personals usw.

Der letzte Artikel handelt von den Wohltätigkeiten und den guten Diensten, die man anderen erweist.

Es folgen Regeln, die Madame de Liancourt für ihr eigenes Verhalten und ihren Tagesablauf aufstellt, die ausnahmslos durch ihre Frömmigkeit und Gottesfurcht bestimmt sind.

Jeanne de Schomberg, Duchesse de Liancourt, 1600—1674, deutscher Abstammung, war die Tochter des Marschalls Heinrich von Schomberg, eine Freundin der schönen Literatur sowie der Künste und Wissenschaften. Ihr Vater ließ ihr eine sorgfältige Erziehung zuteil werden, sie erhielt Kenntnis von allen wichtigen Angelegenheiten und zählte zu den »Dames de Lettres«, die durch ihre umfassende und hohe Bildung zu den Wegbereiterinnen der Aufklärung gehörten. Inmitten dieser Beschäftigungen vergaß sie jedoch keineswegs jene Arbeiten, die ihr mehr für sie gemacht schienen, wie Handarbeiten und Zeichnen, auch entwickelte sie einen subtilen Geschmack für die französische Dichtkunst. Mit zwanzig Jahren heiratete sie Roger du Plessis, Herzog von Liancourt. Von tiefer Frömmigkeit erfüllt, vermochte sie ihren Mann, sich mit ihr auf das Schloß Liancourt zurückzuziehen. Ihre Verbindung zu Port-Royal und dem Jansenismus ist berühmt geblieben. Der Fall des Herzogs von Liancourt erregte zu seiner Zeit europäisches Aufsehen: Sein Beichtvater verweigerte ihm die Absolution, weil er es ablehnte, zwei Oratorianer (denen man jansenistische Neigungen nachsagte) aus seinem Haus zu weisen und seine Enkelin aus der Schule von Port-Royal zu nehmen.
Madame de Liancourts Enkelin, Mademoiselle de la Roche-Guyon, heiratete den Prinzen von Marcillac und starb mit 24 Jahren. Das vorliegende Werk ist, wie der Titel sagt, ihr gewidmet gewesen.

259.689-A.Fid. (97-274)

116 *The Lilliputian Library*

or Gullivers Museum in ten volumes. Containing Lectures on Morality, Historical Pieces, Interesting Fables, Diverting Tales, Miraculous Voyages, Surprising Adventures, Remarkable Lives, Poetical Pieces, Comical Jokes, Useful Letters. The whole forming a Complete System of Juvenile Knowledge for the Amusement and Improvement of all little Masters and Misses, Whether in Summer or Winter, Morning, Noon or Evening by Lilliputius Gulliver, Citizen of Utopia and Knight of the most noble ordre of human prudence.

Berlin, Chr. Fridr. Himburg, 1782

Kl.-8°. 10 Bändchen in zwei Bänden. Gestochenes Frontispiz (gez. I. W. M.), 1. Band: 96 S.; 2. Band: 98 S.; 3. Band: 98 S.; 4. Band: 98 S.; 5. Band: 100 S.; 6. Band: 96 S.; 7. Band: 92 S.; 8. Band: 100 S.; 9. Band: 102 S.; 10. Band: 96 S. In sämtlichen 10 Bändchen ist der Titel in der Paginierung inbegriffen. Kustoden.

Heinsius II, Sp. 801; Kayser III, 544.

Das erste Bändchen beginnt mit den »Memoiren« des Verfassers, an Stelle eines Vorwortes, wie er mitteilt. In diese Selbstbiographie eingestreut finden sich etliche Erziehungsgrundsätze. Es folgen Märchen, Sagen und Erzählungen. Das zweite Bändchen enthält einen Auszug aus Gullivers Reisen nach Brobdingnag und zwei erfundene Reisen, das dritte Bändchen Fabeln des Äsop, wobei jeder Fabel eine Nutzanwendung beigefügt ist. Das erste und vierte Bändchen bringen zwei Märchen aus dem Französischen: »The white cat« and »Prince Cheri« (Le Chat blanc und Le Prince Cheri). Das fünfte Bändchen enthält Muster für Kinder, die Briefe schreiben wollen. Im sechsten Bändchen findet sich ein poetischer Blumenkorb mit einem entsprechenden Vorwort, im siebenten sind Erzählungen sowie Reflexionen und Maximen, gefolgt von einer Parabel, enthalten. Die Bändchen acht bis zehn bringen fingierte Biographien, Märchen und Parabeln.

13.882 FKB (364-956)

117 [ANTON LINK]

Die Geschichte eines ungerathenen Kindes

frei bearbeitet nach der biblischen Parabel vom verlohrnen Sohne. Ein Geschenk für die liebe Jugend. Von Anton Link, k. k. Religionslehrer an der Haupt-Musterschule, wie auch an der Mädchenschule der W. W. E. E. Ursulinnerinnen, und ordentl. öffentl. Lehrer der Katechetik zu Linz.

Linz und Leipzig, Verlag der k. k. privil. akademischen Kunst-Musik- und Buchhandlung, 1808

8°. 30 S. (samt Titel und Vorrede).

Kayser III, 563.

Im an die »Liebste[n] Kinder« gerichteten Vorwort verweist der Verfasser darauf, daß die erzählte Geschichte in der Heiligen Schrift stehe und daß er sie »in manchen Stücken weiter auseinander gesetzt und umständlicher erzählt« habe. Überdies habe er sie überall auf die Kinder angewandt und gezeigt, was die Kinder daraus zu lernen hätten. Die ganze Erzählung ist mit Sinnsprüchen und Ermahnungen durchsetzt.

Anton Link, 1773—1833, Pfarrer in Braunau, empfing 1800 die Priesterweihe in Linz, wo er bald darauf zum Lehrer der Katechetik an der Normalhauptschule ernannt wurde. Von Bischof Hohenwart als Spiritual an das Priesterseminar berufen, wurde er zum Konsistorialrat ernannt. Er schrieb eine Reihe von Jugendbüchern.

258.800-B.Fid. (217-241)

118 [ANTON LINK]

Nützliches und lehrreiches Lesebüchlein

für die ganz kleinen lieben Kinder, die erst anfangen, das Lesen zu lernen. Von Anton Link, k. k. Religionslehrer an der Haupt-Musterschule, wie auch an der Mädchenschule der W. W. E. E. Ursulinerinnen, und ordentl. öffentl. Lehrer der Katechetik zu Linz in Oesterreich ob der Enns.

Linz und Leipzig, Verlag der k. k. privil. akademischen Kunst-Musik- und Buchhandlung, 1807

8°. 126 S. (samt Titel).

Kayser III, 563; Seibert, S. 293.

Das Buch beginnt mit einem ABC in Druckbuchstaben und einem Lehrstück von Gott, das »lauter einsilbige Wörter« enthält. Sodann folgen Lehrstücke in Druckbuchstaben sowie in Schreibschrift von dem Menschen und das lateinische Alphabet. Den Abschluß bildet ein Dankgebet an Gott.

18.652 FKB (131-202)

119 [Anton Link]

Sittenspiegel

Das ist: Sittenlehre in Beispielen. Ein Lesebuch für Kinder. Von Anton Link, ehemaligen k. k. Religionslehrer an der Haupt-Musterschule, wie auch an der Mädchenschule der W. W. E. E. Ursulinnerinnen [. . .].

Linz, Cajetan Haslinger'sche Buch- und Kunsthandlung, 1815

8°. IV (Titel und Vorbericht), 344 S., 2 Bl. Inhaltsverzeichnis.

Heinsius V, Sp. 349; Kayser III, 564; Seibert, 186.

Im Vorbericht teilt der Verfasser mit, daß die Erzählungen der Kinderwelt entnommen sind. »Ihr Zweck ist, den Verstand der Kinder zur anschaulichen Kenntniß der ihnen obliegenden Pflichten zu bringen . . .« Viele der Erzählungen hat Link aus Campes, Salzmanns, Thiemes, Dolzes und Rochows Kinderschriften entnommen. Das Buch ist in 62 S. Vorrede und in drei Hauptstücke untergliedert, von denen das erste von den Pflichten der Kinder gegen sich, das zweite von den Pflichten der Kinder gegen andere und das dritte vom pflichtgemäßen Verhalten gegen die Tiere handelt. Die einzelnen Erzählungen haben keine Titel, sondern beginnen mit einer Aufforderung, wie »Sei ordentlich«, »Sei nicht schwatzhaft« usf. Um welche Verfasser es sich bei den einzelnen Erzählungen handelt, wird nicht angegeben.

20.180 FKB (111-237)

120 [Louise-Florence-Pétronille De La Live d'Epinay]

Les conversations d'Emilie

Leipzig, Siegfried Lebrecht Crusius Libraire, 1774

8°. Gestochenes Frontispiz, VI (Titelblatt und Brief der Autorin an den Verleger), 430 S., Titel mit gestochener Vignette. Das Frontispiz stammt von Crusius.
Devise: »Inutileisque falce ramos amputans, Feliciores inserit.« [Horaz]

Barbier-Quérard I, Sp. 756: »Souvent réimprimé«; Quérard, France litt. III, 26.

In ihrem Brief verwahrt sich die Verfasserin gegen den Vorwurf des Verlegers, diese Dialoge seien nicht ausgereift, wie sie selbst es geglaubt hatte. Sie erklärt, sie habe sich nicht vermessen, einen neuen Erziehungsplan aufzustellen, sie habe nur ein ergänzendes Buch schreiben und zeigen wollen, wie die freien Augenblicke eines Kindes genutzt werden können. Doch selbst in einem solchen Buch bedürfe es eines gewissen Systems, das sie aufgestellt habe, indem sie die Erziehung in drei Abschnitte gliedere: Der erste ende mit dem zehnten Lebensjahr, der zweite mit dem vierzehnten bis fünfzehnten und der dritte Abschnitt müsse so lange dauern, bis das Kind sich selbständig mache. Ihr Buch sei nur für diesen ersten Abschnitt bestimmt, wo man dem Kind einfache Sachen erkläre und ihm helfe, einfache Gedanken zu entwickeln. Das Buch ist in zwölf Gespräche gegliedert. Der Text beginnt mit einem Gespräch über Tiere. Unter anderem fragt die kleine Tochter: »Man muß also den anderen nützlich sein, um glücklich sein zu können?« — »Das ist eines der sichersten Mittel, um zum Glück zu gelangen«, erwidert die Mutter. Als das Kind auf eine Feststellung der Mutter einen Einwand zu machen versucht, weist es die Mutter mit den Worten zurecht, wenn sie etwas gesagt habe, habe sich das Kind ohne Widerrede zu fügen. Auf die Frage des Kindes: »Warum?« anwortet die Mutter: »Aus Respekt und Vertrauen!« Auf die Frage des Kindes, was ein Kind eigentlich sei? erklärt die Mutter: Ein Kind ist ein schwaches, abhängiges Geschöpf, das nichts weiß, unbesonnen, unschuldig, lästig und neugierig ist. Die Mutter beweist dem Kind seine Schwäche, indem sie es auffordert, sich allein aus- oder anzuziehen, was das Kind — es handelt sich um ein fünfjähriges Mädchen — nicht zustande bringt.
Im zweiten Gespräch schildert die Mutter dem Kind die Entwicklung, die es nehmen wird. Es werde unter anderem eine Beherrschung über sich selbst erlangen, die man Tugend nenne. Gleichzeitig erklärt die Mutter eine Reihe von landläufigen Begriffen, wie zum Beispiel »Wertschätzung«, durch andere, leicht verständliche. Der Dialog wird durch kleine moralische Erzählungen und Märchen unterbrochen, anhand derer die Mutter wiederum verschiedenes erläutert, wie etwa den Begriff »Sitten«: »C'est un mot qui exprime tout seul le résultat de toute la conduite d'une personne«. (»Mit diesem einzigen Wort wird das gesamte Verhalten einer Person ausgedrückt.«)
Eines der Gespräche ist offenbar darauf angelegt, zu beweisen, daß es nicht zweckmäßig sei, die Kinder mit einem Wissen vertraut zu machen, das über ihr Begriffsvermögen hinausgeht: Die Mutter bittet das Kind, ihr das, was es aus dem Bereich der Naturgeschichte von der Erzieherin gelernt hat, zu erklären. Es stellt sich heraus, daß das Kind das Gelernte nicht verstanden hat. Gleichzeitig wird gezeigt, daß die Mutter die beste Erzieherin ist.
Jedes Gespräch ist der Erklärung eines oder mehrerer verwandter Begriffe gewidmet, wobei die Mutter durch geschickte Fragen das Kind dazu bringt, auf Umwegen selbst zu der Erklärung des Begriffes zu gelangen.
In einem Gespräch wird der Tod eines Kindes erwähnt, das ihn durch Ungehorsam selbst verschuldet hat. Es handelt sich um das Kind eines der Dienstleute. Die Mutter läßt die Dienerin kommen und tröstet sie. Auf die Feststellung des Kindes, es habe geglaubt, man dürfe mit dem Hausgesinde nicht sprechen, erklärt die Mutter, man dürfe dies nur im Notfall tun, und solch ein Notfall sei es, wenn jene getröstet werden müßten, die in Bedrängnis sind und insbesondere Diener oder Dienerinnen. Bei dieser Gelegenheit wird das Verhalten gegenüber der Dienerschaft besprochen: Da sie uns dienen, müsse man für ihr Glück sorgen, indem man nicht mehr von ihnen verlange, als sie tun können, indem man sie pünktlich bezahle, sie in ihrer Krankheit pflege, sie tröste, wenn sie Kummer haben, indem man ihnen Respekt einflöße, kurz indem man sich ihnen gegenüber verhalte, wie es ein guter und gerechter Vater mit seinen Kindern tue.
Über das Verhalten der Menschen untereinander: Wenn sie einer Klasse angehörten, die über uns stehe, dann schuldeten wir ihren Ehrerbietung und Respekt; wenn sie unter uns seien, dann zeigten wir ihnen Güte, Schutz usf. Danach wird das System der Klassen ausführlich erörtert und anschließend der Begriff und die Funktion des Königs erklärt.
Im Gespräch über die Arbeit heißt es: ». . . c'est le goût du travail et de l'occupation, parce qu'il nous rend indépendans des autres comme je vous l'ai déjà dit.«

Das letzte Gespräch ist der Höflichkeit und im Zusammenhang damit der Aufrichtigkeit, der Lüge und der Verleumdung gewidmet. Die Höflichkeit ist ein behutsamer und freiwilliger Ausdruck der Wertschätzung und des Wohlwollens, das wir dem anderen entgegenbringen. In dieses Gespräch werden einige Maximen eingestreut, die Mutter und Tochter miteinander lesen. Es endigt damit, daß das Kind eine Abschrift dieser Maximen anfertigen und sie auswendig lernen will.

Louise-Florence-Pétronille De La Live d'Epinay, 1726—1783, Schriftstellerin, in unglücklicher Ehe mit ihrem Cousin d'Epinay lebend, führte in Paris ein geistig angeregtes und ungebundenes Leben im Umgang mit Rousseau, Grimm, Duclos, Diderot, Holbach, Galiani und anderen. Für Rousseau ließ sie im Park ihres Besitzes Chevrette, in der Nähe des Wäldchens von Montmorency, ein kleines Haus, l'Hermitage, erbauen und stellte es ihm samt Garten zur Verfügung. Als Madame d'Epinay sich von ihm ab- und Melchior Grimm zuwandte, schmähte er sie in seinen »Confessions« in doppelter Weise: Er versicherte, ihn habe nichts als harmlose Freundschaft mit Madame d'Epinay verbunden, als Frau sei sie ihm nicht attraktiv erschienen, was er dann mit der ihm eigenen urigen Deutlichkeit spezifiziert. Ihre Schriften nannte er »des fadaises«. Hier irrt Rousseau. Unter dem Titel »L'Histoire de Madame de Montbrillant« hat sie ihre Memoiren als Schlüsselroman geschrieben und ist ihrerseits mit Rousseau nicht eben schonungsvoll verfahren, doch ohne ungeschlachte persönliche Angriffe. Die Brüder Goncourt, »fins connaisseurs des femmes qu'ils détestaient et grands spécialistes du XVIIIe siècle qu'ils adoraient . . .«, nannten den Roman »un Chef-d'œuvre.« Elisabeth Badinter, die die fingierten Memoiren unter dem Titel »Les-Contreconfessions« neu herausgebracht hat, rühmt in ihrer Einleitung vor allem die subtile Beobachtung, mit der Mme. d'Epinay die zu Ende gehende Welt des Ancien Régime der des aufsteigenden Bürgertums gegenüberstellt.

Melchior Freiherr von Grimm, geboren 1723 in Regensburg, genoß eine sorgfältige Erziehung und ging 1748 als Vorleser des Erbprinzen von Sachsen-Gotha nach Paris, wo er mit Rousseau bekannt wurde. Seit 1753 gab er (möglicherweise mit Hilfe Diderots) literarische Bulletins heraus, die nach seinem Tod als »Correspondance littéraire, philosophique et critique« erschienen. An diesen Bulletins hat Mme. d'Epinay im Verein mit Diderot zeitweise mitgearbeitet.

256.968-A.Fid. (71-302)

121 [Louise-Florence-Pétronille De La Live d'Epinay]

Emiliens Unterredungen mit ihrer Mutter

Devise: »Inutileisque falce ramos amputans, Feliciores inserit Hor[az].« Aus dem Französischen übersetzt.

Leipzig, Siegfried Lebrecht Crusius, 1775

Kl.-8°. 4 Bl. (Vortitel, Titel, Brief des Verfassers [Verfasserin] an den Herausgeber), gestochenes Frontispiz, 300 S., Kustoden, Fleurons.

Kayser II, 122 (Emiliens Unterredungen mit ihrer Mutter, aus dem Französischen von L. F. Huber, 2 Bde. Leipzig 1782).

Das Werk ist, einschließlich der Vorrede, eine nahezu wörtliche Übersetzung des Buches »Les conversations d'Emilie« von Madame de la Live d'Epinay (Bibl. Nr. 120).
Adelung hat im 9. Bändchen des »Leipziger Wochenblatts für Kinder« »Emiliens Unterredungen mit ihrer Mutter« zur Lektüre empfohlen (Bibl. Nr. 1).

257.628-A.Fid. (77-031)

122 *Le Livre utile et agréable*

pour la Jeunesse. Contenant la Déclaration des droits, etc. Les sentences de P. Syrus, en distiques Français, et les distiques de D. Caton, en quatrains, Traductions nouvelles, toutes deux par L. C. T. Rousseau: Les distiques de Muret, imités en quatrains Français, par L. C. François (de Neuf-Château). Notice sur plusieurs grands hommes, etc. Le tout orné de douze gravures.

Paris, F. Bonneville. An VII [1799]

Kl.-8°. 12 S. (samt Vortitel, Titel und Avertissement), 186 S., 1 Bl. Avis. 12 Kupfertafeln von François Bonneville.

In der Biographie L. C. T. Rousseaus, Hoefer, Nouvelle Biographie, XLII, Sp. 767, findet sich als letztes Werk Le Livre util et agréable 1799.

Das Vorwort des Herausgebers stellt fest: Es ist eine allgemein anerkannte Wahrheit, daß man bei einem Volk, welches sich seine moralische und politische Erneuerung zum Ziel gesetzt hat, nie genug Bücher verbreiten kann, die elementare Informationen enthalten. Von diesen Büchern begünstigt die Regierung besonders den Umlauf jener, die der Jugend große Beispiele von nachahmenswerter Tugend und Mut bieten. Das ist das Ziel des vorliegenden kleinen Werkes.
Die Erklärung der Menschenrechte und der Pflichten des Bürgers ist die Grundlage unserer Verfassung. Sie ist auch die Grundlage unserer Gesetze, sie muß daher auch die Grundlage des öffentlichen Unterrichtes sein und man kann sie nicht früh genug dem Gedächtnis der Kinder einprägen. Um diese Gedanken verständlicher zu machen, wurde hier die genaue Definition von Freiheit und Gleichheit gegeben, zwei Begriffe, die so oft mißbraucht wurden. Den Sentenzen des Publius Syrus, den französischen Distichen von L. C. T. Rousseau und den Regeln des bürgerlichen Lebens von Cato sowie den Distichen von Muret werden kurze Biographien jener berühmten Männer angefügt, die durch ihre Taten oder Schriften am meisten zur Begründung der Freiheit bei den alten und modernen Völkern beigetragen haben.
Kinder im Alter von acht oder zehn bis fünfzehn Jahren sind nicht in der Lage, die großen Werke zu studieren. Man muß die Quellen der Literatur und Moral in einer Art erschließen, die dem Verständnis ihres Alters angepaßt ist. Das Werk wurde durch Kupferstiche bereichert, weil Bilder das besondere Interesse der Kinder erregen. Der mäßige Preis, der für das Buch festgesetzt wurde, wird auch dem in seinen Mitteln beschränkten Bürger den Erwerb dieses patriotischen Buches erlauben.
Die Herausgabe des Buches ist also viel weniger eine Spekulation als der Beweis unseres Wunsches, das Licht der Information und des

Bibl. Nr. 122, Frontispiz von Bonneville

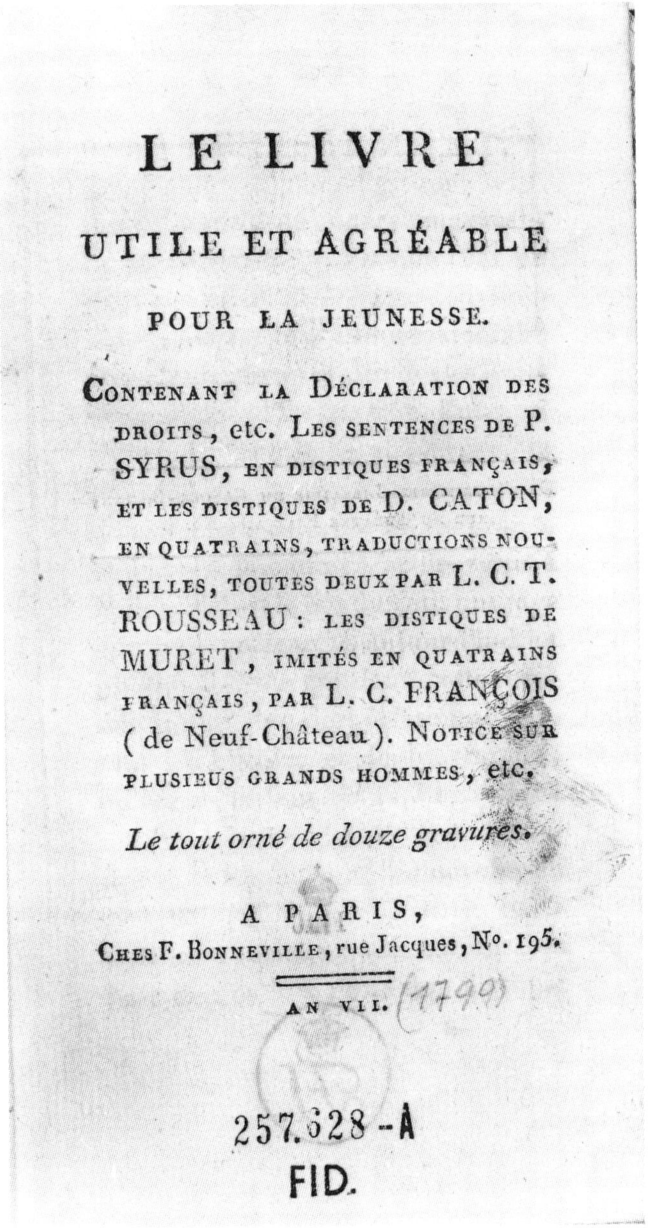

LE LIVRE

UTILE ET AGRÉABLE

POUR LA JEUNESSE.

CONTENANT LA DÉCLARATION DES DROITS, etc. LES SENTENCES DE P. SYRUS, EN DISTIQUES FRANÇAIS, ET LES DISTIQUES DE D. CATON, EN QUATRAINS, TRADUCTIONS NOUVELLES, TOUTES DEUX PAR L. C. T. ROUSSEAU: LES DISTIQUES DE MURET, IMITÉS EN QUATRAINS FRANÇAIS, PAR L. C. FRANÇOIS (de Neuf-Château). NOTICE SUR PLUSIEUS GRANDS HOMMES, etc.

Le tout orné de douze gravures.

A PARIS,
CHES F. BONNEVILLE, rue Jacques, No. 195.

AN VII. (1799)

Bibl. Nr. 122, Titelblatt

öffentlichen Geistes zu verbreiten. Das Werk wird mit nationalen Gesängen beschlossen, die ihre Weihe in den Feiern der Revolution erhielten.

Auf Seite 12 verso befindet sich die Erklärung des Titelkupfers: Der Unterricht in Gestalt einer schönen Frau zeigt mehreren Kindern die heilige Tafel der Rechte des Menschen und des Bürgers. An der Seite der Gestalt befindet sich ein Liktorenbündel als Symbol der Einigkeit; hinter ihm erhebt sich majestätisch der Baum der Freiheit. Neben der Gestalt des Unterrichts steht ein Bienenkorb, der den Fleiß und die Wohltat der Wissenschaft versinnbildlicht. Im Hintergrund erblickt man das Prytané Français; die geniale Bezeichnung Prytané für das vordem Collège Egalité genannte Institut stammt von Minister François (de Neuf-Château).

Der Text beginnt mit der Erklärung der Menschenrechte. Im nächsten Kapitel wird der Freiheitsbegriff erläutert. Die Alten hätten die Freiheit in Gestalt einer Göttin verehrt. Die Franzosen hätten sie zu ihrer Schutzpatronin erwählt, und um sie auf ewig zu behalten, hätten sie geschworen, zu siegen oder zugrunde zu gehen. Was »die Freiheit« sei? Sie bestehe nach der Erklärung der Menschenrechte darin, alles zu tun, was den Rechten der anderen nicht schadet. Aus dieser

kurzen Definition ergebe sich, daß die wahre Freiheit ganz von der Tugend abhänge und daß nur ein gerechter und tugendhafter Mensch wirklich frei sei. Es folgt eine pathetische Anrede an die Jugend, »aimable et séduisante jeunesse«. Nur der einfache, mäßige, bescheidene Mensch sei wirklich frei, weil er den Mut besitze, Abhängigkeit zu vermeiden. In diesem Sinn würde Horaz nicht müde, die aurea mediocritas zu rühmen.
Man unterscheide zwei Arten von Freiheit: die bürgerliche, die darin bestehe, daß man nur den Gesetzen gehorche, und die moralische, die das Ergebnis einer reinen Seele sei. Die Gleichheit in der Gesellschaftsordnung könne nur in der Gleichheit der Rechte vor dem Gesetz bestehen. Nach der Erklärung der Menschenrechte liege das Wesen der Gleichheit darin, daß das Gesetz für alle das gleiche sei, sei es, daß es beschütze, sei es, daß es bestrafe. Moralische Gleichheit bestehe in der Natur ebensowenig wie in der Gesellschaft, weil es in ihr verderbte und tugendhafte Menschen gebe. Jene glaubten, daß politische und bürgerliche Gleichheit in der gleichmäßigen Aufteilung der Güter und Vorteile unter die Mitglieder einer Gesellschaft bestehe. Das sei unmöglich, weil es die Gleichheit der Gefühle und Tugenden voraussetze, die jedoch inexistent sei. Diejenigen, die ihr Gut verschwenden, würden dem Staat zur Last fallen. Es werde jedoch ein Tag kommen, an dem alle Menschen sich als Brüder betrachten werden, wie Kinder ein und derselben Familie, die auch, was ihr Vermögen betrifft, fast gleich sein werden. In einem solchen Staat würden die Reichen ihre Aufgabe darin erblicken, den Ärmeren alle jene Wohltaten zu erweisen, von denen sie wünschen, man erweise sie auch ihnen.
Es folgen die Sentenzen des Publius Syrus, denen eine Biographie und eine Würdigung des Autors vorausgehen. Die Übersetzung, die hier gebracht wird, ist nach den Worten des Herausgebers die erste, die in Versen erscheint. Jede Sentenz wird in Form eines Distichons gebracht. Die Sentenzen enthalten in moralisierender Art Feststellungen wie: »Der Mensch wird mißtrauisch geboren und vermutet in jedermann vorerst das Übel!« oder »Der gebildete und gerechte Mensch, der Herr seines Herzens ist, ist außer der Ehre niemandes Sklave.«
Nun folgen »Vorschriften des Lebens für den Bürger« oder Distichen von Cato, die in französische Vierzeiler übersetzt werden. Weiter enthält das Buch Ratschläge eines Vaters in Form lateinischer Distichen, über deren Übersetzer Muret es heißt, er sei ein berühmter Gelehrter des 16. Jahrhunderts gewesen, der sie als Belehrung für seinen Neffen verfaßt habe. Sie werden herausgegeben vom »Citoyen François (de Neuf-Château)«.
Schließlich folgen Essays über große Männer, die durch ihre Tätigkeit oder durch ihre Schriften dazu beigetragen haben, der Freiheit bei den Alten oder in der Neuzeit zum Durchbruch zu verhelfen. Die Essays umfassen Lykurg, Solon, Lucius Junius Brutus, Wilhelm Tell, Benjamin Franklin, Bonnot Mably, J. J. Rousseau, General Napoléon Bonaparte. Beschlossen wird das Buch durch die Marseillaise und andere vaterländische Gesänge.

Zu den Biographien der Herausgeber sowie der einzelnen Autoren wird auf die Analyse im Kapitel »Le Livre utile et agréable, ein Katechismus für die Kinder der Revolution« (S. 56 ff.) verwiesen.
Der Illustrator, François Bonneville, Porträtmaler, Zeichner und Kupferstecher, war in Paris gegen Ende des 18. Jahrhunderts tätig. Sein 1796—1802 in 4 Bänden in Paris erschienenes Werk: »Portraits des Personnages célèbres de la Révolution« ist von großem historischem Interesse, da es zum Teil die einzigen authentischen Bildnisse von Zelebritäten des Revolutionszeitalters enthält.

256.254-A.Fid. (64-172)

123 [Mademoiselle Charlotte Marie de Los Rios]

Magasin des petits Enfans

ou Recueil d'Amusemens a la portée de leur age, Suivi de deux Traités instructifs et édifians, Par Mademoiselle de Los-Rios, Maîtresse de Pension.

La Haye, Pierre Frédéric Gosse [1774]

12°. 144 S. (samt Titel, Verlagsanzeigen auf der Rückseite des Titels, Widmung).
Die Verfasserin gibt ihren Vornamen mit Angélique an, in Quérard (a. a. O.) sowie bei Hoefer lautet der Vorname Charlotte Marie.

Quérard, France litt. V, 362; Brüggemann 541 (deutsche Ausgabe).

In der Widmung an die Kinder ihres Pensionats erinnert die Autorin daran, daß sie ihnen das kleine Werk, aus dem sie im Vorjahr einige Manuskriptseiten vorgelesen habe, versprochen hätte. Sie hoffe, daß die Geschichte den Kindern gefallen werde, weil sie das Angenehme mit dem Nützlichen verbinde.
Der erste Teil besteht aus kurzen Geschichten mit den Titeln »Das aufmerksame Kind«, »Das törichte Kind«, »Das schlecht beratene Kind« usf.
Der zweite Teil enthält Vorschriften eines Vaters an seine Kinder und beginnt mit den Worten: »Wenn Ihr in der Welt glücklich und geachtet sein wollt, dann fürchtet Gott, seid Eurem Fürsten treu und bleibt anständige und ehrbare Leute.« Es folgen Ratschläge für ein ehrenhaftes gottesfürchtiges Leben im Beruf und im Verhalten in der Welt, wie etwa, man solle nie schlecht von anderen sprechen, lieber die Gedanken der andern hervorheben als die seinen usf. Es ist dann die Rede von religiösen Fragen, von der Art Freunde, die man wählen soll, und wie man sich in Gesellschaft verhält.
Der gesamte zweite Teil stellt ein Verhaltenskompendium dar, das jedoch offenbar über das Verständnis »kleiner Kinder«, für die das Buch dem Titel nach bestimmt ist, weit hinausgeht.
Es folgt »Porte-Feuille de Milord Kint« mit Sentenzen, die die Verfasserin aus dem Englischen übersetzte.
Ein weiteres Kapitel enthält Maximen in Vierzeilern. Den Beschluß bilden allgemeine christliche und der Jugend nützliche Betrachtungen.

Charlotte Marie de Los Rios, 1726—1802, Gattin des belgischen Literaten François de Los Rios, war durch Schicksalsschläge genötigt, Erzieherin zu werden. Sie schrieb Romane und pädagogische Bücher, darunter auch das »Magasin des petits Enfans«.

8.934 FKB (109-170)

124 [JEAN FRANÇOIS MARMONTEL]

Mémoires d'un Père

pour servir a l'Instruction de ses Enfans de Marmontel.
Reihentitel: Oeuvres posthumes de Marmontel, Historiographe de France, Secrétaire perpétuel de l'Académie Française. Imprimées sur le manuscrit autographe de l'Auteur. Mémoires. Tome Premier.

Paris, An XIII. 1805

8°. 4 in 2 Bänden.
Band 1: Titel und Reihentitel, 234 S.
Band 2: Titel und Reihentitel (Tome second) 196 S.
Band 3: Titel und Reihentitel (Tome troisième) 198 S. (mit Einbeziehung des Reihentitels).
Band 4: 200 S. (mit Einbeziehung beider Titel Tome quatrième).
Die 4 Bände sind in 20 Bücher unterteilt.

Quérard, France litt. V, 547, zitiert gleichfalls eine Ausgabe von 1805, jedoch mit Verlagsangabe: Xhrout.

In den ersten vier Büchern schildert Marmontel seine Jugend in ärmlichen Verhältnissen, seine Erziehung durch die Jesuiten und schließlich seine Reise nach Paris, die er auf Anregung Voltaires unternahm, und seinen Eintritt in das literarische Leben von Paris, wo er sich bald einen Namen machte und mit Persönlichkeiten wie Holbach, Diderot, Grimm und Rousseau »... avant qu'il se fut fait sauvage« zusammentraf. Er wurde von Voltaire protegiert, der ihn auch finanziell unterstützte. Hier, in Paris, in einem der Salons, traf er auch Kaunitz: »Ce fut là que je connus le comte de Kaunitz, alors ambassadeur de la cour de Vienne et depuis le plus célèbre homme d'état de l'Europe.«
In den folgenden Bänden werden die literarischen Salons in Paris vor Ausbruch der Revolution brillant und lebendig dargestellt. Band 4 (von Buch 13 angefangen) ist der Entwicklung der politischen Lage gewidmet, und die letzten drei Bücher liefern eine eindrucksvolle Schilderung der Revolution in Paris, die Flucht des Autors und seinen Aufenthalt in der Normandie. Das zwanzigste Buch bringt ein kurzes Nachwort, in dem er unter anderem erklärt, daß seine Memoiren auf eine Anregung seiner Frau zurückgehen. »J'avouerai bien, comme Mme. de Staal, que je ne m'y suis peint q'en buste; mais j'écrivois pour mes enfans.« Es folgt ein kurzes Nachwort des Herausgebers: »Ici s'arrête le manuscrit des Mémoires de Marmontel.« Als Anhang findet sich eine Rede vor dem Conseil des Anciens, dem Marmontel angehörte und in dem er über die Freiheit der Religionsausübung sprach.

Jean François Marmontel, 1723—1799, Dichter, Romancier und Kritiker, entstammte einer ärmlichen Familie und wurde von den Jesuiten erzogen. Nachdem eines seiner Werke von der Akademie in Toulouse ausgezeichnet worden war, begab er sich nach Paris, wo Voltaire ihn nicht nur bei seinen Freunden protegierte, sondern ihn auch finanziell unterstützte. Voltaire riet ihm, auch für die Bühne zu arbeiten; seine ersten Stücke hießen »Denys le Tyran«, »Aristomène« und »Cléopatre«. Der große Erfolg jedoch kam mit den »Contes moreaux« (1756), die ins Deutsche, Ungarische, Dänische, Englische, Italienische und Spanische übersetzt wurden. 1763 wurde Marmontel in die Académie aufgenommen. Jenes Werk, welches seinerzeit das größte Aufsehen erregte und ungeheuren Erfolg hatte, war sein Roman »Bélisaire«, von dem Katharina II. ein Kapitel selbst übersetzte und die restlichen ins Russische übersetzen ließ. Die Sorbonne zensurierte das Werk, und der Erzbischof von Paris verdammte es. Marmontel veröffentlichte noch eine Reihe von Werken, war Mitarbeiter der Encyclopédie und hinterließ 18 Bände posthumer Werke.

Wenzel Anton Reichsfürst von Kaunitz-Rietberg, 1711—1794, war ursprünglich zum geistlichen Stand bestimmt, widmete sich jedoch, nachdem er in Wien, Leipzig, Regensburg und Leiden studiert hatte, den Staatsgeschäften. Von 1750 bis 1753 war er Gesandter in Paris und wurde 1753 Hof- und Staatskanzler. Er genoß das unbegrenzte Vertrauen Maria Theresias und hatte in allen Fragen der auswärtigen Politik sowie der Kriegsführung die entscheidende Stimme. Er hatte eine besondere Vorliebe für alles Französische, Kleidung, Umgang und Etikette, im besonderen aber für die Enzyklopädisten und namentlich Voltaire.

258.802-B.Fid. (111-209)

125 [WILHELM MILA]

Petite Galerie de Figures

pour Servir à la connaissance des objects de la nature et de l'art, des moeurs et des coutumes de differens Peuples et à l'usage des jeunes-Gens des deux sexes. par Mila avec XXIX Planches enluminées.
Kleine Bildergallerie für junge Söhne und Töchter zur angenehmen Selbstbeschäftigung aus dem Reiche der Natur Kunst und Sitten und des gemeinen Lebens von Mila mit XXIX illuminirten Kupfern.

Berlin, Oehmigke le Cadet, 1803

8°, koloriertes Frontispiz, gestochener Titel mit kolorierter Vignette, 3 Bl. (Préface, Table des Matiéres), 426 S., 29 (inkl. Titelvignette) gestochene, kolorierte Tafeln von P. Haas, Krüger jun., Ludwig Schmidt, Louis Serrurier und Meno Haas. Die Tafeln sind, mit Ausnahme einer einzigen (zwischen S. 318 und 319) numeriert. Der Text ist deutsch und französisch in zwei Kolonnen.

Heinsius V, Sp. 380; Kayser III, 110; Meusel V, 242.

Im Préface (in französischer Sprache) erklärt der Verfasser, die gute Aufnahme, welche die »Kleine Bildergallerie für junge Söhne und Töchter ...« gefunden hätte, habe die Herausgeber veranlaßt, eine Art von Extrakt aus dieser interessanten Arbeit herstellen zu lassen für alle jene, die das elfbändige große Werk nicht erstehen wollten. Es wurden die besten Tafeln ausgewählt und der Verfasser beauftragt, eine Erklärung dafür herzustellen. Das vornehmste Ziel sei die Abwechslung gewesen, um die Jugend durch Unterhaltung zu belehren. Es handle sich um Darstellungen aus dem Reich der Natur, fremder Völker und einiger Beschäftigungen aus dem Alltagsleben.
Im Text finden sich eine eingehende Beschreibung der Pferderennen in England, die Schilderung des Ausbruchs des Vesuv im Jahr 1794, die Zerstörung der Bastille in Paris und anderes. Die Indianer werden unter der Bezeichnung »Amerikaner« ausführlich beschrieben, von den Negern heißt es: »Diese gutmüthigen Menschen werden zu Tau-

Bibl. Nr. 125, Titelkupfer

senden an die Europäer als Sklaven verkauft, und in Amerika, in Asien und Afrika zu den schwersten und unangenehmsten Arbeiten gebraucht.« Über die Deutschen: »Die alten Deutschen waren zum Kriege und zu den Waffen geboren.«

Wilhelm Mila, 1764—1822 zu Berlin, Prediger der französischen Gemeinde zu Köpenick bei Berlin, dann Lehrer der französischen Sprache am französischen Gymnasium in Berlin. Übersetzte eine Reihe französischer Werke ins Deutsche und revidierte die neuere Auflage der »Henriade« (von Voltaire), die in Berlin herausgekommen war.

258.170-A.Fid. (83-103)

126 [JOHANN PETER FRANZ MILLER]

Ruf zur Nachahmung guter Kinder

oder 100 Charakterzüge kindlicher Tugend. Ein Gegenstück zu den Warnungen für die unerfahrne Jugend. Allen jenen gewidmet, denen das Wohl der Kinder am Herzen liegt; von Peter Franz Miller, erstem Lehrer an der Stadtschule zu Schluckenau in Böhmen.

Prag, Johann Buchler, 1803

8°. 96 S. (samt Titel und Vorerinnerung).

Heinsius V, Sp. 381; Kayser III, 113.

In der »Vorerinnerung« an die »Herren Amtsbrüder« erklärt der Verfasser, er habe Beispiele guter Kinder gewählt, weil sie oft mehr nützen als die besten Lehrer und Ermahnungen. Es werden 100 kleine Begebenheiten von braven Kindern erzählt und vor jede Erzählung ein Sittenspruch gesetzt.

Johann Peter Miller, 1725—1789, besuchte das Gymnasium in Ulm, studierte Theologie und wurde 1751 als Rektor an die Schule zu Hohnstedt berufen. 1766 wurde er als ordentlicher Professor der Theologie nach Göttingen berufen, wo er bis zu seinem Tod wirkte. Er hielt als einer der ersten an einer deutschen Universität Vorlesungen über Pädagogik.
Miller verfaßte zahlreiche Werke, gab Chrestomathien heraus sowie Ausgaben lateinischer Klassiker. Seine pädagogischen Ansichten faßte er in seinem »Handbuch zu gemeinnützlicher Bildung und Unterweisung der Jugend in öffentlichen Schulen« zusammen.

258.814-A.Fid. (139-74)

127 [AUBIN LOUIS MILLIN]

La Mythologie mise à la portée de tout le monde

Ornée de 108 Figures en couleurs, dessinées et gravées par les plus habiles Artistes de la Capitale. Ouvrage indispensable à l'Éducation de la Jeunesse.

Paris, Déterville, 1793

12°. 12 Bände, Vortitel, 1 gestochener kolorierter Titel mit figuraler Darstellung, 1 Drucktitel. Jeder Band enthält 8 gestochene kolorierte Tafeln von Mixelle mit Schutzblatt. In der Titelangabe »108 Figures en couleurs« sind die Titelkupfer inbegriffen. Gestochene und Drucktitel sind in allen 12 Bänden identisch. Die Paginierung erfolgt nicht fortlaufend, sondern umfaßt eines oder mehrere Kapitel.
Band 1: 86 S.; Band 2: 98 S.; Band 3: 127 S.; Band 4: 110 S.; Band 5: 98 S.; Band 6: 125 S.; Band 7: 130 S.; Band 8: 119 S.; Band 9: 87 S.; Band 10: 91 S.; Band 11: 139 S.; Band 12: 103 S.

Barbier I, 433, 12261; Quérard, France litt. VI, 135; Gumuchian 4041: »Charmant ouvrage illustré de 108 figures gravées par Mixelle en joli et fin coloris d'époque sur papier bleuté . . .«

Im Vorwort zitiert der Verfasser Bacon, der die Mythologie »Sapientia Veterum«, die Weisheit der Alten, nannte und selbst unter diesem

Titel ein kleines Werk verfaßte. Bacon, dieser große Mann, habe recht, und man könne die Gestalten der Fabel unter der Bezeichnung »Philosophie der Bilder« anführen. Obwohl die Geschichte der Dichtung veraltet sei, werde sie lange noch eine reiche Quelle bilden, aus der Schöngeister, Künstler und Leute von Welt für ihre Allegorien und Gleichnisse schöpfen könnten. »Unsere Bibliotheken, unsere Museen, unsere Gärten, die Paläste der Großen, der Hof und die Stadt sind voll von den Meisterwerken aller Art, die, um sie schätzen zu können, eine genaue Kenntnis der Fabel verlangen.« Dieses Studium sei für fast alle Klassen der Bürger (citoyens) erforderlich. Man sollte es kaum glauben, doch gebe es bis jetzt kein zufriedenstellendes Werk über diese wichtige Materie. Es existierten wohl hervorragende Abhandlungen über Mythologie, doch nicht nur seien sie in Latein, sondern auch mit wenig verführerischer Gelehrsamkeit gespickt. Es folgt eine scharfe Kritik an jenen Autoren, die sich bisher mit der Fabel befaßt haben.
Die Bilder, die in diesem Werk enthalten seien, würden vorerst die Neugierde reizen, und man werde sich bemühen, ihr mit dem Text gerecht zu werden.
Da die Alten, um auf den illustren Bacon zurückzukommen, die Grundsätze ihrer Religion, ihrer Moral und ihrer Politik in ihre Mythologie einbezogen hätten, werde man versuchen, ihnen ihr Geheimnis zu entreißen und in wenigen Worten daraus Lehren zu ziehen. Hier im besonderen könne man sagen, daß das Nützliche sich an der Seite des Angenehmen präsentiere. Da jeder Mythologe sein eigenes System besitze, um die verschiedenen Personen einzuordnen, würden die einzelnen Themen getrennt behandelt, so daß man sie beliebig anordnen könne. Der Autor wiederholt seine Absicht, der Jugend und den Frauen ein Werk anzubieten, das in ihnen die Lust weckt, die Antike dort kennenzulernen, wo sie am anziehendsten sei.

Aubin Louis Millin, 1759—1818, war ursprünglich zum geistlichen Stand bestimmt, wandte sich jedoch von diesem Studium ab. Er erwarb eine geradezu enzyklopädische Bildung und trat als Bibliothekar in die Bibliothèque du Roi ein. Er betätigte sich wissenschaftlich, insbesondere auf dem Gebiet der Naturgeschichte. Nach einer Reihe von Peripetien wurde er schließlich Konservator des Antiken- und Medaillenkabinetts der Bibliothèque Nationale. Millin verfaßte eine Reihe von wissenschaftlichen Werken sowie historische und kunsthistorische Arbeiten.

Bei dem zitierten Bacon handelt es ich um Francis Bacon of Verulam, 1561—1626, den englischen Staatsmann und Philosophen, dessen berühmtestes Werk, »Instauratio Magna«, unvollendet blieb. Er schrieb unter anderem die »Sapientia Veterum«, Die Weisheit der Alten.

365 FKB (217-318)

128 [Mr. Alexandre-Guillaume Mouslier de Moissy]

Les Jeux de la petite Thalie

ou Nouveaux Petits Drames, dialogués sur des Proverbes à former les Moeurs des jeunes Personnes, par Mr. Moissy. Nouvelle Edition.

Leipzig, Charles Frederic Schneider, 1789

Kl.-8°. 336 S. (samt Titelblatt, Vorwort und Inhaltsverzeichnis).

Heinsius II, Sp. 1043; Kayser IV, 127; Brüggemann 597 (deutsche Fassung).

Im Vorwort stellt der Verfasser fest, die Erziehung, die der Menschheit so kostbar sei, könne gar nicht unter genügend Aspekten gesehen werden. Es wäre zu wünschen, daß die Autoren es nicht unter ihrer Würde fänden, dieser Erziehung auch Wege zu erschließen, die angenehmer seien als die bereits bekannten. Trotz aller Schriften, die das öffentliche Wohl zum Ziel haben, werde die vornehmste Kunst, nämlich die Menschen zu erziehen, vergessen. Es erschienen täglich Romane, deren einziges Ziel es sei, die Seelen zu verweichlichen, die sich immer in einem bestimmten Kreise bewegten und die jungen Leuten beiderlei Geschlechts nichts anderes lehrten als den Jargon eines raffinierten Lasters.
Man müsse die Kinder für die Welt erziehen, und der Unterricht, den man ihnen erteile, müsse sich unter einer angenehmen Form darstellen. So werde man den Hang zum Laster, den die Menschheit habe, herabmindern und ihnen die Tugenden jedes Lebensalters zeigen können. Die große Kunst sei es, sie an die Tugend heranzuführen, so daß sie selbst nicht merkten, daß man sie dahin führen wolle. Das einzige Mittel, dies zu erreichen, bestehe darin, daß man ihnen diesen Unterricht in Form einer Unterhaltung anbiete.
Diese Überlegungen hätten den Gedanken eines Dialogs über verschiedene Sprichwörter entstehen lassen, die für Kinder verständlich sind und bei denen es sich um kleine Fehler und Untugenden handelt. Diese Sprichwörter in Dialogform hätten, neben der moralischen Belehrung, den zusätzlichen Nutzen, die Kinder zu lehren, wie man mit Sicherheit über Dinge sprechen kann, die unterhaltsam und interessant sind.
Man werde den Kindern die Rollen, die ihrem Alter entsprechen, zuteilen und sie auswendig lernen lassen. Je nach ihrer Intelligenz werde man ihnen auch gestatten, die Dialoge selber zu erweitern. *Die* Stellen, die einen solchen Spielraum gewähren, würden mit dem Wort »Impromptu« gekennzeichnet. Hier sollten dann die Erwachsenen eingreifen und, wenn hinreichend improvisiert wurde, den kleinen Schauspielern wie in einer Komödie das Stichwort geben.
Den einzelnen Stücken vorangestellt ist ein Verzeichnis der Titel mit einem Kommentar, für welche Untugenden und Fehler das betreffende Stück steht. Insgesamt sind in dem Buch 20 kleine Stücke enthalten, die jeweils ein bestimmtes, angegebenes Sprichwort kennzeichnen.

Alexandre-Guillaume Mouslier de Moissy, 1712—1777, französischer Literat. Nachdem er mit seinem ersten Theaterstück Erfolg hatte, widmete er sich der Literatur. Durch seine Spielleidenschaft geriet er in solche Bedrängnis, daß er eine Stelle als Lehrer in Rußland annehmen mußte. Nach seiner Rückkehr nach Paris schrieb er weiter, ruinierte sich ein zweites Mal und starb bald danach. Er schrieb eine Reihe von Theaterstücken, darunter auch die »Jeux de la petite Thalie«. Melchior Grimm (»Correspondance littéraire, philosophique et critique«) beurteilt ihn streng und sagt von ihm: ». . . écrits dans le genre ennuyeux pour le progrès et pour le dessèchement des lecteurs.«

256.489-A.Fid. (67-245)

129 *Die Moral in ausgesucht reizenden Beyspielen und Fabeln für die Jugend*

Mit schönen Kupfern.

Passau, 1802

8°. 254 S., Titel mit Vignette und 12 Vignetten im Text, alle koloriert. In zwei Teilen, fortlaufend paginiert. Teil 2: »Zweite Abtheilung. Die Moral in Fabeln.«

Heinsius II, Sp. 1060 (Ausgabe Augsburg Deisenberg o. J.); ∅ Holzmann-Bohatta, Hauswedell 853 (gleiche Ausgabe wie die vorl.): »Auf dem Rückentitel wird Campe als Verfasser bzw. Herausgeber genannt.«

Die ersten 15 Erzählungen in Teil 1 enthalten abschreckende Beispiele und ihre bösen Folgen, die in späteren Erzählungen auch durch Beispiele guten und christlichen Verhaltens abgelöst werden, zum Teil in Versen. Der zweite Teil enthält Fabeln und ihre Moral.

7.065 FKB (217-114)

130 *La Morale de l'Enfance*

ou Collection de Quatrains Moraux, mis à la Portée des Enfans.

Salzbourg, François Oberer, 1797

8°. 52 S. (samt Titel und Widmung), 2 Bl. Inhaltsverzeichnis.

Nicht nachweisbar.

Die Widmung ist an die Frau des (ungenannten) Verfassers gerichtet. Er stellt darin fest, es habe bisher an einem Buch gefehlt, das die wichtigsten Grundsätze für Kinder in einer Art darstelle, die sie verstehen. Er habe sich also darangemacht, diese Lücke auszufüllen. Die Form des Vierzeilers sei gewählt worden, weil sie am leichtesten zu behalten sei. Er habe seine Gedanken aus verschiedenen Quellen geschöpft, so etwa aus La Fontaine, Pibrac und anderen. Er rate, die Kinder jeden Tag einen Vierzeiler lernen zu lassen und, am Ende angelangt, wieder von vorne zu beginnen, so lernten die Kinder am leichtesten.
In 286 Vierzeilern wird den Kindern ein Verhaltenskodex und ein Kodex moralischer Grundsätze vermittelt.

Guy du Faure, Seigneur de Pibrac, 1529—1584, verfaßte Vierzeiler (Quatrains), die 1574 in Paris erschienen sind. Sie enthalten Ratschläge und nützliche Lehren für das Verhalten der Menschen, insbesondere aber der Jugend. Das Werk des Pibrac galt viele Jahrzehnte hindurch als *das* moralische Lehrbuch für die Jugend, wurde immer wieder neu aufgelegt und in andere Sprachen übersetzt.

258.804-B.Fid. (130-311)

131 [Ernst Müller]

Bilderbuch für die nachdenkende Jugend zur lehrreichen und angenehmen Unterhaltung

Dritte verbesserte Auflage. Mit vier und zwanzig Kupfern.

Leipzig, Georg Voß, 1804

8°. Gestochenes, koloriertes Frontispiz, 23 kolorierte Kupfertafeln von C. B. Schwarz, 140 S. (samt Titel und Vorrede). Kustoden.

Holz. Boh. I, 238; Meusel V, 314; Heinsius I, Sp. 333; Kayser I, 270 (1. Aufl. 1792); Hauswedell 869 (1. Aufl.)

Der Autor spricht die Kinder in der Vorrede an und erklärt ihnen, daß sie in diesem Buch Unterhaltung und Belehrung finden werden. Er empfiehlt ihnen, soferne sie Nutzen aus dem Buch ziehen wollten, »Aufmerksamkeit und Nachdenken« und gibt ihnen dann folgende Regeln zum Gebrauch des Buches: Sie sollten auf jedem Bild vorerst die Hauptsache suchen, »Nebendinge hingegen müssen allemal zuletzt betrachtet werden«. Was sie bereits einmal gelesen hätten, sollten sie »so umständlich als möglich« wieder ins Gedächtnis zurückrufen. Sie sollten auch die dazugehörigen Anmerkungen ansehen, und falls diese sie nicht befriedigten, sollten sie Eltern und Lehrer befragen.
Im Buch selbst wird so verfahren, daß auf jeder Tafel ein Gegenstand oder eine Tätigkeit dargestellt, im Text vorerst erklärt, kommentiert und schließlich durch kleine Erzählungen versinnbildlicht wird. Daran schließen sich ziemlich platte moralisierende Lehren.

Johann Ernst Friedrich Wilhelm Müller, 1764—1826, studierte in Leipzig Jura. Seit ca. 1775 war er ebendort seßhaft und redigierte von 1816 bis 1818 und von 1820 bis zu seinem Tod das »Tagblatt«. Aufgrund seiner Kenntnisse im Bereich der Landwirtschaft wurde er zum Ehrenmitglied der Leipziger naturforschenden Gesellschaft und zum Mitglied der ökonomischen Gesellschaft des Königreichs Sachsen ernannt.
Bedeutend gilt Müller vor allem als Begründer des »Taschenbuchs zum geselligen Vergnügen«, welches sich allgemeiner Beliebtheit erfreute. Er veröffentlichte auch unter dem Pseudonym Filidor.

258.792-B.Fid. (365-166)

132 *Der Naturfreund*

in abwechselnden und interessanten Darstellungen aus der gemahlten Welt für wißbegierige Kinder. Mit sechs ausgemahlten Kupfertafeln.

Berlin, Oehmigke d. J. [1799]

8°. Titel, 75 S., 2 Bl. Verlagsanzeigen, 6 kolorierte Tafeln. 21 Darstellungen auf 6 Tafeln (die im Text einzeln erläutert werden) von Guimpel, P. Haas und Ludwig Schmidt.

Heinsius III, Sp. 24; Kayser IV, 211 (Berlin 1803).

In den ersten fünf Kapiteln wird die Tierwelt dargestellt. Das letzte Kapitel handelt vom Menschen. Vorerst wird zwischen belebter und unbelebter Natur unterschieden, organischen und anorganischen

Körpern, sodann folgen die Einteilung der Tiere und schließlich der Mensch als einziges mit Vernunft begabtes Wesen. »Die äußern Hauptunterschiede, wodurch sich der Mensch von den Thieren auszeichnet, ist sein aufrechter Gang, seine Zweihändigkeit, seine Waffenlosigkeit.«
»Die Thiere haben einen Naturtrieb (Instinct) . . . Der Instinct der Thiere wird angeboren, wird nicht erworben, wächst nicht; die Seelenfähigkeiten des Menschen hingegen sind nicht angeboren, sondern bilden sich allmählig aus . . .« Dem Menschen komme ferner die Sprachfähigkeit zu, den Thieren nur die Fähigkeit der Stimme. »Der Mensch unterscheidet sich ferner durch seine Anpassungsfähigkeit von den Thieren, er »lebt unter allen Himmelsstrichen, von den Spitzbergen bis zum Kap . . . Die Thiere sind hingegen auf größere oder kleinere Strecken eingeschränkt . . .« — »Die Vollkommenheit der menschlichen Fähigkeiten hängt vorzüglich von der Gesellschaft ab, in welcher er aufwächst, und von der Richtung, welche seine Anlagen bekommen.«
Es folgt sodann die Beschreibung der physischen Eigentümlichkeiten des Menschen nach Rassen und Nationen. Im letzten Satz wird auf ein künftiges Werk über Völkerkunde für die Jugend verwiesen.

255.044-A.Fid. (51-133)

133 [André Joseph Panckoucke]

Les Études convenables aux Demoiselles

contenant La Grammaire, la Poësie, la Rhétorique, le Commerce des Lettres, la Chronologie, la Géographie, l'Histoire, la Fable Heroïque, la Fable Morale, les Régles de la Bienséance et un court Traité d'Arithmétique. Nouvelle Édition, revue, corrigée et augmentée.

Dresde, George Conrad Walther [1775]

8°. In 2 Bänden.
Band 1: Titel, 3 Bl. (Vorrede), 405 S. (samt einer chronologischen Tafel).
Band 2: 475 S. (samt Titel).

Barbier I, 460; Quérard, France litt. VI, 575.

In der Vorrede erklärt der Autor, wenn die Damen sich nicht durch große Taten hervortäten, so liege dies daran, daß man ihnen die Möglichkeit dazu nehme, indem man sie von großen Aufgaben fernhalte. Trotzdem müsse man sagen, daß sie durch ihren Geist und ihre Liebenswürdigkeit den angenehmsten Teil der zivilisierten Gesellschaft darstellten.
Der Eifer und die Geschicklichkeit, mit denen sie *das* täten, was man sie machen lasse, sprächen für den Erfolg, den sie hätten, wenn man auf ihre Erziehung mehr Sorgfalt verwendete. Es sei nicht immer ihr Fehler, wenn frivole Eigenschaften und ihre Schönheit ihnen mehr Aufmerksamkeit gewännen, als Verdienst und Tugend dies können. Es liege daher in ihrem eigenen Interesse, wenn man rechtzeitig beginne, ihren Verstand und ihr Herz durch Studien und passende Lektüre zu bilden. Es folgt das Prinzip, nach welchem das Werk gestaltet wurde:
Man beginne mit der Grammatik, die von den Damen häufig vernachlässigt werde. Der Autor kommt dann auf die Schrift zu sprechen: »L'Ecriture est donc l'Art d'exprimer pas des figures subsistantes le son de la voix, qui périt et s'envole à mesure qu'elle est prononcée.« (»Die Schrift ist daher die Kunst, durch bestehende Zeichen den Klang der Stimme, der mit dem Aussprechen vergeht und entflieht, auszudrücken.«)
Die Dichtkunst bildet die zweite Abhandlung. Nach einigen kleinen Einzelheiten, bemerkt der Verfasser, werde man ausgewählte Stücke der besten Dichter finden, an denen man sein Gedächtnis schulen könne.
Die dritte Abhandlung hat die Rhetorik, die Redekunst, zum Gegenstand. Das Wort sei das Bindeglied in der Gesellschaft, Worte sollten daher richtig gewählt und elegant sein und am richtigen Platz stehen. Daran angehängt sind Ausführungen über die Kunst des Briefschreibens.
Der erste Band enthält überdies eine kurze Chronologie der Geographie und die neun ersten Epochen der Geschichte.
Chronologie und Geographie seien die beiden Augen der Geschichte, beide Wissenschaften gehörten zusammen. Nichts mache einer Dame mehr Ehre, als über diese Wissenschaften genügende Vorstellungen zu haben, um Verwirrungen über Zeit und Ort eines Ereignisses zu vermeiden. Die Abhandlung über die Geographie solle anhand von Karten studiert werden.
Der Geschichte folgt die Mythologie oder die Geschichte der heidnischen Götter.
Man könne auch nicht umhin, sich einige Kenntnis der Fabeln anzueignen, wenn man den Inhalt von Bildern oder die schönsten Werke der Literatur verstehen wolle.
Die moralische Fabel sei eine Zusammenstellung von Erfindungen belehrenden Inhaltes; sie verbinde die Lebhaftigkeit der Erfindung mit dem Ernst der Philosophie, die Naivität der Erzählung mit dem feinen und delikaten Witz. Sie zeige uns unsere Fehler, ohne zu verletzen.
Das Werk endet mit einem kurzen Abriß der Arithmetik, die für das Alltagsleben sehr nützlich sei, sowie mit einem Kapitel über den Anstand. Die erste Frage, was die Grammatik sei, würde mit: »Das ist die Kunst, seine Gedanken richtig und mit Geschmack auszudrücken« beantwortet. »Wie drückt man seine Gedanken aus?« — »Auf zweierlei Arten: Durch artikulierte Laute, die man Wörter nennt, und durch zwischen den Menschen vereinbarte Zeichen.« Dieser Gedanke wird dann weiter ausgeführt.
Was ist eine Rede? »Das ist eine Folge von Gedanken, die mit Worten ausgedrückt werden.« Nun folgen grammatikalische Ausführungen über Substantiva, Adjektiva, Aritkel, Zeitwörter, Konjugation, Deklination usw.
Im nächsten Kapitel wird die französische Dichtung als die Kunst definiert, welche die Regeln lehrt, die bei der Komposition französischer Verse zu beachten sind. Nun werden Versbau und die verschiedenen Versarten anhand von Beispielen berühmter Dichter ausführlich und eingehend erklärt.
Von der Rhetorik heißt es: Dies ist die Kunst, über jede Sache angemessen und richtig zu sprechen. »Gefallen, belehren, rühren, das ist die Rhetorik.« Man könnte sie auch die Kunst der Überredung nennen. Es werden sodann das Anwendungsgebiet der Rhetorik, die Quellen, aus denen sie schöpft, und anderes mehr abgehandelt.
Cicero, Horaz, Boileau werden zitiert und erklärt, welche Elemente eine Rede enthalten muß, um schön zu sein.
Im Kapitel über die Briefe heißt es: Nichts sichert besser den Ruf einer Dame, als ihre Gedanken edel und genau auf das Papier bringen zu

können. In der Rede verfliegen die Worte, im Brief aber bleiben sie bestehen und man kann ihr Verdienst beurteilen. Besprochen werden die verschiedensten Arten von Briefen, Komplimente, Familien-, Dank-, Glückwunsch-, Geschäftsbriefe usf.
Es folgt eine Definition des Geschichtsbegriffes: »Die Geschichte ist ein getreuer Bericht der Ereignisse in den verschiedenen Teilen der Welt, die man nach der Ordnung der Zeit aufteilt.« Sie werde eingeteilt in die heilige und profane, die allgemeine und die besondere und in die alte und die moderne Geschichte. Sie sei allen nützlich, Königen und Fürsten, Leuten von Rang sowie jedermann, der zu überlegen verstehe.
Die Chronologie sei eine Wissenschaft, die nach der Folge berühmter Ereignisse abteilt, zum Beispiel Jahrhundert, Olympiade, Lustrum usf. Es folgt ein langes Kapitel über Geographie, in welchem vorerst allgemeine Begriffe, wie Halbinsel, Archipel, Kap usf., erklärt werden, ehe die eigentliche Geographie mit Europa, Afrika, den beiden Amerika, Asien und die einzelnen Länder erklärt wird.
Die Geschichte wird im ersten Band bis zur römischen, im zweiten bis Ludwig XV. heraufgeführt und endet mit einer chronologischen Tafel, die bis Josef II. reicht.
Das nächste Kapitel handelt von der Fabel. Die Fabel sei die Geschichte der falschen Gottheiten des Heidentums. Die »Metamorphosen« des Ovid seien die vollständigste Sammlung, welche die Alten uns hinterlassen haben. Man nenne Fabeln aber auch jene genialen Erfindungen, die gemacht wurden, um die Menschen zu belehren, wie etwa die Fabeln Äsops. Es werden dann Beispiele für Heldenfabeln angeführt, in welchen Fürsten und Große ihren Ursprung auf Götter zurückführen, wie Romulus, der behauptete, sein Vater sei Mars, oder Alexander, der Jupiter als seinen Vater nannte. Als hauptsächlichste Autoren der Heldenfabel werden Homer, Hesiod und Ovid angeführt. Im Anschluß an die »Heroische Fabel« folgt eine ausführliche Götterlehre.
An die Fabel schließt sich das Kapitel über die Anstandsregeln »Der Anstand, welcher darin besteht, unsere Handlungen der Vernunft und dem Wohlverhalten anzupassen, bewirkt, daß das, was wir tun, immer angemessen ist, ebenso die Art, in der wir es tun.« Wer die Regeln des Anstandes befolge, werde sich überall zurechtfinden. Aus den Ausführungen des Autors geht hervor, daß er unter der »Bienséance« nicht so sehr den Anstand im gegenständlichen Sinn bei bestimmten Gelegenheiten verstanden wissen will als eher ein allgemeines Wohlverhalten im moralischen Sinn, welches das gesamte Tun und Lassen des Menschen bestimmt.
Am Schluß dieses Kapitels werden einige konkrete Verhaltensregeln wiedergegeben, wie: ein Fräulein müsse sich stets seinem Alter und seinem Stand gemäß betragen. Man müsse sich stets gerade halten, viel zuhorchen und wenig reden. Es sei nicht schicklich, zuviel Bewunderung oder übertriebenes Lob zu zeigen. Das Gespräch eines Fräuleins solle einfach und ohne Affektation sein, die Kleidung bescheiden und ohne überflüssigen Putz usw.
Das Werk wird abgeschlossen durch ein Kapitel über Arithmetik.

André Joseph Panckoucke, 1700—1753, Buchhändler und Literat, war Jansenist. Da er im Jansenismus bis zum Tode verharrte, verweigerte ihm der Geistliche seiner Pfarre die Sakramente und das Begräbnis, was zu einem Skandal führte und viel Lärm verursachte. Er verfaßte eine Reihe von gelehrten Werken und gab 1749 die »Etudes Convenables . . .« heraus, die wiederholt neu aufgelegt wurden.
Panckoucke war Begründer einer der bekanntesten Buchhändler- und Verlegerfamilien des 18. Jahrhunderts. Sein Sohn Charles Josephe Panckoucke hat das größte Presseimperium des 18. Jahrhunderts aufgebaut und für die verschiedenen Ausgaben der »Encyclopédie« eine maßgebliche Rolle gespielt.

252.174-A.Fid. (23-033)

134 [Lady Sarah Pennington]

Les avis d'une mere infortunée à ses filles

Ouvrage nouvellement traduit de l'Anglois, et intéressant pour les jeunes Demoiselles destinées à entrer dans le monde. Suivi de Fables morales, aussi traduites de l'Anglois.

Londres, Paris, Serviere, 1786

12°. Vortitel, Titel, 1 Bl. (Vorwort des Übersetzers), 198 S., 1 Bl. (Inhaltsverzeichnis). Der erste und zweite Teil sind fortlaufend paginiert.

Barbier 3ᵉéd. I, 366: Avis d'une mère . . . (Par Gin Ossery, fils du traducteur d'Homère)

Im Vorwort stellt der Übersetzer fest, man erkenne in allen diesen Briefen die Hand einer Mutter, die ihren Kindern die besten Ratschläge gebe. Der Bericht über ihre Leiden und die Gründe, die zur Trennung von ihrem Gatten führten, trügen so sehr den Stempel der Wahrheit, daß man an ihrer Echtheit nicht zweifeln könne. Doch wie immer es sich damit verhalte, er würde die Autorin dieses Berichtes umso mehr bewundern. Er erklärt zum Abschluß, die Leser, die das Bild einer guten Mutter interessiere, würden von seiner Wahrhaftigkeit und Ausdruckskraft beeindruckt sein.
In einem Bericht über ihr bisheriges Leben rechtfertigt sich die Mutter gegenüber ihrer Tochter wegen der Trennung von ihrem Mann, dem Vater des jungen Mädchens.
Der erste Abschnitt nennt sich »Tableau du monde«, Bild von der Welt, und warnt die Tochter vor einer solchen Welt, die voll Schurkerei und Betrug ist. Das Laster verstecke sich unter dem Bild der Tugend, und nur mit Hilfe einer langen Erfahrung und eines durchdringenden Urteils könne man die Wahrheit entdecken. Sie — die Mutter — werde bemüht sein, ihr mit ihrer Kenntnis der Welt beizustehen. Ein gutes Urteil sei der beste Führer gegen die Fährnisse des Lebens.
Neben der ehrenhaften und schicklichen Erziehung sei die religiöse von größter Bedeutung. Es folgen ausführliche Anweisungen über die Pflichten eines frommen Christen. Im nächsten Abschnitt wird über die Verwendung der Zeit gesprochen. »Sie ist unschätzbar und ihr Verlust nicht wiedergutzumachen.« Man solle jeden Tag wie ein weißes Blatt Papier betrachten, das in unsere Hände gelegt wird, um es auszufüllen. Gleichwohl seien unschuldige Vergnügen nicht nur erlaubt, sondern für die Jugend unentbehrlich. Nichts aber sei unerträglicher als Menschen, die nur dem Vergnügen und der Zerstreuung lebten. Und man müsse in der Jugend den Grundstock für alle seine Kenntnisse legen.
Eine ausgezeichnete Methode bestehe darin, den Morgen zur Arbeit und zum Studium zu verwenden. Der Abend gehöre der Lektüre, aber auch Vergnügungen wie Bällen oder dem Kartenspiel.
An Kenntnissen hält die Autorin die der eigenen Sprache, aber auch

des Französischen und eventuell des Italienischen für unerläßlich. Geschichte, Geographie, die Grundregeln der Arithmetik, Zeichnen, Malen, Naturgeschichte werden gleichfalls unter die nützlichen und notwendigen Studien gereiht.
Zu den eigentlichen Beschäftigungen der Frau gehörten jedoch die häuslichen Angelegenheiten. Auch dann, wenn die Frau einen hohen Rang bekleide, dürfe sie es nicht für unter ihrer Würde halten, ihre Kinder erziehen zu können, das Personal zu lenken, einen Tisch elegant zu decken usf. Es werden Anweisungen gegeben, wie man wirtschaftlich haushält und sich vor unnützen Ausgaben hütet, wie man sein Personal behandelt usf. Von der Mode heißt es, sie skrupelhaft zu befolgen und besonders ihre Torheiten mitzumachen, bedeute Zeugnis abzulegen von Kleinlichkeit und Mesquinität.
Man solle niemals Romane oder Erzählungen lesen, sie verdienten es nicht, sie seien so raffiniert abgefaßt, daß sie unsere Neugierde nach ihrem Ausgang erregten. Dann folgen Ratschläge für Handarbeiten. Hier heißt es unter anderem, das junge Mädchen solle so geschickt sein, daß es auf jeden Fall seine eigene Wäsche anfertigen könne.
Der Besuch des Theaters wird empfohlen, jedoch nur für jene Stücke, die von Leuten mit Geist und Vernunft bereits günstig beurteilt wurden.
Bei den Besuchen, die zu machen und zu empfangen seien, werde die Konversation meist oberflächlich und belanglos sein. Dies sei jedoch unvermeidlich, denn »Le grand art de plaire est de paroître se plaire avec les autres«. In einem anderen Abschnitt wird über die Freundschaft gesprochen und sie als ein großes Glück im menschlichen Leben bezeichnet.
Bei der Wahl eines Gatten rät die Autorin zu größter Vorsicht und reiflicher Überlegung; sie erwähnt hier ihre eigene unglückliche Ehe, die zur Trennung von ihrem Mann geführt hat. Das Wichtigste bei der Wahl des Gatten seien tugendhafte Grundsätze und wahre Herzensgüte, er sollte überdies ein glückliches Naturell und stets gute Laune haben. Dies wird in weitschweifigen Ausführungen eingehend erklärt. Es folgen Ratschläge, wie man sich mit einem schlechten Ehemann zu verhalten habe. Man werde eine der Hauptpflichten einer Ehefrau, den Gehorsam, nicht einhalten können, aber auch andere Pflichten würden nicht erfüllt werden können, so müsse die Ehefrau jede Aufforderung, etwas zu tun, was der Klugheit widerspreche, zurückweisen. Wenn man mit einem tyrannischen und grämlichen Mann verheiratet sei, müsse man sich ihm geduldig unterordnen.
In einem anderen Abschnitt wird dargestellt, daß Ordnung und Sparsamkeit eine Quelle des Glückes für sich und die anderen seien. Der letzte Abschnitt spricht im allgemeinen von den Verpflichtungen, die einem in Gesellschaft obliegen; hier erwähnt die Verfasserin die ungünstigen Umstände, die ihr eigenes Leben schwierig gestaltet hätten, und warnt ihre Tochter davor, Briefe, die nicht von ihr selbst, der Mutter, gezeichnet seien, entgegenzunehmen.
Im zweiten Teil werden englische Fabeln in Übersetzung wiedergegeben, die im Original den Titel »Fables for the female sex« tragen.

256.863-B.Fid. (69-86)

135 [Pierre Antoine de la Place]

Le Valere-Maxime François

Livre classique, Pour servir à l'éducation de la jeunesse et de l'adolescence françoise, en deux volumes; Dédié à l'Assemblée Nationale: Par M. de la Place, doyen des gens de lettres.
Devise: »Lisez, jeunes François que la gloire intéresse; Chez vous sont les héros de Rome et da la Grèce.«

Paris, P. Didot l'Aîné [1792]

8°. 2 Bände.
Band 1: Titel, 6 S. (Prospectus), VIII S. (Discours préliminaire), 459 S. (samt Inhalts- und Namensverzeichnis).
Band 2: 499 S. (samt Inhalts- und Namensverzeichnis), S. 499 verso (Ergänzung zum Namensverzeichnis).

Nicht nachweisbar.

Im »Prospectus« wendet sich der Herausgeber gegen die bisherige Unsitte, den jungen Leuten nur Beispiele aus den alten Römern und Griechen zu bringen. »Mais aujourd'hui que (graces à la révolution!) nos idées se trouvent insensiblement dirigées vers des objets aussi sérieux que vraiment utiles . . .« Diese Feststellung bestimmt das gesamte Vorwort. Es wäre an der Zeit, sich der Helden zu erinnern, die Frankreich, ungeachtet des Joches des Despotismus, der über dem Lande lag, hervorgebracht habe. Dem »Prospectus« folgt eine Ankündigung, wo und um welchen Preis das Werk zu erhalten ist.
Der »Discours Préliminaire« weist den gleichen Inhalt wie der »Prospectus« auf.
Beide Bände enthalten Anekdoten, Berichte und Erzählungen über mehr oder weniger berühmte Staatsmänner, Kriegshelden und Gelehrte. In einem Postskriptum erklärt der Herausgeber, er habe davon abgesehen, berühmte Dichter und Künstler aufzunehmen, weil das Buch sonst uferlos geworden wäre.

Pierre Antoine de La Place, 1707—1793, war einer der fruchtbarsten und mittelmäßigsten Schriftsteller des 18. Jahrhunderts. Er besuchte ein Kolleg englischer Jesuiten und sprach zeit seines Lebens besser Englisch als Französisch. Er war befreundet mit Duclos, Crébillon fils usf., nannte sich selbst »Doyen des lettres« und schrieb einige Theaterstücke, die so schlecht waren, daß sie nicht einmal kritisiert wurden.

Zum Titel: Valerius Maximus, schrieb um 30 n. Chr. »Factorum dictorumque memorabilium libri IX«, eine Sammlung geschichtlicher Merkwürdigkeiten.

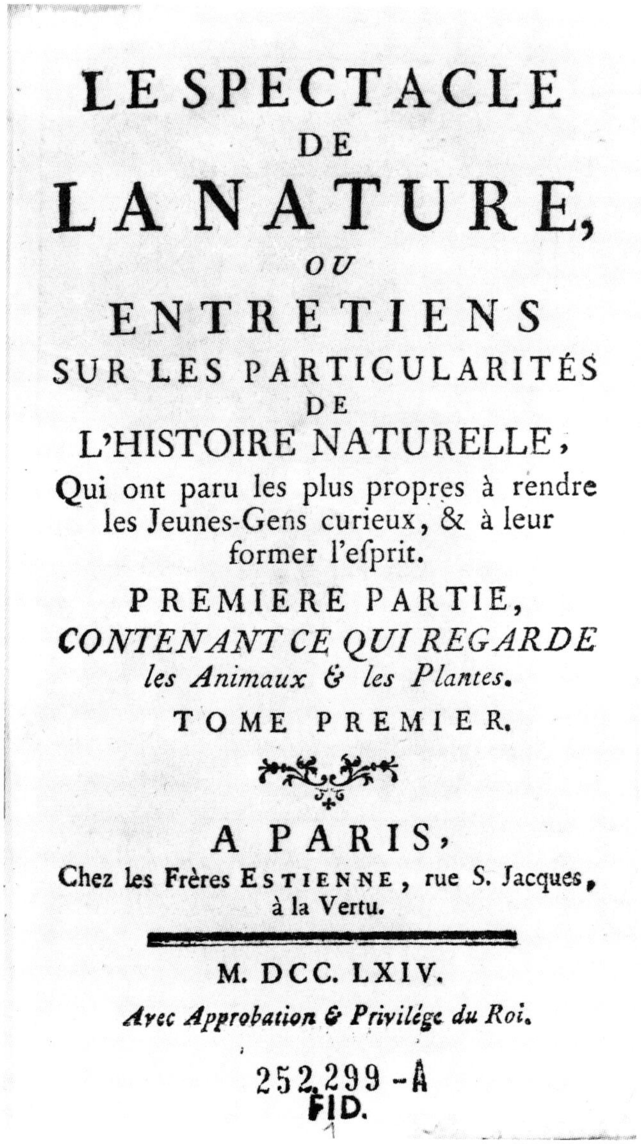
LE SPECTACLE
DE
LA NATURE,
OU
ENTRETIENS
SUR LES PARTICULARITÉS
DE
L'HISTOIRE NATURELLE,
Qui ont paru les plus propres à rendre
les Jeunes-Gens curieux, & à leur
former l'eſprit.
PREMIERE PARTIE,
CONTENANT CE QUI REGARDE
les Animaux & les Plantes.
TOME PREMIER.
A PARIS,
Chez les Frères ESTIENNE, rue S. Jacques,
à la Vertu.
M. DCC. LXIV.
Avec Approbation & Privilége du Roi.

Bibl. Nr. 136, Band 1, Titelblatt

252.299-A.Fid. (25-9)

136 [Noël Antoine Pluche]

Le Spectacle de la Nature

ou Entretiens sur les Particularités de l'Histoire Naturelle, qui ont paru les plus propres à rendre les Jeunes-Gens, curieux et à leur former l'esprit.

Paris, Frères Estienne. Avec Approbation et Privilége du Roi. 1764—1780

Kl.-8°. 8 Teile in 9 Bänden. Von Band 5 an findet sich der Hinweis, daß es sich nicht um die Erstausgabe (1732) handelt. Ebenso vermerkt das Vorwort zu Band 1, daß die vorliegende Ausgabe eine »nouvelle édition« darstellt. Jeder Band enthält nach dem Titel die Bezeichnung des in ihm behandelten Themas.

Band 1: Les Animaux et les Plantes [1764]. Frontispiz, XXIII (Titel, Préface, Approbation). Ordre des Planches, 561 S. (samt Inhaltsverzeichnis, Erklärung der Tafeln, Privilege du Roi), 25 Tafeln. Das Privileg wird noch 2 ungezählte Seiten lang fortgesetzt.

Band 2: Les dehors et l'intérieur de la Terre [1780]. Frontispiz, XXIV (Titel, Plan, Approbation), 468 S. (Inhaltsverzeichnis und Erklärung der Tafeln), 31 Tafeln.

Band 3: Les dehors et l'intérieur de la Terre [1780]. Frontispiz, Titel, 575 S. (samt Inhaltsverzeichnis und Erklärung der Tafeln), 31 Tafeln.

Band 4: Le Ciel et les liaisons des différentes parties de l'Univers avec les besoins de l'homme [1764]. Frontispiz, 621 S. (mit Titel, Inhaltsverzeichnis, Approbation), 29 Tafeln.

Band 5: L'Homme considéré en lui-même. Nouvelle édition [1770]. Vortitel, Frontispiz, Titel, 596 S., 2 Bl. (Inhaltsverzeichnis und Erklärung der Tafeln), 18 Tafeln.

Band 6: L'Homme en Société [1770]. Vortitel, Frontispiz, Titel, 601 S., 2 S. Inhaltsverzeichnis, 30 Tafeln.

Band 7: L'Homme en Sociéte [1770]. Vortitel, Frontispiz, Titel, 555 S. (auf Rückseite von 555 und 2 Blatt Inhaltsverzeichnis sowie Erklärung der Frontispize und Supplemente, Approbation), 33 Tafeln.

Band 8 und 9, Teil 1: L'Homme en Société avec Dieu [1770]. Je 1 Vortitel, Frontispiz und Titel, 436 S., 1 Bl. Inhaltsverzeichnis; Teil 2: 388 S., 2 Bl. Inhaltsverzeichnis, Approbation.

Jeder Band enthält ein gestochenes Frontispiz. Alle Tafeln sind gestochen und teilweise gefaltet. Die Illustrationen sind von P. P. Robert, J. P. Le Bas, Cazes, P. Bourgoin, Vankessl, Madeleine Basseporte, Ch. Eisen, Boucher, Canot.

Das Frontispiz zu Band 7 stellt Karl V. dar, der bei den Fuggern zu Besuch ist. Dazu findet sich am letzten Blatt dieses Bandes folgende Legende: »Charles V, après la malheureuse expédition de Tunis, trouva un puissant secours dans la bourse des Fuggers, riches Marchands d'Ausbourg. Ils l'engagèrent à manger chez eux, et luy ayant demandé la permission de brûler dans la salle du festin un fagot de cinnamone, ils roulèrent ses billèts de reconnoissance, et s'en servirent pour y mettre le feu.«

Barbier-Quérard, An. VII, Sp. 557; Quérard, France litt. VII, 215; Brüggemann 682 (deutsche Übersetzung).

Im Vorwort stellt Pluche fest, von allen Mitteln, derer man sich bediene, um die Intelligenz der jungen Menschen zu entwickeln, sei das sicherste, ihre Neugierde zu erwecken. »Der Wunsch, zu wissen, ist ebenso natürlich wie die Vernunft.« Auf diese Weise werde die Gewohnheit, nachzudenken und sich zu beschäftigen, am leichtesten erworben. Man würde die beste Wirkung erzielen, wenn man versuche, den Unterricht mit dem Vergnügen am Gegenstand zu verbinden. Diese Doppelwirkung finde man auf die vollkommenste Weise im Studium der Natur verwirklicht. (Dieser Gedanke wird dann ausführlich erläutert.) Von diesem Buch der Natur, das vor aller Augen aufgeschlagen daliege, jedoch zu wenig gelesen werde, gebe er im folgenden einen Auszug. Des weiteren wird der Plan erklärt, nach welchem in dem Buch vorgegangen wird. Die Form, die gewählt wurde, sei die des Dialogs zwischen fingierten Personen, einem jungen Mann namens Chevalier du Breuil, der sich für einige Zeit am Land aufhält, und dem Comte de Jouval, einem Landedelmann, der sich dem Studium der Natur widmet. Ebenso nehmen an den Gesprächen der

Bibl. Nr. 136, Band 1, Frontispiz von J. P. le Bas

Bibl. Nr. 136, Band 7, Frontispiz. Unter der Legende der Hinweis: »Voyez l'explic. fin de ce Volume, ou Charles V. chez les Fuggers.«

Pfarrer und die Gräfin de Jouval teil. Abends trägt der junge Mann in ein Tagebuch ein, was er gehört hat. In Randanmerkungen teilt der Verfasser die bekanntesten Autoren mit, aus denen er geschöpft hat. Er teilt weiter mit, daß man bemüht gewesen sei, an dieser Auflage möglichst wenig zu ändern, damit diejenigen, die die erste gekauft hätten, sich an ihre halten könnten. Aus der Approbation geht hervor, daß die erste Ausgabe aus dem Jahr 1732 stammt.

Der Band 1 beginnt mit den Insekten und geht dann auf die Muscheln und die Vögel über, behandelt einige Säugetiere und kommt dann zu den Pflanzen.

In Band 2 erörtert der Autor den Plan, nach dem er in diesem Teil vorgeht. Er beginnt mit den Blumen und Pflanzen des Gartens, fährt fort mit Obst- und Gemüsegärten, Weingärten und Weinbergen, beschreibt die Gewinnung verschiedener Weine, darunter auch des Champagner, und schließt mit den Pflanzen, die in Wäldern und auf Wiesen wachsen usw. Es folgen die Beschreibung der Flüsse und Gewässer und ihre Ursprünge, die verschiedenen Formationen der Erdoberfläche usf.

Am Schluß des dritten Bandes werde man einen Brief finden: »L'Usage du Spectacle de la Nature«, in welchem die Absichten und der Zweck aller dieser Geschenke Gottes erklärt werden. Der Autor will der Jugend vor Augen führen, was sie von Gott erhalte. In den späteren Bänden sollen die jungen Leute auch die gewöhnlichsten Dinge des Alltags kennenlernen. Denn wenn sie mit ihren Studien fertig seien, wendeten sie sich irgendeinem Gegenstand und einer Wissenschaft zu, ohne jene Dinge zu kennen, die lebensnotwendig

sind. Es folgt eine neuerliche Beschreibung von Pflanzen, Mineralien, der schönsten und seltensten Fische, seltener Muscheln, Meerespflanzen, Steinen, Metallen usf. Der Autor bemerkt, daß die dargestellten Gegenstände soweit als möglich in Naturgröße aufgezeichnet seien.
Band 3 spricht vorerst von den gemeinsamen Weideplätzen, kommt dann vom Wasser auf die Schiffahrt und schließlich auf Bergwerke zu sprechen. Im erwähnten Brief findet sich, gleichsam als Motiv für seine Abfassung, der Satz: »La nature entière est une magnifique montre dont les ressorts ne jouent que pour nous apprendre toute autre chose que ce qu'on y voit.«
Band 4 beginnt mit einem Brief des Priors an den Chevalier, in welchem dieser erstens um eine tragbare Bibliothek für einen Offizier bittet und zweitens um eine Fortsetzung der Unterhaltungen über die Natur. Als mitzunehmende Bücher für einen Kriegsmann (»homme de guerre«) empfiehlt der Verfasser ein Neues Testament, den Cäsar und den Euklid. Selbstverständlich käme das Buch der Natur und jenes über die menschliche Gesellschaft dazu (wobei der Verfasser hier seine eigenen Werke über den Gegenstand meinen dürfte). In diesem vierten Band wird über den Himmel, Sternbilder, Astronomie und Physik berichtet. Unter anderem ist hier auch die Rede von Galilei, Pascal, Gassendi und Descartes, von den Akademien in Florenz, Bologna, Montpellier und Bordeaux, Leipzig und Berlin, Petersburg und Sevilla. Der Band wird abgeschlossen mit einer Geschichte der systematischen Physik und einer Erläuterung über die Bewegung der Planeten nach Kopernikus.
In Band 5 liefert der Autor vorerst wieder den Plan des Bandes. Wenn der Mensch sich alles untertan gemacht habe, dann sei es einleuchtend, daß das Studium seiner Privilegien die bestimmende Wissenschaft unserer Welt sein müsse. Man müsse den Menschen mit allen seinen glänzenden, aber auch den negativen Eigenschaften studieren. Alles, was auf der Erde sei, gehorche dem Menschen, der Mensch aber gehorche Gott. In diesem Band wird geprüft, was der Mensch an sich sei, wozu er berufen und welcher Leistungen er fähig wäre; in den späteren Bänden 7 und 8 (sowie im zweiten Teil von Band 8) werde dann der Mensch in Gesellschaft von seinesgleichen und in der Gesellschaft mit Gott betrachtet werden.
Band 6 behandelt den Menschen in der Gesellschaft. »L'homme n'est point seul ici. Le genre humain couvre la terre.« — ». . . il perd . . . tous ses droits à mesure qu'il cesse d'être sociable.« Der Autor vergleicht dann die menschliche Gesellschaft mit den Tiergemeinschaften, wie etwa jener der Bienen. Eine weitere Unterhaltung befaßt sich mit der Ehe, die Ursprung und Halt der Gesellschaft sei, eine dritte Unterhaltung mit der Erziehung. »Rien n'est capable de remplacer l'amour des mères. Celui des nourrices n'en est qu'une foible imitation.« Der Verfasser setzt sich dafür ein, daß Mütter ihre Kinder selbst stillen, wenn dies ohne Schaden für sie möglich sei. Die nächste Unterhaltung dreht sich um die Pflege des Verstandes des Kindes, die Sprache, Arbeit usf. Unter anderem wird auch über die Erziehung der Mädchen gesprochen. Sie bräuchten nicht so viele Kenntnisse zu besitzen wie die Knaben, doch wendet sich der Verfasser gegen jede Erziehung, welche die Mädchen gefallsüchtig mache. »Il n'y a point de fille dont l'esprit soit assez borné pour ne pouvoir pas apprendre l'Histoire.« Das junge Mädchen solle, neben der Geschichte, die Geschichte der Evangelien und ebenso den Katechismus kennen. Auch solle sie ordentlich zählen und mit Leichtigkeit einen Brief schreiben können. Auf die Fertigkeit des Briefeschreibens legt der Autor besonderes Gewicht. Auch Latein könne in die Studien einbezogen werden. Für die Erziehung der Mädchen wird ein ganzer Lehrplan aufgestellt. Bei der Geschichte werde man mit der Erschaffung der Welt beginnen, die Geschichte des Alten Testaments, Erläuterung des Buches der Könige, die Geschichte der Juden, das Leben Jesu Christi, den »Discours« von Bossuet über die Universalgeschichte und schließlich die Kirchengeschichte von M. Fleury vornehmen. Sollten die Damen sich in der Geschichte vervollkommnen wollen, so wird ihnen besonders die Geschichte des Abbé Rollin empfohlen.
Es folgt um einiges ausführlicher noch ein Plan für die Erziehung der Knaben. Als erstes solle man aus einem Knaben einen »agréable homme« machen. Der Verfasser zählt dann des langen und breiten die Eigenschaften auf, die den »homme agréable« ausmachen, wie Tanzen, Konversation machen usf. Mit der Erziehung müsse man im zarten Alter beginnen. Die Mutter müsse, indem sie mit dem Kind sehr viel spricht und sich eingehend mit ihm beschäftigt, von frühester Jugend an seine Sprache ausbilden. Mit fünf Jahren müsse der Knabe lesen lernen, da das Kind jedoch noch so klein sei, müsse ihm das Lesen spielend beigebracht werden. Es werden dann verschiedene Methoden erklärt, wie dieses Lesenlernen spielend erfolgen könne, darunter auch die Methode des »Bureau d'Imprimerie«, das heißt ein Verfahren ungefähr in der Art, wie ein Schriftsetzer seine Buchstaben setzt (s. auch Bibl. Nr. 69). Mit der Grammatik dürfe man jedoch in diesem zarten Alter noch nicht beginnen. Beginnen solle man andrerseits bereits jetzt mit der Stärkung des Gedächtnisses. Dann solle der Knabe schreiben lernen; es folgen die Erlernung fremder Sprachen, besondere Sprachfeinheiten usf. Der Erziehung der Knaben ist fast das ganze fünfte Kapitel gewidmet. Das sechste Kapitel spricht von der Ungleichheit der Menschen und ihren Ursachen, das siebte von der Unterdrückung des Bettelstandes, das achte von den Dienstboten, die übrigen Kapitel von der Kleidung. Es folgen Handwerke sowie ein Verzeichnis der in der Tuchmanufaktur gebräuchlichsten Ausdrücke und schließlich eine Ergänzung über Velours-Teppiche und Teppiche aus der Türkei. In dem Band über den Menschen findet sich unter anderem ein Kapitel über Musik und Malerei. Auf die Musik wird besonders ausführlich eingegangen und auch die Harmonielehre gestreift. Unter anderem steht hier der Satz: »Mais quand la musique est hachée et pulvérisée, elle fuit comme si c'étoit une grêle ou un orage, un charivari ou un sabat.« Von der Musik geht der Verfasser über zur Malerei. Ebenso wie die Musik soll auch sie belehrend wirken. Nach der Malerei wird über den Kupferstich, verschiedene Druckverfahren und alte Manuskripte gesprochen. Als Abschluß folgen der Handel, die Politik und die verschiedenen Regierungsformen.
Die Bände 8/1 und 8/2 handeln vom Menschen in der Gesellschaft Gottes. Dem eigentlichen Text geht eine lange Einleitung voraus, in welcher der Autor den Leser unmittelbar anspricht. Man habe nun den Menschen an sich und unter verschiedenen Aspekten im Umgang mit anderen betrachtet. Die menschliche Gesellschaft jedoch verlöre ihre beste Stütze, wenn alles für uns mit dem Leben enden sollte. Es folgt eine Schilderung der Öde und Armut, in welcher jener sich befindet, der nicht glaubt. Das Heute zu genießen »puisque demain nous ne serons plus«, sei die Philosophie Anakreons und Horaz'. Die jedoch, die so denken, seien der Ruin der Gesellschaft. Dieser Gedanke wird dann eingehend ausgeführt. »L'Evangile, la nouvelle du salut est de tous les faits celui dont les attestations se trouvent les moins equivoques, les plus nombreuses . . .« Der Band handelt von der Gewißheit der Heiligengeschichte, von der Prüfung anderer Religionen und der historischen Überprüfung des Christen-

tums. Band 8/2 setzt diese Erörterungen fort. Er schließt mit dem Satz: »Omnia enim vestra sunt; vos autem Christi, Christus autem Dei.«

Noël Antoine Pluche, 1688—1761, französischer Literat und Naturforscher. Leiter des Kollegiums in Laon, später als Erzieher tätig. Zu dieser Zeit beauftragte ihn Lord Stafford, seinem Sohn Physikstunden zu geben, womit Pluche die Gelegenheit erhielt, Englisch zu lernen. In Paris erteilte er Lektionen in Geometrie und Geschichte und wurde durch seine Werke bald berühmt.
Das »Spectacle de la Nature« hat zu den meistverbreiteten Jugendenzyklopädien seiner Zeit gehört. Die letzten Bände des Werkes stellen eine Art »Soziologie des Glaubens« vor. Pluche war Jansenist und verlor deshalb seine Stelle als Leiter des Kollegiums in Laon.

258.810-A.Fid. (139-017)

137 [Georg Christian Raff]

M. Georg Christian Raff's, ordentlichen Lehrers der Geschichte und Erdbeschreibung auf dem Lyceum zu Göttingen, Abriß der Allgemeinen Weltgeschichte für die Jugend und ihre Freunde

Göttingen, Vandenhök, 1787—1788

8°. 3 Teile in einem Band.
Teil 1: 8 Bl. (Titel, Widmung, Vorrede und Subskribenten-Verzeichnis), 304 S. (inkl. Zwischentitel), 1 gefaltete Zeitkarte.
Teil 2: 2 Bl. (Titel, Vorrede mit Subskribenten-Verzeichnis auf der Rückseite), 295 S. (Druckfehlerverz. auf S. 295 verso).
Teil 3: 4 Bl. (Titel, Druckprivileg, Vorrede und Subskribenten-Verzeichnis), 310 S.
Kustoden.

Heinsius III, Sp. 281 (Abriß der . . . fortges. v. Ad. Gaspari 1.—6. Thl. Göttingen Vandenhök 790—803); Kayser IV, 433 (1.—3. Thl. Gött. 787, 88, 4.—6. Thl. nach dem Tod des Verfassers fortg. von Ad. Gaspari 792, 800, 803); Brüggemann 698.

Im Vorwort erwähnt der Verfasser, seine Geographie und Naturgeschichte hätten vielleicht auch deswegen Beifall gefunden, ». . . weil sie in einem Thon abgefasset sind, den die Jugend leicht verstehen kann«. Das habe bei Eltern und Lehrern den Wunsch veranlaßt, er möge auch eine allgemeine Weltgeschichte abfassen. Man dürfe hier keine tiefen Untersuchungen erwarten, sondern nur ». . . eine zweckmäsige Zusammenstellung der schon vorhandenen Materialien«. Der Abriß solle sowohl zu Hause als auch in den öffentlichen Schulen gelesen und gebraucht werden. Seine Zeitrechnung ist die Petausche (s. unten), doch habe er manche neue Berechnung gewagt; sodann erklärt der Verfasser, daß er sich unter anderem der Schriften von Schlözer, Guthrie, Meusel usf. bedient habe.
In der Einleitung wird vorerst der Unterschied zwischen chronologisch und synchronistisch erklärt und festgestellt, daß zur Geschichte auch die Geographie gehöre; auf die allgemeine und die besondere, die politische oder bürgerliche Geschichte, die Kirchen-Gelehrten und Naturgeschichte wird verwiesen. »In diesem Buche ist die Rede von der allgemeinen Weltgeschichte.« Danach wird die Einteilung in Perioden oder Zeiträume auseinandergesetzt. In einer Tabelle wird der »Erste Haupttheil« von Adam bis auf Christi Geburt und der »Zweite Haupttheil« von Christo bis auf Kaiser Josef II. dargestellt. In der Vorrede zum dritten Band kündigt Raff einen vierten an, zu dem er jedoch nicht mehr kam (s. Bibliographie).

Denis Petau, 1583—1652, französischer Gelehrter, Jesuit. Sein berühmtestes Werk sind die »Dogmes théologiques«. Er gab eine Reihe von wissenschaftlichen Werken heraus, darunter ein umfangreiches »De la science des temps«, wo er die allgemeinen Grundsätze der Chronologie darstellt.

Georg Christian Raff, 1748—1788, bedeutender Schulmann und Jugendschriftsteller, widmete sich dem Lehrberuf und starb als Direktor des städtischen Lyceums in Göttingen.
Er ist im besonderen für die Methodik des Unterrichts und hier vor allem in der Naturgeschichte von Bedeutung gewesen und verfaßte eine Reihe von Jugendschriften, in welchen er den »dialogischen Ton«, gewählt hat. In der Naturgeschichte zeichnet sich seine Methode dadurch aus, daß er die Beobachtung und das Urteil des Schülers am einzelnen Gegenstand selbst übt und von der Betrachtung des einzelnen zur Bildung des Systems führt. In seinen Bestrebungen wurde Raff von philanthropischen Ideen geleitet.

260.966-B.Fid. (112-087)

138 [Georg Christian Raff]

M. Georg Christian Raff's Geographie für Kinder

Zweyter Theil welcher Asia und Africa enthält. Nach des Verfassers Tode fortgesetzt von Christian Carl André Fürstl. Waldeck. Erziehungs-Rathe und Vorsteher einer weiblichen Erziehungsgesellschaft zu Schnepfenthal bey Gotha. Mit Churfürstl. Sächs. gnädigster Freyheit.

Göttingen, Johann Christian Dieterich, 1790

8°. Nur Teil 2 vorhanden. XVI (Titel, Widmung, Vorrede und Inhaltsverzeichnis), 354 S., 9 Bl. Register. Kustoden.

Heinsius III, Sp. 280 (3 Teile); Kayser IV, 423; Brüggemann 690/691.

In der Vorrede verweist André darauf, daß der »sel. Raff« bereits 1782 mit dem Druck den Anfang dieses Werkes machen ließ, als die Sache nach vier Bogen ins Stocken geriet und Raff dann verstarb. Ungeachtet des Titels handle es sich weniger um eine Geographie für Kinder, als um eine solche für die Jugend. Nach der Meinung Andrés gehöre für Kinder kein geographisches Handbuch, am wenigsten ein solches, das wie das gegenwärtige von außereuropäischen Ländern handle.
Hinsichtlich seiner Methode zum geographischen Unterricht überhaupt verweist der Herausgeber auf seine Schrift »Ueber den Unterricht in der Geographie«. Er erklärt dann weiter, wenn einige Unvollkommenheiten in der Arbeit noch nicht berichtigt seien, so würden künftig ganze Lücken in der afrikanischen Geographie ausgefüllt werden müssen. Im übrigen habe er stets auf die Raffschen Schriften Rücksicht genommen. Ein genaues Register werde, so hofft der Autor, die Brauchbarkeit des Werkes erhöhen. In einer kurzen

Anrede verweist er darauf, daß »... Europa nur ein sehr kleiner Theil des Erdbodens ist, und daß es noch mehrere Theile desselben, also auch mehrere Karten gibt, auf welchen sie abgebildet sind.«
Die Kinder werden aufgefordert, eine Karte Asiens vorzunehmen. Danach folgt eine allgemeine Einleitung über Asien. Bei Afrika werden erst nach der Besprechung der einzelnen Länder allgemeine erläuternde Bemerkungen vorgenommen.

Christian Karl André, 1763—1821, gründete eine Erziehungsanstalt und wurde 1785 eine Stütze der 1785 von Christian Gotthilf Salzmann eröffneten Schnepfenthalschen Erziehungsanstalt, für die Salzmann außer André eine Reihe von Mitarbeitern gewann, die später selbst bedeutende Erzieher und Schriftsteller wurden. André betätigte sich als Volksbildner und trat 1821 mit dem Titel eines Hofrates in Württembergische Dienste. Seine schriftstellerische Tätigkeit »zum Wohl des Volkes« umfaßte 40 Werke.

260.939-B.Fid. (112-086)

139 [Georg Christian Raff]

Naturgeschichte für Kinder

von M. Georg Christian Raff, ordentlichen Lehrer der Geschichte und Geographie auf dem Lyceum zu Göttingen. Mit vierzehn Kupfertafeln. Mit Churfürstl. Sächs. gnädigstem Privilegio.
Fünfte verbesserte Auflage.

Göttingen, Johann Christian Dieterich, 1786

8°. XV (Titel, Vorrede, »Verzeichnis der auf den vierzehn Kupfertafeln abgebildeten Thiere und Pflanzen ec.«, Inhaltsverzeichnis auf XV verso), 718 S. (samt Register). 14 Kupfertafeln, teilw. gez.: »E. Riepenhausen«.

Heinsius III, Sp. 281 (Gött. Dieterich 792); Kayser IV, 423 (Göttingen 778); Brüggemann 692.

In der Vorrede erklärt Raff, er übergebe hier dem »teutschen Publikum« eine Naturgeschichte für Kinder, die »... so ziemlich in dem Thon geschrieben ist, wie es die Kinder haben wollen, und gewissermaßen auch haben müssen, wenn sie mit Nuzen und Vergnügen darin lesen sollen«. Er habe darin den »dialogischen Thon« gewählt, aber keine Kinder genannt, bald rede er mit den Tieren, bald sie mit ihm, ein Kind rede mit einem Tier, bisweilen lasse er das Tier seine Geschichte selbst erzählen, oder er gehe mit den Kindern spazieren und sie suchen Pflanzen, Tiere, Steine usf.
Wenn das Buch den Kindern gefalle, dann sei der Wert seiner Methode glücklich entschieden. Man müsse auch auf die einzelnen Kinder individuell eingehen, »was dies Kind erfreut, ärgert vielleicht das andere bis zum Weinen«. Den Lehrern, die sich des Buches bedienen wollen, rät er, es ja nicht von »Vornen bis Hinten« durchzulesen, sondern eine Auswahl zu treffen und es auch den Kindern zu überlassen, wenn sie gerade etwas Neues wissen wollten.
Der Text beginnt in der von Raff angedeuteten Weise mit einer Anrede des Autors an die Kinder über das neue Buch, mit Bildern von »... allerhand kleinen und grossen Thieren, und Bäumen, Pflanzen und Kräutern, und vielen andern Dingen aus der Naturgeschichte ...«
Die Kinder antworten mit dem Ausruf: »Ach, das ist ein schönes Buch! Ein solches Buch haben wir uns schon lange gewünscht. —«
Der Verfasser erklärt den Kindern die Einteilung der Natur in drei Reiche, das Tierreich, das Pflanzenreich und das Stein- oder Mineralreich. Danach erfolgt die Belehrung jedoch nicht systematisch, sondern so wie sie sich im Gespräch mit den Kindern ergibt. Eine Reihe von Tieren berichtet über sich selbst, so der Seehund, die Robbe, die angibt, daß ihrer jährlich viele tausende, wahrscheinlich in jedem Jahr über fünfzigtausend totgeschlagen werden.
Die Naturgeschichte endet mit dem Steinreich.

252.276-A.Fid. (25-082)

140 [Carl Friedrich von Reinhard]

Abrêgé de l'histoire d'Allemagne

à l'usage de la Jeunesse des deux Sexes. Depuis Charlemagne jusqu'à Léopold II. pour servir de lecture amusante et instructive. Avec un vocabulaire allemand des mots, les plus difficiles.

Nuremberg, en Commission chez Grattenauer, 1795

8°. 372 S. (samt Titel, Vorwort, Einleitung, Widmung und Subskribentenverzeichnis). Im Subskribentenverzeichnis sind einige Städte vertreten, darunter Salzburg, nicht aber Wien.

Holzmann-Bohatta unter I, 17; Heinsius I, Sp. 27; Kayser I, 19; Rammensee, Nr. 1255, verzeichnet eine Ausgabe von 1797, 396 S.

Der Verfasser rechtfertigt sein Unternehmen, ein französisches Geschichtsbuch zu einem Zeitpunkt abzufassen, da Frankreich mit den größten Mächten im Krieg liegt, damit, daß nach der Beendigung von Krieg und Revolution in diesem Land, so hoffe er, eine neue Blüte eintreten werde.
In der Einleitung bemerkt der Autor, daß die Geschichte, wie ein großer Mann sagte, das Brevier der Könige sei. Sie solle aber ebensosehr auch das Brevier jener sein, die den Staat als Funktionäre leiten. Um sie dazu anzuregen, müsse man sie in frühester Jugend mit der Geschichte bekannt machen. In solcher Absicht sei dieser Abrégé d'histoire verfaßt worden, in einer einfachen und präzisen Sprache, auf Französisch, das heute zur Erziehung jedes jungen Menschen von Distinktion gehöre. In diesem kleinen Werk würden der Mensch und der Herrscher vorgestellt sowie die hauptsächlichsten Ereignisse seiner Regierung. Begleitet wird der Text von einigen Reflexionen, die sich aus dem Gegenstand ergeben und die jungen Leser in ihrem Urteil leiten sollen. Das Ende jeder Herrschaft werde von einer oder mehreren Anekdoten gekrönt, die meist den Originalquellen entnommen worden seien und das Interesse der »jungen Leserinnen« erregen würden.
Der Autor bemerkt, daß die Geschichte die Schule des Patriotismus sei. Man solle daher aus dem Studium der Geschichte einen der Hauptgegenstände für die Jugend beiderlei Geschlechts machen. Und, so fügt er hinzu, dieses Studium werde auch die jungen Damen nicht daran hindern, zärtliche Gattinnen und gefühlvolle Mütter zu werden.
Zwei der umfangreichsten Kapitel sind Maria Theresia und Joseph II. gewidmet.
Der Text endet mit einem Abriß über den Zustand der Wissenschaf-

ten und schönen Künste in Deutschland. Hier wird festgestellt, daß die Deutschen, von der Zeit Maria Theresias und Josephs II. an, den Wettstreit mit den aufgeklärtesten Nationen Europas aufnehmen könnten. Maria Theresia habe Künste und Wissenschaften durch den Schutz, den sie ihnen angedeihen ließ, gefördert, und Joseph durch die Pressefreiheit, die er in seinen Staaten einführte.
Das Buch wird durch ein französisch-deutsches Wörterverzeichnis beschlossen.

Carl Friedrich von Reinhard, geboren im Elsaß, war Privatgelehrter in Nürnberg und Berlin. Werke: »Le neologiste Français . . .« (1796), »Lettres sur Dresde à Madame *** . . .« (Berlin 1800).

258.812-A.Fid. (212-175)

141 [Joseph Reyre]

L'École des jeunes Demoiselles

ou Lettres d'une Mere vertueuse a sa Fille, Avec les Réponses de la Fille à sa Mere. Recueillies et publiées par M. l'Abbé, Reyre, Auteur du Mentor des Enfants; Ouvrage propre à former l'esprit et le coeur des jeunes Personnes du sexe. Seconde édition; Revue, corrigée, et très-considérablement augmentée. Avec Approbation et Privilege du Roi.

Paris, Varin [1786]

8°. In 2 Bänden.
Band 1: 347 S. (samt Vorsatz, Titel und Vortitel, Avertissement, Approbation, Privilege).
Band 2: 347 S. (samt Vorsatz, Titel und Vortitel).

Quérard, France litt. VII, 572.

Im Vorwort weist der Herausgeber darauf hin, daß jedermann bewußt sei, daß das Verhalten der Frauen einen tiefen Einfluß auf Glück oder Unglück der Familien, ja der ganzen Gesellschaft ausübe und man sich daher frühzeitig um die Ausbildung ihres Geistes und ihres Herzens bemühen müsse. Dies sei das Ziel, das man sich in diesen Briefen gesetzt habe.
Der weise und tugendhafte Fénelon habe dies sehr genau gewußt, als er seine Abhandlung über die »Erziehung der Mädchen« schrieb. Jedoch sei dieses Werk eher eine Erziehungstheorie und mehr für die Mütter als für die Mädchen bestimmt. Anders die vorliegenden Briefe: Auch wenn Erzieherinnen sich ihrer bedienen könnten, seien sie doch vorwiegend für die Schülerinnen bestimmt.
Obwohl Herausgeber des Werkes, verhehle er sich nicht, daß das Buch nicht sehr brillant geschrieben und nicht ganz dem Tagesgeschmack angepaßt sei. Es enthalte überflüssige Einzelheiten, und die Tochter spreche bald wie ein Kind, bald wie eine längst erwachsene Person. Da es sich jedoch um ein Lehrbuch und nicht um ein literarisches Werk handle und da es eher das Herz bilden als dem Geist gefallen solle, müsse man diese kleinen Fehler übersehen. Zumal ein junges Mädchen zu tiefsinnige und geistreiche Gedanken ohnedies nicht verstehen würde. Und die Ungleichheit in den Antworten der Tochter könnte davon herrühren, daß sie sich über eine längere Zeitspanne hinzögen und das junge Mädchen später eine gewisse Routine im Schreiben erworben habe.
Im ersten Brief spricht die Mutter von der Trauer darüber, daß sie ihre Tochter in ein Institut schicken mußte, weil ihre vielfältigen Pflichten sie daran hinderten, sich der Erziehung in dem Maße zu widmen, wie sie das gewünscht hätte. Sowohl die Mutter als auch die Oberin des Klosters, in dem die Tochter untergebracht ist, betonen die Bedeutung, welche die Religion in der Erziehung hat. Gleichzeitig beklagt es die Mutter, daß die Klöster in gewissen Kreisen so scharf kritisiert werden und man sogar behauptet, danach müsse man den Mädchen erst eine wirkliche Erziehung geben. Sie zitiert dann einen Autor, einen »homme du monde«, der festgestellt habe, der große Fehler, den man bei der Erziehung der Mädchen mache, sei der, daß man große Sorge trage für ihr Äußeres und daß man es fast ganz verabsäume, ihren Geist und das Herz zu bilden. In diesen Fehler verfalle man in diesem Institut nicht, man vergäße daneben aber auch nicht, die jungen Mädchen für die Welt zu erziehen.
Die Mutter erklärt der Tochter, sie habe sie vor allem deshalb in ein Kloster geschickt, damit sie dort in jener Frömmigkeit gefestigt werde, die sie vor den Anfechtungen der Welt schützen soll. Die folgenden Briefe handeln von der Frömmigkeit, von allen Tugenden, die sie erfordert, und den Fehlern und Lastern, die sie verbietet. Ab und zu findet sich eine Erzählung, die als Beispiel für die Ermahnungen der Mutter dient.
Auf eine Feststellung der Tochter, daß sie sich für Geschichte interessiere, warnt die Mutter sie davor, sich nicht verleiten zu lassen, auch Geschichten, das heißt Romane zu lesen, die durchwegs schädlich und verderblich seien, sie solle sich in erster Linie an die Geschichte der Heiligen halten. In einer Randbemerkung wird gegen den Erziehungsroman der Mme. de Genlis, »Adele et Théodore«, polemisiert, in welchem so wenig Wert auf Frömmigkeit gelegt und die Lektüre der Romane erlaubt werde. »Toutes les personnes vertueuses conviennent que les romans sont comme un poison subtil qui infecte tôt ou tard ceux qui sont assez imprudents pour oser y toucher.«
Allem voran geht die Lektüre des Katechismus. Der Religionsgeschichte folgt die allgemeine Geschichte. Auch ausgewählte Stücke aus der Literatur werden den jungen Mädchen in die Hand gegeben, vor allem kleine Fabeln, die sie öffentlich vortragen sollen, um ihre Scheu und Furcht zu überwinden. Außer der Geschichte solle das junge Mädchen auch Geographie studieren, weil die Kenntnis der Schauplätze das Geschichtsverständnis erleichtere. Es solle beide Gegenstände auch deshalb studieren, weil dies sie instand setzen wird, an der Konversation mit anderen teilzunehmen.
». . . l'utile est fait pour l'emporter sur l'agréable . . .«, schreibt die Oberin des Klosters und stellt sich damit in Gegensatz zum Grundsatz »Das Nützliche mit dem Angenehmen verbinden«.
Als die Tochter der Mutter feine Handarbeiten zum Beweis ihres Fleißes schickt, wird sie getadelt, sie hätte besser ein Paar selbstgestrickte Strümpfe oder irgendeine Schneiderarbeit vorgewiesen. Die Mutter schreibt bei dieser Gelegenheit: ». . . j'ai toujours oui dire qu'on devoit préférer le solide au frivole, l'utile à l'agréable . . .« Die Tochter solle auch beginnen, sich mit allen Angelegenheiten, welche die Führung des Hauswesens betreffen, vertraut zu machen. Sie müsse, um die Geldwirtschaft im Haushalt zu verstehen, Arithmetik lernen.
In einem Brief ermahnt die Mutter die Tochter, die Schönheit nicht zu überschätzen, wichtiger als schön zu sein, sei es, tugendhaft zu sein. »Car si la laide est aimée pour sa bonne grace et pour ses honnêtes moeurs, ce lui est plus d'honneur, que si c'étoit pour sa beauté.«
Es wird dann von der Koketterie gesprochen und festgestellt, daß eine verheiratete Frau danach trachten müsse, nur ihrem Mann zu gefallen,

ein junges Mädchen dürfe den Wunsch hegen, allgemein gefallen zu wollen, doch dürfe sie dies nur mit ehrbaren Mitteln anstreben.
Der zweite Band endet damit, daß die Tochter wieder zur Mutter heimkehrt.

Joseph Reyre, 1735—1812, Pädagoge und Prediger, wurde bei den Jesuiten erzogen, kam 1785 nach Paris, wo er seine »Ecole des Demoiselles« veröffentlichte. Während der Revolution wurde er eingesperrt und ging nach seiner Freilassung nach Lyon, wo er die Kinder seines Bruders unterrichtete und für sie einige seiner Schriften verfaßte. Er schrieb eine Reihe von Jugendbüchern, darunter auch das vorliegende.

1.769 FKB (131-252)

142 [Joseph Reyre]

Le Mentor des Enfans

ou Recueil D'Instructions, de Traits d'Histoire et de Fables nouvelles, propres à former l'Esprit et le Coeur des Enfans, ou Troisième Partie de l'Encyclopédie enfantine.

Dresde, Frères Walther, 1791

Kl.-8°. 232 S. (samt Titel und Vorwort), 3 Bl. Inhaltsverzeichnis.

Barbier 11827; Quérard, France litt. VII, 573 (1. Ausg. 1786).

Im Vorwort stellt der Autor fest, daß die Kindheit das dem Irrtum am meisten unterworfene Alter sei, jenes, das für die Eindrücke der Tugend und des Lasters am empfänglichsten sei. Das kleine Werk soll den Kindern als Führer und Ratgeber dienen. Man werde vielleicht einwenden, daß es schon mehrere Bücher dieser Art gebe, wie »Avis d'un père à son fils« oder das »Magasin des Enfans« der Mme. de Beaumont; jedoch sei das erste für bereits etwas größere Kinder bestimmt, das zweite bringe den Unterricht in etwas romanhafter Form. Es sei richtig, daß man mildern müsse, was die Moral für Kinder abschreckend mache, doch scheint es dem Autor, daß man darin bisweilen zu weit gehe. Man könne Kindern nicht die Wahrheit in Form eines Sinnbildes zeigen, weil sie das noch nicht verstehen. Der Verfasser betont, daß er Metaphern, Allegorien, komplizierte Wendungen vermeide, weil sie die Kinder blenden, anstatt sie aufzuklären. Einfachheit, Klarheit, Kürze, vertraute Vergleiche, das sei alles, womit er sein Werk ausschmücke. Er habe zwar alles vermieden, was über das Fassungsvermögen der Kinder hinausgehe, andrerseits aber doch allen Schmuck angebracht, der das Buch angenehmer und nützlicher macht. Auch die Fabeln seien sorgfältig ausgewählt, und er habe selbst einige aus dem Lateinischen übersetzt. Das Werk sei in kleine Kapitel unterteilt worden, weil Kinder zu längerer Aufmerksamkeit nicht fähig seien; die Lehren, die jedes Kapitel enthalte, würden in Form eines Ratschlages an das Kind gegeben.
Wenn das Buch nicht so belehrend und interessant geworden sein sollte, wie man es wünschte, so glaube er doch, nichts vergessen zu haben, was es nützlich macht.
Das Buch enthält insgesamt 28 Kapitel. Das erste trägt den Titel »Wie wichtig es ist, daß Kinder beizeiten die Tugend als Vorbild ansehen.« Im zweiten wird den Kindern erklärt, wie schwierig es ist, schlechte Gewohnheiten abzulegen. Die folgenden Kapitel handeln von der Frömmigkeit, von verderblichen Freundschaften, schlechten Büchern, zu denen unter anderem Romane, galante Gedichte und, ganz allgemein, alles gegen die Religion und die guten Sitten Verstoßende zählen, von den Pflichten der Kinder gegen die Erzieher, vom Benehmen der Kinder gegen ihresgleichen, vom Verhalten der Kinder gegen Arme und Unglückliche, von wahren Verdiensten, von den Wissenschaften, von den Kenntnissen, die die Kinder erwerben sollen (Religion, Latein, Geographie, Chronologie, Mythologie, Geschichte), Faulheit und Müßiggang, Unterhaltung und Spiel, von der Lüge, Genäschigkeit, von der Höflichkeit und der Berufswahl. Im letzten Kapitel werden die Kinder vor Spott und Leichtfertigkeit gewarnt. Jedes Kapitel enthält allgemeine Betrachtungen, Beispiele für die besprochenen Eigenschaften und Fabeln.

260.207-A.Fid. (102-036)

143 [Ferdinand Joseph Riedl]

Geschichten und Gespräche

Zum Nutzen und Vergnügen der Jugend und Jugendfreunde. Bearbeitet und herausgegeben von Ferdinand Joseph Riedl.

Wien, auf Kosten des vormahligen Buchdruckers Weimar, 1796

8°. 112 S. (samt Titel, Widmung, Vorbericht und Inhalt).

Heinsius III, Sp. 388; Kayser ∅.

Die Widmung ist an die Geschwister des Herausgebers gerichtet. Im Vorbericht gibt er bekannt, daß alle Geschichten des Buches auf wahren Begebenheiten beruhen. »Es ist evident«, daß historische Ereignisse auf jugendliche Herzen immer einen tieferen Eindruck machen als bloße Erzählungen. Er habe bei der Auswahl »vorzüglich Moral in Betracht gezogen«. Unter anderem finde sich eine Geschichte, in der ein Knabe einen Juden belästigt und deshalb von seiner Schwester mit den Worten zurechtgewiesen wird: ». . . auch ein Jud' ist unser Nächster . . .«
Das Buch besteht aus 30 kurzen Erzählungen und Dialogen.

Ferdinand Joseph Riedl, Oberbeamter der Herrschaften Kettenhof und Freyenthurn, NÖ. Unter den von ihm verfaßten, zum größten Teil patriotischen Schriften befinden sich auch »Geschichten und Gespräche zum Nutzen . . .« 1796. (Aus dem Portheimkatalog der Wiener Stadt- und Landesbibliothek)

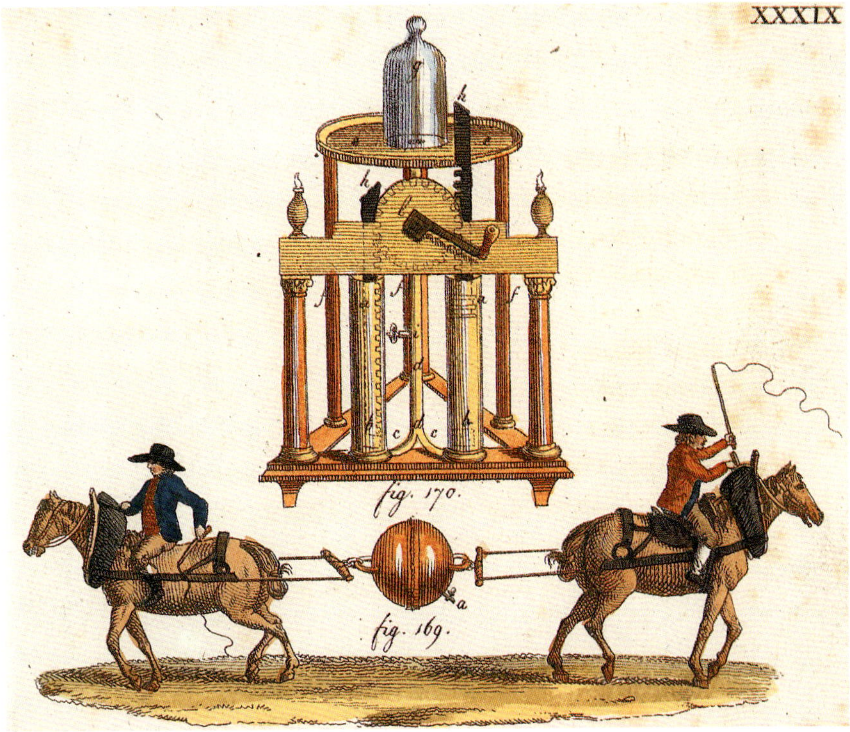

Bibl. Nr. 155, Nr. 39, »Aerometrie«. Der untere Teil der Abbildung zeigt die von Otto von Guericke (1602—1686) erfundenen sogenannten »Magdeburger Halbkugeln«, mit denen die Wirkung des Luftdrucks demonstriert werden konnte.

Bibl. Nr. 156, Frontispiz

(208)

die Lüge.
Mendacium. n. 2.
le Menſonge.
lo Mendacio.
der Lügner.
Mendax. c. 3.
le Menteur.
lo Mendace.
der Meineid.
Perjurium. n. 2.
le Parjure.
lo Spergiuro.
Meineidig.
Perjurus. m. 2.
Parjure.
Spergiuro.
der Aufruhr.
Rebellio. f. 3.
la Revolte.
la Rivolta.
der Aufrührer.
Rebellis c. 3.
le Seditieux.
lo Ribelle.
Verrätherei.
Proditio. f. 3.
la Trahiſon.
il Tradimento.

der Verräther.
Proditor. m. 3.
le Traitre.
il Tratidore.
die Tirannei.
Tyrannis. f. 3.
la Tyrannie.
la Tirannia.
der Tiranne.
Tyrannus. m. 2.
le Tyran.
il Tiranno.
der Wucher.
Fœnus. n. 2.
l'Uſure. f.
l'Uſura.
der Wucherer.
Fœnator. m. 3.
l'Uſurier.
l'Uſuraio.
die Trunkenheit.
Ebrietas. f. 3.
l'Yvrognerie.
l'Ubbriachezza.
ein Trunkener.
Ebrius. m. 2.
un Yvrogne.
l'Ubbriacone.

Das fünf und dreiſſigſte Hauptſtück.

Von mancherlei Spielarten.

Caput XXXV. De variis ludorum generibus.

Chapitre XXXV. Des diverſes ſortes de jeu.

Capitolo XXXV. Delle diverſe ſorte di giocci.

das Spiel.

Bibl. Nr. 156, S. 208, »Von der Seele, deren Eigenschaften, Tugenden und Lastern«

Bibl. Nr. 165, Band 1, Tafel 9, »Der Leuchtthurm auf der Felsenklippe Ediptone«, Kupferstich von Carl August Hirschmann

Bibl. Nr. 165, Band 1, Tafel 13, »Ansicht der Insel Paque«, Kupferstich von Carl August Hirschmann

Bibl. Nr. 165, Band 2, Tafel 20 (= Frontispiz), »Ansicht der Felsengrotte des portugiesischen Dichters Luis de Camoens zu Macao in China«, Kupferstich von Carl August Hirschmann

Bibl. Nr. 165, Band 4, Tafel 1 (= Frontispiz), »Die Haushaltung des Lappländers«, Kupferstich von Carl Lang, 1804

Bibl. Nr. 172, Band 1, 1. Klasse, Nr. 27

Bibl. Nr. 172, Band 1, 1. Klasse, Nr. 14, S. 27, »N«, Kupferstich von Zick

Bibl. Nr. 172, Band 1, Frontispiz von G. Vogel, 1788

Bibl. Nr. 174, Band 1, Nr. 33, »Die Küche« (Die Abbildungen aus den Voitschen »Unterhaltungen« sind nicht nur als Berufsdarstellungen interessant, sondern sie zeigen auch die Einbeziehung der Frau in die Handwerksarbeit des Mannes.)

Bibl. Nr. 174, Band 2, Nr. 27 (= 25), Kupferstich von G. Vogel

Bibl. Nr. 174, Band 2, Nr. 30 (= 28), Kupferstich von G. Vogel

Bibl. Nr. 174, Band 2, Nr. 31 (= 28), Kupferstich von G. Vogel

Bibl. Nr. 174, Band 2, Nr. 43 (= 40)

Bibl. Nr. 174, Band 2, Nr. 44 (= 41), Kupferstich von Zick

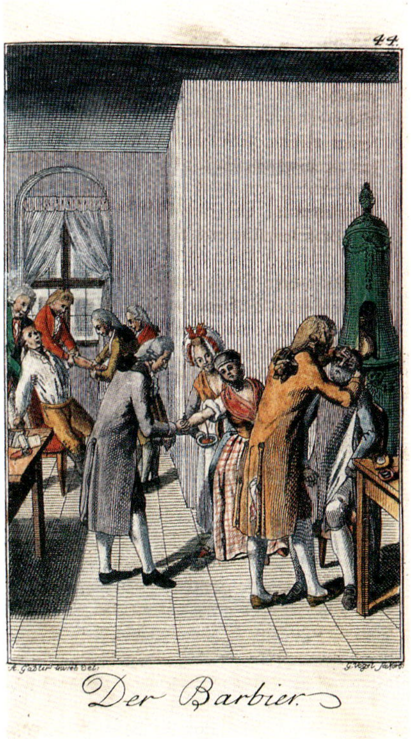

Bibl. Nr. 174, Band 2, Nr. 47 (= 44), Kupferstich von G. Vogel

Bibl. Nr. 174, Band 3, Nr. 9, Kupferstich von G. Vogel

Bibl. Nr. 174, Band 3, Nr. 25a, Kupferstich von G. Vogel

Bibl. Nr. 174, Band 3, Nr. 30 (= 29)

Bibl. Nr. 174, Band 3, Nr. 39, Kupferstich von G. Vogel

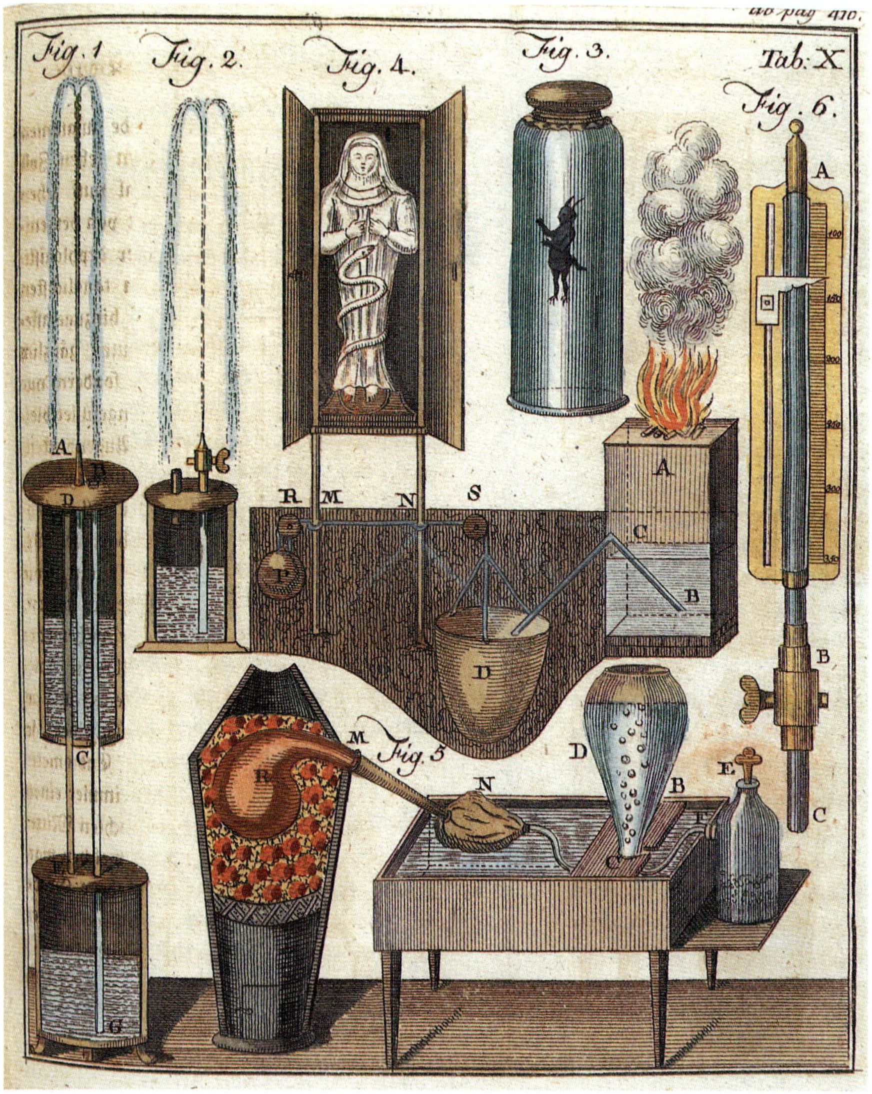

Bibl. Nr. 186, Tafel 10, »Von den verschiedenen Luftarten«

253.667-B.Fid. (36-107)

144 [Friedrich Eberhard von Rochow]

L'Ami des enfans à l'usage des ecoles

Traduit de l'Allemand de Mr. de Rochow.

Berlin et Strasbourg [1788]

8°. 2 Bände in einem Band.
Band 1: Titel, 94 S., 1 Bl. Inhaltsverzeichnis.
Band 2: 168 S. (inkl. Titel), 2 Bl. Inhaltsverzeichnis.
Kustoden.

Heinsius III, Sp. 406, gleichfalls französische Ausgabe Berlin (Linke Lpzg.) 1794 und Berlin Lagarde 1792; Kayser IV, 528 (deutsche Erstausgabe von 1776); Quérard, France litt. VIII, 103 bringt zwei spätere französische Ausgaben; Merget 17; Köster 278; Hauswedell 1086; Brüggemann 721—723.

Das Buch beginnt mit einem Gebet für die Kinder und einem Gebet zu den Mahlzeiten. Im übrigen bestehen beide Bücher aus kurzen Erzählungen, eingestreuten Geschichten, Dialogen zwischen Vater und Kind oder Lehrer und Kind. Den Beschluß bilden die Prüfung eines Kindes über seine Bibelkenntnisse und wichtige Maximen, wie »Elever un homme c'est l'accoutumer à agir par de bons principes« oder »Il faut renoncer à soi même, qu'on s'adonne à la vertu ou au vice. Car le vice aussi a ses martyrs.«

Friedrich Eberhard von Rochow, 1734—1805, aus einer alten brandenburgischen Adelsfamilie, war Offizier und später Domherr in Halberstadt. Er widmete sich der Pflege gemeinnütziger Interessen und errichtete 1773 in Reckhahn bei Brandenburg eine eigene Schule, der er nach und nach andere auf seinen Gütern folgen ließ, die bald zu Musterschulen für ähnliche Anstalten wurden. Rochow hat unter anderem auch die Gründung von Seminaren zwecks besserer Ausbildung von Volksschullehrern gefordert. 1773 erschien der »Bauernfreund«, der später mit seinem zweiten Teil den Titel »Kinderfreund« erhielt. Dieser Titel ist, neben seinen deutschen Nachfolgern, auch in die französische Kinderbuchliteratur als »Ami des enfans« (s. Titel) eingegangen. Der »Kinderfreund« wurde als das erste Lesebuch betrachtet, und Stücke aus ihm waren noch im 19. Jahrhundert in den Lesebüchern zu finden. Rochow stellt mit anderen älteren Autoren einen Modellfall für die sozialkritische Auseinandersetzung dar.

21.031 FKB (114-168)

145 [Christian Gotthilf Salzmann]

Bibliothek für Iünglinge und Maedchen

von C. G. Salzmann, Director der Erziehungsanstalt zu Schnepfenthal.

Wolfenbüttel, Verlag der Schulbuchhandlung, 1787

8°. 8 Bl. (samt Titel, Widmung und Inhaltsverzeichnis), 400 S., Kustoden.

Heinsius III, Sp. 475; Kayser V, 28; Brüggemann 758.

Die Widmung ist an sechs Schüler der »Erziehungsanstalt zu Schnepfenthal« gerichtet, »die sich durch ihren Fleis und ihr gutes Betragen den Orden des Fleises und mit ihm das Recht zum Bücherlesen, erwarben . . .«
In der Widmung stellt Salzmann fest, daß er mit seinen Zöglingen aufs Land gezogen sei, um dem verderblichen Einfluß der Stadt zu entgehen. Das natürliche Leben, das sie am Lande führten, bewahre sie vor allen körperlichen Leiden, aber auch vor allen Lastern. Dieser Gedanke wird dann näher ausgeführt. Schließlich erklärt Salzmann seinen Zöglingen, daß er sie vor verderblicher Lektüre bewahren wolle, ihnen daher den Zutritt zu seiner Bibliothek verwehre und ihnen nur eine kleine Anzahl sorgfältig ausgewählter Bücher in die Hand gegeben habe. Durch das vorliegende Buch will er seine Zöglinge mit einigen der besten Schriftsteller bekannt machen. Das Buch enthält Fabeln von Zacharias und Gleim, Idyllen von Geßner, lyrische Gedichte und Romanzen von Hölty und von Uz, Gedichte von Blumauer, Epigramme von Weiße, Gedichte von Kleist und ein Trauerspiel von Cronegk. (Ludwig Christoph Heinrich Hölty, 1748—1776, deutscher Schriftsteller und Lyriker. — Johann Peter Uz, 1720—1796, Schriftsteller und Lyriker. — Karl Blumauer, 1785—1840, war bis 1835 Schauspieler. — Johann Friedrich Reichsfreiherr von Cronegk, 1731—1757, Lyriker und Verfasser von Schauspielen. — Just Friedrich Wilhelm Zacharias, 1726—1797, Schriftsteller, Verfasser von komischen Heldengedichten usf.)

Christian Gotthilf Salzmann, 1744—1811, philanthropischer Pädagoge, war Pastor an der Andreaskirche in Erfurt. Angeregt durch Rousseau und Basedow trat er als pädagogischer Schriftsteller auf und folgte 1781 einem Ruf als Religionslehrer und Liturg an das Philanthropin in Dessau. 1784 gründete er auf dem von ihm gekauften Landgut Schnepfenthal im Gothaischen eine Erziehungsanstalt, die bald zu glänzender Blüte gelangte. Seine Erziehungs- und Jugendschriften erschienen gesammelt von 1845 bis 1846 in Stuttgart.

253.502-A.Fid. (36-6)

146 [Christian Gotthilf Salzmann]

Moralisches Elementarbuch

nebst einer Anleitung zum nüzlichen Gebrauch desselben, von Christian Gotthilf Salzmann. Neue verbesserte Auflage. Mit Römisch-Kaiserl. und Churfl. Sächs. allergnädigsten Privilegiis.

Leipzig, Siegfried Lebrecht Crusius, 1785—1787

8°. Band 1: Frontispiz, Titel, XXXII S. (Zwischentitel, Einleitung, Entwurf »der in diesem Buch abgehandelten Sachen«), 412 S., 67 (statt 68) numerierte gestochene Tafeln von Chodowiecki, Nussbiegel, Penzel und Crusius sen. Frontispiz und Titelvignette von J. A. Rosmaesler.
Band 2: Moralisches Elementarbuch . . . von C. G. Salzmann, Direktor der Erziehungsanstalt von Schnepfenthal (Titel, Kayserl. Privileg, Vorrede zur zweyten und Vorrede zur ersten Auflage, Inhaltsverzeichnis), 476 S., gestochene Titelvignette von G. L. Crusius, Kustoden in beiden Bänden. Tafel 47 fehlt. Dazu vermerkt Hauswedell (302), daß die Tafel 47 nie erschienen sei.

Kayser V, 18; Brüggemann 747—754.

Moralisches
Elementarbuch,
nebst
einer Anleitung
zum nüzlichen Gebrauch desselben,
von
Christian Gotthilf Salzmann.
Erster Theil.

Neue verbesserte Auflage.

Mit Römisch-Kaiserl. und Churfl. Sächs. allergnädigsten Privilegiis.

Leipzig,
bey Siegfried Lebrecht Crusius,
1785.

Bibl. Nr. 146, Band 1, Titelkupfer von Rosmaesler

Bibl. Nr. 146, Band 1, Frontispiz von Rosmaesler

In der Anleitung zum Gebrauch des Elementarwerkes stellt der Autor fest, es sei Absicht dieses Buches ». . . in sechs- bis acht-jährigen Kindern dasjenige zu erzeugen, was man gute Gesinnung zu nennen pflegt«. Gute Gesinnung sei ein höherer Grad von Erkenntnis. Die gute Gesinnung bestehe darin, daß man die Eigenschaften einer Sache wisse, Erkenntnis dagegen bedeute, daß man nicht bloß die Eigenschaften, sondern auch die Wirkungen und den inneren Gehalt einer Sache kenne. Dies wird dann an einem Beispiel erläutert. Solange man eine Sache nur nach ihren Merkmalen kenne, bleibe man gleichgültig gegen sie, sobald man überzeugt werde, daß sie Vergnügen oder Mißvergnügen mache, begehre oder verabscheue man sie. Der Autor will anhand seiner Beispiele und Erläuterungen zeigen, daß man die Neigungen eines Kindes lenken könne, »wohin man will, wenn man nur die Kunst versteht, ihm das Vergnügen oder Misvergnügen, das ihm gewisse Dinge verschaffen, recht begreiflich zu machen«.

Was von den konkreten Beispielen galt, gelte auch von der Sünde, von der Liebe gegen Gott und gegen uns Menschen. Um dem Kind zum Beispiel einen Begriff wie »Faulheit« verständlich zu machen, genüge es nicht zu erklären, die Faulheit sei eine üble Sache, man müsse dies anhand konkreter Beispiele, wie etwa seiner Geschichte vom Faulen Kaspar, darstellen; seine (des Kindes) Einbildungskraft stelle ihm die Faulheit in Kaspars Bild so lebhaft vor, daß es das damit verknüpfte Mißvergnügen empfinde. Noch eindringlicher wäre es, dem Kind den Kaspar in einem Kupfer zu zeigen. Der Verfasser hofft, man werde nun verstehen, was er meine, wenn er sage, daß er durch dieses Buch gute Gesinnungen erzeugen wolle. Er habe die Dinge, deren Kenntnis

Bibl. Nr. 146, Band 1, Tafel 54, S. 301, »Ein böser Mensch ist so beklagenswerth als ein Krüppel«, Kupferstich von F. Pentzel 1788

Kindern am nötigsten sei, in kleinen Geschichten so sinnlich dargestellt, daß sie ». . . von der Einbildungskraft gefaßt, und durch den innern Sinn empfunden werden können«, und überdies lasse er sie auch in Kupfer stechen. Daß er in diesem Buch alles abgehandelt habe, was in eine Sittenlehre gehöre, beweise der angehängte Entwurf. Das eine oder andere habe er mit Bedacht ausgelassen, wie etwa den Wert der Obrigkeit, weil Kinder vom sechsten bis zum achten Jahr keine andere Obrigkeit hätten als ihre Eltern oder Lehrer. Ebenso habe er es unterlassen, über überhandnehmende Unkeuschheit unter der Jugend zu reden, weil dadurch das Buch für manche Eltern und Erzieher unbrauchbar geworden wäre.
Nun wendet sich der Verfasser an die Eltern, er hofft, daß sie die erfreulichsten Wirkungen des Buches an den Kindern spüren werden und daß sie ». . . gehorsamer, gefälliger, arbeitsamer, geduldiger, usw. würden«. Nur sei er der Auffassung, man sollte den Kindern das Buch nicht in die Hand geben, sie würden bald so begierig auf die Geschichten sein, daß sie die Wahrheiten, die darin enthalten sind, nicht mehr bemerken würden. Die Eltern sollten also selbst erzählen. »Aber ja nicht Stunden lang! ja nicht in einem Tone, als wenn ihr sie unterrichten wolltet, sonst würdet ihr einen großen Theil meiner guten Absichten vereiteln.« Am zweckmäßigsten wäre es, zu beginnen, wenn die Kinder selbst nach einer Geschichte verlangten, ihnen eine der hier enthaltenen zu erzählen.
Nun folgen Anweisungen, wie bei der Erzählung vorzugehen sei: Erstens müsse man die Geschichte zuerst selbst zwei- bis dreimal durchlesen und sie sich recht lebhaft vorstellen. Zweitens müsse man sich ganz in die Lage und die Leidenschaft der handelnden Personen versetzen, so daß man ihren Tonfall, ihre Stimme annehme. Dies gebe der Erzählung die Wirkung eines Schauspieles. Drittens dürfe man sich in der Erzählung nicht genau an die Worte des Verfassers binden, sondern man müsse die Leute so reden lassen, ». . . wie sie in der Provinz sprechen, in der man erzählt«. Der Verfasser habe sich zwar Mühe gegeben, die Leute so reden zu lassen, ». . . wie sie im gemeinen Leben zu thun pflegen . . .«, aber habe eben nichts getan, als die Obersachsen nach dem Leben kopiert. Viertens könne man, wenn die Kupfer, die zu diesem Buch gehören, fertig sind, die Wirkung der Erzählung verstärken, indem man zum Schluß das dazu gehörende Kupfer herzeige. Da bekomme das Kind auch Anlaß, allerlei Fragen aufzuwerfen, bei denen der Erzieher sehen kann, ob es den wahren Sinn erfaßt hat. Fünftens: »Dieses Kupfer könnte man auf Pappe leimen lassen.« Man solle es im Zimmer aufhängen, damit das Kind es vor Augen habe und sich an die Erzählung erinnert. Nach einiger Zeit solle man es wegnehmen, weil das Kind es dann nicht mehr wahrnimmt. Sechstens: »Wenn nun das Kind einen Fehler begeht, so wäre es gut, wenn man es auf das Geschichtchen verwiese, in welchem die Häßlichkeit desselben oder die Vortrefflichkeit der entgegengesetzten Tugenden gezeigt wird.« Das dürfe jedoch nie in einer ersten Aufwallung des Unwillens geschehen, sondern immer nur mit Gelassenheit.
Danach wendet sich der Verfasser in einer direkten Ansprache an die Mütter. Er stellt fest, daß die Mutter die schicklichste Person zur Bildung des Charakters ihrer Kinder ist. Sollte dies nicht möglich sein, so möge sie sich umsehen ». . . nach einem jungen Manne, von gesundem Menschenverstande und unbescholtnen Sitten«. Die Mutter sollte veranlassen, daß er ihren Kindern täglich etwas aus diesem »Büchelchen« vorlese nach der beschriebenen Art, und sie werde sich wundern, wieviel er damit ausrichte.
Salzmann stellt dann weiter fest, wenn er vergesse, daß das Büchelchen sein Werk sei und es als Arbeit eines anderen betrachte, so könne er ». . . ihm doch folgende Vorzüge, die es vor der gewöhnlichen Unterweisung in der Sittenlehre hat, nicht absprechen: »1. In dem Buch ist alles vereinigt, was für Kinder Reiz hat« . . . »Erzählung und Bilder, haben diese nicht für alle Kinder Reiz?« 2. »Fehlt hier alles Befehlerische und Gesetzartige, das allemal dem Guten eine unangenehme Gestalt, dem Bösen einen gewissen Reiz giebt!« — »Ohne Gesetz war die Sünde todt — — Da aber das Gebot kam, ward die Sünde wieder lebendig.« Ist das Kind durch das Buch gut vorbereitet, so kann man es zu Jesu führen, es mit seiner Person, Lehre und Tod bekannt machen. Noch eine wichtige Erinnerung will der Verfasser bringen: ». . . dieß Buch soll weiter nichts wirken, als das Kind soweit bringen, daß es das Gute liebt und das Böse verabscheue.«

Es folgen noch zwei Regeln: 1. »Schaffe deinen Kindern stets Gelegenheit, die guten Neigungen, die du durch Erzählung in ihnen erregt hast, zu befriedigen.« Wenn man das Kind zum Beispiel zum Gehorsam anleiten konnte, müsse man es nun täglich im Gehorsam üben. »Denn jede Tugend ist Fertigkeit, und Fertigkeit kann durch nichts anders, als durch Uebung erlangt werden.« 2. »Urtheile und handle so, wie du wünschest, daß deine Kinder urtheilen und handeln sollen. Das Kind glaubt deinen Handlungen immer mehr als deinen Worten.«
Salzmann bezieht sich hier auf seine »Anweisung zu einer, zwar nicht vernünftigen, aber doch modischen, Erziehung der Kinder« und erklärt ihren Inhalt in einigen Worten.
Am Schluß des Vorwortes wird der zweite Teil des Elementarbuches angekündigt, der eine Sammlung von Geschichten enthalten werde, die zur Erzeugung guter und zur Dämpfung schädlicher Neigungen eingerichtet sind.
Der gesamte erste Teil besteht aus einer fortlaufenden Erzählung, in deren Rahmen sämtliche Themen abgehandelt werden. Im »Entwurf der in diesem Buch abgehandelten Sachen« werden diese Themen aufgezählt, wie der Körper der Kinder, ihre Seele, der Verstand, der Wille in Ansehung seiner Fertigkeiten usw.; jedes Kapitel ist wieder in zahlreiche Abschnitte gegliedert.
In der Vorrede zum zweiten Teil stellt der Verfasser fest, daß, so verschieden auch die Meinungen der Erzieher in Ansehung vieler Gegensätze seien, doch alle darin übereinstimmten, daß eine zweckmäßige Erziehung das wirksamste Mittel sei, Kindern das Gute lieb und das Böse abscheulich zu machen ». . . und so ihre Gesinnung zu veredeln«. Bis jetzt habe es kein Buch gegeben für den, ». . . der das Bedürfnis fühlt, für jeden Fall, der ihm in der Erziehung vorkommt, sogleich eine passende Erzählung bereit zu haben«.
»Es war also ein Buch nöthig, in welchem entweder alle vorhandenen Erzählungen gesammelt, und in gewisse Fächer gestellt oder wenigstens Fächer gemacht, einige Erzählungen hineingestellt und dem Erzieher Gelegenheit verschafft würde, durch eigenes Sammeln, dieselben noch mehr auszufüllen.«
Als Muster, »Repositorium«, habe der Verfasser den ersten Teil gewählt. Es sei ihm darum zu tun gewesen, ». . . das Vorhandene in eine gewisse Ordnung zu bringen . . .« Er habe neben seinen Erzählungen auch die anderen Autoren, wie Campe, Moritz, Weiße, Becker, Rochow, Sulzer und andere aufgenommen, die dem Inhalt nach jeweils zu einem Kapitel beziehungsweise Abschnitt des ersten Teiles paßten.

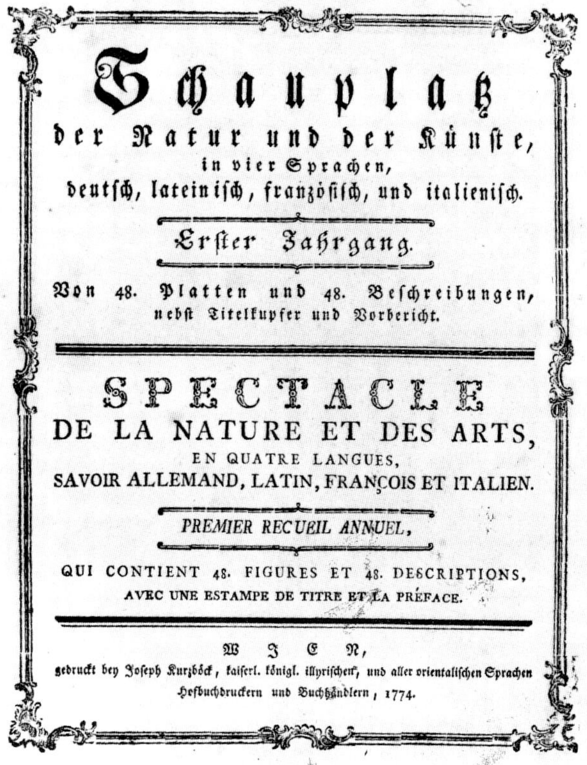
Schauplatz der Natur und der Künste, in vier Sprachen, deutsch, lateinisch, französisch, und italienisch.
Erster Jahrgang.
Von 48. Platten und 48. Beschreibungen, nebst Titelkupfer und Vorbericht.
SPECTACLE DE LA NATURE ET DES ARTS, EN QUATRE LANGUES, SAVOIR ALLEMAND, LATIN, FRANÇOIS ET ITALIEN.
PREMIER RECUEIL ANNUEL,
QUI CONTIENT 48. FIGURES ET 48. DESCRIPTIONS, AVEC UNE ESTAMPE DE TITRE ET LA PRÉFACE.
WIEN, gedruckt bey Joseph Kurzböck, kaiserl. königl. illyrischen, und aller orientalischen Sprachen Hofbuchdruckern und Buchhändlern, 1774.

Bibl. Nr. 147, Band 1, Titelblatt

3.253 FKB (42-72)

147 *Schauplatz der Natur und der Künste*

in vier Sprachen, deutsch, lateinisch, französisch, und italienisch. Von 48. Platten und 48. Beschreibungen, nebst Titelkupfer und Vorbericht. Spectacle de la Nature et des Arts, en quatre langues, savoir allemand, latin, françois et italien. [. . .] qui contient 48. figures et 48. descriptions, avec une estampe de titre et la préface.

Wien, Joseph Kurzböck, 1774—1783

4°. 10 Jahrgänge in 8 Bänden. Die Tafeln sind von A. Weinkopf, J. Wagner, F. Assner, J. Adam, Aug. Zenger, F. Landerer, Joh. P. Stössel, Vinzenz Fanti, J. Mössmer, J. Schmutzer. Jeder Jahrgang beginnt mit einem Vorbericht in Deutsch und Französisch und dem Inhaltsverzeichnis (3—7 Bl.), enthält 48 zweispaltige Textseiten und 48 gestochene Tafeln.

Heinsius III, Sp. 534; Kayser V, 62; Brüggemann 786.

Im Vorbericht zum ersten Jahrgang teilt der Herausgeber mit, der Schauplatz, den man hier dem Publikum liefere, sei vor ungefähr zwölf Jahren in Berlin angefangen und bis auf die 48 Stücke, »die hier im ersten Jahrgang vorkommen, fortgesetzt worden«. Da verschiedene Umstände, besonders der Tod des Verlegers, das Werk ins Stocken gebracht hätten und der Anfang des Werkes bereits vergriffen war, habe das den Verleger (d. i. Kurzböck) bewogen, sowohl das bereits in Berlin erschienene neu auflegen sowie auch das Werk fortsetzen zu lassen.
Man wisse aus Erfahrung, daß »die auf eine angenehme Art gesammelte Aufmerksamkeit« den jungen Menschen »das Vergnügen erweiterter Erkenntniß lebhaft gewährt«. Ein vernünftiger Vater oder Lehrer habe dabei die schönste Gelegenheit, den Unterricht praktisch zu machen. »Es ist jedermann daran gelegen, von den Künsten und Handwerkern, von nützlichen Maschinen, von heilsamen Wahrheiten und Entdeckungen der Naturlehre . . . eine zweckmäßige Kenntniß zu haben . . .« Freilich bleibe »die wirkliche Besuchung von Werkstätten der Künstler und Handwerker . . .« das beste Hilfs-

Bibl. Nr. 147, Band 1, Frontispiz von J. Wagner

Bibl. Nr. 147, Band 1, Nr. 25, »Der Krahn, oder Krahnich«

Bibl. Nr. 147, Band 3, Nr. 37, »Die kupferne Kuchengeräthe«

Bibl. Nr. 147, Band 4, Nr. 2, »Die Bibliothek«

mittel, um praktische Kenntnisse zu erwerben. Die Herausgeber machen überdies darauf aufmerksam, daß sich in diesem Schauplatz der Realunterricht auf angenehme Weise mit dem Sprachunterricht verbinden lasse.

Ohne systematisch vorzugehen, werden Berufe, das Tierreich, der Pflug, die Luftpumpe, der Regenbogen, das Kriegsschiff, das Verfertigen von Käse usf. dargestellt. Der Band 1 beginnt mit dem Brennspiegel, es folgen der Holzschneider, die Buchdruckerkunst usf. Die Erklärungen zu den je 48 Tafeln sind in den vier obenangeführten Sprachen sehr genau und methodisch abgefaßt. Dort, wo es erforderlich ist, werden auch die historischen Daten zum Beispiel eines Instruments oder eines Handwerkes angegeben. So heißt es beim Bernstein: »Von dem Bernstein, den die Griechen Elektrum nannten, kommt der Name Elektricität.«

Im Vorbericht zum zweiten Jahrgang schreibt der Herausgeber, daß dieses Werk »in ganz Oesterreich, und zur Zeit in ganz Deutschland das einzige in seiner Art ist«. Und weiter: »Was ist nützlicher und ersprießlicher für Kinder, als auf eine angenehme und leichte Art ihre Aufmerksamkeit auf Gegenstände zu lenken, wodurch sich ihre Begriffe erweitern . . .?« Der Gebrauch des Schauplatzes sei umso schätzbarer, weil die Erläuterungen in den vier Hauptsprachen Europas abgefaßt seien. (Englisch gehörte damals in Österreich offenbar nicht zu den europäischen Hauptsprachen.)

Der Herausgeber verwahrt sich gegen jene »schwachen oder leichtsin-

Bibl. Nr. 147, Band 4, Nr. 48, »Die Post«

Bibl. Nr. 147, Band 5, Nr. 33, »Der Koloß zu Rhodus«

Bibl. Nr. 147, Band 5, Nr. 44, »Die Universität«

nigen Köpfe«, die meinen, das Werk wäre bloß ergötzlich. Es sei eben so, daß man die Neugierde anstachle, um die Wißbegierde zu wecken. An einer Stelle heißt es: »Jedes Wesen hat außer seiner Nutzbarkeit auch Schönheit.« Auch in diesem Jahrgang werden Gegenstände, Berufe, Naturkunde, das ptolemäische und das kopernikanische Weltsystem in bunter Reihenfolge behandelt.
Im Vorbericht zum dritten Jahrgang wird zuerst über die Kupfer gesprochen, die ein Teil des Publikums kleiner, ein Teil aber größer und ohne »Nebenprospeckte« haben wollte. Da die Mehrzahl der Leser aber den Gegenstand samt »Nebenprospeckten« sehen wolle, werde diese Methode in Hinkunft befolgt werden. Ebenso verhielte es sich mit den vier Sprachen, ein Teil der Leser hielte dafür, an Stelle des Lateinischen das Englische zu wählen, der andere bevorzuge das Lateinische. Da die Herausgeber derselben Meinung waren, blieb es beim Lateinischen. Die Kupfer seien nicht so schön, als man es wünsche, doch müsse man bedenken, daß wöchentlich eine Lieferung erscheine, innerhalb derer das Kupfer und der viersprachige Text verfertigt werden müßten.
Im Vorbericht zum vierten Jahrgang stellt der Herausgeber fest, daß die Wochenschrift vom Publikum mit Beifall aufgenommen worden ist. Dann wird darauf verwiesen, daß die ersten Eindrücke eines Kindes die nachhaltigsten sind und auf die Denk- und Handlungart eines Menschen den größten Eindruck hinterlassen. Einige Kinderfreunde hätten geglaubt, daß das Werk für die Fähigkeiten der Kinder zu schwer wäre und man es nur zum Privatunterricht junger Standespersonen gebrauchen könne und nicht für öffentliche Schulen. Doch würde es nur an den Lehrern liegen, den Gegenstand faßlich zu machen. Die Lehrer sollten die Schüler jedesmal nur mit einem Stück unterweisen, dann könnten sie mit den Kindern gut darüber sprechen; das Gelesene könne bald in der Muttersprache, bald in einer fremden erörtert werden. Man werde dieses Werk »zuverlässig« noch einige Jahre fortsetzen.
In Heft 5 wird (mit Abbildung) eine Laterna magica einläßlich erklärt und bemerkt, daß sie auch den Wissenschaften beträchtliche Vorteile verschaffe. Ebenso wird die »Elektrisirmaschine« erläutert und hinzugefügt, daß sie auch schon — mit wechselndem Erfolg — in der Medizin verwendet werde.
Im Vorbericht zum fünften Jahrgang nimmt der Verfasser Stellung zu dem Vorwurf, das Werk sei in der Anschaffung zu kostbar, indem er erklärt, daß ja ein einziges Exemplar für eine ganze Klasse hinreichend wäre. Zwei Stücke reichten aus, um die Anfänger eine Woche hindurch zu beschäftigen. Es wird dann die Methode erklärt, nach welcher der Lehrer vorgehen soll. Zum Schluß wird neuerlich bemerkt, das Werk solle fortgesetzt werden. Auch in diesem Band werden die Gegenstände in loser Folge dargestellt. Auf einige zahme und einige wilde Säugetiere folgen der Winter, die Kälte und die Bratwürste.
Im Vorbericht zu Jahrgang 6 stellt der Herausgeber fest, die Zeit werde entscheiden, welchen Rang dieses Werk unter den vielen Erziehungsschriften einnehmen werde. Er erinnert daran, daß »noch keine Erziehungsschrift erschienen ist, die für alle Stände und Religionen anpassender und unanstössiger seyn könnte, als die unserige . . .« Daß nicht jede Disziplin und jedes Stück vollkommen sei, gebe er gerne zu, doch sei dies darauf zurückzuführen, daß die Verfasser wegen der großen Entfernung »nicht gemeinschaftlich zu Rathe gehen konnten«. Der Herausgeber kommt dann auf das »Lehren« zu sprechen und weist darauf hin, daß »je mehr man es verbirgt, sie (i. est die Kinder) lehren zu wollen; desto weniger Abneigung werden sie gegen die

Bibl. Nr. 147, Band 8, Nr. 20, »Der Schulmann«

Bibl. Nr. 147, Band 8, Nr. 42, »Der Buchladen«

Unterweisung spüren lassen ...« In diesem Band werden auch die Erdteile beschrieben, dieser Beschreibung folgt die »Schaafzucht«, die ihrerseits von der mathematischen Wissenschaft gefolgt ist. Beim Tabak heißt es: »Uiber den Nutzen und Schaden des Tabaks ist von jeher viel gestritten worden; inzwischen ist dieses Kraut wohl allein dasjenige, das in allen Welttheilen am stärksten gebrauchet wird. Man begreift daher leicht, daß der Handel damit sehr weitläufig und einträglich seyn müsse.«

Im Vorbericht zum siebten Jahrgang verweist der Herausgeber darauf, daß die Fortsetzung des Schauplatzes eine Zeitlang unterbrochen war, jedoch hätten die Liebhaber und Förderer dabei nichts eingebüßt. Er rechtfertigt es, daß in diesen Jahrgang Dinge aufgenommen wurden, die unbedeutend erscheinen könnten, doch müsse man gerade auf sie verweisen, weil man sich des Guten, das in den unscheinbaren Dingen oft liege, sonst nicht bewußt werde. In diesem Jahrgang werde auch der Mensch eingehend behandelt. Ihm sind 14 Stücke gewidmet, als letztes der Beinkörper (= Skelett).

Zwar sei man weit davon entfernt, zu glauben, daß nach diesem Werk eine Schule angelegt werden könnte, aber es diene der Unterhaltung und Aufklärung der Jugend sowohl für Privatlehrer wie auch für Schulen. Auch wird empfohlen, den Schülern zu erlauben, die Tafeln auszuschneiden, auf Pappe zu kleben und »nachher mit lebendigen Farben auszumalen ...«

Bei dem Stück »Krieg« heißt es: »So schädlich auch immer die Wirkungen des Krieges seyn mögen: so ist er doch unter den Menschen, wie sie jezt sind, unvermeidlich ...«

Der Vorbericht zum achten Jahrgang stellt allgemeine Betrachtungen über das Erziehungswesen an und findet, daß es bereits vortreffliche Einrichtungen auf diesem Gebiet gebe. Es folgt ein Panegyrikus auf Maria Theresia und Joseph. Was die Handwerke betrifft, die in diesem Jahrgang beschrieben werden, so versichert der Herausgeber, daß er sich nicht bloß auf schriftliche Nachrichten beschränke, sondern diese Nachrichten durch persönlichen Umgang mit den Handwerkern bestätigt gefunden habe.

Im Vorbericht zum neunten Jahrgang bemerkt der Herausgeber tadelnd, daß es noch nie eine solche Menge »tändelnder, empfindsamer und ernsthafter Schriften, Lehr- und Handbücher, Wochen- und Monatsschriften, Almanache, Gebet-Gesang- und Predigtbücher, und wie dergleichen Werke immer heißen mögen, die sämtlich zur Aufklärung des Verstandes und Bildung des Herzens junger Leute dienen sollen«, gegeben habe. Dann spricht er von sich selbst: Er unterrichte seit zwanzig Jahren, er habe den Auftrag bekommen, eine elende lateinische Klasse umzubilden, was er in etlichen Monaten auch vollständig getan habe. Er schildert, was er alles unternommen habe und wie vortrefflich es ihm gelungen sei.

Bibl. Nr. 147, Band 10, Nr. 13, »Die bürgerliche Gesellschaft«

Im Vorbericht des zehnten und letzten Jahrganges teilt der Herausgeber mit, daß die Gegenstände hier nicht alle zur Klasse der Naturgeschichte und Künste gehörten, daß sie jedoch ebenfalls die Jugend »geschickt« unterrichten könnten. Unter anderem gibt es in diesem

Jahrgang ein Stück mit dem Namen »Die bürgerliche Gesellschaft«, dessen erster Satz lautet: »Die Menschen bestehen nur durch das gesellschaftliche Leben, das sie mit einander unterhalten, und durch die gegenseitigen Bedürfnisse, die sie untereinander haben.« An anderer Stelle heißt es: »So gewiß die wahre Vernunft der Menschen zu ihre Glückseligkeit führet, so sehr entfernet sie eine falsche Vernunft von derselben.« Für die Erziehung wird als Definition angegeben: »Die Sorgfalt, welche man dem Unterrichte der Kinder widmet, wird die Erziehung genennet, und sie bezieht sich auf die Uibungen des Verstandes sowohl, als des Leibes, doch sind die Sitten ihr hauptsächliches Augenmerk.« Ein Stück nennt sich: »Die Vortrefflichkeit des Menschen«, ihr wird auch das nächste Stück gewidmet. Es beginnt mit dem Satz: »Allem Ansehen nach hat Gott dem Menschen einen neuen Beweis seiner Unsterblichkeit durch die Sorgfalt geben wollen, welche er angewendet hat, seinen Bedürfnissen, und selbst seinen Ergötzungen reichliche Vorsehung zu thun.«

Joseph Ritter von Kurzböck, 1736—1792, Buchhändler und Schriftsteller, widmete sich der Offizin seines Vaters in Wien und brachte sie in kurzer Zeit zu solcher Blüte, daß er 1770 ein eigenes Privileg für orientalische und illyrische Drucke, in denen er sich besonders auszeichnete, erhielt. An der Ausarbeitung des »Schauplatzes« war auch Johann Peter Voit (Bibl. Nr. 172) maßgeblich beteiligt.

148 [August Ludwig Schlözer]

Vorbereitung zur Weltgeschichte für Kinder

Göttingen, Vandenhoek, 1779

12°. Nur Teil 1 vorhanden, Teil 2 fehlt. Titel, 4 Bl. (Vorrede), ½ Bl. Inhaltsverzeichnis, 114 S. Kustoden.

Heinsius III, Sp. 578 (1806); Kayser V, 99; Brüggemann 795—798.

In der Vorrede bemerkt Schlözer, daß dies noch keine Weltgeschichte, sondern bloß eine politisch-historische Vorbereitung zu einer solchen sei. Bestimmt wäre sie für mindestens zehnjährige Kinder, »die schon einen beträchtlichen Vorrat geographischer Kenntnisse besitzen . . .«, die bereits Religionsunterricht gehabt und die einer wenigstens eine halbe Stunde dauernden Aufmerksamkeit fähig geworden seien. Ebenso bedürfe es der sorgfältigen Vorbereitung des Lehrers, der zu jeder ». . . Hauptidee das schicklichste erläuternde Beispiel in Bereitschaft hält . . .«
Der Lehrer werde nun erstens dem Kind eine Reihe von Sätzen (ohne Buch) vorerzählen. Zweitens lasse er das Kind nacherzählen und helfe nur nach, wo das Kind etwas ausläßt. Drittens werde dann die Lektion vom Kind selbst ». . . laut und nachdenkend hergelesen«. Die versteckten Ideen sollten durch Ausfragen wiederholt und allenfalls durch Unterstreichen vor künftiger Vergessenheit bewahrt werden. Schlözer meint weiter: ». . . von mancher Zeile werde das Kind vor dem Unterrichte kein Wort verstehen, nach dem Unterricht aber wird es von jedem Wort Bescheid geben können.«
Der Autor ist der Ansicht, daß gedrungene Kürze oder Konzentrierung der Ideen und Anhäufung von Tatsätzen und Beispielen für ein Kind »nützlich« seien. Mit weitläufigen Kinder-Büchern, »wo das Lustige der KinderSprache eine Hauptsache ist, und wissenschaftliche Ideen nur einzeln, wie Gründlinge in einem Flusse, herumtreiben«, hätte er nach seiner Erfahrung ». . . nie etwas ausrichten können.« Das Herausfischen sei den Kindern zu mühsam oder: ». . . anstatt zu fischen, platschern sie nur«. Eine Landkarte und die chronologische Tabelle müßten immer zur Hand sein, und ». . . hat man nun vollends Portraite von den genannten Leuten bei der Hand, so wird die ganze Arbeit noch lustiger, und der Eindruck bleibender, werden«.
Überdies würden häufig politische Sätze eingestreut, und zwar deswegen, ». . . weil es mir äußerst unnatürlich vorkam, von Staaten, Reichen, Königen, und Eroberungen einem Kinde vorzuschwatzen, das von Bürgerlicher Gesellschaft, von Contrat Social, von Force publique etc. nicht den allergeringsten Begriff hat!« Zwar gebe es »Kätzereien« in diesem Buch nicht, wohl aber neue Meinungen, »falls man alles das neu und eigen nennen will, was nicht im Rollin, Millot, und andern dergleichen ToilettenBüchern steht . . . Auch vor dem zudringlichen Moralisiren habe ich mich, meines Wissens, fleißig gehütet . . . Aber solche moralische Sätze, deren stärkste Beweise gerade in der Geschichte sitzen; die Sätze von der natürlichen Gleichheit aller Menschen, vom Glücke der Bürgerlichen Gesellschaft, vom Werthe der Erziehung, vom Unsinn der Intoleranz etc.: diese durft ich doch anbringen . . .«
Zum Schluß seines Vorwortes bemerkt der Verfasser, er schäme sich, zu gestehen, *wie lang* er an diesem Buche gefeilt habe. Der Text beginnt mit Gott, Welt, Erde und Menschen. In Kapitel I findet sich die Feststellung: »Alle Menschen sind Vettern und Basen zusammen: die Deutschen, die Aethiopier, und die Kannibalen, . . . die Taglöner, die Bauren, und die Bettler, wie die Welfen, die Habspurger, und die Oldenburger. Folglich sind alle Menschen einander gleich.«
In Kapitel II werden verschiedene Begriffe erklärt, wie Insel, Halbinsel, Bevölkerung, Entvölkerung, Nomaden, Wüste usf. Es wird erläutert, wie man aus unfruchtbarem Land fruchtbares machen, daß man Gewächse verpflanzen kann, wie etwa Wein, »Zwetschen«, Spargel, Tabak usf., die vordem in Europa nicht wuchsen, wie Tiere aus fremden Ländern gebracht wurden usf.
Der Verfasser spricht sodann von den verschiedenen Begabungen der Menschen, einige seien sehr klug, andere nicht, einige seien artig und gefällig, tun niemandem etwas zuleide, andere wieder seien unmenschlich und »meschant« gegen alle anderen. Es werden Kleidung und Nahrung behandelt, von der Lebensart gesprochen und vom Unterschied zwischen Mensch und Tier. »Die Cultur ist ansteckend, wie Pest und Pocken. Sind die Alten klug, so werden es auch die Jungen; sind jene dumm, so bleiben es auch diese.« — »Es ist nicht gut, daß der Mensch alleine sei . . . Daher war es von je her Mode in der Welt, daß Mann und Frau, und Eltern und Kinder, teils vor Langerweile, teils aus Not, bei einander bleiben. So eine Partei Leute . . . nennt man eine Familie . . . Und alle Familien zusammengenommen nennt man ein Volk.« Der Verfasser geht dann über zu den Erfindungen, von denen die unentbehrlichsten, wie Feuer, Brot, Weben, Schreiben usf., schon in der alten Welt gemacht worden seien. Die sinnreichsten seien erst in den letzten 500 Jahren in die Welt gekommen, wie Kompaß, Pulver, Papier, Druckerei usf.
Das Kapitel III/Teil III handelt von der Regierung. Der Autor erklärt die Entstehung der Regierung so: »Ohne Gesellschaft werden die Menschen nie menschlich werden . . . Aber soll die Compagnie bestehen . . . so muß, notwendig, darinn eine Regierung errichtet werden.« Das heißt, an der Spitze der Gemeinschaft müsse einer stehen, der

befiehlt und dem die anderen sich unterordnen. Denjenigen, der die Ehre habe, zu herrschen oder zu regieren, nenne man Landesherrn, Monarch, Souverän, Obrigkeit, Regent, Kaiser, König, Schah usf. Wer den Regenten ohne Ursache wieder absetzen will, ». . . der ist ein Rebelle«.

Zum Begriff Weltgeschichte bemerkt der Autor: Die Veränderungen studieren, die die Erde erlitten hat, den Ursachen nachforschen, warum das eine Volk stark, das andere klug, aber kleinlich geblieben ist, das heiße mit einem Wort Weltgeschichte. »Diese Wissenschaft lert, wie es so von je her im großen, mit ganzen Völkern und Ländern, in der Welt hergegangen sei.« Man muß aber auch wissen, wann die ganzen Vorgänge sich abgespielt haben. »Wer in der Weltgeschichte nichts hinterst zu förderst setzt, sondern alles in der Ordnung weiß, wie es nach einander paßirt ist: der versteht die Weltgeschichte Chronologisch.« — »Wer da weiß, was zu einer Zeit in einem Lande geschehen; und sich dabei besinnen kann, was zu eben der Zeit in einem andern, oder gar in allen übrigen bekannten Ländern des Erdbodens, vorgegangen ist: der versteht die Weltgeschichte Synchronistisch«.

August Ludwig Schlözer, 1735—1809, Verfasser dieses originellen und köstlichen Lehrbuchs für Kinder und Erwachsene, war deutscher Publizist und Geschichtsforscher, unter anderem Professor für alte russische Geschichte und Mitglied der Akademie in Petersburg. 1769 kehrte er als Professor für Politik nach Göttingen zurück und entfaltete dort eine erfolgreiche Tätigkeit. Seine Vorlesungen über Statistik, Politik und Geschichte gehörten zu den besuchtesten der Universität. Schlözer befaßte sich auch mit Erziehungsfragen, hielt Vorlesungen über Pädagogik und war ein entschiedener Gegner Basedows. Seine Tochter Dorothea, die er als einen »Antibasedow« erzog und vom frühesten Lebensalter systematisch ausbilden ließ, promovierte mit 17 Jahren zum Doktor der Philosophie (s. Bibl. Nr. 38). Von großem Einfluß auf die Entwicklung der öffentlichen Meinung und der Publizistik in Deutschland waren sein »Briefwechsel«, meist historischen und politischen Inhalts, seine »Staatsanzeigen«, die 1793 verboten wurden, und seine »Vorbereitung zur Weltgeschichte für Kinder«, deren liberale Ansichten den Autor in manchen Streit verwickelten.

255.842-A.Fid. (60-225)

149 [Jean Theophile Schoummel]

Recueil des plus jolis contes

tirés des Mille et une Nuit a l'usage des Ecoles. Par Jean Theophile Schoummel.

Magdebourg et Leipsic, Chez l'Editeur et chez S. L. Crusius, 1778

8°. 2 Bände in einem Band.
Band 1: 3 Bl. (Titel und Vorwort), 183 S.
Band 2: 264 S. (samt Titel). Kustoden.

Heinsius III, Sp. 623 (1780).

Im Vorwort berichtet Schoummel, daß er, seit einigen Jahren als Französischlehrer tätig, bald erkannte, es fehle eigentlich an einem geeigneten Lehrbuch für die Schüler. Die Fabeln von Choffin seien zu bekannt, und überdies langweilten sie seine Schüler, worauf er es mit den »Joujous« Schlözers versuchte, diese wiederum waren zu kurz, doch auch andere Werke, die er heranziehen wollte, erwiesen sich als ungeeignet. Endlich kam ihm der erhellende Gedanke, ». . . de tirer de l'oubli ce Chef d'œuvre du Genie Arabe *les Mille et une Nuit* . . .« Sollten die Kinder diese Lektüre ebenso »insipide« finden wie etwa den »Télémaque«, dann allerdings hätte er seine Mühe verloren.

Von 1704 bis 1717 erschien zum ersten Mal eine Übersetzung der Märchen »Les mille et une Nuits« in zwölf Bänden von Antoine Galland, einem über die Grenzen Europas hinaus bekannten Orientalisten und Numismatiker, der der Botschaft in Konstantinopel zugeteilt gewesen, von Colbert in einer Mission nach dem Orient entsendet wurde und eine Reihe von Missionen in der Levante erfüllt hatte. Er verfügte über profunde Kenntnisse der arabischen, persischen und türkischen Sprache, kehrt 1706 nach Frankreich zurück und wurde 1709 zum Professor für arabische Sprachen am Collège de France ernannt. Zum Bekanntheitsgrad Gallands im damaligen Europa bemerkt Hazard: »De l'Orient arrivaient les plus beaux contes; car ›on sait qu'en fait de merveilleux, les Orientaux surpassaient toutes les autres nations.‹ De 1704 à 1711 Galland a publié sa traduction des *Mille et une Nuits* . . . alors toute l'Europe fut avide de l'entendre . . .« In der Folge führt Hazard aus, welchen Einfluß die Märchen aus Tausendundeiner Nacht auf Literatur, Kunst und Architektur ausübten. (Hazard, S. 340 ff.)

In seinem Vorwort gibt Schummel die Quelle, aus der er die Märchen bezogen hat, nicht an. Mit orientalischer Literatur war er wohlvertraut, auch hat er Locmans Fabeln in seine Übersetzung beziehungsweise Bearbeitung des »Gulistan« aufgenommen. (Handbuch zur Kinder- und Jugendliteratur, 1750—1800, Sp. 131.) 1724 hatte Galland sie im Verein mit den Fabeln Bidpais übersetzt. Man könnte denken, daß die Kunde von der Übersetzung der Märchen aus Tausendundeiner Nacht von Galland nicht bis zu Schummels Ohren gedrungen war, wäre nicht sein »Recueil« die wörtliche, allerdings gekürzte Wiedergabe der »Mille et une Nuits« von Antoine Galland. Im übrigen erschien 1774 eine neuerliche Ausgabe der »Mille et une Nuits«. Das Schummelsche Werk erschien vier Jahre später.

Soviel zu den Märchen, die Schummel der Vergessenheit entrissen hat.

Johann Gottlieb Schummel, 1748—1813, Professor für Historie an der Ritterakademie in Liegnitz, 1788 Prorektor am Elisabethgymnasium in Breslau. Schrieb zahlreiche Jugendbücher, darunter »Kinderspiele und Gespräche«, mit denen Kinder spielen lernen sollten.

David Etienne Choffin, 1703—1773, französischer Literat. Ging mit 19 Jahren nach Stuttgart und wurde später Professor für lebende Sprachen in Halle. Er schrieb eine Reihe von wissenschaftlichen Werken und gab 1754 einen »Recueil de fables« heraus.

150 [Johann Matthias Schröckh]

Allgemeine Weltgeschichte für Kinder

von Johann Matthias Schröckh, Professor der Geschichte zu Wittenberg.

Leipzig, M. G. Weidmanns Erben und Reich, 1782—1792

8°. In 6 Bänden.
Erster Theil. Alte Geschichte. Mit fünf und zwanzig Kupfertafeln. Zweyte verbesserte und vermehrte Auflage. 1786. 9 Bl. (Widmung, Vorrede und Vorrede zur 2. Auflage), 386 S.
Zweyter Theil. Anfang der Neuern Geschichte. Mit zwanzig Kupfertafeln. Zweyte verbesserte Ausgabe. 1788. 5 Bl. (Vorrede), 417 S.
Dritter Theil. Fortsetzung der neuern Geschichte [. . .] Geschichte der Deutschen. Mit acht und zwanzig Kupfertafeln. Zweyte verbesserte und vermehrte Auflage. Abweichende Verlagsangabe: Leipzig, in der Weidmannschen Buchhandlung. 1792. 2 Bl. (Vorrede), 582 S., 1 Bl. (Verbesserungen).
Vierten Theiles erster Abschnitt. Fortsetzung der Neuern Geschichte. Mit funfzehn Kupfertafeln. Mit Röm. Kaiserl. allergnädigstem Privilegio. 1782. 1 Bl. (Vorrede), 450 S.
Vierten Theils zweyter Abschnitt. Fortsetzung der Neuern Geschichte. Mit neun Kupfertafeln. Mit Röm. Kaiserl. allergnädigstem Privilegio. 1783. IV S. (Titel, Vorrede), 433 S.
Vierten Theils dritter Abschnitt. Beschluß der Neuern Geschichte. Mit vier Kupfertafeln. Mit Röm. Kaiserl. allergnädigstem Privilegio. 1784. Titel, 2 Bl. (Vorrede), 380 S., 21 Bl. Register.
Sämtliche Tafeln (von B. Rode, J. W. Meil und F. C. Krüger) sind gestochen und numeriert, jedoch nicht in der Reihenfolge der Nummern eingebunden. Sämtliche Bände enthalten eine Zeittafel. Die ersten drei Bände sind in der zweiten, die letzten drei in erster Auflage vorhanden. Kustoden.

Kayser V, 159; Heinsius III, Sp. 1168; Brüggemann 819.

In der Vorrede teilt Schröckh mit, man sei an ihn herangetreten, er möge ein Buch wie das vorliegende schreiben. Man glaube, es könne der Jugend nützlich sein, wenn sie außer einem Lehrbuch der allgemeinen Geschichte noch ein ausführliches Buch, eine Art von Lesebuch über die Weltgeschichte zur Verfügung hätte, in welchem »die wichtigsten Begebenheiten umständlich erzählt, die berühmtesten Männer vollständig abgeschildert« würden. »Dieses Werk soll also weder ein Lehrbuch der allgemeinen Weltgeschichte, noch eine bloße Sammlung von Erzählungen aus derselben, auch kein moralisches Exempelbuch; sondern eine gewissermaßen zusammenhängende Weltgeschichte seyn, in der aber manche Personen weit genauer beschrieben, viele Begebenheiten ungleich weitläuftiger entwickelt werden, als es in einem kurzen Lehrbuche nöthig ist; und zwar eben solche, die für Kinder die einnehmendsten und lehrreichsten sind.« Dagegen wurden Personen und Begebenheiten, die für ein Lehrbuch notwendig wären, weggelassen, weil den Kindern ». . . das Fruchtbare der Geschichte an einzelen Beyspielen gezeigt werden . . .« sollte.
In seinem Lehrbuch für Geschichte habe er die Begebenheiten gleichzeitiggestellt und verbunden, hier dagegen sei ». . . die Geschichte jeder berühmten und merkwürdigen Nation von ihrem Ursprunge an bis zu ihrem Untergange, [. . .] abgesondert von den übrigen, vorgetragen worden . . .« Der Verfasser hebt hervor, daß er ausführliche Kriegsgeschichten, künstliche Staatsveränderungen und ähnliche Dinge seinen kleinen Lesern nicht vorsetzen wollte.
Der Verfasser lehnt es ab, sich der dialogischen Schreibart zu bedienen, sie sei dem schriftlichen Vortrag der Geschichte nicht angemessen. Die Fragen könnten den Kindern nicht in den Mund gelegt werden, weil sie noch nicht wüßten, was zu fragen sei. Auch habe der Verfasser getrachtet, »die Moral gar nicht, oder überaus selten, als Moral, Betrachtung, Ermahnung, und etwas dergleichen anzubringen, sondern als Erklärung der Ursachen und Wirkungen einer Begebenheit . . . als ein wirkliches Fortschreiten in der Geschichte, nicht als einen plözlichen Uebergang von einer blumenreichen Wiese auf ein trauriges Sandfeld«.
Die Illustrationen sollen die Kinder nicht nur anregen, sie sollen vor allem dazu dienen, den Inhalt anschaulich zu machen.
Nach diesem ersten Teil sollten ein zweiter die neuere Geschichte von Christi Geburt an bis auf unsere Zeiten und ein dritter Teil die deutsche Geschichte enthalten.
Der Text wird mit einer »Vorbereitung« eingeleitet. Als erstes wird die Frage gestellt, warum man Geschichte lerne, und hier heißt es, es sei wohl wert zu wissen, was sich in den sechstausend Jahren, seit die Welt besteht, Merkwürdiges zugetragen habe. Es folgen Ausführungen über den »Begriff von der Welt«, ihre Veränderung durch die Menschen, die Erdbeschreibung, die Erdteile, eine Beschreibung des Menschen und der menschlichen Gesellschaft, alte und neue Geschichte usf.
In der Vorrede zum zweiten Teil erklärt der Verfasser, er habe erkannt, daß die vorgesehenen drei Teile für seine Absicht nicht reichen würden. Es seien daher vier Bände für das Werk vorgesehen. Er habe überdies Änderungen angebracht, weil man während der Ausarbeitung weit besser bemerke, an welchen Platz die verschiedenen Bestandteile gesetzt werden müßten. Er habe es für zweckmäßig gehalten, der Geschichte der Nationen einen kurzen Begriff der christlichen Religionsgeschichte vorangehen zu lassen, die als eine allgemeine Einleitung in die neuere Weltgeschichte angesehen werden könne. Diese Religionsgeschichte könne gleichzeitig noch zu einem historischen Unterricht in der Religion genützt werden.
Der zweite Hauptteil enthält die Geschichte der Deutschen. In der Vorrede stellt der Verfasser fest, daß dieser Teil der Nachsicht weit mehr bedürfe als die beiden ersten. Da er die Geschichte der Deutschen behandle, sei es beinahe natürlich, daß man sich etwas Ausnehmendes von ihm verspreche. Es verstehe sich von selbst, daß er nicht eine bloße deutsche Reichsgeschichte, sondern vielmehr eine Geschichte der deutschen Nation geschrieben habe, wobei er auf das Eigentümliche deutscher Denkungsart, Sitten und Handlungen Bedacht genommen habe. Das Werk sei nicht bloß für Kinder, sondern ebensowohl für die Jugend überhaupt oder auch für die Liebhaber der Geschichte gedacht. Es sollte nicht eine den Fähigkeiten der Kinder angemessene Erzählung, sondern eine Anweisung zum Gespräch mit erwachsenen Kindern über die Geschichte werden.
In der Vorrede zum zweiten Abschnitt des vierten Teiles kündigt der Verfasser an, daß dieser Abschnitt den vierten Teil nicht abschließe; es folge im dritten Abschnitt die »rückständige Geschichte der Russen, der Polen, der Ungarn, und der Chineser«, auch werde man ein allgemeines Register am Schluß des ganzen Werkes finden.
Jeder Band wird mit einer Zeittafel abgeschlossen, der letzte Band (vierter Teil, dritter Abschnitt) enthält ein ausführliches Personen- und Sachregister.

Johann Matthias Schröckh, 1733—1808, protestantischer Kirchenhistoriker, war zuletzt Professor der Kirchen- und Profangeschichte in Wittenberg. Sein Hauptwerk ist die »Christliche Kirchengeschichte« (Leipzig 1768—1803), von seinen übrigen Werken sind die »Allgemeine Biographie« und »Lebensbeschreibungen berühmter Männer« hervorzuheben.

151 [Christian Schulz]

Physik für Kinder

zum Gebrauche der Aeltern und Erzieher, oder nöthige Grundbegriffe aus der vorliegenden Welt, über Gott, die Natur und uns selbst mit Nutzen nachdenken zu lernen. Von Christian Schulz.

Leipzig, Joh. Gottl. Imm. Breitkopf u. Comp., 1793

8°. XIV (Titel, Widmung, Vorbericht und Inhaltsanzeige), 378 S. Kustoden.

Heinsius III, Sp. 656.

Im Vorbericht verweist der Autor darauf, daß die Kenntnis der Natur »eine so angenehme als wichtige Beschäftigung für Menschen« sei, die sich im Denken üben wollen. Sie sei die vorzüglichste und unentbehrlichste Wissenschaft. Dies sei ein Buch für die Jugend, und es hänge vom Erzieher ab, wie er seinen Unterricht veranstaltet.
Zum Buch selbst bemerkt der Verfasser, es gliedere sich in zwei Teile: Der erste, das heißt die ersten zwölf Kapitel, enthielten einen kurzen Begriff der Physik. Der zweite Teil, das heißt Kapitel 13 bis 24, sei dazu bestimmt, die Kinder zur allgemeinen Betrachtung der Natur anzuleiten. Vorzüglich wolle der Verfasser die Kinder mit der Natur des Menschen bekannt machen.
Das erste Kapitel handelt von Gott. Die Erde begreife noch lange nicht alle Dinge in sich, sie sei nur ein mäßiger Teil eines größeren Ganzen, das man mit dem Namen Welt belege. Der Mensch könne vermöge seiner Vernunft Betrachtungen über sie anstellen und bemerke, daß alles mit höchster Weisheit und Güte geordnet ist. Da nichts entstehen kann, ohne einen Urheber zu haben, so muß auch die Natur einen Urheber haben. Der Schöpfer eines so umfassenden Ganzen muß eine unumschränkte Macht sein, deshalb nennen wir ihn auch allmächtig. Gott ist allwissend und allgegenwärtig. Gott regiert auch alles, das Leben und die Schicksale seiner Geschöpfe stehen unter seiner genauesten Obhut und Fürsorge. Gott hat uns Menschen nach seinem Bild erschaffen, ». . . das heißt: mit den vortrefflichsten Anlagen und Fähigkeiten zur Glückseligkeit auf Seiten des Geistes und Herzens geziert, immer besser und vollkommener zu werden«.
Die folgenden Kapitel handeln vom Weltall, der Erde und der Atmosphäre, das fünfte wieder vom Menschen. Es beginnt mit dem Satz: »Der Mensch ist das vornehmste Geschöpf Gottes auf dieser Erde.« Vom Tier unterscheide er sich nicht nur durch die Vernunft, mehr noch durch »Ausbildung und Vervollkommnung seiner natürlichen Anlagen und Kräfte . . .« Er solle vorerst auf die Ausbildung seines Körpers und seiner Sinneswerkzeuge bedacht sein, weil »mittels derselben seine Seele . . . alle Erfahrungen und Begriffe sammelt«. Erst dann könne er an die Vervollkommnung seiner geistigen Kräfte denken. In der Folge ist die Rede vom Körperbau des Menschen. Die weiteren Kapitel behandeln Tiere, Pflanzen, die Elemente, die Größe und den Umfang der Schöpfung, unterbrochen von allgemeinen Betrachtungen.
Sodann wird die Entwicklung des Kindes im Mutterleib behandelt und in einer Anmerkung festgestellt, daß der Lehrer dieses Thema »etwas delicat« behandeln, es jedoch nicht ausschließen solle, denn dies »würde für die immer rege Phantasie eines Kindes mehr schädlich als nützlich seyn«.
Die »Betrachtungen über den Menschen« befassen sich mit seinem Körper und den Sinnesorganen. Mit diesem Kapitel und seinen »Fortsetzungen« endet das Buch.

Christian Schulz, in Hamburg geboren, lebte eine Zeitlang in Leipzig und verzog dann nach unbekannt. Werke: »Handbuch der Physik« (Leipzig 1790—1793) 6 Bände, »Ueber Gott und die Natur« (Liegnitz 1793), »Bruchstücke ins Archiv der Menschheit . . .« (Augsburg 1793).

152 [Johann Joachim Schwaben]

Der Frau Maria le Prince de Beaumont lehrreiches Magazin für Kinder zu richtiger Bildung ihres Verstandes und Herzens

für die deutsche Jugend eingerichtet und mit den nöthigsten Kupfern versehen von Johann Joachim Schwaben. Sechste und verbesserte Auflage.

Leipzig, M. G. Weidmanns Erben und Reich, 1772

8°. 4 Teile in einem Band.
Teil 1: XLV (samt Titel, Vorrede und Vorbericht), 174 S.
Teil 2: 168 S.
Teil 3: 174 S.
Teil 4: 176 S. 1 gestochenes Frontispiz und 2 Tafeln, eine davon gefaltet.
Kustoden.

Kayser V, 193; Brüggemann 513—514 (1761).

In der Vorrede erklärt der Herausgeber, daß zwar das Magazin von Madame le Prince de Beaumont für Kinder geschrieben sei, die die französische Sprache erlernen sollten, doch glaube er, es wäre auch für die nützlich, bei denen diese Absicht wegfalle. Das Magazin bestehe aus Gesprächen einer weisen Hofmeisterin mit »jungen Frauenzimmern von verschiedenem Alter«. Le Prince de Beaumont erzähle den Kindern Märchen, die ihnen richtige Begriffe von Tugenden und Lastern geben sollen, sie hebe aber von Anfang an den Unterschied zwischen Märchen und wahren Geschichten hervor. Die Kinder müßten die biblische Geschichte lernen und einzelne Stücke der heidnischen Fabellehre, ebenso würden Geographie, Geschichte und die Naturlehre in die Gespräche mit einbezogen.
Der Herausgeber erklärt weiter, daß »eine deutsche Umkleidung«

denen nicht unangenehm sein werde, »welche für ihre Kinder gute Bücher zum Lesen suchen«. Man könne seine Arbeit nicht eine Übersetzung nennen, weil doch zuviel darin vorkomme, wo er vom Original abweiche. Seine Absicht sei es gewesen, die Gespräche durchgängig so einzurichten, »als wenn sie in Deutschland von einer deutschen Hofmeisterinn [. . .] und nach deutschen Anweisungen und Büchern gehalten würden«. Der Ort, an welchen er die Gespräche verlegt, ist Dresden, er habe auch die Bezeichnungen der jungen Mädchen verdeutscht, so etwa anstatt »Sensée« »Verständigung« gesagt, »Geistreich« heiße im Original »Spirituelle« usw. Auch in den Erzählungen der biblischen Geschichte habe er Änderungen vorgenommen, ebenso in der Geographie. Im Original komme Deutschland nicht vor, er nehme Deutschland als erstes Land auf. Der Herausgeber habe sich auch, wie er abschließend feststellt, bemüht, die Sprache der Kinder sprachrichtig zu reden.

In ihrem Vorbericht erklärt die Verfasserin Le Prince de Beaumont, sie sei sich bewußt, wie schwierig ihr Vorhaben wäre. Sie sei daher sehr erstaunt darüber gewesen, daß es auf so großen Beifall bei allen Erwachsenen gestoßen sei. Nun habe sie erproben wollen, ob es den Kindern ebenfalls gefallen würde, und deshalb habe sie das Buch Kindern verschiedenen Alters vorgelesen. Dabei habe sie festgestellt, daß es den Kindern ebensoviel Vergnügen mache wie den Erwachsenen. Das Buch sei dazu bestimmt, junge Engländerinnen die französische Sprache zu lehren. Die Verfasserin wendet sich auch dagegen, daß man den Kindern Märchen in die Hand gibt, sie seien stets für Kinder schädlich, weil sie ihnen gefährliche und falsche Begriffe beibrächten. Der Endzweck der »Kinderzucht« bestehe darin, ». . . daß man die Sitten bilde, sich des Verstandes annehme, [. . .] ihm eine geometrische Wendung* gebe, das Aeußerliche einrichte«. Man müsse die Grundregeln, die man Kindern gibt, nicht bloß ihrem Gedächtnis einprägen, sondern müsse sie bis zu ihrem Verstande dringen lassen. Die Autorin erklärt weiter, wie sie sich in Gepräche mit ihren Schülerinnen einlasse, sie nach ihrem Urteil frage, so lange, bis sie der Wahrheit auf den Grund gekommen seien. »Man muß sie von der Nothwendigkeit, dasjenige zu thun, was man von ihnen begehret, unumstößlich überzeugen . . .«; »Wir haben hierzu zwey Mittel, die Religion und die Vernunft.« Die Geschichte der Heiligen Schrift hat die Verfasserin weggelassen, weil sie nicht die Neugier wegen einer Sache erregen mochte, wo sie Unwissenheit als eine »Glückseligkeit, und als die Festung der Unschuld« ansieht. Andererseits lehrt sie die Mädchen auch solche Dinge, die bisher den Knaben vorbehalten blieben, wie Philosophie, Vernunftlehre usw. »Die Weltweisheit wird den Ekel, welchen die häuslichen Geschäffte und die Besorgung der Wirthschaft bey ihnen hervorbringen, der Pflicht aufopfern, die es ihnen zu einem Gesetze machet, solche über sich zu nehmen.«

Die Verfasserin meint weiter, es bestünde keine größere Glückseligkeit, als seine Pflicht zu tun, für Kinder, »denen man diesen Grundsatz ein zu prägen das Glück gehabt hat«, gebe es keine gleichgültigen Handlungen mehr.

Im folgenden erklärt Le Prince de Beaumont, daß sie das Buch unter anderem auch darum geschrieben habe, weil sie ihren Lebensunterhalt verdienen müsse. Im Verlauf ihrer Ausführungen, in denen sie englische Verhältnisse unter die Lupe nimmt, kommt sie auch auf das gesellschaftliche Leben in England zu sprechen, wie zum Beispiel die Assembleen, bei denen auf zu engem Raum zu viele Leute gedrängt stehen und es zu keinem Gespräch kommen könne. Weiter werden die Vorurteile besprochen, die gegen Erzieherinnen bestehen und die sie auf eine niedrigere gesellschaftliche Stufe verbannen als etwa eine Sängerin, wobei sich die Verfasserin ausdrücklich auf englische Verhältnisse bezieht. Am Schluß ihres Vorberichtes allerdings bemerkt sie, seit den zehn Jahren, die sie in London lehre, habe sie die glücklichsten Fähigkeiten gefunden. Es gebe wenige Menschen, die nicht von Natur aus eine Begabung hätten, die man nur zu fördern brauche. Wenn man die Erziehung gut machen wolle, ». . . so darf man nicht eben erst die Neigungen und Gemüthsbeschaffenheit der Kinder ändern, sondern man darf sie nur so lassen, wie man sie findet«. Die Gespräche selbst werden unterbrochen von Märchen und Fabeln und spielen sich jeweils in der Form von Dialogen ab.

Im fünften Gespräch findet sich das Märchen »La Belle et la Bête«, »Die Schöne und das Tier«, das fälschlich der Verfasserin zugeschrieben wird, sie hat ihm lediglich die für Kinder passende Form gegeben. Das Original stammt von Madame Villeneuve (Bibl. Nr. 24).

Johann Joachim Schwabe(n), 1714—1784, seit 1764 Magister und Professor der Philosophie in Leipzig, übersetzte zahllose fremdsprachige Werke ins Deutsche, betätigte sich als Herausgeber verschiedener Werke Gottscheds, begründete nach dem Muster der französischen Zeitschrift »Nouveaux amusements de l'esprit et du cœur« die deutsche Zeitschrift »Belustigungen des Verstandes und Witzes«, für die ihm unter anderem auch der »Mercure galant« und der »Mercure français» als Muster dienten. Er hat, neben den hier vorhandenen Magazinen, auch »Der Frau Maria le Prince de Beaumont lehrreiches Magazin für Arme, Handwerksleute, Gesinde und Leute auf dem Lande, nach deutscher Art eingerichtet« (Leipzig 1768), ebenso den »Neuen Mentor« (aus dem Französischen, mit einigen Veränderungen, Leipzig 1773) ins Deutsche übertragen.

20.122 FKB (128-083)

153 [JOHANN JOACHIM SCHWABEN]

Der Frau Maria le Prince de Beaumont lehrreiches Magazin für junge Leute, besonders junges Frauenzimmer

zur Fortsetzung des Magazins für Kinder, nach deutscher Art eingerichtet von Johann Joachim Schwaben. Dritte und verbesserte Auflage. Mit allergnädigsten Freyheiten.

Leipzig, M. G. Weidmanns Erben und Reich, 1766

8°. 4 Teile in einem Band.
Teil 1: Frontispiz, XXI S. (Vorrede des deutschen Herausgebers und Vorbericht der Verfasserin), 184 S.; Teil 2: 224 S.; Teil 3: 232 S.; Teil 4: 256 S.
Kustoden.

Kayser V, 193; Brüggemann 515.

Im Vorwort spricht der Herausgeber dem Publikum den Dank aus für die günstige Aufnahme, die das Buch bis jetzt gefunden habe. Er habe es nochmals durchgegangen und einige Änderungen angebracht. Die Verfasserin dankt im Vorbericht ebenfalls für die gute Aufnahme, die ihr Buch sowohl in London wie in »auswärtigen Lan-

* Zur Erklärung des Begriffes »geometrische Wendung« s. Bibl. Nr. 112.

den« erhalten habe. Dies habe sie bewogen, nun dieses Werk für junge Leute herauszugeben.
Sie glaube, das gefährlichste unter allen Lebensaltern beginne mit dem vierzehnten und fünfzehnten Lebensjahr. Der Weg, der zur Unordnung führe, sei die Unvorsichtigkeit, die Neugier, die Leichtsinnigkeit, der Unfleiß. Man müsse die jungen Leute davon überzeugen, daß »weder der Abscheu, den sie vor dem Bösen haben, noch ihre natürliche Klugheit, noch die Wachsamkeit ihrer Aeltern sie diesen Gefährlichkeiten entreißen können . . .« Man müsse sie auf die Religion verweisen und ihnen »die Hülfsmittel auflösen, die ihnen die Religion darbeut«. Man müsse ihnen erklären, ». . . es koste nicht so viele Mühe, seine Leidenschaften ordentlich einzurichten, als wenn man ihnen zu willfahren suche«. Die Verfasserin tadelt die Mütter, die, entweder zu streng oder zu nachsichtig, von übel verstandener Frömmigkeit oder übler Leichtfertigkeit seien. Fast alle seien der Welt, dem Spiele, den Lustbarkeiten ergeben und fänden keine gehörige Zeit, das Vertrauen ihrer Töchter zu gewinnen. Die Erziehung bestehe weder in der Förderung einiger Geschicklichkeiten noch in der äußeren Ordnung, man müsse bedacht sein, aus einem Mädchen von fünfzehn Jahren »eine christliche Frau, eine liebenswürdige Ehegattinn, . . . ein Mitglied der Gesellschaft, welches deren Nutzen und Annehmlichkeiten vermehren kann, zu bilden«. Das erfordere ungeheure Mühe, Sorgfalt und Erfahrung. Die Autorin spricht dann vom Gewicht der Religion, die in der Erziehung das bedeutendste Element darstelle. Sie erklärt, daß sie aus ihren Schülerinnen keine rechtschaffenen Frauen machen könne, wenn sie nicht vollkommene Christinnen aus ihnen mache.
Man werde in diesem Magazin einige neue Personen treffen, die sie jedoch nicht nach der Phantasie, sondern nach lebenden Originalen gebildet habe. Die Autorin stellt dann als Beispiel ein junges Mädchen vor, Fräulein Heftig, deren Erziehung und Fortschritte sie schildert. Man werde ihr vielleicht vorwerfen, daß diese Morgenlehrstunden zu ernsthaft für »Fräulein von funfzehn bis achtzehn Jahren« seien. Die Erfahrung habe sie jedoch gelehrt, »daß sie nicht über ihre Kräfte sind«. »Man hat eine gar zu schlechte Meynung von dem Verstande junger Leute. Sie sind zu allem fähig, wenn man sie nur nach und nach angewöhnet, vernünftig zu urtheilen«. Heutzutage läsen die Frauen Geschichte, Staatslehre, Philosophie usw. Man müsse sie daher instand setzen, ein sicheres Urteil über das abzugeben, was sie gelesen haben. Sie verspricht, in den Dialogen mit ihren Schülerinnen (»Untergebenen«) alle Einwürfe zu bringen, die diese gemacht haben. Auch hier werden die Themen so wie im Magazin für die Kinder in Form von Dialogen zwischen Erzieherin und Schülerin abgehandelt und, so wie in dem genannten Werk, von Fabeln und Erzählungen unterbrochen.

20.122 FKB (128-083)

154 [Johann Joachim Schwaben]

Der Frau Maria le Prince de Beaumont nöthige Unterweisungen für junges Frauenzimmer

welches in die Welt tritt und sich verheurathet, als der Verfolg des Magazins für junge Leute, nach deutscher Art eingerichtet, von Johann Joachim Schwaben. Zweyte und verbesserte Ausgabe. Mit allergnädigster Freyheit.

Leipzig, M. G. Weidmanns Erben und Reich, 1768

8°. 4 Teile in einem Band.
Teil 1: Frontispiz, X (Titel, Vorrede der Verfasserin), 172 S.; Teil 2: 180 S.; Teil 3: 232 S.; Teil 4: 336 S.
Frontispiz von Crusius. Kustoden.

Brüggemann 516.

Die Vorrede stellt fest: »Gott hat Sie in die Welt gesetzt, damit Sie ihn erkennen sollen.« Man müsse das Ziel erkennen, wohin der »Dienst und die Liebe Gottes führen; nämlich das ewige Leben, die ewige Seligkeit«. Die Autorin ermahnt ihre Leserinnen, ». . . sich von diesen großen Wahrheiten völlig zu überreden . . .«, ehe sie ihre Werke lesen. Sie erinnert die Welt daran, daß sie nicht die Originale ihrer redenden Personen suchen solle, sie habe nur den Grund der Gemütsart ihrer Schülerinnen genommen und im übrigen erfunden.
Das gesamte Werk besteht aus 29 Unterredungen, die sich auf 29 Tage verteilen, am Schluß steht ein Brief der Verfasserin an ihre Schülerinnen.
Das erste und das zweite Gespräch befassen sich mit dem Neuen Testament und Diskussionen über das Christentum. Auf die Frage der Hofmeisterin: »Sagen Sie mir, . . . was ist der Glauben?«, antwortet die Schülerin: »Er ist eine Tugend, welche uns Wahrheiten annehmen läßt, die wir nicht begreifen können.« Die Dialoge zwischen Hofmeisterin und Schülerinnen werden von Erzählungen unterbrochen, welche die erörterten Themen illustrieren sollen.
Die Hofmeisterin nennt die Welt einen Ort, »wo eine sehr gefährliche Pest herrschet, weil sie die Seele tödtet«, und rät ihren Zöglingen, sich durch das Gebet zu stärken. Auf die Frage einer Schülerin, wie sie sich einem Manne (ihrem eigenen) gegenüber verhalten solle, der weder »Witz noch Verstand« habe, antwortet die Hofmeisterin: »Ihrer Pflicht werden Sie sich aufopfern müssen . . . Gott hat Ihnen gebothen, Sie sollen Ihrem Mann gehorchen!« Einer Schülerin, die in Kürze heiraten wird, gibt die Verfasserin den Rat, sich den Segen des Herrn dadurch zuzuziehen, daß sie ihre Eltern bittet, das Geld, das für ihre Kleider und andere Torheiten bestimmt war, für Almosen zu verwenden. »Einer von denen Bewegungsgründen, welche eine Christinn bei ihrer Verheurathung haben soll, ist, daß sie der Kirche Kinder und dem Himmel Bürger gebe.«
In einem der nächsten Kapitel wird ein Gespräch geführt, gefolgt von einem Dialog über Erziehung, bei dem die Verfasserin feststellt: ». . . daß es keine kleine Fehler in der Erziehung giebt. Alles ist darinnen von der äußersten Wichtigkeit. Der geringste Irrthum ist fähig, alles zu verderben.«
In den folgenden Gesprächen wird die römische Geschichte eingehend dargelegt. Am siebenten Tag wird die Geschichte des Evangeliums wieder aufgenommen. An einer Stelle heißt es: »Nichts ist in dem Evangelio ausdrücklicher gesagt als die Verbindlichkeit Buße zu thun.«
Im Verlaufe des Buches erscheinen auch die bereits verheirateten Schülerinnen wieder, um an den Stunden der Hofmeisterin teilnehmen zu können. Eines der jungen Mädchen verwundert sich, daß eine andächtige Frau lustig sein könne. Die Antwort der Hofmeisterin: »Die wahre Andacht ist stets lustig und aufgeräumt.«
Der dritte Teil beginnt mit dem Tod eines der jungen Mädchen und bietet Anlaß zu Betrachtungen über das Sterben. In einer besonderen

Bibl. Nr. 155, Einband

Unterredung zwischen der Hofmeisterin und einer bereits verheirateten Schülerin, die gesteht, sie kämpfe verzweifelt gegen die Versuchung, sich zu vergnügen, macht die Hofmeisterin ihr Vorwürfe und erklärt, sie — die Schülerin — hänge zu sehr an der Welt; sie rät ihr, sich innerlich von der Welt loszumachen.
Auch im vierten Teil werden die Schülerinnen in endlosen Gesprächen anhand von Beispielen und Mahnungen dazu angehalten, vom Pfad der Tugend nicht abzuweichen, und auch dann, wenn sie verheiratet sind und in die Welt hinaustreten, ein Gott gefälliges Leben zu führen.

258.809-A.Fid. (268-221)

155 [Heinrich Seidel]

Neuer Orbis Pictus

in sechs Sprachen oder das unterhaltende und belehrende Bilderbuch für Kinder von jedem Alter herausgegeben von H. Seidel.

Nürnberg und Leipzig, Friedrich Campe, 1804

Kl.-8°. XVI (Titel und Vorrede), 32 Bl. (jedes Blatt enthält die Bezeichnung der auf der vorangehenden Tafel abgebildeten Gegenstände und Personen auf deutsch, lateinisch, französisch, englisch, italienisch und holländisch). Die Paginierung beginnt nach Blatt XXXII mit S. 65—112, 40 gestochene, kolorierte Tafeln. Originaleinband, gelbliches Pappbändchen, Buchdeckel vorne und hinten illustriert. Am Rückendeckel ist die Illustration des Vorderdeckels spiegelverkehrt wiedergegeben.

Heinsius III, Sp. 96 (Ausgabe 1805); Kayser IV, 274 (gleichfalls 1805); Rammensee 1429; Pilz 351 zitiert das vorliegende Exemplar aus der Fideikommißbibliothek, das auch im Beckerschen Katalog, Bd. II, Sp. 415, aufscheint. Von dem neuen Orbis Pictus erschien 1805 die zweite, 1806 die dritte, 1809 die vierte, 1810 die fünfte und 1821 die sechste Auflage.

In der Vorrede erklären »die Verfasser«, daß sie in der Nachfolge des Orbis Pictus des Comenius erstens »den Kindern ein nützliches Spielwerk in die Hände liefern« wollten. Und zwar sei dieser Orbis Pictus hier für Kinder »im zarten Alter« bestimmt, die noch nicht fähig sind, einen ernsthaften Unterricht zu fassen. Man solle die Kinder anhand der abgebildeten Gegenstände zum Nachdenken anleiten. Zweitens sollen die Kinder die leichtesten Gegenstände nachzeichnen. Dies soll unter Anleitung eines Lehrers geschehen. Drittens: Wenn die Kinder in einem Alter seien, daß sie Sprachen lernen könnten, dann könnten sie das anhand dieses Orbis Pictus tun. Durch Hinzufügung »schicklicher Beiwörter« zu den angegebenen Ausdrücken in fremder Sprache könne der Sprachschatz allmählich zu ganzen Sätzen erweitert werden. Der »wichtigste Nutzen aber . . . besteht in der *Belehrung* und *Unterhaltung* über die mannigfaltigen Gegenstände«. Die erste Tafel stellt unter anderem einen ehrwürdigen Alten aus dem Morgenland als Muster für »Mensch« dar. Nun wird der Begriff »Orient« mit historischen Kommentaren erläutert ebenso wie die Attribute des Abgebildeten, ein langer Bart, der Lorbeerkranz um die Stirn usf. Ihm wird als Abbild der »bloße(n) thierische(n) Natur« ein saugendes Füllen mit seiner Mutter gegenübergestellt und erklärt, wie im Menschen »doch schon der Keim der Veredlung« liege. In der Folge werden eine Fülle von Gegenständen aus dem Bereich der Natur, menschliche Beschäftigungen, Häuser, Werkzeuge usf. abgebildet. Ein eigenes Kapitel samt Einleitung wird der »Mechanik der Bewegungskunst« gewidmet. Gezeigt werden unter anderem verschiedene Hebel, eine Schnellwaage, ein Flaschenzug, das Schlagwerk der Uhr, hydraulische Vorrichtungen, die Kugel von Guericke und anderes mehr. Sämtliche Darstellungen aus der Mechanik sind mit ausführlichen Kommentaren und Erklärungen versehen.

258.807-A.Fid. (217-273)

156 [JOHANN GEORG SEYBOLD]

Versuch eines Elementarbuches für Kinder

durch Abbildung der merkwürdigsten Dinge und derselben deutschen, lateinischen, französischen und italiänischen Benennungen.

Nürnberg, Gabriel Nicolaus Raspe, 1770

8°. Frontispiz in Rotdruck, schwarz gedruckter Titel mit Vignette in Rotdruck, 2 Bl. (Vorbericht), 288 S., 38 Bl. Register, 6.000 Holzschnitte im Text. Kustoden.

Pilz S. 334; Rammensee 1556; Hauswedell 1200.

Das Frontispiz zeigt eine Frau, die mit dem linken Arm nach dem Hintergrund weist, wo am Himmel ein geflügeltes Pferd schwebt, neben ihr ein Knabe, der ein aufgeschlagenes Buch in Händen hält, vor ihr ein Bienenkorb und davor ein Vogel. In der rechten Bildseite eine kniende Frau, die mit einer Hand einen Blumenstock gießt und in der anderen eine Papierrolle hält mit der Inschrift: »Se docere bene loqui et pronunciare«.
Im Vorbericht teilt der Verleger mit, daß das »gegenwärtige mit sechstausend saubern Holzschnitten erläuterte Wörterbuch« in deutscher und lateinischer Sprache vor ungefähr hundert Jahren zum ersten Mal herausgekommen und nachher oft, zum letzten Mal 1733, aufgelegt, seitdem aber vergessen worden sei. Da aber so viele Schullehrer und Jugendfreunde seit einigen Jahren eifrig wünschen, daß den Anfängern die Erlernung der Sprachen »erleichtert und angenehm gemacht werden möchte«, habe der Verleger das Buch wieder abdrucken und das Französische und Italienische hinzusetzen lassen. Er würde das Buch gerne auf Anregungen hin verbessern und vermehren lassen, wenn dies ohne allzustarke Vermehrung der Figuren ginge, um den Preis für die unbemittelte Jugend, die »doch immer die größte Anzahl ausmachen«, nicht zu sehr zu erhöhen. Das Werk ist in Hauptstücke oder Kapitel eingeteilt, von denen die ersten von Gott und den Elementen, die folgenden von der Natur, von der Stadt und den Häusern, vom Menschen, den Handwerkern, der Seele, den Tugenden und Lastern usf. handeln.
Das Buch enthält am unteren Ende nahezu jeder Seite ein lateinisches Sprichwort und seine deutsche Übersetzung. (Die bildliche Darstellung der Begriffe ist phantasievoll, für Kinder aber zweifellos nicht leicht verständlich.)

Johann Georg Seybold, 1620—1690, war Philologe und Praeceptor an dem 1654 gegründeten Gymnasium illustre in Schwäbisch Hall. Er verfaßte zahlreiche Lehrbücher für den Schulunterricht und war bemüht, die Fortschritte der pädagogischen Erkenntnisse seiner Zeit dem Gymnasialunterricht in den alten Sprachen und in der Philosophie zugute kommen zu lassen. »Seybold ist der letzte in der Reihe der bedeutenden Sprichwörtersammler der Renaissance.« (Allgemeine deutsche Biographie, Band 34, Leipzig 1892, S. 83.)

Versuch eines Elementarbuches für Kinder durch Abbildung der merkwürdigsten Dinge und derselben deutschen, lateinischen, französischen und italiänischen Benennungen.
Nürnberg, bey Gabriel Nicolaus Raspe, 1770.
258.807-A FID.

Bibl. Nr. 156, Titelkupfer

257.638-A.Fid. (77-030)

157 *Les Soirées de l'Hermitage*

Contes traduits de l'Anglais pour l'Instruction et l'Amusement de la Jeunesse.

Genève, J. J. Paschoud [um 1800]

8°. In 2 Bänden.
Band 1: XII (samt Vortitel, Titel, Vorwort des Herausgebers und Einleitung), 248 S., 1 Bl. Inhaltsverzeichnis.
Band 2: 231 S. (samt Zwischentitel und Inhaltsverzeichnis), 4 S.

Nicht nachweisbar.

Im »Avis de l'Éditeur« kündigt der Herausgeber an, daß er nach und nach eine »Bibliothèque des Enfans« aus Werken der »Bibliothèque Britannique« zusammenstellen will. So habe er unter anderem bereits die »Promenades champêtres« der Charlotte Smith herausgebracht. Jeder der beiden Bände enthält sechs erbauliche Erzählungen.

158 [Valentin Stätter]

Über die Nothwendigkeit einer Lehrkunst für Lehrer, Aeltern, Kinder- und Schulfreunde

Von Valentin Stätter, Pfarrer zu Vitis.

Wien, gedruckt bei Joh. Carl Schuender im k. k. Taubstummen-Institute, 1797

8°. XII (samt Titel, Vorwort und Inhaltsverzeichnis), 95 S. und 1 Bl. Druckfehler. Roter Maroquinband mit Goldprägung sowie Steh- und Innenkanten.

Nicht nachweisbar.

Der Autor will das »Lehren« als eine Kunst aufgefaßt wissen und verbreitet sich sodann über die Qualitäten, welche die Lehrenden aufweisen sollen, über die Methodik des Lehrens usf. Gute Lehrbücher sollten so beschaffen sein, daß sie auch eine Anleitung für den Lehrer darstellen. Von den Eltern fordert der Verfasser: »Als Mitarbeiter muß der Vater . . . auch noch im Stande seyn, das Vorgetragene gelegenheitlich mit dem Kinde zu wiederholen, dabei zu unterscheiden, ob dasselbe überall die rechten Begriffe mit den Worten verbinde. [. . .] Insbesondere sollte der Lehrplan, wovon kurz vorhin das Mehrere vorgekommen ist, durch seine Berathung und Mithilfe zu Stande kommen . . .«

159 [Paul von Stetten]

Der Mensch in seinen verschiedenen Lagen und Ständen

für die Jugend geschildert. Mit 50. Kupfer-Tafeln.
1 Textband, 1 Bildband.

Augsburg, Johann Jacob Haid u. Sohn, 1779

Textband: 8°. Gestochener Titel mit Vignette, 172 S. (samt Titel), 2 Bl. Inhaltsverzeichnis.
Bildband: 17 x 16,5 cm. Gestochener Titel, 50 gestochene numerierte Tafeln mit je 2, 3 oder 4 Darstellungen. Jede Tafel trägt eine Bezeichnung sowie eine Zahl, die auf entsprechende Abschnitte beziehungsweise Seiten im Text verweisen, wobei nicht für jeden Abschnitt eine Tafel vorgesehen ist. Die Tafeln sind von Ch. Erhart, Em. Eichel, L. Rugendas, J. E. Nilson, J. J. Nilson, Christoph Thelott, Joseph Ignaz Huber.

Bibl. Nr. 159, Titelblatt

Heinsius II, Sp. 998; Kayser IV, 83; Rümann KB 329; Nicht bei Holzmann-Bohatta. Der Autor wird bei Kayser zitiert. Brüggemann 871.

In der Einleitung erklärt der Verfasser, daß die Kinder — die er in direkter Rede anspricht — aus diesem Buch beziehungsweise den Tafeln »nicht eigentlich Wissenschaften« lernen sollen. Der Autor wolle nur ihre Wißbegierde anstacheln und ihnen einigen Vorgeschmack von den Dingen geben, damit sie sie späterhin selber untersuchen können. Vieles sähen die Kinder täglich vor Augen, ohne es richtig einordnen zu können, und um diesem Mangel abzuhelfen, sei das vorliegende Buch entstanden. Die Kinder werden daran erinnert, daß der Autor mit ihnen oft »Die sichtbare Welt« durchgeblättert und dabei manches als überflüssig überschlagen habe. Er wolle sie nur in jenen Dingen unterrichten, zu denen sie fähig sind, daher zeige er ihnen den Menschen in allen seinen Lebenslagen und Ständen, seinen Gewerben und Geschäften. Der Text beginnt (so wie die Tafeln) mit »Der Mensch«. Der Verfasser betont, daß der Mensch nicht nur Körper sei, sondern auch eine »mit dem Körper auf das genaueste vereinigte Seele« besitze. Und um zur »ewigen Glückseligkeit« zu kommen, »will die Seele geübet seyn«.
Nach »Der Mensch« folgen der »Ehestand« und der »Wilde Zustand des Menschen«. Im Kapitel »Herrschaft und Knechtschaft« heißt es: »Je zahlreicher ein Geschlecht ist, destomehr vergrößern sich deßen Bedürfniße. Es muß einige geben, welche gebieten, andere, welche gehorchen . . .« Nachdem der Krieg, die Reiche und Staaten behandelt wurden, wird über den Unterschied der Stände gesprochen: »Die Unterthanen in einem Staate sind nicht alle von gleichem Range und Ansehen. Diejenigen haben die meisten Vorzüge, welche dem Fürsten am nächsten sind, und für das Beste des Staates, es sey im Frieden oder im Kriege, nöthige Sorge tragen.«
Es folgen einige Kapitel über das »Gewerbe auf dem Lande«, worunter auch der Ackerbau, Gartenbau usf. fallen. In weiteren Kapiteln werden Künste und Handwerke in der Stadt, auch jene Gewerbe, die

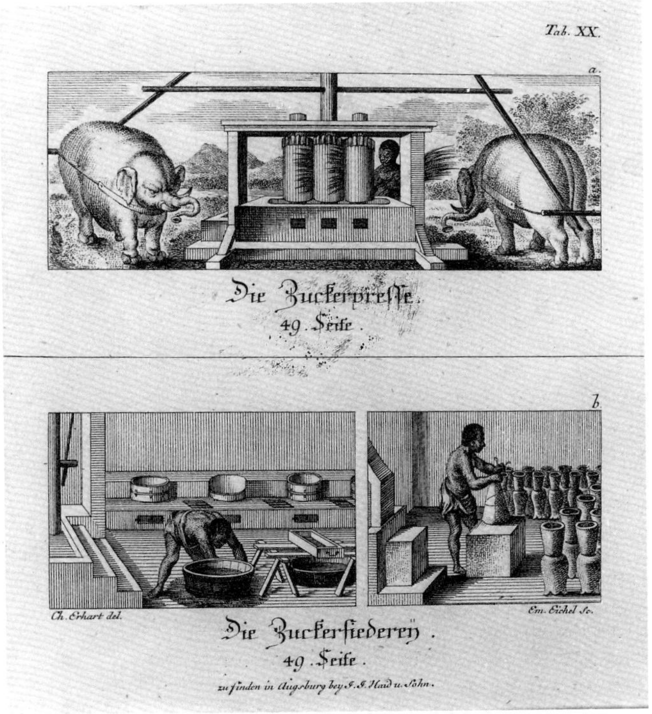

Bibl. Nr. 159, Tafel 20a, S. 49 — Tafel 20b, S. 49, Kupferstich von Em. Eichel

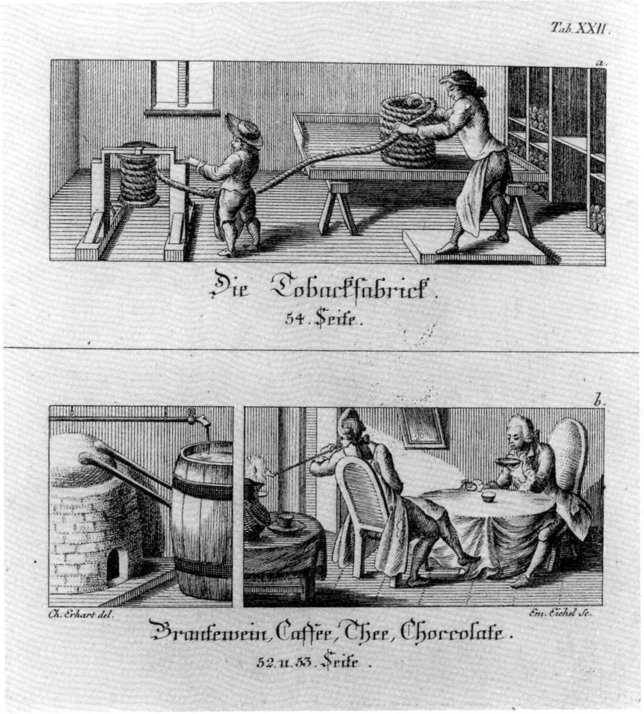

Bibl. Nr. 159, Tafel 22a — Tafel 22b, Kupferstich von Em. Eichel

sich mit Speis und Trank befassen, aufgezählt. Am Ende steht die »Tobackfabrik« mit der Feststellung: »Toback ist zwar eine zur Nahrung des Menschen sehr entbehrliche Sache; indessen ist dessen Gebrauch zum Schnupfen und Rauchen fast bey allen Europäischen Nationen eingerissen.«
In den folgenden Kapiteln werden, nach Untergruppen geteilt, alle bekannten Handwerke erklärt. Die letzten Kapitel sind den Wissenschaften — darunter Schulen und Lehrern —, der Religion, der Gerichtsbarkeit gewidmet. Den Abschluß bilden bürgerliche Belustigungen, unter welche auch Sport und Leibesübungen fallen. Am Ende des Buches stehen »Tod und Begräbnis«. Im Schlußwort wendet sich der Autor wieder an die Kinder: Nur wer rechtschaffen und gottesfürchtig sei, verdiene Achtung und werde glücklich sein.

Paul von Stetten, 1731—1808, genannt der Jüngere, war ebenso wie sein Vater gleichen Vornamens Historiker in Augsburg. Er genoß eine sorgfältige Erziehung und studierte in Genf und in Altdorf. In seiner Heimatstadt Augsburg wurde ihm die Aufsicht über das evangelische Gymnasium von St. Anna übertragen; von 1792 an bekleidete er das ehrenvolle Amt eines Stadtpflegers und wurde 1806 zum Geheimen Rat ernannt. Stetten war hochkultiviert und stand unter anderem mit Weiße, Wieland und Nicolai in Verbindung. Er verfaßte zahlreiche historische Werke und schrieb Jugendbücher und Romane.

Bibl. Nr. 159, Tafel 37a — Tafel 37b, Kupferstich von Christoph Thelott

234 FKB (50-084)

160 [Johann Sigmund Stoy]

Bilder-Akademie für die Jugend

Abbildung und Beschreibung der vornehmsten Gegenstände der iugendlichen Aufmerksamkeit — aus der biblischen und Profangeschichte, aus dem gemeinen Leben, dem Naturreiche und den Berufsgeschäften, aus der heidnischen Götter- und Alterthums-Lehre, aus den besten Sammlungen guter Fabeln und moralischer Erzählungen — nebst einem Auszuge aus Herrn Basedows Elementarwerke. In vier und funfzig Kupfertafeln und zweyen Bänden Erklärung herausgegeben von J. S. Stoy, Prof. der Pädagogik in Nürnberg.

Nürnberg, 1784

2 Textbände mit fortlaufender Paginierung, 8°. Kustoden. 1 Tafelband Quer-4°.
Band 1: 14 S. (Titel, Widmung und Vorrede), 16 S. (Anweisung zum nützlichen Gebrauch der Bilder-Akademie), 8 S. (Probe von den verschiedenen Combinationen aller Vorstellungen einer Tafel), 2 Bl. (Nachricht), 10 Bl. (Zusammenhang der Vorstellungen), zum Teil paginiert mit römischen bzw. arabischen Ziffern, zum Teil unpaginiert, 580 S.
Band 2: 9 Bl. (Titel, Zusammenhang der Vorstellungen, Anweisung für den Buchbinder), S. 581—1208 (samt 22 S. Inhaltsverzeichnis und Register), Schlußvignette.
Tafelband: 54 gestochene Tafeln von Ch. W. Bock, D. und G. Chodowiecki, C. C. Glassbach, F. C. Krüger, J. G. Penzel, J. R. Schellenberg, F. F. Schleuen, J. S. Walwert.

Heinsius III, Sp. 851; Pilz 339; Rammensee 1476; Brüggemann 874.

Im Vorbericht stellt der Verfasser fest, daß bei Entstehen seines Werkes, außer dem »trefflichen Werke des Herrn Basedow, noch keine vollständige und viel in sich fassende Bildersammlung für die Jugend vorhanden . . .« gewesen sei, daß jedoch zu gleicher Zeit die »ungeheure Menge Erziehungs-Schriften . . . Lehrenden und Lernenden bis an die Seele« ging. Um dem abzuhelfen und auf der einen Seite eine Sammlung der besten und aus den besten Erziehungsschriften gezogenen Materialien vorzulegen und auf der anderen Seite das Anschaffen so vieler, meist entbehrlicher Kinderschriften zu ersparen, habe der Verfasser diese »mühsame, kostbare und weit aussehende Arbeit« übernommen.
Der erste Entwurf des Werkes war schon bei Erscheinen des Basedowschen gemacht. Es sollte eine vollständige ». . . und im gewissen Verstande zusammenhängende Bildersammlung . . .« sein, ein ». . . Lehr und Lesebuch, durch welches die Jugend, auf eine leichte und angenehme Art, richtige Kenntniße von den meisten Gegenständen . . . und Lust zur Erkenntniß der übrigen bekommen kann . . .« Bestimmt ist das Werk für Eltern, »die ihren Kindern nicht viele und nicht öffentliche Unterweisung können geben lassen — Söhnen, welche sich nicht den Wissenschaften und der systematischen Erlernung derselben sondern z. E. der Kunst, der Handlung, dem Militaire oder einer Profession widmen — Töchtern, welche durch diese Sammlung auserlesener Materien (von denen sie, nach dem gewöhnlichen Gang ihrer Erziehung, wenig oder nichts hören) reich an vieler Einsicht, begierig auf die Lektüre, und angenehm im Umgange werden können«.
Zur Hauptgrundlage des Werkes wählte der Verfasser die biblische Geschichte. An sie »kettete« er alles, was man der Jugend vornehmlich in den ersten zwölf Jahren zu sagen habe. Zu diesem Zweck seien die Kupfertafeln alle nach dem gleichen Prinzip aufgestellt worden, was im folgenden erklärt wird. Unter anderem werde auf jeder Tafel auch ein Fach dem Elementarwerk Basedows entnommen sein.
Der Text bezieht sich auf diese Tafeln und erklärt jede nach ihren neun Fächern. Schließlich fügt der Verfasser hinzu, er habe die Ratschläge der verschiedenen Pädagogen genützt und auch jene Rezensionen, die gründliche Anmerkungen zu dem Werk machten.
Es folgt nun eine Anweisung zum Gebrauch der Bilderakademie. Dieses Elementarwerk könne entweder als Handbuch und Magazin bei jeder Erziehungsmethode gebraucht werden oder zum Privatunterricht.
Zuallererst solle die Bilderakademie ein Handbuch sein, ein »Magazin voll guter Nahrung für den Verstand . . .«, aber auch Erwachsene würden in dem Buch vieles finden, das sie entweder lange vergessen oder nicht so leicht faßlich zusammengezogen gefunden hätten. Welche Methode immer Lehrer oder Eltern anwenden wollten, sie würden hier die biblische Geschichte, Naturlehre, Künste und Handwerke sowie Mythologie und Geschichte vertreten finden. Zum andern könne die Bilderakademie zum Privatunterricht, und zwar sowohl für Kinder vom fünften bis zum zehnten Jahr, aber auch darüber hinaus gebraucht werden. Es folgen genaue Anweisungen, wie dabei vorzugehen ist. »Endlich kann die Bilderakademie auch bey dem öffentlichen Unterrichte in den Schulen höchst erspießliche Dienste thun.« Unter anderem solle sie auch, was den Text betrifft, als eine Enzyklopädie benützt werden.
Besonders sorgfältig solle vorgegangen werden bei den Berufsgeschäften. Man solle den Schülern, ehe sie sich für einen Beruf entschließen, die »vornehmsten Berufsgeschäfte, Künste und Gewerbe« deutlich erläutern und mit ihnen Gelehrte, den Kaufmann, den Künstler, den Professionisten besuchen. Unter den Anweisungen heißt es am Schluß, der Lehrer solle die Bildertafeln auf »starke Pappe« aufziehen lassen und sie nach und nach im Zimmer aufhängen.
Die Schüler werden hier als »Untergebene« bezeichnet. Die der Vorrede und den Anweisungen folgende »Nachricht« beginnt mit den Worten: »Zur Bildung eines edlen Herzens in der Jugend hat dieses helle Jahrhundert, vor allen andern, unermeßliche Schäze aufgethan . . .« Trotzdem fehle noch ». . . ein vollständiges, vernünftiges und schönes Bilderbuch, das sich auch der Mittelmann anschaffen kann . . .« und das neben der biblischen Geschichte auch ältere und neuere Weltbegebenheiten, Naturlehre, Künste und Handwerk, Altertümer und Gebräuche, Fabeln und Erzählungen und aus allen schönen Schriften das Beste enthält. Auch im Basedowschen Elementarwerk fehle vieles, es mache andere Bilderbücher nicht entbehrlich. Es folgt eine Mitteilung über das Erscheinen der Bilderakademie.
Die Tafeln beginnen mit der Erschaffung der Welt vor 5.800 Jahren; bereits auf der zweiten Tafel ist als Beispiel für das Handwerk ein Töpfer zu sehen. Aus Anlaß der Schilderung eines anderen Handwerkes wird eine Klassifizierung der Berufe vogenommen: Obenan stehen die Wissenschaften, zu denen auch die Jurisprudenz gehört. Dann folgen die vornehmsten »mechanischen« Künste wie Musik, Feldbau, Barbier- und Bader-Kunst, aber auch die Maler- und Bildhauerkunst. Auf der fünften Tafel wird Robinson Crusoe gezeigt und mitgeteilt, daß der Roman die Schicksale des Alexander Selkirk schildert. Auf der siebenten Tafel erblickt man den »guten Kaiser Joseph«, im Text findet sich dazu eine bekannte Anekdote. Unter anderem werden auf Tafel 40 »Anständige Frauenzimmer-Beschäftigungen« behandelt.

Als solche gelte »für Töchter von einer guten Erziehung«: Die Lektüre, das Nähen, Klöppeln, Stricken, Spinnen, das Waschen der Wäsche usf. Die Freundin der Lektüre, die auf diesem Feld der Tafel 40 abgebildet ist, weiß sehr wohl, daß sie, um ihre übrigen Berufsgeschäfte nicht zu versäumen, nur wenig Zeit auf das Lesen guter Bücher wenden darf. Sie prahlt auch nicht mit ihrer Belesenheit, denn nichts ist ». . . unleidlicher, als ein sogenanntes gelehrtes Frauenzimmer«.
Die Tafel 41 zeigt in einem Feld die »Silhouetten der berühmtesten Pädagogen«, das sind Johann Peter Miller, Heinrich Braun, Christian Felix Weiße, Johann Bernhard Basedow, J. Georg Feder, Georg Friedrich Seiler, J. Heinrich Campe und Jakob Friedrich Feddersen, mit je einer Kurzbiographie und ihren wichtigsten Werken. Die Tafel 43 bringt in einem Feld Freimaurersymbole, im Text ist den Freimaurern ein langer Beitrag gewidmet. Hier wird berichtet, daß Franz von Lothringen 1731 in eine im Haag errichtete neue Loge aufgenommen und in der Folge in London in die große Loge zum Meister-Grad befördert wurde. Es werden dann die Eigenschaften, die einen Freimaurer auszeichnen, geschildert; das Kapitel wird mit dem Lied bei der Aufnahme eines Maurers beschlossen.
Auf der Tafel 49 erblickt man in einem Feld eine Schulklasse mit dem Lehrer. Dazu findet sich im Text eine Erläuterung über das Schulwesen in Deutschland und die Einteilung der Schulen in a) Deutsche Schulen, b) das Gymnasium Illustre, Lyceum oder Seminarium und c) Hohe Schule, Akademien, Universitäten.
Die Tafeln schließen mit dem »Ende der Welt« und im letzten Feld dieser Tafel mit der Darstellung eines Mädchens, das den »Brief eines verstorbenen frommen Sohnes an seine Schwester« liest.

Johann Sigmund Stoy, 1745—1808, studierte Theologie, Kirchenrecht und -geschichte sowie Moralphilosophie. 1774 trat er eine Stelle als Pfarrer in Hensenfeld in der Nähe von Nürnberg an. 1792 gab er das Predigeramt auf und gründete in Nürnberg eine Erziehungsanstalt, deren Direktor er wurde; er erhielt den Titel eines Professors der Pädagogik. Stoy war Mitglied des Pegnesischen Blumenordens.

252.344-B.Fid. (26-10)

161 [Johann Sigmund Stoy]

Goldener Spiegel für Kinder

Mit Kupfern. Ein Lesebuch, bestehend in auserlesenen Erzählungen.

Nürnberg, Christ. Weigel und A. G. Schneider, 1791

8°. 1 Bl. (Verlagsanzeige), VIII (Inhaltsverzeichnis, Vorrede; zwischen S. VI und VII der Vorrede sind 2 weitere Bl. Verlagsanzeigen irrtümlich eingebunden), 256 S., 90 gestochene Vignetten von C. W. und I. C. Bock, Ambrosius Gabler, C. D. Henning, D. Ihle, Klinger, G. Pensel, I. G. Penzel, Stahl, I. G. Sturm jeweils am Beginn einer Erzählung, alle Erzählungen numeriert, mit Ausnahme der letzten auf S. 242. Kustoden.

Meusel, Erster Nachtrag zur 4. Ausgabe, Lemgo 1786, S. 635; Brüggemann 1778—1781; Rammensee 1482—1488.

In der Vorrede stellt der Verfasser fest, unter den vielen Büchern, die seit mehreren Jahren »zur Bildung und Unterricht der Jugend sind geschrieben worden, hat der goldene Spiegel noch immer Beyfall

Goldener
Spiegel
für
Kinder.
Mit Kupfern.
Ein Lesebuch,
bestehend
in auserlesenen Erzählungen.
Nürnberg,
bey Christ. Weigel und A. G. Schneider.
1791.
252.344-B
FID.

Bibl. Nr. 161, Titelkupfer

gefunden«. Das Buch ist, wie aus diesen Ausführungen hervorgeht, verschiedenen Schriften von »gesitteten und ungesitteten Kindern« entnommen worden und wurde gegenüber früheren Auflagen verbessert, so daß diese mit Recht eine »verbesserte und vermehrte Auflage heißen kann«. Die Kinder sollen die Darstellungen auf den Bildern mit der Erzählung vergleichen und, sobald sie einige Fertigkeit im Lesen erlangt haben, die Geschichten, die zur »Besserung« dienen, laut und deutlich vorlesen. Der Lehrer oder die Eltern sollen das Gelesene in »Hauptfragen« zergliedern und womöglich durch Beispiele erweitern. Auch zum Schreiben erweise sich das Buch als nützlich, man könne die Geschichten abschreiben lassen und diktieren. Betrübt stellt der Autor fest: »Freylich werden einige Gemüter die verwerflichen und schlimmen Beyspiele, viel lieber als die guten, im Gedächtnis behalten und aufschreiben wollen.« Bei diesen müsse man den bösen Neigungen entgegentreten. Der Autor hofft, daß die

Bibl. Nr. 161, S. 19, »Das diebische Kind«, Kupferstich von C. W. Bock

Bibl. Nr. 161, S. 35, »Das sich selbst bedienende Kind«, Kupferstich von C. W. Bock

Kinder anhand des Buches »in frühen Jahren sich Regeln der Klugheit erfinden« werden.
Im Inhalt selbst wechselt gewöhnlich die Geschichte eines braven mit der eines bösen Kindes ab. Am Ende der Erzählungen findet sich eine »Moral«, oder es folgt ein Bibelspruch. Eine Erzählung spielt in Wien und läßt Joseph II. auftreten.

261.276-B.Fid. (115-125)

162 [JOHANN GEORG SULZER]

Johann Georg Sulzers gewesenen Professors und Mitglieds der königl. Academie in Berlin Anweisung zu Erziehung seiner Töchter

Zürich, Joh. Caspar Füssli, Sohn, 1781

8°. 100 S. (samt Titelblatt, Widmung und Einleitung des Herausgebers). Das Titelblatt trägt eine gestochene Vignette von Schellenberg mit der Darstellung einer Mutter, die ihre beiden Töchter belehrt. Die Widmung lautet: »An Mamsel Gosweiler Aufseherin der Töchterschule in Zürich.« Kustoden.

Kayser V, 371.

Die Einleitung beginnt mit den Sätzen: »Zahlreich sind die Vorschriften für die mänliche Erziehung, für die weibliche sind sie seltener. Wären die Frauenspersonen, wie vormals, in das Innere des Hauses gebannt . . . alsdenn wär freylich weniger an weiblicher Erziehung gelegen.« So aber, da der Einfluß des weiblichen Geschlechtes immer größer werde, sei seine Erziehung auch entsprechend wichtiger geworden.
Im Vorwort wird auf den Stifter der Töchterschule, Prof. Usteri, Bezug genommen. Der Herausgeber teilt mit, er sei vom Freund und Biographen Sulzers, dem »berühmte[n] und verehrungswürdige[n] Hirzel« zur Herausgabe dieses »Werkgens« aufgefordert worden.
Das Buch ist in vier Artikel eingeteilt und stellt in Artikel 1 ein Verhaltenskompendium für Kinder überhaupt und in den folgenden drei ein solches für junge Mädchen dar.
1. »Von dem Verhalten der Kinder gegen ihre Vorgesetzte«. Man müsse, um »gänzliche[n] Gehorsam« von seiten der Kinder zu erhalten, ihre Zuneigung und ihr Vertrauen gewinnen und ein »freundschaftliches und gefälliges Wesen, Sanftmuth und Gütigkeit gegen sie zeigen . . .«; »Viel schelten und öfftere Vorwürffe, die man ihnen macht, haben eine sehr üble Würkung.« Sind sie nicht gehorsam, dann sollen sie ohne viel Schelten gestraft werden. Allerdings bestehen solche Strafen unter anderem auch in der Einschließung in eine »besondere Kammer«. Das Wohlverhalten soll durch den Ausdruck der Zufriedenheit belohnt und nicht in besonderer Weise hervorgehoben werden, weil gute Aufführung als etwas erscheinen muß, »das in seiner natürlichen Ordnung ist.«
2. »Von dem, was zur äusserlichen Anständigkeit und Lebensart gehört.« Diese äußere Lebensart sei ebenso wichtig »als die eigentliche moralische Bildung des Herzens«, weil man sich aus Mangel an einer solchen unglücklich machen, »ohne Freunde in der Welt seyn und sich selbst viel Verdruß aufladen« könne. Das äußerliche Ansehen und die »gute Haltung des Leibs« seien besonders für die Frauenzimmer wichtiger noch als Schönheit. Dieses Kapitel gibt genaue Anweisungen über die gute Haltung der Kinder und ihr Verhalten, wie Höflichkeit, Achtung usf., im Umgang mit anderen. Das weibliche Geschlecht insbesondere soll ein »angenehmes und reizendes Wesen« zeigen. Ein weiteres Stück, das zur guten Lebensart gehöre und in der Erziehung am meisten versäumt werde, sei »die Geschicklichkeit und Anständigkeit im reden«. Die Kinder müßten lernen, sich gut und richtig auszudrücken.
3. »Von dem, was zur Arbeit und zur Besorgung des Hauswesens gehört.« Es beginnt mit der Feststellung »Es ist in unsere Sitten und

vielleicht nicht ohne Veranlaasung der Natur eingeführt, daß das weibliche Geschlecht die Besorgung des Hauswesens auf sich nemme.« Und weiter: »Eine unordentliche Haushaltung ist eines der grösten Uebel in der menschlichen Gesellschaft . . .« Hier wird unter anderem auch die Bedeutung von Arbeitsamkeit, Fleiß und Sparsamkeit hervorgehoben.

4. »Von dem, was zur Bildung des Geistes und des Gemüths gehört.« — »Der vornehmste Grund aller Rechtschaffenheit, ist eine thätige Religion.« Dies wird dann ausführlich erläutert. Danach folgen allgemeine Grundsätze der Moral, von denen der folgende besonders hervorgehoben wird: »Jeder Mensch muß gegen alle andere aufrichtig, redlich, freundschaftlich und gutherzig gesinnt seyn, damit alle zusammen, so vergnügt und glüklich leben, als es seyn kann.«

Johann Georg Sulzer, 1720—1779, war vorerst Vikar in Maschwanden und später Professor der Mathematik am Joachimsthaler Gymnasium in Berlin, Mitglied der königlichen Akademie der Wissenschaften und Professor der Philosophie an der königlichen Ritterakademie in Berlin. Sein Hauptwerk ist die »Allgemeine Theorie der schönen Künste«, die er in Form eines Wörterbuches herausgab. Seine eigentlichen pädagogischen Schriften muten moderner an als seine Ästhetik. Im Kampf Bodmers und Breitingers gegen Gottsched war seine Stellungnahme zugunsten der Schweizer von Bedeutung. An Leibniz und Wolff geschult, ging sein Streben hauptsächlich nach Harmonie und Glückseligkeit.

Die im Buch genannten Personen: Leonhard Usteri, 1741—1789, Theologe, war Professor des Hebräischen, ein Freund Winckelmanns und Rousseaus, Bahnbrecher für Mädchenbildung und Gründer der Züricher Mädchenschule.

Hans Kaspar Hirzel, 1725—1803, philosophischer Schriftsteller und Mitglied des großen Rates in Zürich, bereiste mit Sulzer die Schweiz und Deutschland und lernte in Berlin die damaligen literarischen Größen kennen. Die von Klopstock in seiner Ode »Der Zürchersee« besungene Fahrt leitete Hirzel. Er schrieb u. a. »Die Wirtschaft eines philosophischen Bauern« und »Das Bild eines wahren Patrioten«.

4.439 FKB (138-052)

163 *Tableau des Vertus du Peuple*

Anecdotes intéressantes, Pour servir à l'Éducation de la Jeunesse.

Neuchatel, 1787

12°. In zwei Bänden.
Band 1: 427 S. (samt Vortitel, Titel, Widmung, Brief an Bérenger, Réponse, Avertissement und Inhaltsverzeichnis).
Band 2: 503 S. (samt Inhaltsverzeichnis).

Nicht nachweisbar.

Die beiden Bände sind den Armen der Städte und des Landes gewidmet. Sie werden eingeladen, die Erzählungen und Anekdoten immer wieder zu lesen, die Maximen am Ende jedes Monats auswendig zu lernen und sie der Jugend weiterzugeben.

In dem an M. Bérenger gerichteten »Brief« stellt der Verfasser fest, man dürfe nicht immer nur die Großen dieser Welt als Beispiel und Muster hinstellen, man solle auch kleine Leute, die Tugenden besitzen, rühmen und über sie sprechen.

Der Verfasser meint weiter im »Avertissement«, daß wenige Bücher so geeignet seien wie dieses, als Gegengewicht gegen die Erniedrigung der Seelen und den unheilvollen Einfluß der Selbstsucht zu wirken. Das sicherste Mittel, edle Taten zu vervielfachen, sei es, sie sorgfältig zu sammeln und mit lauter Stimme zu verkünden. Der wahre Held sei nicht der Krieger, sondern jener, der mit Einsatz seines Lebens seine Freiheit für andere aufs Spiel setzt. Er wolle das Volk durch seine eigenen Tugenden belehren.

In einer »Notiz« führt der Autor die hauptsächlichsten Werke an, aus denen seine Sammlung zusammengestellt ist. Unter anderem finden sich hier »l'Ami des Enfants« von Berquin, die »Veillées du Château« der Mme. Genlis, das »Magasin des Pauvres« der Mme. Le Prince de Beaumont, verschiedene Reisebeschreibungen, Kalendergeschichten usf. Autoren sind, außer den bereits erwähnten, auch Rousseau, Rétif de la Bretonne, Franklin, Marmontel, Mirabeau, Geßner und andere.

Insgesamt werden 365 Anekdoten geboten, das heißt die Zahl der Tage eines Jahres, was der Einteilung des Buches in Monate entspricht. Der Verfasser hat das Ganze mit moralischen Anmerkungen durchsetzt, aber so, daß es nicht auffallen soll, ». . . car la morale est, comme la vérité, obligée de se déguiser pour être soufferte«. (». . . denn die Moral muß, so wie die Wahrheit, verkleidet sein, um ertragen zu werden.«)

Obgleich es nicht den Anschein hat, liegt dem Ganzen doch ein bestimmter Plan zugrunde: Die moralischen Grundsätze sind in den Instruktionen enthalten, die Anwendung erfolgt in der Diskussion, und die Anekdoten sind wie die Erfahrungen, die die möglichen Wirkungen anzeigen. Und die Sprichwörter sind die Weisheit des Volkes, die Sprache der Erfahrung des Volkes.

Im folgenden Kapitel wird festgestellt, daß hochstehende Personen, die sich ausgezeichnet haben, einen Orden erhalten. Nun schlägt der Verfasser vor, auch den Armen aus dem Volk, die eine gute oder tapfere Tat vollbracht haben, ein Band zu verleihen, das sie am Arm tragen sollen, und ihnen ein Zeugnis mit dem Wappen des Königs zu geben. Diese Auszeichnung wäre mehr wert als Geld, weil sie den Leuten die Wertschätzung der anderen eintrüge, die dann bemüht wären, ihnen Arbeit zu verschaffen.

Der Jänner beginnt mit der Rede, die ein Vater seinem Sohn hält, der Bauer werden will; es handelt sich um eine Pacht, und so werden vorerst die Pflichten des Pächters gegenüber dem Grundeigentümer behandelt. Er — der Pächter — solle mäßig sein, sich aller Laster enthalten, die Dienstleute mit Güte behandeln, mit dem Vieh gut umgehen usf. Nach einigen Anekdoten, in denen Handwerker die Hauptpersonen sind, erfolgt wieder eine Belehrung.

Die Anekdoten handeln von Handwerkern, Bauern, Arbeitern, Soldaten, Hirten usf. Einzelne Titel lauten: Der ehrliche Schuster, Mut und Wohltätigkeit eines Bauern usf. Eine Anekdote beginnt mit dem Satz: »La grandeur d'âme ne suppose pas nécessairement une haute naissance«. Seeelengröße setze nicht unbedingt eine hohe Geburt voraus. Unter anderem wird auch das Rosenfest in Salency beschrieben, das Mme. de Genlis in ihrem »Théatre à l'usage des Jeunes Personnes« erwähnt. Eine Anekdote erzählt von dem berühmten Töpfer und gelehrten Naturforscher Palissy, der im 16. Jahrhundert lebte. Bei dieser Gelegenheit wird mitgeteilt, daß es in Tirol und im Wallis sehr viele geschickte Hirten gebe, die in den mechanischen Künsten und in der Astronomie bewandert seien. Eine andere Anekdote

berichtet von Wilhelm Tell, der der Schweiz die Freiheit wieder geschenkt habe.
Der zweite Band endigt mit der Ankündigung zweier Bücher: »L'art d'être heureux sur la terre, mis à la portée du Peuple de toutes les nations«, das in einem Journal besprochen wird, und einem zweiten Werk »L'Héroisme étranger et national . . .«

164 [Friedrich Ekkard, C. G. Böckh]

Taschenbuch für Kinder

und Kinderfreunde auf das Jahr 1782. Mit Kupfern und einem Kinder-Almanach.

Nürnberg, Christoph Weigel und A. G. Schneider [1782]

Zweiter Titel: Nürnbergischer Kinder-Almanach auf das Jahr 1782. Mit Kupfern. Zu finden in der Christoph Weigel- und A. G. Schneiderischen Kunsthandlung.

Kl.-8°. 30 Bl. (2 Titel, Vorrede zur ersten und Vorrede zur zweiten Ausgabe, Inhaltsverzeichnis der Aufsätze aus der Naturkunde, Kinderkalender und Subskribentenverzeichnis), 218 S. mit Inhaltsverzeichnis und Verzeichnis der Kupferstiche.
12 unsignierte, gestochene kolorierte Tafeln (Angehörige asiatischer Völkerschaften), Kustoden, Fleurons und Culs-de-lampe.

Heinsius I, Sp. 57; Kayser V, 398 (mit Kupfern und einem Kinderalmanach 1781—1787, herausgegeben von Fr. Ekkard und C. G. Böckh); H. Köring, Bibliographie der Almanache, Kalender und Taschenbücher, Hamburg 1920, S. 128: Fr. Ekkard und C. G. Böckh; bei Rammensee 693 unter »Kinderalmanach«; Brüggemann 647 (mit 7 Jahrgängen).

In der Vorrede zur ersten Auflage schreibt der Verfasser (Böckh): »Das vorzüglichste zur Deutlichkeit sind mir deutsche Namen solcher Gegenstände, die man sonst Kindern durch lateinische unverständlich machte.«
In der »Vorrede zur zweiten Ausgabe« polemisiert der Autor gegen einen seiner Kritiker, der ihm offenbar seine Deutschtümelei bei der Verwendung seiner neuen deutschen Ausdrücke vorgeworfen hatte. Der Verfasser schlägt im Verlauf seiner Ausführungen solche Verdeutschungen vor wie »Eismonath« für Jänner, »Hartmonath« für Februar, »Wonnemonath« für Mai und dergleichen mehr. Der Almanach selbst beginnt mit einer »Vorrede an Kinderfreunde«, in welcher der Verfasser meint, es fehle an angemessenen Büchern für die jüngsten Kinder, darum entwerfe er hier einige Grundzüge zusammenhängender Kenntnisse, die er, außer der Religion, als die nöthigsten für das erste unterrichtsfähige Alter betrachte. Im Zuge seiner Ausführungen wendet sich der Autor unter anderem dagegen, daß man Tiere vermenschlicht und sie »seitenlang schwazzen« läßt.
Sodann folgen, immer noch innerhalb der Vorrede, eine »Kurze Geschichte der Religion« in Versen sowie einige Andachtsgedichte. Schließlich bemerkt der Verfasser ». . . neue Bücher müssen immer wieder für die Bedürfnisse und den Geschmack jedes Zeitalters geschrieben werden . . .«
Der Text für die Kinder beginnt mit Erklärungen über die Zeitrechnung und die Jahreszeiten. An einer Stelle heißt es: »Die ungerechten Feinde unserer Voraltern, die Römer, zählten und benameten die Monathe auf eine ganz besondre Art. Bei dieser Gelegenheit wird auf den Ursprung der einzelnen Monatsnamen verwiesen, wie Martius nach Mars, Aprilis, »welcher Namen Eröffnung der Erde« bedeutet usf. »Alle diese gelehrten Erklärungen sovieler Namen, die uns nichts angehen, hätten wir ersparen können, wenn die Teutschen sich allgemein derjenigen bedienen wollten, die der grosse Karl uns vorschrieb.« Es werden dann für alle zwölf Monate Namen in oben erwähnter Art, das heißt deutsche Benennungen vorgeschlagen. Es folgen Kapitel aus der Naturgeschichte, die mit Erläuterungen zu den Abbildungen schließen. Am Ende des Buches steht ein »Gebet eines Vaters für seinen todtschwachen Sohn« in Versen.

Christian Gottfried Böckh, 1732—1792, pädagogischer und Kinderschriftsteller, »dem Altdeutschen geneigt«, Rektor des Pädagogiums in Esslingen, 1772 Diakonus in Nördlingen. Er entwarf 1778 den Plan einer kritischen Bibliothek für die Alt-deutsche Literatur und war Mitherausgeber der Zeitschrift »Bragur«.

Friedrich Ekkard, Privatdozent in Göttingen, war Verfasser philosophischer und religiöser Schriften sowie von Jugendliteratur.

165 *Tempel der Natur und Kunst*

In einer Auswahl der interessantesten Darstellungen aus den Reichen der Natur, aus dem Gebiete der Kunst, Sitten und Volksgewohnheiten usw., nach kostbaren, in grossen Büchersammlungen befindlichen Originalkupferwerken und Beschreibungen der Engländer, Franzosen, Italiener u. a. für die Jugend und ihre Freunde, bearbeitet und mit 99 Kupferabbildungen versehen von C. A. Hirschmann.

Leipzig, Karl Tauchnitz, 1802

8°. 8 Bände.
Band 1: 2 Bl. Titel und Widmung an Churfürst Friedrich August von Sachsen, Vorrede (die römische Seitenzählung beginnt mit Bl. 2 der Vorrede), X (Zwischentitel und Inhalt der Tafeln), 210 S. Dieser Band enthält, im Gegensatz zu den folgenden Bänden, nicht die Zahl der Kupfertafeln, sondern den Vermerk ». . . mit 99 Kupferabbildungen versehen«.
Band 2: 2 Bl. Titel, Widmung an den Leser, Tafel XX, IV (Inhalt der Tafeln, Zwischentitel), 234 S.
Band 3: 2 Bl. Tafel XXXIV, Titel, Abschied von den Lesern, IV [unpag.], (Inhalt der Tafeln, Zwischentitel), 226 S., 1 Bl. Verbesserungen. Das Titelblatt trägt den Vermerk: »Dritter und letzter Band«.
Band 4: 2 Bl. Tafel I, Titel, VI (Nachricht an den Leser, Inhalt der Tafeln), 247 S. In der »Nachricht an den Leser« bemerkt Hirschmann, der »Tempel der Natur und Kunst, in drey Bänden« sei so gütig aufgenommen worden, daß er es bei diesem neuen Versuch nun wage, als Verfasser öffentlich genannt zu sein. Gezeichnet mit Carl Lang.
Band 5: 1 Bl. Tafel I, Titel: »Tempel der Natur . . .«, zweiter Titel: »Die Haushaltung der Menschen unter allen Himmelsstrichen« [. . .] von Karl Lang, Verfasser des Tempels der Natur und Kunst [. . .] Zweyter Band, 274 S.
Band 6: 1 Bl. Tafel I, Titel: »Tempel der Natur . . .« zweiter Titel: »Die Haushaltung der Menschen unter allen Himmelsstrichen . . .« mit

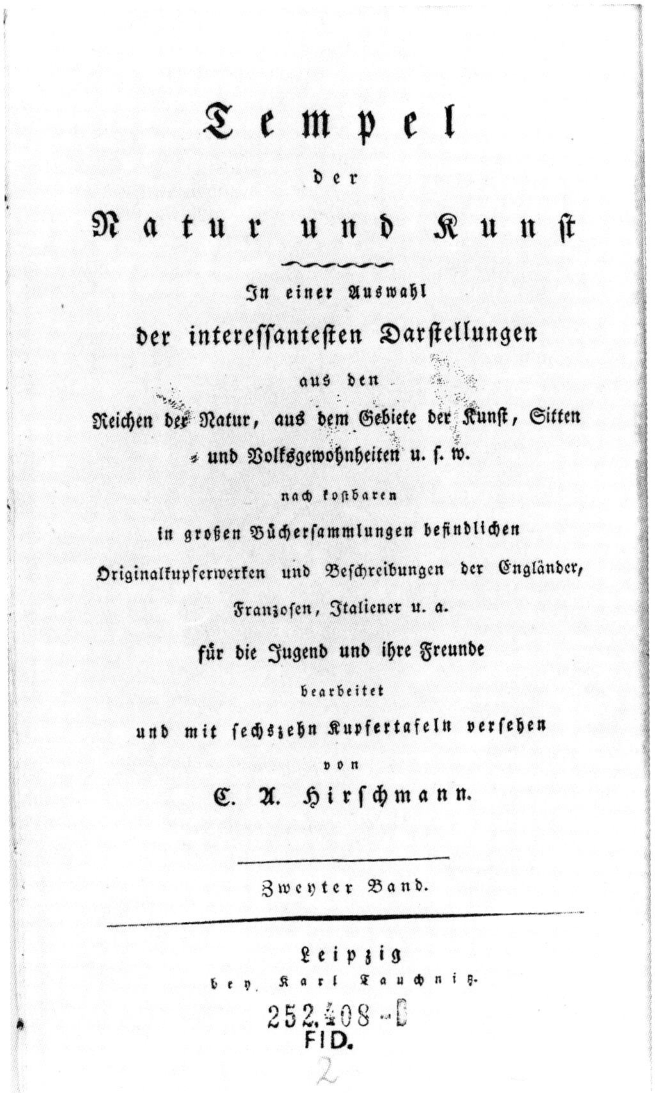
Tempel
der
Natur und Kunst
In einer Auswahl
der interessantesten Darstellungen
aus den
Reichen der Natur, aus dem Gebiete der Kunst, Sitten
und Volksgewohnheiten u. s. w.
nach kostbaren
in großen Büchersammlungen befindlichen
Originalkupferwerken und Beschreibungen der Engländer,
Franzosen, Italiener u. a.
für die Jugend und ihre Freunde
bearbeitet
und mit sechszehn Kupfertafeln versehen
von
C. A. Hirschmann.

Zweyter Band.

Leipzig
bey Karl Tauchnitz.

Bibl. Nr. 165, Band 2, Titelblatt

dem Vermerk »Dritter Band«, Inhalt der Tafeln. 269 S., 269 verso Druckfehler und Offenlegung des Pseudonyms.
Band 7: 1 Bl. Taf. XVI, Titel, (2. Titel mit dem Vermerk »Vierter Band«, Inhalt der Tafeln), 276 S., 1 Bl. Verlagsverzeichnis, in welchem unter dem Namen Hirschmann C. A. (Carl Lang) Der Tempel der Natur und Kunst . . .« in drei Bänden mit 48 Kupfertafeln angekündigt wird.
Band 8: 1 Bl. Tafel I, Titel mit dem Vermerk »Achter Band«. Ohne den zweiten Titel »Haushaltung . . .«, IV (Inhalt der Tafeln, am verso Zählung »IV«), 244 recte 262 S.
Jeder Band enthält 16 kolorierte Kupfertafeln, nur Tafel XII in Bd. 8 ist nicht koloriert. Die teilweise datierten Tafeln sind zumeist mit C. F. Hirschmann, C. Lang, Carl Lang oder C. L. gezeichnet. Kein Band trägt eine Jahreszahl.

Heinsius IV, Sp. 385: Hirschmann, Tempel d. Natur und Kunst. 3 Bde. (d. 4te bis 8te Bd. des Werks ist mit Lang, die Haushaltung der Menschen unter allen Himmelsstrichen einerley) m. K. 802—3; Heinsius IV, Sp. 712: Lang, d. Haushalt d. Menschen unter allen Himmelsstrichen Leipzig Tauchnitz 805—11; Kayser, III, 471, Lang, Karl, Tempel d. Natur und Kunst. 3 Bde. Mit 48 ill. Kpf. gr. 8 Leipz. 802 4—7 Bd.; Kayser, III, 471 Lang, Karl (eigentlich Fr. Karl), die Haushaltung der Menschen unter allen Himmelsstrichen. Eine Gallerie von Darstellungen d. merkwürd. menschl. Wohnplätze, Gebräuche und Sitten, aus allen 5 Welttheilen. 5 Bde. mit 80 Kupfern. gr. 8 Leipz. 805—811. Tauchnitz.

Die Heterogenität des Inhaltes der einzelnen Bände und die zum Teil naiven Texte lassen ein zusammenfassendes Resümee nicht zu. Statt dessen sei hier das Urteil eines Kenners wie Erich Strobach wiedergegeben:
»Seine schriftstellerische Tätigkeit bestand weniger in dem Erfinden eigener Texte als vielmehr im Bearbeiten und Kompilieren von Beiträgen aus bekannten naturwissenschaftlichen Werken der Zeit für Jugendbuchausgaben, die sich besonders durch zahlreiche handkolorierte Kupferstiche auszeichneten.«
(Lexikon der Kinder- und Jugendliteratur, II/S. 309.)

Carl Lang (Pseudonyme: August Lindemann, Carl August Hirschmann), 1766—1822, stammte aus gutbürgerlichen Verhältnissen, erhielt eine sorgfältige Ausbildung und gründete verschiedene Unternehmungen, die ihn bald in finanzielle Schwierigkeiten brachten. Unter dem Namen August Lindemann begann er eine verlegerische Tätigkeit in Hamburg, mußte jedoch wegen seiner Schulden fliehen, diesmal nach Berlin, wo er ab 1801 unter dem Namen Carl August Hirschmann arbeitete.

239 FKB (131-211)

166 [Ludwig Heinrich Teucher]

Ecole du Monde Objectif

ou representation succinte de divers objets de la nature et de l'art, ouvrage traduit en françois, italien, anglois et espagnol par Louis Henri Teucher.

Leipsic, Engelard Benjamin Schwickert [1792]

Quer-8°. IV (Inhaltsverzeichnis), 1 Bl. (Corrections), 164 S. (samt Avis au Lecteur). Zweispaltiger Text in Französisch, Italienisch, Englisch und Spanisch.

Heinsius IV, Sp. 47; Kayser V, 420; Pilz 242 verzeichnet nur eine Ausgabe mit französischem Text von Ludwig Heinrich Teucher.

In der kurzen Benachrichtung an den Leser teilt der Übersetzer mit, daß dieses Werk in Deutsch und Latein 1784 von Herrn »Jean Chrétien Lederer« (s. Bibl. Nr. 106), Rektor der Schule in Jessen, einer kleinen Stadt im Kurfürstentum Sachsen, veröffentlicht worden sei. In den literarischen Journalen habe man gerechterweise bemerkt, daß Lederer Comenius, dessen Spuren er gefolgt sei, bei weitem übertroffen und daß er sich die eingehende Kenntnis, die man heute über eine Reihe von Dingen besitze, zunutze gemacht habe.
Der Übersetzer stellt fest, daß er versucht habe, im Geist der Sprachen, in die er übersetzte, zu arbeiten, und er nehme an, man werde ohne Schwierigkeiten die Mühe erkennen, die er sich hier gegeben hat. Er wäre glücklich, wenn es ihm gelänge, dem Publikum das Stu-

dium der vier kultiviertesten Sprachen in Europa zu erleichtern und es so die Vorteile erlange, die aus solchen Kenntnissen fließen.
In 156 Kapiteln werden Gott, die Erde, die Elemente, die Naturlehre, der Mensch, die Handwerke, Malerei, Physik, Philosophie, Himmelskunde, die Familie, das Schauspiel, die Medizin und die verschiedenen Religionen behandelt.

Ludwig Heinrich Teucher, 1764—1812, war Kandidat der Rechte in Leipzig, und dann »war er wohl als Privatlehrer hier tätig«. (Pilz)

Johann Christian Lederer, gest. 1823, Rektor in Jessen, gab 1784 in Leipzig einen umgearbeiteten »Orbis Pictus« heraus (s. Bibl. Nr. 106).

257.136-A.Fid. (72-237)

167 *Ueber die Träume und Wünsche*

der Jugend und ihr widriges Schicksal. Eine Sammlung von Aufsätzen für unser Jahrzehnd.

Frankfurt und Leipzig, Fleischerische Buchhandlung, 1784

Kl.-8°. 178 S. (samt Titelblatt), Titel mit gestochener Vignette, gestochener Eingangsvignette und 1 Bl. Inhaltsverzeichnis. Kustoden.

Nicht nachweisbar.

In der Einleitung bemerkt der Verfasser, er schreibe das Buch zum Trost für jugendliche Herzen. Der Inhalt besteht aus schwärmerisch-romantischen Erzählungen, Skizzen und Gedichten.
Aus dem Inhaltsverzeichnis: Erste Skizzen zur Geschichte unglüklichen (sic) Sehnsucht nach Sympathie — Die umgeschlagene Hoffnung — Nidergeschlagenheit, im Elegienton usw. usw.

1.925 FKB (33-088)

168 [Abraham Trembley]

Instructions d'un Père à ses Enfans,

sur le Principe de la Vertu et du Bonheur. Par Abraham Trembley, De la Société Royale de Londres.

Genève, Barthelemi Chirol [1783]

8°. Gestochenes Frontispiz (Porträt des Verfassers von Clemens), XXII (Titel und Vorrede), 1 Bl. Inhaltsverzeichnis und Errata, 424 S.

Quérard, France litt. IX, 546; Brüggemann 912 (deutsche Übersetzung).

Der Verfasser beginnt die Vorrede mit der Erklärung, er hätte sich an die Instruktionen halten können, die er seinen Kindern in den beiden vorangehenden Werken (s. Biographie) erteilt hatte, zumal sie alle Gegenstände enthielten, die geeignet sind, Geist und Herz zu formen. Doch wollte er in dem Augenblick, da er sie — die Kinder — bereit fand, in die Welt einzutreten, ihnen weitere Instruktionen und Ratschläge geben. Sie würden bald in ein Milieu kommen, in welchem der Geschmack und die Sitten mehr Erfahrung verlangen werden, um das Wahre vom Falschen, das Gute vom Schlechten zu unterscheiden und sich vor bösen Beispielen zu hüten. Er habe sich stets die Selbständigkeit der jungen Leute zum Ziel gesetzt, sie aber auch davor bewahren wollen, ein allzugroßes Vertrauen in ihre eigene Kraft zu setzen. Er habe daher zur Bescheidenheit Grundsätze ausarbeiten müssen, die geeignet waren, die jungen Leute zu leiten. Es sei die Moral oder die Kenntnis der Sitte, die solche Grundsätze darbiete.
Der Verfasser hält es nicht für notwendig, die Moral in allen Einzelheiten zu behandeln, das könne von den erwähnten Grundsätzen sogar ablenken.
Diese Methode sei die der Natur, des Allwissenden und Allgütigen, der uns gemacht hat. Es liege in der Natur des Menschen, als Prinzip zu denken und zu handeln. Da Eitelkeit, Stolz, Ehrgeiz, Wollust, Geiz, Gedankenlosigkeit auf Prinzipien beruhten, seien es diese, in deren Verkleidung sie vor die Jugend hintreten und sie verblenden. Es sei daher sehr wichtig, daß die jungen Leute mit den richtigen Prinzipien versehen, die sie vor den falschen bewahren können, in die Welt treten. Glücklicherweise seien die wahren und richtigen Prinzipien leicht zu erkennen, alle mündeten überdies in ein allgemeines Prinzip, dessen Schönheit und Einfluß auf das Herz alles über den Menschen vermöge. Dieses Prinzip sei die Güte, das natürliche und schöne Wohlwollen der Seele, die alle anderen Prinzipien leite. Es sei die Güte, die der Verfasser den jungen Leuten als Prinzip der Tugend und des Glückes zeigen will.
Es reiche aber nicht hin, die menschliche Natur im allgemeinen zu behandeln, man müsse die Menschen auch im Zustande der menschlichen Gesellschaft betrachten. Das sei gleichzeitig der Anlaß, die menschlichen Beziehungen untereinander zu beurteilen. Alle diese Betrachtungen seien nicht möglich, ohne auf die Grundsätze der bürgerlichen und politischen Rechte einzugehen. In einem eigenen Gespräch wird erörtert, wie die Güte den Zustand aller Gesellschaften beeinflußt.
Schließlich hätten auch die Beziehungen zwischen Güte und Glück sorgfältig behandelt werden müssen, um zu erkennen, daß die Güte das Prinzip der Tugend sei.
Alle diese Bemühungen unternimmt der Autor, um die Kinder zu lehren, wahrhaft glücklich zu sein in einem Leben, in welchem das Glück vollkommen und dauerhaft sein soll.
Die Einleitung handelt in allgemeiner Form davon, was der Autor sich in dem Buche vornehmen wird. An einer Stelle erklärt er, die Betrachtung der geistigen und moralischen Welt werde die jungen Leute — das heißt in diesem Fall seine Kinder, an welche die Einleitung sich richtet — nicht von der physischen Welt entfernen, sondern im Gegenteil zu ihr zurückführen. »Le principe de la Vertu et du Bonheur est le grand objet de la Religion et de la vraie Philosophie.« (»Das Prinzip der Tugend und des Glückes ist der große Gegenstand der wahren Philosophie«.)
Die Gelehrten des vorigen Jahrhunderts hätten uns gezeigt, daß die Forschungen auf dem Gebiet der Natur sie geradewegs zu den großen Prinzipien der Religion führten. Die Suche nach der Wahrheit leitete zu jenen Grundsätzen, die der Religion und den Wissenschaften gemeinsam sind.
Im zweiten Gespräch wird der Begriff des Prinzips erklärt. Es gebe keine Wirkung ohne Ursache. Man würde niemals gehört haben, daß die Welt ihren Ursprung einem Zufall verdanke und daß es keine erste Ursache gebe. Diejenigen, die diese Urprinzipien leugnen, seien ununterbrochen gezwungen, gegen die Wahrheit zu kämpfen. Der Urheber der Natur, das erste Prinzip von allen, das mit einer unendlichen Intelligenz begabt sei, handle nur nach einem Ziel: Es habe die

ganze Natur nach weisen, guten und beständigen Regeln eingerichtet. Dieser Gedanke wird im nächsten Gespräch anhand der Naturgeschichte, der Astronomie und Physik ausführlich erörtert. Wer nachdenke und überlege, sehe, daß es ebenso leicht sei, zu den Prinzipien der geistigen, fühlbaren und moralischen Welt vorzudringen wie zu denen der physischen.
Man habe auf der Erde das Prinzip der Schwerkraft gefunden, welches die körperlichen Wesen immer leiten wird. Wir sollten nicht daran zweifeln, daß wir auf Erden auch das moralische Prinzip finden werden, das die Intelligenzen leitet, sie immer leiten und dazu dienen wird, sie glücklich zu machen. In einem der nächsten Gespräche geht es um die menschliche Natur: »Die Seele ist der ausgezeichnetste Teil des Menschen. Die Seele ist es, die aus dem Menschen ein geistiges, intelligentes, fühlendes, tätiges, vernünftiges und moralisches Wesen macht.« Nach dem, was in den früheren Gesprächen ausgeführt wurde, sei es leicht einzusehen, daß der Mensch gemacht ist, um in Gesellschaft zu leben. Der Mensch wäre verloren, würde er nicht unter seinesgleichen geboren. Die natürliche Zärtlichkeit für die Kinder sei nichts anderes als ein Zweig der allgemeinen Güte, die dazu geschaffen ist, das menschliche Herz zu erfüllen. Es genüge jedoch nicht, daß der Mensch sich nur als Mitglied der menschlichen Gesellschaft betrachte, er müsse sich auch mit den besonderen Gesellschaften befassen, aus denen sich die große menschliche Gesellschaft zusammensetzt. Das Recht sei eine Folge der Ordnung, die der Schöpfer der Natur hergestellt hat. Es wäre absurd, anzunehmen, daß ein bürgerliches Gesetz gegen das Naturrecht verstoßen könnte. Das bürgerliche Recht wirke auf den Menschen nur, weil es das Laster unterdrücke und die Tugend beschütze.
Die nächsten Gespräche bewegen sich um den Begriff der Güte. »Die ganze Natur bietet dem Menschen das Schauspiel der Güte . . .« Der Autor stellt fest, die bisherigen Erörterungen hätten den Zusammenhang zwischen Güte und Tugend gezeigt. Die Geschichte sei ein Bild der Gefühle und Handlungen der Menschen. Sie male ständig das Bild der Tugend und unterscheide sie vom Laster. Die Tugend würde immer gebilligt, das Laster mißbilligt. Eines der Gespräche befaßt sich mit dem Glück und nennt die Güte als Prinzip des Glückes. »Il suffit d'avoir prouvé que la bonté est le principe de la vertu et la vertu même, pour prouver qu'elle est le principe du bonheur.«
Ein Gespräch befaßt sich mit dem gegenwärtigen irdischen Leben. Der Mensch sei unter den Auspizien der Güte angetreten, unter ihnen solle er hier seinen Aufenthalt nehmen und unter ihnen in den Himmel kommen.
Das letzte Gespräch endet mit dem Satz: »Soyez bons, mes chers Enfans, soyez bons. Voilà ce qu'il me reste à vous dire, et que je vous dirai jusqu'à mon dernier soupir.«

Abraham Trembley, 1700—1784, Schweizer Naturforscher. Er absolvierte brillante Studien und ging später nach Holland, wo er durch seine wissenschaftliche Tätigkeit berühmt wurde. Anläßlich einer Reise nach London wurde er Mitglied der Royal Society und später Gouverneur des jungen Herzogs von Richmond. Er schrieb einige wissenschaftliche Werke sowie die »Instructions d'un Père à ses Enfans sur la nature et la religion« (1775), »Instructions sur la religion naturelle et révélée« und schließlich das vorliegende Werk.

20.377 FKB (132-231)

169 [Michael Truckenbrot]

Geschichte der Deutschen für die Jugend

Nürnberg, Johann Gottfried Stiebner, 1783—1786

Kl.-8°. 8 Bändchen in 4 Bänden.
Band 1: VIII (Vorbericht), 216 S. (samt Subskribentenverzeichnis und Verlagsanzeigen).
Band 2: 176 S.
Band 3: 232 S.
Band 4: 224 S.
Band 5: 224 S.
Band 6: 208 S. + IV (unpag. S., Verlagsankündigung).
Band 7: 286 S.
Band 8: IV (Vorbericht), II (Inhalt sämtlicher 8 Bände), 256 S.
In den Bändchen 2 bis 7 ist der Titel samt gestochener Vignette in der Paginierung inbegriffen. Kustoden.

Heinsius II, Sp. 85; Kayser II, 357, verzeichnet 8 Bändchen; Rammensee 1536, »Geschichte der Deutschen für Kinder«, ebenfalls in 8 Bändchen; Brüggemann 915.

Im Vorbericht erklärt der Verfasser seine Absicht, jungen Leuten und solchen, die Geschichte lesen und nicht studieren wollen, die deutsche Geschichte in Auszügen zu liefern, wobei er die Gründe anführt, die ihn bei Wahl und Einrichtung des Vortrages bestimmt haben. Aus den größeren Werken und einzelnen historischen Schriften werde er nur das benützen, was entweder auch bei einem Geschichtsauszug nicht fehlen dürfe oder was »einigermaßen« interessant sei. Auf diese Weise hätte er sich derjenigen Werke bedient, welche die deutsche Geschichte im Zusammenhang vortragen. Er wolle jedoch nicht bloß als Epitomator anderer Schriftsteller gelten und folge nicht dem erstbesten Geschichtsschreiber, sondern habe auch andere, namentlich alte Schriftsteller gelesen und verglichen.
»Strengere historische Kritik«, sagt der Verfasser, gehöre nicht angelegt an ein Werk, das seine Leser »amusieren« will. Er wünsche aber trotzdem, daß seine Leser ab und zu einen Bericht untersuchten und überprüften; besonders die Jugend sei leichtgläubig und nehme alles, zumal wenn es in einem Geschichtswerk gebracht werde, für bare Münze. Sorge man nicht rechtzeitig dafür, daß sie Gelesenes auch auf seine Richtigkeit überprüfe, so werde sie später auch »alles glauben, was in alten Postillen und Mordgeschichten gedrukt dasteht«. »Die bei einer historischen Erzählung unvermeidlichen Kunstwörter« zu erklären würde den Stoff zu weitläufig machen; der Verfasser verweist in diesem Zusammenhang auf das »Jägerische statistisch-historisch-geographische Lexikon« oder ein anderes brauchbares Buch dieser Art. »Dergleichen Wörterbücher sollten ohnehin bei der Erziehung der Jugend frühzeitig empfohlen und gebraucht werden, da derjenige, dem die darin erläuterte Terminologie unbekannt ist, nicht einmal eine Zeitung mit Verstand lesen kann.«
Schließlich verweist der Verfasser darauf, daß er sich nicht der zur Zeit so modischen Form des Dialogs bedient habe, weil dies bei der weitläufigen Geschichte einer Nation auf Schwierigkeiten gestoßen wäre.
Der Text beginnt mit den »Aelteste[n] Nachrichten von Deutschland«. Er wird durch zahlreiche Anmerkungen mit Quellenangaben ergänzt und endet bei Band 4 mit Karl V.

Michael Truckenbrot, 1756—1793, studierte Philologie, war Schulamtskandidat in Nürnberg und verfaßte Märchen, Oden und geschichtliche Kompilationen, unter anderem übersetzte er »Voltaires Leben«.

257.005-A.Fid. (72-165)

170 *Historische, Physikalische und Moralische Unterhaltungen*

für Kinder beyderlei Geschlechts zur Bildung des Verstandes und Herzens.

Frankfurt, Johann Philipp Streng, 1781

Kl.-8°. 248 S. Kustoden.

Heinsius IV, Sp. 148; Kayser IV, 17; Brüggemann, andere Ausgaben: Heilbronn 1781.

Das Buch beginnt mit einem Gespräch zwischen zwei Mädchen und einem Knaben über das Betragen in Gesellschaft. Danach folgt eine Anrede »An die jungen Leser dieser Blätter«. Es sei unmöglich, daß ein junger Mann glücklich würde, wenn er nicht seiner Bestimmung gemäß lebe. Die Bestimmung des Schulmeisters sei es, die Jugend zum Beispiel in Französisch und Englisch zu unterrichten usf. »Die Jugend soll lernen, um sich dadurch zu dem Dienste Gottes und der Welt geschickt zu machen, die sie dafür nach dem Maaß ihrer Dienste belohnt, und glücklich macht.«
Es folgen ausführliche moralisierende Erörterungen über die Bestimmung der Jugend sowie eine »Vorbereitung zur Weltgeschichte« und kleine Erzählungen, Anekdoten und naturgeschichtliche Betrachtungen.

261.285-B.Fid. (115-143)

171 [Peter Villaume]

Lecture amusante pour la Jeunesse des deux sexes

Par Villaume. Vol. I. Vo. II., 1788

Francfort sur le Mayn, J. H. Werner, 1788

8°. 412 S. Eine Wochenschrift, 2 Bände in einem. 1 Bl. Zwischentitel nach S. 192. Jede Nummer umfaßt 16 S.

Kayser VI, 82.

Der Verfasser wendet sich zuerst an die Kinder und erklärt ihnen, er hätte den Plan gefaßt, ihnen jede Woche eine Lektüre zur Unterhaltung zu verschaffen. Bevor er sich jedoch daranmache, müsse er ihnen seinen Plan erklären.
Zuerst, habe er sich vorgenommen, wolle er ihnen einen kurzen Bericht von den hauptsächlichen politischen Ereignissen geben, denn die Kinder müßten wohl wissen, ob man im Krieg oder im Frieden lebe. Dann folge ein Überblick über die damalige politische Lage in Europa. Außerdem werde er seine Leser auch über andere Ereignisse und bemerkenswerte Persönlichkeiten unterhalten, wie Entdecker oder Erfinder oder solche, die sich durch Wohltaten oder besondere Tugenden ausgezeichnet haben. Sicherlich aber wollten seine jungen Leser auch den Fortschritt kennenlernen, den die Menschheit macht, ». . . denn wir haben das Glück, in einer Zeit zu leben, in der man die Welt nicht einfach sich selbst überläßt«, sondern in der die Großen und die Völker bemüht sind, das zu tun, was für das Menschengeschlecht gut und nützlich ist, Fehler auszumerzen, zu vervollkommnen, was unvollkommen ist. Man habe besonders viel für den Unterricht und die Erziehung der Jugend getan, etwa in Rußland und in Deutschland, in Preußen gehe man jetzt daran, die Schulen zu reformieren, und habe zu diesem Zweck eine eigene Behörde geschaffen, die von allen Erziehungsanstalten genaue und detaillierte Berichte anfordere. Auf diese Reform in Preußen wird dann näher eingegangen. Das Philanthropin in Dessau und die Schulen, die Rochow geschaffen hat, werden erwähnt.
Man sei bestrebt, alle Künste und Wissenschaften sowie alles, was die Menschheit interessiert, zu vervollkommnen. Wenn man so fortfahre, werde sich das Leben der Menschen sehr angenehm gestalten, und es werde nur mehr an ihnen liegen, glücklich und zufrieden zu sein. Nach der zeitgenössischen Geschichte werden die Naturgeschichte und die Wissenschaft vergangener Zeiten vorgenommen, Reisebeschreibungen, Sitten und Gebräuche fremder Völker würden Material liefern. Ab und zu werde der Verfasser den Kindern Fragen vorlegen, die sie lösen müßten.
Die einzelnen Stücke in seinen Nummern würden nicht gleich sein, er schreibe für verschiedene Arten von Lesern, für Knaben und Mädchen und für Kinder von acht bis zehn Jahren.
Zur Rechtschreibung bemerkt der Autor, er bediene sich jener Voltaires, weil sie die natürlichste sei, da sie sich mehr der Betonung annähere als die übliche.
Es folgen Anmerkungen zur Kalenderzählung und zu den einzelnen Jahreszeiten. Der eigentliche Text beginnt mit zwei Anekdoten.
In der nächsten Nummer werden Ratschläge gegeben, wie man sich vor Erfrierungen schützen könne, es wird der Begriff »Mut« erörtert, darauf folgen eine Geschichte und Beschreibung der Halbinsel Kamtschatka, merkwürdige Gebräuche auf den Gesellschaftsinseln und eine Erzählung. In sämtlichen Nummern wechseln aktuelle Nachrichten, die etwa in der Art von Zeitungsmeldungen gebracht werden, mit grundsätzlichen Stücken über Naturgeschichte, Lebensbeschreibungen berühmter Persönlichkeiten, statistische Daten (Todesfälle und Geburten, Lebensmittelverbrauch, Einwohnerzahlen usf.)
Unter den Nachrichten vom 3. April 1788 findet sich eine Meldung, daß man in Wien die Absicht habe, Frauen und Mädchen die Erlaubnis zu erteilen, in Handwerken, die für sie passend sind, zu arbeiten, wie etwa beim Anfertigen von Schuhen oder Kleidern. Die Meldung schließt mit den Worten: »In der Tat, warum soll der Magistrat sich um die Frauen nicht ebenso kümmern wie um die Männer?«

Peter Villaume, 1746—1806, Prediger der französischen Kolonie in Halberstadt, gründete dort mit seiner Frau eine »Erziehungsanstalt für Frauenzimmer«; Salzmann besuchte ihn und erzählt, daß Villaume ein entschiedener Freund der Gymnastik sei. Villaume wurde Jugendschriftsteller und verfaßte eine »Geschichte der Menschen«. 1787 wurde er als Professor der Moral und schönen Wissenschaften an das Joachimsthalsche Gymnasium in Berlin berufen. Zwei Arbeiten Villaumes sind in der Allgemeinen Revision des gesamten Schul- und Erziehungswesens von Campe enthalten, von denen die eine sich mit der Gymnastik für die Jugend beschäftigt.

257.484-A.Fid. Bd. 1 (75-187)

172 [Johann Peter Voit]

Schule des Vergnügens für kleine Kinder

von Johann Peter Voit, Archidiakonus und Professor zu Schweinfurt.

Nürnberg, C. Weigel und Schneider, 1788

8°. In 3 Teilen (1., 2. und 3. Klasse) mit insgesamt 36 kolorierten Tafeln von Johann Peter Voit.
Teil 1: Frontispiz, gestochener Titel, 12 Bl. (Widmung, Vorrede, mehrere Alphabete, Satzzeichen usf.), Zwischentitel (Die Schule des Vergnügens für kleine Kinder. Erste Klasse.), 84 S., davon 25 kolorierte Kupfertafeln mit Darstellungen der Buchstaben des Alphabets und unterlegtem Text. Gewidmet ist das Buch Herrn Johann Peter Miller, von dem der Verfasser auch den Titel entlehnt hat.
Teil 2: Frontispiz, gestochener Titel, 40 S. (Zwischentitel »Verschiedene Kinderspiele«).
Teil 3: Frontispiz, gestochener Titel, 56 S. (Zwischentitel »Einige Briefe, Fabeln, Gedichte, ingleichen kurze Geschichten und Lieder für kleine Kinder«), 6 einseitig bedruckte unpaginierte Blätter mit gestochenen Alphabeten in verschiedenen Schriftarten. Das Frontispiz zu Teil 3 ist identisch mit jenem zu »Sittliche Gemälde guter und böser Kinder« (Bibl. Nr. 73).
Die Kupferstiche stammen von Joh. Christ. Zick, A. W. Küfner, C. S. Sturm, G. J. Schratzenstaller, A. Gabler, G. Vogel, F. A. Annert.

Meusel XVIII, Nachtrag Lemgo 1827, S. 251 ff.; Heinsius V, Sp. 537 (Aufl. 1811); Kayser V, 98; Rammensee 1570; Brüggemann 957 (andere Ausgabe).

Die Vorrede besteht zur Gänze in der »Nachricht für Eltern und Lehrer« und enthält die Methode, die J. P. Voit für die Erlernung des Alphabets und des Lesens angewendet wissen will. Er verweist auch darauf, daß sich diese Methode allenfalls auch aus seinem neuen »ABC, Buchstabir- und Lesebüchlein« und ebenso aus seinem »ABC und Sillabirspiel« erraten lasse, und stellt die Regeln auf, nach welchen beim Unterricht der Kinder verfahren werden soll. Die Tafeln, auf denen »Selbstlauter«, »Mitlauter«, »Doppellauter« und zusammengesetzte Mitlaute aufgedruckt sind, sollen auf Pappe aufgezogen werden. Man spreche sie dem Kind laut und deutlich vor und lasse die Kinder sodann aus dem Buch Selbstlauter, Mitlauter usf. herausfinden. »Man wende mir nicht ein, daß meine vorgeschlagene Methode darum nicht anwendbar sey, weil sie bisher kein Mensch gebraucht habe . . .« Dies wäre kein Grund, ». . . denn, wenn etwas nützlich und gut ist . . .«, so kümmere man sich schon im gemeinen Leben nicht darum, ob es vorher jemand gebraucht habe oder nicht. Es folgt eine umständliche Verteidigung des Systems des Verfassers. Schließlich verweist er darauf, daß die »Schule des Vergnügens« keinem Kind zum Spielen gegeben werden dürfe, sie dürfe ausschließlich »zum Gebrauche hervorgethan [werden] und dann in einem Schranke verschlossen werden bis das Kind wieder etwas darinnen lernen will, oder soll«. Nach der ersten Klasse versetze man das Kind in die zweite und nachfolgend in die dritte. In der »ersten Klasse« befindet sich, nach den Buchstaben des Alphabets, den lateinischen Zahlenbuchstaben und den Interpunktionszeichen, ein Bilder-ABC, das auf der rechten Seite eine Illustration zu dem jeweiligen Buchstaben und auf der linken eine entsprechende Buchstabenfolge beziehungsweise einfache, »Einsilbige Wörter zum Lesen«, die gleichfalls illustriert sind, einfache Reime, zwei- und dreisilbige Wörter, kleine Gedichte, Sprichwörter und Rätsel zeigt.
Die zweite Klasse enthält Kinderspiele, kleine Erzählungen und Rätsel. Der Inhalt der dritten Klasse ist mit dem Titel wiedergegeben: »Einige Briefe, Fabeln . . .« (s. Titelaufnahme)

Johann Peter Voit, 1747—1811, war Hauslehrer beim Reichshofrat Freiherr von Gärtner in Wien und später beim Grafen Castell-Remmlingen. 1779 wurde er Lehrer an der lateinischen Schule in Schweinfurt, 1782 Professor am dortigen Gymnasium, später Professor der Theologie und 1807 Dekan des Schweinfurter Diözesan-Distrikts. Er verfaßte zahlreiche Jugendschriften und war maßgeblich an der Ausarbeitung des »Schauplatz der Natur und Künste in vier Sprachen« (Bibl. Nr. 147) beteiligt. Voit schrieb unter anderem »Empfindungen eines Ausländers bey dem höchst bedauerlichen und unerwarteten Ableben . . . Leopolds II. in einer Epistel an einen Freund in Wien ausgedrücket«. 1792, Wien mit Kurtzbeckischen Schriften.

Johann Peter Miller, 1725—1789, Professor der Theologie in Göttingen, war Verfasser zahlreicher erbaulicher Jugendschriften.

253.111-B.Fid. (34-137)

173 [Johann Peter Voit]

Sittenbuch für junge Leute

Von Johann Peter Voit, Oberpfarrer, Professor der Theologie an dem Gymnasium, Inspector desselben und aller Schulen zu Schweinfurt, wie auch ordentlichem Mitgliede des Königlich Preussischen Instituts der Moral und schönen Wissenschaften auf der Universität zu Erlangen. Vierte vermehrte und verbesserte Auflage.

Nürnberg, C. Weigel und A. G. Schneider, 1802

8°. 116 S. (samt Titel, Vorreden zur ersten, zweiten, dritten und vierten Auflage und Einleitung), 2 Bl. (Inhaltsverzeichnis, Geographisches Register, Druckfehler und Verlagsanzeigen anderer Werke des Verfassers), 6 kolorierte Anfangsvignetten. Kustoden.

Heinsius, IV, Sp. 253 (Nürnberg. Schneider und Weigel 1803); Kayser IV, 98, verweist bei »Sittenbuch« und »Höflicher Schüler«, Kayser V, 171 (Nürnberg 1786 mit folg. Titel: »Sittenbuch für junge Leute«); Rammensee 1569 unter »Der höfliche Schüler«.

Die »Vorrede zur ersten Auflage« beginnt mit den Worten: »Es gehöret ohnstreitig mit zu den Vorzügen unsers Zeitalters, daß man die Jugend mehr durch Vorstellungen, Gelindigkeit und lebhafte Beschreibung der allezeit nützlichen und ehrwürdigen Tugend, als durch rohe Härte und verächtliche Behandlung zu bilden sucht. Vernünftige Lehrer begegnen ihren Schülern selbst mit Höflichkeit und Achtung . . . Sie wissen nur allzuwohl, daß Furcht allein keinen Menschen lange in den Schranken seiner Pflicht erhalten könne . . .« Er, Voit, habe dies in seinem ehemaligen Schulamt selbst bestätigt gefunden. »Er hat sich aber auch angelegen seyn lassen, die Sitten seiner Schüler zu verfeinern, und in der Folge gesehen, daß Fleiß, Gehorsam und Ehrerbietung gegen ihn von selbst nachfolgten.«
In der Vorrede zur »zwoten Auflage des höflichen Schülers« betont

der Autor, daß in dem Buch auch mancher Wink für den Lehrer enthalten sei.
In der Vorrede zur vierten Auflage schließlich verweist der Autor darauf, daß sich zwar die Umstände des geselligen Lebens verändert, ja verschlimmert hätten, weil der »berüchtigte Freyheits- und Gleichheitsschwindel auch . . . besonders junge Leute ergriffen hat«, und sie glaubten, sich über die Gesetze des Wohlstandes, der Achtung und Höflichkeit hinwegsetzen zu dürfen, daher sei es immer noch notwendig, die Jugend zur Bescheidenheit zu erziehen. In der Einleitung wird die Höflichkeit definiert: »Höflichkeit, diese wichtige Tugend des geselligen Lebens, ist nichts anders, als Achtung und Ehrerbietung, die man gegen andere in Geberden, in Worten und Werken zu erkennen giebt.«
Der erste Abschnitt behandelt das Betragen gesitteter junger Leute gegen sich selbst zu allen möglichen Anlässen, von morgens bis abends, beim Ankleiden, Spazierengehen usf. Jede Regel wird vorerst grundsätzlich dargelegt und darauf an praktischen Beispielen erläutert.
Der zweite Abschnitt handelt vom Betragen gesitteter junger Leute gegen andere Menschen und geht auf die gleiche Weise vor, wobei, ebenso wie im ersten Abschnitt, die Beispiele jeweils in einer deutschen oder, seltener, in einer ausländischen Stadt angesiedelt sind. Beim Betragen gegen das Gesinde heißt es: »Bezeige Dich, mein Kind! gegen das Gesinde überhaupt so, daß es das Lästige seines Zustandes so wenig, als möglich, fühlen möge: Denn Dienen *müssen* ist einem Menschen, der von Natur gleiche Rechte mit den Vornehmsten hat, allezeit empfindlich.«
Und »Gegen Obrigkeiten«: »Hege, mein Kind! gegen jede Obrigkeit . . . die gebührende Ehrenbietung . . . Laß Dich nie verführen, gegen deine Obrigkeit oder Landesherrschaft Böses zu reden, oder ihre Gesetze und Verordnungen zu tadeln.«

174 [Johann Peter Voit]

Unterhaltungen für junge Leute

aus der Naturgeschichte, dem gemeinen Leben und der Kunst, mit 52 Kupfertafeln, von Johann Peter Voit, Archidiaconus und Professor zu Schweinfurt. Zwote verbesserte und vermehrte Auflage.

Nürnberg, C. Weigel und A. G. Schneider, 1789—1791

8°. In 3 Bänden, 1789, 1791 und 1790.
Band 1: Titel wie oben. Erster Theil. Zwote verbesserte und vermehrte Auflage. 1789. Frontispiz, Titel, 4 Bl. (Vorrede, Vorrede zur zweiten Auflage, Inhalt), 440 S., 8 Bl. (Register).
Band 2: Unterhaltungen für junge Leute aus der Naturgeschichte, dem bürgerlichen Leben und der Kunst mit Kupfern von Johann Peter Voit, Archidiaconus und Professor zu Schweinfurt, wie auch ordentlichem Mitgliede des Hochfürstl. Instituts der Moral und schönen Wissenschaften zu Erlangen. Zweyter Theil. Zwote, verbesserte und vermehrte Auflage. 1791. Frontispiz, Titel, 2. Titel (Faßliche Beschreibung der gemeinnützlichsten Künste und Handwerke für junge Leute mit Kupfern von Johann Peter Voit (. . .) Erster Theil. Zwote, verbesserte und vermehrte Auflage. Nürnberg, bei C. Weigel und Schneider. 1791. 14 Bl. (Frontispiz, 1. u. 2. Titel, Vorbericht, Vorbericht zur zweiten Auflage, Einleitung, Inhalt), 486 S., 1 Bl. Druckfehler.
Band 3: Faßliche Beschreibung der gemeinnüzlichsten Künste und Handwerke für junge Leute mit Kupfern von Johann Peter Voit Archidiaconus und Professor publ. zu Schweinfurt, wie auch ordentlichem Mitgliede des Hochfürstl. Instituts der Moral und schönen Wissenschaften zu Erlangen. Zweiter und letzter Theil. Nürnberg, bei C. Weigel und Schneider, 1790 (Band 3 ist aus der ersten Auflage des Gesamtwerks.) Frontispiz, Titel, X S. (2. Titel: »Unterhaltungen für junge Leute aus der Naturgeschichte, dem bürgerlichen Leben und der Kunst mit Kupfern von Johann Peter Voit, Archidiaconus und Professor zu Schweinfurt, wie auch ordentlichem Mitgliede des Hochfürstl. Instituts der Moral und schönen Wissenschaften zu Erlangen. Dritter und lezter Theil. 1790«, Vorrede, Inhalt), 420 S. (samt Verzeichnis aller Künste und Handwerke, die in den 3 Teilen beschrieben sind), 40 Tafeln.
Kustoden in allen 3 Bänden. Insgesamt 139 gestochene Tafeln, die mit Ausnahme des Frontispiz zu Band 3 (Porträt Voits) koloriert sind, von: Friedrich Albrecht Annert, Johann Oswald Berndt, Christoph Wilhelm Bock, Ambrosius Gabler, Conrad Geiger, Abraham Wolfgang Küfner, de Mayr, Carl oder Johann Christoph Pemsel, Georg Jacob Schratzenstaller, Johann Ludwig Stahl, Johann Adam Philipp Stössel, Johann Georg Trautner, Georg Vogel, Johann Christian Zick.
Die Tafeln sind teilweise numeriert und in Band 1 zum Teil mit Kapitelzahlen versehen, die mit den entsprechenden Kapiteln im Text aber nicht übereinstimmen; diese Illustrationen wurden bis auf wenige dem Werk »Der kleine Lateiner« (Bibl. Nr. 106) entnommen. Ebenso stimmt der Text des vorliegenden Bandes mit dem lateinischen Text des »Der kleine Lateiner« überein, der lediglich einige Zusatzkapitel enthält.

Kayser VI, 98; Rammensee, Nr. 1753 (1786—1790); Brüggemann 954.

Band I. In der Vorrede spricht Voit von dem erweiterten »Orbis pictus« des »Herrn Rector Lederer«, der aber zu teuer sei und überdies keine Kupfer habe, »die doch die Neu- und Wißbegierde der Kinder so sehr reizen . . .« Daher hätten C. Weigel und Schneider ein Büchlein besorgt, das den Titel »Der kleine Lateiner« führt. (Bibl. Nr. 106) Gerne würde der Verfasser noch etwas von der verkehrten Art sagen, »wie manche Schullehrer den armen Orbis pictus mißhandeln und den Zweck des Comenius dabei gänzlich verfehlen«, doch erlaube der Raum der kleinen Vorrede dies nicht . . .
In der Vorrede zur »zwoten Auflage« schließt der Verfasser aus den vielfältigen Nachfragen, daß man mit seinem Werk zufrieden sei, er hätte gerne einiges geändert, sei es auch nur wegen der Verbindung dieser Unterhaltungen mit dem »kleinen Lateiner« und den bereits vorhandenen Kupferstichen, doch würden allfällige Verwechslungen keinen Schaden bringen. Das erste Kapitel handelt von Himmel und Erde und beginnt damit, daß jeder »vernünftige Mensch . . . bei Erblickung eines Kunstwerkes auf einen Urheber desselben schließt«. Sodann wird die Vollkommenheit der Schöpfung ausgeführt und das Wesen genannt, das sie geschaffen habe, Gott, »der die ganze Welt . . . erschaffen hat . . .«
Die ersten 27 Kapitel behandeln die Naturgeschichte bis zum Menschen, dem zwei Kapitel gewidmet sind. Es folgen Ackerbau und Viehzucht, die Jagd, das Haus und dessen Teile, wobei die Küche allein ein ganzes Kapitel beansprucht und so anhebt: »Die Angelegen-

heiten der Küche werden größtentheils unter den Europäern von den Hausmüttern und deren Töchtern besorgt.«
Bei den einzelnen Kapiteln werden literarische oder historische Verweise angebracht. Bei Kapitel 11, »Getraide oder Feldfrüchte«, heißt es unter anderem »... und der bloße Pacht (der Tabakspinnereien und Fabriken) in den Oestreichischen Erblanden trägt dem Kaiserlichen Hofe jährlich an zwo Millionen Gulden ein. Wohl allen, die sich weder Rauch- noch Schnupftabak unentbehrlich machen!«
Band II. Der zweite Band behandelt ausschließlich Handwerke beziehungsweise Handwerker. Im Vorbericht stellt Voit fest, es sei schon ein alter Wunsch sachverständiger Männer gewesen, »daß man bei der Erziehung junger Leute auf ihre künftige Bestimmung Rücksicht nehmen, und sie nicht sowohl für die Schule, als vielmehr für das Leben lernen lassen mögte.« — »Man hat deßwegen schon seit geraumer Zeit angefangen, in Realschulen den Knaben solche Kenntnisse mitzutheilen, die ihnen bei der Wahl ihrer künftigen Lebensart ... bleibenden Nutzen schaffen.« Man habe daher auch »angemessene Veränderungen« vorgenommen und die unteren Klassen der Lateinschulen in Bürgerschulen verwandelt, wo die Knaben nur solche Dinge lernen, die für den künftigen Bürger »unentbehrlich« sind. Der Autor fragt sich, ob nicht eine kurze Unterweisung in den gewöhnlichen mechanischen Künsten und Handwerken sehr anziehend für die Knaben sein müßte. Auch rät er den Lehrern, mit den Schülern die Werkstätten der Künstler und Handwerker zu besuchen.
Im Vorbericht zur zweiten Auflage führt Voit zum Beweis für die Nützlichkeit seines Werkes an, daß die »Unterhaltungen ...« zum öffentlichen Gebrauch an einigen Schulen eingeführt wurden. Über den Mangel an systematischer Einteilung erwarte der Autor, wie er erklärt, keinen Vorwurf, jeder Lehrer könne sich eine solche Einteilung selbst entwerfen oder in einem anderen technologischen Werk vorfinden. In der »Einleitung zu den Handwerken und Künsten überhaupt ...« erklärt Voit einige Begriffe, wie »... ein Handwerk bedeutet überhaupt und eigentlich soviel als Handarbeit ...« Zum Handwerk, allerdings im Sinne eines »sehr hohen Grades«, zählt Voit auch die »Malerei, Uhrmacherkunst, Bildhauerei usw.« Handwerker, die ins Große arbeiten oder ihre Waren in Menge verfertigen und absetzen, hießen Manufacturen, und »insonderheit Fabriken, wenn zu den Arbeiten Feuer und Hammer gebraucht werden«. Wer ein Handwerk heimlich betreibe, heiße Pfuscher oder Bönhase. Das alte Sprichwort »Jedes Handwerk hat einen goldenen Boden« scheint nach dem Autor immer mehr zu veralten, besonders weil durch Fabriken und Manufakturen die einzelnen Handwerker in ihrem Verdienst geschmälert werden.
In diesem Band werden 56 Handwerke anhand von 50 Tafeln eingehend beschrieben. Beim Schneiderhandwerk heißt es zur Kleidung der Frauenzimmer und der Mode: »Wer neugierig ist findet Nahrung genug in dem Journal der Moden, das von den Hrn. Räthen Bertuch und Krauß in Weimar herausgegeben wird«. Man erfährt hier unter anderem auch, daß Joseph II. eine »teutsche Nationaltracht« einführen wollte, durch seinen frühen Tod aber daran gehindert wurde.
Im 37. Kapitel, »Der Kupferstecher«, heißt es: »In Teutschland sind die Städte Wien, Berlin, Leipzig, und besonders Nürnberg und Augsburg als hohe Schulen der Kupferstecherkunst anzusehen ...«, und im 48. Kapitel, »Der Buchdrucker«: »In unsern Zeiten haben einige gewinnsüchtige Buchdrucker, ja sogar ganze typographische Gesellschaften in und ausser Teutschland angefangen, verschiedene Werke der Buchhändler nachzudrucken und diese dadurch in grossen Schaden zu bringen.«
Band III. Aus der Vorrede erfährt man, daß die »Unterhaltungen« sehr günstig aufgenommen und in Erlangen »in öffentlichen Schulen zu allgemeinem Gebrauche eingeführet worden sind«. Der Verfasser wünscht, daß man »in Teutschland ... fortfahren möge, die Erziehung des künftigen Handwerkers und Künstlers von der Erziehung des künftigen Gelehrten und blossen Studirten zu unterscheiden, und zu diesem Ende die vorhandenen lateinischen Schulen in Bürger- und gelehrte Schulen einzutheilen«, und Voit meint weiter, daß durch eine »liberale Erziehung manches Vorurtheil gegen Handwerker und Künstler vertilgt« werden könnte. Am Schluß der Vorrede stellt der Verfasser fest, es fehlten nur sehr wenige Handwerke und Künste, er bitte daher um Nachsicht bis eine neue Auflage erscheint.
Dieser Band enthält 40 Handwerke, die anhand von 39 Tafeln illustriert werden. Bei dem überwiegenden Teil der Darstellungen arbeiten Frauen in den Werkstätten mit.

175 [Johann Peter Voit]

Unterhaltungen aus der Naturgeschichte

zur deutlichern Selbstbelehrung für junge Leute wie auch zum Gebrauche für öffentlichen und Privat-Unterricht. Von Johann Peter Voit, Archidiaconus und Professor publ. zu Schweinfurt, wie auch ordentlichem Mitgliede des Hochfürstl. Instituts der Moral und schönen Wissenschaften zu Erlangen.

Nürnberg, A. G. Schneider und C. Weigel, 1794

8°. 8 Bl. (Titel, Bekanntmachung, Vorrede, Inhaltsverzeichnis, Verlagsanzeigen), 356 S., 5 Bl. (Register und Druckfehlerverzeichnis), Kustoden, 45 gestochene kolorierte Tafeln von A. Gabler, F. A. Annert, G. Vogel, de Mayr, J. L. Stahl.

Kayser IV, 98; diese Ausgabe nicht bei Rammensee; Brüggemann (andere Ausgabe).

In der Bekanntmachung teilen die Verleger mit, daß sie sich von nun an »Kaiserlich-Königliche privilegirte Kunst- und Buchhandlung« nennen dürfen.
In der Vorrede zur dritten Auflage des ersten Teils der Unterhaltungen für junge Leute erklärt Voit, er habe sich dem Auftrag des Verlegers, den ersten Teil der Unterhaltungen zum dritten Mal durchzusehen und zu verbessern, mit vielem Vergnügen unterzogen. Er habe in dieser Auflage auch ebensoviel aus anderen Werken berühmter Naturforscher entnommen. Einige Künstler und Handwerker seien nun in den zweiten Teil der Unterhaltungen übertragen, und statt dessen seien »schickliche« Kupfer in den Band hineingenommen worden. Der Verfasser wünscht auch, daß seine Schriften in noch mehr öffentlichen Schulen als bisher aufgenommen werden mögen.
Das Buch beginnt mit Himmel und Erde, es folgen die Mineralien, die Naturgeschichte, die Kapitel 40 bis 41 behandeln den Menschen: Nachdem festgestellt wurde, daß der Mensch »ohnstreitig das vornehmste und beste Geschöpf Gottes« ist, folgt der Satz: »Nur aus der Bibel kann man den Ursprung des Menschen mit Gewißheit kennen

lernen.« Es werden dann die verschiedenen Menschenrassen und in der Folge Monstrositäten beschrieben. In die Beschreibungen sind Anekdoten und Erzählungen eingestreut.
Auf den Menschen folgen der Vogelfang, die Jagd, Viehzucht usf. Die Tafeln sind zum Teil mit denen aus der dreibändigen Ausgabe identisch.

261.125-A.Fid. (114-183)

176 [CRISTIAN JAKOB WAGENSEIL]

Historische Unterhaltungen für die Jugend

von C. J. Wagenseil. Devise: »Historia — vitae magistra. Cicero.«

Augsburg, Eberhard Kletts sel. Wittwe und Franck, 1781

Kl.-8°. 2 Bändchen in einem Band. 1781 und 1782.
Band 1: Titel mit gestochener Vignette, Widmung, 6 Bl. (Vorbericht, Nachricht und Inhaltsverzeichnis), 160 S.
Band 2: Titel mit gestochener Vignette, 3 Bl. (Vorbericht und Inhaltsverzeichnis), 176 S.
Kustoden. (Die Seiten 167—171 mit falscher Numerierung).

Heinsius IV, Sp. 235 (4 Thle. Augsburg Klett 781—83), Kayser VI, 126 (2 Bde. mit 19 Kpf. u. 4 Karten Augsb. 797); Brüggemann 960.

Die Widmung richtet sich an die Pädagogen Miller, Feder und Weiße. Im Vorbericht teilt der Autor mit, Veranlassung zu den historischen Unterhaltungen habe eine Unterredung ». . . über die Methode Universalhistorie zu lehren . . .« gegeben. Der Gesprächspartner des Autors bewies mit Gründen, daß Kinder zwar leicht Geographie lernten, daß es ihnen aber sehr schwerfalle, Geschichte zu lernen. Man fordere auch zuviel von Kindern, wenn man sie etwa »Universalhistorie« oder auch nur die Geschichte eines einzelnen Volkes systematisch lehren wolle. Man habe erwogen, ob es nicht zweckmäßiger wäre, ». . . einzelne wichtige Personen, Reden, Karaktere und Handlungen aus der Geschichte auszuheben, alles in einer leichten gefälligen Schreibart vorzutragen, etwa kurze faßliche Anmerkungen zuweilen mit beyzufügen« und die Kinder auf diese Weise für das Studium der Geschichte einzunehmen.
Der Verfasser teilt weiter mit, daß er zur Abfassung seiner Unterhaltungen unter anderem auch Schröckhs »Allgemeine Weltgeschichte für Kinder« herangezogen habe. (Bibl. Nr. 150) Sein Buch sei »mit Vorsaz« nur wenige Bogen stark gemacht worden, um den ». . . Kinderfreunden den Ankauf desselben, so viel möglich, zu erleichtern . . .«
Er wisse, daß es ein vergeblicher Wunsch wäre, zu glauben, die Kinder würden in dem Buche selber lesen. Er wünsche daher, daß ein Vater oder Lehrer ihren Zöglingen aus dem Buch vorerzähle ». . . und es nicht auf ihr Lesen möchte ankommen lassen . . .« Er regt weiter an, das Buch an den Schulen zu verwenden. Es würde ihn freuen, wenn Erzieher und Kinderfreunde das Buch brauchbar fänden.
In der »Nachricht« teilt der Autor mit, erst nach Abdruck des ersten Bogens seines Buches habe er in den diesjährigen »Ephemeriden der Menschheit«* eine Abhandlung unter der Aufschrift »Vorbereitung zum Unterricht in der Geschichte durch Biographien« gelesen. Der vorgeschlagene Plan gehe zwar von seinem etwas ab, in der Hauptsache aber stimmten sie überein. Der Verfasser zitiert: »Man mus dem Kind erst Materialien bekannt machen, eh es zum systematischen Studio der Geschichte kann angefürt werden.« Für dieses Werk wünscht sein Verfasser zu jeder Biographie ein Kupfer. In diesem Zusammhang erwähnt Wagenseil, daß auch er Kupfer für sein Werk wünsche, und fordert alle Subskribenten auf, bekanntzugeben, ob sie »dies nuzbare Unternehmen durch ihren Beytritt unterstüzen wollen . . .« Wie aus der oben angeführten Bibliographie hervorgeht, hat diese Aufforderung offenbar Gehör gefunden.
Die historischen Unterhaltungen beginnen mit »Abrahams Prüfung und Gottseeligkeit« und behandeln dann im ersten Band vorwiegend griechische Persönlichkeiten. Ein »Anhang kürzerer Anekdoten und Reden« folgt den Biographien dieses Bandes.
Im Vorbericht zum zweiten Bändchen nimmt der Autor zu einer kritischen Rezension Stellung und stellt fest: »Ich schreibe kein System einer Weltgeschichte, sondern nur Züge aus dem Leben merkwürdiger Personen aller Zeiten und Völker, daher habe ich nicht für notwendig gehalten, mich an eine chronologische Ordnung zu binden.« Er wolle nichts anderes, als der Jugend ein unterhaltendes Lesebuch in die Hände geben, aus dem sie gewisse Vorkenntnisse schöpfen könne, die ihr später das Studium der Weltgeschichte erleichtern sollten.

Christian Jakob Wagenseil, 1756—1839, studierte in Göttingen die Rechte. Er schrieb Schauspiele, beteiligte sich an der Redaktion von Ewalds »Gelehrter Zeitung«, machte sich um die Erweiterung der Volksbildung verdient und verfaßte eine Reihe populär-wissenschaftlicher und belletristischer Werke.

253.660-A.Fid. (36-108)

177 [JOSEPH ANTON WALDVOGEL]

Licentiat Waldvogels Briefe für Kinder, Erzieher, Lehrer und Kinderfreunde

beiderlei Geschlechts, ohne Unterschied der Religion.
Devise: »Was kann man für den Staat / Wohl besser thun als nützen? / Und seine Kinder früh / Vor später Thorheit schützen.«

Wien, Baumeisterische Buchdruckerey, 1789

Kl.-8°. 6 Bl. (Titel, Anrede an die Kinder, Pränumerantenverzeichnis, zweite Anrede an die Kinder), 121 S. Kustoden.

Nicht nachweisbar.

In der ersten Anrede beklagt es der Verfasser, daß sich zu wenige Pränumeranten gefunden hätten und er das Werkchen nun auf eigene Kosten herausgeben müsse. In der zweiten Anrede erklärt er, er wolle die Kinder nicht mit Schulregeln plagen und rate ihnen, Briefe so zu schreiben, wie sie mit Höflichkeit und Anstand sprechen würden, weil Briefe die Stelle eines Gespräches verträten. Er ruft ihnen zu, sie mögen gute Bürger werden, und »Bethet für Joseph den Grossen, den unermüdeten besorgten Vater des Vaterlandes.« In einer dritten »Anrede an Alle« rechtfertigt er sein Unternehmen ». . . der Jugend

* Ephemeriden der Menschheit oder Bibliothek der Sittenlehre und der Politik (Hrsg.: Isaak Iselin) Kirchner I, 2726

unter sich Briefe wechseln . . . zu lernen . . .« Er glaube nicht, daß ein Brief sich nach Regeln machen ließe, aber das Lesen guter Briefe sei für junge Leute das Beste. Man solle mit ihnen ein Gespräch anstellen und es dann so lenken, daß es dem Kind »zum Briefe dienet«.
In einem einleitenden Gedicht wird alles, was beim Schreiben oder dem Empfangen eines Briefes zu beachten ist, dargestellt, eine Art Anstandsregel für den Briefwechsel. Dann folgen Briefe, die zwischen zwei Freunden gewechselt werden, sowie Briefe zu verschiedenen Gelegenheiten, wie Glückwünsche zum Geburtstag, Neujahr, Kondolenzschreiben und anderes.
In einem der Briefe teilt der Schreiber mit, er sei mit seinem Vater zum Oberaufseher der deutschen Schulen gegangen, und alle Lehrer hätte sich ihm »liebreich« erwiesen. Der Vater macht ihn darauf aufmerksam, daß es »Joseph der theureste Kaiser« sei, dem man diese Anstalten verdanke. In einem anderen Brief warnt eine Mutter ihre Tochter vor Mannspersonen, die ihr nichts Wichtigeres zu sagen hätten, als daß sie schön sei. Der letzte Brief schließt mit einem Unfall ab, bei dem ein Knabe sich mit einem Gewehr, mit dem er nicht umgehen kann, erschießt. Im Sterben sagt er ein langes Gedicht auf, in welchem er den Tod begrüßt.

Joseph Anton Waldvogel, 1762—1792, Jurist, Dramatiker und pädagogischer Schriftsteller.

210.398-A.Fid. (61-182)

178 [L'Abbé Antoine Hubert Wandelaincourt]

Cours d'Education,

a l'Usage des Demoiselles, et des jeunes Messieurs qui ne veulent pas apprendre le Latin. Par M. Wandelaincourt, ancien Préfet et Professeur du College de Verdun.

Rouen, Boucher le jeune, Durand Neveu [1782]. Avec approbation et privilege.

8°. In 8 Bänden. Reihentitel nur mit Angabe der Klasse, Erscheinungsort und Verlagsangabe am jeweiligen Titelblatt. Unterteilt in vier Klassen, Bände nicht gezählt.
1. Classe: Band 1: Éléments de Morale, ou Devoirs de l'Homme et du Citoyen, D'apres les principes de la raison et de la conscience. Par M. de Wandelaincourt, ancien Préfet et Professeur au Collége royal de Verdun. Reihentitel, XX (Titel, Préface), 182 S., 1 Bl. Approbation.
2. Classe: Band 2: Nouvelle Physique, destinée au Cours d'Education [. . .], XII (1 Bl., Reihentitel, Titel, Avant-Propos), 295 S., 2½ Bl. Approbation und Inhalt).
Band 3: Histoire des Arts, destinée [. . .], VIII (Reihentitel, Titel, Préface), 165 S.
3. Classe: Band 4: Histoire universelle, destinée [. . .], Histoire ancienne, première partie, 3 Bl. (Reihentitel, Titel, Approbation), 256 S.
Band 5: Histoire universelle, destinée [. . .], Histoire moderne, seconde partie, 2 Bl. (Reihentitel, Titel), 374 S., 5 Bl. Inhalt.
Band 6: Nouvelle Géographie, destinée [. . .], X (Reihentitel, Titel, Avertissement), 1 Bl. Approbation, 257 S., 3½ Bl. Inhalt.
4. Classe: Band 7: Grammaire françoise, destinée [. . .], 3 Bl. (Reihentitel, Titel, Approbation), XVI (Préface), 260 S., 2 Bl. Inhalt.
Band 8: Logique, ou l'Art de diriger notre Entendement dans la Recherche de la Vérité, destinée [. . .], XII (Reihentitel, Titel, Préface), 175 S., 2½ Bl. (Inhalt, Approbation).
Fleurons, Culs-de-lampe.

Quérard, France litt. X, 482.

Nach einer längeren Einleitung, die Ausführungen allgemeiner Art enthält, stellt der Autor fest, er beginne mit einem kleinen Kurs über Moral, weil diese Wissenschaft das allgemeine Glück und die Bewahrung der Menschheit zum Ziel habe und alle ihre Regeln sich auf dieses Ziel beziehen. Nach dem Kurs über Moral soll eine einfache Methode zur Erlernung der Sprachen folgen. (Diesen Lehrplan hat der Verfasser, wie sich aus den folgenden Bänden ergibt, nicht eingehalten.) Aus allen Lehrgegenständen sollen unnütze, schwierige und theoretische Erörterungen ausgeschlossen werden. »Instruire en amusant, voilà le but d'une bonne éducation«, unterhaltend belehren, dies sei das Ziel jeder guten Erziehung. Der Verfasser habe sich für sein Werk, wie er ausführt, die Erfahrungen vergangener Jahrhunderte sowie seine eigene zwanzigjährige Erfahrung zunutze gemacht. Er habe die Form des Dialoges verwendet, weil sie von den berühmtesten Philosophen benutzt wurde und sie am einfachsten und natürlichsten sei. Der Dialog beginnt mit den Aufgaben des Menschen und des Bürgers nach den »Grundsätzen der Vernunft und des Gewissens«. Im ersten Teil wird eine Definition der Moral gegeben: »La Morale n'est autre chose que la connoissance des devoirs de l'homme«: Die Moral ist nichts anderes als die Kenntnis von den Pflichten des Menschen. Das Ziel der Wissenschaft sei es, unser Verständnis für die Weisheit und unser Herz für die Tugend zu öffnen. Obgleich — auf eine Frage der Schüler — der Moralbegriff unabhängig von der Idee von Gott existiere, ermutige, unterstütze, belohne Gott den Menschen in seinem moralischen Streben.
Tugend allein genüge, um den Menschen glücklich zu machen, und der Erwerb der Weisheit sei leicht für jenen, der ihren Preis erkennt. Das Glück, das die Tugend begleitet, sei unwandelbar und allumfassend. Die Mittel, um Tugend zu erwerben, seien die Vernunft und die Erfahrung, die Gnade Gottes, der Umgang mit tugendhaften Menschen und die Lektüre guter Werke.
Der zweite Teil des Bandes handelt von den Pflichten des Menschen gegen sich selbst. Nachdem der Lehrer als erstes von den Pflichten gegen den Körper gesprochen hat, und der Schüler fragt, ob dies in ein Werk über die Moral gehöre, erwidert der Lehrer, die Moral regle sämtliche menschliche Handlungen und wende sie einem nützlichen und ehrenhaften Ziel zu. Hier heißt es: »Altérer la santé, c'est diminuer la vie«: Die Gesundheit verändern heißt das Leben verringern. Dieser Gedanke wird dann weiter ausgeführt.
Vom Anstand. Der Anstand gebiete, daß man wisse, was jedem Menschen im besonderen zukomme. Hier werden praktische Fragen, wie Reinlichkeit, die Art zu sprechen, die Höflichkeit, Humanität (das ist das Interesse, welches man an seinen Mitmenschen im allgemeinen nimmt) erörtert. Später ist die Rede von Leidenschaften und ihrer Verwerflichkeit, es werden Ratschläge erteilt, wie man sich vor den verschiedenen Arten von Leidenschaften schützen könne. Es folgen sodann Fragen wie die Wahl eines Berufes, Schmerz, Krankheit und Tod.
In einer weiteren Unterhaltung werden die Pflichten des Menschen gegen seinen Nächsten besprochen. Die vornehmste Pflicht sei es,

keinem anderen Übles zuzufügen. Eine zweite, alle Menschen als seinesgleichen und als Brüder zu betrachten. Weitere Pflichten seien solche, die durch besondere Umstände bedingt sind, wie beispielsweise ein gegebenes Versprechen. Ebenso ist von bürgerlichen Pflichten gegen den Nächsten, von Pflichten, die sich aus der Zugehörigkeit zur Gesellschaft der Menschen ergeben, von den Pflichten gegen die Familie und von der Freundschaft die Rede. Das Buch endet mit den Pflichten gegen Gott.

Nouvelle Physique. Im Vorwort erklärt der Autor, daß, wenn es einen Wissenszweig gebe, der das Angenehme mit dem Nützlichen verbinde, es das Studium der Natur oder Physik sei. Er, der Verfasser, wage jedoch zu behaupten, daß diese Wissenschaft noch nicht so verbreitet sei, wie sie es verdiene. Das wirksamste Mittel, sie allgemein bekanntzumachen, sei es, ihre Grundsätze so weit zu vereinfachen, sie mit so viel Klarheit darzustellen, daß sie auch von durchschnittlich Begabten, insbesondre aber von der Jugend verstanden werde. Auch hier würden wieder die besten in letzter Zeit erschienenen Werke herangezogen, wobei keinem System vor dem anderen der Vorzug gegeben, sondern die Summe der interessanten Tatsachen aufgezeigt würde. Auch hier wird der Unterricht in Form von Frage und Antwort erteilt. Auf die Frage, was Physik sei, wird geantwortet: »Die Physik ist das Studium der Körper, deren Gesamtheit das schöne Universum bildet, welches wir bewohnen.« Es werden hier die Erde sowie eine Reihe physikalischer Grundregeln behandelt. Sodann folgen die Hydrostatik, Luft und Wasser, Feuer, Elektrizität, die Atmosphäre und das Licht. Auf die Frage nach der Nutzanwendung von Spiegeln und Glas werden das Teleskop, das Mikroskop, die Laterna magica und die Optik aufgezählt. Das letzte Kapitel ist den Sternen, der Sonne und den Planeten gewidmet.

Histoire des Arts. Im Vorwort stellt der Autor fest, daß alle, die nicht mit der Hand arbeiteten, glaubten, es gäbe einen unendlichen Abstand zwischen ihnen und den Handwerkern. Diese Ansicht ist ebenso allgemein, wie sie falsch ist. Wäre man nicht verblendet, dann müßte man sich eingestehen, daß der, der Schuhe macht, der Häuser baut, den Boden bepflanzt, wichtiger ist als die, die nichts tun oder nur für unsere Annehmlichkeit arbeiten. Die Folge davon sei, daß diese Leute sich selbst gering einschätzten und dies sich wiederum auf ihre Arbeit auswirke. Man solle den Handwerkern Achtung zeigen und vor allem die jungen Leute darauf aufmerksam machen, von welchen Gegenständen des Alltags sie umgeben sind. Das betreffe besonders die Frauen, die sich ja mit den Aufgaben des täglichen Lebens zu beschäftigen haben.

Was verstehe man unter einem Handwerk? (Das Wort »Art«, Kunst, wird in diesem Zusammenhang sowohl für Kunst wie für Handwerk verwendet.) »Darunter versteht man eine Erfindung, die der Gesellschaft irgendeinen Vorteil verschafft.«

Die Künstler teile man in mechanische und freie ein. Die mechanischen seien jene, die zu den Bedürfnissen der Gesellschaft beitragen. Die freien Künste arbeiteten nur für das Angenehme und das Vergnügen, obgleich auch sie oft der mechanischen bedürften. Es gebe ebenso viele mechanische Künste als es menschliche Bedürfnisse gebe.

»Am Beginn aller Bedürfnisse, die den Menschen quälen, steht die Sünde; sie ist es im besonderen, die den Menschen zwingt, sich zu bekleiden.« Nun werden in loser Reihenfolge abwechselnd Künste und Handwerke besprochen. Auch die Medizin wird den Handwerken oder Künsten zugerechnet, wobei bereits zwischen vorbeugender und heilender Medizin unterschieden wird. Zur vorbeugenden Medizin etwa werden Diät und Körperübungen gezählt. Angeschlossen ist eine kurze Geschichte der Medizin.

Als nützliche Kunst wird das Schreiben bezeichnet, das im Zusammenhang mit dem Papier eingehender behandelt wird. Buchdruckerei, Glaserei, Töpferei, Reitkunst, Fischerei, Münzkunde usf. werden gleichfalls erörtert.

Der zweite Teil ist den schönen Künsten gewidmet. Was verstehe man unter »Schöne Künste«? Mit diesem Ausdruck bezeichne man die Geschichte, die Dichtkunst, die Beredsamkeit, die Malerei, Bildhauerei, Musik und Architektur.

Was Geschichte sei? Das sei eine Kunst, vermittels welcher man der Nachwelt wichtige und der Erinnerung würdige Ereignisse vermittle. Am Beginn habe die Geschichte aus einfachen Annalen bestanden, in denen man die wichtigsten Ereignisse in ihrer Zeitfolge wiedergab.

Die Musik wird so definiert: »Das ist die Nachahmung der Töne, derer sich die Natur bedient, um ihre Gefühle auszudrücken, und da die Natur sich besser durch Schmerzen- oder durch Freudenschreie ausdrückt, ist die Musik natürlich rührender als die zarteste Poesie«.

Die Histoire Universelle, die allgemeine Geschichte, berichtet in Kürze über den Lauf der Jahrhunderte und die Abfolge der Reiche. Der erste Teil enthält die alte Geschichte bis zur Geburt Christi, der zweite wird bis zum Jahr 1775 geführt. Der vorletzte Abschnitt lautet: »Joseph II, fils ainé de François I, monta sur le trône impérial en 1765. Les vastes projets de ce jeune Empereur, ses vertus militaires, annoncent que son regne fera époque dans l'histoire.«

Geographie. Um diese Geographie möglichst zu nutzen, müßten die Schüler folgendes beachten: Erstens sollten sie große Landkarten haben, weil kleine Karten, wie sie als Abbildungen hätten verwendet werden können, zu wenig anschaulich seien. Hier wird auch festgestellt: ». . . die Geographie ist das Auge der Geschichte . . .« Zweitens: Der Schüler stelle sich vor die Karte, rechts ist Osten, links Westen, oben Norden, unten Süden. Drittens: In dieser Stellung liest er aufmerksam eine oder zwei Seiten seiner Geographie und verfolgt dann die Wege auf der Karte. An weiteren Beispielen wird gezeigt, wie am zweckmäßigsten fortzufahren wäre.

Das Buch beginnt mit Vorbemerkungen, die Aufschluß über Begriffe wie Sphäre, Kontinent usf. geben. Behandelt werden Europa, Amerika und Afrika.

Grammaire Françoise. Im Vorwort stellt der Verfasser fest, daß die Grammatikbücher, die man jungen Leuten in die Hand gebe, mit metaphysischen Diskussionen angefüllt seien, einer Reihe abstrakter Definitionen und widersprüchlichen Grundsätzen, so daß sie eher für Leute gemacht scheinen, die bereits Kenntnisse haben und in der Lage sind zu diskutieren, als für Damen und Fremde, die weder geneigt noch willens sind, so stacheligen Problemen zu folgen. Der Verfasser habe daher angenommen, dem Publikum einen wahren Dienst zu erweisen, indem er ihm eine Grammatik anbiete, die sich auf wenige Grundsätze beschränkt, aus denen alle notwendigen Regeln abgeleitet werden können. Gleichzeitig wolle er damit dem Publikum die Schönheiten der französischen Sprache nahebringen und zeigen, daß sie ebensoviel Gehalt und Solidität besitze wie andere Sprachen, daß sie Prinzipien folge, die allen Sprachen gemeinsam sind. Im folgenden werden die Grundsätze zur Vereinfachung der Grammatik, wie sie in dem Buch dargelegt sind, näher ausgeführt. Am Ende der Vorrede findet sich der Hinweis auf ein anderes Werk des Verfassers, »Cours d'Education à l'usage des Colleges«, in wel-

chem Vergleiche zwischen der französischen und der lateinischen Grammatik angestellt werden.
Der Text beginnt mit dem Satz: »La Grammaire est l'art de parler et d'écrire une langue.« Die Grammatik wird in vier Teile geteilt: Im ersten werden die Buchstaben und ihre Bedeutung, im zweiten die einzelnen Wörter, im dritten die Wörter zusammengenommen und im vierten die Wörter, wie sie in der Rede erscheinen sollen, besprochen.
Logique ou l'art de diriger notre entendement. Die Logik oder die Kunst, unsere Urteilskraft zu lenken. Im Vorwort erklärt der Verfasser, bis jetzt habe er sich darauf beschränkt, die jungen Damen eine Reihe von Dingen zu lehren, die ihr Gedächtnis bereichert, den Kreis ihrer Gedanken erweitert und ihre Sprache anmutig gestaltet hätten. Nun wolle er ihnen Mittel an die Hand geben, um die Dinge beurteilen zu können. Man werde vielleicht finden, daß die Logik für Frauen zu ernsthaft sei und über ihren Horizont hinausginge. Aber die Frauen, die denken, sprechen, handeln, hätten zwischen verschiedenen Möglichkeiten zu wählen, und Widersprüchlichkeiten wären bei ihnen genauso verderblich wie bei Männern. Jedoch, so sage man, der Verstand der Frauen sei nicht so leicht zu leiten wie jener der Männer. Wenn man wolle, so besäßen die Frauen nicht so viel Aufmerksamkeit und so viel Kombinationsgabe und weniger Eignung zu langen abstrakten Operationen. Man werde aber nicht leugnen können, daß auch Frauen überlegten und sich Rechenschaft über ihr Tun ablegten. Zwei Erwägungen seien es, die ihn, den Autor, leiteten: Die Frauen besäßen ebenso viel Scharfsinn und ebenso viel List wie die Männer, und zum andern sähe man immer wieder, daß Frauen, die in ihrer Jugend zu geistiger Arbeit angehalten wurden, erfolgreich waren und Fortschritte in den Wissenschaften gemacht haben. Er selbst kenne solche Frauen, und überdies habe man genügend Beispiele berühmter Frauen aus der Geschichte. Es hänge alles nur von der Sorgfalt ab, die man ihrer Erziehung angedeihen lasse. Jeder gute Bürger müsse wünschen, daß öffentliche Schulen errichtet werden, in denen die jungen Mädchen neben Handarbeiten und Tugendlehre auch in den Wissenschaften unterrichtet würden.
Die Logik ist in zwei Teile gegliedert, der erste befaßt sich mit den Regeln, die unser Verstand auf der Suche nach der Wahrheit befolgen muß, der zweite mit den Vorgängen (opérations) unseres Verstandes.

L'Abbé Antoine Hubert Wandelaincourt, 1731—1819, Präfekt des Collège Royal in Verdun. Er war Hofmeister der Kinder des Herzogs von Clermont-Tonnerre, später Bischof der Haute-Marne und im folgenden Jahr Abgeordneter seines Departements im Konvent. Er verfaßte zahlreiche pädagogische und andere wissenschaftliche Werke.

ORBIS TERRARVM
IN NUCE,
sive
Compendium Hiſtoriæ Civilis
Chronologicum
in ſculptura memoriali.
Die
Welt in einer Nuß/
oder
Kurtzer Begriff der merckwürdigſten
Welt-Geſchichte
in einer Gedächtnüs-hülfflichen Bilder-Luſt/

ausgefertiget
Durch Chriſtoph Weigeln/Kupfferſtechern und Kunſthändlern in Nürnberg / der Kaiſ. Reichs-Poſt über wohnhafft.
Anno 1722.

Bibl. Nr. 179, Titelkupfer von Christoph Weigel

257.417-C.Fid. (74-26)

179 [Christoph Weigel]

Orbis terrarum in nuce

sive Compendium Historiae Civilis Chronologicum in sculptura memoriali. Die Welt in einer Nuß oder Kurtzer Begriff der merkwürdigsten Welt-Geschichte in einer Gedächtnüs-hülfflichen Bilder-Lust ausgefertiget durch Christoph Weigeln / Kupfferstechern und Kunsthändlern in Nürnberg der Kais. Reichs-Post über wohnhafft. Anno 1722.

4°. 19 S. (samt Titel), Titel in Rot-Schwarz-Druck mit gestochener Vignette, Fleuron auf S. 3. Zwischentitel (Gründliche Erzehlung der Merckwürdigsten Welt-Geschichten Aller Zeiten. Von Anfang der Welt biß auf Gegenwärtige, so in den Historischen Kupfer-Tafeln Der Gedächtnüß-Hülflichen Bilder-Lust, Sonsten Die Welt in einer Nuß betittelt, vorkommen) [. . .] Nürnberg, in Verlag Christoph Weigels, seel. Wittwen 1726. 3 Bl. (Vorrede), 610 S., 7 Bl. Register; 43 Tafeln mit je 12 Feldern, auf denen sich historische Darstellungen mit unter-

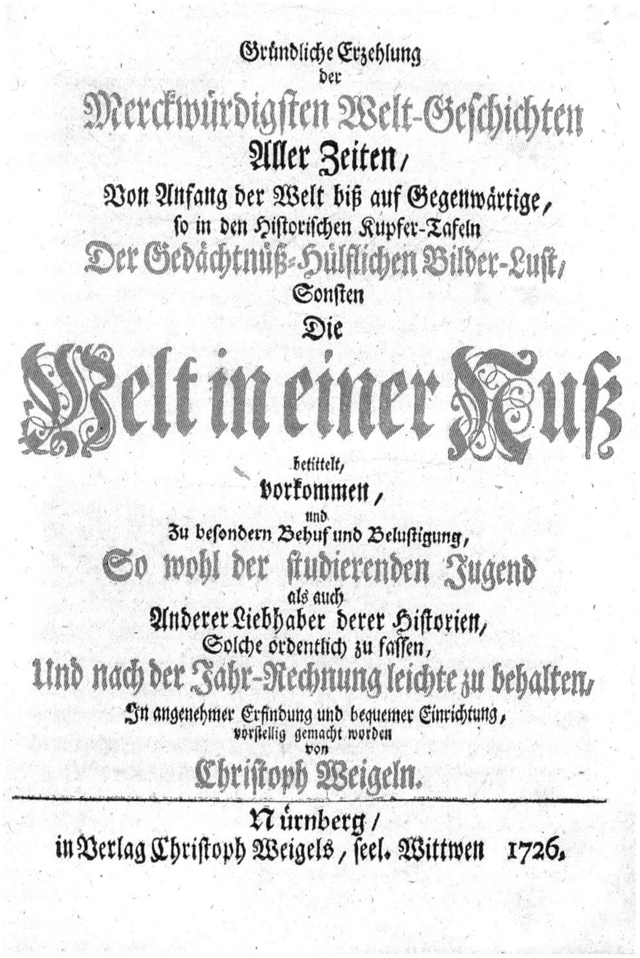
Gründliche Erzehlung
der
Merckwürdigsten Welt-Geschichten
Aller Zeiten/
Von Anfang der Welt biß auf Gegenwärtige,
so in den Historischen Kupfer-Tafeln
Der Gedächtnüß-Hülfflichen Bilder-Lust/
Sonsten
Die
Welt in einer Nuß
betittelt,
vorkommen,
und
Zu besondern Behuf und Belustigung,
So wohl der studierenden Jugend
als auch
Anderer Liebhaber derer Historien,
Solche ordentlich zu fassen,
Und nach der Jahr-Rechnung leichte zu behalten,
In angenehmer Erfindung und bequemer Einrichtung,
vorstellig gemacht worden
von
Christoph Weigeln.
Nürnberg/
in Verlag Christoph Weigels, seel. Wittwen 1726.

Bibl. Nr. 179, Titelblatt

legtem Text in lateinisch und deutsch befinden. (Auf der 42. Tafel sind nur vier Felder illustriert, die übrigen acht sind leer gelassen.) 6 Zwischentitel, die in der Paginierung inbegriffen sind, Fleurons und Culsde-lampe, Kustoden, die zwischen den S. 15 und 16, 418 und 419 sowie 572 und 573 mit dem folgenden Wort nicht übereinstimmen.

Heinsius IV, Sp. 626; Nagler XXIV, 48 vermerkt, daß die Tafeln aus der »Gedächtnishülfflichen Bilderlust . . .« auch für die »Welt in einer Nußschale . . .« verwendet wurden: »Deutsche Literatur der Barockzeit« (Katalog 706, Erasmushaus Basel), 1081, Ausgabe von 1726, ohne den ersten Titel, mit 48 Tafeln; Rammensee 1602 (mit einer Fortsetzung: »Gedenkwürdigkeiten . . .«); aus den Angaben von Rümann, KB 354, ist nicht ersichtlich, um welche Ausgabe es sich handeln könnte.

Dem ersten Titel folgt ein »Kurtzer Bericht von Einrichtung und Gebrauch Der Welt in einer Nuß«. In ihm wird die Methode, nach der das Buch vorgeht, erläutert. Erklärt wird auch die Einteilung des Werkes, die gleichzeitig das Inhaltsverzeichnis darstellt. Aus dem »Bericht« geht weiter hervor, daß eine kolorierte Ausgabe vorgesehen war oder bereits existierte, ebenso, daß das Werk auf 48 Tafeln angelegt gewesen sei. Die Tafeln könnten auf Pappendeckel aufgezogen werden, man könne sie »in ein Zimmer anhefften« oder auf eine Leinwand kleben. (Diese Methode ist später vom Vorläufer Bertuchs, dem »Portefeuille des Enfans« und dann von Bertuch selbst übernommen worden.) Weiters wird berichtet, daß die erste Anleitung zu diesem Werk dem Verleger von Erhard Weigel, Professor der Mathematik, Doktor Andreas Schmidt, Rechtskonsulent, und Samuel Faber, Rektor des Gymnasiums, die beiden letzteren in Nürnberg, gegeben worden sei. Dieser »Kurtzbericht« ist von Johann David Köhler gezeichnet.

Die Vorrede zum zweiten Titel bezieht sich auf den »Kurtzbericht«. Aus der Vorrede ergibt sich, daß dieses Werk ursprünglich nur aus dem »Kurtzbericht« und den darin erwähnten 48 Tafeln bestand. Damit stimmt überein, was auf S. 7, Abschn. IV, des »Kurtzberichtes« festgestellt wird: »Es beruhet aber die Krafft dieses *kleinen historischen Werckgens* . . .« Nun wird erklärt, daß die kurzen Untertitel zu den Bildern für den Unterricht nicht ausgereicht hätten, man habe daher diesem Übelstand durch eine »gründliche Erläuterung jedes Bildes abhelffen wollen«. Der »Erste« und der »Zweite« Titel, für die sich in den bibliographischen Nachweisen bisher keine Erklärung findet, gehen daher offenbar darauf zurück, daß es sich ursprünglich um einen Bildband mit unterlegten Texten gehandelt hat, der später um die historischen Erläuterungen, das ist »Gründliche Erzehlung der . . .« erweitert wurde, womit auch der zeitliche Abstand zwischen dem ersten und dem zweiten Titel erklärt wäre. Schließlich wird bemerkt, daß die Anordnung und Einteilung der historischen Darstellung auf die Chronologie des Calvisius zurückgehe; auch habe es sich nicht darum gehandelt, ein zusammenhängendes Geschichtsbild darzustellen, sondern nur für jeden Abschnitt charakteristische Beispiele zu bringen.

Im »Kurtzbericht« bemerkt der Verfasser, Johann David Koehler, je nötiger die Kenntnis der Geschichte für die Jugend sei, umso mehr habe man sich um die besten Methoden der Erlernung bemüht. Die »ehrlichen alten Teutschen« hätten die Taten ihrer Vorfahren in Reime gebracht, die »weisen Griechen« durch viele, an öffentlichen Versammlungen aufgestellte Gemälde an die Vergangenheit erinnert. Dadurch habe man bei den jungen Menschen, bei denen »die Lust zu Bildern« stärker ausgeprägt sei als jene zum Lesen, eine nachhaltigere Wirkung als durch Bücher erzielt.

Beim Geschichtsunterricht habe man auf zweierlei zu achten: Erstens, daß die Jugend die Umrisse der Geschichte im wesentlichen erfasse, und zum andern, daß sie die Daten der hauptsächlichen Begebenheiten im Gedächnis behalte. »Alleine das Mercken der vielen Jahr-Zahlen ist eben das beschwerlichste und unlustigste bey Erlernung der Historie.« Um aber den jungen Leuten einen Anreiz und eine gewisse Erleichterung zu bieten, habe man nun einen »kurtze[n] Begriff* der vornehmsten Welt-Geschichten . . . in wohlausgesonnenen Kupffer-Tafeln« angefertigt. »Dieweil Kinder nichts liebers sehen als Bilder, und ihr Gemüthe damit gar sehr belustigen, so hat man die vornehmsten Welt-Geschichte nach zierlichen Zeichnungen aufs säuberste in Kupffer stechen lassen.« Dabei wurde die Geschichte in sechs Jahrtausende geteilt, denn es heißt bei den Kirchenvätern: »Duo Millia inane, Duo Millia Lex, Duo Millia Christus . . .« Nun wird die verzwickte Methode erklärt, nach welcher bei der Einteilung der Tafeln vorgegangen wurde. Danach wurden — aufgrund einer komplizierten Zeitrechnung — in den Kupfertafeln die Jahrtausende in zehn Jahrhunderte und jedes Jahrhundert in zehn kleine Felder auf jeder Tafel unterteilt. Im folgenden wird die Symbolik dieser Jahrtausende erläutert; zur Erleichterung wird der Inhalt jeder einzelnen

* Bezieht sich auf das ursprüngliche Werk, das nur aus 48 Tafeln bestand. S. dazu die Ausführungen zur Titelaufnahme.

Bibl. Nr. 179, Tafel 37, S. 500

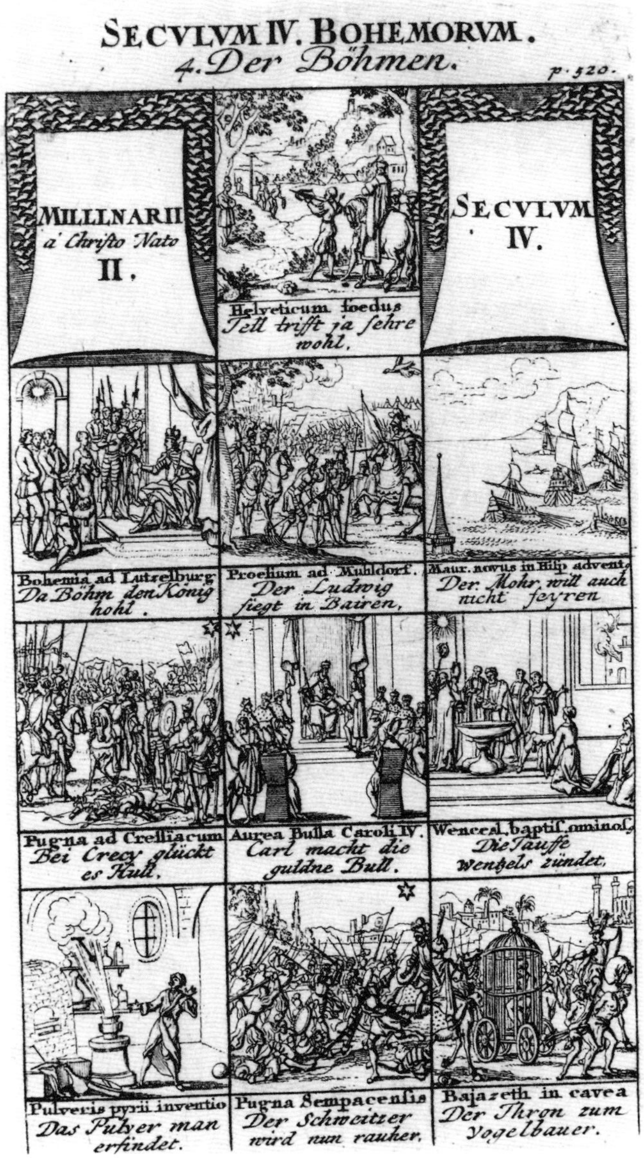

Bibl. Nr. 179, Tafel 38, S. 520

Illustration in kurzen Verszeilen unterhalb des Bildes erklärt. Schließlich erwähnt Koehler, die Erfahrung habe gezeigt, daß das Werk mit »grossem Vergnügen und Nutzen« gebraucht werde.
In der »Vorrede« zu der mit einem umfangreichen Text versehenen späteren Ausgabe bemerkt ihr — ungenannter — Verfasser, daß der Gebrauch dieser »annehmlichen Compendii« bei der Jugend auf Schwierigkeiten gestoßen sei, weil es an einem ausführlichen Text zu den Bildern gemangelt habe. Nun sei ein Text verfaßt worden, der so kurz wie möglich gehalten wurde; nach jeder Ausführung werden die hauptsächlichsten Quellen zitiert. Unter anderem sei dem Werk der Vorwurf gemacht worden, daß es der Geschichte in ihm des »ordentlichen« Zusammenhanges ermangle. Es sollte jedoch keine Geschichte abgefaßt werden, sondern, wie es der wahre Endzweck der Welt in einer Nuß mit sich bringe, es sollten lediglich Ausschnitte gezeigt werden. Seien einem Knaben die großen Zusammenhänge bekannt, dann werde er die »Universal-Historie« umso leichter erlernen.
Zu jeder Tafel gehört ein »Gedenk-Reim«, der bei der ersten Tafel lautet: »In neu erschaffner Welt.« Der Inhalt beginnt mit der »Schöpfung des Himmels und der Erden und alles dessen was darinnen ist«. Das letzte Kapitel enthält den »Spanischen Successions-Krieg« sowie die »Schlacht bey Belgrad« und endet mit einer Huldigung an »Kaiser Carl dem VI.«
Das Inhaltsverzeichnis wird durch das am Ende des Buches befindliche Historien-Register gebildet.

Bibl. Nr. 179, Tafel 43, S. 610

Christoph Weigel, 1654—1725, wandte sich frühzeitig der Kupferstecherei zu. Nach kurzen Aufenthalten in Wien und Augsburg blieb er bis 1688 in Frankfurt am Main, übersiedelte 1698 nach Nürnberg, wo er noch im selben Jahr das Bürgerrecht erhielt. Seine von ihm gegründete Kunst- und Buchhandlung mit einem Zweiggeschäft in Wien nahm schnell einen großen Aufschwung. Nach seinem Tod ging sie in den Besitz Martin Tyroffs über.

Johann David Koehler (Köler), 1684—1755, bezog 1703 die Universität Wittenberg, um Theologie zu studieren, wandte sich aber bald der Philologie und Geschichte zu. Später wurde er Sekretär beim schwedischen Gesandten, Baron Strahlenheim, der von Karl XII. als Generalgouverneur nach Zweibrücken entsendet wurde, wohin Koehler ihm folgte. 1710 wurde er als ordentlicher Professor an die Universität Altdorf (Nürnberg) berufen. Er entfaltete eine fruchtbare Tätigkeit als Lehrer und Schriftsteller. 1735 folgte er einem Ruf nach Göttingen und blieb dort bis zu seinem Tode. Seine Verdienste liegen zum größten Teil auf dem Gebiet der historischen Hilfswissenschaften, in erster Linie der Chronologie und der Münzkunde. Er schrieb unter anderem eine »Kurzgefaßte und gründliche Reichshistorie« und verfaßte zahlreiche Programme und Abhandlungen.

Sethus Calvisius, eigentlich Kallwitz, 1566—1615, war Komponist und Musikschriftsteller; er stammte aus ärmlichen Verhältnissen und erwarb sich die Mittel zum Besuch der Universitäten Helmstädt und Leipzig als Kurrendesänger. 1581 wurde er Musikdirektor in Leipzig und 1582 Kantor zu Schulpforta. 1594 übernahm er als Kantor die Thomasschule in Leipzig. Er gab Lieder, Psalmen und eine Sammlung lutherischer Choräle heraus. Calvisius war auch als Musiktheoretiker hochangesehen und verfaßte unter anderem »Exercitationes musicae«, »Compendium Musicae practicae« und »Musicae artis Praecepta«. Auf mathematisch-chronologischem Gebiet schrieb er »Formulae calendarii novi Elenchus calendarii Gregoriani«, einen »Thesaurus latini sermonis« sowie das »Opus chronologicum«, das dem vorliegenden Buch — s. Vorrede — als Muster gedient haben dürfte.

257.760-B.Fid. (73-020)

180 [Christian Felix Weisse]

Briefwechsel der Familie des Kinderfreundes

Leipzig, Siegfried Leberecht Crusius, 1784—1792

8°. 12 Teile in 6 Bänden.
Teil 1: 14 Bl. (Titel, Druckprivileg, Pränumeranten- und Subskribentenverzeichnis und Inhaltsverzeichnis), 320 S., 3 Tafeln, 3 Notenblätter, 1784.
Teil 2: 7 Bl. (Titel, Nachtrag zum Verzeichnis der Subskribenten und Inhaltsverzeichnis), 320 S., 3 Tafeln, 6 Notenblätter, 1784.
Teil 3: 21 Bl. (Titel, Druckprivileg, Fortsetzung des Pränumerantenverzeichnisses, Widmung und Inhaltsverzeichnis), 332 S., je 1 gestochene Vignette am Eingang und am Schluß der Widmung, 3 Notenblätter, 1785.
Teil 4: 8 Bl. (Titel, Druckprivileg und Inhaltsverzeichnis), 310 S., 3 Tafeln, 2 Notenblätter, 1785.
Teil 5: 8 Bl. (Titel, Druckprivileg, Fortgesetztes Verzeichnis der Pränumeranten und Inhaltsverzeichnis), 318 S., 3 Tafeln, 1 doppelseitiges und 2 einfache Notenblätter, 1786.
Teil 6: 8 Bl. (Titel, Druckprivileg und Inhaltsverzeichnis), 318 S., 3 Tafeln, 2 Notenblätter, 1786.
Teil 7: 7 Bl. (Titel, Druckprivileg und Inhaltsverzeichnis), 284 S., 3 Tafeln, 2 Notenblätter, 1787.
Teil 8: 7 Bl. (Titel, Druckprivileg und Inhaltsverzeichnis), 374 S., davon S. 363—374 Verlagsanzeigen (darunter die deutsche Übersetzung der »Veillées du Château« von Mme. de Genlis, »Abendstunden auf dem Lande«), 3 Tafeln, 2 einfache und 1 Doppelblatt Noten, 1788.
Teil 9: 6 Bl. (Titel, Druckprivileg und Inhaltsverzeichnis), 324 S., 3 Tafeln, 4 gefaltete, 1 ungefaltetes Notenblatt, 1789.

Teil 10: 7 Bl. (Titel, Druckprivileg und Inhaltsverzeichnis), 354 S., 3 Tafeln, 2 Notenblätter, 1790.
Teil 11: 6 Bl. (Titel, Druckprivileg und Inhaltsverzeichnis), 324 S., 3 Tafeln, 3 einfache, 1 doppeltes Notenblatt, 1791.
Teil 12: 8 Bl. (Titel, Druckprivileg und Inhaltsverzeichnis), 355 S., 2½ Bl. Verlagsanzeigen (darunter »Belisaire« von Marmontel in französischer Sprache (s. Bibl. Nr. 124) und »Das Erziehungstheater« der Frau Gräfin Genlis), 3 Tafeln, 3 Notenblätter, 1792.
Gestochene Tafeln, Notenblätter und Titelvignetten von Jakob Wilhelm Mechau, G. G. Endner, Reinhard, L. Chodowiecki, G. L. Crusius, J. Penzel, J. D. Schubert, Johann Christoph Nabholz, E. G. Krüger. Kustoden und Culs-de-lampe.

Kayser I, 357 (12 Teile mit 36 Kupfern); Heinsius IV, Sp. 353; Rümann KB 352; Seebass 2040 (Reutlinger Nachdruck der 1. Ausgabe); Hauswedell 1315 (gleichfalls mit 36 Kupfern); Deutsche KB des 18. Jahrhunderts D 6 (S. 33).

In dem »Sendschreiben des Kinderfreundes an seine jungen Leser« stellt Weiße fest, er sei von allen Seiten ermuntert worden, den »Kinderfreund« (Bibl. Nr. 181) in irgendeiner Gestalt fortzusetzen. Als er vor über acht Jahren den »Kinderfreund« zu schreiben begonnen habe, hätte es, außer dem Magazin der Frau Beaumont, nur sehr wenige Schriften zur Unterhaltung der Kinder gegeben. Es hätten noch keine »Campen, Overbecke, Salzmanns, Stoye . . .« usf. existiert.
Seine Kinder Karl, Lottchen, Fritzchen und Luischen sowie der Autor selbst als Philoteknos (Kinderlieb), die er in der Einleitung vorstellt, gehören zu den handelnden Personen. Karl besucht ein Gymnasium, Fritz ist bei einem Kaufmann in der Lehre, weil er zum Handelsstand bestimmt ist, Lottchen unterstützt ihre Mutter im Haushalt, Luischen ist neun Jahre alt und hat eine kleine Spielgefährtin, die mir ihr zusammen unterrichtet wird. »Karl schreibt Lottchen, Fritzen und Luischen [. . .] M. Philoteknos, Hr. Spirit, und Hr. Chronikel, und Hr. Papillion haben sich unter ihnen auch mit zu Correspondenten aufgeworfen.«
Die zwölf Teile berichten in erbaulich-moralisierender Art über das Alltagsleben der Kinder und ihrer Freunde. Eingestreut sind Erzählungen, geschichtliche Ereignisse, Scharaden, Fabeln, Schauspiele und Gedichte.
Anstelle eines Nachwortes steht »Mentors Abschied an seine jungen Leser«: Der Verfasser rechtfertigt sich dafür, daß der Briefwechsel erdichtet ist, mit den Worten, daß er ein Idealbild der jungen Leute aufstellen wollte, die »unter den Situationen, in denen sie sich befanden, nur so handelten, wie sie der Vernunft und Weisheit gemäß handeln sollten . . .« Die Jugend, die diesen Briefwechsel liest, sollte ihn als ein »Exempelbuch« ansehen. Der Verfasser wollte ein Gemälde aufstellen, wie die jungen Leute »mit einer treufleißigen Aufmerksamkeit . . . sich weise und tugendhaft zu betragen haben, wenn sie glücklich werden wollen . . .« Die handelnden Personen sind die gleichen wie im »Kinderfreund«.

Christian Felix Weiße, 1726—1804, Dichter, Redakteur, Übersetzer und Jugendschriftsteller, stammte aus einer alten sächsischen Gelehrtenfamilie. Er traf in Leipzig mit dem jungen Lessing zusammen, der ihn stark beeinflußte. Er führte die »Bibliothek der schönen Wissenschaften und der freyen Künste« vom fünften Band an weiter unter dem Titel »Neue Bibliothek der . . .« Nach seiner Vermählung wurde seine Familie durch seine »Kinderlieder« und den »Kinderfreund« als Musterfamilie bekannt. Als Dichter war Weiße unbedeutend. Der Höhepunkt seiner Tätigkeit fällt in die sechziger Jahre des 18. Jahrhunderts: Er beherrschte durch seinen »Beytrag zum deutschen Theater« die dramatische Literatur, obwohl Lessing an seinem »Richard III.« harte Kritik übte. Er verfaßte auch ein Drama »Romeo und Julia«, ein beliebtes Bühnenstück der damaligen Zeit, in welchem der Stoff nach Art eines bürgerlichen Trauerspiels bearbeitet wird.

256.888-A.Fid. (71-165)

181 [Christian Felix Weisse]

Der Kinderfreund

Ein Wochenblatt

Leipzig, Siegfried Lebrecht Crusius, 1776—1784

Bibl. Nr. 181, Band 1, Titelkupfer

Bibl. Nr. 181, Band 1, Frontispiz

Kl.-8°. 24 Bändchen. Jedes Bändchen umfaßt ungefähr 200 S., sämtliche Titel sind mit einer gestochenen Vignette versehen. Die Bändchen enthalten insgesamt 48 Tafeln von Rosmaesler, gestochen von Carl und Gottlieb Lebrecht Crusius.

Heinsius IV, Sp. 353; Kayser VI, 191 Anm.; Brüggemann 429—432.

In der »Zueignungsschrift« wendet sich der Verfasser an die Kinder, um ihnen mitzuteilen, daß er, nachdem das Leipziger Wochenblatt (s. Bibl. Nr. 1) eingestellt wurde, sich entschlossen habe, in die Bresche zu springen, weil er alle Kinder recht herzlich liebe, ». . . so bald sie gute, fromme, fleißige und gehorsame Kinder sind . . .« Er selbst habe vier Kinder, denen er alle seine Fürsorge zuwende. Alle Freunde, mit denen er umgehe, habe er so gewählt, daß sie an der Unterhaltung und dem Unterricht der Kinder teilnehmen müssen, er habe nur Freunde, die auch Kinderfreunde sind. Und nun möchte er die Unterhaltung seiner Kinder den anderen Kindern wöchentlich mitteilen. Damit aber den anderen Kindern alles recht deutlich werde, müsse er sie mit seiner Familie vorerst bekannt machen: Charlotte, elf Jahre, ist seine älteste Tochter, sie ist munter, lebhaft und etwas oberflächlich; Karl, neun Jahre, ist das Gegenteil seiner Schwester, er ist sehr verständig und fleißig, sein größter Fehler ist sein Jähzorn; Fritz, siebeneinhalb Jahre, ist »ein munterer feuriger Knabe«; Lieschen, fünf Jahre alt, ist gleichfalls sehr lebhaft, sie lernt leicht und gerne.
Der älteste Freund ist Magister Philoteknos oder Kinderlieb, er ist Lehrer gewesen und »studiret noch fleißig«. Der zweite Kinderfreund, Herr Chronickel, ist ein Mann, ». . . der die Geschichte von Anfange der Welt an durch alle Länder bis auf jetzige Zeiten sorgfältig studiret hat«. Herr Papillion ist der dritte Freund, »ein kleiner, freundlicher guter Mann, der aber bisweilen sehr zerstreut ist.« Der letzte der Kinderfreunde ist Herr Spirit, »ein Dichter voller Empfindsamkeit«.
Herr Philoteknos hat den Kindern eine »kleine auserlesene Kinderbibliothek angelegt«, deren Verzeichnis der Verfasser gelegentlich mitteilen wird. Von dieser Bibliothek und dem Verzeichnis ist später nicht mehr die Rede, sie ist offensichtlich in Vergessenheit geraten. Allerdings wird die Lektüre der Kinder, jeweils aus gegebenem Anlaß, in späteren Kapiteln zitiert. Siehe dazu im »Historischen Teil« Kapitel »Zum Beispiel: I. Der Kinderfreund«, S. 35 ff. Herr Chronickel hat ihnen ein kleines Kabinett von Gipsmünzen und Abdrücken alter Edelsteine geschenkt, und unter Herrn Papillions Aufsicht haben sie eine artige kleine Insektensammlung angelegt; außerdem besitzen sie eine Himmels- und Erdkugel sowie allerlei Maschinen. Herr Spirit hat ihnen ein kleines Theater angefertigt, das in der Folge genau beschrieben wird. Außerdem hat er ihnen einen Karton mit Zeichnungen und Kupferstichen geschenkt, anhand derer er ihnen viel von der Geschichte der bildenden Künste mitteilt. Dieser Brief des Verfassers an die Kinder ist mit C. Mentor unterzeichnet.
In einem Nachwort zu seinem Brief teilt der Verfasser schließlich mit, daß er seine Kinder daran gewöhnt habe, ein Tagebuch zu führen. So lernten sie unter anderem auch Ordnung und Einteilung ihrer Zeit. Es folgt zur Probe ein Blatt aus dem Tagebuch Charlottens, in welchem sie einen Tagesablauf schildert.
Nun werden Schilderungen aus dem Familienleben des Verfassers gebracht, kleine Begebenheiten erzählt, historische Ereignisse, Rätsel, Tierschilderungen, gesellige Zusammenkünfte usw. Ein kleines Schauspiel »Der Geburthstag« wird von den Kindern aufgeführt.
Im dritten Bändchen stattet der Magister Philoteknos dem Philanthropin in Dessau einen Besuch ab, was die Kinder mit dem Ausruf: »Ah, gewiß bey dem guten Professor Basedow, aus dessen Elementarbuche und schönen Bildern wir schon so manches Gute gelernet haben«, quittieren. Im Philanthropin hat der Magister einer öffentlichen Prüfung beigewohnt, zu der »auch eine große Menge der angesehensten Männer . . . ja selbst das großmüthige Paar des Fürsten und seiner Gemahlinn . . .« gekommen waren. Als Prüfungsgegenstände werden genannt: Religion, Naturlehre, Historie, Geographie, Mathematik, Lateinisch, Französisch. ». . . man sah, daß ihnen der Unterricht zum Spiel gemacht wurde«, daher hätten sie auch keine Furcht im Angesicht so vieler Menschen gehabt. Der Magister ist voll des Lobes für das Philanthropin. An einer Stelle findet sich der Ausruf: »O! wie glücklich seyd Ihr Kinder in unsern Tagen. Von allen Seiten sieht man die Wichtigkeit einer guten Erziehung und eines vernünftigen Unterrichts ein!«
Der Themenkreis ist weit gespannt, er reicht von naturgeschichtlichen und historischen Betrachtungen und solchen allgemeiner Art

Bibl. Nr. 181, Band 1, S. 148

Bibl. Nr. 181, Band 7, S. 74

Bibl. Nr. 181, Band 10, S. 94, zum Stück: »Die Schlittenfarth, ein Kinderspiel in zwey Aufzügen«

Bibl. Nr. 181, Band 12, S. 12, »Mentors Kinder lieben die Astronomie«, Kupferstich von Endner

Bibl. Nr. 181, Band 23, S. 112, »Die jungen Spieler, oder: Böse Gesellschaften verderben gute Sitten«

Bibl. Nr. 181, Band 24, S. 178, zum Schauspiel: »Das Denkmal in Arkadien«

über Erzählungen, Rätsel, Gedichte, kleine Theaterstücke, Reisebeschreibungen, Anstandsregeln, Lebensweisheiten, Anweisungen zu einem vernünftigen Leben bis zu Tanz, Gesang, Spiel, Gartenkunst und darstellende Kunst.
In der Einleitung zum Neujahrstag in Band 6 erwähnt der Autor, er habe von seinem Verleger gehört, daß er alle bisherigen Bände habe neu auflegen lassen, ». . . ein Glück, das Wochenblättern sehr selten in so kurzer Zeit wiederfährt«.
In Band 9 wird in Abschnitt CXVIII das Leben des Äsop nach Planudes erzählt, in Band 11 wird es beendet. Drei umfangreiche Stücke in Band 12 befassen sich mit den verschiedenen Arten der Sonnenfinsternis und ihrer Erklärung, bei welcher Gelegenheit auch die Lächerlichkeit der Astrologie aufgezeigt wird. Im gleichen Band erhält eines der Kinder den »Telemach« von Fénelon; sowohl das Buch wie sein Autor werden ausführlich besprochen.
In Band 13 wird die Judenfrage angeschnitten. Anlaß ist die unvermutete Rückkehr Karls von einer Gesellschaft, in der ein Knabe einen jüdischen Hausierer verspottete und hänselte. Der Vater bestätigt dem empörten Karl, er habe recht getan, die Gesellschaft sogleich zu verlassen. Auf die Frage Lottchens, warum die Juden ein so verächtliches Volk seien, erwidert der Vater: »Du nennest sie ein verächtlich Volk? Ich wollte, du hättest dafür gesagt, ein verachtet Volk: denn man kann verachtet werden, ohne Verachtung zu verdienen.« Danach schildert der Vater das Schicksal der Juden.
Das CCXIII. Stück in Band 16 enthält Regeln zur Erhaltung der Gesundheit; Band 17 bringt in den Stücken CCXXII—CCXXV Verhaltensregeln für die feine Lebensart.
In Band 24 nimmt Weiße in einem an seine kleinen Leser gerichteten Brief Abschied, dankt ihnen und gibt seiner Freude Ausdruck, daß diese Wochenschrift, die ursprünglich auf kurze Zeit gedacht war, sechs Jahre hindurch erscheinen konnte.

3.543 FKB (216-430)

182 [Gottfried Immanuel Wenzel]

Drey Bücher von den Pflichten der Väter

Als Nebenstück zu des Verfassers Werke: Drey Bücher von den Pflichten der Mütter. Von Gottfried Immanuel Wenzel, der f. f. K. K. und der Weltweisheit Magister.

Wien, Franz Joseph Rötzel, 1797

8°. Titel, 9 Bl. (Vorbericht, Inhaltsverzeichnis, Zwischentitel und Einleitung), 192 S., Kustoden.

Kayser VI, 204.

Im Vorbericht heißt es, das Buch sei geschrieben für Väter, die über Vaterpflicht etwas lesen dürften, und Jünglinge, die über diesen Gegenstand zu lesen wünschten. »Was ich schrieb, diktirte mir die Tochter der Vernunft — die Natur. Ich diene der Natur nur als Schreiber.«
Das erste Buch spricht von den Pflichten des künftigen Vaters, das zweite von jenen des werdenden und das dritte von den Pflichten des gewordenen Vaters. In der Einleitung über die Pflichten des künftigen Vaters wird ein Dithyrambus auf den Vaterstand gesungen.
Der Text beginnt mit den »Eigenschaften der Gattinn, auf welche der künftige Vater vorzüglich sein Augenmerk zu richten hat«. Es werden von der künftigen Gattin und Mutter ideale physische und moralische Eigenschaften gefordert. Ebensolche werden für den künftigen Vater verlangt, dessen Lebensbedingungen als Voraussetzung für eine gesunde Nachkommenschaft eingehend erörtert werden.
Das zweite Buch behandelt die Pflichten des werdenden Vaters, sein Betragen gegen die schwangere Gattin. Er wird darauf achten, »daß sie stäts auf Rosen wandle, und stille Vergnügungen und Freuden mit einander bey ihr abwechseln«.
Im ersten Kapitel des dritten Buches, der »Sorgfalt des gewordenen Vaters für die gehörige Behandlung des neugebohrnen Kindes«, tadelt der Autor die Auffassung, daß die »erste physische Auferziehung« des Kindes ausschließlich der Mutter und Frauenzimmern überlassen werden soll. »Wenigstens glaubte ich für meinen Theil, daß jede Mannsperson, die da heurathet, im Gewissen verbunden sey, sich diejenigen Kenntnisse vorhinein beyzulegen, die der Vaterstand als conditiones sine quibus non, von ihm fordert.« Die Väter sollten sich, neben den Müttern und Ammen, auch um ihre Neugeborenen kümmern, ». . . sichs angelegen seyn lassen, zu wissen, wie es mit ihm stehe, ob es gehörig gepflegt, behandelt werde?«
1. Jeder Gatte ist verbunden, seine Gattin in der »physischen und moralischen Kinderzucht vorläufig zu unterrichten . . .« Er muß selbst die entsprechenden Kenntnisse erwerben. 2. Der Vater muß die Personen, die zur Wartung und Pflege des Kindes genommen werden, auch prüfen und untersuchen. 3. Ist eine nähere Ausführung zu Punkt 2. 4. »Der sorgsame Vater« muß sich um die neuesten Entdeckungen auf dem Gebiet der physischen Erziehungskunst bekümmern.
Man habe die vortrefflichsten Werke auf diesem Gebiet. »Man hat einen Basedov, einen Campe, und andere Erziehungsschriftsteller wohl in seiner Bibliothek . . .«, aber in der Kinderstube werde das Kind »in Windeln gepreßt, daß es nicht athmen kann, in heissen Stuben gemartert, in heissen Bädern gebrüht . . .« usw.
Bei der physischen Erziehung heißt es weiter: »Die physische Erziehung hasset alle Verzärtelung; denn Verzärtelung ist das Grab der Gesundheit und der Stärke«. Es wird aufgezählt, worauf die physische Erziehung dringt, wie »Festigkeit des Fleisches, Schlankheit, Geschmeidigkeit [. . .] zweckmäßige Nahrung, Mäßigung, frische Luft . . .«
Die moralische Erziehung habe es mit einem unsichtbaren, unsinnlichen, geistigen Objekt zu tun. Der Autor tadelt es, daß sechs, sieben Jahre vergehen, ohne daß man auf die moralische Erziehung Einfluß genommen hätte. Man müsse das Menschenherz vom ersten Tag an für die Tugend einnehmen und mit Abscheu gegen das Laster erfüllen. Die moralische Erziehung fordert uns auf, »aus unseren Kindern gute, wohlwollende, wahrhandelnde Menschen . . . zu ziehen«.
Das Buch schließt mit den »Maximen für Väter, den Lebensberuf ihrer Kinder betreffend«.

Gottfried Immanuel Wenzel, 1754—1809, Doktor und Professor der Philosophie in Linz. Er schrieb eine Reihe von Werken, darunter auch ein Anstandsbuch und die »Drey Bücher von den Pflichten der Mütter«; er war Pädagoge, Philanthrop, Philosoph und trat unter anderem gegen Kant auf. Man nannte ihn den österreichischen Eckartshausen (vgl. Bibl. Nr. 48). Wenzel hinterließ ein umfangreiches Werk, darunter auch das Buch »Der Mann von Welt«.

183 [JOHANN ADOLPH LUDWIG WERNER]

Das Ganze der Gymnastik

oder ausführliches Lehrbuch der Leibesübungen nach den Grundsätzen der bessern Erziehung zum öffentlichen und besondern Unterricht bearbeitet von J. A. L. Werner, ehemaligem Lehrer der Fecht- und Voltigirkunst und Gymnastik an der Universität und einigen Erziehungsanstalten Leipzigs. Mit einem Titelbild und 274 Figuren.

Meissen, Friedrich Wilhelm Goedsche, 1834

8°. Textband und Atlasband. 2 Bl. (Handschriftl. Widmung), Frontispiz, XIV (Titel, Widmung, Vorrede, Inhaltsverzeichnis), 534 S., 1 Bl. »Nöthige Zusätze und Berichtigungen«. Atlasband mit 9 gefalteten Tafeln (No. X fehlt).

Heinsius VIII, 404; Kayser VIII, 527.

Die Widmung lautet: »Sr. Königl. Hoheit dem Prinzen Mitregenten Friedrich August, Herzog zu Sachsen.«
Auf der Rückseite des Titelblattes finden sich zwei Zitate, von denen eines von Oberst F. Young, Kommandant der k. k. österreichischen Militär-Erziehungsanstalt zu Mailand, stammt. (Oberst Young war der Onkel Thomas Peter Youngs, des Bibliothekars Kaiser Franz' I.)
In der Vorrede verweist der Verfasser darauf, daß, ungeachtet zahlreicher Ansätze, ein Gesamtlehrbuch der Gymnastik noch nicht existiere. Er betrachtet sein Werk als leitendes Handbuch für den Lehrer.
Es beginnt mit einer ausführlichen Geschichte der Gymnastik, »Die Leibesübungen sind so alt, als das Menschengeschlecht selbst.« Ihre schönste Periode hatte die Gymnastik unter den Griechen und Römern. Man teile die Geschichte der Gymnastik in drei Perioden: Die alte, die neue und die neueste Geschichte. Die alte handle insbesondere von den Griechen und den Römern, die neuere beschäftige sich vorzugsweise mit den Germanen, und die neueste berichte über die jüngsten Versuche, die seit Jahn gemacht wurden, die Gymnastik wieder herzustellen. Darauf folgt eine ausführliche Schilderung der Gymnastik bei den Griechen und Römern sowie eine Geschichte der Gymnastik bei den Germanen. Angeschlossen ist ein eingehendes Literaturverzeichnis der Gymnastik und ihrer einzelnen Bereiche, wie Turnen, Voltigieren, Baden und Schwimmen, Fechten, Schießen und Reiten.
Die Einleitung beginnt mit dem »Nutzen der Gymnastik im Allgemeinen«. Der Autor klagt darüber, daß die »Menschheit in physischer Hinsicht immer mehr ihrem Verderben entgegen zu gehen scheint«, und führt dies in erster Linie auf den Verfall der Gymnastik zurück. Der Mensch bestehe aus Geist und Körper, und wenn auch der Geist der »vorzüglichste, der edelste Theil des Menschen« sei, so bleibe der Körper doch ». . . die erste Bedingung für das Wohlsein der Seele . . .«, weil »Geist und Körper in beständiger Wechselwirkung stehen«.
Der Autor hofft, daß die Gymnastik mit der Zeit ein wesentlicher Teil des Unterrichtes werde. Soll der Körper des jungen Menschen gedeihen, »so muß er durchaus die nöthige Bewegung und Arbeit haben«.
Sodann wird der Nutzen der Gymnastik für ein gesundes Leben und für alle Wechselfälle des Lebens ausführlich erörtert und eine Reihe von Zeugnissen von Ärzten und Gelehrten angeführt. »Auf dem gymnastischen Uebungsplatz gilt Jeder soviel als er ist und kann«, hier könne niemand, wie etwa bei »wissenschaftlichen Gegenständen«, sich mit fremden Federn schmücken. Es wird dann in einem gesonderten Kapitel auf den Nutzen der Gymnastik für den Krieger hingewiesen und schließlich angeregt, gymnastische Übungen so wie bei den feierlichen Spielen der Griechen und Römer mit »schickliche[n] und angenehme[n] Feierlichkeiten« zu verbinden. Als geeigneten Platz für diese Übungen schlägt der Autor die freie Natur vor.
Im nächsten Kapitel werden die »Erfordernisse eines Lehrers der Gymnastik« besprochen und zuallerst verlangt, daß er »einen durch die gymnastischen Künste vollkommen ausgebildeten Körper« besitze. Ferner müsse er geschickt und gebildet genug sein, »die Zuneigung und das Vertrauen seiner Schüler sich zu erwerben«. Der Unterricht beginnt mit der ersten Ausbildung des Körpers und wird konsequent mit verschiedenen Schwierigkeitsgraden ausgebaut.
In das Programm einbezogen sind unter anderem auch das Schlittschuhlaufen, verschiedene Kraftübungen, aber auch solche, die die »Biegsamkeit des Körpers befördern und denselben geschmeidig machen«. Springen, Schwimmen und seine verschiedenen Arten gehören ebenso zum Unterricht wie das Fechten, dem zwei ganze Abteilungen des Buches gewidmet sind, wobei sowohl Florett (»Fleuret«) wie Degenfechten und das Fechten zu Pferd gelehrt werden. Eine weitere Abteilung behandelt das Schießen, die vorletzte das Reiten und die letzte Abteilung schließlich »Anstands-Bewegungen und Haltung des Körpers im gesellschaftlichen Leben«. Hier wird unter anderem das Tanzen als eine »sehr heilsame Bewegung« empfohlen. Zu der Ausbildung des Körpers »gehört aber auch die Geschicklichkeit, seinen Gliedern die gefälligen Formen zu geben, bei den Verbeugungen und Bewegungen, die in Gesellschaften und überhaupt im Umgange mit Andern, der Anstand gebietet«. Die »Anstandsübungen« werden dann im einzelnen mit etwas martialischen Befehlen wie »Richt euch!« und anderen ausgeführt.
Schließlich werden der Umgang mit älteren, mit vornehmen, mit Personen gleichen Ranges und solchen der unteren Stände, Besuche, Anstand beim Essen und Trinken geschildert. Den Beschluß bildet das Verhalten beim Spielen.

Johann Adolph Ludwig Werner war Standartjunker bei den königlichen sächsischen Husaren und anschließend Universitätsfechtmeister in Leipzig. Er verfaßte unter anderem »Versuch einer theoretischen Unterweisung zur Fechtkunst im Hiebe« (Leipzig 1824).

184 [JOHANN ADOLPH LUDWIG WERNER]

Gymnastik für die weibliche Jugend

oder weibliche Körperbildung für Gesundheit, Kraft und Anmuth von I. A. L. Werner, ehemaligem Lehrer der Fecht- und Voltigirkunst u. Gymnastik an der Universität u. verschiedenen Lehranstalten in Leipzig. Mit 70 lithographirten Figuren.

Meissen, F. W. Goedsche, 1834

8°. 4 Bl. (handschriftl. Widmung, lithographierter Titel mit Vignette,

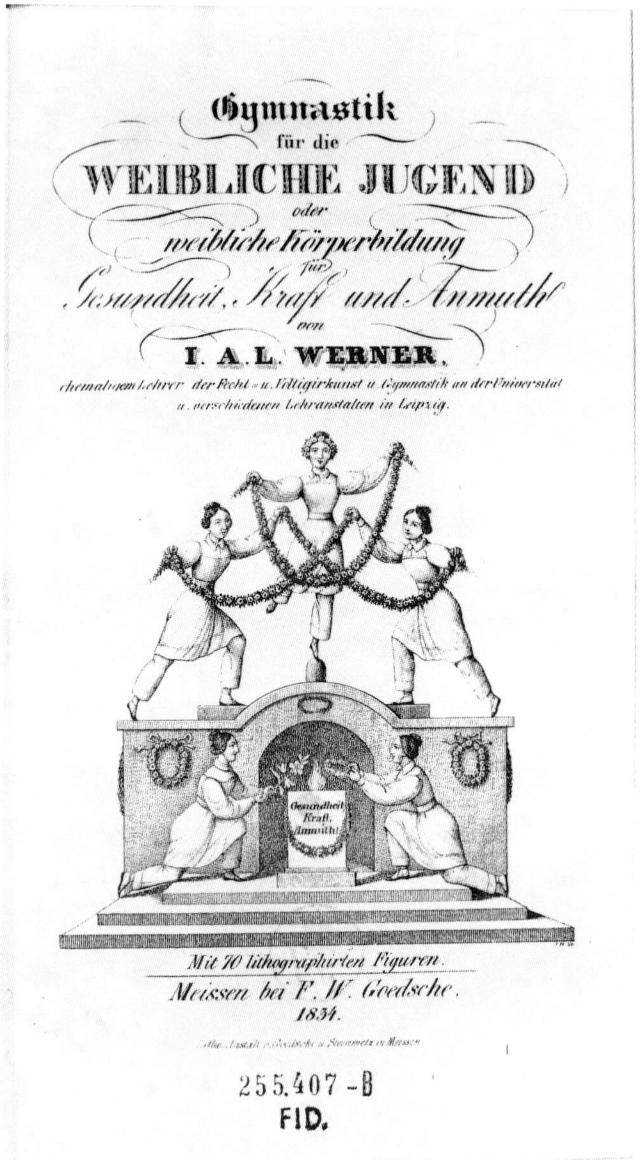

Bibl. Nr. 184, Titelblatt, Lithographie von J. St.

Bibl. Nr. 184, Tafel 2 (Anhang)

Widmung), VII (Vorrede, Inhaltsverzeichnis, Zusätze und Berichtigungen), 1 Bl. (Zwischentitel), 126 S., 2 gefaltete Tafeln mit Beispielen für verschiedene Turnübungen.

Heinsius VIII, 404.

In der Vorrede rühmt der Verfasser das große Verdienst, das die Philanthropisten und insbesondere Basedow, Campe, Salzmann, Guts Muths, Jahn, Vieth und andere sich um die körperliche Bildung der Knaben erworben haben. Er hoffe auch, daß diese Leibesübungen bald ein »wesentlicher Theil des öffentlichen Unterrichts werden«. Es frage sich nun, ob diese Übungen nicht mit dem gleichen Vorteil »wiewohl mit den nöthigen Einschränkungen und Modificationen, auf den weiblichen Körper übergetragen werden dürften«. In England, Frankreich und der Schweiz habe man mit solchen Leibesübungen schon begonnen, doch wären die einschlägigen Bücher nicht zufriedenstellend, weshalb der Verfasser selbst an die Bearbeitung dieses wichtigen Gegenstandes herangegangen sei.

In der Einleitung heißt es (»Nothwendigkeit und Werth der weiblichen Körperbildung«): »Die ganze Erziehung der Mädchen muß sich also zunächst auf die Männer beziehen . . .« — »Auch die weibliche Jugend durch kunst- und regelmäßige Leibesübungen physisch zu bilden, ist keineswegs ein neuer Gedanke . . .« Bereits die Spartaner hatten unter Lykurg die Mädchen an den gymnastischen Übungen der Knaben und Jünglinge teilnehmen lassen. Man müsse sich aber von den lykurgischen Übertreibungen fernhalten, hiebei würde die »holde Weiblichkeit«, die »sanfte Wölbung, die zarte Rundung der weiblichen Formen . . . zum Theil verloren gehen.« — »Schönheit und Anmuth, Milde und Ergebung . . .«, ». . . freundliche Hoheit und gefällige Zartheit . . .« seien die Begriffe, die dem Autor bei seinen Bemühungen vorschweben. Das Hauptziel jedoch werde es sein, ». . . die Gesundheit zu stärken, die Gelenkigkeit zu vermehren, allen Bewegungen Reiz und Anstand zu verleihen und die Schönheit der Körperformen zu heben.«

In »Winke für den Lehrer« werden zum Beispiel für die gute Körperhaltung einige drastische Mittel empfohlen, wie die Binde aus »starkem Leder« für den Hals und andere Maschinerien, die an den berühmt-berüchtigten Dr. Schreber denken lassen. Das Inhaltsverzeichnis enthält ein vollständiges Programm körperlicher Übungen, die von leichten (mit genau detaillierten Anweisungen) zu immer schwierigeren fortschreiten. Vorgesehen sind nach den einfachen, wie Balancier- und Bewegungsübungen, Gelenkigkeitsübungen, solche mit dem Stock usf., von denen die Mehrzahl auch heute noch praktiziert wird; einbezogen sind schließlich auch Unterhaltungsspiele, wie Ball- und Ringspiele. Ein Anhang befaßt sich mit Tanzen und Reiten: »Daß das Tanzen nicht bloß als gesellschaftliches Vergnügen, sondern auch als gymnastische Uebung betrachtet werden könne, darin stimmen selbst alle Ärzte überein . . .« Den Abschluß bilden »Regeln über den äußeren Anstand« nach dem Buch der Gräfin Amalie von Wallenburg: Anstandslehre für das weibliche Geschlecht.

252.940-B.Fid. (127-026)

185 *Wochenschrift zum Besten der Erziehung der Jugend*

Stuttgard, Christoph Friedrich Cotta, 1771—1772. Herausgegeben von Christian Gottfried Böckh.

8°. Zwei Jahrgänge in 3 Bänden.
Band 1: Titel, Zwischentitel, 3 Bl. (Inhaltsverzeichnis), 440 S.
Band 2: 2 Bl. (Inhaltsverzeichnis), S. 442—824.
Band 3: 3 Bl. (Inhaltsverzeichnis), 824 S.
Kustoden.

Nicht bei Estermann; Kayser VI, 272 (mit Beiträgen von Chr. Göz. Herausgegeben von Chr. Gf. Böckh 4 Teile 1771—1772 Stuttgart Cotta); Heinsius IV, Sp. 446 (4 Teile); Brüggemann 1021.

In der Einleitung ist unter anderem die Rede von der »glorwürdigste[n] Veranstaltung Ihro Kaiserl. Königl. Majestät zu Errichtung einer Normal-Schule in dem Erzherzogthum Österreich . . .« Um den Eltern Kosten zu ersparen, sei diese Form der Wochenschrift gewählt worden, in der sie sich über Erziehungsfragen unterrichten könnten. Die Herausgeber hätten bereits Zuschriften bekommen; so habe jemand Bedenken geäußert, daß diese Zeitschrift nur von Lesern »von Stand« würde gelesen werden. Hier verweisen die Herausgeber darauf, daß jede Woche nur ein Bogen zu lesen sei, und dies sei nicht eben viel. Die Verfasser würden versuchen, sich so klar und deutlich auszudrücken, daß sie auch für den »gemeinen Mann« verständlich sein werden.

Es folgt der Plan, nach dem die Wochenschrift abgefaßt werden soll. Das Augenmerk werde auf eine dreifache Erziehungsart zu richten sein, je nachdem, ob die Kinder von den Eltern und unter ihrer Aufsicht oder in öffentlichen Schulen oder, ». . . welches gemeiniglich bey Vornehmen gewöhnlich ist . . .«, von Erziehern unterrichtet werden. Der Plan gliedert sich in vier große Abschnitte, welche ihrerseits in eine Reihe von Unterabschnitten unterteilt sind.

I. Die nötige Vorbereitung zum Erziehungs-Geschäft der Jugend. Hierunter fallen allgemeine Erziehungsgrundsätze, Pflichten der Eltern bei der Erziehung usw. II. Die allgemeine Privat- oder häusliche Erziehung, die den Eltern obliegt. Hierher gehört die körperliche Erziehung, die Bildung des Herzens oder moralische Erziehung, die Bildung, die Erziehung der Töchter insbesondere usw. III. Die öffentliche Erziehung in den Schulen. Schulen in der Stadt und am Land, worin die Jugend hauptsächlich unterrichtet werden soll, Lehrmethoden, deutsche Schulen, lateinische oder gelehrte Schulen, öffentliche Schulprüfungen usw. IV. Die besondere Privat- oder vornehme Erziehung. Von Hofmeistern und Kinderfrauen, von den hierher gehörigen Lektionen usw.

Jeder Nummer wird auch teils zur Abwechslung, teils zur Unterhaltung der Eltern und Kinder etwas Angenehmes und Lehrreiches hinzugefügt werden.

Nun wird mit der Wichtigkeit der Erziehung und dem »Werth der Kinder« begonnen und festgestellt, daß Kinder bisweilen nur dem Vergnügen der Eltern dienten, und dies sei ebenso falsch wie allzu große Strenge. Auch das dritte Stück handelt von der Wichtigkeit der Erziehung wegen des Wertes der Kinder. Hier wird auch über den hohen Wert des Lehramtes gesprochen und wie bedeutend es sei, daß der Lehrer seinen Beruf nicht bloß als Erwerbsquelle ansehe. Den Lehrern wird empfohlen, Millers Schule des Vergnügens zum Trost gegen Schulanfechtungen zu lesen. Am Schluß jedes Stückes finden sich kleine Lesestücke und Gedichte. Im vierten Stück heißt es an einer Stelle: »Kinder sind auch Menschen« und »Kinder sind . . . noch kleine Menschen: ein erst angefangenes Werk, der Umriß, die erste Anlage zu einem wichtigen Hauptwerke . . .«, und weiter: »Kinder sind Bürger der Welt und Glieder des Staats . . .« — »Die Kinder [werden] dem Staate geboren . . . und zwar Kraft eines Vertrags, nach welchem die Eltern sich gegen das gemeine Wesen verbindlich gemacht haben.« — »Die ganze menschliche Gesellschaft hat ein gemeinsames Recht an einen jungen Weltbürger . . .« Es wird Basedow zitiert, der eine neue Unterweisungs- und Erziehungsepoche angefangen und das Schulwesen zur allgemeinen Brauchbarkeit der menschlichen Gesellschaft umgeschaffen habe.

Bei der »Nothwendigkeit der Erziehung der Jugend« heißt es: »Kinder sind von Natur in einem elenden Zustand, und bleiben lange Zeit höchst bedürftig, darum ist ihre Erziehung nothwendig.« In einigen Stücken kommt es zu Streitgesprächen zwischen einem Vater und einem Lehrer, in welchen sich unter anderem der Satz findet: ». . . die Natur der Kinder, und die Absicht, zu der sie erschaffen worden sind«, fordern die Erziehungspflichten. Es ist die Rede von der »Natur als Beförderungs-Mittel der Erziehung«.

In diesem Streitgespräch wird der Einfluß der Erziehung auf Charakter und Wesen des Menschen dem »natürlichen Menschen« ohne Erziehung gegenübergestellt. Der Lehrer, der das Prinzip der Notwendigkeit der Erziehung vertritt, stellt fest, daß selbst Rousseau dem Menschen »die Gelegenheit zur Entwicklung der Natur« verschafft habe, und dies gehöre schon zur Erziehung.

Zwei Stücke handeln von der »höchstnöthigen Vorsorge der Regenten und Obrigkeiten für die Erziehung der Jugend«. Hier wird, wie oben, die Normalschule in Wien erwähnt und ausführlich besprochen, ebenso wird auf große Regenten, die Vorsorge für das Erziehungswesen trafen, verwiesen. Unter anderem wird das Theresianum in Wien erwähnt, an dem Denis gewirkt habe, es wird Sonnenfels als Professor der Cameralwissenschaften zitiert, und es wird schließlich von russischen und deutschen Erziehungsanstalten gesprochen. In den folgenden Stücken, einschließlich des XXVII., wird die Geschichte des Erziehungswesens bei den Alten behandelt. Unter den poetischen und lehrreichen Erzählungen, Gedichten usf. befinden sich solche von Gellert, Gleim, Schubart, Michaelis usw.

Der zweite Band (XXVIII.—LII. Stück) handelt von der »Häuslichen Erziehung« mit einer »Empfehlung der Kinder in Mutterleib zur ersten Vorsorge ihrer Eltern«. Der Schwangerschaft und der Geburt sind die nächsten Stücke gewidmet. Das XXXV. Stück wirft die Frage auf: »Soll und wie kan man die Erziehung eines Kindes schon bey der Wiege anfangen?« Der kritische Augenblick beginne, wenn das Kind einige Monate alt sei, hier müsse die Erziehung beginnen und der Grund zur Bildung der Seele gelegt werden. Das Kind komme sehr bald drauf, ob und was es durch sein Schreien erreichen könne. »Man findet in dem Leben der größten Männer Spuren von der Erziehung ihrer ersten Jahre . . .«

»Die ersten Eindrücke sind unauslöschlich« und »Der Einfall des Philosophen, so lange mit der Erziehung zu warten, bis die Vernunft gebraucht werden kan . . .«, erinnert den Verfasser an einen Regenten, der Unordnungen im Volk bemerkt, die einen Aufruhr zur Folge haben könnten, der jedoch nichts veranlassen, sondern warten will, bis die Zeit der allgemeinen Landesversammlung da ist.

»Die Methode, die Erziehung erst mit der sich ansetzenden Reife der Vernunft anzufangen, mag der Theorie nach so neu seyn, als sie immer will, in der Ausübung ist sie es gewiß nicht.«

Wenn es einem unbegreiflich vorkomme, daß ein großer Mann von scharfem Verstand und angenehmem Witz dabei doch niederträchtig und boshaft handeln könne, ». . . so dürfen wir nur auf seine ersten Jahre zurücksehen. Eins von beyden ist gewiß; entweder er war sich selbst überlassen, oder er war auch sclavisch erzogen«. Man müsse die entstehenden Begierden des Kindes beurteilen, ihre Quellen untersuchen und ihnen die gehörige Richtung geben. Das werde vorwiegend Aufgabe der Mutter sein.

Das XXXVII. Stück handelt von der Erziehung der Töchter. Auf dem Lande sehe es so aus, daß die Mädchen mit den Knaben in die Schule gehen, etwas Katechismus, Lesen, Schreiben und ein wenig Rechnen lernen, das seien alle ihre Studien. Es scheint dem Verfasser, daß die vernachlässigte Erziehung der Weibspersonen von ungleich gefährlicheren Folgen sei als die der Mannspersonen, weil von den Mädchen die erste und wichtigste Erziehung der Nachkommen abhänge. Im Durchschnitt sei es auch in den Städten nicht viel besser, man treffe auf die gleiche Sorglosigkeit gegen die Bildung der Töchter wie am Lande. Der Verfasser beanstandet dann, daß die Mädchen Ammen und ungebildeten Erzieherinnen überantwortet werden. Oder man nehme eine Französin, die dem Mädchen einige französische Wörter beibringe, es herausputze und zu Eitelkeiten und Torheiten verleite. Oder man verfalle in den anderen Fehler, indem man das Mädchen ganz der Welt entziehe und ihm nicht die »geringste unschuldige Ergötzung . . .« erlaube. An einer Stelle wird Fénelons »Von der Erziehung der Töchter« zitiert und auf jene Stelle verwiesen, an der Fénelon von den schlecht unterwiesenen und ungeschickten Töchtern spricht, die Romane lesen.

Im XXXIX. Stück über die Unterhaltung mit den Eltern über die Seelen ihrer Kinder heißt es: »Man folge bey der Erziehung der Kinder der Natur nach.« Doch was heiße dies? Zur Erklärung zitiert der Verfasser die Vorrede zum ersten Teil der »historisch-moralischen Schilderungen zur Bildung eines edlen Herzens in der Jugend«: »Leget die natürliche Beschaffenheit der Kinder bey der ganzen Erziehung, sowohl bey der Unterweisung ihres Verstandes, als bey der Bildung ihres Herzens, zum Grunde.« Hier fragt sich der Verfasser: »Worinn denn eigentlich die Natur der Kinder bestehe?« Ein Kind werde vollkommen unwissend geboren, jedoch wirke die Außenwelt sofort nach der Geburt auf das Kind ein und gebe »der Seele die ersten Ideen«. Nach und nach lerne das Kind mit Augen und Ohren wahrnehmen, das Verlangen nach Lust und Vergnügen oder angenehmen Empfindungen sei stärker als alles andere.

»Der Knabe kennet keine andere Belustigungen als blos körperliche. Die Gegenstände, die ihn ergötzen sollen, müssen seine Sinne stark berühren . . .« Später drängen ». . . die mildern Strahlen des vernünftigen Unterrichts in seinen Geist« und weckten die Empfindungen auf, die bisher gleichsam in ihm geschlafen haben.

»Nur Dinge, die man ihnen zugleich zeigen, oder durch Bilder begreiflich machen kan, gehören zum Unterricht der ersten Jahre, der zugleich so anschauend seyn muß, als immer möglich ist . . .« Nun wird erläutert, wie man Kindern die Umgebung erklären kann, und als Musterbeispiel wird das Elementarwerk von Basedow zitiert.

»Das wichtigste Stück der Erfahrung ist, daß ein Kind frühzeitig die Würkungen der Dinge kennen, und daraus allmählich auf die Eigenschaften derselben schliessen lerne.« Der Verfasser betont unter anderem, daß man den Kindern nie zeitig genug einen Geschmack am Wahren, Schönen und Ordentlichen beibringen könne. Kinder hätten ein glückliches Gedächtnis, sie seien leichtgläubig, man solle daher ihr Vertrauen nie mißbrauchen; ihre Munterkeit sei ein vortreffliches Hilfsmittel bei der Unterweisung. Eine weitere Maxime für die Erziehung lautet: »daß, wenn man imstande ist, alles, was man von den Kindern haben will, auf der Seite des Angenehmen und Nützlichen, und das, wovon man sie abhalten will, auf einer unangenehmen und ihrer Neigung zum Angenehmen schädlichen Seite vorzustellen, ihr Herz auf die leichteste Weise gewonnen, und ihr Wille am ersten gelenkt werden könne«. Dieser Leitsatz findet sich im XLI. Stück, das ebenso wie das vorausgehende in einer Unterredung zwischen (adeligen) Eltern, dem Hofmeister und der Erzieherin besteht.

In den folgenden Stücken werden verschiedene Eigenschaften und Untugenden von Kindern besprochen, wie etwa die »Geschichte des Eigensinns«, anhand konkreter Beispiele. In einem Brief wird die Erziehungsmethode des Schreibers ungefähr so wiedergegeben: »Ich erziehe meine Kinder halb und halb nach den Grundsätzen des Herrn Rousseau, nicht zwar, daß ich sie der blossen wilden Natur überlasse, aber doch ihrer Freyheit.«

Doch keine uneingeschränkte Freiheit, sondern »Man lege der Freyheit sanfte und unvermerkte Fesseln an . . .« — »Meine Kinder sind in ihrem Thun und Lassen uneingeschränkt . . . Ich nehme fast niemals, oder doch selten, die Miene eines Befehlshabers, wohl aber eines Rathgebers und Beurtheilers ihrer Handlungen unter ihnen an . . . Noch niemals habe ich ihnen befohlen zu arbeiten, oder zu lernen.« Die Kinder gehen gerne in die Schule. Das einzige, was sie tun müssen, ist, dem Vater ». . . alle Abende Rechenschaft von ihren Handlungen, die sie den Tag über unternommen haben, geben . . .« Der Vater muntert sie dazu auf, indem er seinerseits ebenfalls erzählt, was er tagsüber getan hat. Von seinen Kindern sagt er: »Sie lieben mich, ohne knechtische Furcht, und sind mir gehorsam ohne Gesetze.« Mit ihren Fehlern hat er Geduld und versucht sie nach und nach zu vermeiden. In einem Kommentar zu diesem Brief wird darauf verwiesen, daß der Erzieher die Freiheit, die er den Kindern läßt, klug verwendet, daß die Kinder aber Schwierigkeiten haben würden, wenn ihnen ihr Erzieher einmal entzogen oder sie in die Fremde geschickt würden. Und: ». . . noch schwerer aber werden sie sich künftig zu einer Subordination, oder zum Gehorsam, derer, die ihnen zu befehlen haben, bequemen.«

Der zweite Jahrgang beginnt mit einem Aufsatz über die Erziehung auf dem Land. »Die Erziehung auf dem Lande zu verbessern, ist vielleicht die schwerste Aufgabe für den Erziehungs-Reformator . . .« Der Verfasser macht verschiedene Vorschläge, wie das Erziehungswesen verbessert werden könnte, wobei insbesondere dem Pfarrer des Dorfes eine wichtige Rolle zufällt.

Im II. Stück wird eine vernünftige Kleidung für die Kinder empfohlen, im III. Stück ist von der falschen Erziehung und ihren schädlichen Folgen die Rede.

Das VI. Stück trägt den Titel »Die Erziehungs-Gesellschaft«. Der Verfasser zählt zuerst die verschiedenen Arten von Gesellschaften auf, wie wissenschaftliche, gelehrte, Handlungsgesellschaften usf. Von einer Erziehungsgesellschaft werde man jedoch noch nichts gehört haben, einzig Basedow mochte daran gedacht haben, wenn er in seinem Methodenbuch für Väter und Mütter die Notwendigkeit einer gesellschaftlichen Erziehung dartut und auf die Vereinigung der Familien zum Besten ihrer Kinder dringt: »Es sollten drey oder vier vernünftige Familien in der Absicht die Erziehung ihrer Kinder zu erleichtern, oft zusammen kommen, und gute Vorschläge sowohl verabreden, als ausführen.« Der Verfasser verlangt, daß Eltern mit anderen Eltern über Erziehungsanliegen sprechen und ihre Erfahrungen miteinander austauschen. Die Gründe, die dafür sprächen, daß mehrere Eltern eine Erziehungsgemeinschaft bilden, werden im folgen-

den ausführlich erörtert; unter anderem wird festgestellt, daß im gegenseitigen Gedankenaustausch eine große Aufmunterung liege. Am Ende dieses Stückes wird dann ein konkretes Beispiel für eine solche Erziehungsgesellschaft gebracht. In dieser Gesellschaft, die Gespräche über ihre Erziehungsmethoden und ihre Kinder führt, legt jeder Teilnehmer für seine Kinder ein Buch mit ungefähr folgenden Rubriken an: Naturgaben, Verstand, Gemüt, gute, böse Seite, Aufführungs- und Besserungszeugnisse. Jeden Monat wird den Kindern ihr Verhalten aus diesem Buch vorgelesen.
Es folgt sodann ein Stück, in welchem Kindercharaktere aus dem Protokoll der Erziehungsgesellschaft wiedergegeben werden.
Das VIII. Stück handelt von der Erziehung der Töchter. Der Inhalt ist in eine Rahmengeschichte einbezogen, in der die Frage: »Was hat die Erziehung der Töchter Eigen oder Besonderes?« beantwortet werden soll. Hier muß man zwei Sachen wohl unterscheiden: 1. Den besonderen Charakter der Frauenzimmer »... sowohl in Ansehung ihres Geistes, als auch ihres Herzens und Neigungen von Natur«. 2. »... ihre eigene Bestimmung im gesellschaftlichen Leben«. Das erste gebe die Erziehungsmethode an, das zweite lehre »... die Gegenstände, auf die man ihre Erziehung zu richten hat«. Man dürfe sich nicht mehr in die »alberne Strittigkeit« einlassen, ob das Frauenzimmer unter die Zahl der wirklichen oder der Halbmenschen einzureihen sei, und »... ob sie zu Kenntnissen eine ebenso fähige Seele haben, als die Manns-Personen?« Es gebe genug Beispiele berühmter und gelehrter Frauen, wie zum Beispiel die Gottschedin, Zieglerin, Beaumont usf. An dem Vorurteil gegen die Frauen sei die Nachlässigkeit ihrer Erziehung schuld. »Nein, der gütige Schöpfer hat die künftige Mütter des menschlichen Geschlechts ebenso fein gebildet, als die Väter derselben.« Sodann wird der weibliche Charakter mit sehr vielen positiven Zügen und den üblichen negativen (Unbeständigkeit, Tändeln usf.) ausgestattet. Hier wird »... einer unserer berühmtesten Erziehungsschriftsteller ...« zitiert, der der Frau mit allen ihren glänzenden Eigenschaften die Rolle der Helferin im Hause mit allem, was sie mit sich bringt, zuteilt.
In den ersten Jahren der Erziehung finde zwischen Mädchen und Knaben kein besonderer Unterschied in der Erziehung statt. Später lenke man jedes von beiden in die ihm gemäße Sphäre. Bei der gemeinsamen Erziehung sei es auch nicht zu verwerfen, daß Knaben eine gewisse Nachgiebigkeit von den Töchtern verlangten. Den Töchtern solle man von der ersten Kindheit an einen »feinen Geschmack an dem moralisch Schönen, Edlen ...« beibringen.
Vorerst wird gefragt: »Worinn man die Töchter, und nach was für einer Methode man sie unterrichten solle?« Es genüge nicht, sie einige Stücke aus der Religion lernen zu lassen und ihren Verstand, so wie in den öffentlichen Schulen, sich selbst zu überlassen; dort könne der Lehrer »selbst weiter nichts, als lesen und unorthographisch genug schreiben ...« Aber man solle auch keine lächerlichen gelehrten Frauenzimmer heranziehen. Einem jungen Frauenzimmer sei folgendes unentbehrlich: Lesen, Schreiben, Rechnen, Zeichnen, Musik, die französische und die Kultur ihrer Muttersprache, das nötigste aus der Naturhistorie und eine gesunde Moral. Und natürlich die Unterweisung in häuslichen und Frauenzimmer-Geschäften. Auch gute Lektüre wird empfohlen. Bei allem solle man die Methode einer Beaumont und eines Basedow zum Muster nehmen. Nun wird ein Gelehrter (ohne Namensnennung) zitiert, der zur Bildung des Herzens feststellt, das Herz der Mädchen müsse weich und gegen das Schöne, Wohlanständige empfindlich sein. Sodann werden eine Reihe von nötigen weiblichen Eigenschaften aufgezählt, wie Ordnungsliebe, Wirtschaftlichkeit, Sparsamkeit usf.
Das XI. Stück trägt den Titel »Rousseau und Basedows Gedanken über die Erziehung des Frauenzimmers«.
Vorerst wird festgestellt, daß die gewöhnliche Art, Mädchen zu erziehen, so beschaffen sei, als müßten die Mädchen in der Kindheit und ersten Jugend alles wissen, dessen sie als Erwachsene bedürften. Es wird dann aufgezählt, was man den Mädchen beibringt: Schon in der Jugend aller Redensarten mächtig zu sein, Lobsprüche mit jungfräulicher Gefälligkeit zu erwidern usf. Alles das sei zu früh und hindere die wahre Erziehung.
Nun wird das männliche Geschlecht (als Gegensatz) behandelt, das »von Natur geschickter [ist] viel zu arbeiten ...« Dem Mann wird das weibliche Geschlecht gegenübergestellt: »Hingegen ist eine Person des andern Geschlechts am geschicktesten, durch ihre Annehmlichkeit dem Manne zu gefallen ...« Es folgen alle traditionellen Qualitäten, die die Frau besitzen muß, wie Sanftmut, Nachgiebigkeit usf. Die Mütter sollten aus ihren Töchtern durch die Erziehung keine Männer machen, sondern »rechtschaffene Weiber«. Die Frauen sollten zwar viel lernen, »... doch nur dasjenige, was sich für ihr Geschlecht schickt. Die ganze Erziehung der Töchter muß ihre Absicht auf das männliche Geschlecht haben.« Dann ist die Rede von weiblichen Handarbeiten, zu denen die Mädchen angehalten werden sollen, wobei festgestellt wird, daß Mädchen gelehriger und folgsamer seien als Knaben. Man solle aber junge Mädchen noch weniger als Knaben zwingen, lesen zu lernen, ehe sie wissen, wozu es dient. Rechnen wird als unentbehrlich betrachtet. »Mädchen sollen aufmerksam und arbeitsam seyn, und bey Zeiten unter Botmäßigkeit gehalten werden ...«.
»Der Mann sagt, was er weiß; die Frau, was gefällt.« Die Frau solle sich nicht mit abstrakten oder spekulativen Begriffen abgeben. »Das Nachdenken des weiblichen Geschlechts muß sich immer auf die Ausübung beziehn ...«
Im XII. Stück wird die Erziehung der Frauenzimmer nach Rousseau und Basedow fortgesetzt. Basedow: Man soll junge Mädchen nicht durch wiederholtes Vorsagen trockener Sittenlehren Überdruß verursachen. »Was zu Herzen gehen soll, muß vom Herzen kommen.« Alle Nationen, welche Sitten hatten, hätten die Frauen in Ehren gehalten, man denke an Sparta, Ägypten, an die alten Deutschen und Rom. Dieses Stück wird abgeschlossen durch die Erzählung von einem tugendhaften Mädchen.
Im XIII. Stück wird gezeigt, daß die Erziehung der Töchter überhaupt sich in zwei Arten einteilen lasse. Bei der ersten begnüge man sich an einem höflichen Wesen, gewissen Artigkeiten; bei der zweiten vernachlässige man zwar das Äußerliche ebenfalls nicht, aber man bringe der Tochter auch nützliche Erkenntnisse bei. Bei der ersten Art der Erziehung verstehe das Töchterchen nichts als den Kleiderstaat und die Ergötzlichkeiten. Die Oberflächlichkeit einer solchen verderblichen Erziehung samt ihren schlimmen Folgen wird eingehend erörtert. Im Gegensatz dazu stehe die vernünftige Erziehung, bei welcher das junge Mädchen ernstlichen Beschäftigungen nachgeht. Es wird in der Folge wiederholt, was bereits über die notwendigen Kenntnisse und die Bildung des jungen Mädchens gesagt wurde. Wichtig in diesem Zusammenhang scheine es auch, daß junge Mädchen aufgrund der Bildung ihres Verstandes richtig urteilten und sich auf eine schöne und leichte Art ausdrücken könnten. Das könne man auf bequeme Weise erreichen, indem man eine Geschichte lese, sie gleich wiederhole und dann niederschreibe. Ganz großes Gewicht

wird der Handarbeit beigemessen. Es wird aus einer Erziehungsschrift zitiert: ». . . bekleidet sie doch die zweyte Stelle im Hauswesen. Sie ist ihrem Manne unterthan . . .« Es werden dann neuerlich die häuslichen Tugenden, die man bei der Frau erwartet, aufgezählt.
Im XV. Stück wird gefragt, wie die Vorschläge zur Erziehung der Töchter allgemein brauchbarer zu machen seien. Diese Frage sei schwer zu beantworten, meinen die Verfasser, weil die Methode sich einerseits nach dem Endzweck der Erziehung richte und andrerseits durch die besonderen Verhältnisse bestimmt sei. Es sei unmöglich, eine allgemeine Anweisung, die sich allen Umständen anpasse, zu geben. Es wäre daher sehr nützlich, wenn diejenigen, die sich mit Erziehung beschäftigen, ihre Erfahrungen sammelten und Beiträge davon mitteilten. Vor allem aber müsse man, um die Ratschläge brauchbar zu machen, den Müttern einen leicht faßlichen Unterricht geben, wie sie ihre Kinder zu erziehen hätten. Man sollte so einen Unterricht entweder in eines der Schulbücher drucken oder im Morgen-Abend-Segen-Buch oder man räume ihm, anstatt der beliebten Räubergeschichten, einen Platz im Kalender ein. Jedes »verlobte« Ehepaar sollte geprüft werden, ob es auch einige Kenntnis von der Erziehung der Kinder hätte.
Das XVI. Stück spricht von der Erziehung der Töchter auf dem Lande und endet mit der Lebensbeschreibung der Dichterin Anna Louisa Karschin.
Das XVII. und XVIII. Stück befassen sich mit dem »Inoculieren oder Einpropfen der Kinderblattern«, das XIX. mit dem Kinderarzt. Das XXIII. Stück spricht von der Kunst, die Kinder nützlich zu beschäftigen. Hier wird Rousseau zitiert: »Ich wollte, daß uns ein scharfsinniger Mann eine Abhandlung von der Kunst, die Kinder zu beobachten, gäbe.« Und die Verfasser meinen, die beste Gelegenheit zu solchen Beobachtungen ergäbe sich bei Spiel und Zeitvertreib. Wie man Kinder beschäftige, hänge unter anderem auch von ihrem Alter ab. Wenn die Beschäftigungen nützlich sein sollen, dann müßten sie zur Entwicklung des Geistes ebenso beitragen wie zur Bewegung ihres Körpers. Und hier sei das Spielen eine der Hauptbeschäftigungen des ersten Kindesalters. An dieser Stelle werden Lockes Ausführungen aus seinen »Gedanken zur Erziehung der Kinder« zitiert. Das XXIV. Stück ist eine Fortsetzung des vorhergehenden. Man sollte Kinder keinesfalls mit Spielzeug überhäufen, weil sie es dann nicht mehr schätzten. Am besten wäre es, wenn Kinder ihre Spielgeräte selbst anfertigten oder zumindest bei ihrer Anfertigung selbst auch Hand anlegten. Ab dem siebenten Lebensjahr müßten die Spielstunden mit ernsthaften Arbeitsstunden abwechseln. Auch die Musik sowie Zeichnen und Malen gehörten zu den Übungen, mit denen man Kinder nützlich beschäftigen könne.
Das XXV. Stück handelt von der Kunst, »die Kinder weislich zu beobachten«. Man solle die Kinder belauschen, »ohne, daß man sie merken läßt, daß man sie belausche . . .«. Aber nicht nur das Spiel, sondern das ganze Tun und Lassen der Kinder sei zu beobachten.
Das XXVI. Stück spricht »Ueber die Bildung der Sprache bey Kindern«. »Die Vernachläßigung der Richtigkeit in unserer Mutter-Sprache . . . ist einer der unerkannten Erziehungs-Fehler . . . Andere Nationen beschämen uns mit ihrem Eifer in Verbesserung ihrer Landes-Sprache.« Die Kindergärtnerinnen müßte man vorerst richtig reden lehren, vor allem aber die Eltern, auch hier wieder die Mütter im besonderen. Es ergäben sich natürlich Schwierigkeiten, weil die Umgebung der Kinder oft kein gutes Deutsch spreche; die Eltern sollten jedenfalls trachten, den Kindern keine sprachlichen Fehler nachzusehen.
Im XXVII. Stück ist die Rede vom Einfluß der Musik auf eine gute Erziehung.
Das XXVIII. Stück fragt, wann der Anfang zum Lernen mit Kindern gemacht werden soll. Einige wollten zu früh, andere wieder zu spät mit dem Unterricht beginnen. Kinder könnten nicht früh genug beschäftigt werden, deswegen dürfe man sie aber nicht gleich dem Zwang der regelmäßigen Schulstunden unterwerfen. Sie müßten Lesen und Schreiben ebenso wie die ersten Begriffe aus der Geschichte, Erdbeschreibung, Physik und Moral spielend lernen, ohne auf den Gedanken zu kommen, »daß man zum Lernen könne gezwungen werden«. Man solle nicht vor dem siebenten, höchstens sechsten Lebensjahr mit dem ernsthaften Unterricht und dem Schulgehen anfangen. Das frühere Anfangen, der Zwang, eine Anzahl von Stunden an einem Ort stille zu sitzen, würde den Kindern die Schule verhaßt machen. Die Verfasser erklären, ein Kind würde nach dem sechsten oder siebenten Lebensjahr viel rascher lernen als vorher. Es sei auch nicht notwendig, daß »gemeiner Leute Kinder« gerade im dreizehnten Jahr die Schule verließen, sie könnten wenigstens das vierzehnte Jahr auch in der Schule zurücklegen.
Für die ersten Jahre der Kindheit sollte man Erziehungsschulen anlegen, wo nicht gelehrt, sondern erzogen, nicht gelernt, sondern gespielt würde. Für vornehme Familien schlägt der Verfasser vor, es sollten sich einige Familien zusammentun und eine Art Spielschule unter der Aufsicht einer vernünftigen Person einrichten. Zu dieser Person würden die Kinder so viele Stunden geschickt als die älteren in der Schule zubrächten. Diese Person hätte die Aufsicht und alle Pflichten der häuslichen Erziehung. »Man brächte den Kindern ihre Spielzeuge dahin; und die Aufseherin hätte weiter nichts dabey zu thun als zu dirigiren . . . die Sitten einzuleiten, nicht zu lehren, sondern nur lehrreich zu seyn«. Für gemeine Kinder könnte man die Schulfrauen ». . . oder auch anderer Wittwen dazu bestellen«. Wenn in jeder Hauptstraße einer Stadt so ein Erziehungshaus bestünde, so wäre für alle Kinder im ersten Alter gesorgt. Diese Erzieherinnen müßten einer Eignungsprüfung unterzogen werden.
Das XXIX. Stück befaßt sich mit der Frage, wie und womit der Anfang des Lernens mit Kindern gemacht werden solle. »Gemeiniglich ist das A. B. C., Buchstabiren und Lesen das erste Studium.« Es wird ausführlich erörtert, wie ungern die Kinder sich diesem Zwang unterziehen. Man müsse versuchen, dem Kind Lust auf das Lernen zu machen, zu welchem Zweck ein Dialog mit einer besonders begabten Hofmeisterin geführt würde. Man müsse sich immer das Ansehen geben, als ob man den Willen der Kinder erfüllte »oder geschehen liesse, was für sich geschieht«. Dort, wo es häusliche Erziehung gibt, sollten die Mütter das gleiche versuchen. Man könne zum Beispiel Setzer-Kästchen kaufen oder Buchstaben, die mit Bildern bezeichnet sind, Würfel, worauf Buchstaben geklebt sind usf. Das Lesenlernen sei aber nicht das Wichtigste, man könne den Kindern im Gespräch, wenn man sich mit ihnen unterhält, viel nützlichere Dinge beibringen, wobei Bilder oder sichtbare Gegenstände gute Dienste leisteten.
Das XXXI. Stück handelt von den Schulen auf dem Lande, die sich zumeist in jämmerlichem Zustand befänden, in unzulänglichen Gebäuden, zu viele Kinder für einen einzigen Lehrer usf.
Das XXXII. Stück befaßt sich mit den Schulen in der Stadt. Auch hier ließen die Zustände zu wünschen übrig. Auch hier sei die Schülerzahl für einen Lehrer zu groß, und die Kinder lernten auswendig anstatt zu verstehen.
Das XXXIII. Stück verweist auf einige gute Schulen, die in Deutsch-

land bereits errichtet wurden, wie die Normalschule in Wien, die preußischen Schulen und andere. Es werden dann die Möglichkeiten zur Reformierung von Schulen erörtert.
Im XXXIV. Stück »von dem Gebrauch der Ruthe« heißt es, nach der Verurteilung heftiger Züchtigungen:»Man hat also zuförderst auf die Beschaffenheit des Schmerzes selbst zu sehen. Billig muß es ein solcher Schmerz seyn, der den Erfolg würklich hervorbringen kan, den man wünscht. Dazu ist nöthig, daß er nicht sowohl stark, als vielmehr anhaltend und fortdauernd sei.« Es sei zweckmäßiger, mit der Rute als mit der Hand zu schlagen. Man müsse verschiedene Grade der Strafe anwenden, schmerzhafte Bestrafungen sollten nur die »letzte und sicherste Zuflucht . . .« sein. Es werden die Fehler aufgezeigt, gegen die man mit der Rute vorgehen solle, wie Lügenhaftigkeit, Neid, Schadenfreude usf.
Das XXXVI. Stück bringt Vorschläge zur Verbesserung der teutschen Schulen, und das XXXVII. Stück befaßt sich mit der »Klugheit bey dem Belohnen und Loben der Kinder«. Die Belohnung verlange ebensoviel Klugheit wie die Bestrafung.
Das XXXVIII.—XL. Stück behandeln die Ordnung in den deutschen Schulen, das XLI. den Umgang mit den Menschen. Das XLII. Stück erörtert die lateinischen und gelehrten Schulen. Es werden mehrere Gründe gegen die Lateinschulen angeführt, wie etwa, daß sie zu elitär seien. Ihnen werden die Realschulen gegenübergestellt, »worinn solche Sachen gelehrt werden, die allen Bürgern eines Staats zum gemeinschaftlichen Gebrauch . . . nützlich und nöthig sind«. Allerdings, so stellen die Verfasser fest, befürchteten die Philologen, ». . . das Realisiren in den Schulen möchte die Cultur und Reinigkeit der Sprachen verdrängen, und eine Barbarey in denselben herbey ziehen«.
Das XLIV. Stück handelt von der »Vorsichtigkeit bey Erwählung einer künftigen Lebens-Art für junge Leute«.
Lebens-Art ist hier mit Beruf gleichzusetzen. Man sollte seine Lebens-Art nicht allein durch Standesrücksichten bestimmen lassen. So sei es ein schädliches Vorurteil, wenn ein junger Adeliger einen bestimmten standesgemäßen Beruf ergreifen muß, ». . . wenn er Genie zu einer andern Lebens-Art äussert!« Der vornehme Bürger, der Gelehrte trete in die Fußstapfen des Adels; er glaube, seine Ehre litte darunter, wenn sein Sohn Künstler oder Landwirt würde. Trotz solcher schädlicher Vorurteile bleibe es gewiß, daß die Lebens-Art der Eltern den Kindern schon eine gewisse Richtung gebe, noch ehe sich ihre Fähigkeiten entwickelten, so daß es meist natürlich sei, wenn der Sohn den Beruf des Vaters fortsetze.
Das XLV. Stück bespricht den »geschickten Schulmann«, das XLVI. die »gute Lehr-Art auf lateinischen Schulen in den Sprachen und andern gemeinnützigen Kenntnissen«, das heißt die Methode, die der Lehrer anzuwenden habe.
Das L. Stück erörtert das »Lesen der Classischen Schriftsteller«. Man könne nicht alle klassischen Schriftsteller lesen, sondern müsse eine Auswahl treffen. Es genüge aber auch nicht, Chrestomathien zu lesen, sondern man müsse Werke eines Autors, die man am besten mit einer Einleitung über den Plan des Werkes und die Personen des Autors versehe, lesen. Bei der Lektüre unterscheidet der Verfasser zwei Methoden: Die exegetische, die der Grammatik, den Idiotismen der Sprache, der Rhetorik usf. nachgeht und den »Lehrling« angeht, mit dem Autor auf das genaueste bekannt macht, und die kursorische, die ohne Aufenthalt auf das Verständnis des Autors abzielt. An den meisten Schulen würden täglich wenigstens sechs Stunden Lektionen gegeben, von denen der Lehrer vier der kursorischen und zwei der exegetischen Lektüre widmen möge. Zwei Stunden des Tages sollten für Religion, Mathematik und Historie bestimmt sein. Als Beispiele für Autoren nennt der Verfasser Cicero, Demosthenes, Isokrates, Tacitus, Livius, Thukydides, Herodot und andere. Auch empfiehlt er Vergleiche, etwa Homers, Vergils und Klopstocks. Er meint auch, es sei zweckmäßiger, lateinische Autoren zu lesen als aus dem Deutschen ins Lateinische oder gar vom Griechischen ins Lateinische zu übersetzen.
Das LI. und LII. Stück handeln von der »vornehmen Erziehung«. Die vornehme Erziehung gehöre eigentlich zur häuslichen oder Privaterziehung. Der Erzieher müsse ein Mann von gründlicher Gelehrsamkeit sein, ohne daß er ein Pedant wäre, von nicht gemeinen Einsichten, Geistesgegenwart, subtilem Witz usf. Vor allen Dingen aber müsse er auch Welterfahrung besitzen. Auch für die Mädchen bedürfe es gesetzter Personen, die in der Erziehungskunst Erfahrung besitzen und dabei ». . . das edelste Herz haben, und edle Herzen zu bilden wissen«. Zur Prinzenerziehung könnten keine anderen Männer als die auserlesensten herangezogen werden, die sowohl in die Staatskunst und in das menschliche Herz die größte Einsicht besitzen. In diesem Zusammenhang nennt der Verfasser unter anderem Bossuet und Fénelon. Es folgen Auszüge aus Anweisungen über Prinzenerziehung.
Im LII. Stück, das den Beschluß der vornehmen Erziehung bildet, wird auf ein Institut verwiesen, das dieser Erziehung gewidmet ist, nämlich die Militärische Pflanzschule (Ecole Militaire) in Württemberg. Das Institut sei zwar eigentlich für Kavaliers- und Offzierssöhne bestimmt, es könne jedoch auch von Eleven aus anderen Ständen besucht werden. Religion, Moral, Logik, Historie, Geographie, Mythologie, Arithmetik, Geometrie, Kriegsbaukunst, Schreib-, Zeichen-Modellierkunst, Fecht- und Tanzkunst, Musik, Latein, Italienisch und Griechisch würden dort von den besten Lehrern unterrichtet. Die Zöglinge würden werktags um 5, und Sonn- und Feiertag um 7 Uhr geweckt. Ihre Zeit sei bis 6 Uhr abends mit Unterricht ausgefüllt, von 6 bis 7 Uhr sei die »Recreationsstunde«, von 7 bis 8 Uhr würde gespeist und bald darauf zu Bette gegangen. Im Sommer könnten die Schüler voltigieren und schwimmen lernen.
Schließlich wünscht sich der Verfasser für die »guten Fräuleins« öffentliche Erziehungsanstalten, für welche Frauenklöster und Stifte die beste Möglichkeit böten.

Zur Biographie des Herausgebers Christian Gottfried Böckh s. Bibl. Nr. 101.

186 [Christian Ernst Wünsch]

Kosmologische Unterhaltungen

für junge Freunde der Naturerkenntniß. D. Christian Ernst Wünsch Professor zu Frankfurth an der Oder. Zweite Auflage.

Leipzig, Joh. Gottlob Immanuel Breitkopf, 1791—1794

8°. In zwei Bänden.
Band 1: von den Himmelskörpern. Mit 19 Kupfertafeln, Titel, 3 Bl. (Vorbericht, Inhaltsverzeichnis), 664 S., 10 gestochene kolorierte und

9 schwarzweiße gefaltete Tafeln, nach Rosmaesler, Chryselius, M. M. Thoenert, Endner, 3 Bl. (Stichwortverzeichnis, Anmerkung für den Buchbinder, Verbesserung der Druckfehler).
Band 2: von den Eigenschaften der irdischen Körper und von den Naturbegebenheiten auf Erden. Mit 20 illuminirten Kupfertafeln. Titel, 6 Bl. (Vorbericht und Inhaltsverzeichnis), 864 S., 19 kolorierte und 1 gefaltete Schwarzweiß-Tafel, 2 Bl. (Inhaltsregister).
Beide Titelblätter haben eine gestochene Vignette. Kustoden.

Heinsius IV, Sp. 475; Brüggemann 1026.

Im Vorbericht verweist der Autor darauf, daß er unter der Jugend, für welche das Buch bestimmt ist, »solche junge Personen von guter Erziehung« verstehe, die bereits »Vorerkenntnisse« besitzen, das Buch sei nicht für Kinder geschrieben.
Der Text wird in eine Rahmenerzählung eingekleidet: Zwei Geschwister, Amalie und Karl, werden von ihrem Erzieher, Philalethes, der sie bisher in Moral und Geschichte unterrichtet hatte, nun auch über die »Betrachtungen des Weltgebäudes« und die »Begebenheiten der Natur« belehrt. Als erstes beobachten sie eine Sonnenfinsternis, die sich »an einem schönen Sommertag, als den 24sten Junius 1778« ereignete. Im Verlauf des Gespräches erklärt der Erzieher, wenn es möglich wäre, »eine Reise nach dem Monde zu unternehmen . . .«, dann würde man von dort den Mond »gleichsam für unsere Erde, diese aber für unsern Mond halten«.
Die erste Unterhaltung befaßt sich mit den verschiedenen Maßen, die weiteren mit den Eigenschaften der Kugel, der Einteilung des Erdballs, der Sonne und ihren Flecken usf.
In der Einleitung zum zweiten Band stellt der Autor fest, daß die Naturkenntnis in den letzten fünfzehn Jahren beträchtlich »fortgerückt« sei, und er daher auch manches noch gelernt, weshalb auch das Buch fast gänzlich umgearbeitet und vergrößert werden mußte. Die »Betrachtungen über den Menschen« werden in einem dritten Band gesondert erscheinen.
Die Einleitung enthält Überlegungen allgemeiner Art, die Amalie und Karl vor ihrem Lehrer anstellen.
Die erste Unterhaltung befaßt sich mit den physischen Körpern, die weiteren mit den Grundbegriffen der Bewegung, »vesten« und flüssigen Materialien, Wärme und Kälte, Lufterscheinungen usf. und endet mit einem Grundriß der älteren Geschichte der Natur. Band 1 enthält zweiundzwanzig, Band 2 sechsundzwanzig Unterhaltungen.

Christian Ernst Wünsch, 1744—1828, Doktor der Medizin und der Philosophie.

187 [Antonie Wutka]

Encyklopädie für die weibliche Jugend

Ihrer Kais. Königl. Majestät Maria Theresia mit allergnädigster Bewilligung unterthänigst gewidmet von der Verfasserinn.

Prag, Caspar Widtmann, 1802

8°. Gestochenes Frontispiz von F. Matthaei und J. Blaschke, gestochener Titel mit Vignetten von J. Koch, Kustoden. S. 1—44 Vorrede, S. 1—299 Text.

Kayser II, 124; Seibert, S. 299.

In der Vorrede beklagt die Verfasserin den Verfall der Sitten, den sie unter anderem darauf zurückführt, daß das weibliche Geschlecht bei der Ausbildung der Jugend nur »als Nebensache mit eingeschlossen, aber nie als Hauptsache behandelt worden« ist. ». . . in des Weibes schwache Hand« sei das Wohl des Mannes gelegt worden, dies heiße, daß es auf die Mütter ankomme, welches Schicksal die Söhne erwarte. Die Verfasserin erklärt, sie habe alle einschlägigen Werke gelesen, doch sei alles nur Stückwerk, nirgends ein Ganzes. In ihrem siebzehnten Jahr hatte die Verfasserin die zwölf Bände des Magazins der Frau von Beaumont »im strengsten Verstande durchstudiert«. »Aus dem Magazine der Frau von Beaumont lernte ich an Geschichte, Geographie, Mythologie und Physik so viel, als eigentlich in einen Weiberkopf paßt . . .«
Im folgenden gibt die Verfasserin ein Bild von sich, das sie als Muster häuslicher Tugenden erscheinen läßt. Den Hauptfehler in der gegenwärtigen Erziehung findet sie in der Leichtigkeit, die beim Lernen und Lehren jetzt erstes Prinzip sei: »Alles mußte leicht, Alles mußte spielend seyn; die ernsthaftesten, die ehrwürdigsten Gegenstände in Unterhaltungen umgeschmolzen werden«. Aus ihren weiteren Ausführungen geht hervor, daß die Verfasserin die Frauen ihrer Zeit verbildet findet: ». . . lasset ihren Unterricht einfach, ihren Kräften angemessen seyn«. Die Verfasserin erklärt, kein Buch zu kennen, »welches dem Magazin der Frau von Beaumont an wahrem innerm Werthe gleich käme . . .« Sie arbeite nun an der »Umschmelzung« dieses vortrefflichen Werkes. Sie sei während vierzehn Jahren Lehrerin einer öffentlichen Erziehungsschule, Erzieherin in Privathäusern gewesen, und schließlich hätte sie selbst Zöglinge bei sich beherbergt. »Meine Beobachtungen hatten mich überzeugt, daß die philanthropinische Schwärmerey sich durch ihre nothwendig traurigen Folgen selbst zerstören müsse . . . Man fühlt bereits überall die Folgen jener zum Theil überspannten, zum Theil wenig durchdachten Erziehungsgrundsätze.«
Der erste Hauptfehler bestehe darin, daß man Unterricht und Erziehung als zwei gleichbedeutende Wörter annehme, indes sie doch etwas ganz verschiedenes darstellten. Die Erziehung beginne beim kleinen Kind, der Unterricht bei zunehmendem Alter. Die Verfasserin wendet sich in der Folge scharf gegen das »unvorsichtige Untereinandermengen« männlicher und weiblicher Jugend beim Unterricht. Dies wird dann, hauptsächlich aus sittlichen Gründen, weiter ausgeführt. »Der Mangel an einem für die weibliche Jugend allein passenden Lehrgebäude ist nun gehoben.« Ihre Enzyklopädie enthalte alles, was ein Mädchen wissen müsse. Die Verfasserin weist darauf hin, daß sie überall, wo es möglich ist, anzeigen wird, aus welcher Kinderschrift dieses oder jenes entlehnt ist. Sie will die Kinder in unterhaltenden Gesprächen belehren. Ihre praktische Erfahrung habe sie die Flüchtigkeit des weiblichen Geistes kennen gelehrt. Daher habe auch das »unübertreffliche Werk des Herrn Raths Campe: Väterlicher Rath für meine Tochter betitelt, so wenig Nachahmung gefunden«. Es sei, so erklärten die jungen Mädchen, zu ernsthaft. Im folgenden wird dann eine Benutzungsvorschrift für die Enzyklopädie aufgestellt: Die Kinder dürften fürs erste nicht wissen, aus wie vielen Bänden das Werk bestehe, das Buch dürfe nicht still für sich allein, sondern müsse vorgelesen werden, die Kinder müßten das Gelesene in eigenen Worten wiedergeben usf. usf. Die Belehrung erfolgt, wie bei

Mme. de Beaumont, in Form von Gesprächen zwischen der Erzieherin und den Mädchen.
In der Vorrede erwähnt die Verfasserin gelegentlich, daß das Werk auf zwölf Oktavbände geplant sei. In der Fideikommiß-Bibliothek ist nur ein Band vorhanden. Ebenso erwähnt Kayser II, 124, nur einen Band. Andrerseits bemerkt die Verfasserin in der Vorrede, sie habe oft genug die Probe darauf gemacht, daß man den Mädchen zuerst ausschließlich den ersten und dann erst den zweiten, dritten usf. Band geben dürfe. (S. Biographie).

Antonie Wutka, 1763—1824. Früh verwaist und in nicht vorteilhaften Vermögensverhältnissen, konnte sich durch eigenen Fleiß Kenntnisse und Bildung verschaffen. 1788 wurde sie Erzieherin in St. Veit in Kärnten und errichtete in der Folge eine Mädchenschule in Klagenfurt. Zuletzt lebte sie in Wien, wo sie 1824 starb. Im Druck erschien die »Encyklopädie für die weibliche Jugend«. 1. Bd. Prag 1802, dann vollständig in 12 Bänden.

DAS GATTUNGSSCHEMA DES THOMAS PETER YOUNG

Thomas Peter Young wurde 1764 als Sohn eines schottischen Edelmannes geboren, der als Oberst in Florenz diente. Er genoß eine sorgfältige Erziehung und studierte an der adeligen Akademie in Pistoia, wo er sich vornehmlich naturwissenschaftlichen und später juristischen Studien widmete. 1806 wurde er von Kaiser Franz zum Leiter der Privatbibliothek ernannt, eine Stellung, die er bis zu seinem Tod im Jahre 1829 innehatte. In der Zeit seiner Tätigkeit wurde der größte und wertvollste Teil der Bücher- und Porträtsammlung angekauft. »Außer Kostbarkeiten alter Zeit sind es vornehmlich die damals zeitgenössischen besonderen Werke aller Disziplinen und Wissenschaften, im besonderen der Botanik und Zoologie sowie der Geschichte und Geographie, welche in der Bibliothek Aufnahme fanden. Die naturwissenschaftlichen Opera sind fast durchwegs Foliopracht-ausgaben mit künstlerischen, meist handkolorierten Tafeln.« (Beetz, S. 8)

In die Zeit von Youngs Tätigkeit fiel auch der Erwerb der »Sammlung Lavater«, die die Grundlage zu dem Werk »Physiognomische Fragmente zur Beförderung der Menschenkenntnis und Menschenliebe« gewesen war. Der Kaiser hatte Lavaters Werk aus den Gesprächen mit dem Geschichtslehrer Hohenwart kennengelernt und es mit ihm gelesen. Die Sammlung Lavater enthält neben zahlreichen anderen Porträts nahezu den gesamten Personenkreis um Goethe. Die dazugehörigen Handzeichnungen und Kupferstiche wurden von Künstlern wie Chodowiecki, Lips, Schellenberg und anderen ausgeführt und von Lavater mit oft in Hexametern abgefaßten Analysen versehen.

1822 wurde Young vom Kaiser mit der Anfertigung eines Kataloges der Sammlung betraut. Er enthält in Band XII aus dem Jahr 1825 unter dem Titel »Disciplina paedagogica« ein Klassifikationsschema, dessen Aufschlüsselung einer gesonderten Arbeit bedürfen wird. Das 18. Jahrhundert — das Jahrhundert der Erziehung — hat den Rahmen der Pädagogik weit gespannt. In ihm fand von Condillacs »Cours d'Étude pour l'instruction du Prince de Parme« (Bibl. Nr. 37) bis zu Armbrusters »Rosenblätter« (Bibl. Nr. 5) jedes Werk Platz, das in welcher Beziehung auch immer zu Kindheit und Jugend stand. Um dieser Diversifikation gerecht zu werden, hat Young in seinem Katalog der »Disciplina paedagogica« (siehe dazu auch S. 27, »Die Sammlung«) einzelne Bereiche in Sammelbegriffen erfaßt und diese in Rubriken unterteilt, die ihrerseits in allgemeine und besondere Abschnitte gegliedert sind, die je nach Erfordernis der Materie mit arabischen Zahlen versehen wurden. Wo sich das als unzureichend erwies, wurden sie mit lateinischen Buchstaben gekennzeichnet, und nötigenfalls wurden sogar die Buchstaben des griechischen Alphabets herangezogen.

Young, Jurist und Naturwissenschafter, hat zu einer kasuistischen Methode gegriffen und versucht, eine grenzüberschreitende Angelegenheit wie Erziehung, Kinder- und Jugendliteratur in ein normatives System einzubeziehen. Schon zu seiner Zeit hatten die Informationen über ein Spezialgebiet eine nicht mehr zu bewältigende Dimension erreicht, obwohl Young erst am Beginn einer Entwicklung stand, die, heute keineswegs abgeschlossen, weiter und weiter fortschreitet. Der Satz Neuraths: »alles hängt mit allem zusammen ...« steht für sich und wird nicht bezweifelt. Die Aussage des Nachsatzes: »... verhältnismäßig einfache Zusammenhänge sucht man durch noch einfachere zu ersetzen (zit. in E. Neumann, S. 125) ist dem Bewußtsein entrückt, um ihn wird nicht mehr argumentiert.

Gehört etwa das »Cabinet des Fées« zur Erwachsenen- oder zur Kinderliteratur? Gumuchian verzeichnet im Katalog »Les Livres de l'Enfance« die vollständige Ausgabe in 37 Bänden und rechnet sie den Kinderbüchern zu (Gumuchian, Nr. 996); er verfährt damit in gleicher Weise wie die Sammlung des Kaisers (Bibl. Nr. 24). Walter Scherf spricht davon, daß das »Cabinet der Feen oder gesammelte Feen-Mährchen« in den bürgerlichen Kinderstuben Deutschlands verbreitet gewesen sei. (Walter Scherf, Lexikon der Zaubermärchen, Stuttgart 1982, S. 433) Es handelt sich dabei um die gleiche Ausgabe, die auch das »Handbuch«, Band III, Nr. 134, bringt. In der vollständigen Ausgabe Gumuchians und in jener der Fideikommißbibliothek findet sich jedoch eine erkleckliche Anzahl von Titeln, die auch bei großzügigster Auslegung nicht der Kinder- und Jugendliteratur zugezählt werden können. Wo ist also der Platz der Werke, die einerseits der Kinder- und Jugendliteratur angehören, andererseits aber für Erwachsene bestimmt sind?

DAS PROBLEM DER ORDNUNG

In seinem Aufsatz »Galanterie und Weltschmerz in ›Fritzchens Lieder‹ (1781) von Chr. A. Overbeck« hat Theodor Brüggemann dieses schmale, bemerkenswerte Bändchen einer differenzierten Analyse unterzogen. Im besonderen hebt er hervor, daß nach dem Willen Overbecks die Gedichte in solche zu scheiden seien, die sich für Kinder eignen, und in solche, bei denen er sich's verbitte, daß man sie Kindern in die Hand gebe. (Philobiblon. 34. Jg., Dezember 1990, S. 300) Auch im »Handbuch«, Band III, Sp. 269 ff., werden »Fritzchens Lieder« ausführlich besprochen, nach einem Exemplar allerdings, das nicht aus der Sammlung Brüggemann stammt. Beide Abhandlungen setzen sich mit der Dualität der Texte auseinander: teils Kinderliteratur, teils Erwachsenenliteratur.

In der Einleitung zum »Handbuch« wird unter dem Titel »Eingrenzung des Gegenstandes« ausgeführt, daß das 18. Jahrhundert durch ein neues und geschärftes Adressatenbewußtsein gekennzeichnet gewesen sei. »Der Abstand zwischen Kinder- und Jugendliteratur einerseits und der Erwachsenenliteratur andererseits hat sich damit nicht etwa nur vergrößert; er rückt jetzt auch deutlich in das Bewußtsein der Zeitgenossen.«

Wer nach Kinderbüchern sucht, wird die einschlägige Literatur befragen und feststellen müssen, daß die Grenzen nicht leicht zu ziehen sind und daß man das Dilemma auch durch die subtilsten Klassifikationen noch nicht bewältigen konnte.

> »The Alphabet, that supreme achievement of man, which makes possible the very existence of the highest civilisation.« (Dirringer)

Seine eigene Sammlung hat Brüggemann unter dem Titel »Kinder- und Jugendliteratur 1498—1950 — Kommentierter Katalog der Sammlung Brüggemann« erfaßt. Als Ordnungssystem wurde die alphabetische Reihe gewählt. Jeder Titel wird bibliographisch erschlossen, der Inhalt der Werke jeweils in einem Kurzauszug zusammengefaßt und, samt Literaturnachweisen, kommentiert. Ein alphabetisches Autorenregister erleichtert die Suche nach den Autoren und ihrem Werk. Das chronologische Register unterrichtet über die historische Einordnung des Werkes. Alle anderen Register folgen dem üblichen Schema.

Nach dem Kurzauszug in diesem Katalog können »Fritzchens Lieder« sowohl der Kinder- als auch der Erwachsenenliteratur zugeordnet werden; alle Schlüsse, die der Benutzer des Kataloges daraus ziehen mag, bleiben ihm selbst überlassen.

Ein solches Prinzip wird im besonderen dort praktikabel sein, wo es sich um die zeitlich eingrenzbare Epoche einer Nationalliteratur handelt oder etwa um eine Literatur, die ganz unter dem Einfluß der bildenden Kunst steht. Gemeint ist hier speziell der Jugendstil, der, einige Zeit vergessen, von Friedrich Ahlers-Hestermann 1941, mitten im Krieg, mit seinem Buch »Stilwende. Aufbruch der Jugend um 1900« wiederentdeckt wurde. Die Geschichte der literarischen Inhalte in den Kinderbüchern des Jugendstils, wo Text und Bild in enger Beziehung zueinander stehen, ist freilich noch nicht geschrieben worden.

LITERATUR

Adelung, Johann Christoph: Grammatisch-kritisches Wörterbuch der hochteutschen Mundart mit beständiger Vergleichung der übrigen Mundarten, besonders aber der oberteutschen. 4 Bände, Wien: bey Anton Pichler 1807—1808

Ahlers-Hestermann, Friedrich: Stilwende. Aufbruch der Jugend um 1900. Berlin 1941

Allgemeine deutsche Bibliothek, hrsg. von Friedrich Nicolai. 118 Bände, Berlin 1765—1893

Allgemeine Deutsche Biographie. 56 Bände, Leipzig 1875—1912

Allgemeine Revision des gesammten Schul- und Erziehungswesens von einer Gesellschaft praktischer Erzieher, hrsg. von Joachim Heinrich Campe. 16 Bände, Hamburg: Bohn 1785—1791

Alte Kinderbücher und Jugendschriften. Livres de l'enfance. Children's Books. Bearbeitet von Adolf Seebass. Katalog Haus der Bücher, Basel 1955

Ancien Régime, Aufklärung und Revolution. Sozialgeschichte der Aufklärung in Frankreich, hrsg. von Hans Ulrich Gumbrecht, Rolf Reichardt und Thomas Schleich. Band 4/1: Synthese und Theorie, Trägerschichten, Band 4/2: Medien, Wirkungen, Band 7: Vovelle, Michèle: Die Französische Revolution. Soziale Bewegung und Umbruch der Mentalitäten. Mit einem Nachwort des Autors zur deutschen Ausgabe und einer Einführung von Rolf Reichhardt. Aus dem Französischen von Peter Schöttler. München/Wien 1981/82

Ariès, Philippe: Geschichte der Kindheit. Aus dem Französischen von Karoline Neubauer und Karin Kersten. München/Wien 1975

Arnauld, Antoine — Pierre Nicole: La Logique ou L'Art de penser, contenant, outre les règles communes, plusiers observations nouvelles, propres à former le jugement. Paris (1660—1680) 1970

Asendorf, Christoph: Batterien der Lebenskraft. Zur Geschichte der Dinge und ihrer Wahrnehmung im 19. Jahrhundert. Gießen 1984

Aufklärung und Kinderbuch. In: Studien zur Kinder- und Jugendliteratur des 18. Jahrhunderts. Hrsg. von Dagmar Grenz. Pinneberg 1984

Balbi, Adrien: Essai statistique sur les Bibliothèques de Vienne. Vienne: F. Folke 1835

Baldensperger, F.: Etudes d'histoire littéraire. Paris 1907

Baltrušaitis, Jurgis: Der Spiegel. Entdeckungen, Täuschungen, Phantasien. Gießen 1986

Barbier, Antoine Alexandre — Jean Marie Quérard: Dictionnaire des ouvrages anonymes. 3 Bände, Paris 1872

Barbier, Antoine Alexandre: Dictionnaire des ouvrages anonymes et pseudonymes. 4 Bände, Paris: Barrois L'Aîné 1822—1827

Baumgärtner, Alfred Clemens: Das nützliche Vergnügen. Goethe, Campe und die Anfänge der Kinderliteratur in Deutschland. Würzburg 1977

Baumgärtner, Alfred Clemens (Hrsg.): Ansätze literarischer Kinder- und Jugendbuchforschung. Baltmannsweiler 1980

Bausset (Louis François): Histoire de Fénelon. 4 Bände, Versailles: J.-A. Lebel 1817

Becker, Moritz-Alois: Die Sammlungen der vereinten Familien- und Privatbibliothek Sr. Majestät des Kaisers. Band I, Band II, erste Abteilung, Band II, zweite Abteilung. Wien: C. Finsterbeck 1873—1882

Beetz, Wilhelm: Die Porträtsammlung der Nationalbibliothek in ihrer Entwicklung. Graz 1935

Benjamin, Walter: Aussichten. Illustrierte Aufsätze. Frankfurt/M. [1]1977

Bertaud, Jean-Paul: La vie quotidienne en France au temps de la Révolution (1789—1795). Paris 1983

Bettelheim, Bruno: Kinder brauchen Märchen. Stuttgart 1977

Bianchi, Serge: La révolution culturelle de l'an II: Elites et peuple 1789—1799. Paris 1982

Bibl, Viktor: Kaiser Franz. Der letzte römisch-deutsche Kaiser. Leipzig/Wien 1937

Bibliographie deutscher Übersetzungen aus dem Französischen 1706—1948. Bearbeitet von Hans Fromm. 6 Bände, Baden-Baden 1950—1953

Das Bilderbuch. Geschichte und Entwicklung des Bilderbuchs in Deutschland von den Anfängen bis zur Gegenwart. Hrsg. von Klaus Doderer und Helmut Müller. Weinheim/Basel 1973

Biographie Universelle, Ancienne et Moderne. 55 Bände, Paris: Michaud 1811—1862

Bled, Victor du: La société française du XVIe siècle au XXe siècle. 8 Bände, Paris 1903—1911

Böckh, Franz Heinrich: Wiens lebende Schriftsteller. Wien: B. Ph. Bauer 1822

Bohatta, Hanns: Die k. u. k. Familien-Fideicommiss-Bibliothek in Wien. In: Mittheilungen des österr. Vereines für Bibliothekswesen, III. Jg., 1899, 3/4, S. 51—58, 65—74

Bopp, Linus: Fénelon als Verkörperung des Geistes der Erziehung. In: Vierteljahresschrift für wissenschaftliche Pädagogik, Jg. 27, 1951/3

Borkenau, Franz: Der Übergang vom feudalen zum bürgerlichen Weltbild. Darmstadt 1973

Brüggemann, Theodor: Kinder- und Jugendliteratur 1498—1950. Kommentierter Katalog der Sammlung Brüggemann. Osnabrück 1986

Brüggemann, Theodor, in Zusammenarbeit mit Otto Brunken: Handbuch zur Kinder- und Jugendliteratur. Vom Beginn des Buchdrucks bis 1570. Stuttgart 1987

Brüggemann, Theodor, in Zusammenarbeit mit Hans-Heino Ewers: Handbuch zur Kinder- und Jugendliteratur von 1750 bis 1800. Stuttgart 1982

Brunetière, Ferdinand: Histoire de la littérature française classique (1515—1830). 4 Bände, Paris 1904—1913

Brunner, Otto: Adeliges Landleben und europäischer Geist. Leben und Werk Wolf Helmhards von Hohenberg 1612—1688. Salzburg 1959

Buchkunst und Literatur in Deutschland 1750—1850. Hrsg. von Ernst L. Hauswedell und Christian Voigt. Maximiliangesellschaft. 2 Bände. Hamburg 1977

Calvet, Jean: L'Enfant dans la littérature française. 1. Des origines à 1870. 2. De 1870 à nos jours. Paris 1930

Campe, Joachim Heinrich: Theophron. Bearbeitet und mit Erläuterungen versehen von Karl Richter. Pädagogische Bibliothek, Band XII, Leipzig 1875

Campe, Joachim Heinrich: Väterlicher Rath für meine Tochter. Ein Gegenstück zum Theophron. Wien: Trattner 1790

Caradec, François: Histoire de la Littérature Enfantine en France. Paris 1977

Carcassonne, Ely: Fénelon, l'Homme et l'Œuvre. Paris 1946

Catalogue Générale des Livres imprimés de la Bibliothèque Nationale. Paris 1897 ff.

Chartier, Roger: Les usages de l'imprimé (XV—XIXe siècle). Paris 1987

Cinq Siècles d'Imagerie Française (Musée National des Arts et Traditions Populaires). Editions des Musées Nationaux, Paris 1973

Compayré, Gabriel: Histoire critique des Doctrines de l'Éducation en France. Depuis le 16e siècle. 2 Bände, Paris: Hachette 1885

Les Comptines de langue française, recueillies et commentés par Jean Baucomont, Frank Guibat, Tante Lucile, Roger Pinon et Philippe Soupault. Paris 1961

Cousin, Victor: La Société Française au XVIIe Siècle. In: Etudes sur les Femmes illustres et la société du XVIIe siècle. 2 Bände, Paris: Didier 1858

Darnton, Robert: Literaten im Untergrund. Lesen, Schreiben und Publizieren im vorrevolutionären Frankreich. Aus dem Amerikanischen von Henning Ritter. München/Wien 1985

Descartes, René: Discours de la Méthode. Von der Methode des richtigen Vernunftgebrauches und der wissenschaftlichen Forschung. Übersetzt und hrsg. von Lüder Gäbe. Hamburg 1960

Deutsche Literatur von Frauen. Hrsg. von Gisela Brinker-Gabler. Erster Band: Vom Mittelalter bis zum Ende des 18. Jahrhunderts. München 1988

Diavita-Bohlen, Christa: Die Kinder- und Jugendpresse des 19. Jahrhunderts in Frankreich. Diss. Universität München 1975

Dictionary of National Biographie. 63 Bände, London 1885—1900

Dierks, Margarete: Vom Bilderbuch zum Arbeitsbuch. Reutlingen 1965

Dirringer, David: The Alphabet. A Key to the History of Mankind. Third Edition, completely revised with the collaboration of Reinhold Regensburger. London 1968

Doderer, Klaus (Hrsg.): Walter Benjamin und die Kinderliteratur. Aspekte der Kinderkultur in den zwanziger Jahren. Weinheim/München 1988

Dohmen, Günther: Bildung und Schule. Die Entstehung des deutschen Bildungsbegriffes und die Entwicklung seines Verhältnisses zur Schule. Weinheim 1964

Döllinger, Ignaz: Die einflußreichste Frau der französischen Geschichte (Mme. de Maintenon). In: Akademische Vorträge, Band 1. Nördlingen 1888

Dornseif, Franz: Das Alphabet in Mystik und Magie. Leipzig/Berlin 1925

Drews, Jörg (Hrsg.): Zum Kinderbuch. Betrachtungen. Kritisches. Praktisches. Frankfurt/M. 1975

Dyrenfurth, Irene: Geschichte des deutschen Jugendbuches. Mit einem Beitrag über die Entwicklung nach 1945 von Margarete Diercks. Zürich [3]1967

Early Children's Books and Their Illustration. New York 1975

De l'Education des Enfans. Traduit de l'anglois de Mr. Locke par Mr. Coste, Membre de la Société Royale de Londres. Sixième Edition, Revue et corrigé. 2 Bände in einem Band, Lausanne, chez Mar-Mic. Bousquet et Comp. 1746

Ehalt, Hubert: Ausdrucksformen absolutistischer Herrschaft. Der Wiener Hof im 17. und 18. Jahrhundert. Wien 1980

Ehmer, Joseph: Entstehung und Wesen des bürgerlichen Patriarchalismus. In: Beiträge zur historischen Sozialkunde, Jg. 8, 1978, H. 3

Elias, Norbert: Über den Prozeß der Zivilisation. Soziogenetische und psychogenetische Untersuchungen. 2 Bände. Band 1: Wandlungen des Verhaltens in den weltlichen Oberschichten des Abendlandes, Band 2: Wandlungen der Gesellschaft. Entwurf zu einer Theorie der Zivilisation. Frankfurt/M. [8]1981

Elias, Norbert: Die höfische Gesellschaft. Untersuchungen zur Soziologie des Königtums und der höfischen Aristokratie. Mit einer Einleitung: Soziologie und Geschichtswissenschaft. Darmstadt 1969

The Encyclopaedia Britannica or Dictionary of Arts, Sciences and general Literature. Eighth Edition. With intensive improvements and additions; and numerous engravings. 21 Bände und 1 Band Register. Edinburgh: Adam and Charles Black, 1853—1860

Engelsing, Rolf: Analphabetentum und Lektüre: zur Sozialgeschichte des Lesens in Deutschland zwischen feudaler und industrieller Gesellschaft. Stuttgart 1973

Épinay, Louise Tardieu d'Esclavelles: Les Contre-Confessions: Histoire de Madame de Montbrillant. Paris 1989

Ermatinger, Emil: Deutsche Kultur im Zeitalter der Aufklärung, Frankfurt/M. 1969

Ersch, Johann Samuel: Das gelehrte Frankreich oder Lexicon der französischen Schriftsteller von 1771—1796. 5 Bände, Hamburg: Hoffmann 1797—1856

Ersch, Johann Samuel: Handbuch der deutschen Literatur seit der Mitte des 18. Jahrhunderts. 4 Bände, Leipzig: F. A. Brockhaus 1822—1827

Estermann, Alfred: Die deutschen Literatur-Zeitschriften 1815—1850. 9 Bände, Nendeln 1978

Evans, Robert J. W.: Das Werden der Habsburger Monarchie 1550—1700. Gesellschaft, Kultur, Institutionen. Wien/Köln/Graz 1986

Ewers, Hans-Heino (Hrsg.): Kinder- und Jugendliteratur der Aufklärung. Eine Textsammlung. Stuttgart 1980

Feller, François Xavier, l'Abbé: Le Dictionnaire historique ou Histoire Abrégée des hommes, qui se sont fait un nom par le génie. 8 Bände, Liège: Fr. Lemacié 1797

Fénelon, François de Salignac de la Mothe: Directions pour la Conscience d'un Roi, composées pour l'instruction de Louis de France, duc de Bourgogne. Paris: Frères Estienne 1775

Fénelon, François de Salignac de la Motte: De l'Éducation des filles. Francfort: Bassompierre 1760

Fischer, Engelbert: Die Großmacht der Jugend- und Volksliteratur. 10 Bände in 3 Teilen. Teil I: Band 1—4, Jugendliteratur 1877, Teil II: Band 5, Volksliteratur 1878, Teil III: Band 6—10, Kinderschriften 1881. Neustift am Walde bei Wien: Sallmayer'sche Buchhandlung 1877—1881

Frey, Dagobert: Englisches Wesen in der bildenden Kunst. Stuttgart/Berlin 1942

Furet, François — Jacques Ozouf: Lire et écrire. L'alphabétisation des Français de Calvin à Jules Ferry. Paris 1977

Garde, Georg: Theatergeschichte im Spiegel der Kindertheater. Kopenhagen 1971

Gleick, James: Chaos — die Ordnung des Universums. Vorstoß in Grenzbereiche der modernen Physik. München 1988

Goedeke, Karl: Grundriß der deutschen Dichtung. 13 Bände, Dresden: Eklermann 1884 ff.

Göhring, Ludwig: Die Anfänge der deutschen Jugendliteratur im 18. Jahrhundert. Ein Beitrag zur Geschichte der deutschen Jugendliteratur. Photomechanischer Nachdruck der Ausgabe Nürnberg 1904, Hanau/M. 1967

Goldmann, Lucien: Le Dieu caché. Etude sur la vie vision tragique dans les Pensées de Pascal et dans le Théatre de Racine. Paris 1955

Goncourt, Edmond de — Jules de Goncourt: La femme au dix-huitième siècle. Paris 1982

Goré, Jeanne-Lydie: L'itinéraire de Fénelon: Humanisme et Spiritualité. Grenoble 1957

Goré, Jeanne-Lydie: La notion d'indifférence chez Fénelon et ses sources. Paris 1958

Graesse, Jean George Théodore: Trésor des Livres rares et précieux. Tome 1—6 1. Suppl. Dresden/Genf/London/Paris 1859—1869

Gräffer, Franz: Francisceische Curiosa oder ganz besondere Denkwürdigkeiten aus der Lebens- und Regierungsperiode des Kaisers Franz II (I). Wien: Ignaz Klang 1849

Grasberger, Lorenz: Erziehung und Unterricht im klassischen Alterthum. 3 Bände, Würzburg: Stahel 1864—1881

Grimm, Jakob und Wilhelm: Deutsches Wörterbuch. 33 Bände 1854—1871. Band 33: Quellenverzeichnis. Photomechanischer Nachdruck der Erstausgabe, München 1984

Groethuysen, Bernhard: Die Entstehung der bürgerlichen Welt- und Lebensanschauung in Frankreich. 2 Bände, Halle/Saale 1927—1930

Guiraud, Pierre: Histoire et structure du Lexique Français. Dictionnaire des Étymologies obscures. Vol. I, Paris 1982

Gumuchian: Les Livres de l'Enfance du XVe au XIXe Siècle. (Gumuchian Catalogue 13), Paris (1931)

Habermas, Jürgen: Strukturwandel der Öffentlichkeit. Untersuchungen zu einer Kategorie der bürgerlichen Gesellschaft. Neuwied 1962

Haenel, Klaus: Alte deutsche Kinderbücher. In: Ernst Hauswedell und Ernst Nolte, Auktionskatalog, Hamburg 1974

Handbuch zur Kinder- und Jugendliteratur. Hrsg. von Theodor Brüggemann in Zusammenarbeit mit Otto Brunken. Stuttgart 1991

Hanstein, Adalbert von: Die Frauen in der Geschichte des deutschen Geisteslebens des 18. und 19. Jahrhunderts. 2 Bände, Leipzig 1899—1900

Hayn, Hugo — Alfred N. Gotendorf: Bibliotheca Germanorum Erotica et Curiosa. 9 Bände, München 1912—1968

Hazard, Paul: La crise de la conscience européenne (1680—1715). Photomechanischer Nachdruck der Ausgabe 1961, Paris 1985

Heinsius, Wilhelm: Allgemeines Bücher-Lexikon. Bd. 1—19. Leipzig: Gleditsch 1812—1894

Hersche, Peter: Der Spätjansenismus in Österreich. Wien 1977

Hettner, Hermann: Literaturgeschichte des achtzehnten Jahrhunderts. In drei Teilen, Braunschweig: Vieweg 1856—1870

Hildesheimer, Wolfgang: Mozart. Frankfurt/M. 1980

(Hippel, Theodor Gottlieb von): Über die bürgerliche Verbesserung der Weiber. Berlin: Voss 1792

Hobrecker, Karl: Alte vergessene Kinderbücher. Berlin 1924

Hohenstein, Siglinde: Friedrich Justin Bertuch (1747—1822) — bewundert, beneidet, umstritten. Berlin/New York 1989

Holzmann, Michael — Hanns Bohatta: Deutsches Anonymen-Lexikon 1501—1908. 7 Bände. Weimar 1902—1928

Humbert, Geneviève: Le trône et l'autel dans les écrits de Joachim Heinrich Campe, écrivain pour la jeunesse (1747—1818). In: Églises, États, Nations: XVIe—XVIIIe siècle. 2/3e Colloque Poznan-Strasbourg. 13.—15. octobre 1983. Strasbourg: Université des sciences humaines 1985, S. 353

Hürlimann, Bettina: Europäische Kinderbücher in drei Jahrhunderten. Hamburg 1973

Im Hof, Ulrich: Das gesellige Jahrhundert. Gesellschaft und Gesellschaften im Zeitalter der Aufklärung. München 1982

Jan, Isabelle: La Litterature enfantine. Quatrième édition revue, augmentée, mise à jour. Paris 1984

Jöcher, Christian Gottlieb: Allgemeines Gelehrtenlexicon. In 4 Teilen, Leipzig: Gleditsch 1750/51

Jünger, Ernst: Das abenteuerliche Herz. Figuren und Capriccios. Zweite Fassung. Hamburg 1938/1942

Kann, Robert A.: Kanzel und Katheder. Studien zur österreichischen Geistesgeschichte vom Spätbarock zur Frühromantik. Wien 1962

Kann, Robert A.: A study in Austrian Intellectual History. From late Baroque to Romanticism. London 1960

Kayser, Christian Gottlob: Index locupletissimus Librorum qui inde ab anno 1750 in Germania et in terris confinibus prodierunt. 36 Bände, Leipzig: Schumann 1834—1912

Kinderalltag (Deutsche Kindheiten in Selbstzeugnissen, 1700—1900). Hrsg. von Irene Hardach-Pinke und Gerd Hardach. Reinbek 1981

Kinder- und Jugendliteratur der Aufklärung, eine Textsammlung. Hrsg. von Hans-Heino Ewers. Stuttgart 1980

Kirchner, Joachim: Bibliographie der Zeitschriften des deutschen Sprachgebietes von den Anfängen bis 1900. 4 Bände, Stuttgart 1979

Klingberg, Göte: Kinder- und Jugend-Literatur-Forschung. Eine Einführung. Wien 1973

Klingenstein, Grete: Staatsverwaltung und kirchliche Autorität im 18. Jahrhundert. Das Problem der Zensur in der theresianischen Reform. Wien 1970

Knigge, Adolf Freiherr von: Über den Umgang mit Menschen. Hrsg. von Gert Weding. Frankfurt/M. 1977

Köberle, Sophie: Jugendliteratur zur Zeit der Aufklärung. Ein Beitrag zur Geschichte der Jugendschriftenkritik. Weinheim/Berlin, Basel/Wien 1972

Köhring, Hans: Bibliographie der Almanache, Kalender und Taschenbücher für die Zeit von ca. 1750—1960. Hamburg 1929

Kondylis, Panajotis: Die Aufklärung im Rahmen des neuzeitlichen Rationalismus. München 1986

Kosch = Deutsches Literatur-Lexikon. Biographisch-bibliographisches Handbuch. Begründet von Wilhelm Kosch. Bern [3]1968

Köster, Hermann Leopold: Geschichte der deutschen Jugendliteratur. Mit einem Nachwort und einer annotierten Bibliographie von Walter Scherf. München-Pullach/Berlin 1972

Kunze, Horst: Gelesen und Geliebt. Aus erfolgreichen Büchern 1750—1850. Berlin 1959

Kunze, Horst: Schatzbehalter. Vom Besten aus der älteren deutschen Kinderliteratur. Hanau/M. 1965

Lambert, Madame la Marquise de (Anne-Thérèse Marguenat de Courcelles): Œuvres de Madame la Marquise de Lambert. Nouvelle edition augmenté. Amsterdam: Par La Compagnie 1758

Langsam, Walter Consuelo: Francis the Good. The Education of an Emperor 1768—1792. New York 1949

Lanson, Gustave: Histoire de la Littérature Française, remaniée et complétée pour la période 1850—1950 par Paul Tuffrau. Paris (1951)

Lecky, William E. H.: Geschichte des Ursprungs und Einflusses der Aufklärung in Europa. Leipzig/Heidelberg: Winter 1873

Lexikon der Kinder- und Jugendliteratur. Personen-, Länder- und Sachartikel zu Geschichte und Gegenwart der Kinder- und Jugendliteratur. 3 Bände. Hrsg. von Klaus Doderer. Weinheim/Basel und München-Pullach (1975), Ergänzungs- und Registerband 1982

Leyser, Jacob Anton: Joachim Heinrich Campe. Ein Lebensbild aus dem Zeitalter der Aufklärung. 2 Bände, Braunschweig: Vieweg 1877

Littré, Maximilien Paul Emile: Dictionnaire de la langue française. 3 Bände, Paris: Hachette 1878, Supplementband 1881

Locke, John: Some thoughts concerning Education. London: Churchill 1705

Loos, Erich: Baldassare Castigliones »Libro de Cortegiano«. Studien zur Tugendauffassung des Cinquecento (Analecta Romanica, 2). Frankfurt/M. 1955

Luca, Ignatz de: Das gelehrte Österreich. 2 Bände. Wien: Trattner 1776—1778

Luhmann, Niklas: Soziale Systeme. Grundriß einer allgemeinen Theorie. Frankfurt/M. 1984

Manuel de Bibliographie Biographique et d'Iconographie des Femmes célèbres. Band 1—3, Suppl. 1.2, Turin: L. Roux 1892—1905

Martens, Wolfgang: Die Botschaft der Tugend. Die Aufklärung im Spiegel der deutschen Moralischen Wochenschriften. Stuttgart 1968

Meinecke, Friedrich: Die Idee der Staatsraison in der neueren Geschichte. München/Berlin 1929

Mercier, Roger: L'Enfant dans la société du XVIIIe siècle. Paris, phil. Diss. thèse complémentaire. Dakar 1961

Merget, Adalbert: Geschichte der deutschen Jugendliteratur. Unveränderter photomechanischer Nachdruck der Ausgabe ^{3}1882, Leipzig 1967

Mettken, Sigrid: Geschnittenes Papier. Eine Geschichte des Ausschneidens in Europa von 1500 bis heute. München 1978

Meusel, Johann Georg: Das gelehrte Teutschland. 10 Bände, Lemgo: Meyer 1783 ff.

Meynert, Hermann: Kaiser Franz I. Zur Geschichte seiner Regierung und seiner Zeit. Wien: Hölder 1872

Michaud, Louis Gabriél: Biographie universelle ancienne et moderne. Paris 1845—1865

Mistler, Jean — François Blaudez — André Jaquemin: Épinal et l'imagerie populaire. Paris 1961

Montaigne, Michel de: Essais. La Bibliothèque de la Pléjade, Paris 1950

Moog, Willy: Geschichte der Pädagogik. 3 Teile, Leipzig 1933

Münch, Wilhelm: Gedanken über Fürstenerziehung. München 1909

Mythos und Moderne. Hrsg. von Karl Heinz Bohrer. Frankfurt/M. 1983

Nagler, Georg Caspar: Neues allgemeines Künstlerlexikon. 25 Bände, Linz 1904—1924

Nemeth, Elisabeth: Otto Neurath und der Wiener Kreis. Revolutionäre Wissenschaftlichkeit als Anspruch. Frankfurt/New York 1981

Nouvelle Biographie Générale. 46 Bände, Paris 1855—1866

Oravetz, Vera: Les Impressions Françaises de Vienne (1557—1850). Szeged 1930

The Osborne Collection of Early Children's Books 1566—1910. 2 Bände, Toronto 1975

Österreichische National-Encyclopädie. Hrsg. von Johann Jakob Heinrich Czikann und Franz Gräffer. 6 Bände, Wien: Beck 1835—1837

Pape, Walter: Das literarische Kinderbuch. Studien zur Entstehung und Typologie. Berlin/New York 1981

Pascal, Blaise: Pensées. Précédées d'un avantpropos et suivies de notes et de variantes. Edition de 1670. Paris: Jouaust 1874

Paulsen, Friedrich: Das deutsche Bildungswesen in seiner geschichtlichen Entwicklung. Leipzig/Berlin: ^{3}1912

Pernoud, Régine: Les Origines de la Bourgeoisie. Presse Universitaires de France, Paris 1947

Pesendorfer, Franz: Zwischen Trikolore und Doppeladler. Leopold II. Großherzog von Toskana 1824—1859. Wien 1987

Philipp, Wolfgang: Das Zeitalter der Aufklärung. Bremen 1963

Piaget, Jean: Biologie und Erkenntnis über die Beziehungen zwischen organischen Regulationen und kognitiven Prozessen. Frankfurt/M. 1983

Picard, Roger: Les Salons Littéraires et le Société Française 1610—1789. New York ^{2}1943

Pilz, Kurt: Johann Amos Comenius. Die Ausgaben des Orbis Sensualium Pictus. Eine Bibliographie. Nürnberg 1967

Ploetz: Die Französische Revolution. Hrsg. von Rolf Reichardt. Würzburg 1988

Poggendorf, Johann Christian: Biographisch-literarisches Handwörterbuch zur Geschichte der exacten Wissenschaften, enthaltend Nachweisungen über Lebensverhältnisse und Leistungen von Mathematikern, Astronomen, Physikern . . . aller Völker und Zeiten. 7 Bände, Leipzig: Barth 1863 ff.

Porteau, Paul: Montaigne et la vie pédagogique de son temps. Paris 1935

Preradovich, Nikolaus von: Die Führungsschichten in Österreich und Preußen (1804—1918). Mit einem Ausblick bis zum Jahre 1945. Wiesbaden 1955

Pressler, Christine: Schöne alte Kinderbücher. Eine illustrierte Geschichte des deutschen Kinderbuches aus fünf Jahrhunderten. München 1980

Promies, Wolfgang: Kinderliteratur im späteren 18. Jahrhundert. In: Hanser Sozialgeschichte der deutschen Literatur vom 16. Jahrhundert bis zur Gegenwart. Hrsg. von Rolf Grimminger. Band 3: Deutsche Aufklärung bis zur Französischen Revolution 1680—1789, Teilband 2: Sozialer Wandel und literarische Gattungen, S. 788. dtv, München 1980

Quayle, Eric: The Collector's Book of Children's Books. Studio Vista, London 1971

Quérard, Jean Marie: La France Littéraire ou dictionnaire bibliographique des savants, historiens et gens de lettre de la France. 12 Bände, Paris: Didot 1827—1864

Rammensee, Dorothea: Bibliographie der Nürnberger Kinder- und Jugendbücher 1522—1914. Bamberg 1961

Ramsay, Andrew Michael: Histoire de la vie de Mess^{r}. François de Salignac de la Motte — Fénelon Archeveque Duc de Cambray. A la Haye: Vaillan 1723

Rassmann, Friedrich: Kurzgefaßtes Lexicon deutscher pseudonymer Schriftsteller. Leipzig: Nauk 1830

Rattner, Josef: Große Pädagogen. Erasmus, Vives, Montaigne, Comenius, Locke, Rousseau, Kant, Salzmann, Pestalozzi, Jean Paul, Gorthe, Herbart, Fröbel, Kerschensteiner, Aichhorn. München/Basel 1956

Raymond, Marcel: Fénelon (Les écrivains devant Dieu). Bruges 1967

Réau, Louis: L'Europe Française au Siècle des Lumières. Paris 1938

Redlich, Josef: Das österreichische Staats- und Reichsproblem. Geschichtliche Darstellung der inneren Politik der habsburgischen Monarchie von 1848 bis zum Untergang des Reiches. 2 Bände. Leipzig 1920

Reinalter, Helmut: Aufgeklärter Absolutismus. Zur Geschichte des Jakobinertums und der frühdemokratischen Bestrebungen in der Habsburgermonarchie. Wien/Köln/Graz 1980

Riballier: De l'Éducation physique et morale des Femmes avec une notice de celles qui se sont distinguées dans les différentes carrières. Bruxelles/Paris 1779

Riha, Karl: Commedia dell'Arte, mit den Figurinen Maurice Sands. Frankfurt/M. 1980

Robert, Paul: Dictionnaire alphabétique et analogique de la langue française, genannt »Le petit Robert«. Paris 1967

Rümann, Arthur: Alte deutsche Kinderbücher. Mit Bibliographie und 150 Bildtafeln. Wien/Leipzig/Zürich 1937

Ruppert, Wolfgang: Bürgertum im 18. Jahrhundert. In: Die Bildung des Bürgers. Die Formierung der bürgerlichen Gesellschaft und die Gebildeten im 18. Jahrhundert. Hrsg. von Ulrich Hermann. Weiheim/Basel 1982, S. 59 ff.

Sainte-Beuve, Charles Augustin: Port-Royal. 7 Bände (Bd. I: 9. Aufl., Bd. II—VII: 8. Aufl.), Paris (ca. 1910)

Sallawürk, Ernst von: Fénelon und die Litteratur der weiblichen Bildung in Frankreich von Claude Fleury bis Frau Necker de Saussure. Langensalza 1886

Schauf, Susanne: Die verlorene Allmacht der Feen. Untersuchungen zum französischen Kunstmärchen des 19. Jahrhunderts. In: Europäische Hochschulschriften, Reihe 13, Bd. 104, Frankfurt/M. 1986

Schenda, Rudolf: Die Lesestoffe der kleinen Leute. Studien zur populären Literatur im 19. und 20. Jahrhundert. München 1976

Schenda, Rudolf: Volk ohne Buch. Studien zur Sozialgeschichte der populären Lesestoffe 1770—1910. München 1977

Scherer, Heinrich: Die Pädagogik in ihrer Entwicklung im Zusammenhange mit dem Kultur- und Geistesleben und ihrem Einfluß auf die Gestaltung des Erziehungs- und Bildungswesens . . . 3 Bände, Leipzig: Brandstetter 1879

Scherf, Walter: Von der Schwierigkeit, die Geschichte der Kinderliteratur zu schreiben. In: Drews, Jörg (Hrsg.): Zum Kinderbuch. Frankfurt/M. 1975

Scherf, Walter: Lexikon der Zaubermärchen. Stuttgart 1982

Schmidt, Andreas Gottfried: Gallerie deutscher pseudonymer Schriftsteller. Grimma: Verlag des Verlags-Comptoirs 1840

Schmidt, Egon: Die deutsche Kinder- und Jugendliteratur von der Mitte des 18. Jahrhunderts bis zum Anfang des 19. Jahrhunderts (Studien zur Geschichte der deutschen Kinder- und Jugendbuchliteratur). Berlin 1973

Schmidt, Justus: Voltaire und Maria Theresia. Französische Kultur des Barock in ihren Beziehungen zu Österreich. In: Mitteilungen des Vereines für Geschichte der Stadt Wien, Wien XI/1931

Schott, Friedrich: Der Augsburger Kupferstecher und Kunstverleger Martin Engelbrecht und seine Nachfolger. Ein Beitrag zur Geschichte des Augsburger Kunst- und Buchhandels von 1719—1896. Augsburg 1924

Schottenloher, Karl: Flugblatt und Zeitung. Ein Wegweiser durch das gedruckte Tagesschrifttum. Berlin 1922

Schultz, Alwin: Alltagsleben einer deutschen Frau zu Anfang des 18. Jahrhunderts. Leipzig: Hirzel 1890

Seebass, Adolf: Katalog 636. Alte Kinderbücher und Jugendschriften. Livres de l'Enfance. Childrens' Books. Basel (1955) — Ders.: Katalog 818. Alte Kinderbücher und Jugendschriften. Livres de l'Enfance. Childrens' Books. Basel (1983)

Sedlmayr, Hans: Verlust der Mitte. Die bildende Kunst des 19. und 20. Jahrhunderts als Symbol der Zeit. Salzburg 1948

Seibert, Ernst: Jugendliteratur im Übergang zum Josephinismus zur Restauration. Wien/Köln/Graz 1987

Sellmair, Josef: Die Pädagogik des Jansenismus. Donauwörth 1932

Sévigné, Madame de: Correspondance I (mars 1646—juillet 1675). Texte établi, presenté et annoté par Roger Duchêne. Paris 1972

Sombart, Werner: Der Bourgeois. Zur Geistesgeschichte des modernen Wirtschaftsmenschen. München/Leipzig 1923

Soriano, Marc: Les Contes de Perrault. Culture savante et traditions populaires. Paris 1968

Spaemann, Robert: Reflexion und Spontaneität, Studien über Fénelon. Stuttgart 1963

Specht, Franz Anton: Geschichte des Unterrichtswesens in Deutschland. Stuttgart: Cotta 1885

Srbik, Heinrich Ritter von: Metternich. Der Staatsmann und der Mensch. 2 Bände, München 1957

Starobinski, Jean: 1789. Les Emblêmes de la Raison. Paris 1979

Starobinski, Jean: Montaigne en mouvement. Paris 1982

Starobinski, Jean: Psychoanalyse und Literatur. Frankfurt/M. 1973

Stekl, Hannes: Österreichs Aristokratie im Vormärz. Herrschaftsstil und Lebensformen der Fürstenhäuser Liechtenstein und Schwarzenberg. Wien 1973

Strassberger, Ferdinand: Die Mädchenerziehung in der Geschichte der Pädagogik des 17. und 18. Jahrhunderts in Frankreich und Deutschland. Strassburg 1911

Suppan, Wolfgang: Der musizierende Mensch. Eine Anthropologie der Musik. New York/Tokyo/Mainz/London 1984

Thieme, Ulrich — Felix Becker: Allgemeines Lexikon der bildenden Künstler von der Antike bis zur Gegenwart. Leipzig 1907 ff.

Tiersot, Julien: Histoire de la Marseillaise. Paris (1915)

Touaillon, Christine: Der deutsche Frauenroman des 18. Jahrhunderts. Wien/Leipzig 1919

Trigon, Jean de: Histoire de la Littérature Enfantine. Paris 1950

Ullmann, Stephen: Language and Style (Collected Papers by Stephen Ullmann). Oxford 1964

Ullrich, Hermann: Robinson und Robinsonaden. Bibliographie, Geschichte, Kritik. Weimar: Felber 1898

Valjavec, Fritz: Geschichte der abendländischen Aufklärung. Wien/München 1961

Versuch einer allgemeinen teutschen Synonymik in einem kritisch-philosophischen Wörterbuche der sinnverwandten Wörter der hochteutschen Mundart von Johann Aug. Eberhard und Maaß Johann Gebh. Dritte Ausgabe, fortgesetzt und hrsg. von J. G. Gruber. 6 Bände, Halle 1826—1830

Vierhaus, Rudolf: Deutschland im 18. Jahrhundert. Politische Verfassung, soziales Gefüge, geistige Bewegungen. Göttingen 1987

Wagner, Hans: Der Höhepunkt des französischen Kultureinflusses in Österreich in der zweiten Hälfte des 18. Jahrhunderts. In: Österreich in Geschichte und Literatur, Arbeitskreis für österr. Geschichte, Jg. 5, 1961, H. 10, S. 507—517

Wagner, Hans: Historische Lektüre vor der Französischen Revolution. Aus den Tagebüchern des Grafen Karl von Zinzendorf. In: Mitteilungen des Instituts für Österreichische Geschichtsforschung, Band LXXI

Walter, Friedrich: Kaiser Franz I. (1768—1835). In: Gestalter der Geschicke Österreichs. Hrsg. von Hugo Hantsch. Innsbruck/Wien/München 1962

Wandruszka, Adam: Leopold II. Erzherzog von Österreich, Großherzog von Toskana, König von Ungarn und Böhmen, römischer Kaiser. 2 Bände, Wien 1965

Wangermann, Ernst: Aufklärung und staatsbürgerliche Erziehung. Gottfried van Swieten als Reformator des österr. Unterrichtswesens 1781—1791. Wien 1978

Weber, Max: Wirtschaft und Gesellschaft. Grundriß der verstehenden Soziologie. Mit einem Anhang: Die rationalen und soziologischen Grundlagen der Musik. 4., neu herausgegebene Auflage, besorgt von Johannes Winkelmann. 2 Bände, Halbband 1.2. Tübingen 1956

Weber-Kellermann, Ingeborg: Die Kindheit. Kleidung und Wohnen, Arbeit und Spiel. Eine Kulturgeschichte. Frankfurt/M. 1979

Wegehaupt, Heinz: Alte deutsche Kinderbücher, Bibliographie 1507—1850. Zugleich Bestandsverzeichnis der Kinder- und Jugendbuchabteilung der deutschen Staatsbibliothek zu Berlin. Hamburg 1979

Wegehaupt, Heinz: Vorstufen und Vorläufer der deutschen Kinder- und Jugendliteratur bis zur Mitte des 18. Jahrhunderts. Berlin 1977

Wehler, Hans-Ulrich: Deutsche Gesellschaftsgeschichte. Band 1: 1700—1815. München 1987

White, Hayden: Auch Klio dichtet oder Die Fiktion des Faktischen. Studien zur Topologie des historischen Diskurses. Stuttgart 1986

Winter, Eduard: Der Josephinismus und seine Geschichte. Beiträge zur Geistesgeschichte Österreichs 1740—1848. Brünn/München/Wien 1943

Wolfsgruber, Cölestin: Franz I. Kaiser von Oesterreich. 2 Bände, 1. Band: Der Großprinz von Toscana, 2. Band: Der Erbprinz in Oesterreich. Wien/Leipzig 1899

Wörterbuch der philosophischen Begriffe. Historisch-quellenmäßig bearbeitet von Dr. Rudolf Eisler. Vierte, völlig neu bearbeitete Auflage. Hrsg. unter Mitwirkung der Kantgesellschaft. 3 Bände, Band 2 und 3: Weitergeführt und vollendet durch Dr. Karl Roretz. Berlin 1927—1930

Wurzbach, Constantin von: Biographisches Lexikon des Kaiserthums Österreich. 60 Bände, Wien: Zamarski 1856—1891

Zarnke, Friedrich: Der deutsche Cato. Geschichte der deutschen Übersetzungen der im Mittelalter unter dem Namen Cato bekannten Distichen bis zur Verdrängung derselben durch die Übersetzung Seb. Brants am Ende des 15. Jahrhunderts. Leipzig: Wigand 1852

AUTORENVERZEICHNIS

Die Zahlen verweisen auf die entsprechenden Nummern der Bibliographie. Die in Klammer gesetzten Namen zeigen an, daß die Autoren im Titel nicht aufscheinen.

ILLUSTRATORENVERZEICHNIS

Die Zahlen verweisen auf die entsprechenden Nummern der Bibliographie.

ALPHABETISCHES TITELVERZEICHNIS

Die Zahlen verweisen auf die entsprechenden Nummern der Bibliographie.

STICHWORTREGISTER

Die Zahlen in Klammern verweisen auf die entsprechenden Nummern der Bibliographie.

VERLAGSREGISTER

Die Zahlen verweisen auf die entsprechenden Nummern der Bibliographie.

PERSONENREGISTER

Photos: Photoatelier der Österreichischen Nationalbibliothek: Ingrid Oentrich